新时代政治学教材系列

TEXTBOOK SERIES OF POLITICAL SCIENCE IN A NEW ERA

复旦大学
研究生教材系列

政治学研究方法

Research Methods for Political Science

左 才 主编

复旦大学出版社

"新时代政治学教材系列"编委会

主 任
苏长和　郭定平

委 员
（按姓氏拼音顺序排列）

陈明明　陈周旺　郭定平　胡　鹏
李　辉　刘季平　刘建军　汪仕凯
熊易寒　臧志军　张　骥　左　才

作者简介

（按姓氏音序排列）

陈 醒，复旦大学国际关系与公共事务学院讲师，北京大学环境经济学博士、环境科学学士，加州大学伯克利分校联合培养博士。主要研究领域为环境经济学、公共政策评估，尤其关注中国环境政策实施的影响和作用机制。研究成果发表于《国际经济评论》、Asian Development Review 等重要期刊；参与世界银行-国家发改委《中国可再生能源规模化发展》、必和必拓-北京大学碳捕集、封存和利用等科研项目；部分研究成果被《中国风电和光伏补贴政策研究》《中国低碳经济发展报告》所收录。曾获北京大学优秀科研奖。

陈周旺，复旦大学国际关系与公共事务学院教授、博士生导师。主要研究政治学理论、国家理论和基层政治理论，曾获全国百篇优秀博士论文，多项成果获上海市哲学社会科学优秀成果奖，发表论文 60 多篇，出版《正义之善——论乌托邦的政治意义》、《工人政治》（与汪仕凯合作）、《社区中的国家》等著作，主持翻译《论革命》《欧洲的抗争与民主》《城邦的世界》等作品。

邓 理，中共中央党校（国家行政学院）党的建设教研部讲师，复旦大学政治学博士。研究领域包括当代中国政治、基层治理、技术政治学等，在《公共管理学报》《华东师范大学学报（社会科学版）》《甘肃行政学院学报》等 CSSCI 期刊发表论文多篇。

顾燕峰，复旦大学社会科学高等研究院副教授、专职研究人员。主要研究领域为发展经济学、经济史、政治经济学和公共管理与政策，尤其关注市场整合、文化、社会信任和人口流动等研究问题。在《社会学研究》，以及 Journal of Economic History, Chinese Sociological Review, Journal of Chinese Political Science 等国内外 SSCI 和 CSSCI 期刊发表各类学术论文多篇。

李 寅，复旦大学国际关系与公共事务学院公共行政系青年副研究员。先后于中国人民大学、美国马萨诸塞大学、美国佐治亚理工学院获得经济学学士、经济学硕士、科技政策学博士。研究领域包括创新经济学、产业政策、新兴技术治理等，在科技创新研究领域重要期刊 Research Policy（科技政策）、Technovation（技术管理)、JASIST(信息计量)等国内外期刊上发表论文20余篇,出版英文专著 China's Drive for the Technology Frontier: Indigenous Innovation in the High-Tech Industry(《中国通向技术前沿的驱动力:高科技产业中的自主创新》)。主持国家自科青年项目,入选中国科协青年人才计划,参与国家重点研发计划项目、国家社科重点项目、国家自科专项项目等。

刘建军,复旦大学国际关系与公共事务学院教授、复旦大学当代中国研究中心主任,兼任中华人民共和国民政部基层政权与社区治理专家委员会委员、上海市民政局决策咨询专家、上海市社区发展研究会副会长、上海市居(村)协会副会长等。主要从事古代中国政治制度、比较政治制度、基层政权与社会治理、城市政治学的研究。代表性著作有《单位中国》《社区中国》《古代中国政治制度十六讲》《当代中国政治思潮》(韩文版已发行)、《居民自治指导手册》《中国现代政治的成长》《新中国根本政治制度研究》(合著)等。

孙芳露,西交利物浦大学国际关系系助理教授,莱斯大学政治学博士。研究领域主要包括国内冲突、外交政策分析、中国在国际安全事务中的角色和作用。在其研究中,广泛采用了定量研究和大数据分析。其研究成果发表于《复旦国际关系评论》《宗教与美国社会》,以及 International Journal, Chinese Journal of International Politics, S + F Sicherheit und Frieden Security and Peace, OrizzonteCina Quarterly 等国内外期刊。其正在写作方法论专著《政治学数据挖掘和分析:理论、实践和案例》。

汪仕凯,复旦大学国际关系与公共事务学院教授、博士生导师,主要研究现代国家建构与发展、中国共产党与国家治理、民主体制比较,曾获上海市社联十大论文推介奖,在《政治学研究》《世界经济与政治》《社会学研究》《学术月刊》等期刊发表论文60余篇,出版《阶级与公民之间的政治》(独著)、《工人政治》(与陈周旺合作)等著作,主持国家社科重点项目和青年项目各一项。

王中原,复旦大学社会科学高等研究院副教授、专职研究人员,复旦大学当代中国研究中心副主任,复旦大学复杂决策分析中心研究员,国际英文SSCI期刊 Journal of Chinese Political Science 编辑。荷兰莱顿大学比较政治学方向博士,曾在莱顿大学(海牙校区)担任讲师。主要研究领域有比较政治制度(选举研究、政治代表制)、算法政治、地方政治和治理、政治学学科发展等。在 International Political Science Review, European Political Science, Journal of Contemporary China, Asian Survey, Journal of Chinese Governance 等SSCI期刊,以及《政治学研究》《公共管理学报》《学术月刊》《经济社会体制比较》等 CSSCI 期刊发表论文 20 余篇，出版英文独著和中文合著各一部。承担国家社科青年项目、上海市社科规划项目、上海市决策咨询委员会项目、国家发改委委托项目等。

吴澄秋，复旦大学国际关系与公共事务学院副教授，毕业于复旦大学经济学系和弗吉尼亚理工学院及州立大学公共与国际事务学院，获经济学学士和硕士学位、政治学专业文学硕士学位以及规划、治理与全球化专业哲学博士学位，并曾在英国牛津大学圣安东尼学院任访问学者。他主要从事国际关系理论、亚太地区国际关系、政治经济学、中国外交等领域的研究，对亚太地区国际结构、中美关系、中国外交政策转型、经济治理、台湾问题、国际和解等议题均有探讨，在复旦大学讲授"研究方法""亚太地区政治与经济""当代中国外交""国际关系经济学分析"等本科和研究生课程，并担任英文学术期刊 *Chinese Political Science Review* 的编辑。他是《政治学博弈论》的译者之一和校者。

吴昭洋，复旦大学国际关系与公共事务学院博士研究生，2020 年入选复旦国务学院优博培养计划。研究领域包括贫困与个体行为、公共服务改善的福祉后果以及老年友好环境评估。研究成果发表在《经济学动态》《农业经济问题》《公共管理与政策评论》《中国土地科学》等，多篇论文被人大复印资料全文转载。曾获贵州省第十三次哲社会科学优秀成果奖一等奖、中国土地科学论坛一等奖、第二届"学思·镜湖"研究生学术创新论坛一等奖、第九届研究生"文澜论坛"二等奖等学术奖励。参与国家社科重大项目、国家自科面上项目、国家自科应急管理项目、国家社科一般项目等。

徐晓蕙，复旦大学国际关系与公共事务学院博士研究生，罗格斯大学联合培养博士研究生。研究方向为国际发展、国际公共政策、国际公共管理和国际组织等领域，拥有政治学、经济学、公共管理学跨学科背景，擅长运用应用微观计量开展实证研究。曾参与教育部、上海市科委、世界银行等多项国内外学术和政策课题。获得上海外国语大学文学学士以及日本一桥大学国际·公共政策大学院公共经济硕士学位。

叶成城，上海社会科学院国际问题研究所副研究员、经济学博士、政治学博士后，研究方向为比较现代化、国际关系理论和科学方法论等，在《世界经济与政治》《当代亚太》《外交评论》《学术月刊》《当代世界与社会主义》《经济社会体制比较》《国际政治科学》《欧洲研究》《现代国际关系》《国外社会科学》《开放时代》《探索与争鸣》等权威与核心期刊杂志发表 20 余篇论文，曾获上海市哲学社会科学二等奖。

赵剑治，英国埃克塞特大学教授（Reader），美国马里兰大学经济政策博士，美国斯坦福大学 Shorenstein 博士后。研究兴趣主要集中于全球发展、全球治理和全球公共政策。研究论文发表于 International Organization, Public Administration, American Review of Public Administration, Nonprofit and Voluntary Sector Quarterly, Nonprofit Management and Leadership 等期刊，并著有《国际发展合作：理论、实践与评估》（入选国务院"中国图书对外推广计划"，英文版由 World Scientific Press 出版）。

郑冰岛，复旦大学国际关系与公共事务学院公共行政系副教授。主要关注中国国家治理，尤其是基层治理问题，围绕人口流动与户籍、农村土地制度，以及基础教育等领域展开公共政策评估研究，其成果发表在《社会学研究》《开放时代》，以及 Research in Social Stratification and Mobility, Chinese Sociological Review, Journal of Chinese Political Science, Journal of Chinese Governance, Australian Economic History Review 等国内外期刊。同时担任着 Chinese Political Science Review 的编辑工作。

周凌一，复旦大学国际关系与公共事务学院副教授。研究方向为区域治理、环境政策、公众认知等，在《公共行政评论》《公共管理与政策评论》《复旦公共行政评论》，以及 Governance, Environmental Management, Journal of Environmental Policy & Planning, Energy Policy 等国内外核心期刊发表文章 10 余篇。博士论文《层级体系下的协作：纵向干预何以影响地方环境协作行为？》于 2020 年荣获第二届夏书章全国优秀博士论文提名奖，学术论文《京津冀生态环境协同治理研究——基于体制机制视角探讨》于 2021 年荣获第十一届钱学森城市学金奖提名奖。入选 2020 年上海市浦江人才计划、2021 年上海市"晨光计划"。

左　才，复旦大学国际关系与公共事务学院教授，美国威斯康星-麦迪逊分校政治系博士。在《开放时代》《南开大学学报》以及 Political Studies, Studies in Comparative International Development, International Political Science Review, Democratization, China Quarterly, Journal of Contemporary China 等国内外期刊发表论文 20 余篇，出版中文专著两部和合著一部。研究方法专著《政治学研究方法的权衡与发展》获上海市第十四届哲学社会科学优秀成果奖一等奖。主持国家社科基金一般项目、教育部人文社会科学研究青年基金项目等课题。

"新时代政治学教材系列"总序

当今世界正处于百年未有之大变局时期。世界大变局不只是表现在物质和生产方式层面,同时也体现在知识和文化层面。一方面,各门学科知识的新陈代谢在加快;另一方面,世界知识格局的多极化也在推进。与此同时,中华民族也处于伟大复兴重要征程上。中国开辟了一条新的现代化道路模式,中国与世界的相互联系、相互依靠前所未有,彼此之间相互理解的需求也更加迫切。这些都对高等教育特别是哲学社会科学教育和育人提出新的要求。就育人来说,一个重要环节就是教材体系建设和完善,以适应新时代人才培养的需求。

复旦大学国际关系与公共事务学院历来重视教材建设,"卓越为公,作育国士"是学院在育人上的共识。从20世纪80年代开始,国际政治系教师们就投入了很大精力,集体合作,接力工作,编写了政治学、国际关系、行政管理等一系列教材,总计有几十种,蔚为大观。这些教材在社会上产生较大的影响,也为我国政治学、国际关系、公共管理人才培养发挥了重要的作用。

近些年来,学院除了组织教师对经典教材进行修订完善以外,愈来愈觉得随着时代的变化以及课程育人的新要求,迫切需要建设一批新教材。学院在科研上重视中国政治学自主知识体系建设,在教学教材上则同步将较为成熟的中国政治学自主知识转化到新教材中,发挥科研和教材同步同向育人的效应。

学院拥有政治学、公共管理、国家安全学、区域国别学等多个一级学科。多年来,这些学科共为一体,互相支持、各有分工,形成了较好的学科融合发展生态和文化,构成复旦大学大政治学学科集群的独特特点。为了传承学院融合发展的学科和育人文化,承担一流学科为党育人、为国育才的使命,更好地将习近平新时代中国特色社会主义思想、党的创新理论、当代中国政治学理论成果、世界上最新的政治学知识等融入教材,我们组织了以中青年教师为主体的写作力量,计划在"十四五"期间,完成"新时代政治学教材系列"建设工作。

复旦大学出版社向来支持院系教材建设,过去为学院教师们出版了一批优秀教材,深受读者喜爱。学院很高兴能够再次与复旦大学出版社合作,希望双方共同努力,把这套教材编写好、建设好,更好地服务新时代育人工作。

复旦大学国际关系与公共事务学院
"新时代政治学教材系列"编委会
2023年11月

序　言
方法进步与科学进步：兼论"混合方法"的未来

唐世平

任何称得上"科学"的学科的进步，都必须依靠方法的进步：方法是工具，相当于自然科学中的实验器材和手段。因此，我们大家都应该为中国社会科学在方法论上的进步感到骄傲。作为"混合方法"的坚定支持者和倡导者，我也不例外。我将在本文中主要讨论二战之后兴起的有关社会科学方法论的问题。

在此之前，我先简单讨论一下马克思主义范式的方法。我认为，除了本体论层面，马克思主义范式还有两个层面：认知论和方法论。

在认知论层面，马克思主义范式的取向主要是"（唯物）辩证法"+"历史唯物主义"。在最根本的认知论层面，马克思主义范式是一个"物质主义"（唯物论）+"结构主义"（比如经济基础、上层建筑）+"集体主义"（比如阶级）+"冲突论"+"系统论"的立场。阶级、经济基础、上层建筑等是马克思主义范式独具特色的具体切入点。

在方法论层面，马克思主义范式的方法主要是历史分析，这是定性分析方法的一种。在一些西方马克思主义的实证研究中（比如"金融化""金融帝国主义"）也开始使用定量方法。我个人认为，如果有更多样化的方法支撑，基于马克思主义范式的实证分析必然将会产生更多更好的研究。因此，马克思主义范式并不排斥更多样化的方法。

在下文中，我将简要讨论三个方面的问题：不同方法的功用，最需要避免的陷阱，以及如何有效地结合方法。

社会科学方法：五类功用

我认为，实证社会科学的方法大致满足五类功用：获取数据、处理数据、发展或者展现因果关系/逻辑、基于观察数据验证因果关系/逻辑和基于模拟数据验证因果关系/逻辑。因此，可以依据这五类功用来对社会科学的实证方法做一个简洁的分类。

获取数据的方法大致有：田野调查、访谈及（认知）调查（包括民意调查）、档案，以及（实验室或者田野）实验。

处理（加工）数据的方法大致有：概念化及度量方法，以及基于自然语言处理、机器学习等新一代处理文本、新闻内容、社交媒体等数据的方法。社会网络分析（social network analysis）主要是一个通过对数据的处理来更好地描述或者展现关系的方法。因此，我认为社会网络分析是一个更加接近数据处理的方法。

这里，我想特别强调，所有的实证方法都必须基于概念化和度量。没有概念化，就不可能有好的度量，很多时候，度量是研究中最棘手的挑战之一，而除了数据获取之外，概念化是度量的最根本挑战。无论是定量分析还是定性分析，概念化和度量都必不可少。

发展或展现因果关系、因果逻辑的方法大致有：逻辑推理、形式建模（formal modeling，比如经济学建模）、博弈论（作为形式建模的一种）。

这里要特别强调，无论是广义的"形式建模"，还是"博弈论"，它们的数学推导都不证明任何真实世界中的东西，只能证明某些推论成立。也就是说，"形式建模"和"博弈论"都只是用一套逻辑符号来进行推导。大致可以认为"形式建模"和"博弈论"是在特定的前提设定下，给出一个因果逻辑。

"形式建模"和"博弈论"也有明显的局限。比如，不少博弈论模型的设定（setup）非常复杂甚至严苛，且行为体通常最多两三个，否则模型就变得非常难解。其他的"形式建模"也面临类似的问题：设定非常复杂甚至严苛，参数也不能太多，否则就变得非常难解。

基于观察数据来验证因果关系、因果逻辑的方法大致有：基于过程追踪的比较案例分析（PT-CCS）、定量分析、定性比较分析（qualitative comparative analysis, QCA）。在根本意义上，定性比较分析和定量分析很类似，因为这两种方法都更加偏重分析因素对结果的作用。但是，QCA在确立因素的相互作用或者组合（configuration）上，比定量分析的交互项更合适。QCA作为一种方法，其短处也非常明显：QCA不太适合处理主要都是连续变量的样本，更加不适合处理面板数据。因此，我认为，QCA在处理国家的危机行为这样的数据上，会更加合适和有用，而在比如经济发展等问题上，能力有限。

基于模拟数据来验证因果关系、因果逻辑的方法大致有：投入产出模型与行为体建模（agent-based modeling, ABM）。前者主要在经济学中运用，后者在社会科学中的应用已经变得越来越广泛。这些技术主要用于模拟复杂系统，特别是存在复杂相互作用推动的"涌现性结果"的复杂系统。

方法热背后的三个陷阱

对科学方法的重视和广泛使用，毫无疑问是实证社会科学过去半个多世纪最为显著的进步之一。但是，对方法论的重视也存在陷阱。我认为，有三个陷阱特别需要避免。

首先,不要为方法而方法。方法是解决问题的工具,是为解决问题而服务的。因此,我们要研究重要的问题,即便这样的问题可能一开始没有足够的数据可以做出好的因果识别。相反,即便是一个问题有非常好的数据,可以做因果识别,但是问题不够重要,那么,是否非要去做这项研究也是值得推敲的。人的一生太短暂了,还是要争取多做一些重要的事情。

其次,避免方法的overkill(过犹不及)。当今的社会科学,确实有一个overkill的趋势,个人认为有浪费太多时间和精力的嫌疑。这一点在经济学领域尤其突出,在政治学和社会学也愈发如此。为了追求绝对的因果识别,或者说是绝对确立因果关系,许多研究都要花费大量时间去做几乎无限的稳健性检验,或者说不断推出越来越复杂的因果识别技巧,而这些新的技巧不仅越来越复杂,其可靠性也通常是不确定的。但是,既然我们承认社会科学中很少存在绝对的因果关系,而通常都是概率性的关系,我们就必须承认,我们无法绝对确立因果关系。即便是做完了所有的稳健性检验或是使用了最新的因果识别技巧,我们也不知道我们对我们的结果的信心(不是"置信区间"!)是从90%提升到了95%,还是从90%提升到了90.01%,为此花费太多精力来做完能够想到的各类稳健性检验可能就是不值得的。这样的时间和成本代价当然可以被用来做更有意义的事情,比如多学一门外语,或是多读一些自己不了解的国家的历史。

最后,避免将因果识别(causal identification)当作因果解释(causal explanation)。因果解释要比因果识别更为复杂,也更加困难。这是一个非常基础的理解,但是许多人经常混为一谈,或者认为因果识别等于因果解释。

(混合)运用方法:一些准则

不同的方法有不同的长处和短处,没有万能或者拥有绝对优势的方法。这一点,在大的社会科学界已经有了基本的共识。因此,在一定意义上,混合方法是必然的趋势。但是,如何结合不同的方法,或者说哪种结合比较合适,目前的相关讨论并不多。基于本人与合作者的一些经验教训,我认为,可以有以下一些基本的准则来指导混合方法的使用。

在这里,我只讨论发现因果关系和验证因果关系的方法的结合问题。

其一,定量分析+比较案例分析。定量分析给出因素的重要性(影响)。因此,如果在定量分析之后,比较案例分析还是被用来做同样的事情,就等于浪费。在定量研究之后,定性研究的任务应该是打开"黑盒子",展现因素和机制的相互作用如何驱动结果。

其二,比较案例分析+定量分析。比较案例分析通过分析少数的几个观察样本，归纳出一个或者几个因素，然后再用定量分析去展现这些因素在更大的样本中仍旧是有影响的。这是一个合适的做法。当然，在此之后，研究者仍然可以再用新的比较案例分析进一步展现因素加机制的作用。

其三，QCA＋比较案例分析。QCA更利于甄别因素相互作用对结果的影响。但是，QCA和定量分析一样，主要还是偏重因素。因此，在QCA的结果之后，再用比较案例分析展现经过QCA甄别的因素组合和机制如何相互作用来驱动结果，也会是一个不错的结合。

其四，鉴于政治学中主要的形式建模是博弈论，这里我只讨论博弈论之后如何结合其他方法。前面提到，大致可以认为博弈论是在特定的设定下，给出一个因果逻辑，而博弈论本身不证明任何实际的情况。任何一个博弈论模型都会给出一些非常重要的因素，并且会讨论这些因素如何通过行为体的互动来驱动结果。因此，在一个博弈论模型之后，无论是用定量分析、比较案例分析，还是QCA来验证博弈论模型给出的因果逻辑都是可行的。但这三种方法和博弈论模型的结合面临不同的挑战。

（1）定量分析和QCA。博弈论模型中会出现许多符号或数值。但是，这些符号和数值并不是度量或者量化，而是符号。因此，如果希望用定量分析或者QCA来支持博弈论模型甄别出的因素的影响，研究者最重要的挑战是如何度量这些变量。某些变量比较容易被度量（比如国家的大致实力），而有些变量就非常难以被度量（比如决心）。目前，有不少实证研究已经在用定量分析来验证博弈论模型的某些推导结论。但QCA和博弈论模型的结合还不多见，这可能也是一个有趣的做法。

（2）比较案例分析。博弈论模型之后用比较案例分析来支持博弈论模型给出的因果逻辑，可能是一个比较恰当，也比较方便的组合。这样的组合已经比较多。当然，运用比较案例分析来展现博弈论模型给出的因果逻辑同样面临如何概念化变量和度量变量的挑战。

其五，一些更加复杂的博弈场景，比如国际多边谈判，都是多个行为体多回合的复杂战略博弈（简称为"非常规复杂战略博弈"）。非常规复杂战略博弈具有行为体多样、行为及行为规则多样、相互作用复杂、收益模糊、系统特性复杂多维等特点，且一般缺乏"共同知识"。这类博弈通常没有数学均衡解，一直是研究的难点。经典的博弈论无法面对这样的博弈场景。这个时候，基于博弈论的某些理解来建模，然后用ABM模拟来进行验证可能是一个比较合适的方法组合。

结　语

任何称得上科学的学科的进步都必须依靠方法的进步。没有方法的进步，就好像外科医生没有一套现代化的手术刀，社会科学家也就无法去理解复杂的社会世界。

中国社会科学在方法论上的进步应该让我们对中国社会科学的未来充满信心,也充满期待。这本教材就很好地反映了这种进步。我们也希望,在未来,中国社会科学不仅能够为中国面对复杂的世界不断提供有用的知识,还能为世界面对复杂的世界不断提供有用的知识。

前　言

本教材旨在为政治学研究方法的学习提供参考，既有方法论层面的讨论，也有具体研究方法的介绍和操作指导。尤为突出的是，作者团队精心挑选了政治学、公共管理、国际关系领域的研究案例以展示具体方法的运用。本教材适合初级和中级方法学习者。读者可以通过阅读每章后的延伸阅读来拓展对具体方法的学习广度和深度。

本教材分为三个部分、十五个章节，由十七位作者完成。第一部分是"方法总论"，包括马克思主义政治学研究方法、中国政治学研究方法、海外当代中国政治研究方法、政治学研究中的因果关系，共四章；第二部分是"经典研究方法"，包括案例研究（内含定性比较分析）、比较历史分析、博弈论、一元线性回归和多元线性回归，共五章；第三部分是"前沿研究方法"，包括实验法、倾向分值匹配方法、双重差分法、合成控制法、数据挖掘与政治分析、社会网络分析，共六章。教材附赠的资料包包括相关章节举例中使用的数据与软件代码、较复杂的推导过程及公式，以及思考题答案和提示。

教材的出版离不开复旦大学国际关系与公共事务学院和复旦大学出版社的鼎力支持，也离不开作者团队的辛勤付出。本教材的作者团队为：陈周旺、汪仕凯撰写第一章"马克思主义政治学研究方法"；邓理、刘建军撰写第二章"中国政治学研究方法"；王中原撰写第三章"海外当代中国政治研究方法"；左才撰写第四章"政治学研究中的因果关系"和第五章"案例研究"；叶成城撰写第六章"比较历史分析"；吴澄秋撰写第七章"博弈论"；陈醒撰写第八章"一元线性回归"和第九章"多元线性回归"；顾燕峰撰写第十章"实验法"；郑冰岛撰写第十一章"倾向分值匹配方法"；李寅、吴昭洋撰写第十二章"双重差分法"；赵剑治、徐晓惠撰写第十三章"合成控制法"；孙芳露撰写第十四章"数据挖掘与政治分析"；周凌一撰写第十五章"社会网络分析"。感谢唐世平教授为本教材作序。

共勉之。

目 录

第一部分 方法总论

第一章 马克思主义政治学研究方法 … 3
    第一节 马克思主义方法论 … 3
    第二节 马克思主义政治学研究方法 … 13
    第三节 中国化马克思主义政治学方法论 … 21
    本章小结 … 31
    思考题 … 32
    延伸阅读 … 32

第二章 中国政治学研究方法 … 34
    第一节 中国政治学研究方法的发展趋势 … 35
    第二节 中国政治学研究的理论取向 … 40
    第三节 中国政治学研究方法的本土发展 … 49
    本章小结 … 55
    思考题 … 55
    延伸阅读 … 56

第三章 海外当代中国政治研究方法 … 57
    第一节 田野调查和案例研究主流阶段 … 58
    第二节 社会调查和回归分析主流阶段 … 62
    第三节 因果识别和计算社会科学方法主流阶段 … 67
    第四节 研究方法的演化趋势和路径选择 … 72
    本章小结 … 73
    思考题 … 74
    延伸阅读 … 74

第四章　政治学研究中的因果关系 …… 77
第一节　休谟或新休谟传统 …… 77
第二节　反事实逻辑 …… 79
第三节　实验逻辑 …… 81
第四节　因果机制法 …… 83
本章小结 …… 86
思考题 …… 86
延伸阅读 …… 87

第二部分　经典研究方法

第五章　案例研究 …… 91
第一节　案例与案例属性 …… 92
第二节　单案例研究 …… 97
第三节　多案例比较 …… 100
第四节　定性比较分析 …… 103
本章小结 …… 111
思考题 …… 112
延伸阅读 …… 112

第六章　比较历史分析 …… 114
第一节　比较历史分析的主要特征 …… 114
第二节　比较历史分析的发展历程 …… 117
第三节　比较历史分析的研究设计 …… 124
第四节　比较历史分析的操作实践：以早期西欧现代化为例 …… 129
本章小结 …… 133
思考题 …… 133
延伸阅读 …… 134

第七章　博弈论 …… 136
第一节　博弈论与理性选择理论 …… 136
第二节　博弈论基本要素与模型 …… 140
第三节　博弈的分类与求解 …… 147
第四节　博弈论的应用 …… 158

本章小结 ··· 159
　　思考题 ··· 160
　　延伸阅读 ··· 161

第八章　一元线性回归 ······································· 163
　　第一节　数据与数据类型 ································· 163
　　第二节　一元线性回归模型 ······························· 174
　　本章小结 ··· 196
　　思考题 ··· 196

第九章　多元线性回归 ······································· 200
　　第一节　多元回归模型 ··································· 200
　　第二节　含有定性信息的多元回归模型 ··················· 221
　　第三节　线性概率模型 ··································· 229
　　第四节　模型设定和数据问题 ····························· 231
　　本章小结 ··· 243
　　思考题 ··· 244
　　延伸阅读 ··· 244

第三部分　前沿研究方法

第十章　实验法 ··· 253
　　第一节　实验的基本原理 ································· 254
　　第二节　实验的有效性问题 ······························· 256
　　第三节　实验分类 ······································· 274
　　本章小结 ··· 276
　　思考题 ··· 277
　　延伸阅读 ··· 277

第十一章　倾向分值匹配方法 ································ 279
　　第一节　因果推断挑战与反事实框架 ····················· 279
　　第二节　倾向分值匹配方法的原理 ······················· 282
　　第三节　倾向分值匹配方法的适用情境与估计过程 ········ 285
　　第四节　倾向分值匹配方法的研究实例:城市户口对收入的
　　　　　　因果效应 ··· 288

第五节　倾向分值匹配方法的局限与发展 ………………………… 294
　　本章小结 ……………………………………………………………… 295
　　思考题 ………………………………………………………………… 296
　　延伸阅读 ……………………………………………………………… 297

第十二章　双重差分法 …………………………………………………… 299
　　第一节　双重差分法的设计思路 …………………………………… 300
　　第二节　双重差分法的模型设定形式 ……………………………… 310
　　第三节　共同趋势假设及其检验方法 ……………………………… 314
　　本章小结 ……………………………………………………………… 318
　　思考题 ………………………………………………………………… 319
　　延伸阅读 ……………………………………………………………… 319

第十三章　合成控制法 …………………………………………………… 321
　　第一节　合成控制法原理概述 ……………………………………… 322
　　第二节　合成控制法在公共政策评估中的运用 …………………… 325
　　第三节　合成控制法的最新发展及评价 …………………………… 329
　　本章小结 ……………………………………………………………… 338
　　思考题 ………………………………………………………………… 340
　　延伸阅读 ……………………………………………………………… 340

第十四章　数据挖掘与政治分析 ………………………………………… 345
　　第一节　复杂社会的政治分析 ……………………………………… 345
　　第二节　数据挖掘的一般流程和主要功能 ………………………… 348
　　第三节　政治数据的自动获取 ……………………………………… 351
　　第四节　数据挖掘之于政治分析：以分析联合国大会和安理会的
　　　　　　辩论文本为例 ……………………………………………… 354
　　本章小结 ……………………………………………………………… 375
　　思考题 ………………………………………………………………… 376
　　延伸阅读 ……………………………………………………………… 377

第十五章　社会网络分析 ………………………………………………… 378
　　第一节　社会网络的基础 …………………………………………… 378
　　第二节　社会网络的描述 …………………………………………… 385

第三节　社会网络的推断 ……………………………………… 399
本章小结 …………………………………………………… 413
思考题 ……………………………………………………… 414
延伸阅读 …………………………………………………… 415

主要参考文献 …………………………………………………… 417

第一部分

方法总论

第一章
马克思主义政治学研究方法

政治学在马克思主义学说系谱中占据独特的地位。这种独特性在于,政治学贯穿了马克思主义的始终,但是又很难说有哪一个理论属于纯粹的、专门的马克思主义政治学,因为对于马克思主义者而言,政治、经济、文化是辩证统一的,并不存在孤立的政治现象。但是,这丝毫也不能否认,马克思主义关于政治规律的研究对于当今政治科学的重要性,特别是在政治学研究方法上的指导意义。

第一节 马克思主义方法论

马克思主义研究方法,既是一种方法论,也是一种具体的研究方法,对于马克思主义政治学而言更是如此。从方法论的角度,马克思主义为政治学奠定了理论立场、研究方向和基本原则。从研究方法的角度,马克思主义的分析工具对于政治现象具有强大的解释力,即便当今社会与马克思所处的时代相比已经发生了巨大的变化,但是马克思主义所提供的研究视角、分析框架和理论解释,依然是不可替代的。

当然,马克思主义经典作家的一些理论观点,由于针对其所处的社会条件,不可避免地带有浓厚的时代特征。正因为如此,马克思主义政治学是不断发展的。即便是马克思和恩格斯等人,在其有生之年,也试图不断调整和发展自己的观点,以适应时代的变化。比如,马克思本人关于国家的理解,就随着他的研究和观察不断深入,而发生巨大转变。马克思的国家理论最初深受黑格尔法哲学的影响,后来又主张国家不过是统治阶级的工具,但是基于对法国内战的观察,马克思指出波拿巴政权是一个自主的官僚国家。马克思和恩格斯关于阶级和政治制度的其他理论,同样是不断发展的。

尽管如此,马克思主义政治学并没有因它的时代特征而显得"过时",主要就在于马克思主义的方法论和研究方法,仍然具有强大的指导意义和解释力,并未随时代的发展变化而有所消减。关于这一点,西方学者也不得不承认。安东尼·吉登斯(Anthony Giddens)指出:"马克思的理论形成于资本主义发展的早期,而随后西欧先进国家的经验则有助于形成一种与马克思原来观点截然不同的'马克思主义'。承认这一点并不意味着接受一种陈腐的观点,即后来资本主义的发展'推翻'了马克思的理论。即使在今天,马克思的著作仍然提供了一种社会历史观念,相对于后来其他作者的观念,它体现出弥足珍贵的价值。"① 正是基于这样强大的方法论,即使是马克思主义经典作家当年对资本主义社会政治所下的结论,只要资产阶级市民社会的基本特征一天没有质变,可以说都仍然是成立的。那些认为马克思理论观点"过时"的说法,恰恰暴露了自己的肤浅和无知,因为他们拥抱的所谓"新知",很有可能是马克思早在百年前就已经批判得体无完肤的庸论。

一、理论与实践

众所周知,马克思对社会的系统思考,按他自己的说法,是从他在《莱茵报》担任记者,第一次要对"物质利益"发表意见时开始的。② 然而,马克思早年的学术雄心,并不是写一本类似于《资本论》的经济学和社会学巨著。1846年,他构思了一部以现代国家为独立研究对象的大部头著作,但是计划搁浅了,只留下了一份研究大纲。但这也足以证明政治学在马克思心目中的地位。

通常认为,马克思主义学说总共由三个部分组成:哲学、政治经济学和科学社会主义。其中既没有历史学,也没有政治学。但这并不等于说历史学和政治学在马克思主义学说中就不重要。事实上,马克思主义学说的三个组成部分都由政治学贯穿而成,甚至可以毫不夸张地说,整个马克思主义理论体系都是政治学,处于与资产阶级市民社会意识形态的持久斗争之中,而历史学是政治学的科学内核,这一点下文还要特别指出。

马克思充分认识到政治的重要性。在《共产党宣言》中马克思指出:"一切阶级斗争都是政治斗争。"③ 如果结合开篇"迄今一切历史都是阶级斗争的历史"的论断,就不难理解,马克思这句话的意思是:社会科学的主要使命,就是解释历史发展和社会变迁,阶级斗争就是发展变迁的动力所在,而这些阶级斗争最终都要以政治斗争的形式表现出来,或者说必然上升为政治上的斗争。政治的重要性就在于,它是阶级斗争的完成形式、最高形式,当然也就是历史发展的根本动力和根本方向。如果不能从政治学的角度去理解阶级冲突,也就无从去解说人类社会演进的基本逻辑。

列宁对政治的重要性有全面而系统的认识。他指出:"政治是经济的最集中的

---

① [英]安东尼·吉登斯:《资本主义与现代社会理论——对马克思、涂尔干和韦伯著作的分析》,郭忠华、潘华凌译,上海译文出版社2007年版,序言,第4页。
② 《马克思恩格斯选集》(第二卷),人民出版社2012年版,第1页。
③ 《马克思恩格斯选集》(第一卷),人民出版社2012年版,第409页。

表现。"①请留意列宁对"最"字的使用。政治不是别的,而是经济的"最集中的表现",甚至经济本身都不是。为什么经济不是"经济的最集中的表现",而政治才是呢?列宁这里讲的"经济",并非经济生活、经济现象本身,而是指唯物史观,也就是我们通常所说的"物质基础"。生产力决定生产关系、经济基础决定上层建筑这些基本的唯物主义原理,是通过政治"最集中"地表现出来的。因此,列宁同时指出:"政治同经济相比不能不占首位。"②这不能被当作一个自相矛盾的论述,更不能认为是一种策略性话语,相反其逻辑是高度一致的。换言之,我们只有找到了政治生活的基本规律,我们才能真正掌握社会历史的全貌,才能抓住社会问题的根本。做不到这一点,我们对人类社会的认识就是肤浅的、片面的,我们的理论对于改造世界就是没有用处的,只能是一种自娱自乐的学术游戏,更有甚者,会沦为意识形态而不自知,这就是马克思批判"德意志意识形态"之要旨。

从马克思关注"物质利益"开始,他就试图摆脱原来黑格尔哲学的阴影。《德意志意识形态》宣告了他和哲学家们的分道扬镳。言下之意,这些哲学家的学说,都只不过是"德意志意识形态",对于我们理解世界是无用的,甚至是歪曲的:"在思辨终止的地方,在现实生活面前,正是描述人们实践活动和实际发展过程的真正的实证科学开始的地方。"③在马克思那里,政治学正是这样一种能够终结哲学思辨的实践科学。

因此,理论与实践的辩证统一关系,对于马克思主义政治学而言至关重要。马克思在《关于费尔巴哈的提纲》中宣告:"哲学家们只是用不同的方式**解释**世界,而问题在于**改变**世界。"④如果存在一种科学的理论,那么这种理论就是为实践服务的,最终也要回到实践中来。在这个意义上,理论与实践从来都不是割裂的,更不是对立的,而是相互统一的。所有的理论都是从实践中来,并且回到实践中去,甚至如路易·阿尔都塞(Louis Althusser)所指出的那样,理论工作本身也是一种实践,当然前提条件是,这种理论工作具有批判性,是一种政治行动。

理论与实践的统一性,对于政治学特别有意义。因为政治学就是这样的实践科学。真正的政治学,就是以"改造世界"为基本取向的,应该关心那些攸关人类命运的重大问题,关心全局性、整体性和战略性的问题。对此,德国政治学者汉娜·阿伦特(Hannah Arendt)深有同感,她反对被自己的读者称为"哲学家",而自称为"政治哲学家",因为后者参与政治当中,而非政治和社会的旁观者。显然,如果一门社会科学,包括政治学在内,退化为纯粹的理论建构产物,那将脱离其作为一门

---

① 《列宁选集》(第四卷),人民出版社 2012 年版,第 381 页。
② 同上书,第 407 页。
③ 《马克思恩格斯选集》(第一卷),人民出版社 2012 年版,第 153 页。
④ 同上书,第 140 页。粗体系原文所标。

实践科学的本真存在。在这种情况下，哪怕再多的理论被生产出来，恐怕统统都是些"意识形态"而已。

将自己的理论发现和"改造世界"的实践结合起来，形成一种参与式的研究。这一点对于政治学者尤为重要，因为政治学研究的都是重大问题，事关国家与社会发展方向和战略选择。其他学科的学者，经常以社会生活中某些细小的微观问题为研究对象，不得不用某种专业术语将研究对象的重要性构建出来。社会科学的专业术语，大部分都是由这些学科而不是政治学制造出来的。但是这样一来，他们也就很容易将研究引到一些不那么重要的问题上去，停留在"解释世界"的层面。这也是韦伯主义的传统使然。这些研究做到最好的时候，充其量可以增加我们对于周遭世界的知识，但是对于历史进程是没有帮助的。沉浸于此道的学者也许可以从中获得巨大满足且乐此不疲，但是对于强调理论与实践相统一的马克思主义政治学而言则是远远不够的。

理论与实践相结合，不是一个口号，也不是什么高深莫测的东西，其实就是从现实出发，用事实来回答问题，找到科学规律，用于指导新的行动。这是一种实事求是的态度，也是马克思主义政治学最基本的方法论原则。在这个问题上，把康德和马克思对照起来看是十分有意思的。康德指出，只有所谓"先天综合判断"，即将感性的杂多转化为一种普遍性知识的能力，才能称为人的理性。没有经过理性加工的知觉经验，只是经验之谈，而不是真正的知识。但是这个理性背后存在一种先验结构，这就使康德关于知识起源的说法，陷入了一种神秘主义。

马克思当然不能接受康德对知识的神秘化。他在《〈政治经济学批判〉导言》中指出了一条基本的思维路径："从表象中的具体达到越来越稀薄的抽象，直到我达到一些最简单的规定。于是行程又得从那里回过头来，直到我最后又回到人口，但是这回人口已不是关于整体的一个混沌的表象，而是一个具有许多规定和关系的丰富的总体了。"[①]换言之，我们从事研究的时候，总是从一些具体的对象出发，但是研究者应具备理论抽象的能力，将这些具体对象抽象成一般理论。在这个过程中，应避免三种倾向：第一种是从范畴到范畴，也就是从抽象到抽象；第二种是从范畴到现象，也就是用理论生搬硬套现象；第三种是从具体到具体，也就是就事论事，停留于现象描述。以上这些都不能称为马克思主义政治学的研究。

在政治科学中，理论与实践相割裂有一个显著的表现，就是把形式理论中的公式，当成了经验事实本身。建基于逻辑推导的理论模型，本身是一个"理想类型"。演绎的形式理论只是现实生活的一种参照，研究理性选择理论的学者都深知这一点，他们会把形式理论与实证研究严格区分。但是到了某些社会科学研究者那里，这种区分已经变得不重要，他们演绎出来的模型，直接就可以用来解释经验事实，

---

① 《马克思恩格斯选集》(第二卷)，人民出版社2012年版，第700页。

而不是为经验事实提供参照。如果经济学者这样做，对真实的经济进程倒也不会产生什么影响；如果政治学者也是如此，那么对政治生活造成的破坏就非同小可了。

政治学者企图像经济学那样，追求研究的标准化和精致化，结果就是社会科学越来越向自然科学靠拢。社会科学是关于人的科学，自然科学是关于物的科学，两者当然不能等同，这已经是老生常谈。然而，当今政治科学的问题并不在于自然科学的研究方法究竟能不能用于社会科学，而在于社会科学大量使用自然科学的研究方法之后，就连提问方式都趋向于自然科学的了，政治学者不再懂得如何思考政治并提出一个真正重要的政治学问题。他们更关心的是从一个公式到另一个公式的推导过程，一个变量和另一个变量之间的相关性是否可以得到统计学意义上的检验，等等，但是对于真实的政治世界则是不闻不问。

二、历史唯物主义

关于历史唯物主义，马克思在《〈政治经济学批判〉序言》中做了一个完整的论述：

> 人们在自己生活的社会生产中发生一定的、必然的、不以他们的意志为转移的关系，即同他们的物质生产力的一定发展阶段相适合的生产关系。这些生产关系的总和构成社会的经济结构，即有法律的和政治的上层建筑竖立其上并有一定的社会意识形式与之相适应的现实基础。物质生活的生产方式制约着整个社会生活、政治生活和精神生活的过程。①

这一段话被视为历史唯物主义的总纲。在这段话中，马克思用生产力和生产关系的发展变化来解释人类社会的历史变迁。历史唯物主义包含了历史和唯物主义，两者是有机统一的。离开了历史的唯物主义，是朴素的唯物主义，不能深刻理解人类社会的历史变迁；同样，离开了唯物主义的历史，就有可能陷入黑格尔主义的窠臼。

马克思的历史唯物主义针对的对象，就是所谓的"哲学家"。哲学家的原型就是黑格尔。黑格尔不是不重视历史，恰恰相反，黑格尔对历史的理解超出了之前几乎所有的思想家。在黑格尔看来，绝对精神是在历史中展开的，真理只有到了历史终结的那一刻才完全展现，"密涅瓦的猫头鹰黄昏才会起飞"。黑格尔的"精神"是历史地生成的，揭示的是主客体的互动，这样才能将康德以来所确立的主体性加以扬弃。在这个意义上，历史对于黑格尔来说太重要了。但问题在于，黑格尔是头足

---

① 《马克思恩格斯选集》(第二卷)，人民出版社2012年版，第2页。

倒置的,在他那里,历史不过是"精神"的展开。历史唯物主义的任务,就是把这对关系颠倒过来,是历史决定了"精神",而不是"精神"决定了历史。黑格尔的客观唯心主义,实际上是一种异化,而且是异化的最高阶段,将类存在异化为知识。我们不是透过人本身来看待人,而是透过知识炮制出来的假象来规定人。这种异化,在今天的社会科学中不是更少了,而是更多了。各种概念占据了社会科学的知识领域,真实的社会现象本身被遮蔽了,没有人去关心,或者在文学家的语言里,呈现为各种碎片化的镜像。政治学是最不应该被异化的学术领域,但是也日益被各种术语和概念所占据,沦为从概念到概念的研究。事实上,到目前为止,没有一个政治学概念不是模糊不清的,也没有一个政治学概念是得到公认的。各种政治学概念背后,都充斥着不同的意识形态,但有些政治学者往往就是在这些模糊的概念体系中去认识和领略世界,甘之如饴。

马克思之所以如此重视历史,是因为只有将人置于历史之中才能够得到理解。马克思与恩格斯在《德意志意识形态》中指出:"人们为了能够'创造历史',必须能够生活。但是为了生活,首先就需要吃喝住穿以及其他一些东西。因此第一个历史活动就是生产满足这些需要的资料,即生产物质生活本身……"① 这句话的意思是,人的物质生产和物质生活的满足,是历史的前提条件,因此,对人类历史的解释,也只有从人的物质生产出发,否则,我们所理解的历史就是抽象的,甚至是一种空想。

历史是人创造的,人与历史处于一种互构过程,形成一种反思性关系。马克思指出:"人们自己创造自己的历史,但是他们并不是随心所欲地创造,并不是在他们自己选定的条件下创造,而是在直接碰到的、既定的、从过去承继下来的条件下创造。"② 绝对的、抽象的个人不可能成为历史的起点。马克思批判了霍布斯以来的自然权利学说,他们都是从自然权利出发来理解人类历史,这只会造成对历史的误解。马克思在《〈政治经济学批判〉导言》中指出这种演绎本身是虚假的,因为正是到了资产阶级市民社会之后,这种所谓"个人的起点",才成为可能,"个人"其实是历史的结果而绝非历史的起点。③ 马克思指出:"各个人的出发点总是他们自己,不过当然是处于既有的历史条件和关系范围之内的自己,而不是意识形态家们所理解的'纯粹的'个人。"④

马克思指出,在解释人的实践活动和发展过程上,"历史科学"是"唯一的科学"。⑤ 这样的历史科学,只能是从物质生产出发的历史科学。马克思这样来概括

---

① 《马克思恩格斯选集》(第一卷),人民出版社2012年版,第158页。
② 同上书,第669页。
③ 《马克思恩格斯选集》(第二卷),人民出版社2012年版,第684页。
④ 《马克思恩格斯选集》(第一卷),人民出版社2012年版,第199页。
⑤ 同上书,第146页。

这种历史观：

> 从直接生活的物质生产出发阐述现实的生产过程，把同这种生产方式相联系的、它所产生的交往形式即各个不同阶段上的市民社会理解为整个历史的基础，从市民社会作为国家的活动描述市民社会，同时从市民社会出发阐明意识的所有各种不同的理论产物和形式，如宗教、哲学、道德等等，而且追溯它们产生的过程。①

历史唯物主义对历史始终坚持唯物主义的立场，这也是历史科学的应有之义。马克思指出："这种历史观和唯心主义历史观不同，它不是在每个时代中寻找某种范畴，而是始终站在现实历史的**基础**上，不是从观念出发来解释实践，而是从物质实践出发来解释各种观念形态……"②只有从唯物主义出发，历史才真正成为一种科学。

更重要的是，历史唯物主义既是一种科学，也是对西方价值的批判。马克思正是用历史唯物主义，揭示了资本主义价值的虚假性。马克思主义政治学强调通过历史科学来批判，而非韦伯所讲的，科学意味着"价值中立"。失去了价值批判的政治学，是没有意义的。以赛亚·伯林（Isaiah Berlin）曾经这样评价马克思："他的贡献恰在于将黑格尔、亚当·斯密等人的思想熔于一炉；马克思之伟大，在于他不诉诸价值就对资本主义体系进行了批判。"③马克思不屑于用一种政治价值来批判另一种政治价值，那样的价值批判并没有任何力度；马克思对资本主义价值的批判，诉诸历史，而不是其他。《德意志意识形态》作为历史唯物主义的经典文本，正是通过历史科学来达到对"德意志意识形态"的批判。那种非历史、伪历史的研究，最终都会被揭示为只不过是一种意识形态。

因此，马克思主义政治学的要义，就在于对资本主义社会政治的批判，这种批判就建基于对资本主义政治的阶级属性的揭示上。资本主义起源于反封建的斗争，在这个意义上，它是进步的。但是资本主义宣称自己达到了自由、平等、博爱，则是一种意识形态。因为这不是以历史事实为依据，而只是资产阶级哲学家的空想和口号。马克思在《雇佣劳动与资本》一文中，用通俗易懂的语言，揭穿了资本主义社会自由、平等的谎言，指出资本主义社会仍然是资产阶级压迫无产阶级的阶级社会。阶级社会的特征就是阶级关系固化，奴隶社会、封建社会无一不是如此，奴隶不可能转变为奴隶主，同样农奴也不可能转变为封建主。那么，打破了封建身份的资本主义社会，是不是一个开放社会呢？马克思从事实出发，揭示出工人阶级根本不可能上升为资产阶级，工人与资本家之间的鸿沟只会随着生产力的发展而不

---

① 《马克思恩格斯选集》（第一卷），人民出版社2012年版，第171页。
② 同上书，第172页。粗体系原文所标。
③ Isaiah Berlin, *Karl Marx: His Life and Environment*, 3rd edn., Oxford University Press, 1963, p. 6.

断扩大,工人将永远失去向上流动的机会。那些认为工人生活有所改善的学者,根本没有考虑到一点,资产阶级的生活水准是工人永远也达不到的,更何况,发达国家工人生活的改善,其实是以全球范围内工人阶级整体生活条件的恶化为代价的。这样,马克思对资本主义社会的科学考察,本身就具有对资本主义价值的批判特征。

同样,在另一部著作《路易·波拿巴的雾月十八日》中,马克思采取了一种纯粹历史的分析,只是将那一段时期法国的历史事件做了完整呈现。随着这种呈现,波拿巴官僚国家的特征逐渐显示出其獠牙。马克思这样来描述波拿巴的政权:"这个行政权有庞大的官僚机构和军事机构,有复杂而巧妙的国家机器,有50万人的官吏大军和50万人的军队。这个俨如密网一般缠住法国社会全身并阻塞其一切毛孔的可怕的寄生机体,是在专制君主时代,在封建制度崩溃时期产生的,同时这个寄生机体又加速了封建制度的崩溃。"①最后马克思得出结论,波拿巴的国家机器是"不可改良"的,"一切变革都是使这个机器更加完备,而不是把它摧毁"②,因此马克思呼吁要通过无产阶级革命来"打碎国家机器"。马克思对波拿巴政权的研究是非常历史的,但这个历史研究中蕴藏着强烈的批判性。

三、辩证唯物主义

历史唯物主义与辩证唯物主义是结合在一起的。在马克思主义看来,历史是辩证发展的,对历史变迁动力的理解,也必须用辩证法来对待。辩证唯物主义的主要目的是破除德国古典哲学的形而上学。以谢林、费希特等为代表的德国古典哲学,有一个共同的特点,就是凡事都要追溯到一个绝对起点,比如谢林的"自我",或者主张"人是万物之灵",等等。此类作为唯心主义源头的"自我",是没有根基的,如果不能与历史互动,就是一个干涸的"自我"。黑格尔试图破除这个形而上学,他用绝对精神来统摄人的自我和历史之间的互动,强调人的主体性不是孤立的、单向的,而是辩证地处于一种反思关系当中,形成一种主体间性。人的自我意识只有在与他人互动的过程中,才能得到确认。不可否认,黑格尔的辩证法对于破除形而上学,做出了巨大的贡献,但是黑格尔不够彻底,因为他的绝对精神,也成为新的形而上学,因此必须用历史唯物主义和辩证唯物主义将他"头足倒置"的思想颠倒回来,即回到真正的历史中。

辩证唯物主义主张事物是普遍联系的,否认存在某个独立的实体结构,因为这样很容易使问题绝对化。比如"国家""社会""市场",都不是什么独立的意义结构,

---

① 《马克思恩格斯选集》(第一卷),人民出版社2012年版,第760页。
② 同上书,第761页。

而是始终处于一种互动的关系之中,国家不能脱离社会来解释,社会也不能摆脱国家对其的影响。国家、社会的自主性都是相对的。同样地,从生产力和生产关系的辩证关系来看,经济基础和上层建筑之间的关系也是辩证的。尽管经济基础决定了上层建筑,但是上层建筑也反作用于经济基础。换言之,政治学所讨论的"国家""社会"等一整套概念体系,都是一种理论上的抽象,在具体的历史事实分析中,不能被绝对化。如何才能避免这种绝对化?那就要回到上文所说的"从具体到抽象",再回到"一个丰富的总体"这样一个过程中。

在《〈政治经济学批判〉导言》中,马克思没有绝对排斥结构主义的影响。他举了一个关于秘鲁的例子,在这里有发达的协作和分工,却不存在任何货币。① 这个"共时性"案例带有一定的结构主义色彩。但是无论如何,总体而言马克思是反对结构主义的。历史唯物主义强调历史的发展变化,辩证唯物主义强调事物的普遍联系,两者都拒斥将某种所谓结构绝对化。在同一文献中,马克思对生产、消费和分配的关系进行了讨论,体现出典型的辩证法思维。马克思指出,生产、消费和分配都不是绝对的,更不是一个单一的过程或者结构,相反,它们是辩证统一的,生产中有消费,消费中有分配,分配中也有生产。当我们从事科学研究时,不能孤立地对待生产、消费和分配,否则就无法看到真相。生产、消费、分配是在经济过程的整体中体现出来的。事实是我们在研究中,把某些经验现象,抽象为生产,或者消费、分配,然后再回到这个生产过程整体之中。只有到了这个时候,我们对于生产过程的理解才充满了丰富性。

同样,在政治学研究中,无所谓孤立的、绝对的"国家"或者"社会"。被抽象出来的"国家"或"社会"都是为了研究的方便,实际上,国家中有社会,而社会中也有国家。无论是国家的自主性,还是社会的自发性,都只是一种假说,或者是相对而言的。西达·斯考切波(Theda Skocpol)关于国家自主性的推论,就是典型的结构主义,也严重影响了她分析不同国家社会革命起源的可信性。如果政治学者不承认这一点,坚持要寻找某种绝对的"自主性",那么这种预设立场的研究,基本上就是一种意识形态,与真实的政治进程相去甚远,就像一批市场自发秩序的信徒一样。迈克尔·曼(Michael Mann)试图为国家权力的自主性找到一个可靠的基础,结果他找到的是"领土性",这个颇具结构主义色彩的论述,它的思辨性已经远超历史性。曼自己也不得不承认,事实上很难找到单纯的、不依赖于其他社会力量的国家权力。

对于辩证唯物主义,长期存在一种误解,以为既然不存在一个绝对的结构作为决定性的原因,那么辩证法只能得出两可的结论,而不能有效解释社会现象。事实正好相反,辩证唯物主义不是让我们在事实面前犹豫不决,而是要求我们在纷繁复

---

① 《马克思恩格斯选集》(第二卷),人民出版社2012年版,第702—703页。

杂的现象中找到最根本、最主要的问题。判断辩证法是否在社会科学研究中得到正确的运用，依据就在于研究者能不能抓住社会发展的主要问题、根本矛盾。关于这一点，毛泽东的《矛盾论》做了充分的论述。对于什么是主要矛盾，毛泽东做了以下的分析：

> 然而不管怎样，过程发展的各个阶段中，只有一种主要的矛盾起着领导的作用，是完全没有疑义的。
>
> 由此可知，任何过程如果有多数矛盾存在的话，其中必定有一种是主要的，起着领导的、决定的作用，其他则处于次要和服从的地位。因此，研究任何过程，如果是存在着两个以上矛盾的复杂过程的话，就要用全力找出它的主要矛盾。捉住了这个主要矛盾，一切问题就迎刃而解了。①

辩证唯物主义对于政治学的重要性，就在于它有助于发现对于政治生活而言真正重要的问题，而政治学正是以解决重大问题为研究旨趣。所以，辩证唯物主义衡量研究者学术水平的标准，在于他们是否具有强大的发问能力，是否可以找到真正重要的问题。对于政治学者来说，要深入体验社会，才能抓住根本问题，把握历史发展的大趋势，如此，好的研究问题便呼之欲出了。

举一个政治学的例子。在撒哈拉以南非洲兴建水库，是解决当地经济发展问题的一个重要举措。倘使有政治学者关心兴建水库会不会加剧当地社会冲突，为此搜集数据，将是否兴建水库（或者是兴建水库的数量）和社会冲突发生的频率做相关性分析，发现存在显著正相关，然后结论认为兴建水库越多，社会冲突就越多。但是这样一个研究结论，既不会改变当地兴建水库的实际行动，也跟我们理解当地人为什么要兴建水库没有什么关系。因为这个研究议题关心的，并不是主要矛盾，社会冲突只是兴建水库这一行动的副产品。如果稍微改变一下议题，社会冲突的增加，会不会对兴建水库产生影响，从而阻碍当地经济发展，这个题目就变得有意义了，就是一个马克思主义政治学的题目。

同样，有政治学者关心扶贫问题，他们的目的确实是要改变某种状况。毫无疑问，这些政治学者首先要从贫困产生的根源入手。通过研究，他们发现贫困的原因多种多样，比如当地的产业比较落后、就近区域没有形成成熟的交易市场、资金匮乏、交通不便、教育水平落后，乃至个人原因，等等，可以举出上百种理由来解释人为什么贫困。对于研究者来说，在这大量的原因中是否能够找到一个主要矛盾，取决于他们深入了解当地实际情况的程度。抓住了这个主要矛盾，其他问题就可以迎刃而解，这个研究就是有价值的。

---

① 《毛泽东选集》（第一卷），人民出版社1991年版，第322页。

第二节　马克思主义政治学研究方法

马克思主义政治学的方法论，根本就在于对资本主义的批判，确立政治学的理论立场。同时，马克思主义政治学也不是空泛地进行批判，更不是什么教条，而是活生生的科学。学习马克思主义政治学，除了建立基本的方法论立场之外，还需要掌握相应的、具体的研究方法，从方法论到理论框架，都应该具有一致性。

卡尔·波普尔（Karl Popper）等人指出马克思主义是一种决定论。这种说法是不准确的，马克思自己就已经反驳过了。在《给〈祖国纪事〉杂志编辑部的信》一文中，马克思这样说："他一定要把我关于西欧资本主义起源的历史概述彻底变成一般发展道路的历史哲学理论，一切民族，不管它们所处的历史环境如何，都注定要走这条道路……但是我要请他原谅。（他这样做，会给我过多的荣誉，同时也会给我过多的侮辱。）"[1]之所以马克思主义会给人一种决定论的刻板印象，是因为很多学者教条地运用马克思主义，把马克思的方法论当作研究方法本身。比如说，生产力决定生产关系，这是马克思主义的方法论，但不能直接用于某个具体的历史事件的分析。在具体历史事件的分析中，就要使用相应具体的研究方法。简单地套用"生产力决定生产关系"这一公式，固然可以无比正确地解释所有的历史事件，既可以解释美国南北战争、中东战争，也可以解释特朗普上台、欧洲难民危机，还可以解释中国地方政府创新、乡村振兴，等等，因为这些政治现象，归根结底都可以理解为生产力和生产关系互动变化的表现。但是如果政治学者仅仅满足于此，那我们对于历史事件的理解就无法被丰富，我们就只知道生产力和生产关系互动这一个理论，那么作为一名研究者的独特价值也就消失了。从生产力决定生产关系，到某个具体历史事件的发生，其中的因果链太长了，在这条因果链中，哪些因素是主要的，又有哪些因素是直接的，如果没有具体的研究方法指引，缺乏一些机制性解释，我们就无法用马克思主义政治学来提供新的知识，而这恰恰是马克思批评历史决定论者的要害所在。

一、阶级分析法

阶级分析法是马克思主义政治学最重要的分析方法之一。马克思、恩格斯在《共产党宣言》中，开宗明义就指出："至今一切社会的历史都是阶级斗争的历

---

[1] 《马克思恩格斯选集》（第三卷），人民出版社2012年版，第730页。引文中的"他"是指米海洛夫斯基。

史。"①换言之，阶级斗争是历史变迁的动力，而解释历史变迁，当然就要回到对阶级斗争的理解上去。

对阶级分析方法的运用，取决于马克思主义一个基本的理论认识，那就是社会从本质上是冲突的。所谓社会，就是由各种不同的冲突关系所构成的。韦伯也持有相近的观点，他对马克思的阶级分析方法并不排斥，甚至有过之而无不及，把所有社会都解释为支配型社会，认为我们只要在不同的社会中找出各种各样的支配类型，就可以构建出一个社会的图景出来，比如，在政治领域有政治支配关系，在雇佣关系中也存在支配，在家庭里有家长制结构，等等。马克思主义比韦伯主义更尖锐的地方在于，所有这些冲突、支配关系，都可以归结为一个根本的、最重要的支配关系，那就是阶级支配。在经济上占有支配地位的阶级，对被统治阶级进行全面的支配，这种支配原本是经济上的占有和支配，但是统治阶级为了维护他们的统治，使这种支配关系向社会其他领域渗透、蔓延，从而使各个领域都打上了阶级支配的烙印，反过来，当我们要去解释这些不同领域的运作时，只要把其中存在的支配关系，统统还原为阶级支配即可。因此，阶级分析方法，就是在社会研究中找到根本问题、解释社会现象之本质的方法，如果没有采用阶级分析方法，那么我们对这些领域的理解，都是肤浅的。马克思和韦伯的社会分析方法，与埃米尔·涂尔干（Émile Durkheim）的相对，后者强调社会是一种"有机团结"，他是通过不断寻找社会中存在的合作机制来解释社会构成。涂尔干的分析方法，对后来尼克拉斯·卢曼（Niklas Luhmann）等人的系统论、塔尔科特·帕森斯（Talcott Parsons）的功能主义，有深刻的影响。但是这些分析，对社会的理解，总体上都比较表面化，更遑论批判性。

阶级分析方法，当然只适用于阶级社会。所以，资本主义社会是不是一个阶级社会，就成为一个重要问题，决定了资本主义社会是否适用于阶级分析。前已述及，马克思在《雇佣劳动与资本》中，就已经揭示出资本主义不是一个开放社会，而仍然是一个阶级社会。这就为马克思运用阶级分析方法来研究资本主义社会奠定了基础。资本主义社会阶级关系的变动，成为至关重要的问题。这就是近年来大量西方学者都在讨论中产阶级的原因。中产阶级的成长，意味着资本主义社会流动性的加强。一旦学者证明了西方社会存在很强的向上流动性，进一步的推论就是阶级分析方法将不再适用于西方社会。事实证明，这些观点都是掩耳盗铃。

关于阶级关系的变动，马克思与恩格斯早有预见。马克思关于阶级的"两个分化"的理论，对于理解阶级斗争的变化特别重要。第一个分化众所周知就是无产阶级的分化，即无产阶级日益分化为上层无产阶级和下层无产阶级。马克思和恩格

---

① 《马克思恩格斯选集》（第一卷），人民出版社2012年版，第400页。

斯都预见到"工人贵族"形成的可能性,这些工人逐渐失去阶级认同,甚至与工人阶级为敌。上层工人阶级的产生,与体力劳动和脑力劳动分工有关,也取决于资本的全球化扩张。列宁指出,工人贵族的形成,是资本主义进入帝国主义阶段的结果,实际上是帝国主义通过剥削落后国家工人来缓和本国的阶级矛盾的结果。中产阶级在很多时候,就是工人贵族的一部分,而不是什么新的社会现象。

相比之下,马克思所发现的第二个分化,就没有那么广为人知了,但其重要性丝毫不亚于无产阶级的分化。这就是马克思在法兰西阶级斗争的研究中所发现的,资产阶级内部的分化。马克思指出:"在路易-菲力浦时代掌握统治权的不是法国资产阶级,而只是这个资产阶级中的**一个集团**:银行家、交易所大王、铁路大王、煤铁矿和森林的所有者以及一部分与他们有联系的土地所有者,即所谓**金融贵族**。"①马克思深刻地认识到,工业资产阶级的统治对于无产阶级的成长具有积极意义:"只有工业资产阶级的统治才能铲除封建社会的物质根底,并且铺平无产阶级革命唯一能借以实现的地基。"②与之相比,金融资产阶级与无产阶级是完全对立的,它处于生产系统之外,在政治上是保守的:"金融贵族,不论就其发财致富的方式还是就其享乐的性质来说,都不过是**流氓无产阶级在资产阶级社会上层的再生**罢了。"③换言之,资产阶级将日益分化为金融资产阶级和工业资产阶级。金融资产阶级成为资产阶级的上层,他们是反动的、保守的。金融资产阶级与国家政权紧密结合在一起,有的时候甚至成为国家权力的一部分,他们通过控制国家经济的制高点,包括金融、铁路、能源、矿产等,掌握国家的经济命脉,剥夺和压迫其余的阶级,包括工业资产阶级和无产阶级。之所以金融资产阶级是反动的,是因为金融资产阶级的发展并不相应带来工人阶级的壮大。与之相对,工业资产阶级一定程度上是进步的,因为工业资产阶级的发展会相应带来工人阶级的发展;而工业资产阶级的软弱,将会恶化阶级斗争的局面。工人阶级的分化和资产阶级的分化两个进程叠加在一起,使马克思原先对于阶级对立简单化的判断,有了一个新的发展,也就是,在阶级对立简单化的同时,阶级斗争更趋复杂化。

阶级分析方法最难的一点,就是要区分出社会中各个不同的阶级,这依赖于某种公认的标准。马克思、列宁就此提出了他们的划分标准。当然会有不同的学者对该标准不够满意,认为不够精致,比如埃里克·奥林·赖特(Erik Olin Wright)自己建立了一套更加细致的标准。但是马克思主义政治学区分阶级的标准,并不在于其精致性,而在于其批判性,取决于对社会主要矛盾的把握。由此,阶级最根本的特征就是可以运用自己手中掌握的生产资料,将其转化为对被统治阶

---

① 《马克思恩格斯选集》(第一卷),人民出版社 2012 年版,第 446 页。粗体系引文所标。
② 同上书,第 454 页。
③ 同上书,第 448—449 页。粗体系原文所标。

级的支配权力,然后全面维持对被统治阶级的支配。判断阶级最重要的标准,就是是否掌握生产资料并且具备将这些生产资料转化为支配权力的能力。财产本身并不构成一种权力,不是所有掌握生产资料的群体,都能转化为统治阶级。同样地,被统治阶级也不会仅仅因为他们的收入水平低下而成为被统治阶级,而是取决于他们在生产关系中的地位,以及由此形成的生活方式、社会地位和身份认同等。马克思对流氓无产者的研究就充分说明了这一点。在马克思看来,讽刺的是,那位篡夺了资产阶级革命成果的路易·波拿巴,正是流氓无产者的代表:"波拿巴首先觉得自己是十二月十日会的头目,是流氓无产阶级的代表。他本人、他的亲信、他的政府和他的军队都属于这个阶级……"[①]马克思主义界定的流氓无产者,属于无财产、非生产性以及政治和道德上堕落的社会群体。[②]

下一步就要分析不同阶级对于社会变迁的影响。巴林顿·摩尔(Barrington Moore)在这方面的成果具有代表性。他指出,在现代化转型中,地主和农民是一种保守的、阻碍性的力量,资产阶级和工人阶级则是现代化的动力,中产阶级通常是骑墙派,但也有很大的影响,如果地主与中产阶级联盟,保守力量就会占上风,反之,如果资产阶级能够争取到中产阶级的支持,成功的可能性就大增。当然,摩尔的观点引发巨大的争议,他的后继者从不同的角度来批评他。其中,迪特里希·瑞彻迈耶(Dietrich Rueschemeyer)就认为,资产阶级对于民主化转型不太可能是一种进步的力量,只有工人阶级才是推动民主化的动力。

阶级分析方法在政治学中的运用,最后落实到一个社会变迁的机制性问题,即对阶级结盟的分析。如果工人阶级与资产阶级结盟,就有可能推翻地主的保守力量,从而引发社会变迁;同样,如果资产阶级倒向了大地主,那么就会倾向于采用法西斯手段对工人进行镇压,社会进步就会被阻碍。类似的问题,马克思在《路易·波拿巴的雾月十八日》《法兰西阶级斗争》等作品中都已经反复提及,后人只是不断把这个机制性问题加以丰富而已。

二、经济分析法

马克思主义政治学在研究方法上的显著特征,就是在因果关系上,将政治现象的原因归结为经济因素,从经济上寻求政治现象的解释。这是唯物主义方法论在政治学研究方法上的体现。学者在区分不同的政治学研究方法时,往往会把经济分析归于马克思主义,至少也承认用经济现象来解释政治现象的做法,在很大程度

[①] 《马克思恩格斯选集》(第一卷),人民出版社2012年版,第770页。
[②] Peter Hayes, "Marx's Analysis of the French Class Structure", *Theory and Society*, 1993, 22(1), pp. 99-123.

上受益于或者归功于马克思主义。换言之,经济分析法,本身已经成为马克思主义政治学一个标志性的研究方法。

如前文所述,关于从经济现象出发来分析一切社会政治现象这种方法的有效性,无论马克思还是恩格斯都做过非常详细的说明。经济分析法所奠定的分析框架,具有强大的解释力,几乎可以适用于一切社会,因为一切社会都要以物质生产和生活作为基础。不过,从理论的解释力来比较,经济分析法特别适用于对现代市民社会的研究,因为现代市民社会的特征,就在于被经济力量高度主宰。马克思在《〈政治经济学批判〉导言》中清楚地表明,他不是盲目地主张政治经济学,而是因为政治经济学所针对的,恰是市民社会中经济生活支配一切的特点。对现代市民社会的研究,如果不能从政治经济学角度切入,都很容易偏离重点,沦为学者满足自己好奇心的学术游戏。这不符合马克思主义政治学方法论的基本原则。

经济分析法的意义就在于它找到了解释市民社会最根本问题的钥匙。政治的经济化,或者说政治被经济利益决定,是市民社会的一个根本特征。在《共产党宣言》中,马克思和恩格斯指出:"一切固定的僵化的关系以及与之相适应的素被尊崇的观念和见解都被消除了,切新形成的关系等不到固定下来就陈旧了。一切等级的和固定的东西都烟消云散了,一切神圣的东西都被亵渎了。人们终于不得不用冷静的眼光来看他们的生活地位、他们的相互关系。"①冷冰冰的经济关系成为市民社会最本质的社会关系。金钱关系和市场关系支配了一切,正是在这样的历史条件下,政治生活的经济分析才具备了特别强大的科学性,更重要的是,用经济来解释政治这种研究方法本身就包含了对市民社会进行批判的深刻性。

同样的道理,如果将目光投到原始社会,经济分析法的解释力就可能弱化,因为在前资本主义生产方式中,决定人的思想行为和社会关系的因素,不只经济生活一样,还有婚姻家庭制度、不同的文化习俗,等等。这就是马克思、恩格斯对路易斯·亨利·摩尔根(Lewis Henry Morgan)在《古代社会》一书中关于史前文明的研究给予高度重视的理由,以至于恩格斯索性用婚姻制度的变化来描述史前文明的演进。马克思在《资本主义生产以前的各种形式》一文中,也指出了经济分析法比较适用于资本主义的生产方式,而前资本主义的生产方式,更适合于用共同体的文化认同来解释。晚年马克思在古代社会史笔记中,试图将经济解释与文化解释打通,聚焦于古代社会的土地制度。

值得注意的是,马克思主义政治学的经济分析法,并不简单等同于勒翰(Duc de Rohan)所主张的利益分析。其一,马克思主义政治学的经济分析法,总体而言是一种相对广义的分析方法,着眼于社会整体物质生产和经济关系,而不是聚焦于个体层面利益和动机的分析。其二,马克思主义政治学的经济分析法所指的"经

---

① 《马克思恩格斯选集》(第一卷),人民出版社 2012 年版,第 403—404 页。

济",也不是简单的经济生活、利益关系,而是指一种唯物主义理论立场。从某种意义上,凡是基于充分的历史资料而不是从观念出发来进行的研究,都可以归入经济分析的行列。利益分析法恰恰相反,表面上这种分析针对的是客观的物质利益,实际上其分析出发点完全基于个体主观的欲望,由此来推导其行为,这与唯物主义方法论可谓南辕北辙。

生产力决定生产关系、经济基础决定上层建筑,这两大经济分析公式,为马克思主义政治学研究提供了最基本的解释工具。但是这两个公式跟马克思的其他研究方法一样,不能简单地加以套用。如果简单地套用,就会沦为教条,不能为了解政治生活提供新的知识。生产力决定生产关系,毫无疑问是正确的,但两者之间的因果链太长。生产力不是直接决定生产关系的,而是通过生产方式、技术变迁以及复杂的制度演化进程来达到的。因此,在坚持"生产力决定生产关系"这一基本方法论立场的前提下,马克思主义政治学对经济分析法的有效运用,最终还是要落实到在这一长因果链条中某一机制性解释上,特别是分析制度演化的来龙去脉。只有这样来提出问题,我们才能进一步丰富马克思主义政治学的经济分析法。

马克思自己也非常清楚这一点,他从来没有把经济分析法当作一种决定论。在《〈政治经济学批判〉导言》中,马克思对所谓"进步"进行了理论反思,指出了艺术成就和经济进步之间存在的历史性错位。在现代市民社会条件下,生产力虽然获得了巨大的进步,但是资产阶级市侩文化却永远无法达到古典艺术的高度。同样,在《路易·波拿巴的雾月十八日》中,他指出法国政治全面走向反动,恰恰是在经济往上走的时候,经济增长和政治进步并不是一一对应的。

马克思主义政治经济学与当今在政治科学占主导地位的所谓西方政治经济学不同。首先,马克思主义政治经济学是一种历史唯物主义的研究方法,而西方政治经济学所采用的方法,恰是马克思严厉批评的庸俗经济学。庸俗经济学不仅把人的行为庸俗化为个体利益的最大化,而且是非历史的,他们不关心具体的历史,通过去历史化来达到一般化才是他们的追求。其次,马克思主义政治经济学具有批判性,而西方政治经济学把人追求利益最大化的理性高度合理化。马克思主义政治学采用政治经济学方法,就要充分体现这种批判性,也就是它本身蕴含了对商业利益支配下的政治行为的深刻批判。在《路易·波拿巴的雾月十八日》中,马克思尖锐地指出资产阶级退出统治的原因,就在于资产阶级在政治上的市侩性质:"洛克就排挤了哈巴谷。"①马克思这样来描述资产阶级在政治上的软弱性:

> 它就是承认:它本身的利益要求它逃避**自身统治**的危险;要恢复国内的安宁,首先必须使它的资产阶级议会安静下来,要完整地保持它的社会权力,就

---

① 《马克思恩格斯选集》(第一卷),人民出版社2012年版,第670页。

应该摧毁它的政治权力;只有资产阶级作为一个阶级在政治上注定同其他阶级一样毫无价值,个别资产者才能继续剥削其他阶级,安逸地享受财产、家庭、宗教和秩序;要挽救它的钱包,必须把它头上的王冠摘下,并且把保护它的剑像达摩克利斯剑一样悬在它自己的头上。①

这是一个经济动物的世界。秩序党的统治是为了"钱袋"。② 那么民主派,也就是山岳党的表现是如何的呢?马克思说,他们抛弃了革命的激情,"以一个遵守法制的正直庸人的冷漠态度来对抗它的革命热情"③。对法国资产阶级退位、路易·波拿巴篡权这一历史事件的分析,最终构成了对资产阶级市侩化政治的批判。同样,在《十八世纪外交史内幕》中,马克思比较了英国的外交政策和俄国的外交战略,指出英国的外交政策,由于被商业利益绑架,完全沦为商业利益的工具,因而在外交上每每试图以牺牲政治利益来换取商业利益,表现为极度的犹豫不决和绥靖,最终坐视地缘政治竞争的节节败退。

三、历史分析法

作为历史唯物主义研究,历史分析法在马克思主义政治学中的重要性是毋庸置疑的。恩格斯总结马克思的思想贡献时指出:"正像达尔文发现有机界的发展规律一样,马克思发现了人类历史的发展规律,即历来为繁芜丛杂的意识形态所掩盖着的一个简单事实:人们首先必须吃、喝、住、穿,然后才能从事政治、科学、艺术、宗教等等;所以,直接的物质的生活资料的生产,从而一个民族或一个时代的一定的经济发展阶段,便构成基础,人们的国家设施、法的观点、艺术以至宗教观念,就是从这个基础上发展起来的,因而,也必须由这个基础来解释,而不是像过去那样做得相反。"④前文已经提到,马克思认为历史科学是唯一的科学,同样,马克思主义政治学只有坚持历史取向,才是真正的科学。马克思主义政治学主张从历史的真实出发,而不是从概念出发来研究问题,这样可以避免陷入意识形态的窠臼,将自己的研究建立在严密的历史资料的基础之上,而不是停留于逻辑上的演绎和自我证明。从康德开始,德国古典主义的历史主义都主张历史的合目的性,黑格尔更认为历史是"理性的狡计",历史是不以人的意志为转移的。马克思当然反对这种历史决定论,历史是人创造的,历史也是人的实践的历史。政治作为一种历史实践,当然也要放到历史之中去考察,发现其中的规律。

---

① 《马克思恩格斯选集》(第一卷),人民出版社 2012 年版,第 712 页。"它"指代资产阶级。粗体系原文所标。
② 同上书,第 713 页。
③ 同上书,第 715 页。"它"指秩序党。
④ 《马克思恩格斯选集》(第三卷),人民出版社 2012 年版,第 1002 页。

从学科史的角度看,政治科学最初从历史学中分化出来成为一门单独的学科,当时政治科学正是以非历史的研究为其标榜,后来的行为主义政治学,迷恋调查统计方法和一般化的理论模型,将历史比较视为一种落伍的研究方法。直到以巴林顿·摩尔及其学生查尔斯·蒂利(Charles Tilly)等为代表的国家理论研究者不断涌现,他们坚持历史社会学的研究方法,才将政治学重新带回到历史之中。这些学者无疑深受马克思主义和韦伯主义的影响,不过他们更直接的理论资源来自以费尔南·布罗代尔(Fernand Braudel)为代表的年鉴学派,与历史唯物主义的历史分析法,虽有异曲同工之处,但是理论立场却大相径庭。马克思的历史唯物主义,注重历史事实的整体性以及真实的呈现,而历史事件之间的因果关系,是在历史和社会变迁中呈现出来的。因此,马克思主义政治学在采用历史分析的时候,与那种结构主义的历史分析方法不同,后者主张从历史的长时段中寻找某种结构性的解释,特别是强调某种结构在其中扮演了决定性的作用。比如巴林顿·摩尔把农业的商品化当成一种结构性的力量:在农业商品化达到一定程度的地方,相应地就形成强大的资产阶级力量,从而推动民主化进程;而在商品化程度不足的条件下,地主的力量依然强大,资产阶级不得不与地主结盟,而维持一种专制的统治。这种结构主义的思维进一步影响了他的学生斯考切波,她的研究就是从结构出发,讨论社会中某种结构在转型中的决定性影响。在对革命的研究中,她发现了国家这一个结构独立地发生了作用,从而为后来的国家自主性理论奠定了基础。结构主义发展到极端,就是斯考切波的学生杰克·戈德斯通(Jack A. Goldstone)的人口研究。戈德斯通的研究立场已经倒退到马尔萨斯,在《早期现代世界的革命与反抗》一书中,他将所有社会变迁的原因都归结于人口结构的变化,形成一种人口决定论,引起巨大的争议。

马克思主义政治学当然会坚决反对结构主义在历史分析中的应用。在《路易·波拿巴的雾月十八日》第二版序言中,马克思声称,他既不是像雨果那样,把事变理解为某一个人的暴力行为,也不像蒲鲁东那样,把政变描述成以往历史发展的结果。理由在于,雨果和蒲鲁东都无法揭示路易·波拿巴政权所代表的市侩政治的真相。马克思宣称他的主题是"法国**阶级斗争**怎样造成了一种局势和条件,使得一个平庸而可笑的人物有可能扮演了英雄的**角色**"[①]。换言之,马克思主张的历史分析法,不是像雨果那样,将更多注意力放在个人的行为上,追求一种或然性的解释,把历史当成偶然的结果,这样历史分析就失去了它的理论价值,没有经过理论框架加工的历史研究只是一些偶然性资料的堆砌,而不是社会科学、(更不是)政治学的研究。同样,马克思更反对蒲鲁东的宏观历史分析态度,因为后者带有太浓厚的历史决定论色彩,仿佛人在其中只是服膺于历史发展的工具。那么马克思的历

---

① 《马克思恩格斯选集》(第一卷),人民出版社2012年版,第664页。粗体系原文所标。

史分析法的重点到底在哪里呢？

有学者把马克思主张的历史分析,归结为事件分析,即通过对历史事件的呈现,揭示事件和事件之间的联系,从而对历史变迁进程做出解释,因为与结构相比,马克思显然更重视事件和机制。事件分析的关键在于时序问题。正如小威廉·H. 休厄尔(William H. Sewell, Jr.)所指出的那样,历史事件分析的卓越性,就在于我们要在历史进程中辨认出不同的事件发生的时序,历史的结果往往是事件发生的时序所造成,如果事件的时序发生变化,最后的结果可能也会有所不同。① 不过,马克思可能并不会同意这种对其历史分析法的简单解析,因为马克思的历史分析法尽管非常重视具体的进程和机制,但同时也注重从整体社会发展进程来理解事件本身,而不是相反。马克思主义政治学的历史分析法,更应该是一种将宏观历史与历史进程有机结合起来的研究方法。在这个研究中,既不可以忽视历史整体发展的趋势,也不能忽视历史进程本身,尤其是历史进程中人的创造性行动。

从"法国**阶级斗争**怎样造成了一种局势和条件,使得一个平庸而可笑的人物有可能扮演了英雄的角色"这句话,我们可以体会到,马克思主义政治学的历史分析法,十分注重历史条件与人之间的互动关系。历史、社会和文化的发展创造了一定的条件,这些条件也许给人制造了某些阈限,但人在这些条件下并不是被动无为的,人可以通过自己的行动,和客观的历史情势之间形成某种反思性的互动关系。马克思主义政治学的历史分析法关心的就是这种互动关系。按照这样的理解,我们就可以解释:为什么有的革命斗争容易成功,有的容易失败？因为无产阶级革命必须在资产阶级充分发展的条件下发生,而法国革命走向失败的原因,就在于资产阶级软弱,以及无产阶级相应的不发展。但是人并不是被动无为的,在特定历史条件下,无产阶级也可以创造出革命的条件来,这就是列宁"一国建成社会主义"思想的基础。

第三节　中国化马克思主义政治学方法论

在马克思列宁主义基本原理同中国革命和建设具体实际相结合的基础上产生了中国化的马克思主义,中国化的马克思主义既坚持了马克思列宁主义的立场、观点和方法,又丰富和发展了马克思列宁主义,其中一个重要的内容就是中国化的马克思主义形成了认识和分析政治的方法论。这种方法论不只是马克思列宁主义的立场、观点和方法在中国实际中的应用,更重要的方面在于它是一个由若干创新性

---

① ［美］小威廉·H. 休厄尔：《历史的逻辑——社会理论与社会转型》,朱联璧、费滢译,上海人民出版社2012年版,第93页。

见解组成的知识体系。

一、实践第一

中国化的马克思主义是从"山沟里"产生的。"山沟里"不是指地点、场所,而是指中国革命的具体实践,因此实践是内生于中国化马克思主义的第一品格。实践第一意味着中国化马克思主义在认识和分析政治时,既不会拘泥于任何抽象的教条,而只能扎根于鲜活的实践,也不会服膺于任何未经实践检验的价值,而必须以实践过程及其结果为判断标准。进而言之,实践第一,内在地要求从实践条件、过程和结果出发认识政治,实践的条件、过程和结果就是最大的实际,这也是一切从实际出发的政治要义。

实践是人的社会性活动。首先,人是实践的主体,除了人之外,不可能有第二个主体,实践中的其他主体不过是人的转化形式,实践是与人之本质相连的活动;其次,实践是社会性的活动,人只能在社会条件下进行实践,所以充当实践主体的人是具体社会条件中的人,是现实的人。在实践的所有社会形式中,生产活动是最基本的实践活动,但是并不仅限于生产活动,"人的社会实践,不限于生产活动一种形式,还有多种其他的形式,阶级斗争,政治生活,科学和艺术的活动,总之社会实际生活的一切领域都是社会的人所参加的"①。作为实践的一种形式,政治同样是人的社会性活动,这就是说,必须从人的社会性活动出发解释政治。

人的社会性活动都是在特定的历史、社会、文化条件下进行的具体的鲜活的过程,所以从实践出发理解政治就只能将政治放在具体的国家中。在中国从事政治学研究,当然要植根于中国实践,而且必须以中国实践作为关照对象。中国实践是具体的,更是历史的。从中国实践来理解政治,一方面是指政治是当下的实践,另一方面是指当下的实践是在过去的实践积累的条件下发生的,是过去实践的延续和变化。实践的历史性质或者说长时段的过程性质意味着对政治的认识和分析不可能一蹴而就,实践是变化发展的,政治同样是变化发展的,因此对政治的分析就遵循着从感性认识到理性认识的发展过程,"实践、认识、再实践、再认识,这种形式,循环往复以至无穷,而实践和认识之每一循环的内容,都比较地进到了高一级的程度"②。进而论之,任何政治制度设计、政治理论、政策,都不可能是绝对的,对它们的评价也不能定于一尊,而是必须跟随实践而发展变化。

政治必须从实践出发,而实践最为根本的要素就是具体的现实的人。人不是抽象的个人。其实,如果从抽象原则出发界定的人,反而不是有个性的人,有个性

---

① 《毛泽东选集》(第一卷),人民出版社1991年版,第283页。
② 同上书,第296—297页。

的人只能是具体的现实的人，不能将从一定的价值出发关怀人，和将人理解成由自然权利界定的抽象的人等同起来。具体的现实的人就是处在社会关系中的"社会动物"①，正是由社会性活动才将人与动物区分开来。人的社会性质决定了政治不可能是个别行为，而只能是社会性活动，所以政治植根于社会性活动、服务于社会性活动。中国化马克思主义形成于中国共产党领导社会革命和建设社会主义的社会性活动中，革命和建设、改革和发展，都是由广大民众共同参加的事业，因此在中国化马克思主义看来，政治就是将具体的现实的人凝聚起来使之成为强大的集体力量从而善用这个集体力量为具体的现实的人服务的活动。不言而喻，政治的人民性是政治的根本性质，并且人民性是由实践这一人的社会性活动从根本上决定的。

既然实践是具体的鲜活的活动，那么实践就是变化，就是发展。在实践的主体（即具体的现实的人）由于既得利益而制约实践时，实践就意味着革命。革命就是要破除任何既得利益的束缚，利益必须服从于发展、变化，利益也只能在发展变化的实践中获得。即使在暴风骤雨般的阶级斗争已经结束了的时代，革命仍然在进行中，"改革也是一场革命"②，"改革开放只有进行时没有完成时"③，实践无止境，改革和革命就无止境。当然，这时的革命就是中国共产党的自我革命，"越是长期执政，越不能丢掉马克思主义政党的本色，越不能忘记党的初心使命，越不能丧失自我革命精神"④。从某种意义上讲，自我革命更为深刻，更具有挑战性，影响更为深远。中国共产党是先锋队性质的政党，肩负着在实践中走在时代前列领导国家发展和社会进步的使命，因此党的先锋队性质和实践的变化发展品格是相互交融的，共同塑造了以革命为发展提供动力、以改革完成革命的中国特色社会主义实践。

实践第一意味着政治只能是具体的鲜活的本土化的政治，任何政治都不可能脱离特定的历史、社会、文化条件而发生，并且这样的政治同现实的人及其社会性活动紧密联系在一起，由具体的现实的人组成集体力量，依靠集体力量实现共同的善，在共同的善中满足个体的利益，是作为一种实践的政治的本质。但是，实践的变化发展品格与具体的现实的人的利益的固化倾向是彼此冲突的，这就需要一个根源于实践的历史发展规律的领导力量将现实的个人组织起来、凝聚成集体力量，从而破除既得利益，进而实现同实践的发展品格保持一致。所以，先锋队政党的领导是作为一种实践的政治所不可或缺的核心要素。

---

① 《马克思恩格斯文集》（第五卷），人民出版社 2009 年版，第 379 页。
② 邓小平就讲道，"我们把改革当作一种革命"，"改革是中国的第二次革命"。参见《邓小平文选》（第三卷），人民出版社 1993 年版，第 82、113 页。
③ 《习近平谈治国理政》（第一卷），外文出版社 2018 年版，第 69 页。
④ 《习近平谈治国理政》（第三卷），外文出版社 2020 年版，第 529 页。

二、矛盾分析

实践当中充满矛盾,世界本就是由矛盾构成的。矛盾就是对立统一关系,世界上的万事万物,无不是由对立统一关系构成的。一方面,任何事物都包括彼此不同的两个方面,此谓之对立;另一方面,彼此不同的两个方面是相互依存的,共同构成了该事物,此谓之统一。至为关键的是,对立统一关系既不是孤立存在的,一种对立统一和另一种对立统一是联系在一起的,对立统一关系也不是僵化不变的,对立统一的两方会在一定条件下相互转化,不同对立统一之间的关系同样在发生变动。对立统一关系实际上就是一种源源不断的动力,推动实践不断发展变化。从矛盾出发分析政治,就是要将政治看作对立统一的事物。

矛盾具体体现为一系列彼此冲突或者说不一致的现象,而透过现象则可以发现隐藏在现象背后的本质,对立统一关系其实就是对矛盾现象背后的本质的揭示。现象是外部的,本质是内部的,对立统一意味着事物的发展是由内部的矛盾性决定的。毛泽东指出:"把事物的发展看做是事物内部的必然的自己的运动,而每一事物的运动都和它的周围其他事物互相联系着和互相影响着。事物发展的根本原因,不是在事物的外部而是在事物的内部,在于事物内部的矛盾性。任何事物内部都有这种矛盾性,因此引起了事物的运动和发展。事物内部的这种矛盾性是事物发展的根本原因,一事物和他事物的互相联系和互相影响则是事物发展的第二位的原因。"[①]

事物内部的矛盾性是决定事物发展的根本原因,不仅意味着要把政治看作对立统一的事物,而且意味着必须将内部要素作为理解政治的根本出发点和落脚点。具体来看有如下三点:首先,办好中国的事情根本在于中国自己,关键在于中国共产党,独立自主、自力更生是实现国家发展的总基调;其次,中国当然会遭遇风险和挑战,但是关键不在于这些风险和挑战,"中国要出问题,还是出在共产党内部"[②],只要党是坚强有力的、党的领导是正确有效的,就足以应对一切风险和挑战;最后,中国共产党党内的状况决定了中国社会的基本状况,中国共产党领导的坚强有力决定了中国政治的优势。正是因为事物内部要素的决定性地位,我们才能解释如是判断:"中国特色社会主义最本质的特征是中国共产党领导,中国特色社会主义制度的最大优势是中国共产党领导,党是最高政治领导力量,提出新时代党的建设总要求,突出政治建设在党的建设中的重要地位。"[③]

---

① 《毛泽东选集》(第一卷),人民出版社1991年版,第301页。
② 《邓小平文选》(第三卷),人民出版社1993年版,第380页。
③ 《习近平谈治国理政》(第三卷),外文出版社2020年版,第16页。

进一步讲,以内部为根基、把握好事物内部的矛盾性,是中国政治和国家发展的总局。这个总局是中国共产党领导国家发展的基础,它不仅是中国化马克思主义理论对中国政治的指导性意见,还是中国共产党领导革命和建设、改革和发展的基本经验的总结。中国的命运必须掌握在中国人手中,中国人只有掌握了自己的命运才能实现国家发展和社会进步,中国政治就是要把握好这个总局,始终将人民凝聚起来、坚持以人民为中心、紧紧依靠人民实现发展。中国共产党要把握好中国政治的总局必须满足一个根本条件,这就是党必须是坚强有力的、健康有活力的、能够进行正确有效领导的先锋队。由此可见,中国共产党必须贯彻全面从严治党的战略布局,唯有如此才能把握住中国政治的总局。从总局分析中国政治,就意味着必须从自身、从内部出发解释政治,其中最为根本的就是从中国共产党出发分析中国政治。

矛盾诚然是普遍存在的,但是矛盾与矛盾之间的地位并不相同,在错综复杂的矛盾世界中,必有一种矛盾处于支配地位,这就是主要矛盾,其他矛盾则是次要矛盾,在特定的时期只有一种矛盾是主要矛盾。同样,矛盾由两个彼此不同的方面组成,这两个不同的方面在地位上是不同的,也就是有主次之分,一个方面是矛盾的主要方面,另一个方面则是矛盾的次要方面,在特定的时期矛盾的主要方面和次要方面也是确定的。毛泽东说:"矛盾着的两方面中,必有一方面是主要的,他方面是次要的。其主要的方面,即所谓矛盾起主导作用的方面。事物的性质,主要地是由取得支配地位的矛盾的主要方面所规定的。"①这里"取得支配地位的矛盾的主要方面",就是政治的大局,研究政治就必须抓住事物的主要矛盾的主要方面。

在中国化马克思主义的视野中,政治就是大局,大局就是主要矛盾的主要方面。大局就不是"局部的问题",只有关系到"整体和全局的事情"才是大局,因为凡是牵涉整体的问题"必然也具有政治性"。② 既然政治要把握住主要矛盾的主要方面,那么随着主要矛盾和矛盾的主要方面的转化,大局也会发生改变,因此政治的基本内容也必须随之改变。政治如果不能把握大局,就会对国家发展造成严重的不利影响,从而对政治本身形成重大伤害。

在中国特色社会主义新时代,社会主要矛盾已经转变成人民日益增长的美好生活需要和不平衡不充分的发展之间的矛盾,这就意味着经济发展、现代化建设仍然是"最大的政治"③,即政治的大局。与此同时,不平衡不充分的发展则是主要矛盾的主要方面,把握大局不仅要抓住主要矛盾,而且必须同时抓住矛盾的主要方面,这就意味着政治的大局就不再是一般以经济发展为中心,而是要以高质量的平

---

① 《毛泽东选集》(第一卷),人民出版社1991年版,第322页。
② 王沪宁主编:《政治的逻辑——马克思主义政治学原理》,上海人民出版社2016年版,第361页。
③ 《江泽民文选》(第一卷),人民出版社2006年版,第515页。

衡的发展为中心。讲政治就是指"政治方向、政治立场、政治观点、政治纪律、政治鉴别力、政治敏锐性"[①]都不能脱离大局工作,也就是不能脱离主要矛盾和矛盾的主要方面,否则政治就是空的。矛盾的变化导致大局的变化,所以政治的基本内容也要随之变化。没有一成不变的大局,也没有基本内容僵化不变的政治。

政治要把握住主要矛盾和矛盾的主要方面,这是大局所需,但是把握大局的同时也要兼顾次要矛盾和矛盾的次要方面,不能在工作中仅仅抓住主要矛盾和矛盾的主要方面,而放弃了次要矛盾和矛盾的次要方面。因为对次要矛盾和矛盾的次要方面的忽视将会导致矛盾转化,从而出现次要矛盾变成主要矛盾、矛盾的次要方面变成主要方面。并且,即使矛盾没有发生转化,对次要矛盾和矛盾的次要方面的忽视,同样会影响主要矛盾和矛盾的主要方面的解决。次要矛盾和矛盾的次要方面之所以次要,并非它们不重要,而只是意味着相对于主要矛盾和矛盾的主要方面来说,它们是次要的。在抓住主要矛盾时兼顾次要矛盾,在抓住矛盾的主要方面时兼顾矛盾的次要方面,这就是全局的思想。

政治是大局,同时政治也是全局。政治只有紧握大局才能谋全局,同样只有谋全局才能推进大局。中国共产党在领导革命和建设的历史过程中,恰当地处理好大局和全局之间的关系构成了重要的主题,其所积累的经验是中国化马克思主义的重要来源。在革命时期,工农大众是革命的主力军,要取得革命胜利就必须以依靠工农阶级作为工作的大局,但是城市小资产阶级和民族资产阶级是革命不可或缺的同盟军,故而争取中间力量就构成了工作全局的一部分。毛泽东说:"共产党员在领导群众同敌人作斗争的时候,必须有照顾全局,照顾多数及和同盟者一道工作的观点。共产党员必须懂得以局部需要服从全局需要这一个道理。"[②]在改革开放时期,现代化建设是大局,允许和鼓励一部分人先富裕起来是推进大局工作所需,但是"先发展起来的地区带动后发展的地区,最终达到共同富裕"[③]则是全局。如果先富不带动后富,如果不推进共同富裕,就会出现两极分化,因而形成动摇全局、破坏大局的结果。邓小平特别强调:"社会主义的目的就是要全国人民共同富裕,不是两极分化。如果我们的政策导致两极分化,我们就失败了;如果产生了什么新的资产阶级,那我们就真是走了邪路了。"[④]脱离了全局的大局,不只是破坏了全局,而且将走向反面,背离大局本身。

中国化马克思主义认为,政治是对立统一的关系,故而要从矛盾出发进行分析,这具体集中在政治是总局、大局、全局之上。政治必须把握大局,否则政治不可能是成功的政治。但是,大局是总局基础上的大局,是贯穿着总局的大局,是全局

---

① 《江泽民文选》(第一卷),人民出版社2006年版,第516页。
② 《毛泽东选集》(第二卷),人民出版社1991年版,第525页。
③ 《邓小平文选》(第三卷),人民出版社1993年版,第374页。
④ 同上书,第110—111页。

之中的大局,超出总局和全局的大局是不存在的,只有从总局和全局出发,才能准确把握大局,并且能够把握大局的变化。同样重要的是,只有把握大局,才能推进总局和全局,大局的解决是推进总局和全局的关键。

三、有机统一

矛盾分析将政治看作对立统一的事物,但是对立并不意味着对抗,对立的两方面能够统一,就表明矛盾失去了对抗性质。在矛盾失去了对抗性质的基础上,政治就是有机统一的政治,有机统一政治论是矛盾分析方法在新的历史条件下的重大发展。有机统一是在社会主义制度已经确立的基础上,伴随着社会主义政治的实践逐渐发展和显现出来的。中国共产党在领导中国特色社会主义事业的历史进程中,逐渐认识到党的领导、人民当家作主、依法治国是一个有机统一的整体。当中国共产党认识到党的领导、人民当家作主、依法治国构成了一个有机统一的整体之后,就积极推动这个有机统一整体的发展,并且将其同中国社会主义政治发展的实践和中国社会主义政治制度的完善紧密结合起来。因此,分析中国政治必须从有机统一入手。

社会主义国家是人民民主专政的新政权,工人阶级对于社会主义国家的领导是通过中国共产党实现的,因此中国共产党的领导就成为社会主义国家的核心要素,同时也成为社会主义民主政治的核心要素。尽管中国共产党首先明确了党的领导的至关重要,但是共产党领导内在地具有实现人民当家作主的要求。改革开放以来,中国共产党对于人民当家作主也产生了全新的认识,不仅认识到没有民主就没有社会主义,而且开始认识到必须将民主与法制联系起来。邓小平就认为,政治上发展民主,是改革开放的两个重要内容之一。[①] 他在启动改革开放的纲领性文件《解放思想,实事求是,团结一致向前看》中指出:"为了保障人民民主,必须加强法制。必须使民主制度化、法律化,使这种制度和法律不因领导人的改变而改变,不因领导人的看法和注意力的改变而改变。"[②]

邓小平在改革开放初期的判断,实际上成为了中国共产党对于党的领导、人民当家作主、依法治国是有机统一整体的认识的起源。在不断总结社会主义政治发展经验的基础上,江泽民在党的十五大报告中指出:"建设有中国特色社会主义的政治,就是在中国共产党领导下,在人民当家作主的基础上,依法治国,发展社会主义民主政治。"[③]虽然江泽民没有直接认为共产党领导、人民当家作主、依法治国是

[①] 《邓小平文选》(第三卷),人民出版社1993年版,第116页。
[②] 《邓小平文选》(第二卷),人民出版社1993年版,第146页。
[③] 《江泽民文选》(第二卷),人民出版社2006年版,第17页。

有机统一的整体，但是他在阐述社会主义初级阶段的基本纲领时指出，"建设有中国特色社会主义的经济、政治、文化的基本目标和基本政策，有机统一，不可分割，构成党在社会主义初级阶段的基本纲领"①。并且，江泽民在具体论述政治体制改革与民主法制建设时进一步认为："党领导人民制定宪法和法律，并在宪法和法律范围内活动。依法治国把坚持党的领导、发扬人民民主和严格依法办事统一起来，从制度和法律上保证党的基本路线和基本方针的贯彻实施，保证党始终发挥总揽全局、协调各方的领导核心作用。"②应该说，在党的十五大政治报告中的论述，已经说明中国共产党对于有机统一政治有了比较成熟的理解。

中国共产党对于有机统一政治的理解在十六大报告中发展成熟。江泽民认为："发展社会主义民主政治，最根本的是要把坚持党的领导、人民当家作主和依法治国有机统一起来。党的领导是人民当家作主和依法治国的根本保证，人民当家作主是社会主义民主政治的本质要求，依法治国是党领导人民治理国家的基本方略。"③由此论述可见，共产党领导、人民当家作主、依法治国不仅是有机统一的，而且它们构成了一个有机统一的整体，这个有机统一的整体就是社会主义民主政治。社会主义民主政治就是人民民主，胡锦涛在党的十七大政治报告中进一步认为："人民民主是社会主义的生命。"④至此，中国共产党对于有机统一政治的认识完全成熟了，不仅共产党领导、人民当家作主、依法治国是有机统一的整体，而且这个整体（即人民民主）是社会主义的生命所在。人民民主作为有机统一的整体，对自身的组成部分进行规定，即共产党领导、人民当家作主、依法治国都必须从人民民主寻求意义和得到解释。

在认识到共产党领导、人民当家作主、依法治国有机统一为整体（即人民民主）的基础上，中国共产党就以此认识为指导积极塑造有机统一政治，这种塑造集中体现为以社会主义政治发展和人民代表大会制度巩固和发展有机统一政治。习近平在党的十九大报告中指出："坚持党的领导、人民当家作主、依法治国有机统一。党的领导是人民当家作主和依法治国的根本保证，人民当家作主是社会主义民主政治的本质特征，依法治国是党领导人民治理国家的基本方式，三者统一于我国社会主义民主政治伟大实践。"⑤不仅如此，有机统一政治要用我国根本政治制度的实践来实现发展，"人民代表大会制度是坚持党的领导、人民当家作主、依法治国有机统一的根本政治制度安排，必须长期坚持、不断完善"⑥。以人民代表大会

---

① 《江泽民文选》（第二卷），人民出版社2006年版，第18页。
② 同上书，第29页。
③ 《江泽民文选》（第三卷），人民出版社2006年版，第553页。
④ 《胡锦涛文选》（第二卷），人民出版社2016年版，第634页。
⑤ 《习近平谈治国理政》（第三卷），外文出版社2020年版，第28—29页。
⑥ 同上书，第29页。

制度巩固和发展有机统一政治,并且将有机统一政治的发展置于我国社会主义民主政治发展实践中,代表着中国共产党对于有机统一认识的新高度。

党的领导、人民当家作主、依法治国的有机统一不是形式上的统一,而是实践中的统一。也就是说,党的领导、人民当家作主、依法治国,只有在人民民主的实践过程中才能实现有机统一,而且有机统一也在人民民主的实践中实现发展。有机统一论意味着分析政治,不能只是从有机统一的个别要素出发,更为根本的是从有机统一的整体出发。

四、民心政治思维

"得民心者得天下",这是一种久远的理解中国政治的思维,中国化马克思主义吸收和发展了从民心认识政治的思维方式。在中国化马克思主义的视野中,民心仍然是判断政治的最高标准,不以民心为根基的政治不具备正当性,这是对中国政治传统的吸收;但是,从民心解释政治不能停留在笼统地强调民心的道德约束上,而是必须强调民心对政治的实际参与,从而要求领导力量必须发现民心、实践民心、塑造民心,这是对中国政治传统的发展。

民心是和民意有所联系但又不同的概念。民意是分散的、多样的、易变的、个别的利益在观念上的反映,而民心则是简约的、稳定的、长远的、共同的利益在观念上的反映。民意和民心都包含着民众的价值追求,然而相对于民意而言,民心体现的是民众朴素的价值观念。民心具有持久积累的性质,既能够从历史中发现民心的部分内容,又能够从民众的现实生活中发现民心的部分内容。民心的整体内容不会以不言自明的方式存在:它好比一座漂浮在海洋中的冰山,一部分浮出海面能够为人所知晓,另一部分则处在海面之下隐而不彰,有待于人继续研究;也近似一座富矿,有一部分已经露出了地表能够被人轻易拾到,但是更大的部分则需要人根据散落在地表的矿石去细细挖掘。

民心政治思维在中国化马克思主义中的具体表现就是人民这一概念在中国政治中所具有的中心位置。人民不同于民众、公民、群众等概念,它是由中国共产党和民众结合在一起的整体。中国共产党对于人民的认识从一开始就是将其看作一个广泛包容性的概念,"1935年以后,'人民'成为中共核心的政治概念之一,其地位从愚昧者、卑贱者、被统治者上升为国家至高无上的主人"[①]。人民概念的成熟解决了一个至关重要的问题,这就是民心获得了现实的政治主体作为载体,人民的利益就是民心,中国共产党将广大民众凝聚起来成为人民的过程其实也是一个发现民心的过程。民心以人民为载体,在人民作为主权者行使国家权力时,

---

[①] 王绍光:《人民至上:"人民""为人民""人民共和国"》,《中央社会主义学院学报》2021年第2期,第55页。

民心就参与到政治过程中,即民心借助人民实现从抽象观念到政治过程参与要素的转化。

进而论之,民心政治思维必然要求保障人民在政治上的主体地位,政治过程必须以人民为中心进行,实现人民的利益是贯穿在政治过程中的基本内容。中国共产党创建的社会主义国家被命名为"人民共和国",国家机构都将人民作为确立其性质的标志。中国共产党在新中国成立前夕就明确指示:"我们是人民民主专政,各级政府都要加上'人民'二字,各种政权机关都要加上'人民'二字,如法院叫人民法院,军队叫人民解放军,以示和蒋介石政权不同。"①民心依靠人民共和国的政治框架进一步深入到具体的政治过程中,集中体现为"权为民所用、情为民所系、利为民所谋"②。同时,人民是"阅卷人",政治是否有效、是否代表人民的利益,最终由人民评判,"我们把人民拥护不拥护、赞成不赞成、高兴不高兴、答应不答应作为制定各项方针政策的出发点和落脚点"③。

发现民心是民心政治思维的基础环节,中国共产党凝聚人民的过程也是发现民心的过程。从民心政治思维解释政治,就要将政治理解成中国共产党贯彻群众路线的过程。毛泽东说:

> 教育每一个同志热爱人民群众,细心地倾听群众的呼声;每到一地,就和那里的群众打成一片,不是高踞于群众之上,而是深入于群众之中;根据群众的觉悟程度,去启发和提高群众的觉悟,在群众出于内心自愿的原则之下,帮助群众逐步地组织起来,逐步地展开为当时当地内外环境所许可的一切必要的斗争。在一切工作中,命令主义是错误的,因为它超过群众的觉悟程度,违反了群众的自愿原则,害了急性病。我们的同志不要以为自己了解了的东西,广大群众也和自己一样都了解了。群众是否已经了解并且是否愿意行动起来,要到群众中去考察才会知道。如果我们这样做,就可以避免命令主义。在一切工作中,尾巴主义也是错误的,因为它落后于群众的觉悟程度,违反了领导群众前进一步的原则,害了慢性病。我们的同志不要以为自己还不了解的东西,群众也一概不了解。许多时候,广大群众跑到我们的前头去了,迫切地需要前进一步了,我们的同志不能做广大群众的领导者,却反映了一部分落后分子的意见,并且将这种落后分子的意见误认为广大群众的意见,做了落后分子的尾巴。总之,应该使每个同志明了,共产党人的一切言论行动,必须以合乎最广大人民群众的最大利益,为最广大人民群众所拥护为最高标准。④

---

① 《毛泽东文集》(第五卷),人民出版社1996年版,第135—136页。
② 《胡锦涛文选》(第二卷),人民出版社2016年版,第9页。
③ 《胡锦涛文选》(第三卷),人民出版社2016年版,第160页。
④ 《毛泽东选集》(第三卷),人民出版社1991年版,第1095—1096页。

群众路线从民众已经显露出来的朴素价值出发,在实现党和群众紧密结合的过程中,发现民心,并且进一步引导群众,从而塑造民心。

无论是发现民心,还是塑造民心,都是在中国共产党和群众的持续互动中进行的,协商或者说商量是发现民心、塑造民心的政治机制。习近平指出:

> 在中国社会主义制度下,有事好商量,众人的事情由众人商量,找到全社会意愿和要求的最大公约数,是人民民主的真谛。涉及人民利益的事情,要在人民内部商量好怎么办,不商量或者商量不够,要想把事情办成办好是很难的。我们要坚持有事多商量,遇事多商量,做事多商量,商量得越多越深入越好。涉及全国各族人民利益的事情,要在全体人民和全社会中广泛商量;涉及一个地方人民群众利益的事情,要在这个地方的人民群众中广泛商量;涉及一部分群众利益、特定群众利益的事情,要在这部分群众中广泛商量;涉及基层群众利益的事情,要在基层群众中广泛商量。在人民内部各方面广泛商量的过程,就是发扬民主、集思广益的过程,就是统一思想、凝聚共识的过程,就是科学决策、民主决策的过程,就是实现人民当家作主的过程。①

不言而喻,发现民心和塑造民心只能在政治实践中完成,民心政治思维内在地要求必须将其放在政治实践中理解,所以民心政治思维和实践第一是联系在一起的。

总结而论,中国化马克思主义有着丰富的、比较系统的认识和分析政治现象进而发现政治规律的方法论,实践第一、矛盾分析、有机统一、民心政治思维是中国化马克思主义方法论中比较突出的方面。善于使用实践第一、矛盾分析、有机统一、民心政治思维对中国政治进行研究,不仅有助于把握中国政治作为现代政治的一般性质,更为关键的是有助于掌握中国政治所具有的特殊性质。中国化马克思主义政治学方法论同中国政治学是联系在一起的,没有中国化马克思主义政治学方法论的支持,中国政治学的建构是不可能的。

本 章 小 结

马克思主义关于政治规律的研究对于当今政治科学的重要性,特别是在政治学研究方法上具有重要指导意义。从研究方法的角度讲,马克思主义的分析工具对于政治现象具有强大的解释力,即便当今社会离马克思所处的时代已经发生了巨大的变化,但是马克思主义所提供的研究视角、分析框架和理论解释,依然是不

---

① 《习近平谈治国理政》(第二卷),外文出版社2017年版,第292—293页。

可替代的。在马克思列宁主义基本原理同中国革命和建设具体实际相结合的基础上产生了中国化的马克思主义,中国化的马克思主义既坚持了马克思列宁主义的立场、观点和方法,又丰富和发展了马克思列宁主义,其中一个重要的内容就是中国化的马克思主义形成了认识和分析政治的方法论,实践第一、矛盾分析、有机统一、民心政治思维则是中国化马克思主义方法论中比较突出的方面。伴随着当代中国政治发展的深入推进和学者对于当代中国政治发展经验的理解更为深入化、系统化,马克思主义政治学研究方法和中国化马克思主义政治学方法论也将更为成熟,从而为中国政治研究提供有效的支持。

 思考题

1. 马克思主义政治学的方法论包括哪些主要内容?
2. 如何理解"政治是经济的最集中的表现"?
3. 阶级分析法在政治学研究中应该如何运用?
4. 矛盾分析法在政治学研究中应该如何运用?
5. 如何理解中国政治中的"民心"?

 延伸阅读

1. 王沪宁:《政治的逻辑——马克思主义政治学原理》,上海人民出版社2016年版。

该书回答了一个长期以来存在的问题,即马克思主义是否具有完整的政治学体系,通过全面、深入地挖掘和研究马克思主义的政治思想和理论,本书系统、完善和深刻地展现了马克思主义政治学体系的每一条原理。具体包括:政治是经济的集中体现;政治是各阶级之间的斗争;国家是阶级统治的工具;国家是从社会分化出来的管理机构;政治权力是阶级的权力;国家属性决定政治形式;政治民主是阶级统治;政治党派划分基于阶级划分;政治是一门科学和艺术;民族问题是社会革命总问题的一部分;社会存在决定社会意识形态;社会发展促进政治发展;革命是历史的火车头;时代特征决定国际政治总格局;人类社会必然向共产主义社会过渡。

2. 林尚立:《当代中国政治:基础与发展》,中国大百科全书出版社2017年版。

中国是一个具有很长政治文明史的国家,中国现代政治以政治文明史为根基。

现代政治源于西方,中国在经历了试验和探索之后,选择了社会主义制度;在综合现代西方政治文明、社会主义制度以及中国现代国家形态的基础上,创立了中国现代政治。面对现代中国政治,世人常常产生这样的困惑:中国现代政治,到底是西方的还是中国的?是应该按照西方的逻辑走,还是按照中国的逻辑走?这种困惑使得人们无法全面、深入地把握中国现代政治及其未来的前途和方向。本书给出的答案是:应该从中国出发把握中国政治。

3. 刘建军、陈周旺、汪仕凯:《政治逻辑:当代中国社会主义政治学》,上海人民出版社2022年版。

本书不是对当代中国政治发展进程的分析,也不是对当代中国政治体系和政治制度的研究,而是把当代中国社会主义政治作为一个整体性的研究对象,从中提取当代中国社会主义政治学的基本命题与基本原理。以此为出发点,本书重新定义了政治。政治从根本上来说就是"政通人和、国泰民安",这既是社会主义本质的政治呈现,也是社会主义精神的外化成果,更是社会主义目标的最终落实。"政通人和"的前提是人民当家作主,"国泰民安"的前提是中国共产党领导的国家治理体系和治理能力现代化。在这样的政治世界里,当代中国社会主义政治有着不同的逻辑。

第二章
中国政治学研究方法

"知识的生产是由方法所驱动的"①,系统掌握方法论是政治学开展研究的前提条件。然而,从概念内涵上看,社会科学中的研究方法实则具有两种不同指向。一方面,它代表了特定的理论视角。这里的研究方法被界定为"一套态度、理解和实践的组合,它们决定了政治学研究的基本方式"②,其对应的英文单词通常为"approach"。另一方面,它又指代一套标准化和科学化的研究技术。这包括诸多定性和定量研究方法,目的在于帮助研究者合理收集、处理、分析以及解释数据资料,其对应的单词则为"method"。③ 需要指出的是,理论取向和研究技术之间并非完全割裂的关系,研究者所采取的理论视角,也会影响其对研究技术的选择与偏好。

在70多年的演变历程中,中国政治学在研究方法层面非常强烈地体现出连续性和开放性的双重特征。从学科建制来看,新中国政治学依次经历了"调整取消—恢复重建—繁荣发展"的轨迹,1952年的学科重组撤销了政治学科,20世纪80年代又得以恢复,并在此后40多年取得了前所未有的进步。④ 独特的学科史,在研究方法层面赋予了中国政治学相当特殊的本土特征。一方面,它具有连续性,始终牢牢坚持马克思主义作为重要理论武器。马克思主义指导下的政治学研究以辩证唯物主义和历史唯物主义作为思想基础,以阶级分析法、经济分析法、历史分析法等作为分析骨架,形成了对人类政治体系构成、运作和演化的完整解释,清晰指明了认识世界和改造世界的科学规律及道路。另一方面,它也具有开放性,注重对现代政治科学的吸收。改革开放之后,随着邓小平正式提出政治学等社会科学需要

---

① Johann Lauer, "Methodology and Political Science: The Discipline Needs Three Fundamentally Different Methodological Traditions", *SN Social Sciences*, 2021, 1(1), p.43.
② David Marsh and Gerry Stoker, "Introduction", in David Marsh and Gerry Stoker, eds., *Theory and Methods in Political Science*, Palgrave Macmillan, 2002.
③ Sharon Crasnow, "Political Science Methodology: A Plea for Pluralism", *Studies in History and Philosophy of Science Part A*, 2019, 78, pp.40-47.
④ 需要指出的是,20世纪50年代政治学科的取消并不意味着当时中国政治学裹足不前,其在课程体系和学科建设方面仍做出了大量有益的探索和贡献。可参见束赟:《新中国政治学研究的开启——1949—1965年中国政治学的学科建设与研究议题》,《学海》2021年第4期。

"补课"的论断①,国内政治学界兴起了对西方政治理论系统性的引介浪潮,并在与本土事实对照的过程中,对主流理论进行了大量应用、反思、修正和批判,注重讲好中国故事,实现理论创新。在这个过程中,不同的理论流派和研究技术交相辉映,围绕现代化、政府改革、民主建设、社会治理等重要议题展开讨论。这种方法论多元主义极大拓展了知识生产的边界。

因此,无论在理论还是技术维度,中国政治学研究方法都可谓取得了长足进步,在推动中国政治文明进步的终极价值关怀下,各种方法共生发展,彼此相互对话和补充,单一方法并不显示出绝对优先性以及不可替代性,进而从不同角度揭示出中国政治现象的内在机理。在上述事实面前,总体性地呈现研究方法的发展趋势、路径类型以及基本内容,就构成了本章的核心使命。一方面,立足学术史的发展历程,本章试图整体性地揭示改革开放以来国内政治学研究方法的变迁及其特征。另一方面,通过遵循理论取向和研究技术的分析脉络,本章以该领域的经典及前沿文献为基础,梳理具有代表性意义的方法,努力为读者展示"如何进行好的中国政治研究"。

第一节 中国政治学研究方法的发展趋势

在任何国家,对本国政治的研究都构成了政治学人的天职。国内政治学作为中国政治研究的重镇,直接影响着知识品质与成熟程度。不过,方法论的变化并不是呈现出非此即彼的"替代"路径,而是呈现出"兼容并包"的多元发展趋势。自从1980年建立中国政治学会、重建政治学学科以来,在40多年的光景中,国内政治学在方法论层面已经发生了显著变化,其中的内在发展规律则是呈现出从单一性向复合性发展的历史转变,这具体展现为经验研究和规范研究的复合、理论视角的复合以及研究技术的复合。从变迁动力上看,研究方法的复合化趋势受到了下述三股力量的有力推动。

(1) 海外交流的影响。中国政治学的国际化程度不断提高,与国际学界交流日益频繁,这不仅促进了知识自由流动,也使得大量国外前沿方法迅速传播至国内,引发一波又一波的"方法更新"浪潮。

(2) 政治实践的变化。改革开放后,中国国家目标转为以经济建设为中心,政治学研究主题也从革命政治研究走向国家建设政治研究。日新月异的政治现实,内生驱动了大量议题的产生,而既有理论很难充分解释中国政治发展的独特道路、制度模式及其治理有效性。这就要求学者们必须借助方法创新,主动探索以形成

---

① 《邓小平文选》(第二卷),人民出版社 1994 年版,第 180—181 页。

原创性的知识贡献。

(3) 学科建设的繁荣。高校、研究所、智库等机构逐渐成为政治学研究的核心阵地,制度化的经费保障和项目支持为研究提供了充实的物质条件。学者们既能组织团队进行大型调查研究,获取一手资料,也能购买使用专业化的数据统计和分析软件,传授方法论课程,极大提高实证分析质量。

一、经验与规范并重

复合化的第一重维度体现为经验研究与规范研究的并重。在政治学领域,上述两种研究方式存在显著区别。根据房宁的看法,规范研究遵循的是"本质主义"思维,强调依靠抽象思维能力实现对现象间关系的把握,常以宏大政治理论和政治哲学的面目出现,而经验研究则是针对特定政治活动、功能及其后果的具体考察。① 按照上述类型划分,规范研究中浓重的形而上色彩使其在中国政治学恢复伊始就占据着突出地位,政治被视为具有高度的意识形态性,政治思想、政治理论和政治立场成为主要分析对象。然而,随着改革开放后中国政治、经济、社会、文化各方面的变化,许多现实问题需要关注和解释,注重于当代中国政治实践的经验研究迅速崛起,导致了研究格局的结构性变迁。

作为中国政治领域的权威期刊,《政治学研究》杂志的发文类型一定程度上可以反映经验研究和规范研究的发展趋势。对此,图2-1展示了1985—2021年的发文情况。可以发现,虽然规范研究始终处于主流地位,但经验研究的比重总体性上升,特别是2010年之后上升速度明显加快,占比从4.4%跃升至29.0%,《政治学研究》后续更开辟了"政治参与""基层治理"等专栏,体现了对经验研究的高度重视。其他学者的文献计量分析也体现了类似趋势,例如对政治学博士学位论文的统计显示,规范研究与实证研究趋于平衡,实证研究及其重心逐渐下沉成为中国政治学研究的"利器"与主要方向。②

如此一来,经验研究与规范研究共同成为支撑中国政治研究的两根支柱。事实上,这种趋势的变化主要得益于两点。其一,西方政治学的科学主义思维,为经验研究提供了观念支撑。制度主义、行为主义等前沿理论的引介,提供了扎实的方法论基础,使学者视野从宏观转向微观,开始关注中层理论建构。研究者对研究技术的学习,也为他们从纷繁复杂的材料和数据中发现规律提供了支持。如此,中国政治学除了传统的宏大理论叙事,真正转变为以数据资料为核心的实证主义科学。

---

① 房宁:《规范性与经验性之争——试析政治学研究的基本方法》,《政治学研究》1997年第1期,第58—62页。
② 桑玉成、周光俊:《从政治学博士论文看我国政治学研究之取向》,《政治学研究》2016年第4期,第2—13页。

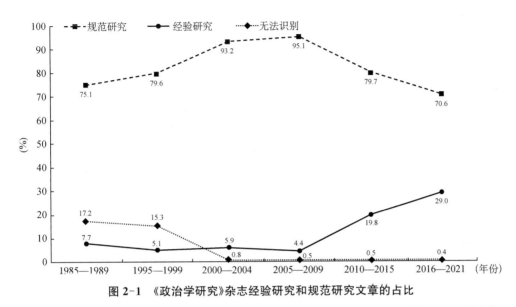

图 2-1 《政治学研究》杂志经验研究和规范研究文章的占比

数据来源：2015 年之前的数据来自钟杨、韩舒立：《当代中国政治学学科发展状况评估——基于〈政治学研究〉的文本分析》，《政治学研究》2017 年第 2 期，第 77—95 页，2016—2021 年的数据由笔者统计和编码。

其二，中国特色社会主义道路的发展实践，构成了经验研究日益重要的内生性动力。中国所走的现代化道路不同于西方，也区别于其他亚洲国家，而是形成了一条具有丰富创新内涵的大国崛起之路。在中央主导的渐进式改革过程中，无论是 20 世纪 80 年代开始的政府职能转变、干部体制改革、"一国两制"还是后续的民主协商、基层选举改革、国家治理现代化等议题，都很难从既有理论中得到现成答案，这就要求政治学者必须回归现实，厘清基本事实，科学识别中国政治发展过程的类型模式、因果机制以及存在的风险挑战，重构理论与实践的有机统一性。如此一来，规范研究和经验研究就实现了较好的平衡和互补。事实上，它们之间绝非对立关系：规范研究依赖经验研究的事实支撑，经验研究则离不开规范研究的指导。① 两种研究风格的逐渐复合，恰恰表明了中国政治学发展的辩证统一关系。

二、理论取向多元化

理论取向的多元化意味着政治学的理论视角呈现出百花齐放的共生发展趋势。改革开放前，马克思主义政治学研究方法占据着垄断地位。尔后，随着研究视野的逐渐开阔，政治理论取得了空前繁荣，许多崭新的国外理论进入国内学者的眼界，中西方学术的交流对话达到高峰，多元理论观点不断涌现，包括政治系统论、结

---

① 参见房宁：《向实求学：政治学方法五讲》，中国社会科学出版社 2022 年版。

构功能主义、新制度主义、行为主义、法团主义、理性选择理论、政治文化理论等,都为中国政治学提供了极为丰富的理论资源。①

从学术史角度看,理论取向的多元化与西方政治理论的规模性传播息息相关。自20世纪80年代以来,国内学界开始系统性地引入和介绍西方政治理论。在传播路径上,理论知识的扩散主要存在三种形式:专业教育、期刊文章与著作编译。首先,政治学教育在高等院校迅速普及,成为培育人才的关键阵地。1982年,复旦大学国际政治学系举办了全国第一期政治学讲习班,开设课程包括"政治学原理""比较政治制度""行政管理"等,培养了众多日后知名的学术人才。② 1983年,吉林大学成立我国政治学恢复以来全国高校第一个政治学系,由王惠岩担任系主任。随后,北京大学、复旦大学等20多个院校相继成立政治学系,教育体系的完善为政治理论研究提供了组织保障。其次,学术期刊的国际视野不断提高。中国政治学会与中国社科院自1980年开始编印《政治学参考资料》,1984年起由正式发行的《国外政治学》期刊接棒,介绍国外政治科学前沿研究,成为理论传播的重要桥梁。1984年,中国政治学会正式成为国际政治科学协会(International Political Science Association,IPSA)会员,与国外的学术交流机会不断增加。最后,经典政治理论著作及教材相继涌现。大量西方知名政治学者的著作被知名出版社翻译至国内,产生了广泛影响力,比如由曹沛霖等翻译、美国学者加布里埃尔·A. 阿尔蒙德(Gabriel A. Almond)和小G. 宾厄姆·鲍威尔(G. Bingham Powell, Jr.)所著的《比较政治学:体系、过程和政策》于1987年出版,是国内第一部介绍西方比较政治学的著作。诸如罗伯特·A. 达尔(Robert A. Dahl)的《现代政治分析》、塞缪尔·P. 亨廷顿(Samuel P. Huntington)的《变化社会中的政治秩序》、戴维·伊斯顿(David Easton)的《政治生活的系统分析》、加布里埃尔·A. 阿尔蒙德等人的《公民文化——五个国家的政治态度和民主制度》等经典著作亦陆续翻译出版,成为畅销类学术书籍。除此之外,北大、复旦、清华等机构的本土学者率先编著国内政治学教材,以供本科生及研究生教学使用,此类教材包括《政治学概论》《政治学原理》《政治学基础》等。

需要指出的是,当下中国政治的理论发展已经超出了"西学东渐"的范畴,它不再仅仅是对西方的单向式学习和模仿,反思和批判意识也逐渐觉醒。诸多学者意识到西方政治理论并不具备它所宣称的普适性和客观性,而是带有强烈的价值预设,难以解释中国实际。在王绍光看来,中国政治学需要实现从"取经"到"本土性"

---

① 王中原、郭苏建:《中国政治学学科发展40年:历程、挑战与前景》,《学术月刊》2018年第12期,第75—85页。
② 参见王邦佐、桑玉成:《亮相·启蒙·播种——复旦政治学讲习班与中国政治学的恢复和发展》,复旦大学出版社2021年版。

的转变,反思性地审视西方理论的适应性和局限性,辨明其中的意识形态陷阱。① 在2020年政治学恢复40年之际,大量学科评述性文章皆讨论了"中国政治学本土化"的问题,强调自觉进行理论创新,建构中国特色政治学话语体系。② 尽管还面临种种问题,但这种转向至少提供了理论创新的有力路径。在这种背景下,"借鉴学习"以及"反思重构"两种知识生产模式,共同促进了中国政治学理论视角的多元化。

三、分析技术科学化

中国政治学研究方法的复合化不仅意味着经验研究的比重上升以及理论视角的丰富多元,同时具体应用于研究的各类定量和定性研究方法也日益成熟,研究型论文的知识品质得到显著提高。基于对中文重要政治学期刊的计量统计显示,定性分析方法与定量分析方法的使用比例总体逐年上升,其中定性分析方法的文章占比高于定量研究。③ 大量文献计量研究表明,中国政治学研究整体的科学化、精细化、规范化的水平不断提高。事实上,进入21世纪后,国内政治学已经高度重视技术方法层面的教育,课程培训和著作编译对于研究技术的进步扮演着关键角色。

其一,方法论的课程培训逐渐体系化。自2006年起,美国杜克大学与国内各高校开始联合举办"政治学研究方法讲习班",意在促进现代政治学方法论在中国高等教育机构的研究、教学与应用,累计培养了逾千名学员。④ 在诸多高校,随着海归青年学者的加盟,方法论课程明显增加,"定量研究方法""质性研究方法"等课程已经成为本科生和研究生的选修甚至必修课。大数据时代来临后,部分一流高校又开始注重如何将大数据技术应用于政治学研究,如清华大学从2020年开始举办"大数据社会科学在线讲习班",主体课程讲授大数据相关技术应用于社会科学的前沿研究方法,包括社会网络分析、自动文本分析、空间分析、影像分析等。在数字时代背景下,方法论课程体系更加体现出与时俱进的特征,随着统计分析技术的迭代创新,大量新方法被运用于传统的政治学经典研究领域,大数据政治学、数字政治学成为颇具价值的研究前沿。

---

① 王绍光:《中国政治学三十年:从取经到本土化》,《中国社会科学》2010年第6期,第15—23页。
② 代表性文章可参见徐勇、任路:《构建中国特色政治学:学科、学术与话语——以政治学恢复重建历程为例》,《中国社会科学》2021年第2期;王向民:《百年来中国政治学史研究:文献与问题》,《政治学研究》2021年第1期;桑玉成、马天航:《中国政治学40年:议题设置与政治发展》,《学术月刊》2019年第12期;王中原、郭苏建、罗湘衡:《中国政治学的研究现状:调和政治学的全球化与本土化》,《东北师大学报(哲学社会科学版)》2021年第5期。
③ 王炳权:《政治学研究方法的演进逻辑与趋势——基于中外政治学期刊的文献计量分析》,《华中师范大学学报(人文社会科学版)》2020年第3期,第1—19页。
④ 陈周旺:《中国政治学的知识交锋及其出路》,《政治学研究》2017年第5期,第79—87页。

其二，著作编译扩展了研究技术的社会影响力。从20世纪90年代开始，与政治理论类著作类似，大量国外优秀政治学方法和教材的中译本在国内出版，其中的代表性作品包括：加里·金(Gary King)等人合著的《社会科学中的研究设计》、W. 菲利普斯·夏夫利(W. Phillips Shively)的《政治科学研究方法》、斯蒂芬·范·埃弗拉(Stephen Van Evera)的《政治学研究方法指南》、罗杰·皮尔斯(Roger Pierce)的《政治学研究方法：实践指南》、加里·格尔茨(Gary Goertz)等人的《两种传承：社会科学中的定性与定量研究》、查尔斯·C. 拉金(Charles C. Ragin)的《重新设计社会科学研究》，以及《牛津政治学研究方法手册》，等等。香港科技大学吴晓刚主编的"格致方法·定量研究系列"丛书，即囊括了30余本方法类书籍。这些教材兼具原理介绍和案例实操，为引导读者如何进行研究设计提供了细致指导。同时，国内其他学者也陆续出版关于研究技术的教材、指导手册或专题论文，例如臧雷振的《政治学研究方法：议题前沿与发展前瞻》、左才的《政治学研究方法的权衡与发展》等，这些作品不仅关注研究方法的使用，也展示了方法论背后因果推断的基本原理。有趣的是，研究技术的引介并没有使中国学者陷入"定量与定性之争"的窠臼，更未走向西方式的定量霸权主义，而是形成了开放包容的研究文化。定量统计方法虽然对已有的政治学学科模式发起了挑战，但这种挑战并未构成"范式更替"，而是走向了定性与定量的互补。理论思辨、质性观察、量化分析，都在当今中国政治学界占有一席之地。诸多文献表明，在因果推断证明、因果机制识别、命题外在普遍性、命题内在效度、命题典型性等问题上，定量和定性各有其优劣。因此，更加重要的是根据研究需要，灵活取舍和综合不同的技术方法，以形成具有高度信服力的研究设计。

综合上述，在数十年历程中，中国政治学研究方法的总体特征是呈现出规范与经验并重、理论取向多元、研究技术科学的复合化发展，研究方法的体系化程度显著增强。在此基础上，本章试图具体从"理论取向"和"研究技术"两方面予以透视，展示中国政治学研究的类型路径与基本内容。

第二节 中国政治学研究的理论取向

不同于自然科学的齐一性，社会科学研究并不遵循着某种高度统一的定式，人类心理动机和行为的复杂性，以及人既是研究主体又是研究对象的双重属性，注定了社会是高度复杂和难以预测的。不过，社会科学仍然遵循着"有迹可循"的信条，并呈现出相对固定的逻辑思路。为了揭示政治生活的复杂性，学者们试图从不同路径予以切入，进而回答国家建构、社会稳定、经济发展等重大问题。按照核心变量的差异，中国政治学研究存在以下三种重要理论取向：制度主义、文化主义和行为主义。①

一、制度主义

政治生活中有大量客观存在的制度,这里的制度主要指"规范和约束个人及组织行为的正式规则"。② 制度具有权威性与合法性,发挥着重要的资源分配功能,进而塑造了国家和社会行动者的互动方式及其后果。制度主义的要义,就是通过把握制度性质、目标、内容、功能及其影响,深入理解政治运行的模式。不过,学者们关于"制度本身如何存在"又产生了不同理解,条文上的制度和现实中的制度往往存在一定鸿沟,这就导致在如何研究制度的问题上,具体分析思路又有所差异,可以区分为以下三种亚型。

(1)"制度-文本"研究路径。制度能够通过文本予以把握,这里的"文本"主要包括国家公开的政治话语,例如法律、规章、政策以及与之相关的出版物等,它们诠释了制度建构的基本精神及详细内容。在立足权威性文本基础上,研究者对特定制度体系进行深描和刻画,以理解其运作过程和影响后果。改革开放初期的国内政治制度研究成果,诸如《当代中国政治制度》《比较政治分析》《外国政治制度》《西方政治制度比较》《比较政府体制》等专著,就体现出文本导向的浓厚特征。③ 研究者根据公开资料,立足系统分析和结构功能角度,不仅探讨了新中国政党、行政、立法、司法等宏观制度体系,而且在时空层面积极与其他国家的政治文明进行联系与思考。以王沪宁的《比较政治分析》为例,作者眼界极为开阔,对与制度紧密相关的政治国家、政治形式、政治过程、政治决策、政治发展等领域都进行了中外比较分析,提出了社会主义国家"不完全的政治"等创新性观点。④ 而在海外学界,"制度-文本"分析路径则朝着另一方向发展,那就是以概念化/类型学的方式,创造出有别于西方政治制度的术语,对社会主义中国的制度形态予以框定,以加深对后者"国家-社会"关系、"中央-地方"关系以及各级科层政府间关系的理解。这些研究的典型代表包括弗朗茨·舒曼(Franz Schurmann)的"纯粹意识形态"、李侃如

---

① 不同学者和教材关于政治学研究方法的类型学划分并未形成一致,有些学者还认为个人主义心理学、理性选择主义、女性主义、诠释主义等也属于研究方法。本章将其划分为制度主义、文化主义、行为主义的理由在于:(1)该类型学具有非常明显的内部区分度;(2)它们能涵盖大多数中国政治研究的经典或重要成果。例如,理性选择主义尽管重要,但它和制度主义、行为主义具有一定重合性,而女权主义等在中国政治学研究中并未产生特别广泛的应用。
② 制度有广义和狭义之分,有些研究者认为制度还包括价值观念和社会规范等文化要素,并将其称为"非正式制度"。为了避免制度与文化的混淆,本文采取狭义的制度定义。参见[英]卡尔·波普尔:《猜想与反驳:科学知识的增长》,傅季重、纪树立、周昌忠等译,中国美术学院出版社 2003 年版。
③ 浦兴祖:《当代中国政治制度》,复旦大学出版社 2020 年版;王沪宁:《比较政治分析》,上海人民出版社 1987 年版;曹沛霖、刘玉萼、林修坡:《外国政治制度》,高等教育出版社 1992 年版。
④ 参见王沪宁:《比较政治分析》,上海人民出版社 1987 年版。

(Kenneth Lieberthal)等人的"碎片式威权主义",等等。① 需要指出的是,由于在价值上默认西式民主政体为制度发展的模板,上述概念隐含了价值偏见。此外,近年来国内的"制度-文本"路径还体现出一个全新转向:注重微观话语分析。研究者依托中央党代会报告、人大报告、政府工作报告、人民日报数据库等公开材料,搭建语料库,借助词频统计、共现词网络和主题建模等方法,剖析政治话语的语法结构和象征意义,进而可视化当代中国国家治理和发展的整体逻辑。例如,宋雄伟等人发现"社会主义""改革""制度""社会""发展"等词构成了国家治理话语体系的核心概念,同时这些概念的权重及其组合关系在共和国的不同历史时期也因时而异。② 总之,"制度-文本"路径侧重于对制度的描述,这使其具有一定静态性,而相对忽视制度带来的复杂实践后果。

(2)"制度-变迁"研究路径。制度不仅是静态的,它也具有时间层面的演化性,该路径最大的特点就在于"找回时间",不再停留于对制度内容的细致把握,而是转为关注分析制度在运行过程中的动态变化,探讨制度的起源、定型、完善以及转型对于中国国家建设及发展的影响。具体言之,该路径呈现出如下特点。首先,在理论谱系上,深受新制度主义之影响。由于注意到制度变迁的曲折性和反复性,西方新制度主义流派对中国政治制度研究具有启发意义,理性选择制度主义、历史制度主义、社会学制度主义、话语制度主义等分支,强调环境、结构、行为者、观念等因素对制度的形塑力,在经验研究中广泛运用,诸如"路径依赖""关键节点""观念更替""利益权衡"等名词术语,也成为解释本土制度变迁的概念工具。此外,社会演化理论逐渐受到关注,它认为制度变迁并非断续突变而是连续渐进的过程,实际上经历了不断调整的系统性转变。马得勇等人以原铁道部为例,发现中国政治领域的制度变革逻辑不同于经济领域的哈耶克式自发秩序演进,是政治精英自上而下强力推动而非自下而上社会秩序的扩散,展示了中国治理体制调整的内在动力。③ 其次,在时间节点上,聚焦长时段的历史周期。许多研究都将制度放置于长时间的历史语境中予以考察,体现出较为宽广的历史视野,认为外生的重要事件以及内生的行动者之间的利益冲突,都会对制度的后续演化产生影响。在关键节点的选择上,"改革开放之后""中华人民共和国成立以来"与"近代以来的百

---

① Franz Schurmann, *Ideology and Organization in Communist China*, University of California Press, 1966; Kenneth Lieberthal and Michel Oksenberg, *Policy Making in China: Leaders, Structures, and Processes*, Princeton University Press, 1988.
② 宋雄伟、张婧婧、秦曾昌:《中国国家治理话语体系的构成与演化:基于语词、概念与主题的分析》,《政治学研究》2020年第6期,第57—74页;张凤阳、李智:《从"革命—斗争"话语到"改革—治理"话语——以党代会报告文本为中心的政治社会学分析》,《东南大学学报(哲学社会科学版)》2016年第2期,第5—14页。
③ 马得勇、张志原:《观念、权力与制度变迁:铁道部体制的社会演化论分析》,《政治学研究》2015年第5期,第96—110页。

年政治发展",都成为考察中国政治常用的时间坐标。最后,在论证逻辑上,广泛采用阶段划分的类型学方法。学者们通常依照制度特征的差异,借助类型学方法划分不同的历史阶段,从而呈现出制度发展的连续谱系,最终在此基础上寻找制度变迁的关键因素和动力机制。譬如,冯仕政将信访制度划分为创立探索期、恢复规范期与统合重塑期三个阶段,认为信访制度面临"结构上丰满,功能上衰退"的现实困境。① 需要指出的是,中国制度变迁的研究既包括了传统意义上的政府体制以及社会管理体制,也涉及党的领导体系。党的领导作为中国社会主义的本质特征,其制度发展决定了国家治理的整体质量与高度。因此,也有大量研究对党内建设、党内法规、党内监督等党的组织制度以及统一战线、民主协商等新型政党制度进行了历时性考察,比如苏颖等人梳理了中国共产党百年政治传播制度的变迁,发现其经历了一元化政治沟通模式、混合型政治沟通模式以及整合型政治沟通模式的现代化转型。② 不难发现,"制度-变迁"路径的独特之处在于引入了时间性,将历史和现实紧密串联在一起,以加深对"中国之制"整体性和连续性的认识。

（3）"制度-实践"研究路径。该路径代表了微观层面的研究思路,这里的制度不再停留于纸面,而是被置于现实空间之中,被视为约束和引导互动行为的结构性因素。换言之,该路径考察的是真实世界中的制度,关注制度的运作状况、后果产出以及可能出现的意外风险。在研究技术层面,"制度-实践"多采取案例研究方法,获取一手资料,最终再上升至理论建构。和上述两条路径相比,该研究路径的知识贡献在于两点:其一,它通过将视角从法理型的权力关系转为日常性的组织内部互动,能够还原真实的制度运作场景,也就是说解释制度为何在特定情境中能够成功并形成好的治理效果,又为何在特定条件下会出现失灵及治理风险;其二,它也突出了"制度环境中的行动者"的重要意义,关注制度对"国家-社会"行动者特别是科层体系内部官僚干部的影响,这就将"结构-行动者"有机结合起来。在这个意义上,制度就为理解现实生活的国家治理故事打开了一扇微观窗口。在中国研究中,"制度-实践"路径在改革开放之后日趋活跃,特别是在经济发展和国家治理现代化的背景下,对制度及其影响的思考必须经过实践的检验。由于重视本土经验,该路径非常有助于产生本土性的问题意识和话语创新,突破既有理论的窠臼,其中最具代表性的领域就是地方政府行为。在政府间关系层面,"压力型体制"和"行政发包制"就是学者基于实践观察的经典概括。荣敬本等人通过调研县乡两级基层政府,首次提出了"压力型体制"这一论断,发现为了实现赶超战略,上级政府对下

---

① 冯仕政:《中国信访制度的历史变迁》,《社会科学文摘》2018年第9期,第52—54页。
② 苏颖、于淑婧:《权威性沟通及其变革——中国共产党百年政治传播制度变迁研究》,《政治学研究》2021年第4期,第50—63页。

级政府出台各种硬性任务和指标,用一票否决的方式对下级施压,迫使后者执行,结果造成资源配置的低效率。① 与之类似,周黎安基于事实观察,建构了"行政发包制"这一理想类型,认为它是区别于经典科层制与外包制的第三种组织关系,适合用来概括中国政府间关系和治理模式。② 上述观点一经提出,就受到学界广泛引用,围绕相关议题产生了不少研究作品。在行动者层面,"制度-实践"路径的知识贡献在于其洞察到作为执行者的基层干部具有能动性,他们既受到制度的外在约束,但也体现出一定自主性。面对不同的目标激励,基层干部存在着对政策的"选择性执行"现象,甚至彼此之间发生周雪光所说的"共谋"行为,以应对上级检查。③ 如此一来,回归实践极大扩展了制度研究的深度,制度既是文本中的"说法",更代表了真实世界中的"做法"。制度运行需要借助具体的政府间互动和政民互动才能彻底理解,这不仅具有理论创新的巨大潜质,也具有强烈的现实资政意义,有利于将本土经验转化为学术话语和治理效能。

二、文化主义

中国政治不仅由制度组织所构成,它还具有悠久而宽广的文化传统,形成了别具一格的东方政治文化。这意味着:对中国政治的把握不能简单从刚性的正式规则予以理解,还必须承认政治思想、意识形态、价值符号等无形因素的潜在作用。尤其是近代以来,中国政治文化发生了前所未有的历史转型,不仅受到儒法政治思想的深刻塑造,也受到西方政治思潮以及马克思列宁主义的强烈影响。可以说,当代中国政治文化是传统与现代、本土与西方交织作用的结果。多元文化思潮汇聚的结果,使其构成了理解中国政治的独特视角。根据赵鼎新的看法,社会科学的认识方法可以分为解读以及解释。④ 依照这种二分法,"从文化理解政治"也可以相对应地分为下述两种研究路径。

(1)文化主义的诠释路径。诠释的目的不在于寻求事物内在的逻辑关系,而在于理解和弄懂一些人类活动在一定文化条件下的内在含义或意义。在这里,诠释的对象主要是高度体系化和知识化的古今政治理论及思想。除了马克思主义作为党的指导思想而不断被丰富挖掘,中国政治中的经典文本也成为诠释的重要对象。事实上,自民国时期,诸如萧公权、吕思勉等老一辈学者,就在中国政治思想的

---

① 参见荣敬本、崔之元、王拴正等:《从压力型体制向民主合作体制的转变:县乡两级政治体制改革》,中央编译出版社1998年版。
② 周黎安:《行政发包制》,《社会》2014年第6期,第1—38页。
③ 参见周雪光:《中国国家治理的制度逻辑:一个组织学研究》,生活·读书·新知三联书店2017年版。
④ 赵鼎新:《解释传统还是解读传统?——当代人文社会科学出路何在》,《社会观察》2004年第6期,第32—33页。

梳理和解读上做出了卓越贡献。改革开放之后,对政治思潮的分析得到继承与发展。20世纪80年代以来,徐大同相继编著了《中国古代政治思想史》《西方政治思想史》《当代西方政治思潮:20世纪70年代以来》等系列作品,系统梳理了中西政治思想的谱系。① 近年来,随着传统政治文化再度受到关注,还有不少学者试图以此解读中国之治的思想根源。例如,贝淡宁(Daniel A. Bell)立足儒家传统提炼出了"贤能政治"的观点,认为中国政治制度的价值目标之一在于挑选能力超群以及道德上可信赖的政治领袖,而中国共产党正是通过将自身塑造为一个更为贤能化的组织来完善其治理,进而形成了对西式选举民主制度的替代。② 总之,传统意义上的中国政治文化研究主要属于思想史和观念史领域。

不过,诠释路径还存在另一分支,那就是把关注焦点从政治思想转变为日常生活中的政治互动情境。在这里,诠释的目的在于理解人们进行政治活动的价值和动机,也就是韦伯所说的"意义"问题。如此,各种具有文化属性的政治象征、政治表演以及集体性的政治仪式,都能成为诠释对象。在本体论层面,政治文化也从形而上的思想流派,转变为形而下的集体行动。特别是对于1949年后的社会主义中国而言,基于集体主义的价值系统使得文化在日常生活中几乎无处不在,发挥着不可或缺的国家治理功能。为了揭示文化背后的政治意义,学者们多使用符号分析和现象学方法,以"朝向事实本身"为原则生动而开放地分析政治现象。③ 例如,王海洲从传播政治学的角度,发现国庆阅兵等庄严的政治仪式之所以能实现国家权力再生产,在于它将国家信念、民族情感和社会文化相互融合,推动政治合法性的多重建构。④ 在这个意义上,政治现象和政治实践成为放置于学者面前的"剧场",剧场中的行为、图像、话语、布局,甚至发生时序都是对本土文化体系的某种反映。

(2)文化主义的解释路径。和基于符号学的诠释不同,解释路径的重心不再落脚于理解文化自身,而是强调政治文化对行动者实践乃至国家发展的影响,将文化视为影响政治互动的潜在变量。这就意味着,特定政治文化会为"国家-社会"行动者之间塑造出相对应的互动方式,文化甚至还会影响行动者对自身利益的判断以及行动路径的选择。在文化与行动者的关系上,文化既可以是一种"无形的网络",潜移默化地支配行动者的意志和行为,也可以成为安·斯威德勒(Ann

---

① 谢庆奎、徐大同、陈哲夫等:《中国古代政治思想史》,吉林人民出版社1981年版;徐大同:《西方政治思想史》,天津教育出版社2000年版;徐大同:《当代西方政治思潮:20世纪70年代以来》,天津人民出版社2004年版。
② 参见[加拿大]贝淡宁:《贤能政治:为什么尚贤制比选举民主制更适合中国》,吴万伟译,中信出版社2016年版。
③ 王海洲:《政治现象学:理论脉络与研究方法》,《探索与争鸣》2019年第10期,第42—54页。
④ 王海洲:《作为媒介景观的政治仪式:国庆阅兵(1949—2009)的政治传播学研究》,《新闻与传播研究》2009年第4期,第53—60页。

Swidler)所说的"文化工具包",行动者可以策略性地选择和利用特定文化资源,以最大化自身利益,解决现实存在的问题。① 在《安源:发掘中国革命之传统》一书中,裴宜理(Elizabeth J. Perry)就发现中国共产党之所以能够成功动员群众,就在于其擅长使用"文化置位"策略,利用地方文化(包括语言、文学、艺术、社会意识等)进行思想宣传和动员,让老百姓逐渐接受相当陌生的共产主义思想,生动展示了传统文化符号如何被现代革命政党有意识地应用。② 在金观涛和刘青峰看来,中国的经济、政治、文化三个系统之间始终存在着内在统一的关系,传统中国早熟的意识形态为国家塑造了强大的社会整合能力,为统治阶级提供合法性,最终奠定了一种千年之久的"超稳定结构"。③ 当然,政治文化也存在于大众的集体心理意识之中,其中最具代表性的解释研究成果当属政治信任,后者重要的知识贡献就在于识别出中国公民的心理信任结构,即存在着"差序格局"的分布,呈现出"央强地弱"的格局,特别是对市委/市政府、县委/县政府以及乡党委/乡政府信任的"基层政府信任因子"水平较低。④ 在此基础上,一些学者进而解释公民政治信任的来源及后果,发现对现实经济绩效的感知、儒家价值观、对政府治理绩效的感知等因素都会对政治信任水平产生影响⑤,而政治信任也会影响公民对权益表达方式的选择以及政治参与的兴趣⑥。

文化拥有看不见的力量,既可以从抽象的符号视角切入进行意义解读,也可以探讨其对政治实践的作用。中国独特的政治文化与社会秩序的稳定和国家治理的效果息息相关,特别是在代际变迁的背景下,文化如何变迁,又将对现实政治产生哪些影响,仍然是值得探讨的问题。

三、行为主义

不同于规则化的制度和集体性的文化意识,行为主义的分析单元聚焦于具体的个体特征及其由此衍生的社会性影响。在"结构-行动者"关系上,制度主义和文化主义都更加偏向自上而下的结构性视角,强调环境因素对主体的约束,而在行为主义看来,行动者的能动性得到了最大化彰显。按照戴维·伊斯顿的看法,行为主义就是研究人们的政治态度和行为规律,包括人们的心理、动机以及价值。伊斯顿

---

① Ann Swidler, "Culture in Action: Symbols and Strategies", *American Sociological Review*, 1986, 51(2), pp.273-286.
② 参见[美]裴宜理:《安源:发掘中国革命之传统》,阎小骏译,香港中文大学出版社2014年版。
③ 参见金观涛、刘青峰:《中国现代思想的起源:超稳定结构与中国政治文化的演变》(第一卷),法律出版社2011年版。
④ 胡荣:《农民上访与政治信任的流失》,《社会学研究》2007年第3期,第39—55页。
⑤ 李艳霞:《何种信任与为何信任?——当代中国公众政治信任现状与来源的实证分析》,《公共管理学报》2014年第2期,第16—26页。
⑥ 唐有财、符平:《获得感、政治信任与农民工的权益表达倾向》,《社会科学》2017年第11期,第67—79页。

同时概括了行为主义政治学研究的八个原则:规律性、验证、技术、数量化、价值、系统化、纯科学、整体化。① 行为主义积极批判传统政治理论,认为它们过于注重宏大叙事而相对忽视个体,这使之成为替代性的理论视角。随着研究技术的科学主义盛行,行为主义的研究范围也不断扩展。

总体来看,行为主义在方法论层面具有下述三个特点。第一,突出个体价值。以往理论不太注重对个体生命性的把握,而行为主义则认为个人是理解社会不可或缺的原点,认为个人意志和偏好是导致集体行动和社会变迁的基础性动力。因此,凭借对个体的精确测量,能够更好地实现对社会共同体的理解。第二,偏好实证主义的定量风格。行为主义以自然科学为指导,强调科学性和客观性,同时认为关于个人的信息能够被量化以及加总,重视数据采集、清洗以及分析,追求样本量以及样本代表性,系统使用包括实验法在内的定量分析技术。第三,实现因果解释。行为主义不仅试图描述个体行为,更希望将其理论化,注意解释人们态度和行为实践的形成过程与影响因素,利用数据资料验证理论框架和模型假设。因此,行为主义极为重视因果关系的检验和因果机制的识别。

在中国政治研究中,尽管行为主义在理论上属于西方"舶来品",关注个体政治态度及实践"是什么"以及"为什么"的问题,但在具体研究议题上又与西方大相径庭。西方研究领域多围绕周期性的民主选举,而在中国,官僚干部互动与"国家-公民"互动成为行为主义的核心关切。总体来看,它主要包括以下两种理论面向。

(1) 政治精英行为研究。政治精英所拥有的权力资源,意味着他们不仅有被制度约束的一面,也具有独立于制度束缚之外的自主性。作为规则制定者,党和政府的领导干部在政策出台、资源分配、利益协调的过程中,具有极强能动性,其互动模式会对治理绩效产生相应影响。随着政府公开资料的数量愈加丰富,以及学者们通过各种方法获取一手或二手材料,关于中国政治精英的行为研究逐渐不再成为"黑箱",精英的主观意识和客观行为都得到了越来越多的关注。陈思丞等人关于"领导批示"的研究,搜集分析了毛泽东等中央领导人的批示文件,提出问题机制和偏好机制是影响高层精英注意力分配的机制。在问题机制下,不同政府部门为争取领导人有限的注意力相互竞争,议题重要性与问题严重性较大者才能够胜出。同时,与领导人偏好的契合程度也是部门议题被关注的重要因素。② 蒋俊彦发现由非正式人际关系构成的精英网络可以降低官僚机构运行的协调成本,进而提升官僚机构的总体绩效。③ 马啸则探讨了精英对政府决策过程的影响,他以中国高

---

① 参见[美]戴维·伊斯顿:《政治体系——政治学研究现状》,马清槐译,商务印书馆1993年版。
② 陈思丞、孟庆国:《领导人注意力变动机制探究——基于毛泽东年谱中2614段批示的研究》,《公共行政评论》2016年第3期,第148—176页。
③ Junyan Jiang, "Making Bureaucracy Work: Patronage Networks, Performance Incentives, and Economic Development in China", *American Journal of Political Science*, 2018, 62(4), pp. 982-999.

铁建设铺开过程中的时空差异为问题切入点,将这种自下而上的政策博弈称为"就地博弈",解释了地方政治精英如何为当地争取高铁项目,比如下级精英利用体制内外的各种渠道向上级争取政策资源,更容易接近决策层的精英(老将军)能够更有效地传递信息,从而协助家乡政府获得政策注意力,增加地方获得高铁项目的概率。① 上述研究,勾勒出中国政治精英之间存在的大量正式和非正式互动,展示了中国国家机器运转的内部行为规律。

（2）公众政治参与行为研究。良好有序的政治参与是民主政治的重要组成部分,政治参与是公民政治社会化、行使政治权利的重要渠道,是行为主义政治学探讨的重要议题。本土语境中的政治参与包括制度化参与以及非制度化参与两种类型,前者涉及选举、结社、民主协商等活动,是公民身份意识和责任感的重要体现,后者则包括群体性上访、示威、集会等体制外政治行为,以及可能造成安全风险的集体行动和抗争政治。对于学者而言,关注焦点主要在于解释公民在何种情况下会选择制度化参与方式,又在何种情况下会更倾向于非制度化政治行为。有定量研究发现,政治信任的增强将有利于公民政治参与的发展与质量,②此外教育水平、社会资本、媒体接触、利益相关性、社会公平感知等因素都会导致公民政治参与行为的变化。需要注意的是,互联网时代的到来,建构出全新的"国家-社会"互动渠道,对民意表达、公共舆论以及政治议程产生了巨大的技术重构效应。一方面,网民的话语表达常被视为一种非正式参与,但却能够反映民情变化,成为观察整体民意的风向标。借助自动文本分析、主题建模和社会网络分析,一些研究考察了网民政治意识形态的类型及特征、社会组织如何线上动员网民参与公共事务等政治议题。③ 另一方面,随着互联网塑造出超大规模公共空间,政府对网络民意的吸纳逐渐制度化,利用政务公众号、门户网站、市长信箱等渠道,倾听和回应民众诉求,这种技术赋能帮助党和政府更好地贯彻群众路线。对此,大量研究考察了公民线上表达的内容以及政府对民众的回应质量。孟天广等人利用网络爬虫采集了网络问政平台的大量数据,基于大数据分析,将公民诉求表达议题划分为许多类型,同时发现地方政府强化了回应性制度建设,时空因素、议题归属和诉求表达方式则对

---

① See Xiao Ma, *Localized Bargaining: The Political Economy of China's High-Speed Railway Program*, Oxford University Press, 2022.
② 郑建君:《政治信任、社会公正与政治参与的关系——一项基于625名中国被试的实证分析》,《政治学研究》2013年第6期,第61—74页;谢秋山、许源源:《"央强地弱"政治信任结构与抗争性利益表达方式——基于城乡二元分割结构的定量分析》,《公共管理学报》2012年第4期,第12—20页。
③ 桂勇、黄荣贵、丁昳:《网络左翼的三重面相:基于个案观察和大数据的探索性研究》,《社会》2018年第3期,第203—239页;黄荣贵、桂勇:《自媒体时代的数字不平等:非政府组织微博影响力是怎么形成的?》,《公共行政评论》2014年第4期,第133—152页。

政府回应的速度与效果有显著影响。①

综合上述,由于对核心变量的关注侧重不同,制度主义、文化主义和行为主义,形成了中国政治研究的"三角式"框架,揭示了知识的多维生产路径。必须指出,制度、文化和个体行为之间,从来都不是完全割裂的,而是存在着紧密的互构关系。政治实践和政治现象往往是多种因素合力的产物,应当尽力避免单因素决定论的观念陷阱。

第三节 中国政治学研究方法的本土发展

从研究技术角度上看,中国政治学也倡导包容性地使用各类定性和定量研究方法,这些方法既源自本土学者在实践过程中自发形成的学术素养,也是向国外主动学习的产物。总体而言,三种研究技术在中国政治研究中得到广泛应用:强调在场性的田野调查、依托于文本的历史分析以及聚焦于数据处理的定量实证。

一、田野调查

田野调查的核心是要求研究者保持对研究对象的"在场性",实地参与现场考察,它蕴含了一系列定性研究技巧,包括案例研究、现场观察、深度访谈、典型调查等。人类学视野中的田野调查更要求研究者沉浸式体验,参与当地日常生活,以对社会结构和价值观念形成"本土性"认识。从实践环节来看,田野调查包括以下四个步骤:

(1) 形成方案。调查方案应当根据研究目标拟定,其中案例选择问题尤为关键,田野选择多遵循代表性或典型性原则。代表性案例具有广泛覆盖性,可以通过"解剖麻雀"实现从样本推导整体的效果;典型性案例则具有独特现实或理论意义,例如国家在某地进行的特殊政策试点。

(2) 在场调查。研究者借助访谈法、观察法等进入田野,获取一手资料。

(3) 资料分析。研究者从复杂资料中抽离出有价值的内容,形成逻辑清晰的叙事,过程追踪法和扎根法在该阶段有巨大应用价值。

(4) 理论建构。在社会科学中,田野调查的最终目标还是"回归理论",提炼出具有解释性的概念、命题及分析框架,与主流观点对话,以完成新的知识积累。

此外,田野实验(field experiment)作为特殊的田野调查方法也具有重要应用价值。和传统实验不同,田野实验在真实场景中进行,自变量则受到实验者的人为

---

① 孟天广、李锋:《网络空间的政治互动:公民诉求与政府回应性——基于全国性网络问政平台的大数据分析》,《清华大学学报(哲学社会科学版)》2015年第3期,第17—29页。

控制,通过设计实验,观察各变量之间的关系。① 田野实验大致分为提出问题、前期准备、实验操作、材料分析等阶段。② 从现实应用上看,比较有代表性的田野实验当数华中师范大学中国农村问题研究中心在湖北黄梅、安徽蒙城、广东蕉岭、江苏杨集等地开展的"村治实验"。实验目标包括选举制度改革、提高村民能力、整合农村资源等内容。研究人员全程参加了实验设计、事先调查、进入现场、方案实施、结果检验及对比等各个环节,这些村治实验既推动了农村自治能力的成长,也让学者们意识到改革过程中的曲折性,为乡村治理积累了宝贵经验。③

中国政治学的田野调查主要存在于城市和农村基层治理领域。时至今日,田野调查已经相当普及,并形成了具有旺盛生命力的学术共同体。为了解读中国之治,诸多高校和研究机构成立专门的中国政治研究中心,通过课题申请以及与政府或社会力量合作等形式,借助项目制"进入田野"。例如,深圳大学当代中国政治研究所成立于1999年,聚焦于基层选举和基层民主,后成为广东省高校人文社会科学重点研究基地。成立于2009年的复旦大学当代中国研究中心,则以"重新发现中国"和"推进对当代中国的深度研究"为学术宗旨,关注党建与城市基层治理。华中师范大学中国农村问题研究中心,作为教育部人文社会科学重点研究基地,开创出颇具特色的"华中乡土派",于2009年起执行"百村观察计划",选择全国300村5 000家农户每年进行定点跟踪观察。④ 田野调查多围绕中国地方的政治实践跟踪进行,特别是捕捉到大量的地方性改革创新,比如浙江温岭的"民主恳谈"模式就吸引了诸多学者的调研,产生了一系列成果,丰富和发展了具有中国特色的民主协商制度。

从方法论自身特征来看,田野调查的重大贡献还在于它不从书本理论出发,而是倡导直面实际的立场,这有助于规避由书斋中凭空想象的问题,形成本土性的问题意识,为理论创新奠定厚实的资料基础,最终提炼出适合中国实际的政治理论。在这个意义上,坚持田野调查是中国政治学实现话语创新和知识体系建设不可或缺的路径。事实也表明,田野调查使得中国政治学研究生机勃勃,不仅形成了以基层治理为主体的研究阵地,也取得了诸多概念甚至知识体系的创新成果。基于对农村和城市基层治理的洞察,学者们提出了诸如"家户制""韧性小农""关联主义""国家创制社会"等一系列富有本土性特色的概念命题,初步形成了原创性、学理化的知识成果。⑤

---

① 卢凌宇:《政治学田野调查方法》,《世界经济与政治》2014年第1期,第26—47页。
② 韩冬临:《田野实验:概念、方法与政治学研究》,《国外社会科学》2018年第1期,第134—142页。
③ 参见徐勇:《田野政治学的构建》,中国社会科学出版社2021年版。
④ 俞可平:《中国政治学的主要趋势(1978—2018)》,《北京大学学报(哲学社会科学版)》2018年第5期,第9—19页。
⑤ 陈军亚:《韧性小农:历史延续与现代转换——中国小农户的生命力及自主责任机制》,《中国社会科学》2019年第12期,第82—99页;刘建军:《社区中国》,天津人民出版社2020年版;吴晓林、谢伊云:《国家主导下的社会创制:城市基层治理转型的"凭借机制"——以成都市武侯区社区治理改革为例》,《中国行政管理》2020年第5期,第91—98页。

二、历史分析

基于史料文献的历史分析既是定性研究的基本方法,也是中国政治研究相对于其他国家的比较优势所在。作为文明未曾中断的古国,中国留下了不可胜数的经史子集,而政治史自古以来又是编史的关键部分,这种历史连续性决定了中国政治拥有着远比西方国家更为宽广的时间尺度。

在上述背景下,史料文本长期以来都成为解读中国政治的窗口,甚至形成了以史为鉴的治国传统。不过,受到学科背景及性质的影响,学界对政治史也存在不同利用方式,对此可以区分出两种类型:由传统史学界主导的"事实取向的史料分析",以及由当代政治学界所主导的"理论取向的史料分析"。

(1) 事实取向的史料分析。它以国内历史学家和海外汉学家作为代表。政治史研究的目的在于弄清历史事实,而非发现标准化的客观规律,在叙事结构上呈现出描述为主、夹叙夹议的行文特征。学者们多具有深厚的史学素养,受到训诂学等专业训练,积极进行史料筛选与考据,多心利用官方和非官方资料,去伪存真,注重叙事逻辑性,最终尽可能还原政治事件的原貌。吕思勉的《中国通史》、钱穆的《国史大纲》《中国历代政治得失》皆为该类型代表,它们都为认识帝制时期的政治制度和人事运作提供了丰富见解。而在海外学界,学者们除了通史研究,还特别擅长以小观大,借助对特定案例的"深描"解剖中国国家治理的兴衰成败,这些作品包括黄仁宇的《万历十五年》、孔飞力(Philip Kuhn)的《叫魂:1768年中国妖术大恐慌》、杜赞奇(Prasenjit Duara)的《文化、权力与国家:1900—1942年的华北农村》,等等。以《叫魂》为例,孔飞力并未使用任何理论去界定中国国家与社会关系,而是围绕"叫魂"事件展现了极为丰富的社会图景,刻画了皇帝、官僚、百姓之间的多重矛盾以及不断持续的行为博弈,充分展现了晚清盛世之下的统治面临着难以克服的合法性危机和治理风险。① 总之,事实取向的史料分析目的在于还原历史事实,而并非提出高度抽象的理论范式。

(2) 理论取向的史料分析。它以国内政治学者的研究以及西方比较历史分析为代表。受到政治科学概念化、类型化、理论化的思维影响,史料分析的目标并非还原事实,而在于证明或证伪特定假说,发现因果机制,进行因果解释,展现政治规律。在西方,以巴林顿·摩尔、西达·斯考切波为代表的历史社会学,其对中国政治的研究就遵循着"理论建构—过程追踪"的逻辑框架,在提出"国家-社会"理论模型的基础上,将中国视为特定情境中的经验案例。西达·斯考切波的经典著作《国家与社会革命——对法国、俄国和中国的比较分析》,就是试图解释为什么革命在

---

① [美]孔飞力:《叫魂:1768年中国妖术大恐慌》,陈兼、刘昶译,上海三联书店2014年版。

不同国家的命运迥异,通过对法国、中国和俄国的比较,发现革命是社会经济危机、阶级力量以及国外军事压力等多重因素作用的产物,提出了革命并非"制造"而是"发生"的著名论断。① 不过,历史社会学中的中国研究也存在鲜明局限:第一,受到理论取向、国籍身份和语言文化的影响,研究者们很难充分接触本土历史资料,存在对于史料的"选择性取舍"问题,甚至被批判过分迁就理论而有"削足适履"之嫌;第二,中国性并不明显,中国只是被视为经验研究中的特殊案例,学者们并未深入了解中国政治史的全貌,全面发掘潜在的理论资源。

基于对西方历史社会学的反思,近年来,一种融合了本土性和政治理论取向的研究方法——"历史政治学"开始登上舞台。在杨光斌看来,历史政治学是进行中国政治学本土话语创新的重要方法,甚至是为中国政治学量身定做的:中华文明的恒常性决定了中国政治学研究完全能从历史出发,探讨国家建构及治理的一般性规律。② 具体而言,历史政治学本质依然是政治学,它具有下述三个特征。其一,以史料为载体,找回中国政治的时间性,积极学习史学的文献应用方法,关注史学最新成果,扩展对中国政治及社会的认知边界。其二,反思西方政治理论的适用性。历史政治学认为任何政治学都是对特定地域及文明的反映,西方政治概念及理论不能完全解释中国历史,需要立足本土性进行知识重构。其三,追求政治理论的本土创新。历史政治学强调以中国事实为基础,提出具有解释力的政治概念、命题和假设,以解释中国国家形态的演变,并尽可能与西方经典政治理论进行对话,为世界政治学做出贡献。由于坚持理论导向,历史政治学广泛利用现代政治学的知识成果,例如路径依赖、关键节点、报酬递增等制度主义概念,以确保科学性。

从经验研究上看,历史政治学也已形成了初步成果,并有望在未来蓬勃发展。徐勇于2019年出版的《关系中的国家》即从社会关系叠加变迁的角度,探讨了血缘、地缘等因素对传统中国建构的变迁过程。③ 需要注意的是,史料分析虽然属于定性方法,但不排斥定量技术的应用。一些学者开始利用史料文本,建立数据库,借助社会关系网络分析、GIS地理可视化、回归分析等方法,识别因果机制,探讨中国国家发展和国家能力问题。例如,为解释中华帝国国家能力的变迁,哈佛大学的王裕华依托正史和墓志铭等来源,对唐宋时期的精英关系网络、来源及区域分布进行了细致统计、编码并形成数据库,在此基础上识别出两种不同的社会网络关系模型:"星状网络关系"与"领结型网络关系"。前者意味着政治精英通过姻亲联结建立起了遍及全国的家族利益,而后者则表明精英之间并不存有姻亲关系,仅仅与

---

① [美]西达·斯考切波:《国家与社会革命——对法国、俄国和中国的比较分析》,何俊志、王学东译,上海人民出版社2015年版。
② 杨光斌:《以中国为方法的政治学》,《中国社会科学》2019年第10期,第77—97页。
③ 徐勇:《关系中的国家》,社会科学文献出版社2019年版。

自身地方家族保持联系,最终形成了封闭性的利益团体。两种关系网络分别对应于唐朝与宋朝,而正是唐宋之际的精英变革导致了国家能力的下降,因为领结型社会网络有效隔绝了精英之间的联系,阻碍了其产生集体行动的能力,使之更为关心狭隘性的家族利益,而不愿把资源上交给国家。① 总体来看,史料文本的应用技术也日益多元,而定性和定量的有机结合有望产生更多原创性洞见,中国政治史仍然是有待发掘的宝库。历史政治学基于中国历史文明的方法论和史观,无疑是建立中国政治学知识体系的积极尝试。

三、定量实证

定量实证深受科学主义传统的影响,多采取行为主义视角,聚焦于对个体政治行为和政治意识的测量及分析。根据数据特征的差异性,当代中国政治研究中的定量实证又主要分为下述三种类型。

(1) 问卷调查数据研究。问卷调查数据根据科学抽样以实现对整体的推断。数据搜集得益于与中国政治相关的各类调查研究项目的发展,这类项目通常由政府、高校科研机构、大型国际组织等负责,对数据的收集符合学术伦理及规则,并经过数据筛选,可信度较高。对此,表2-1梳理总结了与中国政治密切相关的部分国内调查项目,这些调查项目及公开数据已经催生了大量关于中国公民政治心理、政治参与领域的学术成果。此外,有奉献精神的学者也会主动将自己整理的数据库对外公开,以供学术研究之用。例如,将俊彦耗时六年完成了中国政治精英数据库(Chinese Political Elite Database,CPED),并免费公开,该数据库收录了4 000余名官员的基本信息及其到2015年的全部职业经历。在数据收集的基础上,研究者进而使用回归分析、倾向值匹配、断点回归、双重差分、结构方程模型、工具变量等定量方法,进行因果推断。时至今日,问卷调查数据仍然是中国政治学定量研究应用最广的一种类型。

表2-1 与中国政治研究相关的代表性抽样调查项目

调查范围	主要组织机构	项目名称
国内	中国人民大学	中国综合社会调查
	清华大学等	中国城乡社会治理调查
	北京大学中国国情研究中心	中国公民意识年度调查
	清华大学数据治理研究中心	中国城市治理调查

---

① Yuhua Wang, *The Rise and Fall of Imperial China: The Social Origins of State Development*, Princeton University Press, 2022.

（2）基于互联网的大数据研究。和抽样调查的外推性思维相反，大数据试图直接实现对于研究对象"整体"的把握。互联网的发展，则为政治学的大数据研究提供了崭新空间。在互联网政治领域，大数据的力量并不在于它适合进行因果推断，而在于其强大的描述性功能，能够形成对网络政治舆情、政治态度和政治行为的全景肖像。大数据分析通常涉及网络爬虫、数据清洗、主题建模、关键词分析、社会网络分析、数据可视化等步骤环节。例如，有研究利用互联网大数据，对阶层互动各场景中的情感氛围进行比较，发现中国骨干阶层与中间阶层情绪体验的积极程度明显高于普通阶层。① 不过，虽然大数据因为数据质量的偏差不适合作因果推断，但大数据可以和小数据结合，形成混合研究设计。孟天广等人的研究即使用了"大数据+小数据"的论证思路，首先用大数据的方式可视化了政府新媒体传播的信息内容，发现便民服务是其核心传播功能，随后又通过调查数据，证明政务新媒体功能的发挥同时受到经济社会环境、传播行为和网民特征的影响，从而展现了新媒体嵌入政府治理的方式及程度。②

（3）实验法。实验研究与非实验研究最大的区别在于基础数据的生成方式，实验研究要求研究者系统地干预数据生成过程。③ 实验法包括实验室实验、调查实验、现场实验、自然实验、准自然实验等形式，越开放的实验场景意味着越少的控制，但隐含着更优的外在效度。④ 在中国政治中，准自然实验应用较多，即利用特定外生事件（例如政策试点）的冲击效应，识别实验组和对照组，再使用双重差分等方法进行因果推断。例如，有学者注意到"全面从严治党"背景下中国各省份执行的反腐政策，基于 CSS2011 和 CSS2015 所构成的混合数据证实"全面从严治党"明显提高了中国民众对政府绩效的评价。⑤ 此外，也有研究开始探索性地运用实验室实验，将心理学与政治学结合起来，解释政治情感及行为。王海洲等人通过设计政治心理学实验，测量国歌音乐情绪对国民政治认同的影响，实验数据显示国歌与其他正性音乐相比，能够显著地诱发被试的情绪反应，强化国家认同倾向。⑥ 可以预见，实验法作为自然科学的经典方法，在未来政治学研究中有着广阔的应用

---

① 龚为纲、朱萌：《社会情绪的结构性分布特征及其逻辑——基于互联网大数据 GDELT 的分析》，《政治学研究》2018年第4期，第90—102页。
② 孟天广、郑思尧：《信息、传播与影响：网络治理中的政府新媒体——结合大数据与小数据分析的探索》，《公共行政评论》2017年第1期，第29—52页。
③ Rebecca B. Morton and Kenneth C. Williams, "Experimentation in Political Science", in Janet M. Box-Steffensmeier, Henry E. Brady, and David Collier, eds., *The Oxford Handbook of Political Methodology*, Oxford University Press, 2008, pp. 339-356.
④ 孟天广：《从因果效应到因果机制：实验政治学的中国路径》，《探索》2017年第5期，第30—38页。
⑤ 柳建坤：《从严反腐与中国政府绩效评价的优化——来自准自然实验的证据》，《公共行政评论》2019年第4期，第44—61页。
⑥ 王海洲、潘雯菲：《国歌认知与国家认同构建的实验政治心理学研究》，《政治学研究》2020年第3期，第67—79页。

空间。

综合上述,定量和定性研究方法,都已经在应用层面取得了巨大成效。由于社会科学方法论已然成为热门研究对象,各种操作技术仍然处于不断更新和迭代之中,这就需要中国政治研究者对国际前沿保持关注。此外,不同研究技术之间并非割裂而具有互补性,例如案例研究比较适合识别因果机制,量化分析擅长论证因果推断,对方法的合理选择能形成混合研究设计,强化论证效度。文本分析与案例比较、田野调查与抽样数据、大数据与小数据就经常在政治学研究中组合在一起,研究者需要灵活地根据需求使用各类技术工具。

本 章 小 结

本章试图为读者整体性地呈现"中国政治学研究方法"的多元路径及内在逻辑。立足"理论取向"和"研究技术"两大维度,本章在回顾中国政治学发展历程的基础上:一方面依照制度主义、文化主义、行为主义的三分类型学,将经典文献穿插其中,以展示中国政治的层叠性、复杂性和动态性;另一方面发现田野调查、历史分析、定量实证三种方法在中国政治研究的知识产出中占有重要地位,这既体现了定性和定量的有机结合,也呈现出本土化的方法论创新痕迹。总而言之,"如何研究中国政治学"既依赖理论框架的扎实建构,也要求规范技术的熟练掌握。最后需要注意的是,方法并不能取代问题本身。政治学方法论应该以问题为导向,而非本末倒置,专注于方法类型。[①] 于研究者而言,应当时刻提醒自己将敏锐的问题意识和合理的研究方法相结合,努力孕育出有生命力的学术成果,以避免落入"精致的平庸"。

思考题

1. 请仟选感兴趣的中国政治议题,提出研究问题,设计研究方案,并对其中的理论视角和研究技术进行说明。
2. 试以西方政治学某一概念、命题或者理论为例,讨论它对于中国政治现实的解释力及其局限性。

---

① Margaret E. Roberts, "What Is Political Methodology?", *PS: Political Science & Politics*, 2018, 51(3), pp. 597-601.

📖 延伸阅读

1. 房宁:《新中国政治学研究70年》,中国社会科学出版社2019年版。

该书系统研究和展现了中华人民共和国成立70年来中国政治学的发展历程,梳理和总结了中国政治学学术研究、学科发展的主要成果。该书内容包括国家理论研究、民主理论研究、政党理论研究、治理理论研究、政治制度研究、行政管理研究、比较政治研究、政治思想史研究、方法论研究、新兴学科研究等,通过学术史研究深刻揭示和展现了当代中国政治实践、政治建设和政治发展的历史进程,为读者呈现出一幅当代中国政治的学术图卷。

2. 俞可平:《中国政治学四十年》,商务印书馆2019年版。

该书分为两个部分:第一部分评述中国政治学的整体发展状况,包括改革开放40年来中国政治学的学科建设、重点研究领域、重要分析概念和主要研究方法;第二部分着重评析政治学主要分支学科的发展状况,包括政治学理论、中外政治文化、比较政治研究和中国政治研究。该书采取史论结合的叙述方式,在史料和事实的基础上,对中国政治学40年的发展做出分析和评估。书末收录改革开放40年来中国政治学发展大事记。

3. 郭苏建:《政治学和中国政治研究——学科发展现状评析》,程熙、袁倩、吴双等译,上海人民出版社2016年版。

该书是探讨中国政治研究的发展方向以及政治学学科在中国的发展现状、面临的问题和挑战的学术著作。书中汇集了中西方研究政治学与中国政治的一批优秀学者,共同探讨中国政治研究的发展方向问题,系统地介绍了中国政治的特殊性、民族特性以及知识传统等议题。该书中的很多学者开始质疑和挑战西方的范式、理论、概念和方法在中国研究中的适用性,并试图推动"本土化"进程。该书有利于促进中国政治研究学术领域的反思与对话,给中国政治学的师生和研究者提供有价值的研究材料。

4. 左才:《政治学研究方法的权衡与发展》,复旦大学出版社2017年版。

该书聚焦政治科学研究方法中的主要争论、共识以及最新发展,将权衡观贯穿于对每一种方法的讨论中,并试图回答:不同研究方法的优势及局限性何在,研究目的如何影响研究设计,研究问题的因果类型如何影响案例选择?该书从研究设计的视角出发,涉及如下议题与方法:因果关系类型、概念化与操作化、案例分析与案例选择、过程追踪、人类学方法、社会调查法、实验与类实验方法等,为读者理解和运用政治学研究方法提供了科学性的指南。

第三章
海外当代中国政治研究方法

当代中国政治研究一直是海外社会科学关注的重要领域，不同阶段兴盛的社会科学研究方法也被广泛应用于中国政治各个议题研究当中，并呈现出显著的阶段性演进特征。社会科学研究方法的应用和发展塑造了中国政治研究的认知视野、知识发现、理论价值和政策取向，从而影响着海外（特别是西方世界）对中国问题的理解、预判和应对。本章将海外当代中国政治研究方法划分为二个发展阶段，并考察每个阶段海外学人研究当代中国政治的方法特性，探讨方法背后的演进趋势和动力机制，梳理相应的智识收获和范式局限，辨析不同研究方法之间的张力和取舍，从而理解海外如何理解中国。

海外当代中国政治研究方法的阶段性演进受到学科发展和中国情境双重力量的交互影响。一是政治学学科发展本身的驱使。中国政治研究的学科化（specialization），即从区域国别研究转向比较政治研究，以及政治学前沿研究方法在中国政治研究领域的应用和发展，推动了该领域研究方法的范式转化。二是中国情境提供的空间和约束。实证方法的应用依赖资料和数据，不同类型资料和数据的开放度、可及性和质量决定了方法适用的广度和深度。资料和数据受到研究对象所处时代情境的影响，因此中国政治发展也会导引研究方法的选择与运用。方法和素材缺一不可，彼此促进又相互制约。如果将研究比作烹饪，那么方法就是烹饪的技艺，素材就是食材。一种方法要成为"主流"，既要求技艺非常成熟规范，也要求有可供"烹饪"的素材。因此，在考察海外中国政治研究方法的演化趋势和发展规律时，需要围绕学科发展和中国情境在不同时空下的交互关系展开分析。此外，虽然海外当代中国政治研究与中国政治学研究在方法演进上存在类似的总体趋势（参见第二章），但是前者的发展节奏、阶段特征及在每个阶段面临的机遇和局限都与后者存在较大差异，值得单独考察。同时，梳理和反思海外中国政治研究方法有利于我们研判和思考中国政治学研究。

在分析各阶段主流方法的研究特性和发展背景的基础上，本章将提炼出海外中国政治研究方法"学科化"和"科学化"的双重发展趋势，并辨析方法应用和发展的不同路径选择。在中国政治研究领域，随着方法的丰富化、规范化和精致化，不同范式和方法之间的关系也日趋紧张。哪些方法最适合用来理解和解释中国？研究应该是方法驱动、理论驱动还是议题驱动？研究目标是中国优先、方法优先还是理论优先？中国研究者应该接受怎样的方法训练？海外研究者（特别是不同世代的研究者）对这些问题都抱持不同的立场。关于研究方法"向何处去"的讨论不仅会左右海外中国政治研究的未来走向，同时将启发中国学界构思和规划政治学方法的发展图景。

与传统的定量与定性划分不同，本章从数据收集和数据分析两个维度将海外中国政治研究方法划分为三个发展阶段：田野调查和案例研究主流阶段、社会调查和回归分析主流阶段，以及因果识别和计算社会科学方法主流阶段。如此划分便于更加清晰地呈现每个阶段在研究特性和发展背景上的差异，以及揭示方法演化的逻辑和趋势。

本章所谓"主流"是指该类研究方法为某一阶段学者最推崇、最重视以及引领学科发展潮流的方法。然而，"主流"既不代表该类方法是唯一科学和优越的方法，也不代表使用该类方法的成果数量在该阶段占绝对优势。三个阶段之间没有严格的时间分界，大致而言，田野调查和案例研究主流阶段包括20世纪80年代至90年代中前期，社会调查和回归分析主流阶段包括20世纪90年代后期至21世纪第一个十年，因果识别和计算社会科学方法主流阶段覆盖近十余年。

第一节 田野调查和案例研究主流阶段

研究方法的演变带有显著的时代印记，20世纪80年代至90年代中期，海外中国政治研究以质性方法为主流。具体而言：在数据收集方法上，主要依托田野密集型方法，包括访谈、参与式观察、历史档案、政策文本、媒体资料等；在研究分析方法上，以个案研究和案例比较为典型，同时也出现了少量问卷调查研究和统计资料分析。

海外当代中国政治研究脱胎于"区域国别研究"（area studies）。改革开放之前，海外对中国政治问题的研究主要依赖外界可以获取的中国官方文件、公开新闻和出版物，以及少数人士的口述资料[①]，数据类型和可及度都较为有限。学者们开展的多是"远距离研究"，最多从日本或中国港澳台地区获取二手的信息和资料。相应的研究方法也局限于宏观层面的局势观察、信息印证、逻辑推理、趋势分析，尤

---

① 参见相关研究指南：Michel Oksenberg and Gail Henderson, eds., *Research Guide to People's Daily Editorials, 1949–1975*, University of Michigan Press, 1982; Kenneth Lieberthal and Michel Oksenberg, "A Research Guide to Central Party and Government Meetings in China 1949–1975", *International Journal of Politics*, 1975, 5(2/3), pp. i-322。

其关注意识形态、组织结构、政治动员和高层精英政治研究,其研究目的旨在了解中国政治究竟发生了什么,以及会朝哪个方向发展。① 例如,弗朗茨·舒曼对中国共产主义意识形态和组织体系的研究②,鲍大可(A. Doak Barnett)对中国干部系统和官僚体系运作过程的研究③。彼时,中国研究是整个共产主义阵营研究的一部分,比较对象通常是苏联和东欧国家,该区域国别的研究传统深刻影响了改革开放初期的海外中国政治研究方法。

伴随着改革开放,海外学者的资料获取途径大为拓宽,相应的研究方法也得到发展。中国的开放政策让海外研究者有机会亲临现场展开田野调查,并与中国大陆学者和官员进行面对面的交流对话。特别是20世纪80年代初期,中国的国家建设和学科发展非常欢迎海外专家建言献策,很多学者受邀访问中国并展开相关研究。④ 同时期,海外高校也加大了中国研究的队伍建设和田野调查资助规模。在数据收集方面,海外学人开始围绕特定议题开展深度访谈、跟踪观察和实地调研等"近距离研究",以获取第一手的研究资料。"身临其境"的田野方法越来越受到推崇和重视。⑤ 建立和维护可靠的田野资源成为学者的首要任务,包括如何获取中国官方的许可、如何获得中国学者的协助、如何培养与田野对象的信任关系、如何交叉印证信息等都成为"田野策略"(field strategies)的学习和交流内容。除了田野资料外,该时期中文的档案、出版物、回忆录、官方文本等也日趋开放,媒体资讯变得丰富多元。不同资料类型和信息来源拓宽了海外学人的研究视野,有助于从多层级多维度研究转型中国的政治现象。

研究资料的极大丰富及其可及性的提升为开展深度的案例研究提供了可能,相关研究分析多采用"归纳路径"(inductive approach),即从田野和文本资料中分析提炼出相关判断和洞察,并逐步建构起对特定中国政治议题的知识拼图、分析框架和理论概念。与改革开放前不同,该时期中国政治不再作为一个整体被研究。首先,分析的单位(unit of analysis)从整个国家或高层政治精英拓展到各类具体的制度、机构、组织和群体,例如针对干部管理机制、立法机构、国有企业、利益集团的研究。部分研究甚至具象到微观个体层面,例如针对地

---

① Harry Harding, "The Study of Chinese Politics: Toward a Third Generation of Scholarship", *World Politics*, 1984, 36(2), pp.284-307.
② See Franz Schurmann, *Ideology and Organization in Communist China*, University of California Press, 1968.
③ A. Doak Barnett, *Cadres, Bureaucracy, and Political Power in Communist China*, Columbia University Press, 1967.
④ 王中原、郭苏建:《中国政治学学科发展40年:历程、挑战与前景》,《学术月刊》2018年第12期,第75—85页;Sujian Guo and Jean-Marc F. Blanchard, "The State of the Field: Political Science and Chinese Political Studies", *Journal of Chinese Political Science*, 2009, 14(3), pp.225-227。
⑤ Anne F. Thurston and Burton Pasternak, eds., *The Social Sciences and Fieldwork in China: Views from the Field*, Westview Press, 1983, pp.3-36.

方政治精英、村民和村干部、企业家、大学生的研究。其次,分析的层次（analytical level）从国家层面下落到省级、县级乃至乡村,学者们有机会深入中国地方和基层展开"贴地研究"（on the ground）。例如,许慧文（Vivienne Shue）等人对华北地区某县级政府的研究,魏昂德（Andrew Walder）团队对山东邹平农村改革和转型的研究（基于1988—1992年的长期田野调查）。① 最后,分析的视角从结构（structure）转向过程（process）,实地调查和访谈为探知政治过程和决策过程提供了契机。例如,谢淑丽（Susan L. Shirk）基于北京官员的访谈考察了中国经济改革背后的政治决策过程,李侃如等人基于不同层级和部门的访谈揭示出中国政策过程中中央与省级之间的互动博弈关系。② 上述研究都展现出中国政治问题的复杂性、多面性和转型性。

该时期,研究问题主要由学者自己的研究兴趣以及议题的理论和实践重要性驱动,"区域国别"的研究传统和"认识中国"（knowing China）的研究目标主导了海外中国研究的议程。彼时,中国政治研究的重心在于"政治"而非"科学"。海外中国研究者受到的训练首先要求的不是社会科学方法,而是语言和田野经历,以及对中国政治、文化、历史、社会的多方面综合背景知识,中国研究社群共享丰富的底层信息。田野经历极大提升了研究者的问题意识和议题感觉（feel）,有助于其将外部人视角与内部人信息相结合,注重的不是案例的数量,而是从案例中能够学到多少新东西。虽然初期中国研究者多未受过规范系统的政治学方法训练,方法论自觉意识不胜今日,但是他们对中国政治问题的感知、分析和洞察能力都是超群的,奠定了整个中国政治研究的知识根基。

初期,探索型的（heuristic）、讲故事型的、深度描述型的、观察评论型的、介绍型的案例研究居多,历史学、人类学和社会学的方法较为盛行,学者们不太关注方法层面的研究设计,往往"看菜吃饭",理解和预判中国政治是首要研究任务。随着研究深入,学者们不再满足仅仅认识中国,而是运用中国案例对话政治学理论或开展跨国跨区域的比较,从而解释型的、比较型的、概念修正型的、理论检验型的、概念和理论建构型的案例研究开始涌现。例如,裴宜理对于中国国家与社会关系的研究③,欧博文（Kevin O'Brien）对中国人大建设与西方议会早期发展的比较研

---

① See Marc Blecher and Vivienne Shue, *The Tethered Deer: Government and Economy in a Chinese County*, Stanford University Press, 1996; Andrew Walder, ed., *Zouping in Transition: The Process of Reform in Rural North China*, Harvard University Press, 1998.
② See Susan L. Shirk, *The Political Logic of Economic Reform in China*, University of California Press, 1993; Kenneth Lieberthal and David M. Lampton, eds., *Bureaucracy, Politics, and Decision Making in Post-Mao China*, University of California Press, 1992.
③ Elizabeth J. Perry, "State and Society in Contemporary China", *World Politics*, 1989, 41(4), pp. 579-591.

究①,戴慕珍(Jean C. Oi)对中国地方国家统合主义的政治经济学研究②。此时,参照的对象已经不再是共产主义国家,而是西方社会和其他转型地区,照映出中国政治发展的共通性和普遍性。此外,研究者们也认识到单个案例分析的局限,开始意识到案例选择和多案例分析对理论建构的重要性,田野调查以及中国各地开放的档案、司法文书、政府公报等也为多案例比较研究提供了新机遇。例如,穆磐石(Peter Moody)研究发现,中国政治文化转型在不同地域(沿海都市地区与内陆乡村地区)、不同组织(国有企业与私营企业)中呈现出显著差异。③ 裴宜理呼吁开展跨时空、跨组织、跨地域的中国国家与社会关系比较研究。④

在中国政治研究领域,田野调查和案例研究方法展现出诸多优势:一是可以对特定中国政治现象展开深度考察,探究现象的发生机理、条件和情境,相关研究发现具备较强的内部有效性(internal validity);二是可以跟踪现象发生和发展的过程,揭示中国场景下复杂的政治关系和政策过程,依托内部人视角和地方性知识透视政治现象背后的逻辑;三是可以进行历时性的跟踪和观察,形成对特定现象演化过程的深入洞察,判断中国政治的转型和改革走向;四是案例之间的融通性较强,可以通过不同议题、地域、层次、领域的案例研究,形成中国政治的知识拼图⑤;五是运用中国案例验证和修正已有概念、理论和研究发现,从而提炼新的政治学概念、理论和研究假设⑥。这些优势让该时期的海外中国政治研究贡献了巨大的知识增量,也为此后研究方法的演进奠定了坚实基础。

然而,运用田野和案例方法开展中国政治研究的局限性也开始凸显。首先,案例选择受制于案例可及性的影响,田野地点通常由熟人关系和组织介绍决定,海外学人的自主选择空间小,例如早期研究聚集在北京、上海、江苏、河北、山东、广东等地,这让研究发现带有地域特性,容易造成选择性偏差。其次,案例研究敏于深度拙于宽度,相关研究缺少外推(generalization)的适用性和解释力,案例的类型代表性和外部有效性(external validity)较为不足,使得从局部到整体的推演(part-to-whole mappings)受限,不同的案例研究甚至产生相互冲突的研究发现。最后,该阶段的田野和案例方法并未规范化和学科化(主要凭借经验和策略),作为区域

---

① Kevin J. O'Brien, "Chinese People's Congresses and Legislative Embeddedness: Understanding Early Organizational Development", *Comparative Political Studies*, 1994, 27(1), pp. 80-107.

② Jean C. Oi, "Fiscal Reform and the Economic Foundations of Local State Corporatism in China", *World Politics*, 1992, 45(1), pp. 99-126.

③ Peter R. Moody, "Trends in the Study of Chinese Political Culture", *The China Quarterly*, 1994, 139, pp. 731-740.

④ Elizabeth J. Perry, "Trends in the Study of Chinese Politics: State-Society Relations", *The China Quarterly*, 1994, 139, pp. 704-713.

⑤ Ibid., 712-713.

⑥ Kenneth Lieberthal, "China and Political Science", *PS: Political Science & Politics*, 1986, 19(1), pp. 70-78.

国别研究传统的延续，相关研究成果也多发表在中国研究类期刊上，较难上升为广义理论，中国政治与政治学之间尚存在较大鸿沟。这些局限具有很强的时代性，也激励了新一代中国政治研究者寻求更趋学科化的研究方法。

第二节　社会调查和回归分析主流阶段

研究方法的演化受到学科发展和政治发展的双重影响。20世纪90年代后期至21世纪第一个十年，海外中国政治研究的主流方法转向社会调查和回归分析（survey-based studies）。具体而言，在数据收集方法上，依托抽样、问卷设计、系统化信息收集等社会调查手段；在研究分析方法上，以探索变量之间关系的回归分析为主流，辅以数据描述性统计。此外，该阶段的田野调查和案例分析方法也趋向规范化，更加注重案例选择和研究设计。同时，一些学者开始探索混合研究方法。

社会调查方法是以科学方法系统收集信息以构建对特定研究总体的定量描述和统计推断，包括通过样本推断总体的抽样调查和直接收集全样本信息的普查，政治科学研究通常使用抽样调查。[1] 20世纪80年代，出于国家治理和国际合作的需要，中国政府部门（例如国家体改委）和国际机构（例如世界银行）就开始使用社会调查方法收集中国的社会经济数据。20世纪80年代末，海外政治学者尝试在中国开展学术型抽样调查，但受限较多。[2] 真正大规模规范化的政治学社会调查直到20世纪90年代后期才逐渐兴起，根据墨宁（Melanie Manion）等人的统计，截至2010年海外中国政治研究领域的各类社会调查已达34项[3]，该演进主要受到海外学科发展与中国研究环境相向而行的影响。

其一，海外新一代中国政治学人开始接受系统的政治科学方法训练，尝试将量化方法运用到中国研究场景中，推动中国政治研究从区域国别研究向政治学研究过渡。该时期政治学受到经济学、统计学的影响，逐步迈向"科学化"。社会调查、统计分析、大样本研究、形式建模、博弈论等方法成为主干课程。无论是学位论文、学术发表，还是职称晋升都越来越看重量化研究。海外中国政治研究者也融入了

---

[1] Henry E. Brady, "Contributions of Survey Research to Political Science", *PS: Political Science & Politics*, 2000, 33(1), pp. 47-58; Herbert Weisberg, Jon A. Krosnick, and Bruce D. Bowen, *An Introduction to Survey Research, Polling, and Data Analysis*, SAGE Publications, 1996.

[2] Tianjian Shi, "Survey Reserch in China", in Michael X. Delli Carpini, Leonie Huddy, and Robert Y. Shapiro, eds., *Rethinking Rationality: Research in Micropolitics*, JAI Press, 1996, pp. 213-250.

[3] 包括墨宁记录的32项和当时正在进行的2项。Melanie Manion, "A Survey of Survey Research on Chinese Politics: What Have We Learned", in Allen Carlson, Mary E. Gallagher, Kenneth Lieberthal, et al., eds., *Contemporary Chinese Politics: New Sources, Methods, and Field Strategies*, Cambridge University Press, 2010, pp. 181-199.

这股大潮,他们意识到传统案例研究的局限,试图通过严谨的研究设计、系统的数据收集、规范的假设验证来探索中国政治现象中的变量关系,提升研究发现的总体代表性、外部有效性和政治学理论价值。同时,海外学界对社会调查课题的科研资助也大幅提升,让昂贵的数据收集成为可能。其间,世界价值观调查和亚洲晴雨表调查等大型社会调查项目在中国周期性开展,带动了调查方法的规范化和普及化。

其二,中国对涉外调查的规范化管理和中国学术型调查机构的创立为海外学者在中国开展社会调查提供了机遇。20世纪90年代后期,中国政府对海外资助或参与的社会调查项目的管理政策变得明晰,跨国的学术调查合作享有宽松友好的政策环境。此时,以北京大学中国国情研究中心、中国人民大学社会调查中心等为代表的中国国内学术调查机构运行顺畅,海外中国研究者通过与本地调查机构合作在中国开展社会调查。国内调查机构经过多年积累,在问卷设计的中国化、抽样方法的设计及执行、调查对象的联络及触达、获取政府部门的支持及协助等方面富有经验,并且具备高度的专业性。本地机构和团队的协作是海外开展中国社会调查的重要保障。

从抽样方法上来说,理想的社会调查是覆盖全国的随机概率抽样,以保证样本相对总体的代表性(representativeness)和观测样本之间的变异性(variation)。然而,在海外中国政治研究领域,真正获得全国代表性样本的调查甚少,大部分是聚焦某些城市和部分省份的区域性抽样调查。① 例如,1995年进行的北京市民政治心态调查、2000年进行的陕西农村选举调查、2003—2005年进行的福建和浙江村民调查。一方面,这是由于全国性抽样调查的成本过高和执行难度较大,难以确保各个地方政府高度配合,同时面临较为严重的跨地域人口流动和同区域内"人户分离"等客观挑战。② 社会调查需要平衡成本和质量,在资金、人力、时间、便利性和可及性等约束条件下实现数据质量最大化③,因此妥协的策略就是放弃严格的概率抽样程序,而选择有可及性并能确保调查顺利执行的特定地区进行抽样。另一方面,这也是议题选择和研究设计使然,研究者根据研究对象和理论预设进行有意图的抽样设计(purposive sampling),策略性地采用整群抽样、等距抽样等。这时"目标总体"(target population)并非全中国民众,而是研究者感兴趣的特定群体(例如企业家、农村干部、城市居民等),相对应的抽样框和执行策略随之调整。例

---

① 最早的一项全国抽样调查是1990—1991年史天健与中国人民大学社会调查中心主持的"全国公民政治行为与政治态度调查"。Andrew J. Nathan and Tianjian Shi, "Cultural Requisites for Democracy in China: Findings from a Survey", *Daedalus*, 1993, 122(2), pp. 95-123.
② 为了克服基于户口的抽样框遗漏流动人口的问题和"人户分离"产生的低应答率问题,海外研究者还将基于地理信息系统的网格化抽样方法引入中国,优化了社会调查研究。Pierre F. Landry and Mingming Shen, "Reaching Migrants in Survey Research: The Use of the Global Positioning System to Reduce Coverage Bias in China", *Political Analysis*, 2005, 13(1), pp. 1-22.
③ Robert M. Groves, Floyd J. Fowler Jr, Mick P. Couper, et al., *Survey Methodology*, John Wiley & Sons, 2009, pp. 1-37.

如，布鲁斯·迪克森(Bruce Dickson)在对中国企业家的调查项目中，根据研究对象在地域和个体层面的分布特征，有意选择了山东、河北、浙江、湖南四个调查省份，每个省内选取两个县或县级市（一个经济水平较强，一个经济水平较弱），然后在县内抽取年销售额在 100 万元以上且正式注册的私营企业。① 在锁定具体的问卷对象时，迪克森将符合条件的私营企业家按照其企业的年收入进行排序，以一个随机数作为起始点每隔一个等距(fixed internal)依次展开抽样。上述抽样方法显然不是简单随机抽样，但从特定研究目的出发，严格设计和规范执行的抽样程序同样保证了样本对于目标总体的代表性以及样本在测量维度上的变异性。因此，局部调查样本(local samples)虽然难以精准反映全国总体的分布特征，但仍然可以有效地探索变量间关系，具备超越样本的外推能力。②

就调查类型来说，海外中国社会调查绝大多数为单时的横截面调查，只有少数是历时调查(longitudinal survey)③，跟踪同一样本群体的面板调查(panel studies)更为罕见。调查类型决定了数据类型进而影响了该阶段的数据分析方法。就调查手段来说，大部分调查依靠受训访员进行线下的入户问卷面访，也有通过电话访谈、邮寄问卷、现场自填问卷、计算机辅助调查、网络调查等形式进行调查。不同调查方式对问卷质量有所影响，例如，面访会遭遇入户率低、社会期望偏差(social desirability bias)等问题，邮寄问卷会面临无应答、问卷理解偏差等问题，当然部分问题可以通过技术手段予以处理④。就调查对象来说，主要涵盖农民、村干部、企业家、地方干部、城市居民、社区工作者等，一些研究还设计了配对式调查，即对抽样地点的农村和村干部、民营企业家和县乡干部就同一组问题进行调查，以便展开对比分析。该阶段，调查议题带有显著的时代特征和国外政治学的研究视角，包括改革的政治经济学、国家社会关系、政商关系、乡村选举、政治参与、政治信任、政治价值观等。

在研究分析方法方面，初期研究较多基于调查数据进行描述性统计，揭示某一维度上的数据分布特征（例如频数表、分组均值比较），或进行跨群体跨时间的数据比较以呈现某种趋势。描述性分析或推断具备一定的研究价值，但无法呈现变量之间的关系，对调查数据中的信息提取是有限的。回归分析方法随之引入，用以探寻被解释变量与解释变量之间的函数关系，从样本推断总体。在回归分析中，研究

---

① Bruce J. Dickson, "Appendix: Survey Design", *Wealth into Power: The Communist Party's Embrace of China's Private Sector*, Cambridge University Press, 2008, pp. 255-258.
② Melanie Manion, "Survey Research in the Study of Contemporary China: Learning from Local Samples", *The China Quarterly*, 1994, 139, pp. 741-765.
③ 例如，北京地区社会经济发展调查(Beijing Area Studies, BAS)，该调查项目对标底特律地区调查(Detroit Area Survey, DAS)，由北京大学中国国情研究中心负责执行。参见杨明等：《1995—2004 北京社会经济发展年度调查数据报告》，北京出版社 2007 年版。
④ 例如，面访问卷通常要求访员记录问卷执行的场景和访问对象的状态等信息，以帮助研究者判断调查数据的可信度，以及探究问题"无应答"产生的原因。

者会结合政治学理论和中国政治情境提出相应的研究假设,研究假设中的变量在社会调查中被概念化(conceptualization)、操作化(operationalization)和予以测量(measurement),通过(广义)线性回归模型拟合调查数据(通常用最小二乘法),得到被解释变量 Y 与关键解释变量 X 之间线性关系函数的系数及其显著性,通过统计推断验证研究假设和对话理论文献。例如,钟扬和陈捷基于江苏省的调查数据,通过构建逻辑回归模型(logistic regression model)考察村民投票或不投票的影响因素,核心解释变量包括内部效能感和民主倾向,控制变量包括生活满意度、公共事务态度和各类人口学属性等①,该研究挑战了史天健早期基于调查数据的研究发现②,并对话了有关政治参与的理论文献。

相对于质性方法,社会调查和回归分析更加关注微观政治分析,特别善于对政治行为和政治态度进行考察,相关方法的精进打开了海外中国政治研究的新视野和新领域,成为中国政治知识新增长点;社会调查和回归分析的研究发现通常更具统计上的代表性和外推能力(外部有效性),被认为证据更充分、论证更有力(powerful)、结论更稳健(robust),有助于提升对"总体"的判断和理解;社会调查和回归分析能够发现变量之间的系统性关联模式,并控制了其他可观测变量的影响,甚至可依靠相关性信息估计因果影响,为理论假设提供了实证支持;社会调查和回归分析具有完整的方法体系、规范的操作流程、客观的评价标准、可复现的结果验证,可以带动中国政治研究方法的科学化和规范化,形成研究竞争和知识积累;社会调查和回归分析提升了中国政治研究的学科属性,从区域国别研究转向政治学研究,从描述性研究转向解释性研究,从论断性分析转向概率性推断,赋能基于中国经验发展政治学广义理论。

社会调查和回归分析也存在局限。首先是方法本身的陷阱,例如覆盖误差、测量误差、抽样误差、无应答误差、社会期望偏差、数据调整偏差等。部分问题(例如无应答误差)在中国场景下尤为突出,一方面由于中国民众不熟悉社会调查,顾虑较多,另一方面因为中国人口流动性较大,影响了数据质量。当然,研究者就如何从技术上理解和克服上述问题展开了研究,例如哪些因素造成中国受访者的无应答,以及如何通过优化调查方式提升应答率等。③ 其次是研究设计和数据分析层

---

① Yang Zhong and Jie Chen, "To Vote or Not to Vote: An Analysis of Peasants' Participation in Chinese Village Elections", *Comparative political studies*, 2002, 35(6), pp. 686–712.
② Tianjian Shi, "Voting and Nonvoting in China: Voting Behavior in Plebiscitary and Limited-Choice Elections", *The Journal of Politics*, 1999, 61(4), pp. 1115–1139.
③ 参见 Jian-Hua Zhu, "'I Don't Know' in Public Opinion Surveys in China: Individual and Contextual Causes of Item Non-Response", *Journal of Contemporary China*, 1996, 5(12); Wen-Fang Tang, "An Introduction to Survey Research in Urban China", *Issues & Studies*, 2003, 39(1);严洁:《项目无回答的成因与降低其水平的途径》,《华中师范大学学报(人文社会科学版)》2006 年第 6 期;左才:《认知心理学视角下社会调查中的无应答问题与解决方法》,《复旦学报(社会科学版)》2020 年第 2 期。

面的挑战,中国场景的特殊性要求一般性政治概念在操作化和测量时进行语境转化,让受访对象可理解、可感知,而非直接翻译国外通用问卷,否则会造成概念误置、测量失真和结论偏差,例如中国民众对"民主"概念的理解与西方显著不同。① 此外,学者们由于在相同议题上的理论关切和研究假设不同、核心变量的定义和测量不同、模型设定和变量控制不同、调查执行的地域和时点不同,有时会得出大相径庭的结论且较难形成共识。再次,并非所有议题都可进行问卷调查和量化分析,一些变量较难在中国场景下得到有效测量(例如腐败、失业、集体行动),导致关键数据缺失,调查者还须考虑研究所处的政治时间,回避不符合中国政策和超出地方政府许可的问题。② 此外,数据的公开程度低和使用率欠佳也限制了相关研究方法的优势发挥。最后,回归分析通常揭示的是变量之间的相关关系,虽然辅以诸多稳健性检验,但难以完全排除内生性问题,包括遗漏变量问题、测量误差问题、选择偏误问题、逆向因果问题等。这些质疑削弱了回归分析结果的解释力和理论潜力,同时激励新一代海外学人探索方法论的精致化路径(methodological sophistication),推进因果识别和机制分析。

需要指出的是,该阶段中国政治研究的"定性与定量鸿沟"问题尚未不可跨越。两者虽然存在范式路径上的差异,但依然可以彼此借力和互为助益,共同致力于中国政治知识的发现和积累。

首先,定性研究促进了定量研究的品质优化。一方面,前期丰富的田野调查和案例研究为量化分析提供了背景信息、问题意识和知识基础,帮助定量研究者提出研究假设、优化概念和测量、完善问卷设计和数据预处理,该阶段采用社会调查和回归分析的海外学者大多具有系统的中国知识训练和丰富的前期田野经历。另一方面,量化分析可以揭示变量分布特征和关联模式,但困于背后的机制解释和价值解析,田野调查和案例研究能够帮助研究者结合中国特有的制度环境、政治文化和地方性知识对数据结果进行分析和解释,回答 WHY 和 HOW 的问题。因此,该阶段海外学人还探索了定性与定量相结合的混合方法。例如,蔡晓莉(Lily Tsai)依靠对少量乡村的田野调查提出中国农村公共物品供给的研究假设,然后通过对 4 个省 316 个村的问卷调查为该假设提供数据验证,接着选取若干乡村开展比较分析(每个村进行 2—20 天的田野调查),进一步揭示了非正式的"连带团体"(solidary groups)促进农村公共物品供给的机制过程。③

---

① Richard Baum, "Studies of Chinese Politics in the United States", in Robert F. Ash, David L. Shambaugh, and Seiichirō Takagi, eds., *China Watching: Perspectives from Europe, Japan and the United States*, Routledge, 2007, pp. 147-168.
② Gail Henderson, "Survival Guide to Survey Research in China", *China Exchange News*, 1993, 21(1), pp. 23-25.
③ Lily L. Tsai, *Accountability Without Democracy: Solidary Groups and Public Goods Provision in Rural China*, Cambridge University Press, 2007.

其次,定量研究反过来也带动了定性研究的规范化。该阶段田野调查和案例分析方法取得了长足发展,伴随研究方法的学科化,定性研究也越来越注重研究设计、案例选择、比较分析、结论的内外部有效性,并习惯使用"自变量""因变量""机制分析""充分条件""必要条件"等思维和表述方式。田野密集型方法和案例研究开始作为规范性研究方法纳入政治学方法论的训练体系,并在中国研究领域得到运用实践。① 例如,本杰明·里德(Benjamin Read)基于研究设计对北京和台北的基层政治进行了长期扎根研究,比较不同政治环境下民众与统治权力的复杂互动关系。② 该经验让里德成为政治学田野方法的倡导者,并参与了相关政治学教材的建设。③ 该阶段,案例研究更加注重次国家单元的案例选择和比较设计,定性比较研究(qualitative comparative analysis,QCA)、比较历史分析等方法也开始被应用到中国研究领域。定性方法的规范化打破了"科学方法即定量方法"的偏见,推动中国研究方法的多元化和不同方法的融合。

第三节　因果识别和计算社会科学方法主流阶段

政治学学科发展和中国政治发展进一步推动了中国政治研究方法的演化。21世纪第二个十年以来,海外学者研究中国政治的主流方法开始转向因果识别(causal identification)和计算社会科学方法。在数据收集方法上,注重实验数据、量化历史数据、地理信息数据、社交媒体数据,以及基于计算机系统的大数据收集,试图突破传统观测数据(observational data)的局限。在研究分析方法上,倚重各类基于计量分析的因果推断方法与基于数据和算力的计算社会科学方法,将量化政治科学研究推向新阶段。此外,该时期的田野调查和案例分析、社会调查和回归分析等方法也取得了新的发展,并与因果识别和计算社会科学方法之间形成复杂的张力,引发了中国政治研究向何处去的方法论之辩。

伴随社会科学的因果识别革命,探索因果性(causality)成为政治科学研究的"圣杯"④,海外中国政治研究作为比较政治学的新兴领域也随之掀起方法上的范式革新,开始从统计推断转向因果推断。新一代中国研究者不再满足于发现基于

---

① Maria Heimer and Stig Thøgersen, eds., *Doing Fieldwork in China*, University of Hawaii Press, 2006; Allen Carlson, Mary E. Gallagher, Kenneth Lieberthal, et al., eds., *Contemporary Chinese Politics: New Sources, Methods, and Field Strategies*, Cambridge University Press, 2010.
② Benjamin L. Read, *Roots of the State: Neighborhood Organization and Social Networks in Beijing and Taipei*, Stanford University Press, 2012.
③ Diana Kapiszewski, Lauren M. MacLean, and Benjamin L. Read, *Field Research in Political Science: Practices and Principles*, Cambridge University Press, 2015.
④ 左才:《政治学研究中的因果关系:四种不同的理解视角》,《国外理论动态》2017年第1期,第24—31页。

观测数据的统计显著性，转向借由更加复杂精致的计量方法探寻政治要素之间的因果可信性。该转型受到学科发展和数据生态的合力影响。其一，海外中国政治研究的训练体系和评价体系发生了重大转变。中国政治研究更加彻底地融入政治学研究，政治学的学术训练则越发注重实验设计、因果推断和计量分析，高等数学、统计学和计量经济学课程逐步取代语言类、文化类和国别研究类的课程，成为新一代政治学者必备的"方法工具箱"。该阶段，方法不仅是研究工具，还是学习目标和研究内容本身。经济学者涉足政治学议题①，进一步抬升了因果识别方法的主导地位，加速了其"技术扩散"。这些方法嵌入中国场景，重新定义了中国政治知识生产的内容、取向、目标乃至价值。善用方法成为中国研究贡献政治学一般性知识的必经之路，唯有运用新方法的中国研究才可能成为主流政治学认可的成果，而遵循传统方法的中国政治学者则更多转入政策研究或智库研究。其二，海外中国政治研究的数据生态发生了系统转变。一方面，由于中国官方加强了田野调查和社会调查等第一手数据收集行为的规范和管理，海外学者越来越难通过中国现场的实地活动（in-country data collection）获取研究资料。另一方面，新的数据资源和数据收集手段涌现，尤其是基于互联网的远程数据收集，计算机方法（例如网络爬虫、文字图像识别、自然语言处理）可将原本离散、非结构化的海量数据收集转化为可分析的结构化数据，例如社交媒体数据、政务网站数据、卫星遥感数据。此外，基于互联网的实验方法和基于历史的自然实验方法也拓展了中国研究的新型数据资源。总之，数据形态、属性和可及性的结构性转变，让因果识别和计算社会科学方法焕发生机。

因果识别的勃兴为基于设计（design-based）的政治学实证研究提供了新动力，使海外中国政治研究出现方法驱动（method-driven）的新格局。典型的政治学因果识别策略包括随机实验、自然实验、工具变量、断点回归、面板数据、双重或三重差分、合成控制、不完全识别、中介分析等，具体的估计方法有回归、匹配、加权等。②

上述因果识别策略本质上是解决因果推断问题的研究设计，其中基于实验的研究设计是为了事先控制或解决混淆偏差、过度控制偏差、内生性偏差等因果推断困境，得到可信的因果效应估计。③ 例如，陈济东、潘捷、徐轶青设计了线上实地实

---

① 经济学者介入中国政治研究，例如：Raymond Fisman, Jing Shi, Yongxiang Wang, et al., "Social Ties and the Selection of China's Political Elite", *American Economic Review*, 2020, 110(6), pp. 1752-1781; Monica Martinez-Bravo, Gerard Padró i Miquel, Nancy Qian, et al., "The Rise and Fall of Local Elections in China", *American Economic Review*, 2022, 112(9), pp. 2921-2958.

② Luke Keele, "The Statistics of Causal Inference: A View from Political Methodology", *Political Analysis*, 2015, 23(3), pp. 313-335.

③ 根据具体干预情境和方式可分为实验室实验（laboratory experiment）、自然实验（natural experiment）、实地实验（field experiment）和调查实验（survey experiment）。诚然，关于调查实验是否是一种因果识别方法尚存在争议。

验(online field experiment),向中国2 103个县级行政区的在线政务平台投递了各类社会福利诉求,诉求文本中包含了精心设计的指标信息(例如职业、户籍、党员身份、集体行动倾向),从而检视中国政府的回应策略,该方法通过实验设计解决了内生性问题,有效识别了决定中国地方政府回应性的影响因素。① 丹尼尔·马丁利(Daniel Mattingly)通过对中国南部某城市的调查实验发现,宗族领袖担任村干部虽然会借助其非正式影响力提升农村公共物品供给,但也会侵害村民的土地产权。该研究还结合局部的案例研究和全国样本的回归分析,发现宗族精英担任村干部会使得村民被征地的概率提升14%—20%。② 刘含章使用联合选择实验(conjoint experiment)调查了300余位中国政府官员,发现领导在招收和提拔青年干部时除了考虑其能力和忠诚外,还看重政治背景和家庭关系,相关干部由此获得额外20%的录用概率。③ 与实验不同,另外一些研究设计则是对已有数据进行"事后补救",以提高因果推断的信度和效度。例如,罗里·特鲁克斯(Rory Truex)使用加权的固定效用模型分析了第十一届全国人大之前的私营企业家代表数据,发现担任全国人大代表可以为企业带来1.5%的额外回报和3%—4%的年度边际收益。④ 上述研究都将因果识别作为政治学研究的中心任务,使用前沿的研究设计和识别策略挖掘中国政治场景中的因果关系并量化特定因子的因果效应,成为当代中国政治研究新的学术增长点。

计算社会科学的兴起⑤为数据集约型的政治学研究注入了新动能,使得海外中国政治研究呈现数据驱动(data-driven)的新趋势。典型的计算社会科学方法包括自动信息提取、社会网络分析、社会地理信息系统、复杂系统建模、社会仿真模拟等。⑥ 这些方法根据社会现象的非线性、非均衡、涌现性、自适应等特征,借助计算、建模、模拟等数字化手段,挖掘海量数据中的网络结构和关联模式(patterns),

---

① Jidong Chen, Jennifer Pan, and Yiqing Xu, "Sources of Authoritarian Responsiveness: A Field Experiment in China", *American Journal of Political Science*, 2016, 60(2), pp. 383-400.
② Daniel C. Mattingly, "Elite Capture: How Decentralization and Informal Institutions Weaken Property Rights in China", *World Politics*, 2016, 68(3), pp. 383-412. 在另一篇研究中,马丁利使用基于地理的断点回归设计(自然实验),结合普查数据和灯光数据,识别了殖民遗产对中国地方制度建设的长期因果影响。Daniel C. Mattingly, "Colonial Legacies and State Institutions in China: Evidence from a Natural Experiment", *Comparative Political Studies*, 2017, 50(4), pp. 434-463.
③ Hanzhang Liu, "The Logic of Authoritarian Political Selection: Evidence from a Conjoint Experiment in China", *Political Science Research and Methods*, 2019, 7(4), pp. 853-870.
④ Rory Truex, "The Returns to Office in a 'Rubber Stamp' Parliament", *American Political Science Review*, 2014, 108(2), pp. 235-251.
⑤ 通常以2009年戴维·拉泽尔(David Lazer)等学者在《科学》(*Science*)杂志上首次阐述"计算社会科学"概念为标志。David Lazer, Alex Pentland, Lada Adamic, et al., "Computational Social Science", *Science*, 2009, 323(5915), pp. 721-723.
⑥ 参见[美]克劳迪奥·乔菲-雷维利亚:《计算社会科学:原理与应用》,梁君英等译,浙江大学出版社2019年版。

探索个体行为、社会运行以及两者的互动关系,从微观行为涌现生成宏观结果。政治学较为常用的方法包括自动信息提取、地理空间分析、复杂系统建模、文本挖掘、自然语言处理、社会网络分析、仿真模拟等,应用于社交媒体、议会表决、选举预测、政治冲突、社会治理等议题研究。

在中国政治研究领域,计算社会科学方法带来了两方面的影响。一方面,计算社会科学方法开启了新的研究议程,展现了新的"数据想象力"。例如,潘捷等人通过抖音数据(包括视频、文本、账户数据)和传播链条的挖掘分析勾勒出中国政府如何通过官方账号、热点事件、视频属性优化等非传统的宣传方式来最大化受众的关注度,从而提升政治认同。① 马丁·贝拉加(Martin Beraja)等人从"中国政府采购网"和"天眼查"网站分别搜集了 2 997 105 份政府采购合同和 7 837 家从事人脸识别的人工智能公司信息,通过数据清洗、匹配和分析发现中国政府的数据收集和分享政策有效推动了高科技公司的创新和成长。② 王裕华通过识别和提取 7—20 世纪中国古代王朝历史文献中的文本数据,再现政治精英之间的社会网络变迁及其与中央皇权的复杂互动关系,进而揭示中国古代国家建构的政治逻辑。③ 另一方面,计算社会科学方法为研究经典中国政治议题提供了新的工具箱,推动了相关研究的深化。例如,李连江使用半监督和监督的机器学习方法重新检视一项地方调查和一项全国调查中的政治信任数据,发现传统的社会调查分析存在大幅高估政治信任的倾向。④ 徐轶青和贾瑞雪运用机器学习方法识别了 1982—2017 年 1 598 位中国高层官员的不同职业晋升路径(k 均值聚类算法),发现除了中国政治晋升的传统解释框架(例如绩效表现、政治纽带),横向的职位调动和交叉任职经历可以显著提升中国官员进入高层领导岗位的概率。⑤ 计算社会科学方法擅长数据提取和处理、关联模式探索和预测,以及可视化描述,更好地融合解释性研究与预测性研究将是政治学研究的发展方向。⑥

---

① Yingdan Lu and Jennifer Pan, "The Pervasive Presence of Chinese Government Content on Douyin Trending Videos", *Computational Communication Research*, 2022, 4(1), pp. 68-98.
② Martin Beraja, David Y. Yang, and Noam Yuchtman, "Data-Intensive Innovation and the State: Evidence from AI Firms in China", *The Review of Economic Studies*, 2022, 90(4), pp. 1701-1723.
③ Yuhua Wang, *The Rise and Fall of Imperial China: The Social Origins of State Development*, Princeton: Princeton University Press, 2022. 社会网络分析还被用于研究中国的政策联盟,参见 Xiaobo Lü, Mingxing Liu, and Feiyue Li, "Policy Coalition Building in an Authoritarian Legislature: Evidence from China's National Assemblies (1983-2007)", *Comparative Political Studies*, 2020, 53(9)。
④ Lianjiang Li, "Decoding Political Trust in China: A Machine Learning Analysis", *The China Quarterly*, 2022, 249, pp. 1-20.
⑤ Ruixue Jia and Yiqing Xu, "Rotating to the Top: How Career Tracks Matter in the Chinese Communist Party", 2018, Available at SSRN: https://dx.doi.org/10.2139/ssrn.3613276.
⑥ 王中原、唐世平:《政治科学预测方法研究——以选举预测为例》,《政治学研究》2020 年第 2 期,第 52—64 页;王中原:《大数据与社会科学预测性研究——基于冲突预测和选举预测的应用场景分析》,《学习与探索》2021 年第 6 期,第 60—68 页。

因果识别和计算社会科学方法借助新的数据资源和数据处理技术开辟了中国政治研究的新疆域和新范式,重塑了中国政治的研究版图。因果识别精于"设计",计算社会科学精于"探索"。前者善于发掘特定解释变量 X 与被解释变量 Y 之间的清晰因果关系和影响路径,后者善于探究复杂因素的关联模式、复杂数据的聚类分布和复杂结果的涌现过程。两者都推动了中国政治知识生产的科学化,让中国政治研究更具实证外推能力和理论对话能力,助力中国研究从理论的"消费者"变成"生产者"。

然而,中国研究者也忧心新方法的局限,这主要包括四个方面。其一,过度追求方法上的审慎和精致,可能会牺牲知识生产所需的国别关切和洞察力,随着方法和数据驱动的研究替代兴趣和理论驱动的研究,中国政治研究的中心任务不再是为了理解中国,而是为了应用新方法。其二,新方法多将中国置于"威权主义"的编码中,比较的参照对象不再是共产主义国家或西方国家,在议题选择、理论对话和方法运用上都倾向将中国作为工具,这可能会遮蔽中国政治发展和运行的微观动态、内在逻辑和历史情境,中国研究本身被掏空。① 其三,方法和数据驱动的研究可能产生"高射炮打蚊子"的谬境,即用非常复杂的研究设计和数据论证揭示一个用简单方法甚至常识就能发现的结果,弱化了研究价值。此外,诸多重要/经典的中国政治问题无法进行因果推断或计算社会科学研究,造成"挤出效应"。其四,新方法的目标受众趋向窄化,限于学术界的特定群体,较难将研究转化为判断、洞察和政策主张,以触达整个中国研究社群、政府决策者乃至普通大众②,海外中国政治研究者的公共知识分子传统逐渐淡出,参与公共话语建构的能力变弱。

该阶段,传统的中国政治研究方法(包括田野调查和案例分析、社会调查和回归分析等)也得到进一步发展,研究者的方法论自觉意识和运用能力显著提升。传统方法在与新兴方法进行比较、竞争、融合的过程中,更加明确自己的任务、目标、分工和优势,更为有力地捍卫自身。此外,复线发展的趋势显现。一方面,海外学者对研究资料的需求与中国学者对国际发表的追求相匹配,双边合作研究的趋势凸显,带动了多元研究方法的学习和融通。另一方面,海外中国研究社群内部及其与中国研究社群之间,彼此的问题关怀和方法取向进一步分化,出现诸多彼此割裂的议题"小岛"和方法"烟囱",不同方法之间的紧张关系加剧。

---

① Kevin J. O'Brien, "Studying Chinese Politics in an Age of Specialization", *Journal of Contemporary China*, 2011, 20(71), pp. 535-541.
② Richard Baum, "Studies of Chinese Politics in the United States", in Robert F. Ash, David L. Shambaugh, and Seiichirō Takagi, eds., *China Watching: Perspectives from Europe, Japan and the United States*, Routledge, 2007, pp. 157-178.

第四节 研究方法的演化趋势和路径选择

为何研究中国政治？如何研究中国政治？不同研究方法会给出不同的答案，研究方法的选择和发展塑造了中国政治研究的演化路径、当下版图和未来图景。海外中国政治研究方法经历了40余年的演化，从初期的田野调查和案例研究主流阶段，到后来的社会调查和回归分析主流阶段，再到如今的因果识别和计算社会科学方法主流阶段。各阶段的主流方法呈现出不同的研究特性，受到各自时代发展背景的深刻影响(见表3-1)。

表 3-1 各阶段主流方法的研究特性和发展背景

类型阶段	研究特性			发展背景		
	研究起源	研究目标	对比参照	训练体系	评价指标	数据生态
田野调查和案例研究	兴趣驱动 理论驱动 政策驱动	理解中国 发现中国 特殊性	共产主义国家 西方国家	语言 国别知识 实地调查经验	区域国别成果 政策咨询 公共知识	开放多元 可及性提高
社会调查和回归分析	理论驱动 方法驱动	结论外推 发现中国 普遍性 贡献理论	西方国家	语言和国别知识 问卷设计 统计分析	区域国别成果 学科成果	调查环境在波动中优化
因果识别和计算社会科学	方法驱动 数据驱动	应用方法 贡献理论	威权国家	数学 计量经济学 计算机科学 数据科学	学科成果 方法成果	传统数据受限 新数据形态涌现

注：本表关于研究特性和发展背景的划分旨在展现每个阶段的总体趋势，其反映的是倾向程度上的差异，而非绝对的界分。

田野调查和案例研究主流阶段，研究主要由兴趣驱动、理论驱动或政策驱动，研究目标主要是为了理解中国、发现中国特殊性、研判中国政治走向、服务中国政策咨询，其对比参照的对象既包括共产主义国家(继承了改革开放前的传统)又包含西方国家。该阶段的学科背景以区域国别研究传统为主，学科训练注重语言、国别知识和实地调查经验，学科评价注重区域国别研究成果、政策咨询和公共知识生产。随着中国改革开放，该阶段研究数据的类型和可及性大幅提升，为相关研究提供了丰富素材。

社会调查和回归分析主流阶段，研究的驱动力主要源自理论和方法，研究目标是运用统计分析提升研究发现的代表性、探寻中国政治转型的普遍规律，其对比参照的对象多为西方国家，以揭示中国改革的进度和实效。该阶段的学科背景开始转向区域国别研究与比较政治学研究交叉，学科训练除了语言和国别知识，更加重视问卷设计和统计方法,学科评价注重区域国别研究成果和政治学研究成果,政策咨询和公共知识生产的角色淡化。该阶段随着中国政策调整,问卷调查的环境在波动中不断优化,数据生态进一步多元化。

因果识别和计算社会科学方法主流阶段,研究主要由数据驱动和方法驱动,基于设计和数据挖掘的研究引领潮流,研究目标主要是为了运用方法、对话和贡献政治学理论,对比参照的对象主要为威权国家,借以探查政权的治理策略和存续机制。该阶段的学科背景转向政治学研究主导,并与经济学、心理学、传播学、计算机科学等学科融合,学科训练注重数学、计量经济学、计算机技术和数据科学,评价体系重视学科成果和方法论研究成果,区域国别研究、政策咨询和公共知识生产被边缘化。该阶段,中国加强了数据管理,学者主要依靠新的数据生成和获取方式展开研究,数据生态发生了结构性转变。

本 章 小 结

整体而言,海外中国政治研究方法呈现出"学科化"和"科学化"的双重发展趋势。在"学科化"方面,中国研究逐渐脱离区域国别研究的传统,融入政治科学学科(特别是比较政治学)。中国政治的不同片段从国家整体的历史、文化和情境中剥离出来,置于政治学的议题板块、理论架构和方法箩筐当中。政治学的训练体系、评价体系和知识生产方式塑造着中国政治研究的方法取向,政治学的范式和方法演进带动了中国研究方法的跃迁。方法的运用很大程度上决定了中国研究之于政治学的价值和贡献,从而形成"方法差序格局"。在"科学化"方面,中国研究从追求特殊性转向提炼普遍性,从理解某种政治现象背后的诸多复杂关系转向探索被解释变量与解释变量之间的相关关系,再转向识别某个特定解释变量与被解释变量之间的因果关系,中国政治研究越来越讲究精致的研究设计、创新的数据收集、自动化的数据处理、稳健的分析结果和可复现的论证过程。研究趋向规范化、标准化和技术密集化,数据的生成方式、处理方式、分析方式和验证方式定义了研究的"科学属性",追求科学性成为中国研究的潮流。诚然,"学科化"和"科学化"在中国研究的不同议题领域,在美国、欧洲、东亚以及其他国家地区的中国研究当中,在海外中国研究的不同世代之间,尚存在进度和程度上的差异。"学科化"和"科学化"的发展趋势是学术发展客观规律和研究者主观选择综合作用的结果,一方面较难回避,另一方面具有反思和调试的空间。

中国政治研究方法向何处去？学者们抱持不同的倾向和立场。① 一些海外学者表达了对传统研究方法没落和边缘化的忧虑，指出中国研究距离中国越来越远。② 另一些海外学者则认为，中国研究的学科化和科学化程度远远不够，中国研究应该更多地融入前沿方法，才有望贡献政治学广义理论。③ 中国政治研究的未来图景取决于如何处理两个层面的关系：第一个层面是中国、方法、理论三者之间的关系；第二个层面是不同方法之间的关系。④ 无论抱持哪种方法论立场，学习、运用、比较、反思各类方法将成为每位政治学研究者的日常工作，这也是本教材的服务目标。

思考题

1. 海外中国政治研究方法的演化受到哪些因素的交互影响？
2. 各类政治学研究方法在中国政治研究场景中的运用潜力和限度如何？
3. 中国政治研究方法的"江湖"会走向"山头并立"还是"天下共治"？
4. 您是一位方法论现实主义者、理想主义者抑或建构主义者？为什么？
5. 研究方法是否需要"本土化"？为什么？（适合课堂辩论）

延伸阅读

1. Allen Carlson, Mary E. Gallagher, Kenneth Lieberthal, et al., eds., *Contemporary Chinese Politics: New Sources, Methods, and Field Strategies*, Cambridge University Press, 2010.

该书是一本关于当代中国政治研究的方法论综述，旨在探讨新的数据来源、研

---

① 郭苏建：《中国政治学科向何处去——政治学与中国政治研究现状评析》，《探索与争鸣》2018年第5期，第48—52页；王中原、郭苏建：《中国政治学学科发展40年：历程、挑战与前景》，《学术月刊》2018年第12期，第75—85页；王中原、郭苏建：《当代中国政治学70年发展：学科建设与学术研究》，《探索与争鸣》2019年第10期，第91—101页。
② Kevin J. O'Brien, "Speaking to Theory and Speaking to the China Field", *Issues & Studies*, 2018, 54(4), p. 1840007.
③ Lily L. Tsai, "Bringing in China: Insights for Building Comparative Political Theory", *Comparative Political Studies*, 2017, 50(3), pp. 295-328.
④ Sujian Guo, ed., *Political Science and Chinese Political Studies: The State of the Field*, Berlin: Springer, 2013; Zhongyuan Wang and Sujian Guo, "The State of the Field of Chinese Political Science: 'Glocalising' Political Science in China?", *European Political Science*, 2019, 18(3), pp. 456-472.

究方法和田野策略如何改变该领域,为把握当代中国政治研究方法的图景提供了全面且崭新的视角。书中章节作者来自老中青三代的中国研究者,他们将各自的定性和定量方法论放置在学科框架中,并指出将新数据和新方法运用到当代中国研究中所面临的挑战或机遇。此外,书中还探讨了如何更好地将中国政治研究整合到政治科学学科当中,以及如何更好地开展中国实地调查。该书对于想要更好地了解中国政治并寻求研究方法突破的研究生和经验丰富的学者来说都是非常有价值的。

2. Sujian Guo, ed., *Political Science and Chinese Political Studies: The State of the Field*, Springer, 2013.

该书系统展现了不同学者关于当代中国政治研究发展方向的学术争论。章节作者们从不同角度阐释了中国政治学发展的现状、问题、挑战以及未来"该往何处去",是追求科学化还是本土化,是寻求普遍性还是特殊性,抑或两者融合统一?探讨了如何处理中国研究与政治科学、公共管理、国际关系等学科理论和方法的关系。该书系统介绍了这一学科发展论战及其所涉及的一系列重大学科和方法议题,有效推动了该领域的反思性对话,为中国政治学的师生和研究者提供了有价值的学术观点和参考资料。

3. Lily L. Tsai, "Bringing in China: Insights for Building Comparative Political Theory", *Comparative Political Studies*, 2017, 50(3), pp.295-328.

这是一篇关于中国研究如何为比较政治理论建设作出贡献的论文。作者蔡晓莉探讨了研究中国如何能够促进比较政治理论的发展,重点关注政治发展和政治行为方面。作者指出,中国的政治制度和文化背景与西方国家有很大不同,因此研究中国可以为比较政治理论提供新的视角和思路。文章介绍了中国学者对比较政治理论的贡献,并提供了一些具体案例来说明这些贡献。此外,文章还讨论了中国学者在比较政治理论建构中的潜在作用,并提出了一些未来的研究方向,特别是将中国经验与西方理论相结合。

4. Kevin J. O'Brien, "Studying Chinese Politics in an Age of Specialization", *Journal of Contemporary China*, 2011, 20(71), pp.535-541.

该文探讨了在学科专业化时代研究中国政治所面临的挑战和机遇。作者认为,中国政治领域存在诸多高度专业化的研究领域,但这些领域之间缺乏联系和对话。同时,越来越多的中国政治研究者参与学科内部的辩论,而非与其他学科进行交流。这种现象导致了中国政治研究领域的空心化,使得下一代研究者更倾向于从政治科学(或其他社会科学)中提出问题,而非从中国研究中提出问题。作者认为这将会给政治科学带来很多好处,但也意味着错失了解中国本身的机会。文章还探讨了如何应对这些挑战,作者建议学者们应该更加注重跨学科交流和合作,并在自己的研究中涉足其他领域和方法。

5. Zhongyuan Wang and Sujian Guo, "The State of the Field of Chinese Political Science:'Glocalising' Political Science in China?", *European Political Science*, 2019, 18(3), pp.456-472.

该文详细和深入地分析了中国政治学 40 年的发展历程、研究现状和未来图景。文章指出,中国政治学在制度化、专业化和国际化方面取得了显著进展。然而,该领域仍然面临诸多挑战,例如西方化与本土化之间的紧张关系、科学化与方法论多元主义之间的艰难选择,以及"象牙塔"与政治实用性之间的平衡问题,可以说中国政治学发展正处在"十字路口"。文章还梳理了目前学术界对这些问题的争论,相关争论表明科学的、普遍的、实证主义的研究路径同特殊的、历史的、情境化的研究传统存在矛盾。作者呼吁通过更多反思性的讨论和互惠性的合作来推动该领域的发展,并倡导"全球本土化"(Glocalising)的学科发展路径。

第四章
政治学研究中的因果关系

因果关系是政治科学,乃至社会科学研究中追求的"圣杯"。在科学的传统下,因果关系被视为是可以被观察并测量到的。然而在这个共同前提下,学者们对因果关系本质及形态的理解存在较大差异。不同研究方法(比如定性方法与定量方法)区别的背后往往是对因果关系的不同构建和理解。不同研究对象和研究领域中因果关系的形态也有所区别。亨利·布雷迪(Henry Brady)就非常精彩地总结了四种理解和构建因果关系的逻辑和传统。[①] 在其分析的基础上,本章系统阐述国外政治学界围绕因果关系展开的讨论,梳理每种逻辑和传统的表现形式、发展应用以及优缺点。

第一节 休谟或新休谟传统

戴维·休谟(David Hume)和约翰·斯图尔特·密尔(John Stuart Mill)[②]等哲学家都曾经用充分条件的逻辑来定义因果关系。X 是 Y 的原因当且仅当 X 是 Y 发生的充分条件。这种定义自然引起了关于其他条件,比如必要非充分条件是否是原因的讨论。休谟对因果关系的传统定义也无法处理多种原因或不同原因组合导致某个共同结果的情况,后来的哲学家对这种定义进行了扩充。比如澳大利亚哲学家约翰·麦凯(John Mackie)将"原因"定义为 INUS 条件[③]。电线短路(A)与木质结构房子(B)两个条件足以导致房子起火,汽油罐(C)与火炉(D)共同作用也足以导致房子起火。虽然 A、B、C、D 四个条件都不是房子起火这个结果的必要或是充分条件,但是每个都是导致房子起火充分条件中的必要非充分要

[①] Henry Brady, "Causation and Explanation in Social Science", in Janet M. Box-Steffensmeier, Henry E. Brady, and David Collier, eds., *The Oxford Handbook of Political Methodology*, Oxford University Press, 2008, pp.217-270.
[②] 又译"穆勒"。本书统一译为"密尔"。
[③] Insufficient (I) but necessary (N) part of a condition which is itself unnecessary (U) but exclusively sufficient (S) for the effect.

素。① 根据约翰·麦凯的定义，每一个都是原因。这种定义的优点在于涵盖了多因一果的情况，避免了因果宿命论，使得因果概率论的逻辑也可以适用。② 但是这种定义的本质仍然与休谟相同，仍然是将因果关系视为两种现象或因素的常规关联（constant conjunction）。休谟认为 X 和 Y 之间因果关系的建立必须满足三个条件：第一，X 和 Y 在时间和空间上必须是邻近的；第二，X 发生在 Y 之前；第三，X 与 Y 常规关联。③ 但是两种现象的常规关联并不能证明两者之间存在因果联系。比如，湖水结冰与接种流感疫苗的人数上升之间的关联，是因为两者都是某个共同因素，比如气温下降的结果，两者之间并不存在因果关系。观察到相关性之后，研究人员仍然需要运用其他证据来检验这种关联是否是因果关系。

因果关系也可以用必要条件来定义：Y 只有在 X 存在的条件下才会发生，那么 X 就是 Y 的原因。必要条件的逻辑最早可以追溯到亚里士多德。在这种逻辑下，某个变量或条件只能是或不是必要条件，换句话说，对必要条件的测量必然是一个二分变量。后来的研究人员发展和突破了这种经典逻辑，将必要条件定义为一种概率性的连续变量，比如 99% 的观测发现某个变量是 Y 发生的必要条件，查尔斯·拉金认为这个变量就是 Y 发生的"几乎必要条件"（almost always necessary）。关于必要条件，至少存在五种定义和逻辑：亚里士多德的经典两分定义、集理论（set theory）、模糊集理论（fuzzy logic/sets）、微积分统计逻辑和概率论逻辑。④

在政治科学，主要在形式理论（formal theory）和定性研究，尤其在比较历史分析中，运用必要和充分条件来探讨因果关系。民主和平理论（democracy peace）可以视为探讨和平发生的充分条件。对社会运动、民主、经济发展等前提的探讨也就是对这些重要的政治和经济现象发生的必要或充分条件的探索。加里·格尔茨一共统计了 150 例在政治学、社会学和经济史领域以必要条件形式提出的因果假设。⑤ 在格尔茨看来，针对所有重要的社会和政治现象都能以必要条件的形式提出研究假设，这被他自称为"格尔茨第一定律"。与其重要性不相匹配的，政治学并没有在方法论上足够重视这种逻辑。定性比较分析是近几十年发展起来的一套系统识别和检验充分或必要条件的方法，它主要关注寻找因果解释，即"causes of

---

① 在这个例子中，房子起火的充分条件有两个：一是 A 和 B 同时存在，二是 C 和 D 同时存在。
② 在因果关系的内涵上，主流观点都将其视为概率性的（probabilistic）而非决定性的（deterministic）关系。
③ 转引自 Paul W. Holland, "Statistics and Causal Inference", *Journal of the American Statistical Association*, 1986, 81(396), pp. 945-960。
④ Gary Goertz and Harvey Starr, eds., *Necessary Conditions: Theory, Methodology, and Applications*, Rowman & Littlefield, 2003, p. 11.
⑤ Gary Goertz, "The Substantive Importance of Necessary Condition Hypotheses", in Gary Goertz and Harvey Starr, eds., *Necessary Conditions: Theory, Methodology, and Applications*, Rowman & Littlefield, 2003, pp. 76-94.

effects"（结果的原因）。①

第二节 反事实逻辑

因果关系在一定程度上都暗含着一种反事实逻辑。美国哲学家大卫·刘易斯（David Lewis）详细分析了因果关系是如何与反事实逻辑紧密相连的。② 这种反事实逻辑也尤其适合检验以必要条件形式提出的因果假设。如果研究者假设 X 是 Y 发生的原因（必要条件），其暗含的反事实逻辑是：如果 X 没有发生的话，那么 Y 也不会发生。马克斯·韦伯在评论德国历史学家爱德华·迈尔（Eduard Meyer）《历史的理论及方法》一书中提到，虽然历史无法重来，我们无法得知，如果俾斯麦不发动1866年普奥战争，历史将会被如何改变，"但是这个问题本身并不是毫无意义的，因为对它的回答触及了对事实进行历史建构的一些关键要素：如果俾斯麦的个人决定的确是原因，这个原因的影响到底有多大以及在历史记述中这项个人因素应该占据什么样的地位"③。在政治学中运用反事实逻辑开展的研究大多为案例分析。④ 与休谟或新休谟传统相比，反事实方法不要求总是观察到因与果的关联，只要能找到一个除了假设原因之外其余因素都相似的世界，如果在这个世界被解释现象的结果不同，那么就可以认为假设的原因成立。虽然反事实方法的倡导者并没有明确指出最相似世界的评判标准，但是其倡导的比较是有可能的，

---

① 定性比较分析方面主要的著作包括但不限于：Charles C. Ragin, *The Comparative Method: Moving Beyond Qualitative and Quantitative Strategies*, University of California Press, 2014; Charles C. Ragin, *Fuzzy-Set Social Science*, University of Chicago Press, 2000; Charles C. Ragin, *Redesigning Social Inquiry: Fuzzy Sets and Beyond*, University of Chicago Press, 2008; Benoît Rihoux and Charles C. Ragin, eds., *Configurational Comparative Methods: Qualitative Comparative Analysis (QCA) and Related Techniques*, SAGE, 2009. 其他关于必要条件的研究包括：Bear F. Braumoeller and Gary Goertz, "The Methodology of Necessary Conditions", *American Journal of Political Science*, 2000, 44(4), pp. 844-858.
② David K. Lewis, "Causation", *The Journal of Philosophy*, 1973, 70(17), pp. 556-567; David K. Lewis, *Counterfactuals*, Harvard University Press, 1973.
③ Max Weber, *Max Weber: Selections in Translation*, W. G. Runciman ed., E. Matthews, tran., Cambridge University Press, 1978, p. 111.
④ 主要包括但不限于：Niall Ferguson, *The Pity of War: Explaining World War I*, Basic Books, 1999; Philip E. Tetlock and Aaron Belkin, eds., *Counterfactual Thought Experiments in World Politics: Logical, Methodological, and Psychological Perspectives*, Princeton University Press, 1996; Richard N. Lebow, "Contingency, Catalsysts, and Nonlinear Change: The Origins of World War I", in Gary Goertz and Jack S. Levy, eds., *Explaining War and Peace: Case Studies and Necessary Condition Counterfactuals*, Routledge, 2007, pp. 85-111. 经济学方面的反事实研究，如：Robert W. Fogel, *Railroads and American Economic Growth: Essays in Econometric History*, Johns Hopkins Press, 1964.

并且对辨识单个因素对结果的影响也有效。

在具体运用反事实逻辑方面,学者建议应该将头脑中的反事实推理非常明确和详细地展现出来以便读者结合普遍原则等抽象知识和具体历史事实来评估因果假设的合理性。在评价反事实研究时,杰克·利维(Jack Levy)提出了三个标准:清楚性、前提的合理性以及反事实结果有条件的合理性。①

在"清楚性"方面,反事实的论述需要清楚指出如果某个因素改变了,历史的哪些具体方面将发生变化,而不是留给读者去想象。简单的一句"历史将会不同"由于无法被证伪,因此也没有太多用处。詹姆斯·弗尔伦(James Fearon)引用斯蒂芬·范·埃弗拉关于第一次世界大战爆发原因的论述展现了什么样的反事实论述是明确清楚的:

> 攻击崇拜(cult of the offensive)对第一次世界大战的影响可以通过想象如果1914年欧洲各国领导人意识到防守的真正作用来完成。如果他们意识到了,所有的欧洲国家会更不愿意首先进行战争动员,并且每个国家都会在动员前更能容忍对手的准备,因此动员和反动员的交替螺旋上升会更缓慢,或者根本就不会有动员和反动员的交替反复出现和相互作用……英国可以更加轻易地警告德国和钳制俄国,并且所有政治家能更容易地纠正由于仓促或虚假信息导致的错误。因此,导致德国引爆1914年危机的逻辑将不成立,并且一系列导致战争从巴尔干地区向外传播的连锁反应也会变得不太可能。并且,奥匈帝国与塞尔维亚的冲突极有可能不过是欧洲政治边缘一个很快被遗忘的小骚乱。②

反事实因果法的一个主要问题在于,其暗含的实验或比较逻辑,即只改变某个原因,其他都不改变,或是找到两个最接近的世界(closest possible worlds),在现实或逻辑上都较难实现。一个因素的改变往往意味着(或导致)其他因素的变化。在反事实论述时,这些因素之间以及与反事实论证的前提之间都需要保持逻辑的一致性,即共融性。③ 比如,"在古巴导弹危机中,如果当时是尼克松而不是肯尼迪任美国总统,结果将会不同,尼克松会采取空袭而非海上封锁",这样的一个反事实论述就违背了共融性。有研究指出,如果当时是尼克松任总统的话,与肯尼迪不同,他很有可能会在猪湾行动中直接动用美国军队,卡斯特罗政权将被推翻,苏联

---

① Jack S. Levy, "Counterfactuals and Case Studies", in Janet M. Box-Steffensmeier, Henry E. Brady, and David Collier, eds., *The Oxford Handbook of Political Methodology*, Oxford University Press, 2008, pp. 633-640.
② James D. Fearon, "Counterfactuals and Hypothesis Testing in Political Science", *World Politics*, 1991, 43(2), pp. 169-195.
③ 纳尔逊·古德曼(Nelson Goodman)将其称为共融性(cotenability),详见 Nelson Goodman, *Fact, Fiction, and Forecast*, Harvard University Press, 1983, p. 15.

也不会在古巴部署攻击导弹,也就不会发生古巴导弹危机。① 基于共融性的要求,一些学者赞同马克斯·韦伯的观点,认为最好的反事实世界是对现实世界做出最少改动的情况,即"对历史进行最小改写"法则。杰克·利维举出的一个符合这一法则的反事实论述例子是,如果乔治·W.布什没有赢得 2000 年的美国总统大选,那么美国不会发动伊拉克战争。②

在保证"清楚性"以及"前提的合理性"的同时,好的反事实论述还应该与具体的历史事实、既有的理论保持一致。③

第三节 实 验 逻 辑

与反事实逻辑想象一个最相似世界类似,实验的逻辑也强调控制住其他变量来隔离出某单一变量对结果的影响。但是,与反事实逻辑不同,实验强调对关键解释变量的实际干涉和人为操纵。在反事实逻辑中,两个比较世界的区别在于主要解释因素的存在与缺失,观察到被解释现象的不同只能建立解释因素与被解释现象的相关性,无法建立因果关系和排除虚假关系(spurious correlation)。④ 而在实验逻辑下,人为操纵和干预关键解释变量可以有效地辨识原因,建立因果关系的方向和排除虚假关系。

阿伦德·利普哈特(Arend Lijphart)曾称:"实验的方法是几乎最理想的进行科学解释的方法,但不幸地,由于实践和伦理上的阻碍,它很少能被运用于政治科学中。"⑤ 实验方法在政治学中的运用从 20 世纪 20 年代开始萌芽,经历了 20 世纪 70 年代初的急剧上升和 1975 年后的短暂低潮,从 20 世纪 90 年代起又得到迅速发

---

① Richard Lebow and Janice Stein, "Back to the Past: Counterfactuals and the Cuban Missile Crisis", in Philip E. Tetlock and Aaron Belkin, eds., *Counterfactual Thought Experiments in World Politics*, Princeton University Press, 1997, pp. 119-148.
② Jack S. Levy, "Counterfactuals and Case Studies", in Janet M. Box-Steffensmeier, Henry E. Brady, and David Collier, eds., *The Oxford Handbook of Political Methodology*, Oxford University Press, 2008, p. 636.
③ 还有学者提出另外两个评判反事实论述的标准:与已有统计归纳的一致性以及可推测性(projectability)。参见 Philip Tetlock and Aaron Belkin, "Counterfactual Thought Experiments in World Politics: Logical, Methodological, and Psychological Perspectives", in Philip E. Tetlock and Aaron Belkin, eds., *Counterfactual Thought Experiments in World Politics*, Princeton University Press, 1997, pp. 3-38.
④ 虚假关系指观察到的两个因素的关联是基于某个潜在的第三个变量引起的两个因素有所联系的假象,即两个因素都是第三个变量的结果,但是两个因素之间并不存在因果关系。
⑤ Arend Lijphart, "Comparative Politics and the Comparative Method", *American Political Science Review*, 1971, 65(3), pp. 682-693.

展。① 受到可行性因素的制约,实验研究的议题主要集中在政治信息传播、政治态度、政治行为、选举政治、议会政治、政府回应性、发展与治理等。② 实验研究依据对干预的控制程度由高到低可划分为四种类型:实验室实验、调查实验、田野实验和自然实验(natural experiment)。社会科学主要通过随机分配对照组与实验组来保证实验研究的关键前提,即干预前的等同性(pre-treatment equivalence)。因此,对实验研究最致命的批评就是没有真正做到随机分配,比如哈罗德·戈斯内尔(Harold Gosnell)在芝加哥进行的有关选举投票的最早的田野实验研究,就没有做到干预的随机分配。③

在因果关系的建立上,对干预的人为控制程度越低,对因果关系的推断及因果效应大小的估计系统性偏差越大。对自然实验这类利用自然发生的,即完全随机的干预(treatment),比如地震、暴雨等自然灾害,或是其他类随机分配(as-if random assignment),比如非洲国家的边界,开展的研究,对干预的人为控制极低。有些学者认为,自然实验实质上是种观察型研究,没有人为对干预进行控制,因此没有办法排除一些无法观察到的因素对实验结果的影响,有时也会导致无法辨识原因。④ 比如在两个非洲国家观察到种族关系的差异,虽然非洲的国家边界是一个类随机分配的干预,但是边界本身并不是解释种族关系差异的原因。"要找到背后的具体原因,研究人员需要将关注焦点从方法转移到理论上来。"⑤

实验方法在确定因果关系上另一个无法克服的问题是先占效应(pre-

---

① 臧雷振:《政治学研究中的实验方法——近年来的应用进展及研究议题分布》,《国外理论动态》2016 年第 5 期,第 68—75 页;Rose McDermott, "Experimental Methods in Political Science", *Annual Review of Political Science*, 2002, 5(1), pp. 31-61.

② 对政治学实验研究议题的分析和总结,参见臧雷振:《政治学研究中的实验方法——近年来的应用进展及研究议题分布》,《国外理论动态》2016 年第 5 期,第 68—75 页;李强:《实验社会科学:以实验政治学的应用为例》,《清华大学学报(哲学社会科学版)》2016 年第 4 期,第 41—42 页;David A. Bositis and Douglas Steinel, "A Synoptic History and Typology of Experimental Research in Political Science", *Political Behavior*, 1987, 9(3), pp. 263-284; James N. Druckman, Donald P. Green, James H. Kuklinski, et al., "The Growth and Development of Experimental Research in Political Science", *American Political Science Review*, 2006, 100(4), pp. 627-635; Macartan Humphreys and Jeremy M. Weinstein, "Field Experiments and the Political Economy of Development", *Annual Review of Political Science*, 2009, 12(1), pp. 367-378. 对自然实验研究议题的总结还可参考 Thad Dunning, *Natural Experiments in the Social Sciences: A Design-Based Approach*, Cambridge University Press, 2012, pp. 43-48。

③ Harold Gosnell, *Getting out the Vote: An Experiment in the Stimulation of Voting*, The University of Chicago Press, 1927.

④ Thad Dunning, "Improving Causal Inference: Strengths and Limitations of Natural Experiments", *Political Research Quarterly*, 2008, 61(2), pp. 282-293.

⑤ John F. McCauley and Daniel N. Posner, "African Borders as Sources of Natural Experiments Promise and Pitfalls", *Political Science Research and Methods*, 2015, 3(2), pp. 409-418. 对自然实验方法较为全面的分析研究,参见 Thad Dunning, *Natural Experiments in the Social Sciences: A Design-Based Approach*, Cambridge University Press, 2012。

emption),即一个原因在实验前就制约了实验中被操纵原因的影响,使得实验无法显示该原因的实际效应。最典型的例子就是砒霜对治疗性病效用的实验。在不知道砒霜有毒的情况下,较早的对照组与实验组的实验,得到的结果都是病人死亡,因此很容易得出砒霜对性病没有治疗效用的结论,虽然两组病人的死因不同,对照组病人死于性病,实验组病人死于砒霜中毒。砒霜对性病的效用被砒霜的毒性所掩盖,无法通过简单的对照实验得到表达。再举两个例子:在一个选民呈两极分布的社会,选举规则对政党数量的影响受到限制,人为改变选举规则无法准确显示出其对政党数量的影响;在一个经济发达的国家,技能培训对受训者找到工作的影响也有限,因为在这些国家,就业有许多其他保障机制。

第四节 因果机制法

先占效应反映出在寻找因果关系的过程中一个普遍的配对问题,即因与果到底是否能准确匹配。无论是常规关联、反事实逻辑,还是实验方法,都无法有效解决这个问题,因此催生了对因果机制的重视。

虽然学界对因果机制的定义不同,但学者大多同意因果机制法与休谟传统之间存在根本的区别。与休谟传统强调因果的常规关联不同,因果机制的角度关注原因导致结果的过程,尤其是作用力如何通过不同主体行为的互动传递出来,从而产生结果。因果机制强调因与果是如何连接起来的,即因果链条。在因果机制的视角下,原因(X)与结果(Y)之间并不总是也不需要存在常规关联或共变化(co-vary),只要 X 的确能通过某个机制产生 Y,X 就是 Y 发生的原因。

在政治科学领域,过程追踪(process-tracing)和分析叙述(analytic narratives)这两种方法关注的核心就是因果机制。然而,在机制的定义、可观察性、普遍性、必然性以及是否只存在于微观层面这五个方面仍存在争论。[①]

表 4-1 列出了对机制的常见定义。

表 4-1 不同学者对"机制"的定义

作者	定义
Bunge(1997;2004)	在一个具体的系统中引起或是防止某种变化的过程

[①] Derek Beach and Rasmus Brun Pedersen, *Process-Tracing Methods: Foundations and Guidelines*, University of Michigan Press, 2013, pp. 23-24; John Gerring, "Causal Mechanisms: Yes, But …", *Comparative political studies*, 2010, 43(11), pp. 1499-1526; James Mahoney, "Beyond Correlational Analysis: Recent Innovations in Theory and Method", *Sociological Forum*, 2001, 16(3), pp. 575-593.

(续表)

作者	定义
Craver(2001); Machamer, Darden, and Craver (2000)	引起某种经常性变化的实体及活动
Elster(1983; 1989)	机制通过揭开"黑箱"并且展示"机器内部的齿轮"来提供解释;机制提供了连续的和相邻的因果链条或者是因果之间的有意连接
Elster(1998; 1999)	机制是经常发生和容易被识别的因果模式;这种因果模式通常在未知的条件下被触发或者产生中间媒介的影响
Hedström and Swedberg(1996; 1998)	明确的、抽象的、基于行动的关于一个事件是如何经常性地导致一类结果的解释
Little(1991)	一系列受类定律因果规律支配的事件
Stinchcombe(1991)	能提供某个更高层理论构成要素的知识的科学推理
Waldner(2010)	一个由于具有某种不变的特性而有能力改变其环境的实体。在特定背景下,这个实体传递出力量、信息或是含义
KKV(1994); George and Bennett(2005)	X 影响 Y 的中介变量(intervention variables)

资料来源:前七个定义摘自 Peter Hedström, "Studing Mechanisms to Strengthen Causal Inferences in Qualitative Research", in Janet M. Box-Steffensmeier, Henry E. Brady, and David Collier, eds., *The Oxford Handbook of Political Methodology*, Oxford University Press, 2008, p.322。Waldner(2010)的定义,参见 David Waldner, "What Are Mechanisms and What Are They Good for", *Qualitative & Multi-Method Research*, 2010, 8(2), pp.30-34。最后一个定义,参见 Derek Beach and Rasmus Brun Pedersen, *Process-Tracing Methods: Foundations and Guidelines*, University of Michigan Press, 2013, pp.34-37。

詹姆斯·马汉尼(James Mahoney)曾总结出 24 种对机制的定义。[1] 约翰·格林(John Gerring)指出学界对机制的定义极其含糊,他认为将机制定义为某种效应产生的过程或路径可能引起最少异议。[2] 但这似乎并没有解决争论,对于具体什么是过程或路径,学者仍有不同侧重。将机制简单看成一系列事件或中介变量,无法充分解释原因是"如何"导致结果的,因为事件的堆砌并不一定能解释原因影响力(causal forces)怎样以及为什么会传递到结果,而即便识别出了相关的中介变量,仍然没有回答中介变量是如何与结果连接在一起的。因此,部分学者认为最令人满意的定义是卡尔·克莱威尔(Carl Craver)与他的合作者提出的将机制视为

---

[1] James Mahoney, "Beyond Correlational Analysis: Recent Innovations in Theory and Method", *Sociological Forum*, 2001, 16(3), pp.575-593.
[2] John Gerring, "The Mechanismic Worldview: Thinking Inside the Box", *British Journal of Political Science*, 2008, 38(1), pp.161-179.

"引起某种经常性变化的实体及活动"。① 德里克·比奇(Derek Beach)与拉斯马斯·佩德森(Rasmus Pedersen)在书中以民主和平理论为例比较了"实体-活动"定义相较于"中介变量"定义的优势。② 与止步于辨识出"问责性"与"团体压力"这两个中介变量不同,"实体-活动"定义下的因果机制进一步解开了因果关系中的黑箱:反战团体向政府抗议卷入战争,民主国家的政府出于选票考虑采取安抚的外交政策予以回应,这导致了民主国家间的和平。实体及其行为和活动有效地解释了原因影响力的传递。

"实体-活动"定义自然衍生出因果机制是否只存在于微观层面的争论。部分学者认为因果机制都是微观的,没有纯粹的宏观机制(macro-level mechanism)。③ 这与因果解释必须有微观基础(micro-level foundation)的观点一致。但是即便主张因果解释的微观基础也并不意味着否定宏观结构因素的解释力,而只是强调在进行宏观结构性解释时,需要佐以两类知识和信息:关于这个结构因素如何影响个人微观层面以及若干个人行为如何聚合导致宏观结构层面结果的。④ 因此,在因果机制的争论上,实用的中间观点更可取。因果机制不仅存在于微观层面,也可以存在于宏观层面,同时还存在微观与宏观层面之间的连接机制。⑤

因果机制的优势在于提供解释,即因与果之间是如何连接起来的。用约翰·格林的话来说,这个优势带来了社会科学研究对因果机制的痴迷。学者日益重视在研究中提出和检验因果机制,并强调因果机制研究与定量方法和形式理论结合使用。⑥ 但因果机制研究同样面临挑战。约翰·格林认为:首先,某个原因与结果之间经常存在多个机制,并且这些机制之间往往存在复杂的相互作用,因此较难将不同机制区分开来;其次,机制研究中更常包含一些难以被操作化的模糊和抽象的

---

① Peter Machamer, Lindley Darden, and Carl Craver, "Thinking about Mechanisms", *Philosophy of Science*, 2000, 67(1), pp. 1-25.
② Derek Beach and Rasmus Brun Pedersen, *Process-Tracing Methods: Foundations and Guidelines*, University of Michigan Press, 2013.
③ 持这种观点的学者包括 Alexander L. George and Andrew Bennett, *Case Studies and Theory Development in the Social Sciences*, MIT Press, 2005, p. 137; Peter Hedström and Richard Swedberg, eds., *Social Mechanisms: An Analytical Approach to Social Theory*, Cambridge University Press, 1998, pp. 22-25。
④ Daniel Little, "Causal Explanation in the Social Sciences", *The Southern journal of philosophy*, 1995, 34(S1), pp. 31-56.
⑤ Peter Hedström and Richard Swedberg, eds., *Social Mechanisms: An Analytical Approach to Social Theory*, Cambridge University Press, 1998, p. 22.
⑥ Peter Hedström, "Studing Mechanisms to Strengthen Causal Inferences in Qualitative Research", in Janet M. Box-Steffensmeier, Henry E. Brady, and David Collier, eds., *The Oxford Handbook of Political Methodology*, Oxford University Press, 2008, pp. 319-338; Robert H. Bates, Avner Greif, Margaret Levi, et al., eds., *Analytic Narratives*, Princeton University Press, 1998.

概念。① 在格林看来,探索和检验因果机制在社会科学研究中是重要和值得称赞的,但却不是必不可少的。②

本 章 小 结

究竟什么是因果关系?本章所述的四种因果关系传统从不同角度给予了回答。对因果关系的考察,有的侧重寻找结果的原因(causes of effects),有的偏重甄别和测量原因的影响(effects of causes)。在追求后者的定量分析中,对因果关系的理解综合了休谟传统中的"共变"和"相关"以及反事实逻辑和实验方法中的"控制住其他因素"(ceteris paribus)。有政治学家尝试调和这些不同的视角,建立一个统一的理解框架。比如,詹姆斯·马汉尼认为,在定量分析中对被解释变量有显著效应的自变量其实就是新休谟传统下的 INUS 原因。③ 约翰·格林则提出,"原因能够提高某个事件(果)发生的概率"这样的定义为重构因果关系提供了一个"普遍的语义土壤",但因果关系是多元的。④

每种理解因果关系的传统都有其优点和问题,虽然不同的传统往往导致迥异的分析结论,比如对车祸原因的分析,常规关联传统强调醉驾是车祸的原因,而实验操纵逻辑更多关注行车路线选择对车祸的影响,但两者都为我们理解车祸原因贡献了新的知识。在对不同传统的弊端保持自觉的前提下,越来越多的学者呼吁混合使用不同的方法,比如在因果解释上具有优势的因果机制法与在建立因果关系方向上具有优势的实验逻辑的融合。

思考题

1. 比较不同因果关系传统,提炼其核心差异和对应的主要研究方法。
2. 结合自己的研究,思考研究中将运用哪种或哪些因果关系传统。

---

① John Gerring, "Causal Mechanisms: Yes, But …", *Comparative Political Studies*, 2010, 43(11), pp. 1499-1526.
② Ibid.
③ James Mahoney, "Toward a Unified Theory of Causality", *Comparative Political Studies*, 2008, 41(4-5), pp. 412-436.
④ John Gerring, "Causation: A Unified Framework for the Social Sciences", *Journal of Theoretical Politics*, 2005, 17(2), pp. 163-198.

延伸阅读

1. Gary King, Robert Keohane, and Sidney Verba, *Designing Social Inquiry: Scientific Inference in Qualitative Research*, Princeton University Press, 1994.

该书被称为社会科学研究方法领域的"圣经",重点介绍了运用于政治科学领域的研究设计。作者整合了定性研究和定量研究所采用方法的共性,即定性与定量研究方法的目的均是提供有效的描述性或因果性推论。该书的核心章节包括描述性推论、因果关系与因果推论、确定观测对象、在研究中需要避免的问题,以及增加观察值数量。该书的中文译本《社会科学中的研究设计》(增订版)已于2023年由格致出版社出版。

2. Janet M. Box-Steffensmeier, Henry E. Brady, and David Collier, eds., *The Oxford Handbook of Political Methodology*, Oxford University Press, 2008.

该书是政治学研究方法方面的入门工具书,对经典和传统的政治学研究方法的运用进行了综述性的介绍,主要部分包括社会科学方法论的不同路径、概念及测量,社会科学中的因果关系与解释,实验类方法,描述性和因果性推论的定量工具,描述性和因果性推论的定性工具等。

3. 郭正林、肖滨主编:《规范与实证的政治学方法》,广东人民出版社2003年版。

该书从较宏观角度讨论了实证方法与规范方法的区别以及实证方法涉及的相关内容,包括个案方法,概念阐释与引入过程,不同的政治学视角、流派与方法等。虽然本书不涉及具体研究方法和技术,但是阅读该书能够拓展对方法论所涉重点、难点的理解并加深对理论与方法之间关系的认识。

第二部分

经典研究方法

第五章
案例研究

过去几十年,在研究方法逐渐多元化和定量研究逐渐占据主流的情况下,案例分析仍然是政治学研究中非常重要的方法。比如,比较政治学的发展主要建立在单案例研究和多案例比较研究的基础之上。① 与定量研究方法相比,案例分析在以下方面具有比较优势:一是发现和形成新的概念、假设或理论;二是准确测度概念,保证内部测量效度;三是考察因果机制;四是揭示和分析复杂的因果关系,包括多因一果(equifinality)、必要或充分条件等;五是开展类型学研究。② "案例分析为对一类现象中的某个例子进行深入细致的考察,它不能对宽泛的这类现象提供可靠的信息,但是案例分析在研究的前期比较有用,便于提出假设。这些假设可以在接下来多案例的研究中进行检验……案例分析与定量分析相比,可能更容易获取丰富的信息和细节知识,但是研究往往缺乏普遍性(generalizability)。"③ 除了缺乏普遍性,学者还提出了案例分析其他方面的比较劣势:难以进行理论检验,无法测量因果效应的大小,容易出现案例选择偏差(selection bias)。④

在介绍基本背景知识的基础上,本章将讨论案例导向型研究方法的原理与应用,具体包括单案例研究方法、多案例比较方法以及定性比较分析方法。

---

① 近期国内比较政治学的案例研究成果主要包括但不限于:王正绪主编的《发展中国家比较政治学》(复旦大学出版社 2022 年版);李路曲主编的《比较政治学研究》集刊。
② John Gerring, *Case Study Research: Principles and Practices*, Cambridge University Press, 2007; Alexander L. George and Andrew Bennett, *Case Studies and Theory Development in the Social Sciences*, MIT Press, 2005. 约翰·格林强调当研究对象母体异质化程度较高,或因果关系较强较容易被发现时,更适合使用案例分析。
③ Nicholas Abercrombie, Stephen Hill, and Bryan S. Turner, *The Penguin Dictionary of Sociology*, 5th edn., Penguin, 2006, p. 45.
④ 部分学者认为这些观点是对案例分析方法的误解,通过策略性地选择案例完全可以有效规避这些缺点,具体参见 Robert E. Stake, *The Art of Case Study Research*, SAGE Publications, 1995; Bent Flyvbjerg, "Five Misunderstandings About Case-Study Research", *Qualitative inquiry*, 2006, 12(2), pp. 219-245。

第一节 案例与案例属性

什么是案例？亚历山大·乔治（Alexander George）和安德鲁·本尼特（Andrew Bennett）将其定义为一类事件中的例子。① 另一部分学者将案例定义为在某个时间段或时间点观察到的在空间上有界定的现象。② 根据研究问题的不同，案例可以是客观存在的地理单位，比如某些国家或亚国家（subnational）单位，也可以是根据现有理论主观构建出来的。比如，假设研究对象为工业社会或恐怖组织，在定义相关案例时需要根据已有理论来构建具有与其他组织结构相区别特征的社会或组织，这种情况下的案例是主观构建的结果，并且可能随着研究的推进对案例的定义做出调整。③ 值得指出的是，无论是客观存在还是主观构建的，任何案例都应在时间和空间上具有明确的边界。

案例研究（case study）往往包括以下特征：

（1）深入（thick and in-depth）考察某个/几个现象；

（2）考察时重视现象存在和发生的客观情境（real-life context）及案例本身的特殊性；

（3）运用多类数据从多个角度剖析现象的复杂性；

（4）所用数据主要为历史的、人类学的、过程追踪的，而非实验的、调查的、统计的；

（5）分析的主要目的是提高对案例母体（population）的理解并发展相应理论。④

其中，最后一个特征在约翰·格林看来尤为重要，他将案例研究定义为针对一

---

① Alexander L. George and Andrew Bennett, *Case Studies and Theory Development in the Social Sciences*, MIT Press, 2005.
② John Gerring, *Case Study Research: Principles and Practices*, Cambridge University Press, 2007; Harry Eckstein, "Case Study and Theory in Political Science", in Roger Gomm, Martyn Hammersley, and Peter Foster, eds., *Case Study Method*, SAGE Publications, 2009.
③ 更多的对什么是案例的讨论，可参考 Charles C. Ragin and Howard Saul Becker, eds., *What Is a Case? Exploring the Foundations of Social Inquiry*, Cambridge University Press, 1992。
④ John Gerring, *Case Study Research: Principles and Practices*, Cambridge University Press, 2007; Helen Simons, *Case Study Research in Practice*, SAGE Publications, 2009; Robert K. Yin, *Case Study Research: Design and Methods*, SAGE Publications, 2009. 中文介绍案例分析方法的文章，参见彭兴业：《比较政治学研究中的个案方法探析》，《政治学研究》1998 年第 2 期；王丽萍：《比较政治研究中的案例、方法与策略》，《北京大学学报（哲学社会科学版）》2013 年第 6 期；陈刚：《个案研究在比较政治中的应用及其意义》，《社会科学战线》2014 年第 5 期。

个案例开展的旨在加深对案例母体理解的精细(intensive)的分析。①

根据不同的分类标准,案例研究可划分为不同类型。依据研究目的,案例研究可分成解释型、评价型、探索启发型,或是构建理论型、检验理论型、修正理论型等;从因果推断的类型来看,案例研究可分为偏重识别因果关系型和偏重厘清因果机制型②;从运用案例数量来看,案例研究包括单案例研究和多案例研究③。根据哈里·埃克斯坦(Harry Eckstein)的定义和约翰·格林的分类(见表5-1),一个地理单位在不同时间点的比较分析仍然属于单案例研究。

表 5-1 研究类型

案例数量	空间维度的差异	时间维度的差异	
		无	有
一个	无差异	逻辑上不可能	**单案例研究（历时）**
	仅存在于案例内部	**单案例研究（共时）**	**单案例研究（共时与历时）**
若干个	存在于案例内部及案例之间	比较方法	比较历史的
许多	存在于案例之间	横截面的	横截面时间序列的
	存在于案例内部及案例之间	多层的	多层时间序列的

注：加粗的研究为案例研究。
资料来源：该图译自 John Gerring, *Case Study Research: Principles and Practices*, Cambridge University Press, 2007, p.10。

案例研究一般分为以下四个步骤。

首先,明确研究目的和时空边界(scope condition),即研究涉及和基于研究构建起来的理论适用的时间和空间范围。这一点容易被忽视,但却很重要,对于明确开展的研究是关于什么的案例研究(a case of what)极为重要。以西达·斯考切波关于国家和社会革命的研究为例,书中明确指出她的研究目的不是建立一套关于革命的统一理论,而是仅限于富裕的、在政治上有雄心但没有被殖民过的农业国

---

① 也有少部分学者认为案例研究严格来说并不是一种研究方法,而是一种设计框架,案例研究可以只使用定性数据,也可以将定量和定性数据相结合,甚至可以完全采用定量数据。具体参见 Helen Simons, "Case Study Research: In-Depth Understanding in Context", in Patricia Leavy, ed., *The Oxford Handbook of Qualitative Research*, Oxford University Press, 2014, pp.455-470。
② 游宇、陈超:《比较的"技艺":多元方法研究中的案例选择》,《经济社会体制比较》2020年第2期,第67—78页。
③ Gary Thomas, "A Typology for the Case Study in Social Science Following a Review of Definition, Discourse, and Structure", *Qualitative Inquiry*, 2011, 17(6), pp.511-521; Jack S. Levy, "Case Studies: Types, Designs, and Logics of Inference", *Conflict Management and Peace Science*, 2008, 25(1), pp.1-18.

家,在其他类型的国家中,革命发生的因果路径将不同。①

其次,根据研究目的和时空边界确定相关案例(relevant case),并排除无关案例(irrelevant case)。这里的相关或无关是指对于支持或否定研究假设是否有帮助。此外还需要先明确正面案例(positive case)与负面案例(negative case)这两个概念:正面案例指的是发生了研究者感兴趣或理论指向结果的案例,没有发生该结果的案例则为负面案例,比如对于一项分析革命为什么发生的研究,发生了革命的案例为正面案例,没有发生革命的案例为负面案例。正面案例多为相关案例,但是负面案例并非都是无关案例。这里的"有关"与"无关"特指与检验或发展某个理论有关还是无关。因此,有助于佐证或排除研究假设的负面案例是重要的相关案例。具体来说,存在与结果变量正相关因素,或者说与正面案例有一定相似性的负面案例为相关案例。研究人员在选择负面案例时,应该遵循"可能性原则",即选择研究现象有发生可能性但并未实际发生的负面案例。②

再次,对相关案例进行数据收集,逐渐明确案例分析策略,敲定最终选择的案例。这一过程持续时间往往较长。基于前期的积累,参考已有研究选择的案例,研究人员会对部分相关案例进一步收集、整理和分析各类数据,包括历史、文献等质性数据以及统计定量数据,逐步明确不同相关案例的属性(关于案例属性,见后文详细讨论),分析运用某个案例分析策略和开展案例比较的可能性和合理性,直至最终确定案例。

最后,呈现案例研究的成果,明确说明案例分析策略和案例属性,紧扣研究问题和研究假设对案例进行描述和分析,并指出该项案例研究的贡献和局限性。

从本质上来说,明确案例属性是一个展示案例选择合理性的过程。同时,由于案例研究的目的是加深对案例母体的理解,而不仅仅局限在对具体某(几)个研究案例的理解,指明研究案例的属性也有助于揭示案例研究的外部效度。常见的案例包括以下十种类型(如表5-2所示)。③

单案例研究中的案例选择以及对案例属性的确定除了依靠研究者对案例质性材料的把握,也可以结合定量的数据。以下通过菲利普·罗斯勒(Philip Roessler)关于族群政治与内战的研究④来展现如何使用大样本数据服务于案例属性的确定。

该项研究始于对苏丹和周边国家的为期18个月的田野调查。首先,基于对苏丹内战起因的启发性案例分析,包括对达尔富尔地区20世纪90年代初和21世纪

---

① 参见[美]西达·斯考切波:《国家与社会革命——对法国、俄国和中国的比较分析》,何俊志、王学东译,上海人民出版社2015年版。
② James Mahoney and Gary Goertz, "The Possibility Principle: Choosing Negative Cases in Comparative Research", *American Political Science Review*, 2004, 98(4), pp. 653-669.
③ 其中前九种类型的深入描述和例证,参见 John Gerring, *Case Study Research: Principles and Practices*, Cambridge University Press, 2007, pp. 91-144.
④ Philip G. Roessler, *Ethnic Politics and State Power in Africa: The Logic of the Coup-Civil War Trap*, Cambridge University Press, 2016.

第五章 案例研究

表 5-2 案例类型

序号	案例类型	含义	主要用途	证实方式	代表性
1	典型案例(typical case)	高度符合或者是完全反映 X 和 Y 之间研究假设预期关系的案例	检验或发展理论	大样本回归后位于回归拟合线上的案例,即低残差值案例	根据定义,典型案例具有代表性
2	异常案例(deviant case)	高度偏离 X 和 Y 之间研究假设预期关系的案例	发展理论(发现新的解释 Y 的因素或机制)	大样本回归后偏离拟合线较大程度的案例,即高残差值案例	较低(但有可能在修正或发展出新的理论后,成为落在回归拟合线上的典型案例)
3	关键案例(crucial case) 最大可能案例(most-likely case)	根据现有理论最有可能发生某种现象,但实际结果却没有发生的案例	展现现有理论遗漏了某个重要变量或机制,发展理论(发现新的解释 Y 的因素或机制)	基于现有理论,运用质性或统计数据来说明	不确定
	最小可能案例(least-likely case)	根据现有理论最没有可能发生某种现象,但实际结果却发生了的案例	展现现有理论遗漏了某个重要变量或机制,发展理论(发现新的解释 Y 的因素或机制)	基于现有理论,运用质性或统计数据来说明	不确定
4	极端案例(extreme case)	在 X 或 Y 上取极端值的案例	开放性地探索发展理论	收集大样本计算出 X 或 Y 的平均值,案例中 X 或 Y 的取值距离平均值较远	不确定(通过大样本回归得到拟合模型后计算出该案例的残差值来判断)
5	影响性案例(influential case)	对回归估计结果有较大影响力的案例,如果改变该案例的 X,回归结果将发生较大改变	检验理论;支持既有理论	收集大样本,得出 Hat 阵或计算 Cook 距离[1]	不适用(由于该案例主要用来支持既有理论,因此代表性在这不相关)

95

（续表）

序号	案例类型	含义	主要用途	证实方式	代表性
6	路径案例（pathway case）	可以确定是由某一个解释变量导致被解释现象发生（即 $Y=1$）的案例	检验理论（探索因果机制）	使用列联表（分类变量）或残差分析（连续变量）	不确定（可以通过计算案例的残差值来判断）
7	半负面案例（semi-negative case）[2]	因为某项因素而使机制有得到完全实现的案例	识别出某个或某些因素组合对某个机制得以完全实现的影响	基于现有理论，运用质性或统计数据来说明	不适用
8	多样化案例（diverse cases）	两个或更多在 X 和 Y 的取值或者 X 和 Y 关系上存在显著不同的案例	建立或检验理论	X 和 Y 取值多样性通过 X、Y 的类型值，X 或 Y 的标准差（如是连续变量）来展示；X 和 Y 关系的多样性通过 X 和 Y 的不同组合（比如显示列联表、因子分析）来展现	能够代表或全面地反映案例母体中的差异
9	最相似案例（most-similar cases）	除了关键解释变量 X 外，在其他解释变量上都相似的若干案例	建立或检验理论	匹配	不确定（可以通过计算案例的残差值来判断）
10	最大差异案例（most-different cases）	除了关键解释变量 X 外，在其他解释变量上都不同的若干案例	建立或检验理论	有针对性地运用质性或统计数据进行比较	不确定（可以通过计算案例的残差值来判断）

1. 参见 Kenneth A. Bollen and Robert W. Jackman, "Regression Diagnostics: An Expository Treatment of Outliers and Influential Cases", *Sociological Methods & Research*, 1985, 13(4), pp.510–542。
2. 进一步探讨，可参见周亦奇、唐世平：《"半负面案例比较法"与机制辨别——北约与华约的命运为何不同》，《世界经济与政治》2018年第12期，第32—59页。

第五章 案例研究

初的比较分析，罗斯勒提出了研究假设：种族政治网络（ethno-political networks）是影响内战爆发的重要因素，并且军事政变与内战之间存在此消彼长的关系（coup-civil war trap）。其次，研究者利用种族权力关系等数据库和定量分析来检验这些假设，并证实了族群权力分享程度与内战和军事政变爆发概率之间的相关关系。再次，在定量分析结果的指导下，研究者判断出刚果（金）内战（1998—2003年）是这项研究中的典型案例，因而对这个案例开展了深入的过程追踪分析来检验之前提到的假设以及一些替代性假设。最后，由于研究者发现了族群权力分享程度是影响内战的重要因素，研究者进一步利用定量统计方法分析哪些因素与族群权力分享程度相关，在什么情况下更容易出现族群间的权力共享。

依据种族权力关系数据库（Ethnic Power Relations Dataset）中的编码信息，罗斯勒判断：刚果（金）内战的爆发属于族群调和失败引起的预防政变型内战的典型案例，其具体论述如下：

> 根据种族权力关系数据库，1997年蒙博托政权被推翻后，刚果（金）以卡比拉为首的执政联盟在族群之间建立起的权力分享模式为：图西-巴尼穆伦格人（Tutsi-Banyamulenge）是"主要合伙人"（senior partner），卢巴-沙巴人（Luba-Shaba）和隆达-叶克人（Lunda-Yeke）都是"次要合伙人"（junior partner）。一年后，种族权力关系数据库中的编码显示权力分布上发生了一个重要变化：图西-巴尼穆伦格人从"主要合伙人"变为"被歧视的"（discriminated），卢巴-沙巴人从"次要合伙人"变为"主要合伙人"，隆达-叶克人仍然是"次要合伙人"，而且其他基伍群体也变为"次要合伙人"。1998年8月，刚果（金）东部爆发了有大量图西人参与的武装叛乱，导致了第二次刚果战争，即刚果（金）内战的爆发。因此，基于这些证据，刚果（金）内战属于典型的"在回归线上"的因族群调和失败引发大规模政治暴力事件的案例。[①]

第二节 单案例研究

单案例研究（也称个案研究）是社会科学中经常使用的一种质性研究方法。杰克·普拉诺（Jack Plano）在《政治学分析词典》中写道，个案研究是"探索难以从所处情景中分离出来的现象时所采用的研究方法，是为揭开一种特殊的政治事件或

---

① Philip G. Roessler, *Ethnic Politics and State Power in Africa: The Logic of the Coup-Civil War Trap*, Cambridge University Press, 2016, p. 243.

现象的详细信息而进行的研究"①。根据研究目的,学者对单案例研究划分了不同类型,比如哈里·埃克斯坦(Harry Eckstein)将个案研究划分为构建特定规律、构建知识领域、启发性、探究可信度和探究关键性的案例研究;斯蒂芬·范·埃弗拉划分了检测理论、构建理论、阐明前提条件、解释案例内涵的个案研究②;王绍光划分了纯描述性研究、包含有内部比较的个案研究和带有比较意识的个案研究,带有比较意识的个案研究又包括解释性、启发性、关键性个案研究三类③;阿伦德·利普哈特划分了非理论型、解释型、产生假说型、理论证实型、理论证伪型和异常型个案研究④。

一部分单案例研究并不是以理论构建或检验为目的的,比如上述类型中的纯描述性研究、非理论型研究,而是"受到对某一对象本身的好奇心和求知欲所驱动"⑤去了解这个案例的。更多的单案例研究都与理论构建、发展或检验有关。研究人员经常选择有实质重要性的案例(substantively important cases),他们往往基于专业领域的发展积累及个人对案例的专业知识来判断哪些案例是重要的。比如法国大革命,由于其广泛深远的影响,被普遍认为是研究革命这个现象时重要的案例。任何关于革命的理论,如果不能很好地解释法国大革命,那么这个理论的价值将被质疑。与定量分析的假设不同,定性研究者认为并不是所有正面案例都拥有相同的理论贡献力,有一些案例更加重要,对理论构建的功用更大。个案研究的优势在于展现现象背后的复杂性,尤其当某些政治现象涉及的因素比较多或变量间的相关性比较复杂,在研究领域的初始积累阶段,需要单案例研究来为理论构建提供启发性素材,比如对民主化转型的研究,"从1985年到1995年,《美国政治科学评论》评论了56本论证转型的专著,其中有31本研究的是单个国家"⑥。

发展或检验理论时,政治学研究经常使用上节提到的关键案例和异常案例。"关键案例"这一概念由哈里·埃克斯坦提出,后被约翰·格林发展为"最大可能案例"和"最小可能案例"。⑦ "最大可能案例"为根据相关理论最可能发生某类现象的案例,如果研究中发现预期的现象并不存在,那么就可有力地证伪某项理论;类似地,"最小可能案例"为根据相关理论,除了关键解释变量之外的其他变量值都表

---

① 转引自陈刚:《个案研究在比较政治中的应用及其意义》,《社会科学战线》2014年第5期,第170页。
② 转引自李路曲:《从对单一国家研究到多国比较研究》,《政治学研究》2009年第6期,第103—111页。
③ 转引自王敬尧、周凤华:《政治学研究中的个案方法》,《社会主义研究》2003年第2期,第94—96页。
④ [美]阿伦德·利普哈特:《比较政治学与比较方法》,李陈华译,《经济社会体制比较》2006年第3期,第10—23页。
⑤ 转引自陈刚:《个案研究在比较政治中的应用及其意义》,《社会科学战线》2014年第5期,第172页。
⑥ [美]芭芭拉·格迪斯:《范式与沙堡:比较政治学中的理论建构与研究设计》,陈子恪、刘骥等译,重庆大学出版社2012年版,第28页。
⑦ 其他学者也有考察并运用这种案例选择方法,比如Bent Flyvbjerg, "Five Misunderstandings about Case-Study Research", *Qualitative Inquiry*, 2006, 12(2), pp. 219-245。

明发生某类现象的可能性最小,但如果研究中发现这类案例中预期的现象存在,那么就可支持关键解释变量与结果之间的联系。比如,在詹姆斯·斯科特(James Scott)关于马来西亚农民日常反抗的研究中,精心选择了穆达地区塞达卡村:"其优势恰恰在于它是一个难得的案例。假设有这样一个地区,绝大多数农村人口都比十年前生活得好,如果我们在这里看到了大量的阶级对抗行为,那么,我们就可以合情合理地推测,在东南亚其他以水稻种植为主的农业地区,也会存在大量的阶级对抗。"① 这个逻辑与"最小可能案例"的逻辑类似。异常案例也经常用于证伪或修正发展某项理论,比如格哈德·洛温伯格(Gerhard Loewenberg)用20世纪60年代联邦德国的选举和政党制度质疑了比例代表制与多党制之间的关联。② 通过分析为什么某个案例偏离了现有理论预期有助于发现既有理论不完善之处,对既有理论进行修正或提出新的假设。

个案研究对于比较政治学同样意义重大,已经构成比较政治学不可或缺的组成部分,它既是跨国比较研究的基础,又是其重要补充。③ 一些有影响力的比较政治学著作就是在汇编单案例研究的基础上完成的。④ 在比较政治研究中,较有影响力的单案例研究包括罗伯特·帕特南(Robert Putnam)的《使民主运转起来:现代意大利的公民传统》⑤,詹姆斯·斯科特的《弱者的武器:农民反抗的日常形式》⑥,哈里·埃克斯坦的《民主制度中的分化和聚合:对挪威的一项研究》⑦,以及罗伯特·贝茨(Robert Bates)的《超越市场奇迹——肯尼亚农业发展的政治经济学》⑧。学者将个案研究对比较政治学的重要意义归纳为四点:

---

① [美]詹姆斯·C. 斯科特:《弱者的武器:农民反抗的日常形式》,郑广怀、张敏、何江穗译,译林出版社2011年版,第77页。
② Gerhard Loewenberg, "The Remaking of the German Party System: Political & Socio-Economic Factors", *Polity*, 1968, 1(1), pp. 86-113. 其他用异常案例的研究包括:Richard E. Barrett and Martin King Whyte, "Dependency Theory and Taiwan: Analysis of a Deviant Case", *American Journal of Sociology*, 1982, 87(5), pp. 1064-1089; Rebecca Jean Emigh, "The Mystery of the Missing Middle-Tenants: The 'Negative' Case of Fixed-Term Leasing and Agricultural Investment in Fifteenth-Century Tuscany", *Theory and Society*, 1998, 27(3), pp. 351-375.
③ 陈刚:《个案研究在比较政治中的应用及其意义》,《社会科学战线》2014年第5期,第170—178页。
④ 例如David J. Samuels, *Case Studies in Comparative Politics*, Pearson Education, 2013; Patrick H. O'Neil, Karl J. Fields, and Donald Share, *Cases in Comparative Politics*, 4th edn., W. W. Norton & Co, 2012.
⑤ [美]罗伯特·帕特南:《使民主运转起来:现代意大利的公民传统》,王列、赖海榕译,中国人民大学出版社2014年版。
⑥ [美]詹姆斯·C. 斯科特:《弱者的武器:农民反抗的日常形式》,郑广怀、张敏、何江穗译,译林出版社2011年版。
⑦ Harry Eckstein, *Division and Cohesion in Democracy: A Study of Norway*, Princeton University Press, 1966.
⑧ [美]罗伯特·H. 贝茨:《超越市场奇迹——肯尼亚农业发展的政治经济学》,刘骥、高飞译,吉林出版集团有限责任公司2009年版。

（1）可以提供对他国政治和政治制度的更为细致入微和有血有肉的认识；

（2）可以使先前提出的某个政治分析框架或理论观点得到进一步的深化和检验；

（3）可以激发有潜力和有价值的新政治概念、新政治观点及新政治理论的出现；

（4）可以用于批驳既有的命题、定律或通则，并促使其不断加以修改和完善。①

第三节　多案例比较

政治学各分支领域的研究都广泛运用了案例分析方法来推动理论发展。亚历山大·乔治和安德鲁·本尼特在他们著作的附录总结了在国际关系、比较政治学、美国政治学研究的一些案例分析中的具体研究设计及其在理论上的贡献和问题。② 早期经典的政治学研究，比如巴林顿·摩尔关于民主和独裁的社会起源以及西达·斯考切波关于国家和革命的研究，都是选择了有实质重要性的案例同时强调案例选择的多样性和比较分析。近些年来，政治科学中的案例分析更加重视案例选择策略的综合运用和对案例选择逻辑的清楚说明。

总的来说，案例比较的逻辑可以分为求异法和求同法。19世纪哲学家约翰·斯图尔特·密尔提出了"求异法"：通过对具有相似条件却存在不同结果的案例进行分析以确定相关因素间的因果关系。在此基础上发展出了"最相似案例比较"方法。许多经典作品都遵循密尔的求异法逻辑，运用"控制比较确定因果"的方法，比如丹尼尔·齐布拉特（Daniel Ziblatt）关于19世纪中期德国和意大利的比较研究，分析这两个在分权意识形态普及等方面均相似的案例，为什么前者建立了联邦制而后者建立的却是单一制。③

以中国政治学当中的亚国家单位比较研究为例，常见的案例比较策略主要包括如下三类。第一类为控制对比策略，比如下文将提到的蔡晓莉的研究，为什么有类似经济水平、地理因素和政治环境的邻近村落在公共物品提供和公共服务方面存在差异？第二类为系统比较，比如威廉·赫斯特（William Hurst）在关于中国工人政治的研究中，将中国划分成几大区域，每个区域代表一种类型，然后再在每个

---

① 陈刚：《个案研究在比较政治中的应用及其意义》，《社会科学战线》2014年第5期，第176—177页。
② Alexander L. George and Andrew Bennett, *Case Studies and Theory Development in the Social Sciences*, MIT Press, 2005.
③ Daniel Ziblatt, *Structuring the State: The Formation of Italy and Germany and the Puzzle of Federalism*, Princeton University Press, 2006.

类型中选择有代表性的案例。① 此外，郑在浩（Jae Ho Chung）关注不同省份对待20世纪80年代农村改革的态度，先将所有省分成三类，积极响应者（pioneers）、观望者（bandwagoners）和抵制者（resisters），然后在这三类省份中选择典型省份进行进一步分析。② 第三类策略则是基于差异的比较。学者并不追求研究的外部效度或选择的案例是否能代表总体，而是基于案例展现的差异来分类和发展理论。③ 比如白苏珊（Susan Whiting）关于中国地方乡村工业中的制度差异和变迁的研究。接下来分别用一项中国政治学和一项比较政治学的研究来举例说明不同案例选择策略的有机结合。

1999—2002年，蔡晓莉在山西、河北、福建、江西四省开展了20个月的田野调查，通过案例分析和问卷调查，考察了中国农村公共产品提供情况。这四个省包括内地和沿海省份，南方和北方的省份，在经济发展水平、历史及社会团体等方面都有较大的差异。④ 在案例分析部分，她综合运用了"最相似案例"比较和"最大差异案例"比较来发展其理论假设。蔡晓莉在福建、河北、江西三省各选择了两个最相似的村。如表5-3所示，每个省的两个村在除了关键解释变量"连带团体"之外都比较相似，但在被解释变量"政府公共产品提供"上却存在差异。从这三对"最相似案例"比较中可以得出政府公共产品提供的差异主要源自有无"连带团体"的差异。"连带团体"指涵盖村里不同族群并且与政府结构重叠或者啮合的群众团体。根据既有理论，正式的民主制度，比如村委会选举质量，是影响政府公共服务的主要因素。通过选择在"村委会选举质量"上类似但在政府公共服务有差异的村，研究者有力地反驳了这一观点。除了"最相似案例"比较，研究者还比较了"最大差异案例"，比如福建W村与河北Y村、江西L村，它们除了均有"连带团体"之外，在其他变量上都有较大差异，但政府公共服务都比较好，这进一步支持了"连带团体"与政府公共服务之间的联系。这种巧妙的设计大大提高了理论的说服力。接下来，蔡晓莉还运用了问卷调查的大样本数据和计量方法进一步验证了这一理论假设。

---

① William Hurst, *The Chinese Worker after Socialism*, Cambridge University Press, 2009.
② Jae ho chung, *Central Control and Local Discretion in China: Leadership and Implementation During Post-Mao Decollectivization*, Oxford University Press, 2000.
③ 运用该策略的研究包括：Kellee S. Tsai, *Back-Alley Banking: Private Entrepreneurs in China*, Cornell University Press, 2004; Susan H. Whiting, *Power and Wealth in Rural China: The Political Economy of Institutional Change*, Cambridge University Press, 2000; Peter T. Y. Cheung, Chae-ho Chong, and Zhimin Lin, eds., *Provincial Strategies of Economic Reform in Post-Mao China: Leadership, Politics, and Implementation*, M. E. Sharpe, 1998。
④ Lily L. Tsai, *Accountability Without Democracy: Solidary Groups and Public Goods Provision in Rural China*, Cambridge University Press, 2007; Lily L. Tsai, "Quantitative Research and Issues of Political Sensitivity in Rural China", in Allen Carlson, Mary E. Gallagher, Kenneth Lieberthal, et al., eds., *Contemporary Chinese Politics: New Sources, Methods, and Field Strategies*, Cambridge University Press, 2010, p. 248.

表 5-3 蔡晓莉研究中的案例比较

变量	福建 R 村	福建 W 村	河北 Y 村	河北 S 村	江西 H 村	江西 L 村
人均收入(元)	8 600	6 712	1 500	1 300	1 100	1 200
人口(人)	3 200	3 900	367	352	3 000	4 000
2000 年政府财政收入(元)	4 600 000	1 000 000	10 000	10 000	378 000	600 000
村委会选举质量	非常好	非常好	好	好	无选举	无选举
连带团体	无	有	有	无	无	有
政府公共产品提供	一般	非常好	好	差	差	好

资料来源:该表综合作者书中三个表格而成,转译自 Lily L. Tsai, *Accountability Without Democracy: Solidary Groups and Public Goods Provision in Rural China*, Cambridge University Press, 2007, pp.199, 202, 203。为了避免翻译偏误,各村的名称取书中的英文首字母。

"最相似案例"比较和"最大差异案例"比较的最系统阐述当属亚当·普沃斯基(Adam Przeworski)和亨利·图恩(Henry Teune)在 1970 年出版的比较政治学方法经典著作。① 两种方法的结合除了上述蔡晓莉关于中国农村的研究,在比较政治学中也有大量的运用。比如在迪尔克·贝格-施洛瑟(Dirk Berg-Schlosser)和吉塞勒·德·默尔(Gisèle De Meur)关于欧洲国家两次世界大战期间民主制度的延续和崩溃的研究中,他们开展了三类比较:一是在民主制度延续下来的国家中,精确地找出最不同案例之间的共性;二是在政权崩溃的国家中,确认最不同的案例之间的共性;三是比较民主崩溃的案例和延续的案例,识别出造成最相似的一对案例却产生不同结果的原因(一个延续的案例匹配一个相似的但崩溃了的案例)。②

唐世平、熊易寒与李辉合作的关于石油的族群地理分布与族群冲突的研究结合了定量与定性研究,并在质性研究部分运用了多种案例选择策略。③ 首先,研究

---

① Adam Przeworski and Henry Teune, *The Logic of Comparative Social Inquiry*, Wiley-Interscience, 1970.
② Dirk Berg-Schlosser and Gisèle De Meur, "Conditions of Democracy in Interwar Europe: A Boolean Test of Major Hypotheses", *Comparative Politics*, 1994, 26(3), pp.253-279; Gisèle De Meur and Dirk Berg-Schlosser, "Conditions of Authoritarianism, Fascism, and Democracy in Interwar Europe: Systematic Matching and Contrasting of Cases for 'Small N' Analysis", *Comparative Political Studies*, 1996, 29(4), pp.423-468.
③ 唐世平、熊易寒、李辉:《石油是否导致族群战争?——过程追踪法与定量研究法的比较》,《世界政治研究》2018 年第 1 期,第 54—87 页;Hui Li and Shiping Tang, "Location, Location, Location: The Ethno-Geography of Oil and the Onset of Ethnic War", *Chinese Political Science Review*, 2017, 2(2), pp.135-158; Shiping Tang, Yihan Xiong, and Hui Li, "Does Oil Cause Ethnic War? Comparing Evidence from Process-Tracing with Quantitative Results", *Security Studies*, 2017, 26(3), pp.359-390.

团队运用已有的关于族群冲突和油气分布的跨时间和地域的大型数据库,利用统计回归分析,建立起石油的族群地理分布与族群冲突发生概率之间的相关性,发现石油分布在少数族群聚居区与族群冲突的发生概率显著正相关。其次,基于七个原则①,研究团队选择了五个案例,包括能够佐证研究者提出因果机制的路径案例,即石油分布在少数族群聚居区导致或加剧族群冲突的两个案例(印尼的"亚齐独立运动"和原苏丹共和国内的"南北冲突"),石油资源丰富的多民族国家由于石油未分布在少数族群聚居区而没有族群冲突的案例(加蓬),以及与石油资源无关的族群冲突案例(两次车臣战争和纳戈尔诺-卡拉巴赫冲突)。最后,通过深入分析这些案例和过程追踪来展现和检验石油的族群地理分布影响族群冲突发生的具体机制。

第四节 定性比较分析

定性比较分析(QCA)方法是20世纪80年代由方法论专家查尔斯·拉金开发出来的一种"集合论方法"(set-theoretic method)②和一种基于组态的分析技术,具体包括清晰集分析、模糊集分析与多值分析三种分析技术。在反思定量和定性两种主流研究方法各自优劣的基础上,查尔斯·拉金通过使用一种"合成策略"(synthetic strategy)尝试整合定性分析和定量分析各自的长处发展出定性比较分析方法,使之既可以加深研究的深度,又可以扩大解释的外部效度。③ 这种方法主要基于布尔代数(Boolean algebra)与集合论思想开展中小数量的跨案例比较研究,找出案例中包含的条件变量与结果变量之间的逻辑关系,处理"多重并发因果"(multiple conjunctural causation),即不同条件组合作用或不同的因果路径产生相

---

① 这七个原则第二、三、七来自现有关于案例方法的讨论,其余原则是专门根据该文的研究目的而设计的。这七个原则分别是:(1)案例应该是相对翔实的,研究不会受到声称研究者仅偏颇选择(cherry-picking)了那些能支持其研究结论的事实证据的指责;(2)根据自己的或他人的竞争理论,案例应该包含正面和负面的两类案例,并且产生了想要探究的结果;(3)所选定的"典型案例"应能例证关键解释变量的变化,通过考察这些案例可以将本文的理论与试图解释这些变化的其他理论区分开来;(4)所选定的"典型案例"所展现的关键性解释变量的变化应当遵循研究提出的核心机制,从而将研究提出的核心机制与其他试图解释这些变化的机制区分开来;(5)为比较定量研究法和定性研究法的优势和缺陷,应该挑选那些即便使用GIS数据集,在定量研究中仍容易出现编码错误和推断错误的案例;(6)案例应来自不同地区,具有不同的文化背景;(7)这些案例合在一起,应有助于理解研究所提出的因素和机制是如何发挥作用的。
② Charles C. Ragin, *The Comparative Method: Moving Beyond Qualitative and Quantitative Strategies*, University of California Press, 2014.
③ Ibid., 82-84.

同结果的情况。① 近些年来,定性比较分析方法逐渐被运用到国际关系、比较政治、管理学以及新闻传播学等研究领域。②

作为一种组态比较方法,QCA 是案例导向型的研究方法和分析工具,其特征和优势被归纳为以下七点:

(1) QCA 既是一种研究方法,也是一套分析工具,在方法上它兼顾了"组态比较"和"集合论"。它将社会现象看作属性的复杂组合,并依照集合关系将它们概念化。

(2) 在运用 QCA 的过程中需要参考案例的具体信息,同时,由于 QCA 基于计算机的算法,它也有可能处理大量的案例。它为在可比较的案例间(跨案例分析)发现系统的相似性和差异提供了一套分析工具。

(3) QCA 方法能够检验前因因素(也经常称为"条件")的组合是否是导致某一结果的必要或充分条件。

(4) QCA 是"结果驱动"的,它使得研究者能够着手分析起源于某实证对照观察的问题(例如,一个政治系统的衰减或生存、一个商业公司成功的相对水平、社会运动组织采用还是拒绝使用暴力等)。

(5) QCA 允许通过识别导致相同结果的那些不同情境特定的因果路径来评估"多重并发因果关系"。

(6) QCA 使研究者能够降低复杂性,即能够实现更进一步的解释性简约,同时研究者可以决定他相对简约地重视复杂性的程度。

(7) QCA 是一种高强度研究(而不是"傻瓜式按钮"的)方法,在分析的不同阶段需要不断引入基于案例和理论的知识。③

一、QCA 方法中的因果关系

QCA 方法的逻辑基础是约翰·斯图尔特·密尔在《逻辑体系》(*A System of Logic*)一书中倡导的进行因果推断的逻辑方法,尤其是其中的求同法和求异法。

---

① Dirk Berg-Schlosser, Gisèle De Meur, Benoît Rihoux, et al., "Qualitative Comparative Analysis (QCA) as an Approach", in Benoît Rihoux and Charles C. Ragin, eds., *Configurational Comparative Methods: Qualitative Comparative Analysis (QCA) and Related Techniques*, SAGE Publications, 2009, p. 8.

② 刘丰:《定性比较分析与国际关系研究》,《世界经济与政治》2015 年第 1 期,第 90—110 页;何俊志:《比较政治分析中的模糊集方法》,《社会科学》2013 年第 5 期,第 30—38 页;杜运周、贾良定:《组态视角与定性比较分析(QCA):管理学研究的一条新道路》,《管理世界》2017 年第 6 期,第 155—167 页;毛湛文:《定性比较分析(QCA)与新闻传播学研究》,《国际新闻界》2016 年第 4 期,第 6—25 页。

③ 转引自[比利时]伯努瓦·里豪克斯、[美]查尔斯·C. 拉金:《QCA 设计原理与应用:超越定性与定量研究的新方法》,杜运周、李永发等译,机械工业出版社 2017 年版,中文版序。

无论是密尔的求同法、求异法还是求同求异并用法,其局限性都是显而易见的:"它们都只能识别出现象发生的一个原因……无法控制其他变量因而难以排除其他原因的方法"①,"不会证明任何因果关系,因为通常研究者不可能检验一个明确和完整(事先预测)的、充分控制了其他所有因素的关系模型(至少是在社会科学中)"②。

而布尔代数③及其逻辑真值表的引入有助于在一定程度上弥补这种局限性。布尔法"将事物出现/不出现表示为1/0这样一种二分变量(定距变量则可以区分为一系列的二分变量)。以二分法为基础,利用集合论的基本原则,就可以建立起一套逻辑真值表。这一真值表既可以反映出事物发生或不发生的多种条件,同时还可以从中看出,多种条件出现或不出现之间的组合关系,是如何在导致某一现象发生或不发生。简言之,在布尔法的真值表中,既可以看到某一结果出现的多个必要条件,也可以看出某一结果发生的充分条件"④。

QCA方法和技术对"多重并发因果关系"的关注拓展了因果关系的分析框架,也打破了主流统计方法中的部分核心假设。其一,QCA方法认为因果关系是依赖特定情境的,因而否定任何形式的恒定因果关系。根据拉金的看法,应用QCA的基本原则不是去发展出与数据拟合最好的单一因果模型,而是在比较不同案例之后找出不同因果模型的数量和特征。⑤ 其二,因果效应不再具有一致性,一个给定的原因与某些条件组合时可能对结果产生正向影响,而与其他条件组合在一起时则可能产生负向影响。其三,"可加性"的假设被打破,单个原因对结果有其各自的和独立的影响的假设不成立,多个原因同时出现或者以某种方式整合构成某个结果的"原因组合"。其四,不再假定因果关系的对称性,而是假定原因的非对称性——某个结果的出现与否可能需要不同高度"原因组合"来分别解释。其他被打破的主流统计方法的假设还包括分析单位的同质性以及线性假设等。⑥

---

① 转引自何俊志:《比较政治分析中的模糊集方法》,《社会科学》2013年第5期,第31页。
② 转引自[比利时]伯努瓦·里豪克斯、[美]查尔斯·C. 拉金:《QCA设计原理与应用:超越定性与定量研究的新方法》,杜运周、李永发等译,机械工业出版社2017年版,第2页。
③ George Boole, *The Mathematical Analysis of Logic: Being an Essay Towards a Calculus of Deductive Reasoning*, Cambridge University Press, 2009. 关于布尔代数的阐述,还可参见[瑞士]丹尼尔·卡拉曼尼:《基于布尔代数的比较法导论》,蒋勤译,格致出版社2012年版。
④ 转引自何俊志:《比较政治分析中的模糊集方法》,《社会科学》2013年第5期,第31页。
⑤ Charles C. Ragin, *The Comparative Method: Moving Beyond Qualitative and Quantitative Strategies*, University of California Press, 2014.
⑥ [比利时]伯努瓦·里豪克斯、[美]查尔斯·C. 拉金:《QCA设计原理与应用:超越定性与定量研究的新方法》,杜运周、李永发等译,机械工业出版社2017年版,第7—10页。

二、分析工具与分析步骤

结果变量是一个二分变量、多值变量，还是连续定距变量，可以分别对应使用清晰集定性比较分析法(csQCA)、多值集定性比较分析法(mvQCA)以及模糊集定性比较分析法(fsQCA)，并分别使用 QCA-DOS、TOSMANA、fsQCA 软件来开展分析。① 多值集分析与模糊集分析都是为了突破清晰集分析的主要局限（只能用于分析二分变量，不能处理定序或定距变量）而开发出来的。相关开发人员及学者成立了一个名为"系统跨案例的比较方法"(comparative methods for systematic cross-case analysis, COMPASSS)的网站②，分享 QCA 的最新进展、软件和应用成果等。复旦大学唐世平教授带领的团队也不断开发出新的 QCA 软件，突破现有分析技术的限制，包括全功能多值定性比较分析(fm-QCA)的软件和基于集合覆盖算法(scpQCA)的软件等。③

下文将结合具体的研究案例展示定性比较分析的 9 个关键步骤：确定研究对象、确定结果变量、筛选合适的案例、确定条件变量、赋值或校准、生成原始数据表、构建真值表、软件精简运算、报告分析结果。④

步骤 1 至步骤 4 是研究的最初环节，在明确了所要探究的因果关系属性以及研究是否适用于定性比较分析之后，研究者需要在理论的指导下明确结果变量、筛选合适案例，并确定条件变量。在开展定性比较分析时，案例选择和条件选择的一些指导原则如下。

> **定性比较分析的"良好实践"（一）：案例选择**[5]
> - 确保所有案例共有充足的背景特征（即定义一个"调查范围"以确定案例选择的界限）。
> - 确保对试图"解释"的结果有非常清晰的定义。
> - 一般来说，研究中最好有包含"正面"结果和"负面"结果的案例（即保证选择案例的多样化程度）。
> - 不要假定"案例总体或者样本是给定的"，应该允许在研究过程中增加案例或删除案例。

---

① 这三类软件都可以进行清晰集分析，TOSMANA 可以进行多值分析，fsQCA 可以进行模糊集分析。
② 网站地址为 https://compasss.org。
③ 参见复旦大学复杂决策分析中心网站，网站地址为 https://ccda.fudan.edu.cn。
④ 刘丰：《定性比较分析与国际关系研究》，《世界经济与政治》2015 年第 1 期，第 90—110 页。
⑤ ［比利时］伯努瓦·里豪克斯、［美］查尔斯·C. 拉金：《QCA 设计原理与应用：超越定性与定量研究的新方法》，杜运周、李永发等译，机械工业出版社 2017 年版，第 22 页。

- 当思考可以驾驭案例的数量时,需要考量是否能够对每一个案例有足够的熟悉程度(实证上的"亲密度")。

定性比较分析的"良好实践"(二):条件选择①
- 不要将不同案例间不变的条件纳入研究。换句话说,就是"变量必须是变化的",否则它将是一个常数。
- 保持条件数量相对较少。条件数量太多会导致案例的"个体化",不利于获得能够对跨案例进行规律性、综合性解释的结果。
- 案例数量和条件数量之间必须达到良好的平衡。理性的平衡状态没有绝对的数值范围,大多数情况下是通过反复试错得出的。在中等样本(例如10—40个案例)的分析中,通常是选择4—6或4—7个解释条件。
- 针对每个条件形成一个它与结果的明确假设;如果可能,用必要性和/或充分性的陈述形式来提出相关假设。

完成上述四个步骤后,需要开始为每个案例的条件变量和结果变量赋值。在清晰集和多值集定性比较分析中,需要在理论基础上确定好相应的阈值来将案例赋值为"0"或"1"(清晰集定性分析)或者其他值(多值集定性分析);在模糊集定性比较分析中,则是开展非常重要的校准步骤。有学者总结了在清晰集和多值集定性比较分析中进行合理赋值的指导原则。

定性比较分析的"良好实践"(三):合理赋值②
- 调整阈值时始终透明。
- 最好在实质性知识(substantive knowledge)和/或理论的基础上证明阈值设置的合理性。
- 如果这是不可能的,使用技术标准(例如,考虑按照连续集分布案例)。万不得已时,可以使用更多的机械分界点,例如平均值或中值,但是应该考虑到这种案例分布是否有意义。
- 避免人为切割、分割非常相似的案例。

---

① [比利时]伯努瓦·里豪克斯、[美]查尔斯·C. 拉金:《QCA 设计原理与应用:超越定性与定量研究的新方法》,杜运周、李永发等译,机械工业出版社 2017 年版,第 25 页。
② [比利时]伯努瓦·里豪克斯、[美]查尔斯·C. 拉金:《QCA 设计原理与应用:超越定性与定量研究的新方法》,杜运周、李永发等译,机械工业出版社 2017 年版,第 38—39 页。TOSMANA 软件中有一个 thresholdssetter(阈值设置器)为原始数据到定序多值量表的转换提供了辅助和参考,具体参见 Lasse Cronqvist, *Tosmana Version* 1.52 *User Manual*, September 27th, 2016, Accessed by Novermber 29th, 2022。

- 也可以使用更复杂的技术方法，例如聚类技术，但是需要评估聚类在什么程度上产生理论或经验意义。
- 无论使用哪种技术或推理来划分条件，应确保在正确的"方向"上对条件编码，以便它们的存在（比如值[1]），在理论上预期与积极结果相关联（结果值[1]）。

在模糊集定性比较分析中，校准指的是标准化[①]各个变量的隶属值的表达过程，比如 fsQCA 的校准（calibrate）程序使用的三值锚值法除了清晰集包含的 0 和 1 外，还具有 0.5 这一数值，用来表示某一变量既非完全隶属也非完全不隶属研究的集合，也被称为"交叉点"（crossover points），在该点的案例是否属于集合是最模糊的。采用多少值的模糊集由研究者自己决定，比如，一个研究者可以构建一个五值或六值的模糊集，而且在不同水平间不需要采用等距的间隔。尤其值得注意的是，研究者必须使用理论和实质性知识来校准隶属分数，而不是机械地用平均值或中位数作为校准的标准。换句话说，研究者在设置锚点时，需要给出基于理论或实质性知识的理由。以郎友兴和吕鸿强对欧盟 28 国的模糊集定性比较分析为例，作者在说明民粹主义指数的校准标准时，明确指出："民粹主义指数主要反映的是民粹主义政党在国家议会选举中的选票份额……民粹主义政党有 20% 的选票份额就可以视定为高得票率，而 10% 的份额可以作为其高得票率和低得票率的分界点。因此，可以将民粹主义指数的三个定性锚点设定为 0、10 和 20。20 作为高得票率的阈值，接近或超过 20 说明该国存在强民粹主义，0 作为极低得票率的阈值，接近 0 说明该国存在弱民粹主义，10 为最大模糊点。"[②]

完成每个案例相应变量的赋值或校准后，研究者就可以生成原始的数据表。导入相应软件后，就可以对原始数据表进行首次合成，构造出真值表。真值表本质上就是一个组态表。所谓"组态"，就是与给定结果相关的给定条件组合，每个组态可以对应零个、一个或多个案例。以在 QCA 方法讨论中引用较多的关于 18 个欧洲民主国家的生存或衰减的"战争期间项目"[③]为例，表 5-4 呈现了该项目中基于二分数据的真值表。

---

① 标准化隶属值指通过用 0 至 1 区间的任何数字来表达变量的隶属值。
② 郎友兴、吕鸿强：《欧洲民粹主义政党兴起的因果路径——对欧盟 28 国的模糊集定性比较分析》，《社会主义研究》2020 年第 2 期，第 129 页。
③ Dirk Berg-Schlosser, ed., *Conditions of Democracy in Europe, 1919–39: Systematic Case-Studies*, Palgrave Macmillan, 2000; Dirk Berg-Schlosser and Jeremy Mitchell, eds., *Authoritarianism and Democracy in Europe, 1919–39: Comparative Analyses*, Palgrave Macmillan, 2002.

表 5-4　布尔组态的真值表

CASE ID	GNPCAP	URBANIZA	LITERACY	INDLAB	SURVIVAL
SWE, FRA, AUS	1	0	1	1	C
FIN, HUN, POL, EST	0	0	1	0	C
BEL, NET, UK, GER	1	1	1	1	C
CZE	0	1	1	1	1
ITA, ROM, POR, SPA, GRE	0	0	0	0	0
IRE	1	0	1	0	1

资料来源:转引自［比利时］伯努瓦·里豪克斯、［美］查尔斯·C. 拉金:《QCA 设计原理与应用:超越定性与定量研究的新方法》,杜运周、李永发等译,机械工业出版社 2017 年版,第 38—39 页。

理论上,k 个条件就会有 2^k 个不同条件的组合。上表中列出的是在观察案例中存在的五种组合,其余的与观察案例无关的条件组合则被称为"逻辑余项"(logical remainder)。虽然逻辑余项在研究者的观察案例中不存在,但布尔最小化过程(后文将会提及)中需要纳入逻辑余项以得出更简约的最小公式,[1]即更精简的解释路径。从表 5-3 中不难看出,结果变量 SURVIVAL 除了值"1"表示的"民主生存"和值"0"表示的"民主衰减"外,还有"C"表示的矛盾组态,即对应的条件组合在观察案例中,既有结果变量为"0"的,也有结果变量为"1"的。在清晰集和多值集定性比较分析中都会出现矛盾组态的问题,而在进行下一步布尔最小化之前需要(基于理论和实质性知识)增加条件数量或者删除涉及矛盾的案例来解决矛盾组态,通过几次迭代来获得无矛盾的真值表。

在清晰集和多值集定性比较分析获得无矛盾的真值表后,就可以开展布尔最小化。布尔最小化是将一个长且复杂的表达式"约简"成一个更短、更简洁的表达式。在清晰集定性比较分析中的布尔最小化指的是:"如果两个布尔表达式仅在一个条件的取值不同,但产生了相同的结果,那么这个取值不同的条件就是不相关的,即冗余的、可删除的,这样就可以得到更简单的组合表达,即更精简的布尔代数表达式。"[2]比如,在下面的布尔代数式中,有三个条件变量(A、B 和 C)和一个结果变量(Y),A 存在与 B 存在和 C 存在的组合或者 A 存在与 B 存在以及 C 不存在的组合导致结果 Y 的存在:

---

[1] ［比利时］伯努瓦·里豪克斯、［美］查尔斯·C. 拉金:《QCA 设计原理与应用:超越定性与定量研究的新方法》,杜运周、李永发等译,机械工业出版社 2017 年版,第 52—57 页。
[2] Charles C. Ragin, *The Comparative Method: Moving Beyond Qualitative and Quantitative Strategies*, University of California Press, 2014, p. 93. 多值集定性比较分析中的最小化原则是清晰集定性比较分析中最小化规则的一般化,具体参见［比利时］伯努瓦·里豪克斯、［美］查尔斯·C. 拉金:《QCA 设计原理与应用:超越定性与定量研究的新方法》,杜运周、李永发等译,机械工业出版社 2017 年版,第 65—66 页。

$$A * B * C + A * B * c \rightarrow Y^{①}$$

无论条件 C 取哪个值（0 或 1），即存在或不存在，结果 Y 的值都是相同的。这意味着，条件 C 是多余的，它可以从上面的初始布尔代数式中删除，这样就可以生成一个更简化的布尔代数表达式：

$$A * B \rightarrow Y$$

对于清晰集和多值集定性比较分析，获得包含逻辑余项的最小公式之后，最后一步就是要思考和解释最小公式背后蕴含的因果故事，其是否合理，在不同案例之间是否可以比较等。

在使用真值表辅助模糊集分析一致性之前，需要设定模糊集评价的频数阈值以构建真值表。② 需要指出的是，由于真值表分析本质上是充分性分析，在进行模糊集真值表程序分析之前，往往需要检查某个条件变量是否构成结果变量的必要条件，任何通过必要条件检测并且作为必要条件的有意义的条件，都可以从真值表分析程序中剔除；如果必要条件被包括在真值表分析中，它经常会在纳入"逻辑余项"的解中被剔除，即必要条件经常在简约解中被剔除。③

在 QCA 方法中，必要条件和充分条件都是通过对条件变量组合的一致性或吻合度（consistency）来进行测量的。一般要求一致性分数不能低于 0.75，当一致性分数大于或等于 8 时，可以认为条件变量组合是结果变量的必要或充分条件。其中，必要条件与充分条件的一致性计算公式分别为：

$$Consistency(Y_i \leqslant X_i) = \frac{\sum \min(X_i, Y_i)}{\sum Y_i} \tag{5-1}$$

$$Consistency(X_i \leqslant Y_i) = \frac{\sum \min(X_i, Y_i)}{\sum X_i} \tag{5-2}$$

公式 5-1 表示的是集合 Y 作为集合 X 的子集一致性（即必要性子集关系的一致性）是它们的交集占集合 Y 的比例。min(·)指两者中的较小值，当所有的 Y_i 都小于等于 X_i 时，一致性分数为 1；当很多的 Y_i 都显著超过相应的 X_i 时，一致性将远远小于 1。公式 5-2 表示的是集合 X 作为集合 Y 的子集一致性（即充分性子

---

① 布尔代数中的乘号（*）表示逻辑"AND"，加号（+）表示逻辑"OR"，大写字母表示给定二分变量的值为"1"（即存在），小写字母表示给定二分变量的值为"0"（即不存在），箭头符号表示一组条件与结果之间（通常为因果关系）的连接。
② 具体可参见［比利时］伯努瓦·里豪克斯、［美］查尔斯·C. 拉金：《QCA 设计原理与应用：超越定性与定量研究的新方法》，杜运周、李永发等译，机械工业出版社 2017 年版，第 90—95 页。
③ ［比利时］伯努瓦·里豪克斯、［美］查尔斯·C. 拉金：《QCA 设计原理与应用：超越定性与定量研究的新方法》，杜运周、李永发等译，机械工业出版社 2017 年版，第 95—96 页。

集关系的一致性)是它们的交集占集合 X 的比例。当所有的 X_i 都小于等于 Y_i 时,一致性分数为 1;当很多的 X_i 都显著超过相应的 Y_i 时,一致性将远远小于 1。

在使用 fsQCA 进行清晰集和模糊集分析时,分析程序最后会产生三个解:复杂解(即没有包括逻辑余项)、简约解(使用所有逻辑余项但未评估其合理性)、中间解(剔除不合理的逻辑余项,只有根据研究相关理论和实质性知识具有意义的逻辑余项被纳入解并且不允许消除必要条件)。因此,中间解往往优于简约解和复杂解。

在伯努瓦·里豪克斯和查尔斯·拉金编著的《QCA 设计原理与应用:超越定性与定量研究的新方法》一书中,他们最后总结了学界对 QCA 方法的六大批判并进行了相应的回应。这些批评主要围绕数据的二分法、非观察类案例(即逻辑余项)的运用、案例敏感度、条件挑选的难题、因果关系中的"黑匣子"问题以及时间性问题。[1] 在他们看来,最有效力的批评是 QCA 程序本身不包含时间和过程,而其他五种批评有一些可以在技术上得到解决或者是微不足道的,因为它们不是 QCA 方法所特有的缺点。无论哪种 QCA 方法都不能够解决比较分析小样本和中等样本研究设计中的所有困难,但因为能够帮助研究者克服某些障碍,它们是其他方法的有力补充,是诠释性分析的辅助性工具。[2]

本 章 小 结

就像对 QCA 结果的阐释需要研究者跳出由软件推导出的最小公式,运用对案例的实质性知识和理论对变量之间的因果关系以及更确切的相互作用关系和机制进行深入分析一样,任何类型的案例分析在不同的研究开展阶段都尤为依赖案例的知识和已有理论来做出各种取舍和判断,因而在知识和理论上的积累无疑是高质量案例研究的基础和前提。对时空背景情境、细节、过程以及异质性的关注使基于案例的剖析是高质量研究中不可缺少的一环。

---

[1] 针对清晰集、多值集和模糊集定性比较分析技术没有区分条件组合之间的发生顺序的问题,已经有相应的技术尝试解决这个局限性,比如由尼尔·卡伦(Neal Caren)和阿伦·帕诺夫斯基(Aaron Panofsky)两位学者开发的时序定性比较分析(TQCA)等。具体参见 Neal Caren and Aaron Panofsky, "Tqca: A Technique for Adding Temporality to Qualitative Comparative Analysis", *Sociological Methods & Research*, 2005, 34(2), pp. 147-172;释启鹏:《时间中的定性比较分析:TQCA 与 TSQCA 的发展》,《比较政治学研究》2016 年第 1 期,第 40—58 页。

[2] 具体对 QCA 方法的批评和回应,可参见[比利时]伯努瓦·里豪克斯、[美]查尔斯·C. 拉金:《QCA 设计原理与应用:超越定性与定量研究的新方法》,杜运周、李永发等译,机械工业出版社 2017 年版,第 125—140 页。

思考题

1. 阅读相关文献,梳理围绕案例选择是否可以有偏选择被解释变量值(select on dependent variable)的争论,并尝试对该问题给出一个简练的回答。

2. 结合读者自己的研究设计,思考并明确研究中的案例的属性,并详细阐述做出属性判断的原因。

3. 结合读者自己的研究设计,思考并明确研究中使用的案例研究方法,并详细阐述运用该方法的原因以及目的。

4. 现有(案例方法与其他方法相结合的)混合研究方法包括哪些类型?在这些类型中,案例研究方法具体发挥了哪些作用?

5. 不同类型的案例(导向型)研究方法(包括 QCA 方法)中在哪些方面或环节存在"主观性",需要处理吗?如果需要,怎么处理?

延伸阅读

1. [比利时]伯努瓦·里豪克斯、[美]查尔斯·C.拉金:《QCA 设计原理与应用:超越定性与定量研究的新方法》,杜运周、李永发等译,机械工业出版社 2017 年版。

该书是国内第一本系统介绍 QCA 设计原理和应用的方法书。该书介绍了定性比较分析法的认识论基础、关键特征和设想、优势,以及定性比较分析技术的用途等,系统阐述了 QCA 方法在案例和变量选择中的关键标准和程序,包括相似系统与相异系统设计等。该书还分别介绍了清晰集定性比较分析法、多值集定性比较分析法、模糊集定性比较分析法的相关内容以及这些方法在已有研究中应用的实例。

2. [罗]阿德里安·杜萨:《QCA 方法从入门到精通:基于 R 语言》,杜运周等译,机械工业出版社 2021 年版。

该书是通过 R 语言实现定性比较分析的一个全面指南。该书触及了 QCA 方法的所有关键领域,包括集合理论、校准、必要性分析、充分性分析、真值表、逻辑小化、伪-反事实分析等。作者还基于 R 语言创建了 QCA 软件包,书中穿插了大量编程和图形界面操作等指导,对 R 语言初学者也比较友好。

3. [美]查尔斯·C. 拉金:《重新设计社会科学研究》,杜运周等译,机械工业出版社 2019 年版。

该书是拉金在 QCA 方法研究方面的集大成之作,既介绍了 QCA 方法的基本方法和基本原理,也强调了在 QCA 方法实际运用中的关键要点,并且大部分章节结尾有一定的软件操作指导,是学习 QCA 方法的经典入门教材。

4. John Gerring, *Case Study Research: Principles and Practices*, Cambridge University Press, 2007.

该书旨在对案例研究这一方法提供一种总体上的理解,同时也为成功开展案例研究提供必要的工具和技术。第一部分探讨了一些深嵌在"案例研究"这个主题中的复杂问题,提供了案例研究的定义以及该定义的逻辑内涵。其中第二章说明了案例研究在方法论上的强项和弱点。第二部分致力于解决怎样动手打造一个案例研究的实践问题。其中第五章概述了选择案例的多种策略。第六章从内部效度角度论述了案例研究中常用的动态比较、历时比较、空间比较、反事实比较。结尾部分简短讨论了那些解释单个结果而非一组结果的案例研究。该书的中译本《案例研究:原理与实践》已于 2017 年由重庆大学出版社出版。

第六章
比较历史分析

比较历史分析（comparative-historical analysis，CHA）在社会科学中拥有悠久的历史，无论是马克思、托克维尔，还是韦伯等学术巨匠都将其作为最重要的研究方法之一。比较历史分析依靠丰富的史料和精巧的案例比较研究，架起了政治学和历史学之间的桥梁，诸如比较政治学、历史社会学与历史政治学等学科都需要借助比较历史分析方法来进行研究，这也是质性方法中较为重要和成体系的研究方法。比较历史分析通过密尔方法和过程追踪来分析导致结果相同/不同的因素与机制，基于这个特点，它的优势是在中小样本中较好地进行因果解释，但它也无法替代定量方法对大样本进行因果推断。

本章分为四个部分。第一部分介绍比较历史分析的四个主要特征。第二部分从思想渊源出发，介绍了20世纪70年代以来三代比较历史分析的实证分析和方法论的发展与演进。第三部分总结比较历史分析研究设计的基本步骤。第四部分以18世纪西欧的现代化为例，介绍如何具体操作上述基本步骤。

第一节 比较历史分析的主要特征

顾名思义，比较历史分析方法是一门讨论如何对历史案例进行比较研究的方法。在选择研究对象时，"历史"和"比较"意味着还存在时空两个方面的约束：一个是在时间上，研究的是过去已经发生的事件而非当前正在进行的事件；另一个是在空间上，需要存在基于空间维度的比较。① 比较历史研究重镇美国西北大学政治系的官网上对它的定义是：关注因果分析，强调以时间为导向的分析，并使用系统的、基于案例的比较研究。② 由于历史传统和自身研究的特性，它具有如下几方面

---

① 一些学者认为单独时间维度的比较不能算作比较历史分析，参见［德］哈特穆特·凯博：《历史比较研究导论》，赵进中译，北京大学出版社2009年版，第6—7页。
② Northwestern University, Weinberg College of Arts & Sciences, Department of Political Science, "COMPARATIVE HISTORICAL ANALYSIS", https://polisci.northwestern.edu/research/subfield-specialties/comparative-historical-studies.html, accessed April 20, 2022.

的标志性特点。

第一，比较历史分析主要采取宏观以及部分中观的视角，其研究对象也是以国家、社会或次国家行为体为主。因而，一些学者将其等同于宏观历史比较，其中一个代表性的观点来自詹姆斯·马汉尼和凯瑟琳·瑟伦（Kathleen Thelen），他们定义了比较历史分析的三个基本特征：一是在宏观问题导向下试图解释大规模的政治经济结果（国家建设、民主转型、不平等的社会模式、战争与和平等），二是关注基于案例的研究，三是重视以时间为导向的分析和政治过程。[1] 查尔斯·蒂利同样强调在特定的情境下，关注那些宏大的社会问题，对塑造时代的大结构和大进程进行具体的历史比较分析，即所谓的"大结构、大过程、大比较"。[2] 可作为比较历史分析范例的作品都是从结构的角度出发，探索中观和宏观层面的过程，国家、社会运动、阶级、经济、宗教和其他宏观社会学概念一直是比较历史分析的重点。[3] 比较历史分析的研究对象通常是民族国家，但也包括政治运动、次国家行为体、帝国，在少数情况下，甚至包括整个文明和世界体系，许多最有影响力的著作都指出，在系统特征中，结构变量、大规模过程或组织特征通过塑造个体行为体的利益而发挥了至关重要的因果作用。[4] 比较历史研究作品关注的主题非常广泛，但都致力于对大规模和实质性的重要结果提供历史性解释，早期先驱者们使用这一方法，提出了关于现代世界的基本轮廓和演变的问题，对当时欧洲资本主义商业化和工业化的划时代转型提出了亟待解决的问题。[5]

第二，比较历史分析的目标是通过比较历史案例来进行因果解释，具体而言可以分为如下四种类型。第一种类型是尝试提供一种普遍性解释，可以理解为西达·斯考切波所说的"作为理论平行展示的比较历史"，即将理论用于一系列相关历史轨迹时，仍然可以反复展示其有效性，但历史学家往往较为排斥这种普遍性解释。第二种类型是基于历史情境给出特殊性解释，斯考切波称之为"作为情境对比的比较历史"，它通过比较历史来讨论每个案例的独特之处，并分析这些独特之处如何影响社会进程。[6] 第三种类型是通过历史比较来研究特定案例，即在研究案例 A 时，研究者也可以通过与它相似的案例 B 进行比较来检验理论（尽管研究者

---

[1] James Mahoney and Kathleen Thelen, *Advances in Comparative-Historical Analysis*, Cambridge University Press, 2015, pp. 3-5.

[2] Charles Tilly, *Big Structures, Large Processes, Huge Comparisons*, Russell Sage Foundation, 1984, pp. 10-15.

[3] Matthew Lange, *Comparative-Historical Methods*, SAGE, 2013, p. 5.

[4] James Mahoney and Kathleen Thelen, *Advances in Comparative-Historical Analysis*, Cambridge University Press, 2015, pp. 5-7.

[5] James Mahoney and Dietrich Rueschemeyer, eds., *Comparative Historical Analysis in the Social Sciences*, Cambridge University Press, 2003, pp. 4-7.

[6] Theda Skocpol and Margaret Somers, "The Uses of Comparative History in Macrosocial Inquiry" *Comparative Studies in Society and History*, 1980, 22(2), pp. 174-197.

只关心对案例 A 的解释)。例如有观点认为,市民对贵族价值观的接纳导致了 20 世纪初德国出现自由主义危机,但类似情况也出现在英国,却没有发生自由主义危机,就可以证伪上述观点。① 第四种类型则是介于追求普遍性理论和个案解释之间,通过选取特定的背景与情境,比较案例之间的同异之处,对宏观的结构和过程进行因果解释,获得一个带有约束条件的宏观结论。这类演进往往通过较为严格的研究设计,采取求同法和求异法中的一种或两种的组合进行比较历史分析,解释不同社会的演进方式、制度变迁背后的动力,并且随着科学方法的发展,开始成为比较历史研究中的主流趋势。

第三,在方法论层面,比较历史研究主要采取少案例比较或定性比较分析。由于研究方法的选择很大程度上受到样本量的约束,而比较历史分析基于宏观视野,以国家或次国家行为体作为分析对象,尤其是在早期现代世界的分析中,样本数量往往只有数个或数十个,因而经常无法使用回归分析等以大样本为基础的定量方法。以中小样本为基础的研究主要依靠布尔逻辑来进行因果推断,布尔逻辑在方法上根据样本量的差异采用两种不同的方法。② 在少案例研究中(约 2—10 个案例),最为常用和根本的方法是求异法。③ 求异法的核心思想是通过控制最大相似性来进行案例研究,即寻找那些只有极少数差异的案例,并且认为这些差异就是导致结果不同的原因。在具体案例设计过程中,求异法时常与求同法的共同使用,最为典型的模型是使用 2×2 表格来构建一个双变量模型,即自变量 X_1 和 X_2 分别为因变量 Y 的必要条件,而两者同时存在时则成为 Y 的充分条件。在中等样本研究中(约 11—30 个案例),通常采取定性比较分析来进行研究,因为中等样本已经很难通过类型学观察来发现充分或必要条件,而是需要通过软件来计算哪些因素的组合可以成为布尔代数意义上的充分或必要条件。④

第四,在认识层面,比较历史分析强调时间性特征和因果机制,并通过过程追踪来增加理论的内部效度。有些研究者也会诟病比较历史分析的样本量过小,并认为试图从小样本中获得一个普遍性的理论本身是错误的。为了弥补上述问题,比较历史研究更加重视内部效度的获取,即通过因果叙事和过程追踪来增加理论的解释力,这些叙事中往往涉及如下关键概念。首先,比较历史分析对于时间性的重视源于时序在因果解释中的重要作用,注重梳理出时间维度上的差异所导致的

---

① [德]哈特穆特·凯博:《历史比较研究导论》,赵进中译,北京大学出版社 2009 年版,第 29—30 页。
② 叶成城:《社会科学中的因果解释:逻辑、样本与方法的权衡》,《国外社会科学前沿》2021 年第 6 期,第 18—30 页。
③ [瑞士]丹尼尔·卡拉曼尼:《基于布尔代数的比较法导论》,蒋勤译,格致出版社 2012 年版,第 13 页。
④ 关于 QCA 具体的思想和操作参见:Charles Ragin, *Fuzzy-Set Social Science*, University of Chicago Press, 2000; Charles Ragin, *Redesigning Social Inquiry: Fuzzy Sets and Beyond*, University of Chicago Press, 2008.

结果上的差异。① 一方面,事件发生在不同的时机之下,有可能会导致截然不同的结果,例如在存在/不存在严重的财政危机时,国家面临反对派的挑战,其结果就可能完全不同;另一方面,即便其他因素相近,当历史事件发生的先后顺序存在差异时,国家发展的轨迹可能会截然不同。其次,在时机和时序导致的结果是制度时,比较历史分析会涉及经典的路径依赖模式:因果过程对发生在整个历史序列的早期阶段的事件高度敏感,偶然发生的早期历史事件会对作为结果的制度产生惯性,并一直延续下去,诱导政治社会向特定方向发展,最终产生不可逆转的结果。② 最后,比较历史分析重视对关键节点的分析。关键节点指的是在较短时间内对未来产生深远影响变化的特定时刻。③ 乔瓦尼·卡波奇(Giovanni Capoccia)等人给出了两个衡量关键节点的指标,分别是"概率跳跃"(probability jump)和"时间杠杆"(temporal leverage):前者指的是关键时刻结束时的结果概率相对于关键时刻之前的最低点的概率越大,则该时刻越为"关键";后者衡量的是关键节点所产生影响的持续时间相对于其本身的持续时间,这一指标的值越高,该时刻就越为"关键"。④ 有学者进一步提出衡量关键节点的四个标准:需要重视比较思维,能对关键节点上行为体的能动性进行分析并包含必要的反事实思考,要更重视路径依赖在叙事上的权重,避免以事件描述代替过程追踪。⑤

第二节 比较历史分析的发展历程

比较历史分析的发展历程实际上包括两个部分:一是那些使用比较历史分析方法的研究著作;二是研究方法本身的不断改进。不过,两者的时间总体上仍然是重合的,如表 6-1 所示,根据议题和方法的特征分为三代。

---

① Paul Pierson, *Politics in Time: History, Institutions, and Social Analysis*, Princeton University Press, 2004;郝诗楠、唐世平:《社会科学研究中的时间:时序和时机》,《经济社会体制比较》2014 年第 2 期,第 194—205 页。
② James Mahoney, "Path Dependence in Historical Sociology", *Theory and Society*, 2000, 29(4), pp. 507-548.
③ John Hogan, "Remoulding the Critical Junctures Approach", *Canadian Journal of Political Science*, 2006, 39(3), pp. 657-679; Peter Bearman, Robert Faris and James Moody, "Blocking the Future: New Solutions for Old Problems in Historical Social Science", *Social Science History*, 1999, 23(4), pp. 507-508.
④ Giovanni Capoccia and R. Daniel Kelemen, "The Study of Critical Junctures: Theory, Narrative, and Counterfactuals in Historical Institutionalism", *World Politics*, 2007, 59(3), pp. 341-369.
⑤ 曹航、马天航:《"关键节点"在社会科学中的应用——历史常识还是理论创新?》,《经济社会体制比较》2021 年第 3 期,第 180—191 页。

表 6-1 比较历史分析的实证研究与方法论的演进

年代	实证研究		方法论	
	代表人物	主要特色	代表人物	主要特色
思想渊源 18—20世纪	马克思、恩格斯、韦伯、托克维尔	宏大议题、开创性范式	韦伯、密尔	社科方法奠基
第一代 1970—1990年	摩尔、斯考切波、蒂利、诺斯	大议题、长时段、普遍性解释	普沃斯基、利普哈特等	引入密尔方法
第二代 1990—2005年	加州学派、埃特曼、法莱蒂、唐宁等	较大议题、中短时段比较、历史制度主义解释	皮尔逊、马汉尼、加里·金等	两种文化之争 重视时间性
第三代 2005年至今	斯雷特、卡波奇、齐布拉特、比宾斯基等	中层理论、中短时段比较、重视因果机制	马汉尼、格林、利伯曼、比奇等	混合方法 重视因果机制 发展方法细节

比较历史分析理论可以追溯到早期政治思想家对于不同国家/社会产生差异的思考。自启蒙时代开始，这些思想家们就开始运用比较历史分析来对当时的政治社会现象进行因果解释，早期的著作并不严格区分政治科学和政治哲学的界线，通常偏向大理论并提出了许多后世广为流传的观点/范式。孟德斯鸠通过考察气候的差别来分析各国习俗和法律之间的差异。托克维尔比较了新大陆和旧欧洲之间的制度和道德观，认为美国平等的价值观和欧洲的贵族主义形成了鲜明对比，这种价值观促进了美国资本主义的发展。① 马克斯·韦伯通过比较基督教和基督教世界的现代化历程的差异，认为新教伦理对于早期欧洲的发展具有重要促进作用。② 马克思的《路易·波拿巴的雾月十八日》中已经隐含比较历史分析的传统，③马克思通过法国与英德政治或明或暗的对照，展示了阶级政治与国家自主性两条线索之间的张力。④《德国的革命与反革命》同样是一篇经典的比较历史分析论著，恩格斯比较了法国革命、普鲁士革命和奥地利革命，通过比较历史分析阐明了历史唯物主义的观点，分析了革命失败的原因。⑤ 而在方法层面，早期的思想家们也开始思考社会科学研究的基本方法。韦伯提出了著名的理想类型（ideal type），认为需要区分社会科学和自然科学的差异，将研究问题的一部分特征加以抽象综合，而历史研究则是通过个案来区分它与理想类型的差异大小。⑥ 密尔的

---

① ［法］孟德斯鸠：《论法的精神》，张雁深译，商务印书馆2005年版；［法］托克维尔：《论美国的民主》，董果良译，商务印书馆2004年版。
② ［德］马克斯·韦伯：《新教伦理与资本主义精神》，康乐、简惠美译，广西师范大学出版社2010年版。
③ 《马克思恩格斯选集》（第一卷），人民出版社2012年版，第663—774页。
④ 应星：《经典社会理论与比较历史分析——一个批判性的考察》，《社会学研究》2021年第2期，第49页。
⑤ 《马克思恩格斯选集》（第一卷），人民出版社2012年版，第565—662页。
⑥ ［德］马克斯·韦伯：《社会科学方法论》，韩水法、莫茜译，商务印书馆2013年版，第45—60页。

《逻辑体系》则给出了著名的"密尔五法",分别是求异法、求同法、求同求异法、共变法和求余法,为此后的案例比较研究方法奠定基础。①

比较历史研究真正成为受关注的一个研究领域则是从 1970 年前后开始,出现了第一代从宏观结构视角来比较各类国家社会发展的著作。巴林顿·摩尔继承和发展了马克思主义的阶级分析法,并将其用于比较历史分析中。② 摩尔从地主、农民以及资产阶级的关系出发,基于农业商品化的视角提出了他的现代化理论,并以此为基础比较分析了英国、法国、美国、德国、日本和中国等国走向不同现代化模式的原因。③ 斯考切波从政府崩溃和农民反抗这两个视角出发,比较了法国、俄国、中国、普鲁士、英国等国社会革命发生/不发生的原因,并分析中、法、俄三国社会革命的后果。④ 查尔斯·蒂利借助强制和资本两个视角进行长时段分析,讨论和比较了近千年来战争如何在不同程度上影响欧洲国家建设,并给出了"国家制造战争,战争制造国家"(war makes states and states make war)的著名论断。⑤ 道格拉斯·诺斯(Douglass North)等人通过比较英国、法国、西班牙和荷兰四个国家的现代化历程,发现具有产权保护制度的国家经济增长前景更优。⑥ 此外,诺斯等人在比较英法两国的财政制度时,还发现宪政带来的可预期的财政制度使得英国能够比法国以更低的利率来借贷,从而最终能在九年战争中击败法国。⑦

在方法论层面,不少学者在密尔方法的基础上,提出了最大相似性原则和最大差异原则。最大差异原则就是选取只有一个条件相同而其他条件完全不同的案例,从而认为导致结果相同的相似性即为原因;最相似系统设计的原则,即最大相似性原则,指的是在其他条件一致时,认为导致结果不同的差异即为原因,而所谓

---

① John Mill, *System of Logic: Ratiocinative and Inductive, Being a Connected View of the Principles of Evidence and the Methods of Scientific Investigation*, Harper & Brothers Publishers, 1898, pp. 478-537.
② 关于马克思主义方法论和阶级分析法的详细介绍可以参考本书的第一章。
③ [美]巴林顿·摩尔:《民主与专制的社会起源:现代世界形成过程中的地主和农民》,王茁、顾洁译,上海译文出版社 2013 年版。
④ [美]西达·斯考切波:《国家与社会革命——对法国、俄国和中国的比较分析》,何俊志、王学东译,上海人民出版社 2015 年版。
⑤ Charles Tilly, "Reflections on the History of European State-Making", in Charles Tilly, ed., *The Formation of National States in Western Europe*, Princeton University Press, 1975, pp. 73-74; Charles Tilly, *Coercion, Capital, and European States, AD 990-1992*, Basil Blackwell, 1992, pp. 14-15.
⑥ Douglass North and Robert Thomas, *The Rise of the Western World: A New Economic History*, Cambridge University Press, 1973.
⑦ Douglass North and Barry Weingast, "Constitutions and Commitment: The Evolution of Institutions Governing Public Choice in Seventeenth-Century England", *The Journal of Economic History*, 1989, 49(40), pp. 803-832.

的"系统"大体上指的是国家。① 总体而言,这一时期已经对研究方法进行初步的讨论,但是仍然没有涉及更为深层次的内容,例如时空情境的一致性、概念的可比性等。因此,虽然产生了诸多经典的比较历史分析著作,但相当一部分作品(诺斯的作品可能是个例外)的时间跨度过长、时空情境差异较大,后来的方法论改进几乎都是建立在对这一时期的反思之上。②

第二代理论则是在1990年前后到2005年左右,这一时期出现了大量带有历史制度主义特色的著作。首先,这一时期出现了许多基于类型学的比较历史研究著作。布莱恩·唐宁(Brian Downing)用战争和动员程度两个变量分析了普鲁士和法国为何产生了不同于其他欧洲国家的军事-官僚绝对主义;杰克·戈德斯通从人口结构变化的视角比较了早期现代世界的崩溃。③ 其次,这一时期出现了许多历史制度主义路径的分析,强调时序对于国家发展的重要性。托马斯·埃特曼(Thomas Ertman)认为高强度国际竞争和较强的基础性能力的出现顺序差异影响到了此后国家的制度安排;④图利亚·法莱蒂(Tulia Falleti)在考察拉美国家制度变迁时发现,拉美国家对于政治、财政和行政权力进行分权也会导致最终政府组织形式的差异。⑤ 最后,以彭慕兰(Kenneth Pomeranz)等人为代表的加州学派探讨著名的东西方"大分流"问题,即中国和欧洲在18世纪之后为何出现巨大的发展差异。⑥ 尽管关于"大分流"的研究在方法上存在一定缺陷,但是这一问题仍然是比较历史分析的重要议题。⑦

在方法论层面,这一时期的比较历史分析在方法上进一步强调时间性。保罗·皮尔逊(Paul Pierson)系统性地强调了时间性在案例研究中的重要性,在其著

---

① Arend Lijphart, "Comparative Politics and the Comparative Method", *American Political Science Review*, 1971, 65(3), pp. 682-693; Theodore W. Meckstroth, "'Most Different Systems' and 'Most Similar Systems': A Study in the Logic of Comparative Inquiry", *Comparative Political Studies*, 1975, 8(2), pp. 132-157; Adam Przeworski and Henry Teune, *The Logic of Comparative Social Inquiry*, Wiley-Interscience, 1970, pp. 31-35.

② 尤其是对斯考切波等人的案例选择方法存在诸多争议,例如 Barbara Geddes, "How the Cases You Choose Affect the Answers You Get: Selection Bias in Comparative Politics", *Political Analysis*, 1990, 2, pp. 131-150; James Mahoney and Gary Goertz, "The Possibility Principle: Choosing Negative Cases in Comparative Research", *American Political Science Review*, 2004, 98(4), pp. 657-662.

③ [美]布莱恩·唐宁:《军事革命与政治变革:近代早期欧洲的民主与专制之起源》,赵信敏译,复旦大学出版社2015年版;[美]杰克·戈德斯通:《早期现代世界的革命与反抗》,章延杰、黄立志、章璇译,上海人民出版社2013年版。

④ Thomas Ertman, *Birth of the Leviathan: Building States and Regimes in Medieval and Early Modern Europe*, Cambridge University Press, 1997.

⑤ Tulia G. Falleti, "A Sequential Theory of Decentralization: Latin American Cases in Comparative Perspective", *The American Political Science Review*, 2005, 90(3), pp. 327-346.

⑥ [美]彭慕兰:《大分流:欧洲、中国及现代化世界经济的发展》,史建云译,江苏人民出版社2010年版。

⑦ 对大分流问题的讨论和批评,参见赵鼎新:《加州学派与工业资本主义的兴起》,《学术月刊》,2014年第7期,第157—169页。

作《时间中的政治》一书中,皮尔逊阐述了社会科学的发展是一种从简单的"快照"(snapshot)逐渐转向"影像"(moving picture)的过程。① 与此同时,在同定量学派的辩论中,比较历史研究逐渐明晰了自身的定位。在加里·金等人的方法论著作《社会科学中的研究设计》②出版之后,许多质性研究学者参与到了对其著作的批评,从而在著名的"两种文化之争"中阐明了比较历史分析等质性方法相对定量分析的独特作用,并且其操作的规则和定量方法存在一定的差异。③ 马汉尼等人编写了《社会科学中的比较历史分析》一书,从比较历史分析具体研究的知识积累、分析工具和方法议题等视角,系统性地介绍当时比较历史分析的主要成果和观点。④ 第二代理论的议题仍然偏于宏观,但由于更多采用历史制度主义等方式来进行比较,开始逐渐倾向于中长时段的分析,出现部分中层理论,这与其重视时间性是分不开的。

第三代理论是从 2005 年开始至今,研究更为专业化和偏向中层理论,发展出更多的方法细节,并将其用于比较案例研究。丹尼尔·齐布拉特比较分析了 19 世纪后期欧洲各国的国家建设,发现只有兼具强基础性能力和强联邦主义意识的国家最终建立了联邦制,没有兼备两者则会成为单一制国家。⑤ 丹·斯雷特(Dan Slater)从抗争政治的视角比较分析了东南亚国家不同的基础性能力,认为在国家形成之初,那些经历激烈斗争的国家会塑造对精英的集体行动能力以强化统治,从而带来强国家的支配型发展道路,反之则会走弱国家的发展道路。⑥ 乔瓦尼·卡波奇比较分析了两次世界大战期间遇到极端主义挑战的欧洲民主国家的不同命运,一些能够团结边缘政党的国家得以"捍卫民主",反之则经历了民主崩溃。⑦ 托马斯·比宾斯基(Thomas Pepinsky)比较了 1997 年亚洲金融危机前后的东南亚国家,认为政治联盟和应对危机时候经济政策的差异,导致了印度尼西亚和马来西亚

---

① Paul Pierson, *Politics in Time: History, Institutions, and Social Analysis*, Princeton University Press, 2004.
② Gary King, Robert O. Keohane and Sidney Verba, *Designing Social Inquiry: Scientific Inference in Qualitative Research*, Princeton University Press, 1994.
③ 这部分争论内容参见 Henry E. Brady and David Collier, eds., *Rethinking Social Inquiry: Diverse Tools, Shared Standards*, Rowman & Littlefield Publishers, 2010; Gary Goertz and James Mahoney, *A Tale of Two Cultures: Qualitative and Quantitative Research in the Social Sciences*, Princeton University Press, 2012。
④ James Mahoney and Dietrich Rueschemeyer, eds., *Comparative Historical Analysis in the Social Sciences*, Cambridge University Press, 2003.
⑤ Daniel Ziblatt, *Structuring the State: The Formation of Italy and Germany and the Puzzle of Federalism*, Princeton University Press, 2006.
⑥ Dan Slater, *Ordering Power: Contentious Politics and Authoritarian Leviathans in Southeast Asia*, Cambridge University Press, 2010.
⑦ Giovanni Capoccia, *Defending Democracy: Reactions to Extremism in Interwar Europe*, Johns Hopkins Univeristy Press, 2005.

政权的不同命运。①

在方法论层面，2005年之后的方法研究更为精细化，并且逐渐增加对因果机制的重视。马汉尼和凯瑟琳·瑟伦主编的《比较历史分析方法的进展》收录了大部分比较历史研究方法的代表性人物，这本文集也成为比较历史分析方法复兴的重要标志。② 第二代理论开始延伸到对比较分析的具体问题而非原则性问题的讨论，从而出现了处理具体问题的方法论细节，并给出一些操作细节。埃文·利伯曼（Evan Lieberman）提出了嵌套分析（nested analysis）的方法，介绍了两种不同情况下如何综合运用定性和定量分析。③ 在少案例研究中，约翰·格林根据案例的特征和作用将其总结为九种类型，包括典型案例、极端案例、影响性案例、异常案例、路径案例、关键案例等，并给出了更接近于准实验状态的"动态比较"的策略；斯雷特和齐勃拉特提出了控制比较（controlled comparison）的理念，西德尼·塔罗（Sidney Tarrow）提出了配对比较（paired comparison）的策略，介绍了如何增强小样本研究的内部和外部效度。④ 在关于时间性的讨论中，斯雷特等人进一步探讨了关键先期条件的类型，并给出了具体的处理建议；安娜·格齐马拉-布瑟（Anna Grzymala-Busse）在"皮尔逊时间"基础上进一步丰富了时间性在比较历史分析中的运用，阐述了"节奏"这一时间概念在案例研究中的意义。⑤ 总体而言，第三代理论在方法和研究设计上都更为精致，往往注重控制时空情境，因而以中短时段比较为主，产生了许多重要的中层理论，并且无论在实证还是方法论层面都更加重视过程追踪和因果机制，并发展出了相应的操作流程。⑥ 这些都是比较历史分析研究逐渐趋于成熟的表现。

比较历史研究在西方复兴的同时，国内也出现了大量关于比较历史分析的文

---

① Thomas Pepinsky, *Economic Crises and the Breakdown of Authoritarian Regimes: Indonesia and Malaysia in Comparative Perspective*, Cambridge University Press, 2009.
② James Mahoney and Kathleen Thelen, *Advances in Comparative-Historical Analysis*, Cambridge University Press, 2015.
③ Evan Lieberman, "Nested Analysis as a Mixed-Method Strategy for Comparative Research", *American Political Science Review*, 2005, 99(3), pp. 435-452.
④ John Gerring, *Case Study Research: Principles and Practices*, Cambridge University Press, 2007; Dan Slater and Daniel Ziblatt, "The Enduring Indispensability of the Controlled Comparison", *Comparative Political Studies*, 2013, 46(10), pp. 1301-1327; Sidney Tarrow, "The Strategy of Paired Comparison: Toward a Theory of Practice", *Comparative Political Studies*, 2010, 43(2), pp. 230-259.
⑤ Dan Slater and Erica Simmons, "Informative Regress: Critical Antecedents in Comparative Politics", *Comparative Political Studies*, 2010, 43(7), pp. 889-891; Anna Grzymala-Busse, "Time Will Tell? Temporality and the Analysis of Causal Mechanisms and Processes", *Comparative Political Studies*, 2011, 44(9), pp. 1267-1297.
⑥ David Collier, "Understanding Process Tracing", *PS: Political Science & Politics*, 2011, 44(4), pp. 823-830; James Mahoney, "The Logic of Process Tracing Tests in the Social Sciences", *Sociological Methods & Research*, 2012, 41(4), pp. 574-583; Derek Beach and Rasmus Brun Pedersen, *Process-Tracing Methods: Foundations and Guidelines*, University of Michigan Press, 2013.

章,这些文章总体上可以分为三类。第一类是介绍西方比较历史分析的文章,介绍比较历史分析的基本方法、脉络和基本议题,以及国内外研究的部分趋势。① 第二类是运用比较历史分析方法来对特定问题进行研究的论文,尽管国内较少有学者将自己的研究定义为比较历史分析,但这些研究的议题和方法都展现了比较历史研究的特征。例如,张宇燕、高程等学者对早期西方国家现代化的比较分析②,孙砚菲对前现代帝国的宗教政策的比较分析③,包刚升对于民主国家崩溃原因的比较分析④,唐睿等对东亚和东欧国家的政治转型的比较研究⑤,陈玮等对东亚发展型国家的兴衰比较⑥,等等。第三类则是在国内外的方法论研究基础上,试图在方法层面提出一些新的观点、见解与具体操作规则。左才探讨了政治科学实证方法的权衡观及其存在的主要争论、共识和发展。⑦ 郝诗楠等进一步发展了"皮尔逊时间"在比较历史分析中的应用,费海汀提出了从"人"的角度出发的时间思维,曹航等提出了比较历史分析中关键节点的具体测量标准。⑧ 叶成城等提出了时空和案例选择的必要性,以及如何基于因果机制来进行研究设计的具体步骤。⑨

---

① 花勇:《比较历史分析的学术演进和经典议题——因果关系的过程分析》,《国外社会科学》2017 年第 4 期,第 136—144 页;释启鹏:《方法论视野下的比较历史分析:应用逻辑与国内进展》,《武汉理工大学学报(社会科学版)》2018 年第 5 期,第 84—89 页;费海汀:《政治科学中的历史方法:以比较历史分析为例》,《北大政治学评论》2019 年第 2 期,第 223—248 页;黄杰:《当政治遇上历史:比较历史分析方法(CHA)介绍》,《政治学研究》2020 年第 1 期,第 112—123 页。
② 张宇燕、高程:《美洲金银和西方世界的兴起》,中信出版社 2016 年版;高程:《非中性产权制度与大国兴衰》,社会科学文献出版社 2013 年版;叶成城、唐世平:《第一波现代化:一个"因素+机制"的新解释》,《开放时代》2015 年第 1 期,第 119—137 页;叶成城:《第一波半现代化之"帝国的胎动"——18 世纪普鲁士和奥地利的崛起之路》,《世界经济与政治》2017 年第 5 期,第 126—154 页。
③ 孙砚菲:《零和扩张思维与前现代帝国的宗教政策——一个以政教关系为中心的分析框架》,《社会学研究》2019 年第 2 期,第 96—122 页。
④ 包刚升:《民主崩溃的政治学》,商务印书馆 2014 年版。
⑤ 唐睿:《体制性吸纳与东亚国家政治转型——韩国、新加坡和菲律宾的比较分析》,中央编译出版社 2014 年版;唐睿、唐世平:《历史遗产与原苏东国家的民主转型——基于 26 个国家的模糊集与多值 QCA 的双重检测》,《世界经济与政治》2013 年第 2 期,第 39—57 页。
⑥ 陈玮、耿曙:《发展型国家的兴与衰:国家能力、产业政策与发展阶段》,《经济社会体制比较》2017 年第 2 期,第 1—13 页。
⑦ 左才:《政治学研究方法的权衡与发展》,复旦大学出版社 2017 年版。
⑧ 郝诗楠、唐世平:《社会科学研究中的时间:时序和时机》,《经济社会体制比较》2014 年第 2 期,第 194—205 页;费海汀:《政治科学中的历史方法:以比较历史分析为例》,《北大政治学评论》2019 年第 2 期,第 223—248 页;曹航、马天航:《"关键节点"在社会科学中的应用——历史常识还是理论创新?》,《经济社会体制比较》2021 年第 3 期,第 180—191 页。
⑨ 叶成城、黄振乾、唐世平:《社会科学中的时空和案例选择》,《经济社会体制比较》2018 年第 3 期,第 145—155 页;叶成城、唐世平:《基于因果机制的案例选择方法》,《世界经济与政治》2019 年第 10 期,第 22—47 页。

第三节　比较历史分析的研究设计

在讨论了比较历史分析的主要概念、特征及其发展历程之后，要更好地理解这种方法在社会科学中的应用，就需要进一步总结和思考其主要研究设计步骤。需要指出的是，许多比较历史分析著作中也时常会使用混合方法，本章主要讨论基于案例研究的比较历史分析的基本步骤。

一、选择因变量(Y)

对于因变量的选择可以分为两个方面，分别是对议题的选择和对案例的选择。

其一，研究者需要选择一个有意义的比较历史分析的研究议题，否则要么研究设计与这一领域相关度较弱，要么研究问题并不重要。这类议题通常无法脱离"国家的兴衰"与"战争与和平"这两个宏大的目标："国家的兴衰"的议题可以细分为国家形成、国家建设、国家/社会的崩溃、民主化与政体转型、现代化与发展模式、福利与社会治理、公民社会与利益集团等；"战争与和平"的议题则包括战争与联盟、社会运动与革命、内战与族群冲突、国际制度与国际合作等。[1]

其二，对于因变量的选取需要明确研究对象的时空范围，因为仅仅确定研究议题（如西欧现代化）是不够的，还需要确立研究的时空边界与情境（如比较分析1700—1789年法国与西班牙的现代化）。这就涉及比较历史分析的案例选择方法，可以总结为三个原则。第一，无偏性原则。比较历史分析尤其需要避免只选择正面结果的做法，芭芭拉·格迪斯（Barbara Geddes）曾经批评了这类基于正面结果的截断，认为这种做法会造成错误的因果推断。[2] 比较历史分析需要进行正负面案例对比，这意味着不能仅仅选择历史上发生的大事件（例如法国大革命），那些正面结果没有出现的案例同样重要（例如为何西班牙没有发生革命）。第二，情境一致性原则。比较历史分析只有在具体的时空情境之下去思考历史事件发生的时间、地点、机制才有意义，才能够捕捉不同历史结果背后的规律和原理。因为即便是相同的机制，在不同时空情境下，其含义和结果也可能是截然不同的。[3] 前文已

---

[1] 参见黄杰：《当政治遇上历史：比较历史分析方法（CHA）介绍》，《政治学研究》2020年第1期；曹航、马天航：《"关键节点"在社会科学中的应用——历史常识还是理论创新？》，《经济社会体制比较》2021年第3期。

[2] Barbara Geddes, "How the Cases You Choose Affect the Answers You Get: Selection Bias in Comparative Politics", *Political Analysis*, 1990, 2, pp. 131-150.

[3] Tulia G. Falleti and Julia F. Lynch, "Context and Causal Mechanisms in Political Analysis", *Comparative Political Studies*, 2009, 42(9), pp. 1143-1166.

经提到,求异法是比较历史分析中最为基础的方法,求异法成立的前提是严格的准实验状态,否则就可能因为无法消除竞争性解释而降低理论的可信度。① 历史情境迥异会大幅削弱因果解释的可信度,因此最为简单有效的做法是,选取相同时空的案例进行比较历史分析,从而保障求异法的"最大相似性"前提,并在写作的文章开篇即声明案例选择的时间和空间。② 第三,可能性原则。比较历史分析中的负面案例选择更加考验对历史的理解,因为剧烈的政治社会变化是容易观察到的。马汉尼用"可能性原则"阐述了要避免选择那些结果完全没有可能出现的案例,例如在前文提及的双变量模型中,X_1 和 X_2 同时为 0 的案例,在这种情况下 Y 几乎不可能为 1。③ 在比较历史分析中,需要选择那些非常接近成功却最终失败的"半负面案例",例如:在研究国家发展时,应当选取那些一度发展较好却陷入"中等收入陷阱"的国家,而非那些前现代国家;在研究社会革命时,应当选取那些暗流涌动或者临近动乱的国家,而非完全风平浪静的国家。

二、选取自变量(X)并构建理论

选择解释变量并没有过多的操作规则,主要通过以下几种思路。

一是来自过去的文献(包含前人对研究问题的解释),或者是其他情境类似问题的研究。比较历史分析的理论构建往往需要考虑部分结构性因素,例如阶级、经济发展、精英联盟、基础性能力等,这些因素可以考虑作为自变量之一或者竞争性解释而存在。

二是依靠对于情境的理解,即历史事件发生的大背景。例如在比较早期西欧国家现代化时,就需要考虑是否参与到大西洋贸易这一要素,因为这是大航海时代最重要的特征。④

三是对史料的理解,这点尤为重要。研究者需要在不同历史事件中察觉其中的差异或共性,分析其中具有代表性的类型变化,提炼出具有理论价值而非单纯经验过程的解释变量。需要澄清的是,对于比较历史分析依赖二手资料的批评是值得商榷的,这是其不同于历史研究的重要特征,也是学科分工的表现。过度强调第

---

① Alexander George and Andrew Bennett, *Case Studies and Theory Development in the Social Sciences*, MIT Press, 2005, p.165.
② 更为详尽的讨论参见叶成城、黄振乾、唐世平:《社会科学中的时空和案例选择》,《经济社会体制比较》2018 年第 3 期。
③ James Mahoney and Gary Goertz, "The Possibility Principle: Choosing Negative Cases in Comparative Research", *American Political Science Review*, 2004, 98(4), pp.653-669.
④ 张宇燕、高程:《美洲金银和西方世界的兴起》,《社会科学战线》2004 年第 1 期,第 42—69 页;Daron Acemoglu, Simon Johnson and James A. Robinson, "The Rise of Europe: Atlantic Trade, Institutional Change, and Economic Growth", *The American Economic Review*, 2005, 95(3), pp.546-579。

一手材料会迫使我们缩小自己的视野,导致我们变得只见树木而不见森林,社科学者很难同时擅长多国历史和语言,这就使我们失去了在一个更大的宏观比较视野下总结历史规律的机会。[1]

在确定自变量之后,就需要构建大致的理论框架。完整的理论包括两个方面:哪些因素组合对结果产生影响,以及这些因素组合通过何种机制影响结果(例如画出带箭头的机制图)。实证分析部分则分别围绕外部效度和内部效度展开。基于因素的讨论更加偏向因果推断,通过讨论原因的影响获得外部效度;基于机制的讨论更偏向因果解释,通过讨论结果的原因获得内部效度。[2] 因此,对理论的实证研究和假设检验也围绕上述两部分展开。

三、外部效度与基于因素的假设检验

在确定了基本的理论假设之后,比较历史分析需要在因素层面实现外部效度,即布尔代数层面的理论自洽。讨论原因的影响并非定量研究独有,比较历史分析同样需要以此来构建理论,并主要通过布尔逻辑或类型学方法(可以看作少变量情况下布尔代数的特殊情况)来展现因素或因素组合同因变量之间的关系。

比较历史分析通常的做法是根据变量或者案例来进行分类。前者采用2—3个自变量X_i来解释多个Y,即设定一个2×2或者$2\times2\times2$表,通常在2—3个自变量时可以清晰表达出变量之间的交互作用,但缺点是在更多变量时处理起来会过于复杂,例如托马斯·埃特曼的《利维坦的诞生:中世纪及现代欧洲早期的国家与政权建设》就是采取这种分类方法。而根据案例来进行分类则是用多个变量来描述案例的属性,优点是在变量较多而案例较少时更为直观,缺点是无法直观体现变量之间的交互作用。以一个三变量模型为例,假设X_0、X_1和X_2同时为"1"是$Y=1$的充分条件,而$X_0=1$是$Y>0$的必要条件。

表6-2采用基于变量的类型学区分,可以相对直观地看出上述类型的布尔代数解。同时可以发现X_0更像一个情境变量,$X_0=0$的案例可以视作不可能案例,从而可以将部分类型进行合并。[3] 相比之下,表6-3则可以直观地描述案例特征,如果案例需要更多描述而非简单的类型学定义,这种方法则更具优势,例如斯雷特的《调动权力》和斯考切波的《国家与社会革命》就采取这种分类方法。

---

[1] 参见赵鼎新:《什么是历史社会学?》,《中国政治学》2019年第2期。
[2] James Mahoney, "After KKV: The New Methodology of Qualitative Research", *World Politics*, 2010, 62(1), pp. 120-147.
[3] 关于如何合并类型参见 Colin Elman, "Explanatory Typologies in Qualitative Studies of International Politics", *International Organization*, 2005, 59(2)。

表 6-2 基于变量的类型学区分

变量	$X_0 = 1$		$X_0 = 0$	
	$X_1 = 1$	$X_1 = 0$	$X_1 = 1$	$X_1 = 0$
$X_2 = 1$	$Y = 1$（案例1）	$Y = 0.5$（案例2）	$Y = 0$（案例5和案例6）	
$X_2 = 0$	$Y = 0.5$（案例3）	$Y = 0$（案例4）		

表 6-3 基于案例的类型学区分

案例	X_0	X_1	X_2	Y
案例1	1	1	1	1
案例2	1	0	1	0.5
案例3	1	1	0	0.5
案例4	1	0	0	0
案例5	0	1	1	0
案例6	0	1	0	0

无论使用何种方法，只有不断假设检验和理论修正，而且所选择的多数案例都可以在类型学上符合理论预期（如果存在异常案例也能够被合理解释），才算总体完成因素层面的比较历史分析。在少案例研究中，需要尽可能地让案例形成不同的类型，例如尽可能"均匀"地分布到表格的不同单元，因为类型的差异是运用密尔方法的前提，否则就只能使用反事实分析等方法来获得类型的变化。

四、内部效度与基于机制的假设检验

比较历史分析中的因素分析属于建立在小样本之上的相关性研究。不同于大样本的定量分析，小样本相关性分析的外部效度是不够的，故而需要通过过程追踪和检验机制等方式来获取内部效度，增强理论的可信度。检验机制更为复杂且更体现出质性研究的特色，它主要包括两个方面。

其一是在外部效度的基础上研究包含完整因果路径的正面案例。通过对这类案例进行过程追踪，研究者可以察看所声称的机制在具体的历史案例中怎样展开。表 6-4 是最简单的仅有一个中间阶段的模型，正面案例完整考察了因果机制不同阶段的标志性变化，这里涉及两个关键节点的因果过程观察值，即 Y 如何从 $0 \to 0.5$ 以及如何从 $0.5 \to 1$。在这一过程中，研究者需要通过过程追踪来寻找证据以

展示 Y 的关键性变化,并且分析自变量组合在上述变化中所起到的作用,从而将因素和机制结合在一起,并展现一个完整的因果过程。

其二是寻找半负面案例进一步检验机制。半负面案例不同于机制完全未出现的传统负面案例。同正面案例相比,在半负面案例中,因果机制被抑制而不能被完整地观察到。① 但将这两类案例进行对比是比较历史分析中的关键步骤。研究者需要察看具有相似中间因果过程观察值的案例,通过观察机制因为各种原因被抑制或中断的过程,以及由此带来的最终结果,就可以判断特定因素在历史过程中所发挥的具体作用而不是简单的相关性分析。对两者进行对比的做法兼备了两个方面的思路:一个是基于动态比较的策略,查看 Y 被干预之前和之后的差异;另一个是最大可能地接近于准实验状态,将半负面案例作为正面案例的反事实对照,查看机制表达/被抑制对于结果的影响。如果能识别出在两种不同的结果中运行相同的机制,一个出现正面结果而另外一个出现"半负面"结果,就可以更加确信所讨论的机制是真实存在的,因为在两个不同的结果之间,潜在的机制是相同的。② 在表 6-4 中,半负面案例和正面案例都具有相同的中间阶段 $Y=0.5$,但在半负面案例的最终阶段,机制因为特定因素或因素组合的影响而没有得到完全的表达,最终 Y 呈现了负面的结果。

表 6-4 基于因果机制的假设检验

案例类型	初始阶段($Y=0$)	中间阶段($Y=0.5$)	最终阶段($Y=1$)
正面案例	√	√	√
半负面案例	√	√	×
传统负面案例	√	×	×

基于因果机制的比较分析的难点是需要在每一个关键节点对正负案例进行平行的比较,只有获得足够的历史证据证明正面案例和半负面案例在中间阶段的趋同,同时在最终阶段的趋异时,才能通过基于机制的假设检验。然而,史料的分布并不是均匀的,半负面案例的史料往往更难寻找,因为史料会更多地记录重大变化,而不是那些发生到一半而最终却没有出现剧烈变化的事件。

五、在时空中讨论理论

在进行了内外部效度的检验之后,还需要进一步完善和思考理论的外延和适

---

① 周亦奇、唐世平:《"半负面案例比较法"与机制辨别——北约与华约的命运为何不同?》,《世界经济与政治》2018 年第 12 期,第 41—42 页。
② 叶成城、唐世平:《基于因果机制的案例选择方法》,《世界经济与政治》2019 年第 10 期,第 22—47 页。

用性问题。如前文所述,在比较历史分析中,案例的时空环境相对集中,在实证研究之后还会引申出一个问题:实证研究的结论是否具有更强的普遍性意义,还是个仅能用于某个相对狭窄时空内的因果解释。因为如果仅限于后者,就会削弱研究本身的意义。托克维尔发现了路易十六的改革过程中存在某些具有普遍意义的奇特机制(时常被称为吊诡或悖论),例如繁荣和对制度弊端的改进如何加速了不满与革命,这些机制可以加深对不同时期社会崩溃事件的理解。① 同样地,斯科特对东南亚村庄研究的意义也并非仅限于案例本身,而是尝试发现更具普遍意义的新机制,即在暴力反抗之外,很多人都会选择运用顽固、持久和难以削弱的"弱者的武器"进行不留痕迹的反抗。②

过去错误的做法是一开始就选择一个庞大的时空范围,并选取不同时期的代表性例子来证明理论的有效性,更好的做法是通过有限时空范围内的严格比较,获得足够令人信服的结论,再查看这些结论中是否具有"代表性的类型变化",然后尝试将这些结论推广到其他时空范围。③ 比宾斯基在研究 20 世纪遭受过经济危机的威权政体时,首先选择将时空范围控制在 1997 年亚洲金融危机前后面临挑战的国家,在发现经济危机中开放资本账户的国家更容易崩溃后,他进一步用更大的样本分析推广理论的时空范围,从而在强内部效度的基础上增强其外部效度。④

第四节 比较历史分析的操作实践: 以早期西欧现代化为例

在介绍了研究设计的步骤之后,本节以叶成城对 18 世纪西欧现代化的研究为例,具体说明如何有效地进行比较历史分析,从而检验上述理论框架的可操作性。⑤ 对应前文给出的研究设计步骤,文章实证分析过程也分为五个部分。

(1) 选择因变量(Y)。文章讨论的是 18 世纪西欧国家的政治、经济和财政现代化的改革是否成功,衡量因变量的主要标志为是否成功实现了现代化改革,具体

---

① 参见[法]托克维尔:《旧制度与大革命》,冯棠译,商务印书馆 2013 年版。
② 参见[美]詹姆斯·C. 斯科特:《弱者的武器:农民反抗的日常形式》,郑广怀、张敏、何江穗译,译林出版社 2011 年版。
③ Dan Slater and Daniel Ziblatt, "The Enduring Indispensability of the Controlled Comparison", *Comparative Political Studies*, 2013, 46(10), pp. 1301-1327.
④ Thomas Pepinsky, *Economic Crises and the Breakdown of Authoritarian Regimes: Indonesia and Malaysia in Comparative Perspective*, Cambridge University Press, 2009.
⑤ 叶成城、唐世平:《第一波半现代化之"帝国的黄昏"——法国与西班牙的改革之殇》,《世界经济与政治》2016 年第 3 期,第 122—154 页;叶成城:《第一波半现代化之"帝国的胎动"——18 世纪普鲁士和奥地利的崛起之路》,《世界经济与政治》2017 年第 5 期,第 126—154 页。

分为三个指标,即是否推动了中央集权制变革、是否削减了贵族的经济特权及推动工业化、是否有效改善了国家的财政收支。给出因变量之后,需要对比较历史分析的时空情境进行选择和说明。文章通过给出"第一波半现代化"的概念,阐述了为何选择从西班牙王位继承战争到法国大革命期间(1700—1789年)波兰以西的欧洲大陆作为案例的时空边界。理由如下:第一,西班牙王位继承战争之后,英国的优势开始确立,各国开始尝试模仿英国进行变革,而此前的第一波现代化则是各国完全在黑暗中摸索而缺乏示范效应,因而将1700年作为开始的时间点;第二,法国大革命和拿破仑战争重创了欧洲的旧制度,此后的世界完全不同,因而将1789年作为结束的时间点;第三,波兰以西的欧洲大陆在这一时期具有很多旧制度的共性,而主要的大国包括普鲁士、奥地利、法国和西班牙,因而对上述四国进行案例比较分析。①

(2) 自变量(X)的选取。对于"第一波半现代化"而言,自变量的选取主要来自理论分析和文献基础。文章将国家视作系统,从马里奥·邦格(Mario Bunge)的系统理论视角出发,将早期文献中的变量分为三类,分别是系统的环境、组成和结构,并从这三个维度选取进行比较历史分析的变量。② 首先,环境指代国家推动改革的历史情境,包括国家的具体经济形式和国际背景,因此文章将外部冲击作为一个情境变量,认为只有因国际竞争出现经济和财政危机的国家才具有主动进行变革的迫切感。欧洲的精英们感受到了英国的优势,同时又因为频繁的战争而出现财政危机与转型压力,最终西班牙、普鲁士、奥地利和法国出现了不同程度的启蒙运动,从而具有部分推动改革的可能性。其次,对于这类被称为"开明专制"的改革实质上是一种决策行为,因此借鉴了决策分析的框架,将国家的改革大战略分为四个阶段,即政策的评估、决策、动员和执行。③ 因而需要选择的变量是内部的利益集团强弱,它考察的是当时的贵族领主和资产阶级是否形成了一个强大的团体渗透和控制政府的中上层机构,通过将国家官职私有化形成对改革的巨大阻力。当内部的利益集团较强时,改革就会容易被抵制,反之,当内部的利益集团较弱时,则更加容易实施新政。最后,具体政策和改革战略需要实施和执行,因而国家能力也是重要的变量,它考察的是中央政府对资源(尤其是地方资源)的调动和汲取能力,决定了西欧各国在早期现代化建设中的执行能力,只有强国家才能较为激进地推进新政,反之推进的改革措施则会温和许多。

---

① 关于现代化的情境、波次和类型的具体讨论,参见叶成城、唐世平:《超越"大分流"的现代化比较研究:时空视角下的历史、方法与理论》,《学术月刊》2021年第5期。
② Mario Bunge, "How Does It Work? The Search for Explanatory Mechanisms", *Philosophy of the Social Sciences*, 2004, 34(2), pp. 182-210.
③ 左希迎、唐世平:《理解战略行为:一个初步的分析框架》,《中国社会科学》,2012年第11期,第178—202页。

(3) 外部效度与基于因素的因果推断。文章用 2×2×2 表来进一步考察这两个核心变量所导致的不同结果。首先,财政危机作为情境变量,通过范围条件原则限制了讨论的边界,英国和荷兰等相对顺利推进现代化的国家不具有案例的同质性,故不在讨论之列。文章的核心因素分析如表 6-5 所示:在专制君主国中,只有普鲁士同时具备较弱的利益集团和较强的国家能力,因而普鲁士的改革获得了成功;奥地利尽管没有强大的利益集团,但是由于缺乏足够的国家能力,最终只取得了部分成功;而法国由于同时存在较强的国家能力和利益集团,最终改革导致了社会崩溃;西班牙既缺乏国家能力,又有强大的利益集团阻挠改革,因而改革迅速失败。

表 6-5 第一波半现代化中的改革

国家能力	财政危机迫使专制君主国改革		宪政国家
	利益固化程度高	利益固化程度低	利益固化程度低
国家能力强	改革导致社会崩溃（法国/内斗模式）	改革成功（普鲁士/强制模式）	英国
国家能力弱	改革迅速失败（西班牙/挟持模式）	改革部分成功（奥地利/协商模式）	荷兰

(4) 内部效度与基于机制的假设检验。在完成因素层面的因果推断之后,文章通过过程追踪来考察外部冲击、利益固化程度和国家能力这三个变量在西欧四国现代化改革的各个阶段所发挥的作用。由于第一波半现代化中的机制颇为复杂,将各个领域的现代化混为一谈并不利于给出机制性的解释,因此文章从政治、经济和财政三个领域来进一步细化讨论西欧四国的现代化进程,并在最后综合性地比较分析上述宏观结果之间的差异。

如图 6-1 所示,文章通过各个阶段的相对平行比较来展示在国际竞争、财政危机等外部冲击下,西欧四国开启了改革的相似过程与不同结果。首先是作为正面案例的普鲁士。普鲁士展现了在改革各阶段都相对顺利的全过程。普鲁士的军事化传统使得贵族势力相对羸弱,并强迫后者进入军队服役,因而非但没有形成与王权对抗的集团,反而有助于中央政府对地方的渗透。这使得普鲁士的王室可以制定足够有效的新政,并借助于军事化的力量进行强有力的动员,从而顺利推进改革成为旧制度之下最为高效的政府。其次是作为半负面案例的奥地利和法国。法国出现强大的利益集团和强大的王权共存的情况,法国有能力对改革进行强有力的动员,却因为强大的利益集团的抵制和不利的外部环境导致王权和贵族之间激烈内斗,最终造成了社会崩溃。奥地利哈布斯堡王朝的贵族集团力量较为分散,没有能力形成统一的利益集团来影响中央决策,维也纳可以制定相对高效的改革方向,但同时中央政府也未能有效渗透地方权力体系和进行全面动员,因而只能通过王权和地方领主的协作来部分推进改革。最后则是更加接近"不可能案例"的西班牙。西班牙的中央政府受到利益集团的渗透,而王权没能有效控制地方政府,缺乏足够的国家能力对改革进行动员。贵族对朝政的把持使得改革目标相对保守,即便如此,改革在旧贵族的抵制下很快失败。

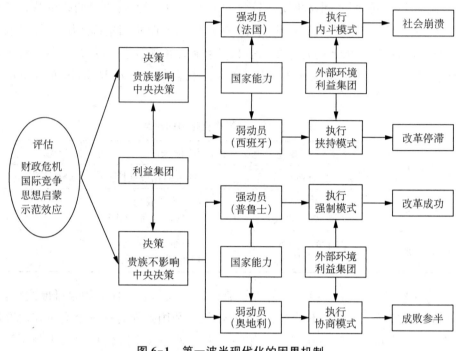

图 6-1 第一波半现代化的因果机制

(5)时空范围之外的理论意义。在通过因果推断和过程追踪检验理论的有效性之后,还需要进一步思考的问题是,关于1700—1789年西欧现代化的比较历史分析是否还隐含着更为一般性理论的线索,即如何寻找超越上述时空的因果机制。文章通过对西欧四国现代改革的比较历史分析展示了宏观结构中代表性的类型变化(见表6-5),认为对核心机制的讨论也可以尝试应用到不同时空中的改革浪潮,寻求更多的案例对核心机制的实证检验,例如春秋末期到战国初期的中国、第二波现代化中的多民族国家,这些都可以作为后续研究的基础。例如关于第一波现代化和第二波现代化的研究发现,强国家+强利益集团的组合容易导致推进激进的改革同时遭遇激烈抵抗,从而出现剧烈动荡。最典型的案例是法国,法国在17世纪的改革同样爆发了投石党之乱,法国在1848年革命后迅速回到了拿破仑三世的帝制。此外,一些改革进程中的微观机制同样可以带来部分现代性启示。例如文章发现,经济改革面临着时机与绩效的悖论:改革面临的窗口期非常短,经济过好或者过差时都无法推动改革,改革需要在经济开始出现一定危机但问题尚不严重时才有可能成功。

本 章 小 结

比较历史分析架起了历史学和政治学之间的桥梁。不同于大样本的定量研究,比较历史分析具有如下的特征:第一,采取宏观或中观视角来研究多个国家、社会或次国家行为体之间的同异;第二,主要目标是通过比较历史案例进行因果解释;第三,方法上采取少案例比较或定性比较分析进行案例研究;第四,强调时间性和因果机制,重视过程追踪在因果解释中的重要性。比较历史分析的主要思想古已有之,但是逐步科学化是在20世纪70年代之后。其研究议题从"大历史、大过程、大比较"逐渐转向中短时间段比较,研究目标从追求普遍性解释到历史制度主义和机制性解释,研究方法也从最初相对简单地应用密尔方法到发展出更为复杂和精细的方法细节,包括时间性分析、混合方法和寻找因果机制等,这一方法当前也正日趋成熟。其研究设计的步骤主要包括问题选取、变量选择与理论设计、因素分析与因果推断、案例比较与过程追踪、检视理论可能的推广性等。

比较历史分析有助于研究者从一个更为宏观的视角深度审视跨国性的历史问题,因而将其用于推动中国问题研究的创新,一些知名学者也提出了相关的发展思路。应星认为,比较历史分析可重建社会学与历史学的对话平台,有助于推进中国革命史研究。[1] 杨光斌认为,比较历史分析有助于重新审视并重建政治社会理论,比较历史分析是对中国人最有用的路径,因为从司马迁到司马光再到现代的冯友兰,中国人最擅长的就是书写历史,善于以史为鉴,从而鉴别理论的真假和优劣。[2] 总体来看,对于中国学者而言,比较历史分析无论是对研究古代中国悠久的历史还是改革开放以来的发展,都提供了一种重要的方法和视角。

思考题

1. 用所学的知识对托马斯·比宾斯基的《经济危机与威权政体崩溃》(*Economic Crises and the Breakdown of Authoritarian Regimes: Indonesia and Malaysia in Comparative Perspective*)进行分析。

---

[1] 应星:《从宏观比较历史分析到微观比较历史分析——拓展中国革命史研究的一点思考》,《江苏社会科学》,2018年第3期,第253—258页。
[2] 杨光斌:《比较政治学:理论与方法》,北京大学出版社2016年版,第154页。

(1) 简述比宾斯基著作中的时空范围、自变量和因变量。

(2) 比宾斯基的案例选择方法是否遵循了密尔方法的基本前提?

(3) 指出比宾斯基著作中的因果机制以及区分半负面案例。

(4) 比宾斯基用了何种操作步骤来兼顾内外部效度?

2. 用本章所阐述的理论和操作流程重新审视西达·斯考切波的《国家与社会革命——对法国、俄国和中国的比较分析》。

(1) 斯考切波的案例选择可能存在什么样的问题?

(2) 如果要重写这本著作,你认为还需要哪些案例以着重进行过程追踪?

(3) 芭芭拉·格迪斯认为斯考切波的研究忽略了拉美的案例①,你是否赞同这个观点?

(4) 尝试画出斯考切波关于法国革命的因果机制图。

延伸阅读

1. [美]詹姆斯·马汉尼、[美]凯瑟琳·瑟伦:《比较历史分析方法的进展》,秦传安译,上海财经大学出版社 2022 年版。

马汉尼和瑟伦编写的这本文集的主体内容分为三个部分。第一部分讨论研究的议程设置工作,几位作者展示了比较历史分析在特定问题研究中的具体研究。第二部分从时间分析的视角收录了三篇著名的论文,分别是皮尔逊的路径依赖、卡波奇的关键节点和哈克尔的制度漂移理论。第三部分包含了两篇重要的方法论文章,分别是法莱蒂和马汉尼的比较序列法和利伯曼的嵌套分析法。这本书内容丰富而全面,是当前比较历史分析的集大成之作。

2. [美]约翰·吉尔林:《案例研究:原理与实践》,黄海涛、刘丰、孙芳露译,重庆大学出版社 2022 年版。

比较历史分析以案例研究为主。吉尔林的著作为案例研究提供了一种总体上的理解,也为其提供必要的工具和技巧。具体而言,该书详尽地展示了案例研究中的诸多细节部分,包括对案例研究的观察值问题、两种文化传承之间的差异、案例类型和选择技巧、案例动态比较方法、内部效度和过程追踪、单一案例研究等。无论是对比较历史分析的初学者,还是致力于方法论研究的学者来说,该书都提供了关于案例研究方法的规范与启发。

---

① Barbara Geddes, "How the Cases You Choose Affect the Answers You Get: Selection Bias in Comparative Politics", *Political Analysis*, 1990, 2, pp. 131-150.

3. [美]西达·斯考切波:《国家与社会革命——对法国、俄国和中国的比较分析》,何俊志、王学东译,上海人民出版社2015年版。

斯考切波的这本著作出版于20世纪70年代,推动了基于科学方法的比较历史研究的发展。作者用法国、中国和俄国革命作为案例,对比分析了德国、日本、英国等没有发生社会革命的国家,用是否存在政府崩溃和农民反抗来分析各国结局的差异。尽管斯考切波的方法存在一定争议,但许多比较历史分析的方法论思考,都经常将其作为正面或者负面例子进行讨论,故而成为比较历史分析领域时常难以绕过的话题。

4. Thomas Pepinsky, *Economic Crises and the Breakdown of Authoritarian Regimes: Indonesia and Malaysia in Comparative Perspective*, Cambridge University Press, 2009.

比宾斯基的《经济危机与威权政体崩溃》比较分析了1997年亚洲金融危机前后的东南亚国家政权存续问题,是关于比较历史分析的重要著作,尤其在方法上值得借鉴。作者从经济危机引发的国内制度变革来分析政权崩溃的原因,对比了印度尼西亚和马来西亚两个案例:由于印尼政府采取了开放资本账户和允许汇率浮动的政策,导致了本土印尼商人和华人之间的冲突加剧,使政治联盟破裂,最终葬送了其政权;马来西亚政体的支持者基本是在本土固定投资的马来人,因此政府没有开放资本账户和实行浮动汇率,而是减少货币供应和进行财政改革,因此支持者联盟没有破裂,最终克服了经济危机,使政体得以持续。

第七章
博 弈 论

博弈论(game theory)是一种考察两个或两个以上行为者在其行动相互依赖的情况下独立决策从而开展策略互动的数学工具。行动相互依赖体现在行为者的收益不但受到自己行动的影响,还受到其他行为者行动的影响。而行动相互依赖使行为者在制定策略时会考虑其他行为者的可能决定,即其他行为者的策略。求解博弈的均衡就是考察各行为者的最优决定以及由这些决定形成的结果。博弈论是政治学理性选择理论(rational choice theory)的重要研究方法,也是经济学、社会学等学科里的重要理论工具。本章首先简要介绍博弈论和以之为重要工具的理性选择理论的发展历史,接着介绍博弈论的一些基本概念和分析模型,然后介绍博弈的分类和各类博弈的求解,最后介绍博弈论在国际关系等相关研究领域中的应用情况。

第一节 博弈论与理性选择理论[①]

本节在介绍博弈论和理性选择理论发展史的基础上,探讨什么样的政治议题适合博弈论。

一、博弈论发展史

博弈论的起源通常可以追溯到 1944 年约翰·冯·诺依曼(John von Neumann)和奥斯卡·莫根施特恩(Oskar Morgenstern)发表的《博弈论与经济行为》(*Theory of Games and Economic Behavior*)一书。[②] 冯·诺依曼是匈牙利出生

[①] 本节主体部分出自《博弈论在公共行政中的应用》的第一节和第四节,编入本书时有修订。参见吴澄秋:《博弈论在公共行政中的应用》,载敬乂嘉主编《公共行政与哲学》(复旦公共行政评论第 19 辑),上海人民出版社 2018 年版,第 159—188 页。

[②] John von Neumann and Oskar Morgenstern, *Theory of Games and Economic Behavior*, 3rd edn., John Wiley, 1953[1944].

的美籍数学家,莫根施特恩是普鲁士出生的美籍经济学家,他们均在普林斯顿大学任教。在该书中,冯·诺依曼和莫根施特恩把前者在1928年建立的策略博弈理论运用于对经济竞争的分析,并且认为经济活动就如游戏,行为者会推测其他行为者的行动,因此需要一种新的数学工具来解释,他们称之为博弈论,英语字面意思就是"游戏的理论"。而在此之前,许多学者的研究已经为博弈论提供了重要的基础。其中,奥古斯丁·古诺(Augustine Cournot)在1838年就提出了双寡头竞争模型,弗朗西斯·埃奇沃斯(Francis Edgeworth)在1881年对两个消费者两种商品的交易模型做了研究,埃米尔·博雷尔(Emile Borel)在1921年对混合策略博弈的最小最大解做了研究。而冯·诺依曼本人在1928年发表的有关最小最大定理(minimax theorem)的研究则是博弈论方面的关键突破。在该论文中,冯·诺依曼提出,在每个双人零和博弈中,对于每个参与者来说存在一个混合策略,满足这样的条件:当双方参与者使用这些策略时,双方的预期收益是相等的,并且该收益是博弈参与者能期望获得的最大收益,而这些混合策略也是双方参与者能采取的最优策略。在这个定理背后,他革命性地看到,一个行为者的理性策略是随机化其在所有可能行动上的选择。在《博弈论与经济行为》一书出版后,约翰·纳什(John Nash)于20世纪50年代初把最小最大定理推广到有两个或两个以上处于竞争状态的参与者的非零和博弈情形,从而发展出非合作博弈理论。[1] 这就是纳什定理,即任何有 n 个人且每个参与者都有有限数量的纯策略的非合作博弈至少有一组均衡策略。纳什证明了非合作博弈的策略均衡的存在,并对合作博弈论和谈判理论做出开创性的贡献。

由于博弈论特别适合用来分析两个或两个以上的行为者之间展开竞争的情况,而合作与冲突是政治学关注的重要主题之一,因此博弈论自然被用来分析政治议题。1954年,劳埃德·沙普利(Lloid Shapley)与马丁·舒比克(Martin Shubik)第一次把博弈论用于政治学的分析,他们分析委员会制度里的权力分配。[2] 此后,托马斯·谢林(Thomas Schelling)在其著作《冲突的战略》中开创性地把博弈论应用于对谈判、战争、战略制衡与威慑等议题的研究。[3] 这些议题都是冷战时期美苏关系的重要主题。谢林可以说是运用博弈论研究国际关系的先驱。除了应用范围在扩大,博弈论本身也不断发展,取得了一系列里程碑式的突破。1965年,莱茵哈德·泽尔腾(Reinhard Selten)对纳什均衡的概念进一步发展,提

---

[1] John Nash, "Equilibrium Points in N-Person Games", *Proceedings of the National Academy of Sciences*, 1950, 36(1), pp.48-49; John Nash, "Non-Cooperative Games", *Annals of Mathematics*, 1951, 54(2), pp.286-295.

[2] Lloid S. Shapley and Martin Shubik, "A Method for Evaluating the Distribution of Power in a Committee System", *American Political Science Review*, 1954, 48(3), pp.787-792.

[3] Thomas Schelling, *The Strategy of Conflict*, Harvard University Press, 1960.

出了精炼纳什均衡(perfect Nash equilibrium)的概念。① 次年,罗伯特·奥曼(Robert Aumann)和迈克尔·马希勒(Michael Maschler)提出无限重复的不完全信息博弈②,而约翰·海萨尼(John Harsanyi)的一系列研究则对不完全信息博弈作出了突破性的贡献③。1975年,泽尔腾提出"颤抖手精炼均衡"(trembling-hand perfect equilibrium)的概念。④ 1982年,戴维·克雷普斯(David Kreps)与罗伯特·韦尔逊(Robert Wilson)提出"序贯均衡"(sequential equilibrium)的概念。⑤

二、理性选择理论发展史

在政治学上,博弈论作为一种研究方法主要被大量应用于政治学的理性选择理论研究分支。理性选择理论是社会科学学者把经济学的"经济人"的理论假设推广到政治学,以此来分析政治现象而形成的一个研究分支。"经济人"假定行为者都是理性和自利的。理性的假设包含三个要素,即有目的的行动、一致的偏好和效用最大化。有目的的行动表示社会现象是行为者目标导向的行动的结果,因而分析典型行为者目标导向的行动或多个行为者目标导向的互动有助于理解社会现象的成因。一致的偏好是指行为者的偏好可以排序且符合完备性和传递性等要求,也就是说,行为者能够对所有的能被选择的选项进行排序,他要么偏好 x 胜于 y,要么偏好 y 胜于 x,要么一样偏好 x 和 y,并且如果他偏好 x 胜于 y,偏好 y 胜于 z,那么他偏好 x 胜于 z。效用最大化则表示行为者的目标被满足的程度可以用效用来衡量,而行为者的行为则常常被模型化为在一定的预算约束条件下选择能带来最大期望效用的选项。⑥

理性选择理论在政治学领域的发展大体上经历三个阶段。第一阶段是20世纪50年代至70年代,在该阶段,传统微观经济学分析工具的大量引入,形成的理论成果常被称为"社会选择理论"(social choice theory)。该类理论主要研究集体决策过程与程序,即根据具体的政治现象按一定的规则把个人偏好直接汇总为集

---

① Reinhard Selten, "Spieltheoretische Behandlung eines Oligopolmodells mit Nachfrageträgheit", *Zeitschrift für die Gesamte Staatswissenschaft*, 1965, 121, pp. 301-324, 667-689.
② Robert J. Aumann and Michael B. Maschler, "Game Theoretic Aspects of Gradual Disarmament", in *Report to the US Arms Central and Disarmament Agency*, Chapter V, Washington, D. C., 1966.
③ John Harsanyi, "Games with Incomplete Information Played by 'Bayesian' Players", *Management Science*, 1967-1968, 14, pp. 159-182, 320-334, 486-502.
④ Reinhard Selten, "A Reexamination of the Perfectness Concept for Equilibrium Points in Extensive Game", *International Journal of Game Theory*, 1975, 4, pp. 25-55.
⑤ David M. Kreps and Robert Wilson, "Sequential Equilibrium", *Econometrica: Journal of the Econometric Society*, 1982, 50(4), pp. 863-894.
⑥ Paul K. MacDonald, "Useful Fiction or Miracle Maker: The Competing Epistemological Foundations of Rational Choice Theory", *American Political Science Review*, 2003, 97(4), p. 552.

体偏好,并将其最大化而得到最优选择。第二阶段是20世纪70年代至90年代,在这一阶段,博弈论分析工具被大量引入,并被广泛应用于对政治学的众多主题的研究,特别是选举投票、立法规则、谈判、威慑、联盟等。20世纪90年代,以博弈论为代表的理性选择理论受到了不少批评,其中最有影响的批评来自《理性选择理论的病理学》(*Pathologies of Rational Choice Theory*)一书,该书特别指出理性选择理论过度重视模型建构而忽视经验研究。[1] 作为回应,理性选择理论发展进入第三个阶段,即20世纪90年代以来,理性选择理论的研究比以前更注重对其理论的实证支持,注重博弈论与经验研究的结合。而这样的研究路径有两条:一条是理性选择理论与案例研究,特别是对历史事件的叙述与解释相结合,被称为"分析性叙事"(analytic narratives)[2];另一条是理性选择理论与统计分析方法的结合,在建立理论模型的同时还注重运用统计方法来进行实证检验。

三、理性选择理论的认识论基础和博弈论的适用性

博弈论作为理性选择理论的重要工具,它不是一种检验假设的经验研究方法,而是一种用于建构理论,让人对现实问题有一个更系统、更有逻辑性的理解的理论研究方法。不管博弈论的模型如何复杂,如何根据现实而设置相关的假设条件,它的主要结论都只是理论推导的结果,还需要从现实收集数据来进行检验。保罗·麦克唐纳(Paul MacDonald)提出了两种哲学观点作为理性选择理论的认识论基础。一种观点是工具主义-经验主义(instrumentalist-empiricism),这种观点认为,理性选择理论的作用在于它能帮助我们提出能够被检验的假说(hypothesis),即使理性选择理论在建构理论的过程中提出的假定并不真实,但只要它有助于产生能被经验证实的模型,它就是有价值的。这种观点的重心放在对一般化社会现象的观察与预测。另一种观点是科学实在主义(scientific-realism),这种观点认为,理论是对现实事物与过程的表述,即使这些事物与过程不可观察,但只要理性选择理论能提供"对推动人类行为的因果机制的准确描述",它就是有价值的,因此研究应当关注因果之间的机制。[3] 然而,不管作为产生假设的工具,还是作为机制的发现者,理性选择理论作为一种纯理论的研究工具是建立在"经济人"这一对现实高度简化的假定基础上的。它对现实社会中许多非理性、非自利的行为与现象难以形

---

[1] Donald Green and Ian Shapiro, *Pathologies of Rational Choice Theory: A Critique of Applications in Political Science*, Yale University Press, 1994.
[2] Robert H. Bates, Avner Greif, Margaret Levi, et al., eds., *Analytic Narratives*, Princeton University Press, 1998.
[3] Paul K. MacDonald, "Useful Fiction or Miracle Maker: The Competing Epistemological Foundations of Rational Choice Theory", *American Political Science Review*, 2003, 97(4), p.555.

成有效的解释,而其个体主义的研究路径则往往对社会现象的整体性、系统性特征难以有效把握。加上社会现象本身具有高度的复杂性,而为追求逻辑的缜密和概念的前后一致性,学者在建立理性选择模型时需要简化,往往牺牲了对复杂性的考虑。因此,理性选择理论工具的应用本身面临着各种各样的局限。理性选择理论特别是博弈论的研究方法大多数情况下是被用来研究微观个体行为者的决策与互动,而非用来分析宏观体系的变迁。

那么,在什么情况下适用博弈论呢？关于什么样的政治议题适合博弈论,需要问两个问题。第一,该议题是否具有清晰的两个或多个行为者？博弈论的分析单元可以是个人,也可以是国家、政党、公司、组织等,但是,其分析对象即行为体必须是两个或两个以上,而不应该是单一的。第二,该议题本身是否具有策略性？也就是说,一方的决策是否对另一方的收益造成影响,一方在决策时是否会视另一方的决定而改变。当这两个问题的答案都是肯定时,就可能适合运用博弈论来进行分析。总之,博弈论不能用来分析单一主体的总体变化,而只能分析两个或两个以上主体之间的策略互动。

第二节 博弈论基本要素与模型

本节主要介绍博弈论的基本要素、纳什均衡与典型博弈模型。

一、博弈的基本要素

要定义一个博弈,需要明确博弈的几个要素：参与者(player)、策略(strategy)、结果(outcome)、偏好(preference)、收益(payoff)、行动的顺序(order of action)等。参与者是指博弈模型所考察的行为者主体,它们可以是消费者、厂商、议员,也可以是组织、国家、国家集团等,但是它们在博弈模型里都被看作单元性的目标导向的个体。策略可以说是博弈论中最重要的概念。策略是一个参与者在博弈中关于在所有需要作决策的情形下如何行动的完整计划。博弈理论用信息集(information set)来表示博弈中参与者需要作决定的地方。一个参与者的策略需要明确该参与者在其每一个信息集上的决定。关于信息集的定义,我们在本章的第三节中再详细讲解。总之,策略是明确行为者在必须采取行动的每个点上会采取什么行动的描述。结果是指行为者决策的一个可能的最终结果,它可能是一个行为者决策的结果,也可能是两个或两个以上行为者决策的结果。偏好是指参与者对博弈各结果的喜好的排序,服从完全性和传递性。需要指出的是,参与者的偏好是定义在结果之上而不是定义在策略之上的。也就是说,参与者可能偏好某种结果胜于另一种结果,但不应假定其先验性地偏好某种策略胜于另一种策略。收益是博弈中参与者从一个结果中所得到的效用。当我们用数字来表示收益时,参与者的偏好就可以由这些数字的大小很清楚地体现出来。需要指出的是,在表示一个博弈时,我们用来表示收益的数字本身一般没有实质意义,关键是其相对价值所体现出来的参与者对各个结果的偏好。行动的顺序是指各参与者采取行动的次序,参与者同时行动(或者某个参与者采取行动时对其他参与者的行动不了解)也是行动顺序的一种。

在明确这些要素后,一个博弈就能被定义下来。博弈有两种表示方式,一种是策略式(strategic form),或称标准式(normal form),另一种是扩展式(extensive form)。一个策略式的双人博弈是一个由两个参与者的全部纯策略的组合构成的两维阵列,该阵列的每一格代表两位参与者的特定策略组合所导致的结果,而每一格里的数字是该结果给双方带来的效用。图7-1是一个关于两个人开车相遇时各自选择靠路的哪一边行驶的博弈。由该策略式博弈可见:如果两个参与者都靠路的左边或右边开,那么双方不会撞车,各自都得到收益1;如果两个参与者一个靠路的左边开,一个靠路的右边开,那么双方会撞车,双方的收益均为-1。

	司机2 靠左	司机2 靠右
司机1 靠左	(1, 1)	(-1, -1)
司机1 靠右	(-1, -1)	(1, 1)

图7-1 两车相遇的策略式博弈

扩展式博弈就是用有限的一组行动来表示参与者的决策的博弈描述形式。它包含一个博弈树,表示参与者们的决策顺序和拥有的选项,参与者被分散在各选择节点上,各终端节点表示结果,终端节点附近则标明各参与者从结果得到的收益。上面的两车相遇的例子,如果两位司机相遇时不是同时决定靠左边还是靠右边行驶,而是一方先做决定另一方再做决定(假定是司机1先做决定,司机2后做决定),那么该博弈可以用扩展式博弈表示为图7-2。

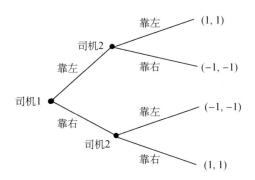

图7-2 按先后顺序行动的两车相遇博弈

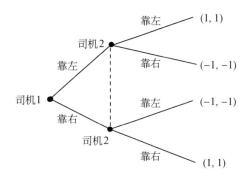

图7-3 同时行动的两车相遇扩展式博弈

然而，如果两车相遇时两位司机是同时决定靠左边还是右边行驶，也就是说当一方作决定时，他不知道另一方是决定靠左边还是右边行驶，那么这个博弈的扩展式如图 7-3 所示。在图 7-3 中，我们把司机 2 作决策的两个节点用虚线连起来，表示当司机 2 作决策时，他分不清楚他是在哪个节点上。在概念上，我们称用虚线连起来的司机 2 作决策的这两个点为一个信息集。

比较扩展式和策略式，前者能较为有效地把参与者、行动、采取行动的顺序、结果、收益等博弈要素清楚地表示出来，而策略式则是把对行动的选择简化为对策略的选择。事实上，扩展式博弈和策略式博弈只是表示方式不同，它们可以相互转换。

二、纳什均衡

在了解博弈的表示形式后，我们可以进一步学习博弈的均衡以及均衡的求解。博弈均衡是一个策略组合（strategy profile），当各参与者选择了该策略组合里各自的策略后都没有动力偏离。对于研究者而言，通过用博弈模型来代表现实的某种情形或现象，然后求取该博弈的均衡，我们倾向于认为，该均衡代表现实发展的方向，是研究者对世界运作方式的预测。

在介绍博弈均衡的求解方法前，我们先介绍占优策略（dominant strategy）这一概念。"占优"（dominate）分为强占优和弱占优。对于一个参与者来说，如果不管另一参与者采取什么行动，策略 A 总是比策略 B 给该参与者带来更多收益，那么对于该参与者来说，策略 A 强占优策略 B，而策略 B 则被策略 A 强占优，策略 A 称为该参与者的强占优策略。对于一个参与者来说，不管另一参与者采取什么行动，策略 A 总是至少给该参与者带来和策略 B 一样多的收益，并且有些情况下比策略 B 带来更多收益，那么策略 A 弱占优策略 B，而策略 B 被弱占优，策略 A 称为该参与者的弱占优策略。如果参与者有一个占优策略，他会总是采取该策略。如果两个参与者都有占优策略，那么就可以得到一个占优策略均衡。满足全部参与者的策略都是占优这一条件的策略集合称为占优策略均衡。

关于占优策略和占优策略均衡，一个人所熟知的例子是囚徒困境（prisoners' dilemma）。两个共谋犯罪的嫌犯被抓住并隔离审讯，审讯人给他们开出条件：如果两人都坦白，就有充足的证据判处他们每人 8 年刑期；如果一人坦白，另一人不坦白，坦白的人得以免除刑罚，而不坦白的人会被判最重的 10 年刑期；如果两人都不坦白，那么两人会以轻罪结案，每人被判 2 年刑期。图 7-4 是囚徒困境博弈的收益矩阵。

	嫌犯2 坦白	嫌犯2 不坦白
嫌犯1 坦白	(−8, −8)	(0, −10)
嫌犯1 不坦白	(−10, 0)	(−2, −2)

图 7-4　囚徒困境博弈

由图 7-4 可见,不管另一个嫌犯选择坦白还是不坦白,对每个嫌犯来说,坦白都是更好的选择,因为如果另一嫌犯选择坦白,坦白可以让该嫌犯被判刑期为 8 年而不是不坦白选择带来的 10 年刑期。如果另一嫌犯选择不坦白,那么坦白可以让该嫌犯免于刑罚而不是不坦白选择带来的 2 年刑期。因此,坦白对双方来说都是占优策略。而(坦白,坦白)是这个博弈的占优策略均衡。在政治学中,囚徒困境常常反映的是,政治行为体(如个人、政党、国家等)虽然都知道合作能带来更大的集体收益,但是都会选择不合作,从而出现个体利益和集体利益不一致的后果。

博弈的求解常常可以通过反复剔除占优的程序(reiterated dominance elimination procedure)来实现。也就是说,从博弈中剔除被占优的策略,从而把博弈简约到仅仅包含可供理性参与者选择的策略。这一程序就是先剔除所有参与者的所有被强占优的策略,再在剩下策略组成的较小策略集合中剔除所有被强占优的策略。如果在反复剔除占优的程序结束时,每个参与者都只剩下一个策略,那么该博弈就是占优可解的(dominance solvable)。反复剔除占优的程序得到的策略配对集合称为可理性化策略配对集合。"参与者都是理性的"这样的共同知识导致我们可以限定只有可理性化的策略才能被采取。

然而,可理性化本身还是一个比较弱的标准。在很多博弈中,没有任何一个参与者有占优策略,这样该博弈就没有占优策略均衡。这时,该博弈的求解就是纳什均衡(Nash equilibrium)。纳什均衡是指这样一种状态下的策略组合:在其他参与者采取的策略给定的情况下,每个参与者采取的策略是对其他参与者策略的最优回应,也就是说没有一个参与者愿意改变其策略。在具体形式上,纳什均衡有两种,分别是纯策略(pure strategy)纳什均衡和混合策略(mixed strategy)纳什均衡。所谓纯策略就是参与者不包含任何概率形式的采取行动的策略。而混合策略就是参与者在其纯策略集合上的概率分布,也就是说,如果他有多个纯策略,那么他的混合策略就是一个关于分别用多大概率来采取其各个纯策略的概率组合。由纯策略构成的纳什均衡是纯策略纳什均衡,由混合策略构成的纳什均衡是混合策略纳什均衡。

纳什均衡是每位参与者的策略都是对另一位参与者策略的最优回应的情形。因此,求解纳什均衡时,我们应当分别对每一个参与者考察他对于另一个参与者的每一个策略的最优回应,当且仅当两个参与者的一对策略互为对对方的最优回应时,这对策略就构成一个纳什均衡。我们来看图 7-5 所示的博弈。我们先看参与者 1,基于各单元格中所列出的收益,他对于参与者 2 的 s_1 策略的最优回应是 S_3,对于参与者 2 的 s_2 策略的最优回应是 S_1,对于参与者 2 的 s_3 策略的最优回应是 S_1。再来看参与者 2,他对于参与者 1 的 S_1 策略的最优回应是 s_3,对于参与者 1 的 S_2 策略的最优回应是 s_2 和 s_3,对于参与者 1 的 S_3 策略的最优回应是 s_2。基于这些简单考察，我们可以发现，(S_1, s_3) 是该博弈的纳什均衡。

	参与者2 s_1	s_2	s_3
参与者1 S_1	(1, −1)	(2, 0)	(3, 2)
S_2	(2, 0)	(1, 1)	(0, 1)
S_3	(3, −1)	(0, 0)	(2, −3)

图 7-5 纳什均衡的求解

	参与者2 猜正面	猜反面
参与者1 出正面	(−1, 1)	(1, −1)
出反面	(1, −1)	(−1, 1)

图 7-6 硬币配对博弈

有些博弈没有纯策略纳什均衡，但是存在混合策略纳什均衡，譬如硬币配对博弈（matching pennies game）。两个参与者，参与者1向参与者2出盖住的1元硬币让参与者2猜正反面，猜对则硬币归参与者2所有，猜错则参与者2需要给参与者1一枚1元硬币。这样的博弈如图7-6所示。

这个博弈不存在纯策略均衡，但是存在混合策略均衡。设参与者1出正面的概率为 p，出反面的概率为 $1-p$。设参与者2猜正面的概率为 q，猜反面的概率为 $1-q$。求混合策略均衡的方法就是求解参与者们在他们的不同纯策略之间无差异的条件。要使参与者1在出正面和出反面之间无差异，参与者2需要使猜正面的概率为 q 满足条件：

$$(-1) \cdot q + 1 \cdot (1-q) = 1 \cdot q + (-1) \cdot (1-q)$$

从而得到 $q = \frac{1}{2}$。同样，为了让参与者2在猜正面和猜反面之间无差异，参与者1需要使出正面的概率 p 满足条件：

$$1 \cdot p + (-1) \cdot (1-p) = (-1) \cdot p + 1 \cdot (1-p)$$

从而得到 $p = \frac{1}{2}$。这样，($\frac{1}{2}$ 出正面，$\frac{1}{2}$ 出反面）是参与者1的混合策略，而（$\frac{1}{2}$ 猜正面，$\frac{1}{2}$ 猜反面）则是参与者2的混合策略，它们一起构成了一个混合策略均衡。

三、典型博弈模型

在以上介绍的囚徒困境、硬币配对博弈之外，我们接下来介绍三个典型的博弈模型并且求解其纳什均衡，它们分别是保证博弈（assurance game）、协调博弈（coordination game）、懦夫博弈（chicken game）。

(1) 保证博弈，如图 7-7 所示。与囚徒困境博弈类似，保证博弈中两位参与者合作的收益要好于背叛的收益。但与囚徒困境不同的是，保证博弈没有占优策略，更没有占优策略均衡，而是有两个纳什均衡，即（合作，合作）和（背叛，背叛）。对于双方来说，如果对方选择合作，则己方也选择合作，如果对方选择背叛，则己方也选择背叛。同时，共同合作的结果对双方来说均优于共同背叛的结果。也就是说，（合作，合作）帕累托优于[①]（背叛，背叛）。因此，如果参与者1和2之间存在着某种沟通，他们是可以实现共同合作的结果的。也许这个博弈被称为保证博弈就是因为双方都偏好共同合作的结果胜于共同背叛的结果，但是每一方都在对方合作时偏好合作而在对方背叛时偏好背叛。因此他们之间需要某种保证，以免滑向共同背叛的结果。

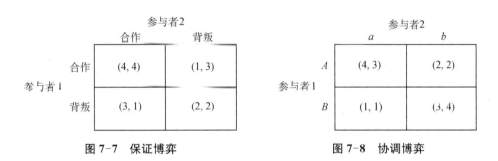

图 7-7　保证博弈　　　　　　图 7-8　协调博弈

(2) 协调博弈，如图 7-8 所示。协调博弈的特点是它存在两个纳什均衡，但是参与者无法就哪个均衡更好达成一致意见。图 7-8 的协调博弈中，(A, a) 和 (B, b) 都是博弈的纳什均衡，但是，参与者 1 更偏好 (A, a)，而参与者 2 更偏好 (B, b)。与保证博弈不同在于，协调博弈的两个纳什均衡都帕累托优于非均衡结果，但两个均衡中没有任何一个帕累托优于另一个。因此，两个参与者需要某种协调，如轮流形成 (A, a) 和 (B, b) 的结果，或者两个参与者之间构建某种利益转移。这种协调也有助于避免出现非均衡的结果。

(3) 懦夫博弈，如图 7-9 所示。该博弈的原型是 20 世纪 50 年代美国青少年曾经喜爱的一种"懦夫游戏"，就是两个人驾车在一段荒废的路上对冲，直到两人中有人驾车拐弯避让对方，这个拐弯的人会被称为"懦夫"，而坚持不拐弯的人则被宣布为荷尔蒙最旺盛的人。然而，如果最后两人都不拐弯，那么结果就是两败俱伤。如果两人都避让了，那么双方都安全，但是都没获得所谓的荣誉。双方的收益如图 7-9 所示。这个博弈有两个纳什均衡：（向前冲，避让）和（避让，向前冲）。

---

① 结果 A 帕累托优于 B 意思是相对于结果 B 而言，结果 A 存在在不损害（即减少）任何参与者的收益的条件下至少一个参与者的收益获得改善（即增加）的情况。

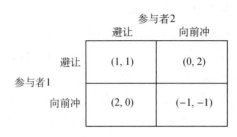
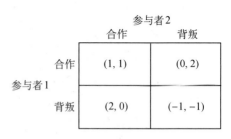

图 7-9　懦夫博弈　　　　　　图 7-10　关于合作与背叛的懦夫博弈

懦夫博弈常常也被用来代表合作与冲突中的某种状态。如果把博弈中各参与者的策略做简单处理,得到图7-10的策略式博弈。懦夫博弈与协调博弈的相似之处在于它也存在两个均衡,而且这两个均衡分别对参与者1和参与者2更有利,从而无法在效率上进行排序。懦夫博弈既不同于囚徒困境,也不同于保证博弈和协调博弈的地方是：共同背叛不是均衡,因为给定对方背叛,己方愿意合作；共同合作也不是均衡,因为给定对方合作,己方有动力背叛。懦夫博弈常常被用来描述两国间进行的某种"战争边缘"(brinkmanship)游戏。

我们如果把囚徒困境、保证博弈、协调博弈、懦夫博弈来就双方参与者的合作难易程度进行排序,会得到如下结果。囚徒困境中,彼此背叛是占优策略,合作的可能性最低。保证博弈中,彼此合作和彼此背叛都是纳什均衡,但双方都偏好彼此合作胜于彼此背叛,因此只要有一定的信息沟通和保证,双方都偏好彼此合作。保证博弈的合作可能性最高。协调博弈中,两个参与者分别偏好两个结果,而两个结果都是纳什均衡,只是给双方带来的收益非对称,这样的博弈的合作难度比保证博弈大,需要双方利益交换来完成协调。懦夫博弈中,双方参与者都在对方合作时偏好背叛,在对方背叛时偏好合作,彼此合作并非纳什均衡,因此该博弈中双方参与者合作的难度比协调博弈更高,但合作可能性高于囚徒困境博弈。保证博弈和协调博弈可以被用来探讨国际之间在国际组织、区域问题应对等方面的双边或多边合作与外交谈判。而懦夫博弈往往可以用来分析政治行为体之间的冲突与对抗,特别是国家之间在都不愿意爆发全面冲突的情况下激烈的对抗与决心较量。

前面所介绍的保证博弈、协调博弈、懦夫博弈中,博弈的纳什均衡不是唯一的,那么参与者怎么知道采取哪个均衡,又如何协调以采取某个均衡呢？当参与者们有一个共同推断(common conjecture)时,他们就能准确预期彼此的策略,从而达成采取某个均衡的结果。共同推断往往来自沟通和聚焦点。例如,在保证博弈中,如果双方参与者能够沟通,他们就能实现彼此合作的结果。当两个参与者都偏好某个纳什均衡胜于另一个时,帕累托优化的原则有助于参与者形成共同推断,从而选择对双方都更有利的结果。而在博弈之外能让双方参与者都聚焦在某些策略配对的文化、历史、道德等方面的因素也可能帮助双方参与者在多个纳什均衡中做出选择。

第三节　博弈的分类与求解

通常我们可以根据参与者之间的信息结构和行动时序而把博弈大致分为四类：完全信息静态博弈、完全信息动态博弈、不完全信息静态博弈和不完全信息动态博弈。

完全信息的博弈（game of complete information）是指参与者具有关于其他参与者都是理性的以及关于该博弈的要素（如收益）等的共同知识的博弈。也就是说，如果一个博弈的要素特别是所有参与者的收益是共同知识，那么该博弈是完全信息博弈。所谓共同知识是指，如果所有行为者都知道某样东西，并且所有人都知道其他人知道这样东西，如此无限下去，那么这个东西就是共同知识。与完全信息博弈相对的是不完全信息博弈（game of incomplete information），它是指某个参与者的收益是私人信息的博弈。

如果没有任何参与者在做选择时已经观察到其他参与者的行动，那么这样的博弈就是静态博弈（static game）；反之，则是动态博弈（dynamic game）。值得一提的是，静态博弈不一定需要各参与者同时行动，只要他们在信息结构上类似于同时行动，那就满足静态博弈的条件。在动态博弈中，完美信息博弈（game of perfect information）指每位参与者都知道先于自身的行为者的行动的博弈，也就是说，这类博弈的所有信息集都是单节的，即所有信息集都只有一个决策点（decision node）。我们使用信息集的概念来区分完美信息与不完美信息。一个信息集由一个参与者无法区分的全部决策点组成。每个决策点属于一个且只能属于一个信息集。单独一个决策点也是一个信息集。如果一个信息集由多个决策点组成，那么该参与者不知道他位于哪个点上。完美信息博弈表示每个信息集只有一个决策点，不完美信息博弈表示至少有一个信息集有多于一个决策点。

上述四类博弈既可以用策略式来表示，也可以用扩展式来表示。当然，动态的博弈用扩展式来表示更直观。上一节已经介绍如何求解用策略式表示的完全信息静态博弈的均衡。下面我们先从扩展式表示的完全信息动态博弈开始介绍如何求解其他三类博弈的均衡。

一、完全信息动态博弈

在动态博弈中，参与者在所有他需要做决定的地方都应体现出理性，即序贯理性（sequential rationality）。序贯理性是指在一个参与者需要做出行动的每一个信息集上，该参与者的最优策略都应当是最大化其期望收益。一个参与者的策略应当是明确在其每一个信息集上的最优行动,即使博弈中有些信息集该参与者相信不会到达。基于序贯理性的原则,完全且完美信息的动态博弈的求解可以用逆向归纳的方法。从只通向终端节点的选择节点开始,也就是说,从最后做选择的参与者开始,考察其不同选择会带来怎样的收益,从而根据理性原则推断该参与者会做出怎样的选择,然后往前推,考察前一个做选择的参与者在给定最后做选择的参与者的选择的情况下不同选项会带来的收益,从而确定该参与者根据理性原则会做出的选择,以此类推,直至考察第一个做决策的参与者的行动选择。

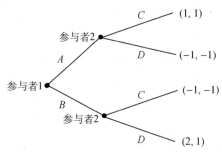

图 7-11 一个完全且完美信息动态博弈

图 7-11 所示的博弈是一个完全且完美信息动态博弈,先是参与者 1 行动(选择 A 还是 B),然后参与者 2 在观察到参与者 1 的行动后行动(选择 C 还是 D)。运用逆向归纳法,先考察参与者 2,如果他的决策点位于上面的节点上,也就是说,如果参与者 1 选择 A,那么参与者 2 如果选择 C 就会得到 1,如果选择 D 就会得到 -1,因此参与者 2 的最优选择是 C。如果参与者 2 的决策点位于下面的节点上,也就是说,如果参与者 1 选择 B,那么根据同样的逻辑,参与者 2 的最优选择是 D。因此,参与者 2 的最优策略是如果参与者 1 选择 A 他就选择 C,如果参与者 1 选择 B 他就选择 D。再来看参与者 1,给定参与者 2 的最优策略,参与者 1 如果选择 A 会得到 1,如果选择 B 会得到 2,因此参与者 1 的最优策略是 B。因此,这个博弈的均衡是 (B,D)。这样通过逆向归纳过程得到的均衡称为子博弈精炼纳什均衡(subgame perfect Nash equilibrium)。在一个扩展式博弈中,如果一个节点和它的所有后续节点都不在任何一个包含不是该节点后续节点的节点的信息集里,那么我们说该节点开启了一个子博弈,而该节点与其后续节点所定义的树状结构称为子博弈。如果一个策略组合在博弈的每一个子博弈中都明确给出纳什均衡,那么该策略组合就称为子博弈精炼纳什均衡。根据博弈论的库恩-策梅洛定理(Kuhn-Zermelo theorem),每个具有完美且完全信息的有限 n 人博弈通常有唯一的纯策略子博弈精炼纳什均衡,如果一个参与者对他的两个或两个以上纯策略是无差异的,那么该博弈将有多个纯策略均衡。例如,前文图 7-2 所示的按先后顺序行动的两车相遇博弈就存在两个纯策略均衡。

当完全信息动态博弈的某些信息集存在多节点时,逆向归纳仍然是最好的方法,从末端节点出发,通常求解靠近末端节点的子博弈的均衡,遇到包含有多个节点的信息集的子博弈就先确定该子博弈的纳什均衡,然后再继续逆向推进。

图 7-12 所示的扩展式博弈有两个子博弈,一个子博弈是整个博弈本身,另一个子博弈是由当参与者 1 选择 A 而到达的那个节点和其后续节点构成了一个子博弈,后者又称为适当子博弈(proper subgame)。适当子博弈就是由一个节点及其所有后续节点构成的一个博弈,它是原来博弈的一部分。我们先来看后一个子博弈,也是该博弈中唯一的适当子博弈。该子博弈的策略式可以表示为图 7-13。它只有一个纳什均衡,即 (D,X)。然后我们再往前推,参与者 1 最优的选择是一开始就选择 B,因为这样他可以获得 3 而不是 2 的收益。因此,这个博弈有一个子博弈精炼纳什均衡,就是 (BD,X)。这个均衡列明了每一个参与者在其每一个信息集上的选择,即使该博弈不会实际行动到该信息集。

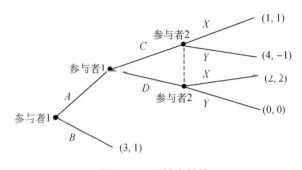

图 7-12 子博弈精炼

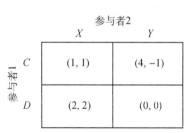

图 7-13 图 7-12 博弈的适当子博弈的策略式

事实上,图 7-12 整个博弈也可以用策略式来表示为图 7-14。该博弈有两个纳什均衡,即 (BC,X) 和 (BD,X)。(BC,X) 不是一个子博弈精炼纳什均衡,因为该策略组合无法取得在适当子博弈里的纳什均衡。子博弈精炼的概念要求该策略组合在适当子博弈里取得纳什均衡,但 (C,X) 并非适当子博弈的纳什均衡。(BC,X) 本身意味着参与者 1 和 2 共同行动形成一种威胁,以至于参与者 1 在其第一个决策点(信息集)时就选择 B。然而,(C,X) 本身这个威胁是不可信的,因为如果参与者 1 选择 A 而来到了上面的决策点时,他是不会选择 C 的,因为选择 D 会得到更高的收益。子博弈精炼纳什均衡的概念有助于排除这些不可信威胁。

	参与者2	
	X	Y
AC	(1, 1)	(4, −1)
AD	(2, 2)	(0, 0)
BC	(3, 1)	(3, 1)
BD	(3, 1)	(3, 1)

图 7-14 图 7-12 整个博弈的策略式

二、不完全信息静态博弈

我们前面讨论博弈模型中涉及信息不对称的情形,但那只是关于参与者行动的信息不对称,也就是不完美信息博弈的情形。然而,我们现在开始讨论关于其他方面如参与者的成本、偏好等(也就是关于参与者的收益)存在私人信息的情形。一个博弈中,如果某些参与者不知道其他参与者的收益,那么这个博弈就是不完全信息博弈。不完全信息博弈又称为贝叶斯博弈(Bayesian game)。博弈论考察的不完全信息博弈包括不完全信息静态博弈和不完全信息动态博弈。我们可以先介绍前者。为处理不完全信息博弈,博弈论学者海萨尼于1967—1968年引入了虚拟的参与者——"自然"(也可以看作随机事件),"自然"先选择某些参与者(如参与者1)的类型,给出参与者1是某种类型的概率,这样参与者2关于参与者1的不完全信息就转化为关于"自然"行动的不完美信息,从而可以继续运用前面介绍的一些技术手段。① 特别是,我们可以使用纳什均衡的概念。海萨尼提出的贝叶斯均衡(Bayesian equilibrium),或称"贝叶斯纳什均衡"(Bayesian Nash equilibrium),就是指不完美信息博弈的纳什均衡。

正如博弈论学者乔尔·沃森(Joel Watson)所言,对于不完全信息静态博弈的处理方法有两种:一种是在贝叶斯策略式博弈的基础上计算可理性化性和纳什均衡,任何可以用策略式表示出来的贝叶斯博弈都可以这样处理;另一种方法就是把每个参与者的不同类型当作不同的参与者。② 下面我们举两个例子来说明这两种方法。

第一个例子是经济学里一个经典的例子。③ 一个行业有在位者(参与者1)和潜在的进入者(参与者2)。参与者1决定是否建立新厂,同时参与者2决定是否进入该行业。只有当参与者1不建新厂时,参与者2进入该行业才有利可图。不过,参与者1是否建厂还取决于建厂成本高还是低,但是这是参与者1的私人信息。假设参与者2认为参与者1建厂成本为高的先验概率是 p。图7-15是该博弈的扩展式。

这个博弈的扩展式表明,参与者1在做出要不要建厂的决定前先观察到自然的行动,而参与者2在做出要不要进入的决定前观察不到参与者1的类型是高成

---

① John Harsanyi, "Games with Incomplete Information Played by 'Bayesian' Players", *Management Science*, 1967-1968, 14, pp.159-182, 320-334, 486-502.
② Joel Watson, *Strategy: An Introduction to Game Theory*, New York: W. W. Norton & Company, 2002, p.256.
③ 参见[美]朱·弗登博格、[法]让·梯若尔:《博弈论》,黄涛等译,中国人民大学出版社2002年版,第183—185页。

本还是低成本,也观察不到参与者1的行动是建厂还是不建厂。参与者1的策略包含两个决定:一个是如果观察到自己是高成本的话是否建厂,另一个是如果观察到自己是低成本的话是否建厂。因此,参与者1的策略集是{(建,建),(建,不建),(不建,建),(不建,不建)}。(建,建)表示不论观察到自己是高成本还是低成本都选择建厂;(建,不建)表示如果观察到自己是高成本就选择建厂,如果观察到自己是低成本就选择不建厂;(不建,建),表示如果观察到

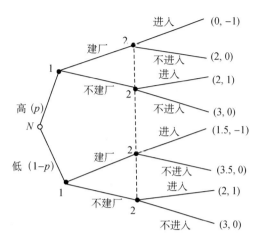

图 7-15 关于行业进入的博弈

自己是高成本就选择不建厂,如果观察到自己是低成本就选择建厂;(不建,不建)表示不论观察到自己是高成本还是低成本都选择不建厂。而参与者2的策略集是(进入,不进入)。参与者1是高成本的概率为 p,是低成本的概率为 $1-p$,因此这个博弈的策略式可以表示为图 7-16。

	参与者2 进入	参与者2 不进入
建, 建	$1.5(1-p), -1$	$2p+3.5(1-p), 0$
建, 不建	$2(1-p), -p+(1-p)$	$2p+3(1-p), 0$
不建, 建	$2p+1.5(1-p), p+(-1)(1-p)$	$3p+3.5(1-p), 0$
不建, 不建	$2, 1$	$3, 0$

图 7-16 关于行业进入的博弈的策略式表示

	参与者2 进入	参与者2 不进入
建, 建	$1.5-1.5p, -1$	$3.5-1.5p, 0$
建, 不建	$2-2p, 1-2p$	$3-p, 0$
不建, 建	$1.5+0.5p, 2p-1$	$3.5-0.5p, 0$
不建, 不建	$2, 1$	$3, 0$

图 7-17 图 7-16 的化简版

对各策略组合的收益进行化简,得到图 7-17。按照策略式博弈求纳什均衡的方法,比较图 7-17 中各方格内收益数值,我们可以得到以下结果。对于任何 $0 \leqslant p \leqslant 1$,[(不建,不建),进入]都是一个贝叶斯纳什均衡。当且仅当 $0 \leqslant p \leqslant \frac{1}{2}$ 时,[(不建,建),不进入]是一个贝叶斯纳什均衡。

求解不完全信息静态博弈的另一种方法是把参与者的不同类型当作不相干的不同参与者,分别计算有不同类型的参与者和其他参与者的最优反应,其他参与者

由于无法观察到有不同类型的参与者的类型,所以只能最大化其期望收益,这样求出来的均衡就是贝叶斯纳什均衡。我们来看不完全信息下的双寡头垄断古诺博弈的例子。假定有两个企业,其利润为 $u_i = q_i(\theta_i - q_i - q_j)$,$i = 1, 2$。这里 q_i 表示企业的产量,θ_i 表示需求函数截距与企业 i 的不变单位成本之差。企业 1 的类型 $\theta_1 = 1$ 是共同知识,但参与者 2 的类型 θ_2 是企业 2 的私人信息,但企业 1 认为企业 2 的类型有 $\frac{1}{2}$ 的概率为 $\theta_2 = \frac{3}{2}$,有 $\frac{1}{2}$ 的概率为 $\theta_2 = \frac{1}{2}$,企业 1 的判断也是共同信息。也就是说,企业 2 有两种类型,分别是低成本型 $\left(\theta_2 = \frac{3}{2}\right)$ 和高成本型 $\left(\theta_2 = \frac{1}{2}\right)$。这样,参与者 1 和参与者 2 同时选择其产量作为其策略,其行动的规则是最大化其利润。低成本的参与者 2 最大化 $u_2^L = q_2^L \left(\frac{3}{2} - q_1 - q_2^L\right)$,高成本的参与者 2 最大化 $u_2^H = q_2^H \left(\frac{1}{2} - q_1 - q_2^H\right)$,而参与者 1 则最大化其期望利润 $u_1 = \frac{1}{2} q_1 (1 - q_1 - q_2^L) + \frac{1}{2} q_1 (1 - q_1 - q_2^H)$。

令 $\partial u_2^L / \partial q_2^L = 0$,得到 $\frac{3}{2} - q_1 - 2q_2^L = 0$;

令 $\partial u_2^H / \partial q_2^H = 0$,得到 $\frac{1}{2} - q_1 - 2q_2^H = 0$;

令 $\partial u_1 / \partial q_1 = 0$,得到 $1 - 2q_1 - \frac{1}{2}(q_2^L + q_2^H) = 0$。

把以上三个方程联立方程组,就可得到该博弈的贝叶斯均衡解 $\left(q_1 = \frac{1}{3}, q_2^L = \frac{7}{12}, q_2^H = \frac{1}{12}\right)$。

三、不完全信息动态博弈

不完全信息静态博弈虽然引入"自然",但是"自然"做出行动以后,所有的参与者都同时行动或在信息结构上相当于同时行动。接下来我们来看不完全信息动态博弈,这样的博弈不仅是不完全信息的(即存在私人信息),而且参与者行动时存在先后顺序。为了研究这类博弈,博弈理论学者提出精炼贝叶斯均衡(perfect Bayesian equilibrium)的概念。这个均衡概念把策略组合与对参与者们在每个信息集上的信念的描述结合起来。这些信念表示参与者根据到达博弈的不同点做出的关于对方类型的估计。因此,信念分为初始信念(又称"先验信念")和更新的信念(又称"后验信念")。后者是指参与者在观察到对方的行动和根据博弈到达的信息集的位置而更新的关于对方参与者的类型的估计。这种估计通常体现为该参与者的信息集内不同节点上的概率分布。考虑这样的信念让我们可以评估参与者是否在其所有信息集上(包括博弈在均衡时不会到达的那些信息集)都是行为理性的,从而保证序贯理性,即参与者从他们的每一个信息集出发都最大化其收益。不完全信息动态博弈的均衡需要满足一个重要条件是:参与者的更新的信念需要与自然做出的概率分布和对方参与者的策略等保持一致。这种一致性的体现是:信念的更新遵循贝叶斯法则(Bayes' rule)。

我们可以用一个例子来看贝叶斯法则是什么。假设参与者 2 不确定参与者 1 是好的还是坏的,假定一开始参与者 1 是好的概率和是坏的概率均为 $\frac{1}{2}$。后来他们的关系遇到一个考验,面对这个考验,坏的类型的参与者 1 会百分之一百背叛参与者 2,好的参与者 1 也有可能会背叛,但其发生的概率是 $\frac{1}{4}$。那么,如果参与者 2 观察到参与者 1 背叛了,这时很显然参与者 1 是好是坏的概率就不再是对半分,而是更有可能是坏的了。那么更新的概率究竟是多少呢?设 A 代表参与者 1 是坏的,$-A$ 代表参与者 1 是好的,则 $P(A) = \frac{1}{2}$,$P(-A) = \frac{1}{2}$。设 B 代表参与者 1 背叛参与者 2,则 $P(B|A) = 1$,$P(B|-A) = \frac{1}{4}$。按照贝叶斯法则,在观察到参与者 1 背叛后,参与者 2 关于参与者 1 是坏的概率为:

$$P(A|B) = \frac{P(B|A)P(A)}{P(B|A)P(A) + P(B|-A)P(-A)} = \frac{1 \times \frac{1}{2}}{1 \times \frac{1}{2} + \frac{1}{4} \times \frac{1}{2}} = 0.8$$

精炼贝叶斯均衡是一个体现序贯理性和信念一致性的概念。一个策略组合要成为精炼贝叶斯均衡需要满足以下条件:第一,它要求每个参与者形成关于他到达每一个策略集的信念以及给定这些信念和其他参与者的策略条件下的最优行动;第二,信念形成遵循贝叶斯法则。也就是说,精炼贝叶斯均衡是一个策略组合和信念,给定参与者的信念后其策略是最优的,同时这些信念是遵循贝叶斯法则根据均衡策略和观察到的行动得出来的。通常精炼贝叶斯均衡可以根据拥有私人信息的各类型参与者的行动来分类:一是分离均衡(separating equilibrium),表示不同类型的参与者采取不同的行动;二是混同均衡(pooling equilibrium),表示不同类型的参与者采取相同的行动;三是半分离均衡(semi-separating equilibrium),表示有些类型参与者采取不同行动,而另一些类型参与者采取相同行动。

关于精炼贝叶斯均衡的求解,其实没有简易之法。我们可以看两位学者在其博弈论教科书中的经验之谈。沃森认为,要确定博弈的精炼贝叶斯均衡,可以尝试以下程序。首先围绕拥有私人信息从而有不同类型的参与者提出一个他的可能策略,这个策略要么是分离的,要么是混同的。其次,如果可能的话,使用贝叶斯法则计算出该参与者在各个信息集的决策点上的概率分布。如果遇到无法使用贝叶斯法则的情况,必须任意选择一种概率分布的情形,并且在接下来的步骤中检验不同的概率数值是否行得通。再次,给定上面所提出的在各信息集的不同点上的可能的概率分布,计算没有私人信息的参与者的最优行动。最后,检验拥有私人信息的参与者的策略是否是对没有私人信息的参与者的策略的最优回应。如果是的话,那么这两个参与者的策略就构成了一个精炼贝叶斯均衡。①

詹姆斯·莫罗(James Morrow)在其书中也有相似的建议:

> 我发现的最好的技巧就是思考这个博弈应该如何进行,制定一个可能的均衡,并查看在给定信念的条件下这些策略是不是最优的,以及由均衡路径上的策略能否得出这些信念。对于检查什么策略可能处于均衡中以及需要什么信念来支持这些策略,逆向归纳可能大有帮助。另一种做法是,寻找纳什均衡,确定沿着均衡路径会得出什么信念,并查看在给定这些信念的条件下这些策略是否是序贯理性的。②

总之,正如以上两位博弈论学者所言,由于精炼贝叶斯均衡是体现序贯理性的策略组合与信念的结合,所以我们需要提出某个策略组合然后找与之相符的信念,再从信念推敲策略组合是否对双方是最优的,即是否符合序贯理性,因此,这个求解过程往往需要经过多次来回检验推敲才能找到这样的均衡。此外,关于精炼贝叶斯均衡的存在性,与纳什均衡和子博弈精炼纳什均衡类似,每个有限的 n 人博弈至少有一个混合策略形式的精炼贝叶斯均衡。

下面我们举例说明精炼贝叶斯均衡的求解。图 7-18 所示的博弈是一个常被用来探讨对先发制人打击的恐惧的模型。③ 博弈中 A 和 a 分别表示参与者 1 和参与者 2 发动攻击,D 和 d 分别表示参与者 1 和参与者 2 保持现状。如果双方保持现状,那么双方可以得到最好

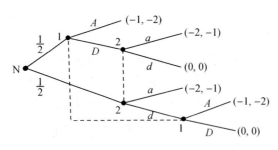

图 7-18　包含对先发制人优势的博弈

---

① Joel Watson, *Strategy: An Introduction to Game Theory*, W. W. Norton & Company, 2002, p.277.
② [美]詹姆斯·D. 莫罗:《政治学博弈论》,吴澄秋、周亦奇译,上海人民出版社 2021 年版,第 193 页。
③ 该博弈是莫罗的《政治学博弈论》第六章练习题 6.7 的一个模型。[美]詹姆斯·D. 莫罗:《政治学博弈论》,吴澄秋、周亦奇译,上海人民出版社 2021 年版,第 197 页。

的结果(0,0)。假定双方都拥有核武器,如果一方发动攻击,那么另一方遭受严重毁坏,但是发动攻击一方也会遭受一定程度的伤害,也许是因为会招致反击。发动攻击的一方的收益为-1,遭受攻击的一方的收益为-2。在存在先发制人优势的情况下,两个参与者在决策时都不知道自己是位于上面的节点还是下面的节点上,即不知道谁先行动。也就是说,当一个参与者做决策时,他能观察到现状还被保持,尚未发生核袭击,但是不知道这是因为对方已经选择了保持现状,还是因为对方正准备发动袭击,只不过自己处于首先行动的位置,对方尚未行动罢了。

这样一个博弈的精炼贝叶斯均衡的形式常常是(参与者1在其信息集的行动;参与者2在其信息集的行动:参与者1关于他位于其信息集上面节点的信念;参与者2关于他位于其信息点上面节点的信念)。在这个博弈中,两位参与者都不确定他是否是首先行动的一方。参与者1在他的信息集时,他是选择A还是D取决于他认为自己有多大的可能是在上面的节点上,还取决于参与者2会以多大的概率采取a,又以多大的概率采取d。下面来探讨这个博弈的一个混合策略。假定参与者1以p的概率采取A,以$1-p$的概率采取D,而参与者2以q的概率采取a,以$1-q$的概率采取d。那么我们先求该混合均衡,它要求两位参与者都会调整在自己两个纯策略上的概率分布以使对方对于其两个纯策略是无差异的。

$$u_1(A) = \left(\frac{1}{2}\right)(-1) + \left(\frac{1}{2}\right)(1-q)(-1) = -1 + \frac{q}{2},$$

$$u_1(D) = \left(\frac{1}{2}\right)[q(-2)+(1-q)(0)] + \left(\frac{1}{2}\right)(1-q)(0) = -q$$

令$u_1(A) = u_1(D)$,得到$q = \frac{2}{3}$。

同样, $u_2(a) = \left(\frac{1}{2}\right)(1-p)(-1) + \left(\frac{1}{2}\right)(-1) = -1 + \frac{p}{2},$

$$u_2(d) = \left(\frac{1}{2}\right)(1-p)(0) + \left(\frac{1}{2}\right)[p(-2)+(1-p)(0)] = -p$$

令$u_2(a) = u_2(d)$,得到$p = \frac{2}{3}$。

要支撑这样一个混合均衡成为一个精炼贝叶斯均衡,需要什么样的信念呢?根据贝叶斯法则,要使这个混合均衡实现,参与者1应当相信,当他的信息集被到达时,他位于信息集的上面节点的概率是:

$$p(\text{参与者 1 位于其上面节点} \mid \text{参与者 1 信息集被到达})$$

$$= \frac{\left(\frac{1}{2}\right)(1)}{\left(\frac{1}{2}\right)(1) + \left(\frac{1}{2}\right)(1-q)}$$

$$= \frac{\left(\frac{1}{2}\right)(1)}{\left(\frac{1}{2}\right)(1) + \left(\frac{1}{2}\right)\left(1-\frac{2}{3}\right)} = \frac{3}{4}$$

而参与者 2 应当相信,当他的信息集被到达时,他位于信息集上面节点的概率是:

$$p(\text{参与者 2 位于其上面节点} \mid \text{参与者 2 信息集被到达})$$

$$= \frac{\left(\frac{1}{2}\right)(1-p)}{\left(\frac{1}{2}\right)(1-p) + \left(\frac{1}{2}\right)(1)}$$

$$= \frac{\left(\frac{1}{2}\right)\left(1-\frac{2}{3}\right)}{\left(\frac{1}{2}\right)\left(1-\frac{2}{3}\right) + \left(\frac{1}{2}\right)(1)} = \frac{1}{4}$$

检验整个博弈,$\left[\left(\frac{2}{3}A, \frac{1}{3}D\right); \left(\frac{2}{3}a, \frac{1}{3}d\right); \frac{3}{4}; \frac{1}{4}\right]$(其中信念是参与者位于其信息集中上面的节点)是一个精炼贝叶斯均衡。也就是说,双方参与者都认为自己有 $\frac{3}{4}$ 的概率是首先行动的参与者,双方参与者都有 $\frac{2}{3}$ 的概率发动攻击,有 $\frac{1}{3}$ 的概率保持现状,这是一个精炼贝叶斯均衡。

再来看一个纯策略配对($D;d$),即参与者 1 和参与者 2 都采取保持现状,这是否会一个均衡? 我们可以验证一下。对于每位参与者来说,不管自己是否是首先行动的那一位,给定对方已经采取保持现状或即将采取保持现状的行动,他的最优回应都是保持现状,因为这会带来比发动攻击更大的收益($0 > -1$)。因此,这个策略配对是符合序贯理性的纳什均衡。再来看信念,由于双方都选择保持现状,对于参与者 1 来说,当他的信息集被到达时,由于参与者 2 也以 1 的概率采取 d,因此参与者 1 位于其信息集的上面节点的概率是:

$$p(\text{参与者 1 位于其上面节点} \mid \text{参与者 1 信息集被到达})$$

$$= \frac{\left(\frac{1}{2}\right)(1)}{\left(\frac{1}{2}\right)(1) + \left(\frac{1}{2}\right)(1)} = \frac{1}{2}$$

同样,参与者 2 位于其信息集上面节点的概率也是 $\frac{1}{2}$。直观地来说,由于双方都不会发动攻击,而是维持现状,因此与这样的策略配对相一致的是双方都没有因为有任何一方以任何正概率采取进攻行为而改变其关于自己是否是先发行动者的信念。这样,先验的概率分布即自然的选择 $\left(\frac{1}{2};\frac{1}{2}\right)$ 保持不变。因此,$\left(D;d:\frac{1}{2};\frac{1}{2}\right)$(其中信念是参与者位于其信息集中上面的节点)是一个精炼贝叶斯均衡。

再来看一种可能,如果一方(如参与者 1)采取进攻(A)纯策略,那么在该博弈中另一个参与者(参与者 2)没有可能成为后发行动者,只有自然选择的 $\frac{1}{2}$ 概率成为先发行动者,而他作为先发行动者时最优选择也是进攻(a)。再来看与均衡策略配对(A,a)相一致的信念。由于双方参与者都会采取进攻而不是保持现状,因此对于两位参与者来说,如果任何一方的信息集被到达,那么其为先发行动者的概率是 1。也就是说,

$$p(参与者 1 位于其上面节点 \mid 参与者 1 信息集被到达)$$
$$=\frac{\left(\frac{1}{2}\right)(1)}{\left(\frac{1}{2}\right)(1)+\left(\frac{1}{2}\right)(0)}=1$$

$$p(参与者 2 位于其上面节点 \mid 参与者 2 信息集被到达)$$
$$=\frac{\left(\frac{1}{2}\right)(0)}{\left(\frac{1}{2}\right)(0)+\left(\frac{1}{2}\right)(1)}=0$$

因此,(A;a:1;0)(其中信念是参与者位于其信息集中上面的节点)也是一个精炼贝叶斯均衡。

需要指出的是,精炼贝叶斯均衡只是关于信念的弱一致性与序贯理性的结合。一方面,逆向归纳是通过比较参与者的每一个潜在行动的后果,即比较在均衡路径上的结果和不在均衡路径上的结果,来实现序贯理性的。另一方面,在引入信念后,行动会带来信念的改变,而信念的改变也影响关于哪种行动是最优的评价。精炼贝叶斯均衡只要求参与者在均衡路径上的信息集的信念是一致的,而对不在均衡路径上的信息集上的信念一致性没什么限定。也就是说,精炼贝叶斯均衡要求参与者不在均衡路径上的行动也服从最优回应的准则,但是我们可以在均衡路径之外自由选择信念。序贯均衡概念是对精炼贝叶斯均衡概念的改善,它是关于信念的强一致性与序贯理性的结合,它要求参与者的策略在出现稍微偏误从而以正

概率到达全部信息集的情况下参与者的信念与策略仍然能保持一致性并且信念仍然满足贝叶斯法则。① 简言之,它对整个博弈所有信息集上的信念都施加了一定的限定。序贯均衡是精炼贝叶斯均衡的一个子集。不仅如此,如果一个有限的扩展式博弈只有两个时期并且每个参与者最多只有两种类型,那么序贯均衡和精炼贝叶斯均衡是重合的。

第四节　博弈论的应用

博弈论主要用于理性选择理论的构建,其目的是构建关于某个现象的解释机制或探究影响某个现象的因素以及这些因素与该现象的关系。在现实的研究中,对博弈论的应用有四个层次。

第一个层次就是基于对某社会现象的影响因素或形成机制的分析,指出该社会现象的本质,然后用某个典型的博弈论模型来概括这一社会现象的形成机制,并借助该典型的博弈论模型来探讨该社会现象的变化趋势,或提出应对该社会现象的可行政策。这种研究通常缺乏严谨的数学推导与证明,而是基于对社会现象的分析与把握,博弈论模型起到概括和提供分析基础的作用。

第二个层次是就某种社会现象建立博弈论模型。这种做法一般先对该社会现象做深入的定性分析,然后根据分析对象的具体情况而对参与者的数量、每个参与者的偏好和利益结构、参与者们采取行动的先后顺序以及信息完备程度等做假定。从这些假定条件出发,建模者求取博弈论模型的均衡,而该均衡所代表的状态是参与者们在符合自身偏好与利益结构、满足该模型所规定的信息条件和决策顺序的情况下,根据理性自利原则做出选择而形成的结果。博弈的均衡概念大体上指的是这样一种状态:如果一方不改变其策略,另外一方也不会改变其策略。因此,它大体上代表着参与者们相互进行策略互动而形成的相对稳定的结果。透过模型的构建、均衡的求取与解读,我们可以更好地理解制度的形成、国际冲突的演变方向与结局、公共政策的结果,等等。

第三个层次就是基于模型的求解而对模型做进一步的分析与讨论。这一般包括考察博弈模型的解的相关因素对均衡状态的影响,也可以就专门的参数与均衡状态之间的关系分情况讨论,甚至可以将某些参数在取大小不同的值时的均衡结果画成图形,从而更直观地揭示某些外生变量对博弈均衡的影响。

第四个层次就是基于对博弈均衡影响因素的分析而梳理解释因变量变化的相

---

① 关于精炼贝叶斯均衡与序贯均衡的区别,参见 Nolan McCarty and Adam Meirowitz, *Political Game Theory: An Introduction*, Cambridge University Press, 2007, pp. 236-239。

关自变量并构建解释因变量变化的相关假说,进而使用数据去检验这些假设。简单地说,第四个层次就是基于运用博弈论所构建的理论成果而采取经验研究去检验这些理论成果。

本 章 小 结

本章介绍了策略式和扩展式的博弈表示形式,也介绍了不同类型和复杂程度的博弈以及它们的均衡求解方法。相对而言,策略式博弈的表示形式比较适合用来厘清不同相关方的不同选择、这些选择的交集以及这些选择所导致的结果对各方的利弊得失。这种博弈表示形式比较适合用来厘清各方的关联和利益,适合用于各种议题的分析。扩展式博弈的表示形式适合用来清楚表达关于某政治事件的互动过程,并且能引入信息和信念等因素。各类型的博弈分别适用于不同议题的分析,国内政治学者也已经广泛地把博弈论应用于一系列议题的研究中。一般情况下,完全信息静态博弈比较适合用于投票分析、候选人竞争的空间分析以及国际关系中结果同时取决于双方的战略选择的情况等的研究。[①] 完全信息动态博弈则适用于分析讨价还价等问题。[②] 不完全信息静态博弈适合应用于探讨如何克服信息不对称的机制设计问题,而不完全信息动态博弈则适合分析声誉、威慑、信息传递等。[③] 此外,也有许多学者把博弈论应用于其他政治与行政议题的研究中。[④] 随着社会科学各学科之间,特别是经济学与政治学之间越来越多交流与融合,相信博弈论作为一个已经行之有年的理论建构工具会在我国政治学研究中发出新的亮光。

[①] 例如,唐世平用完全信息静态博弈分析了中印关系,是国内最早运用博弈论来研究国际关系问题的国际关系学者之一。唐世平:《中国-印度关系的博弈和中国的南亚战略》,《世界经济与政治》2000年第9期,第24—29页。

[②] 例如,吴澄秋用一个完全信息动态博弈来探讨中国与美国之间围绕台湾问题的动态战略平衡;陈拯用一个完全信息动态博弈来研究在国际制度变迁过程中守成国与崛起国围绕改制还是建制问题的讨价还价。Chengqiu Wu, "The Balance of Threat across the Taiwan Strait: A Game Theoretical Analysis", *Journal of Chinese Political Science*, 2005, 10(2), pp. 43-76;陈拯:《改制与建制之间:国际制度竞争的策略选择》,《世界经济与政治》2020年第4期,第81—109页。

[③] 例如谢建国用不完全信息动态博弈来研究伊拉克的大规模杀伤性武器核查危机,漆海霞与齐皓用不完全信息动态博弈来探讨美国向盟友的信号传递问题。谢建国:《不完全信息、信念与博弈均衡——伊拉克武器核查危机的一个博弈论解释》,《世界经济与政治》2003年第5期,第50—55页;漆海霞、齐皓:《同盟信号、观众成本与中日、中菲海洋争端》,《世界经济与政治》2017年第8期,第106—134页。

[④] 例如,周黎安探讨了地方官员之间具有锦标赛特征的晋升博弈对地区间经济竞争与合作的影响,带动了许多中国学者运用博弈论对地方政府间关系和央地关系的研究。周黎安:《晋升博弈中政府官员的激励与合作——兼论我国地方保护主义和重复建设问题长期存在的原因》,《经济研究》2004年第6期,第33—40页。

思考题

1. 与案例研究等研究方法相比,博弈论作为一种理论建构方法具有什么特点?具有什么优势与劣势?

2. 写出下图博弈及其适当子博弈的策略式。找出纳什均衡和子博弈精炼纳什均衡。请问该博弈的哪个纳什均衡不是子博弈精炼的?

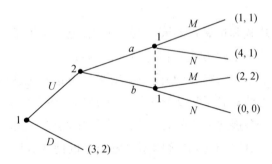

3. 下图中描述了这样一个博弈。① "自然"先决定参与者1的类型,他有 p 的概率为朋友,有 $1-p$ 的概率为敌人。参与者1观察到"自然"的行动,从而知道自己的身份。假定朋友会把好东西放在礼品盒里,而敌人会把不好的东西放在礼品盒里。参与者1先决定是否把礼品盒给参与者2,如果他决定不给,那么博弈结束,如果给,那么参与者2必须决定拒绝还是接受该礼品盒。如果参与者2拒绝接受礼品盒,会让参与者1失落。参与者2能观察到参与者1是否把礼品盒给他,但观察不到参与者1的类型。请用策略式把该博弈表示出来,并且求其贝叶斯纳什均衡。

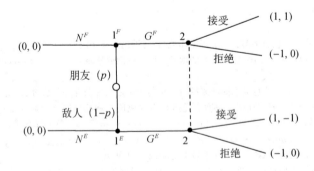

---

① 该博弈模型引用自 Nolan McCarty and Adam Meirowitz, *Political Game Theory: An Introduction*, Cambridge University Press, 2007, pp. 239-241。

延伸阅读

1. ［美］朱·弗登博格、［法］让·梯若尔：《博弈论》，黄涛等译，中国人民大学出版社 2002 年版。

该书是博弈论的经典教材，全书分完全信息的静态博弈、完全信息的动态博弈、不完全信息的静态博弈、不完全信息的动态博弈、高级专题五个部分，介绍了博弈论的概念、定理与博弈论分析工具在经济学领域的应用。该书用数学语言对博弈论的相关概念作精确的定义，对相关定理作清晰的证明，并提供大量习题。该书两位作者堪称博弈论与产业组织领域的泰斗，后者更因其对垄断产业的研究而获得 2014 年的诺贝尔经济学奖。该书对读者的数学基础要求很高，读来较为艰深，可作为博弈论的高级教材。

2. 张维迎：《博弈论与信息经济学》，格致出版社 2012 年版。

该书是由中国人撰写的博弈论教材中最广为人知的一本，它深入浅出地介绍了博弈论的基本概念、定理、各种均衡的求解方法以及信息经济学的主要理论成果。书中运用大量的例子，涵盖经济、政治、社会等领域，可读性很强。该书在 1996 年首版后，曾在国内学界掀起博弈论和信息经济学的热潮，对博弈论分析工具和信息经济学主要理论观点的传播贡献良多。该书对读者的数学基础要求不高，适合用于博弈论的自学，但读者需要有一定的经济学基础。

3. ［美］詹姆斯·D.莫罗：《政治学博弈论》，吴澄秋、周亦奇译，上海人民出版社 2021 年版。

该书是向政治学者介绍博弈论的经典教材。作者长期在校际政治与社会研究联盟（Inter-university Consortium for Political and Social Research, ICPSR）的定量研究方法暑期班讲授博弈论。该书除了介绍博弈论的基本概念与分析方法，还围绕政治学与国际关系领域的四个重要议题（立法规则的作用、国际危机中的威慑、大众选举中的投票、讨价还价）举例展示博弈论如何运用于对政治议题的分析。该书的数学难度适中，实用性强，适用于政治学者对博弈论的学习。

4. ［美］诺兰·麦卡蒂、［美］亚当·梅罗威茨：《政治博弈论》，高晓辉、孙经纬译，上海财经大学出版社 2021 年版。

该书用规范的数学语言全面而系统地把博弈论的概念、定理等呈现给读者，介绍了运用博弈论来分析诸如候选人间的政治竞争、利益集团的捐款、贸易限制、陪审团投票、权力转移、民主转型、联合政府的组建、选举政治、游说、族群间合作、贸易战、讨价还价等一系列政治议题的有关模型，并提供大量的习题。该书对读者的数学基础要求较高，可以作为政治学学生与学者学习博弈论的高级教材。

5. Joel Watson, *Strategy: An Introduction to Game Theory*, 3rd edn., W. W. Norton & Company, 2018.

该书是一本初级的博弈论教材，书中对博弈论的概念、定理及其在产业组织、贸易理论、劳动经济学等领域的应用作了言简意赅、清晰易懂的介绍。该书一大特点是对各种类型的博弈模型的求解方法的介绍非常实用，而且对相关内容的阐释常结合具体例子进行，适合对博弈论没有很多基础的读者阅读。

6. Emerson Niou and Peter C. Ordeshook, *Strategy and Politics: An Introduction to Game Theory*, Routledge, 2015.

该书并非博弈论教材，而是一本系统介绍以博弈论为方法的国际关系理论教材。在简要介绍博弈论基本概念的基础上，该书分别围绕讨价还价、实力变迁与战争、私人信息与战争、军备竞赛与战争、合作理论、外交与信息传递、多边合作、国内政治与国际关系等专题介绍了一系列模型，每一章均是以博弈论模型结构由简单到复杂而展开，全书各章之间的安排也体现了博弈形式从简单到复杂的顺序。该书需要的数学基础适中，但读者需要具备一定的博弈论基础知识。

第八章
一元线性回归

线性回归是回归分析中应用最为广泛的方法,在政治学领域的实证研究中也得到了广泛应用。线性回归在实证研究中的主要目的是利用样本信息获得总体信息的估计,以及通过假设检验来判断估计结果的统计显著性。随着大数据时代数据收集成本的降低和社会科学领域"可信性"革命的进展①,统计推断的作用可能越来越小,但对因果效应的探讨逐渐成为社会科学研究的重点。双重差分、合成控制法、断点回归等实证策略的思路,虽然是基于因果推断而出现的,但其基础依然是线性回归。因此,对线性回归的学习和理解将为后续实证策略的学习奠定重要基础。本章首先介绍数据与数据类型,然后聚焦一元线性回归模型。

第一节 数据与数据类型

本节主要介绍了变量的类型、数据的来源与类型、数据的概率分布,并简述了数据描述性统计。

一、随机变量和变量类型

在现实生活中,结果不能预先完全确定的一个事件被称为随机事件。如抛掷一枚硬币,其结果有可能是出现正面,也有可能是出现反面。理论上,试验可以被无限次重复,如果每次都可能出现不同的结果,并且所有的结果都能列举出来,那么事件 A 就具有确定的概率 $P(A)$,$P(A)$ 就称为事件 A 的概率函数。相应地,将随机事件进行数量化表述,即有了随机变量(random variable)的概念。

作为统计学中的一个常用概念,变量一般指的是说明现象某种特征的概念。

---

① 2021年诺贝尔经济学奖被授予戴维·卡德(David Card)、乔舒亚·安格里斯特(Joshua Angrist)和吉多·因本斯(Guido Imbens)三位在因果推断领域做出重大贡献的学者。

在实际研究中,随机变量通常用大写字母表示(例如 X),其可能的具体值用对应的小写字母表示(例如 $x=3$)。按照变量的类型对其进行划分(如图 8-1 所示),总体可分为两类:数值变量(numerical variable)和分类变量(categorical variable)。数值变量主要用数字来表达,例如身高为 170 cm,体重为 50 kg 等,对数值变量而言,加减乘除等运算是有意义的。分类变量主要以自然语言而非数字的形式呈现,如"最喜欢的颜色"为蓝色,"职业"为教师等,对其进行四则运算是无意义的。

数值变量又可以进一步分为离散型变量(discrete random variable)和连续型变量(continuous random variable)。离散型变量的"离散"在于,其数值是间断的,只能用自然数或整数表示,不可以被无限拆分,例如一个家庭的孩子数、一个地区的企业数、一个工厂的职工数和设备数等。而连续型变量在一定区间内可以任意取值,其数值是连续不断的,例如身高可能是 150 cm—180 cm 区间的任意取值,可以精确到小数点后的无穷多位,某个时刻也可能是介于 11 时至 12 时的任意节点。

分类变量可以分为有序分类变量(ordinal categorical variable)和无序分类变量(nominal categorical variable)。前者描述事物等级或顺序,例如问卷调查中的满意度变量,常用的韦斯特五阶量表分别是"非常不满意、不满意、中立、满意、非常满意",每个选项的情感色彩呈现正向的递进关系,因此是有序分类变量。此外,经济水平的高中低、教育水平的高中低也是有序分类变量。而类似于"喜欢的水果"这一变量,选项为"苹果、梨子、香蕉",任意选项都是一个独立的品类,取值之间没有顺序差别,那么便是无序分类变量,类似的例子还有血型、民族、从事行业等,在具体数据处理过程中也被称为虚拟变量或哑变量(dummy variable)。

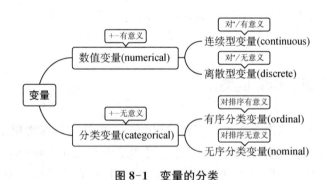

图 8-1 变量的分类

二、数据来源和数据集类型

本部分主要介绍数据来源以及数据的分类与结构。

（一）数据来源

当研究问题确定后，必须确定数据的可得性。如何通过合适的渠道找到自己需要的数据呢？首先需要明确数据有哪些来源。

按照收集方法划分，数据可分为观测数据和实验数据。前者是研究者直接调查或测量所收集到的数据，后者是研究者通过在实验中控制实验对象以及所处的实验环境所收集到的数据。对于目前国内的政治学研究而言，使用实验数据的研究仍很少，实证研究以观测数据为主。①

按照使用者划分，可分为一手数据和二手数据，前者是自己调查或实验得到的数据，后者是通过他人的调查或实验得到的数据。研究中常常用到的国内数据集有：
- 中国家庭收入调查（Chinese Household Income Project, CHIP）
- 中国家庭追踪调查（China Family Panel Studies, CFPS）
- 中国健康与养老追踪调查（China Health and Retirement Longitudinal Study, CHARLS）
- 中国家庭金融调查（China Household Finance Survey, CHFS）
- 中国综合社会调查（Chinese General Social Survey, CGSS）

这些数据集分别就中国社会发展的不同具体方面进行了调查，最大的优势在于权威性与样本的丰富性。研究者既可以就单个年份的数据进行研究，也可以通过合并多个年份的数据构建混合界面数据或者面板数据进行研究。此外，其他二手数据如全国人口普查数据、工业企业数据库、海关交易数据库等官方数据，需要在特定的部门网站上进行搜集和整理。

值得注意的是，在大数据时代，研究的数据来源也发生了变革。不同于过去主要依赖调查数据和官方数据等 PGC（专业生产内容）的研究模式，大数据时代海量 UGC（用户生产内容）赋予了研究更多的可能性。例如获取社交网络上网民就某一事件的发帖内容进行情感分析来研究网民诉求，获取同一主题的领导人发言进行文本分析来度量政府对不同公共事务的重视程度等。此外，我们所熟悉的淘宝等电商软件上的交易数据、豆瓣等社交平台上的电影评分数据等也是可供选择的二手研究资料。

---

① 国内使用实验数据的代表性政治学研究有：Sarah E. Anderson, Mark T. Buntaine, Mengdi Liu, et al., "Non-Governmental Monitoring of Local Governments Increases Compliance with Central Mandates: A National-Scale Field Experiment in China", *American Journal of Political Science*, 2019, 63(3), pp. 626-643.

(二) 数据的分类与结构

获得了数据之后，应当根据数据的不同类型，对其做进一步处理。

根据数据的不同表达方式，可以将数据分为定量数据与定性数据，具体可以参照第一节的变量类型部分。但是，是否一串数字就一定是定量数据呢？并不尽然。不妨思考一下身份证号码，其作为一串数字，虽然在不同的位数上具有区域、性别、生日等不同的含义，但身份证号码之间数值大小的比较并无任何意义，因此本质上属于定性数据。

根据数据的不同性质划分，一般将研究中常见的数据分为四种数据结构，分别是横截面数据、时间序列数据、面板数据与混合截面数据。

横截面数据（cross-sectional data）是在给定时点对个人、家庭、企业等一系列其他单位采集样本时所构成的数据集，因此没有时间维度的信息。在此类数据背后的重要假设是，它们是通过对总体随机抽样得到的。例如，2021年31省各自的年度GDP就是一组横截面数据。在研究中，横截面数据广泛地应用于微观经济学研究，例如人口普查、劳动/经济学、金融调查等领域。

与横截面数据相对，时间序列数据（time-series data）描述的是同一个体在不同时间点的变动，例如一个省份在2013—2022年的GDP变化、CPI变动、人数增减、$PM_{2.5}$含量等。需要注意的是，选取数据的时间间隔会根据实际情况或者研究的需要有所不同，周、月、季、年不等。

面板数据（panel data）在某种程度上而言是上述两类数据的综合，既有时间维度，也有个体维度，展现的是每个个体在一系列时间变量中的情况，例如对同样的31个省的GDP都做了十年（2012—2021年）的跟踪，或者对同一群人的工资情况跟踪了五年等。需要明确的是，面板数据控制了不随时间变动且无法观测的特征，因此每期观察到的个体必须是相同的，一旦上述的省份或人群的组成有所变化，都不能够称其为面板数据。面板数据在研究中具备独特的优势，也被广泛地应用于各类的政策评估之中。

混合截面数据（pooled cross-sectional data）与面板数据的差异，在于每期观察的个体发生了改变，相当于把多个横截面数据合并在一起。最典型的案例是十年一次的人口普查，由于人口的出生、逝世、地域流动，事实上不会多年追踪一模一样的同一群人。又例如2010年和2020年的中国房价，研究对象也早已改变。这类数据在研究中被广泛地用于公共政策的前后比较和群组研究领域。

三、数据分布及其描述

俗语云"巧妇难为无米之炊"，当食材既成、数据既得后，如何进一步精确把握数据分布的特征,烹饪出研究的大餐? 本节将先解读何为数据的概率分布,再讨论分布的集中趋势、分布的离散程度、分布形状等。

(一) 数据的概率分布

如上所述,随机变量中的数值变量可以进一步分为离散型变量和连续型变量。当描述一组离散型随机变量时,如表 8-1 的形式即可表述该组变量 X 的概率分布:

表 8-1 离散型随机变量的概率分布示意

$X = x_i$	x_1	x_2	⋯	x_n
$P(X = x_i) = p_i$	p_1	p_2	⋯	p_n

离散随机变量还有一种非常常见的概率分布,即伯努利分布,或称二项分布。这类变量的取值只有 0 或 1。生活中最典型的伯努利变量的例子便是抛掷一枚硬币,其正面向上,记为 $X = 1$,反面向上,记为 $X = 0$。

但是,当变量是连续型随机变量时,由于其可以在某一区间内任意取值,不能确切列出每个变量的取值与对应的概率,因此单纯讨论某个变量对应概率没有意义,必须使用概率密度函数(probability density function, PDF)的方式来刻画其概率分布。而 PDF 通常刻画的是某一个区域内取值的概率,如图 8-2 中,$P(a \leqslant X \leqslant b)$ 的大小就是 PDF 曲线与 $x = a$、$x = b$、横坐标轴围成部分的面积。例如,在全国所有 20 岁的男性之中,身高在 170 cm—

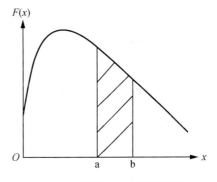

图 8-2 概率密度函数示意图

180 cm 的概率即图 8-2 中 $x = 170$、$x = 180$、($a = 170$,$b = 180$)与 x 轴,$F(x)$ 共同形成的区域的面积。

概率密度函数一般满足如下的性质:

(1) $f(x) \geqslant 0$,随机事件发生的概率不可能为负,因此概率密度函数的取值恒大于等于 0。

(2) $\int_{-\infty}^{+\infty} f(x) \mathrm{d}x = 1$,穷尽所有随机事件,发生概率之和一定为 1,因此累积分布函数最大的取值一定为 1。

在此基础上,定义累积分布函数(cumulative distribution function, CDF)作为概率密度函数的积分,如图 8-3 所示。

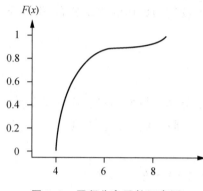

图 8-3 累积分布函数示意图

累积分布函数一般有如下性质：

(1) $0 \leqslant F(x) \leqslant 1$。累积分布函数不可能为负数，最大值为 1。

(2) 如果 $x_2 > x_1$，那么 $F(x_2) \geqslant F(x_1)$。由于每个变量值对应的概率都不可能为负，因此累积分布函数一定是单调递增函数。

(3) $F(+\infty) = 1$，$F(-\infty) = 0$。随着 x 趋于负无穷，所有的 CDF 趋于 0。CDF 通常是归一化的，因此随着 x 趋于正无穷，它将趋于 1。

(4) 对于任何数字 c，$F(X > c) = 1 - F(c)$。$F(c)$ 的大小就是 x 落在 $(-\infty, c]$ 区间的概率之和，即 $F(X \leqslant c)$，而 x 落在 $(-\infty, +\infty)$ 的总体概率之和一定为 1，因此 $F(X > c)$ 一定等于两者之差，即 $1 - F(c)$。

(5) 对于任何存在的 $a < b$，$P(a < X \leqslant b) = F(b) - F(a)$。累积分布函数通常刻画的是某一区间内取值的概率，$F(b)$ 的大小就是 x 落在 $(-\infty, b]$ 区间的概率之和，$F(a)$ 的大小就是 x 落在 $(-\infty, a]$ 区间的概率之和，而由于 $a < b$，又因为 $F(x)$ 为单调递增函数，因此 $F(b) - F(a)$ 之差为 x 落在 $(a, b]$ 区间的概率之和，即 $P(a < X \leqslant b)$。

(二) 数据的分布形状与正态分布

在此基础上，全面了解数据的分布形状需借助峰度和偏度两个指标。

峰度（kurtosis）用来度量随机变量概率分布的陡峭程度，其统计量是峰态系数，计算公式为：

$$Kurt(X) = E\left[\left(\frac{X - \mu}{\sigma}\right)^4\right] \tag{8-1}$$

当峰态系数<0 时，数据呈扁平分布；当峰态系数>0 时，数据呈尖峰分布。

偏度（skewness）用来度量随机变量概率分布的不对称性，其统计量是偏态系数，计算公式为：

$$Skew(X) = E\left[\left(\frac{X - \mu}{\sigma}\right)^3\right] \tag{8-2}$$

当偏态系数＝0 时，数据为对称分布（正态分布）；当偏态系数>0 时，数据呈右偏分布；当偏态系数<0 时，数据呈左偏分布。对其进行进一步的精细划分：偏态系数大于 1 或小于 -1，为高度偏态分布；偏态系数在 0.5 到 1 或 -1 到 -0.5 之间，为中等偏态分布；偏态系数越接近 0，偏斜程度就越低。此外，数据的偏态情况会影

响中位数与平均数的大小关系：在右偏分布中，平均数的数值大于中位数；在左偏分布中，平均数的数值小于中位数；在对称分布中，平均数接近中位数或与中位数相等。

偏度为 0 时的分布情况，即正态分布（normal distribution）情况（如图 8-4 所示），是统计学中常常关注的特殊分布类型。若随机变量 X 服从一个数学期望为 μ、方差为 σ^2 的正态分布，记为 $N(\mu, \sigma^2)$，其概率密度函数如下：

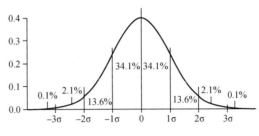

图 8-4　正态分布示意图

$$f(x) = \frac{1}{\sqrt{2\pi}\sigma} \exp\left[-\frac{(x-\mu)^2}{2\sigma^2}\right] \tag{8-3}$$

其中，期望值 μ 决定了其位置，标准差 σ 决定了分布的幅度。当 $\mu=0$，$\sigma=1$ 时，正态分布就成为标准正态分布，其概率密度函数如下：

$$f(x) = \frac{1}{\sqrt{2\pi}} \exp\left(-\frac{x^2}{2}\right) \tag{8-4}$$

标准正态分布的意义在于，任何一个一般的正态分布都可以通过线性变换转化为标准正态分布，而这个过程就叫作"标准化"，具体标准化的过程通过 $z = \dfrac{X-\mu}{\sigma}$ 来实现。

（三）数据的集中程度指标

如何进一步衡量一组数据的集中程度？通常使用的观测指标为平均数、中位数、众数和分位数。

平均数（mean）最为常见，用以衡量一组定量数据的集中程度，其定义为观测值的总和除以观测值的个数。中位数（median）顾名思义，指的是最中间的观测值，既可用于衡量定量数据，也可用于衡量定性数据。在计算一组数据的中位数时，需要首先将数据按照递增的顺序排列。如果这组数据的个数是奇数，中位数就是最中间的观测值；如果是偶数，中位数就是最中间两个观测值的平均数。例如：数列{1，2，3，6}的中位数为 2.5，平均数为 3；数列{1，2，3，6，500}的中位数为 3，平均数为 102.4。从这个例子中也可以看出，中位数对于数据中的极端值并不像平均数那样敏感。众数（mode）是一组数据中最为频繁出现的数据，在一组数据之中，既可能出现不止一个众数，也可能一个众数都不存在。

分位数(quantile)中常用的主要是四分位数,即处在一组数据25%位置上的数值(下四分位数)和75%位置上的数值(上四分位数),箱线图就是四分位数的可视化表现(如图8-5所示)。

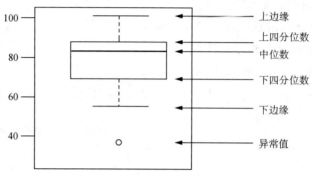

图 8-5　箱线图示意图

(四) 其他重要数据指标

对于定量数据而言,可供测量数据特征的不仅有集中程度,还有离散程度,即各变量值远离其中心值的程度。离散程度的主要观测指标有极差、方差、标准差等。极差(range)又称全距,是观测变量的最大取值与最小取值之间的离差,也就是观测变量的最大观测值与最小观测值之间的区间跨度,一般用 R 表示。方差(variance)指的是各变量值与其平均数离差平方的平均数,常用 S^2 表示。单一观测值 x 的变化可以使用它与中心的距离来衡量,即 $(x_i - \bar{X})$,因为我们通常希望它是一个正数,因此经常使用距离的平方项,即 $(x_i - \bar{x})^2$。方差就是所有距离的平方的平均数,如果有 n 个观测值分别写作 $x_1, x_2, \cdots, x_n$,那么方差的计算公式为:

$$S^2 = \frac{1}{n-1} \sum (x_i - \bar{x})^2 \tag{8-5}$$

一个随机变量的标准差(standard deviation)是方差的正的二次方根,其计算公式为 $sd = \sqrt{\frac{1}{n-1} \sum (x_i - \bar{x})^2}$。

此外,在研究中,还常常需要关注两个随机变量之间的相关性的强弱,此时会用到协方差和相关系数。协方差(covariance)主要衡量两变量在变化过程中是同向还是反向变化。如果有随机变量 X 和 Y,且各自期望值分别为 μ_X 和 μ_Y,协方差就是 $(X - \mu_X)(Y - \mu_Y)$ 的期望值,因此计算公式为:

$$\mathrm{Cov}(X, Y) = \sigma_{XY} = E[(X - \mu_X)(Y - \mu_Y)] \tag{8-6}$$

如果协方差大于 0,说明两者存在正相关关系;如果协方差小于 0,则说明两者呈负相关;如果协方差等于 0,说明两者"线性不相关",但其可能存在非线性的相关关系。

相关系数(correlation coefficient)则是将两变量的协方差除以两者的标准差之积,可以理解为一种剔除了两个变量变化幅度的影响、标准化后的特殊协方差,或者说是两变量之间的线性相关的无单位测度,其计算公式为:

$$\mathrm{Corr}(X, Y) = \rho_{XY} = \frac{\mathrm{Cov}(X, Y)}{\mathrm{sd}(X)\mathrm{sd}(Y)} = \frac{\sigma_{XY}}{\sigma_X \sigma_Y} \tag{8-7}$$

(五)条件期望和条件期望函数

统计学中还常用到一个重要的概念叫作期望(expectation),在离散型随机变量 X 的一切可能值的完备组中,各可能值 X_i 与其对应概率 P_i 的乘积之和称为该随机变量 X 的期望值,记为 $E(X)$ 或者 μ。例如,当 X 取数值 $x_1, x_2, \cdots, x_n$,对应的概率为 $p_1, p_2, \cdots, p_n$,则期望值为 $E(x) = x_1 p_1 + x_2 p_2 + \cdots + x_n p_n$。

在社会科学研究中,我们往往需要考量一个变量 X 对另一个变量 Y 的影响。这里需要引入条件分布(conditional distribution)的概念,在 $X = x$ 的条件下 Y 的条件分布,就记为 $Y | X = x$。条件期望(conditional expectation)就是条件分布 $Y | X$ 的期望,条件期望函数(conditional expectation function)一般记作 $E[Y | X = x] = m(x)$。条件期望本身是关于 X 的函数,X 是随机变量,因此条件期望函数本身也是一个随机变量。与"期望"概念比较,期望是一个总体的平均值,而条件期望则是"分组取平均"或者说是"在……条件之下的平均"。

下面的例子有助于理解条件期望函数。从班级抽五名同学测量身高,X 为同学的性别,Y 为同学的身高。

表 8-2 身高样本

序号	X	Y(cm)
1	女	150
2	女	160
3	男	170
4	男	175
5	女	164

具体的情况如上表,那么有：

$$男孩的平均身高 = E[Y \mid X = 男] = \frac{170 + 175}{2} = 172.5$$

$$女孩的平均身高 = E[Y \mid X = 女] = \frac{150 + 160 + 164}{3} = 158.0$$

条件期望函数一般有如下性质：

(1) 可加性,和的期望就是期望的和,即：

$$E[(X+Y) \mid Z] = E[X \mid Z] + E[Y \mid Z] \tag{8-8}$$

(2) 同质性,假设 a 和 b 都是常数,有：

$$E[(aX+b) \mid Z] = aE[X \mid Z] + b \tag{8-9}$$

(3) 如果 X 是一个随机变量,那么对于 X 的任何函数,$c(X)$ 都有：

$$E[c(X) \mid X] = c(X) \tag{8-10}$$

(4) 如果 X 和 Y 都是独立的随机变量,那么有：

$$E[Y \mid X = x] = E[Y] \tag{8-11}$$

条件期望函数的一个重要法则是期望迭代法则(law of iterated expectation),即如果不能通过最方便的形式直接计算 Y 的期望,同样可以通过先求条件期望函数,再求 Y 的期望。通俗而言,分组平均值再取平均,应该等于无条件均值。当进行期望迭代的时候,每个期望到底是对谁求非常重要。期望迭代法则里面,X 和 Y 的关系没有任何要求,可以是独立的,也可以是相关的。

期望迭代法则的公式如下：

$$\begin{aligned} E[Y] &= E[E[Y \mid X]] \\ E[Y \mid X] &= E[E[Y \mid X, Z] \mid X] \end{aligned} \tag{8-12}$$

例如,在上文的例子中,求五位同学的平均身高既可以直接计算 $E[Y] = (150 + 160 + 170 + 175 + 164)/5 = 163.8$ 也可以对两个条件期望函数求平均身高：

$$E[Y] = E[E[Y \mid X]] = \frac{2}{5} * 172.5 + \frac{3}{5} * 158.0 = 69 + 94.8 = 163.8$$ 两种方式得出的结果是相等的。

此外,对于条件期望函数还有三条基本性质值得注意,详见本章附录中的第一部分。

四、软件操作：Stata 中的数据描述性统计

Stata 是一套提供其使用者数据分析、数据管理以及绘制专业图表的完整及整合性统计软件，在定量研究中广泛使用。本节将简要介绍如何利用 Stata 进行简单的数据描述性分析。为了方便起见，本文使用 Stata 附带数据集——auto.dta，它包含 1978 年在美国销售的 74 辆汽车的技术参数和价格等数据。

（一）获取数据全貌

如何浏览数据的全貌？在此介绍四个命令，分别是 describe、list、summarize、tabulate。

在使用 sysuse auto 导入系统默认数据之后，直接输入 describe，系统将会呈现这组数据的变量数、样本数值，具体的每个变量名所对应的储存类型，展示格式，数值标签，变量标签等信息。而如果具体在 describe 后加上特定的变量名，将只会展示该特定变量的储存类型、展示格式等信息。如果想看到某一变量（如 x_1）的具体数据，可以使用命令 list，系统将逐条呈现所有样本的具体情况。如果样本容量较大，加载所有数据会消耗相当长的时间。

在进行描述性统计时，相当常见的另一条命令则是 summarize 命令，其仅针对于数值变量。当使用 summarize x_1，将显示 x_1 的样本容量、平均值、标准差、最小值与最大值。如果要显示经验累积分布函数（CDF），则需使用 tabulate 的命令，会显示每个不同取值的个数，包括累积的百分比。

（二）绘制直方图与散点图

如何将上述数据概况进行总体的呈现，以图像等更为直观的形式输出？在此主要介绍绘制散点图、条形图。

如需输出某单一变量的直方图，如 x_1 的直方图，输入命令 histogram x_1 即可，简写为 hist。同时，呈现的直方图的组宽也是可以指定的，例如需要组宽为 1 000，即 histogram x_1, width(1 000)。例如基于系统内置数据库输入 hist price，得到直方图即汽车价格档位的分布情况图（如图 8-6 所示）。

如需输出两变量之间的散点图，输入命令 scatter y_1 x_1 即可，注意输入的两变量的顺序，此处 y_1 为因变量，x_1 为自变量。例如图 8-7 是基于系统内置数据库的价格与长度关系的散点图。

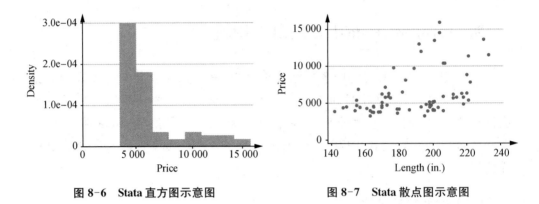

图 8-6　Stata 直方图示意图　　　　图 8-7　Stata 散点图示意图

如需在散点图上同时画出回归直线,需要在命令前补充描述,即 twoway (scatter y x)(lfit y x),如图 8-8 所示。

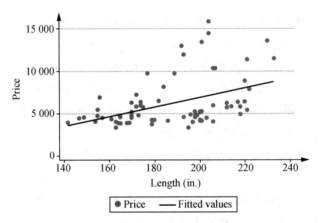

图 8-8　Stata 散点图示意图(含回归直线)

第二节　一元线性回归模型

本节聚焦于用单一变量去解释另一个变量的简单一元线性回归模型。作为极精简且带有理想性质的模型,因其背后蕴含的最小二乘基本思想以及相对简单明了的数理推理、解释与性质,自然而然成为线性回归学习的起点。

一、简单回归模型的基本概念和假设

假设 y 和 x 是两个分别代表某个总体的变量,我们感兴趣的是"如何用 x 来解释 y"或者"探究 y 如何随 x 的变化而变化"。以教育回报率的问题为例,很多研究

者关心:当其他条件保持一致时,教育年限变动将如何影响工资收入水平,即每增加一年的受教育时间,工资收入水平将如何变动。研究者会用 x 指代可供测量的教育年限,y 指代以工资收入金额为观测值的收入水平。这里可以看出,对边际效应的关注是线性回归的一大特征。

基于现实生活经验,家庭背景、个人能力、职业偏好等其他因素同样也会对工资收入水平产生影响,而这些因素与核心解释变量也就是教育年限之间似乎又存在某种联系。这里就涉及在构建"用 x 解释 y 的简单模型"时,我们将面临的几个问题:

- 如何考虑除 x 外其他影响 y 的因素?
- 使用什么模型表达 y 与 x 之间的函数关系?
- 如何保证其他条件不变的假设成立?

我们可以通过构建一个关于 y 和 x 的方程进一步探讨这些问题。假设 y 与 x 之间的方程关系式为:

$$y = \beta_0 + \beta_1 x + u \tag{8-13}$$

上述方程即定义了一个简单线性回归模型(simple linear regression model)。通过方程将两个变量建立联系,y 与 x 因此获得许多专业名称(如表8-3所示)。在中文环境中最常用的术语是解释变量和被解释变量,在英文中最常用的是 dependent variable 和 independent variable。

表8-3 简单回归中的术语

y	x
因变量 dependent variable	自变量 independent variable
被解释变量 explained variable	解释变量 explanatory variable
响应变量 response variable	控制变量 control variable
被预测变量 predicted variable	预测变量 predictor variable
回归子 regressand	回归元 regressor

注:控制变量也可称为协变量(covariate)。

β_0 与 β_1 被称作回归系数。β_0 作为常数项的截距参数(intercept parameter),一般很少被当作分析的核心,y 与 x 关系式中的斜率参数(slope parameter)β_1 是研究的重点所在。在关注 β_1 时,我们假定变量 u 中的其他因素均保持不变,于是 u 的变化量为0,即 $\Delta u = 0$ 时,x 对 y 存在线性影响:

$$\Delta y = \beta_1 \Delta x \quad 若 \ \Delta u = 0 \tag{8-14}$$

变量 u 被称作误差项(error term)或干扰项(disturbance),代表除 x 之外影

响 y 的因素的集合。一个简单的回归分析通常将除 x 以外的其他所有影响 y 的因素，都视作无法观测的因素，这是一种便捷高效的方法。因此观测不到的因素都可以纳入 u 中。

继续上文教育回报的例子。我们假定收入（wage）与教育年限（educ）分别以"元/小时"与"受教育年数"作为测量单位，则 β_1 度量了在其他条件均保持不变的情况下，多增加一年的受教育年数导致的小时收入的变化量。其他未能观测到的因素包括工作经验、天生能力、工作年限、职位、所处行业等众多因素。

$$wage = \beta_0 + \beta_1 educ + u \tag{8-15}$$

上述线性表达式意味着，无论自变量受教育年数 $educ$ 的初始值为多少，任意一单位变化对因变量收入（wage）的影响都是相同的，这并不符合现实中的认知。因此我们需要进一步考虑，如何考虑"递增的回报"（increasing return）在教育回报问题中的作用，即后一年接受的教育比前一年的教育对收入的影响更大。由此我们延伸出一个更重要的问题，简单线性回归模型是否能够真实刻画或反映出 x 与 y 的关系。

在前文的论述中，推定 x 对 y 存在线性影响的前提是其他所有因素在 u 中保持不变。但现实的困境在于，如何在忽略所有其他因素的同时，又得到所有其他因素在不变的情况下 x 对 y 的影响呢？因此，我们需要对无法观测的变量 u 与解释变量 x 之间的关系加以进一步约束。

在陈述 x 与 u 之间如何关联的关键假定之前，我们需要对 u 先进行一个不是十分严格的、关于未观测变量在总体 u 中分布情况的假定。只要方程中包含截距项 β_0，则假定总体中 u 的平均值为 0 不会失掉任何未观测变量的一般性，即

$$E(u) = 0 \tag{8-16}$$

因为如果总体中 u 的平均值不为 0，则可以通过重新定义截距项 β_0 的值使原假定下的方程成立。①

接下来继续论述 u 与 x 之间如何关联的关键假定。度量两个随机变量之间关系的一个自然指标是相关系数，如果 u 与 x 不相关，那它们之间就没有线性关系。但即使 u 与 x 不相关，也有可能与 x 的函数（如 x^2）相关，所以 $E(u)=0$ 的假设作用十分有限。一种更好的方式是，对给定 x 时 u 的期望值做出假定。因为 u 与 x 都是随机变量，所以对于任何一个 x 值，我们都能够在 x 值所描述的总体的坡面上求出 u 的期望（或平均）值，即关键假定是 u 的平均值与 x 无关。

---

① 数学证明参见本章附录的第二部分。

$$E(u \mid x) = E(u) \tag{8-17}$$

当上述假定成立时,我们则认定,u 与 x 以及任何 x 的函数形式均不相关。我们于是得到零条件均值假定(zero conditional mean assumption):$E(u \mid x) = 0$。

让我们回到教育回报的例子,探求这样一个假定意味着什么。

为简化讨论,我们假定 u 反映的是天生能力。那么 $E(ability \mid educ) = E(ability)$ 则意味着,无论受教育的年限如何,天生能力的平均水平都相同。例如在 $E(ability \mid 8) = E(ability \mid 16)$ 中,所有受过 8 年教育的人天生能力平均水平,与所有受过 16 年教育的人天生能力平均水平均相同。当然如果平均能力随着受教育程度的增加而递增,则零条件均值的假定即为错误的,即我们观察到越有能力的人选择接受越多的教育。虽然在现实中我们难以观测具体的天生能力,也无法确定平均能力是否对所有受教育程度都相同。但这是我们依赖简单回归分析前必须提出的假设。

零条件均值假定提供另一种对 β_1 非常有用的解释。以 x 为条件,将方程 $y = \beta_0 + \beta_1 x + u$ 取期望值,并利用 $E(u \mid x) = 0$ 便得到总体回归函数(population regression function, PRF)$E(y \mid x)$,这是一个线性函数:

$$E(y \mid x) = \beta_0 + \beta_1 x \tag{8-18}$$

线性函数意味着,当 x 产生一个单位的变化,将使得 y 的期望值改变 β_1。对任何给定的 x 值,y 的分布都以 $E(y \mid x)$ 为中心(如图 8-9 所示)。

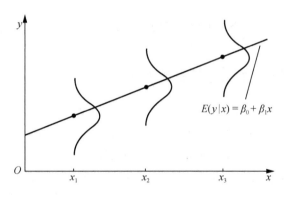

图 8-9 作为 x 线性函数的 $E(y \mid x)$

二、普通最小二乘法

本部分主要介绍普通最小二乘法的基本思想、估计量的推导以及估计量的数理性质。

(一) 普通最小二乘法的基本思想

接下来我们将要探讨,如何估计方程中的参数 β_0 与 β_1,基本原理是利用样本的信息来进行关于总体参数的推断。因此我们需要从总体中抽取一个容量为 n 的随机样本。假定这些数据均来自第一节中的函数 $y = \beta_0 + \beta_1 x + u$,那么对于 n 中的每一个随机样本 (x_i, y_i),我们都可以写成:

$$y_i = \beta_0 + \beta_1 x_i + u_i \tag{8-19}$$

具体而言,x_i 和 y_i 为某特定年份家庭 i 的年收入和年储蓄。如果我们收集了 15 个家庭的数据,则 $n = 15$。图 8-10 给出了这个数据集的散点图与总体回归函数:

$$E(savings \mid income) = \beta_0 + \beta_1 income \tag{8-20}$$

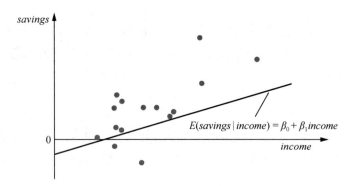

图 8-10　15 个家庭的储蓄和收入散点图及总体回归函数拟合线

(二) 普通最小二乘法估计量的推导

我们有三个最重要的方法可以用来估计参数 β_0 与 β_1:普通最小二乘法 (ordinary least squares, OLS)、矩估计 (method of moments, MoM),以及极大似然估计 (maximum likelihood estimation, MLE)。

基于上述两个重要的假定即 $E(u \mid x) = E(u) = 0$,我们可以尝试给出 β_0 和 β_1 的估计量。在总体中,u 与 x 不相关,即 u 的期望值为 0,x 与 u 之间的协方差也为 0。

$$\mathrm{Cov}(x, u) = E(xu) = 0 \tag{8-21}$$
$$\mathrm{Cov}(x, u) = E(xu) - E(x)E(u) = E(xu) = E(x)E(u) = 0$$

因此,我们可以得到:

$$E(u) = 0 \tag{8-22}$$
$$\mathrm{Cov}(x, u) = E(xu) = 0$$

第八章 一元线性回归

当然,在函数等式的作用下,我们可以借助 $u = y - \beta_0 - \beta_1 x$ 的关系式,将上述推导改写成:

$$E(y - \beta_0 - \beta_1 x) = 0$$
$$E[x(y - \beta_0 - \beta_1 x)] = 0 \tag{8-23}$$

上述两个方程意味着对总体中(x, y)的联合概率分布进行两个限制。当给定一个数据样本时,我们能够利用矩估计(MoM)的方法,对两个未知参数 $\hat{\beta_0}$ 和 $\hat{\beta_1}$ 进行较好的估计:

$$n^{-1} \sum_{i=1}^{n} (y_i - \hat{\beta_0} - \hat{\beta_1} x_i) = 0$$
$$n^{-1} \sum_{i=1}^{n} x_i (y_i - \hat{\beta_0} - \hat{\beta_1} x_i) = 0 \tag{8-24}$$

利用求和运算的基本性质,上述的两个方程可以进一步改写,其中 $\bar{y} = n^{-1} \sum_{i=1}^{n} y_i$ 是 y_i 的样本均值:

$$\bar{y} = \hat{\beta_0} + \hat{\beta_1} \bar{x}$$
$$\hat{\beta_0} = \bar{y} - \hat{\beta_1} \bar{x} \tag{8-25}$$

因此,当我们推导得出斜率估计值 $\hat{\beta_1}$,对于给定的 $\bar{y}$ 和 $\bar{x}$,可以进一步得出截距估计值:

$$\sum_{i=1}^{n} x_i [y_i - (\bar{y} - \hat{\beta_1} \bar{x}) - \hat{\beta_1} x_i] = 0 \tag{8-26}$$

整理上述等式,即:

$$\sum_{i=1}^{n} x_i (y_i - \bar{y}) = \hat{\beta_1} \sum_{i=1}^{n} x_i (x_i - \bar{x}) \tag{8-27}$$

再根据求和运算的基本性质:

$$\sum_{i=1}^{n} x_i (y_i - \bar{y}) = \sum_{i=1}^{n} (x_i - \bar{x})(y_i - \bar{y})$$
$$\sum_{i=1}^{n} x_i (x_i - \bar{x}) = \sum_{i=1}^{n} (x_i - \bar{x})^2 \tag{8-28}$$

因此只要 $\sum_{i=1}^{n} (x_i - \bar{x})^2 > 0$,估计的斜率为:

$$\widehat{\beta_1} = \frac{\sum_{i=1}^{n}(x_i - \bar{x})(y_i - \bar{y})}{\sum_{i=1}^{n}(x_i - \bar{x})^2} \tag{8-29}$$

上述的等式是 x_i 和 y_i 的样本协方差与 x_i 的样本方差之比。从推导过程可以看出,矩估计的测算过程直接从前文所述的关键假定出发。但普通最小二乘法(OLS)的测算过程,则是从另一个角度出发。

观测值与拟合回归曲线之间的垂直距离被称为残差(residual)。普通最小二乘法的优化目标在于最小化残差平方和,即最小化估计值 $\widehat{u_i}$ 与观测值(y_i, x_i)之间的垂直距离平方和。

为进一步展开论证,我们首先定义,在对任一截距和斜率的 $\widehat{\beta_0}$ 和 $\widehat{\beta_1}$(二者为 β_0 与 β_1 的参数估计值)时,$\widehat{y_i}$ 为 y 在 $x = x_i$ 时的一个拟合值(fitted value)。而残差项 $\widehat{u_i}$ 是 y_i 的实际值与其拟合值的差。其中,$\widehat{y_i} = \widehat{\beta_0} + \widehat{\beta_1}x_i$ 是一个非常经典的样本回归函数,而 $\widehat{u_i}$ 也是未知误差项 u_i 的估计值(如图 8-11 所示),即:

$$\widehat{u_i} = y_i - \widehat{y_i} = y_i - \widehat{\beta_0} - \widehat{\beta_1}x_i \tag{8-30}$$

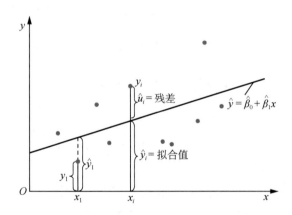

图 8-11 拟合值和残差

从形式上看,OLS 的优化原则来自最小化残差平方和,即:

$$\min_{\widehat{\beta_0}, \widehat{\beta_1}} \sum_{i=1}^{n} \widehat{u_i}^2 = \min_{\widehat{\beta_0}, \widehat{\beta_1}} \sum_{i=1}^{n} [y_i - (\widehat{\beta_0} + \widehat{\beta_1}x_i)]^2 \tag{8-31}$$

需要进一步探究的是,在 $\widehat{\beta_0}$ 和 $\widehat{\beta_1}$ 的何种估计值下,能够最小化残差平方和(sum of squared residuals, SSR)$\sum_{i=1}^{n} \widehat{u_i}^2$。我们从 OLS 估计值的一阶条件(first-order conditions)得到目标函数表达式:

第八章 一元线性回归

$$\frac{\partial \sum_{i=1}^{n}\widehat{u_i}^2}{\partial \widehat{\beta_0}} = -2\sum_{i=1}^{n}(y_i - \widehat{\beta_0} - \widehat{\beta_1}x_i) = 0 \tag{8-32}$$

$$\frac{\partial \sum_{i=1}^{n}\widehat{u_i}^2}{\partial \widehat{\beta_1}} = -2\sum_{i=1}^{n}(y_i - \widehat{\beta_0} - \widehat{\beta_1}x_i)x_i = 0$$

上述表达式可以进一步改写,以求得 $\widehat{\beta_1}$ 和 $\widehat{\beta_0}$:

$$\bar{y} = \widehat{\beta_0} + \widehat{\beta_1}\bar{x} \Rightarrow \widehat{\beta_0} = \bar{y} - \widehat{\beta_1}\bar{x} \Rightarrow \sum_{i=1}^{n}(y_i - (\bar{y} - \widehat{\beta_1}\bar{x}) - \widehat{\beta_1}x_i)x_i = 0 \tag{8-33}$$

$$\sum_{i=1}^{n}x_i(y_i - \bar{y}) = \widehat{\beta_1}\sum_{i=1}^{n}x_i(x_i - \bar{x})$$

$$\sum_{i=1}^{n}x_i(x_i - \bar{x}) = \sum_{i=1}^{n}(x_i - \bar{x})^2$$

$$\sum_{i=1}^{n}x_i(y_i - \bar{y}) = \sum_{i=1}^{n}(x_i - \bar{x})(y_i - \bar{y}) \Rightarrow \widehat{\beta_1} = \frac{\sum_{i=1}^{n}(x_i - \bar{x})(y_i - \bar{y})}{\sum_{i=1}^{n}(x_i - \bar{x})^2}$$

$\widehat{\beta_1}$ 的另一种表达方式为:

$$\widehat{\beta_1} = \frac{\sum_{i=1}^{n}(x_i - \bar{x})(y_i - \bar{y})}{\sum_{i=1}^{n}(x_i - \bar{x})^2} = \frac{\frac{1}{n-1}\sum_{i=1}^{n}(x_i - \bar{x})(y_i - \bar{y})}{\frac{1}{n-1}\sum_{i=1}^{n}(x_i - \bar{x})^2}$$

$$= \frac{\text{Cov}(x, y)}{\widehat{\text{Var}(x)}} = \frac{\widehat{\sigma}_{XY}}{\widehat{\sigma}^2_X} \tag{8-34}$$

需要注意的是,只有在抽样样本中的 x_i 并非完全相等,即 $\text{Var}(x) > 0$ 时,OLS 估计才能成立。比如在教育回报的例子中,如果随机抽取的样本中每个人都具有相同的受教育程度(如均接受 12 年教育),也就是说 x 所代表的总体中没有任何差异,则不能计算出估计的参数值(如图 8—12 所示)。

当然,除了借助最小化残差平方和的方法,我们还可以通过最小化残差绝对值的方式进行估计量测算,但是后者存在一些缺点,例如我们不能直接由此测算估计值,必须通过数值优化程序(numerical optimization routines)进行处理。而我们可以从 OLS 估计值的一阶条件出发,直接得到目标函数。

根据参数估计的 β_0 和 β_1,即确定 OLS 的截距项和斜率的估计值,我们可以将 OLS 回归线(OLS regression line)写成:

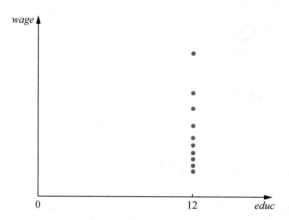

图 8-12　对所有的 i，均有 $educ_i = 12$ 时的工资对教育的散点分布图

$$\hat{y} = \hat{\beta_0} + \hat{\beta_1} x \tag{8-35}$$

上述方程又被称作样本回归函数（sample regression function，SRF），因为其本质是总体回归函数 $E(y|x) = \beta_0 + \beta_1 x$ 的一个样本估计。对于任何一个预测值 $\hat{y_i}$，其都落在拟合的 OLS 回归线上，但因为总体回归函数是未知且确定的，对于一组给定的样本数据，都能得出相对应的 OLS 回归方程。在多数情况下，方程斜率的估计值可以写成：

$$\hat{\beta_1} = \frac{\Delta \hat{y}}{\Delta x} \tag{8-36}$$

其背后的含义即 $\hat{y}$ 在 x 变动一个单位时的变化量。

对于观测结果的残差项，可以写成下述的形式，$\hat{u_i}$ 的估计量将直接影响到 y_i 的值。不难得出，当 $\hat{u_i} > 0$ 时，拟合结果将低估 y_i 的值，反之则为高估。当 $\hat{u_i} = 0$ 时，y_i 将准确落在回归线上，当然这是一种最为理想的情况，拟合值并非一定要与真实值完全相同，即

$$\hat{u_i} = y_i - \hat{y_i} \tag{8-37}$$

接下来将结合一个更具体的案例，对首席执行官的薪水与股本回报率的相关性分析，做进一步讲解。

首先，如表 8-4 所示，由首席执行官构成的总体，因变量为以千美元计的年薪（salary），自变量为某首席执行官所在公司过去三年的平均股本回报率（roe）。

$$salary_i = \beta_0 + \beta_1 roe_i + u_i, \quad n = 209$$

$$\widehat{salary_i} = \hat{\beta_0} + \hat{\beta_1} roe_i$$

$$\hat{u_i} = salary_i - \widehat{salary_i}$$

基于 209 组样本数据的 OLS 回归推断，$\hat{\beta}_0 = 963.191$，$\hat{\beta}_1 = 18.501$。由此得出的结论是，当股本回报率每提升 1%，首席执行官的薪水将提升约 18 500 美元。

表 8-4　前 15 位首席执行官的拟合值与残差

序号	roe	salary（美元）	$\widehat{salary}$（美元）	$\hat{u}$
1	14.1	1 095	1 224.058	-129.058 1
2	10.9	1 001	1 164.854	-163.854 2
3	23.5	1 122	1 397.969	-275.969 2
4	5.9	578	1 072.348	-494.348 4
5	13.8	1 368	1 218.508	149.492 3
6	20.0	1 145	1 333.215	-188.215 1
7	16.4	1 078	1 266.611	-188.610 8
8	16.3	1 094	1 264.761	-170.760 6
9	10.5	1 237	1 157.454	79.546 3
10	26.3	833	1 449.773	-616.772 6
11	25.9	567	1 442.372	-875.372 1
12	26.8	933	1 459.023	-526.023 1
13	14.8	1 339	1 237.009	101.991 1
14	22.3	937	1 375.768	-438.767 8
15	56.3	2 011	2 004.808	6.191 89

但需要注意的是，OLS 初步拟合出的估计方程只是预测值，因为我们无法得知总体回归函数 $E(salary|roe)$ 的真正形状。回归的意义即在于尽可能地缩小 SRF 与 PRF 之间的差异，使估计结果更接近总体回归线（如图 8-13 所示）。

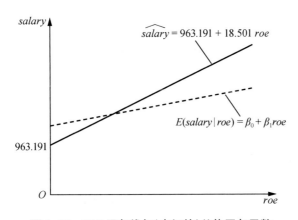

图 8-13　OLS 回归线与（未知的）总体回归函数

(三) 最小二乘估计量的数理性质

接下来将介绍 OLS 估计量中重要的数理性质。

(1) OLS 残差的样本均值为 0,即:

$$\sum_{i=1}^{n} \hat{u_i} = \sum_{i=1}^{n} (y_i - \hat{\beta_0} - \hat{\beta_1} x_i) = 0 \tag{8-38}$$

上述性质可以从 OLS 的一阶条件直接得出。从另一种解释来说,我们是基于残差和为 0(对任何数据集都成立)来选择 OLS 估计值 $\hat{\beta_0}$ 和 $\hat{\beta_1}$,因此可证:

$$E(\hat{u_i}) = \frac{1}{n} \sum_{i=1}^{n} \hat{u_i} = 0$$

(2) 回归元与 OLS 残差的样本协方差,即 $\text{Cov}(x_i, \hat{u_i})$ 为 0。这也可以从 OLS 的一阶条件直接推导得出,即:

$$\sum_{i=1}^{n} x_i \hat{u_i} = 0 \tag{8-39}$$

$$\sum_{i=1}^{n} x_i \hat{u_i} = \sum_{i=1}^{n} x_i (y_i - \hat{\beta_0} - \hat{\beta_1} x_i) = 0$$

(3) 点 $(\bar{x}, \bar{y})$ 始终落在 OLS 回归线上。我们用 $\bar{x}$ 替换样本回归函数 $\hat{y_i} = \hat{\beta_0} + \hat{\beta_1} x_i$ 中的 x,可以得到:

$$\bar{y} = \hat{\beta_0} + \hat{\beta_1} \bar{x} \tag{8-40}$$

如果将每个 y_i 以其拟合值与残差之和的方式进行表达,则提供了解释 OLS 回归的又一方法:

$$y_i = \hat{y_i} + \hat{u_i} \tag{8-41}$$

根据性质(8-38)所示的残差均值为 0,不难得出:

$$\frac{1}{n} \sum_{i=1}^{n} \hat{u_i} = \bar{u} = 0 \Rightarrow \bar{\hat{y}} = \bar{y} \tag{8-42}$$

拟合值的样本均值与 y_i 的样本均值相等,进一步结合性质(1)和(2)可以证明 $\hat{y_i}$ 和 $\hat{u_i}$ 的样本协方差为 0。因此我们可以将 OLS 看作把 y_i 分成拟合值和残差两部分,而在样本中,拟合值和残差是不相关的。

下面将首先引入几个重要概念,以便进一步证明 $\text{Cov}(\hat{y_i}, \hat{x_i}) = 0$。
总平方和(total sum of squares, SST)度量的是 y_i 中的总样本波动,即 y_i 在

第八章 一元线性回归

样本中的分散程度。如果我们将 SST 除以 $n-1$，可以得到 y 的样本方差。

$$SST \equiv \sum_{i=1}^{n}(y_i - \bar{y})^2 \tag{8-43}$$

解释平方和(explained sum of squares，SSE)度量的是 $\hat{y_i}$ 的样本波动。

$$\bar{\hat{y}} = \bar{y}$$

$$SSE \equiv \sum_{i=1}^{n}(\hat{y_i} - \bar{y})^2 \tag{8-44}$$

残差平方和(residual sum of squares，SSR)度量 $\hat{u_i}$ 的样本波动。

$$SSR \equiv \sum_{i=1}^{n}\hat{u_i}^2 \tag{8-45}$$

因为 y 的总波动可以分拆成两部分：可以解释的波动 SSE 与未解释的波动 SSR，因此 $SST = SSE + SSR$，如下是数学证明过程：

$$\sum_{i=1}^{n}(y_i - \bar{y})^2 = \sum_{i=1}^{n}[(y_i - \hat{y_i}) + (\hat{y_i} - \bar{y})]^2$$

$$= \sum_{i=1}^{n}[\hat{u_i} + (\hat{y_i} - \bar{y})]^2$$

$$= \sum_{i=1}^{n}\hat{u_i}^2 + 2\sum_{i=1}^{n}\hat{u_i}(\hat{y_i} - \bar{y}) + \sum_{i=1}^{n}(\hat{y_i} - \bar{y})^2$$

$$= SSR + 2\sum_{i=1}^{n}\hat{u_i}(\hat{y_i} - \bar{y}) + SSE$$

因为上文已经证明，在样本中，拟合值和残差是不相关的且样本协方差为 0，通过对 $n-1$ 的变换可以得出 $\sum_{i=1}^{n}\hat{u_i}(\hat{y_i} - \bar{y}) = 0$，由此可以证明

$$SST = SSE + SSR \tag{8-46}$$

在基本了解简单一元回归模型的运作原理后，我们需要进一步思考其结果的合理性。目前我们还没有回答，回归模型中的解释变量或自变量 x 在多大程度上能很好地解释因变量 y。此时我们引入 R^2(R-squared，也称判定系数，coefficient of determination)的概念，进一步衡量 OLS 回归结果的拟合优度(goodness-of-fit)，即 OLS 回归线对数据拟合的优劣情况。简而言之，R^2 代表 y 的样本波动中能够被 x 解释的部分，即：

$$R^2 = \frac{SSE}{SST} = 1 - \frac{SSR}{SST} \tag{8-47}$$

从上述表达式不难发现,因为 $SSE \leqslant SST$,所以 $R^2 \in [0, 1]$。当 $R^2 = 1$ 时,意味着所有观测值皆位于回归线上(完美拟合),即在 y 中所有的样本波动都能被 x 所解释;而当 $R^2 = 0$ 时,则意味着回归模型不能解释 y 中的所有波动,此时的模型只存在常数项而不存在回归元。在实践中解释 R^2 时,我们通常将其扩大 100 倍以求得一个百分数,$100 \cdot R^2$ 反映的是 y 的样本波动中能够被 x 解释部分的百分比。

在社会科学领域,回归方程中 R^2 过低是正常现象,尤其对于截面数据分析而言;在时间序列分析中 R^2 一般较高,相对而言随时间变动的变量都能更好地解释其他随时间变动的变量;而在多元回归分析中需要更一般性地讨论这个问题,因为伴随回归元的增加,SSE 要么保持不变,要么增加(需进一步考虑多增加的回归元的解释能力),所以 R^2 永远不会下降。

但需要特别强调的是,R^2 的大小并不直接决定 OLS 回归方程的有效性[①],直接将 R^2 作为评价模型拟合成功与否的主要准则,可能会带来很多问题。

三、变量单位和形式变化

(一) 变量单位变化

改变自变量与因变量的度量单位,将直接对 OLS 的参数估计产生影响。当然,度量单位的改变并不影响对回归结果的解释,进一步而言,OLS 估计值(主要表现为截距项与斜率估计值)的变化是很容易基于此而计算求出的。此外,R^2 并不会因变量单位的变化而变化。

在首席执行官薪水与股本回报率的例子中,上文我们选择用千美元计算年薪,用百分数来计算股本回报率 roe:

$$\widehat{salary} = 963.191 + 18.501 roe$$

现在我们将因变量的单位进行变化。新定义 $salardol$ 为以千美元为单位的年薪,即:$salardol = 1\,000 \cdot salary$

基于上述变换,我们其实不需要重新做 $salardol$ 对 roe 的回归,便可得知估计方程:

$$\widehat{salardol} = 963\,191 + 18\,501 roe$$

同理可得,当改变自变量的度量单位时,即新定义 $roedec = \dfrac{roe}{100}$。当 roe 变化 1 个

[①] 关于拟合优度和回归元选择的进一步探讨,可参见[美] 杰弗里·M. 伍德里奇:《计量经济学导论:现代观点》(第六版),张成思译,中国人民大学出版社 2018 年版,第 6.3 节。

百分点，相当于 $\Delta roedec = 0.01$，可得：

$$\widehat{salary} = 963.191 + 1\,850.1 roedec$$

一般而言：当因变量乘以或被除以一个非零常数 C，$\hat{\beta_0}$ 和 $\hat{\beta_1}$ 会相对应地乘以或被除以 C；而当自变量乘以或被除以一个非零常数 C 时，$\hat{\beta_0}$ 保持不变，$\hat{\beta_1}$ 会相对应被除以或乘以 C。

（二）在简单回归中加入非线性因素

基于因变量与自变量之间存在线性关系的假设，上述所讨论的回归模型在参数估计中只考虑线性因素。但在现实中线性关系并非一定具备，我们可以通过合理定义因变量和自变量的方式，将非线性因素引入简单回归分析之中。如双变量模型可以被转化为下述的线性形式[注意此处的 $f(\cdot)$、$g(\cdot)$ 可以是非线性函数]：

$$f(y) = \beta_0 + \beta_1 g(x) + u \tag{8-48}$$

对因变量取对数形式是常用的做法之一。在有关教育回报的研究中，为更好地反映收入如何随受教育年限的变化而变化，常进行如下假定：多接受 1 年的教育，收入增长的百分数是不变的。比如：当受教育年限从 5 年提升至 6 年，收入对应提升 8%；而当受教育年限从 11 年增加至 12 年，收入依然提升 8%。基于百分比影响的回归模型可以写成：

$$\begin{aligned} \log(wage) &= \beta_0 + \beta_1 educ + u \\ \%\Delta wage &= (100 \cdot \beta_1)\Delta educ \end{aligned} \tag{8-49}$$

函数图像如图 8-14 所示。这意味着，在其他条件不变的情况下，受教育年限每增加 1 个单位，收入会对应提升 $100 \cdot \beta_1 \%$。

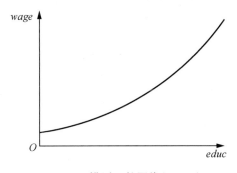

图 8-14　模型函数图像（$\beta_1 > 0$）

我们可以将 $wage$ 与 $\log(wage)$ 进行对比。

在标准形式回归模型(水平值-水平值)中,截距项 $\hat{\beta_1} = 0.54$ 意味着,在其他条件不变的情况下,受教育年限每增加 1 年,每小时收入会对应提升 0.54 美元。

$$\widehat{wage} = -0.90 + 0.54educ$$
$$n = 526, R^2 = 0.165$$

在对数形式回归模型(对数-水平值)中,截距项 $\hat{\beta_1} = 0.083$ 意味着,在其他条件不变的情况下,受教育年限每增加 1 年,收入(美元/小时)对应提升 8.3%。此外,因为当教育年限 educ 为 0 时,模型给出 log(wage) 的预测值,所以此处的截距不是很有意义。R^2 反映出教育年限解释了 log(wage)18.6% 的变化。

$$\widehat{\log(wage)} = 0.584 + 0.083educ$$
$$n = 526, R^2 = 0.186$$

而在双对数模型中,斜率参数是 y 相对于 x 的弹性(elasticity)估计值,对变动量的测量基于百分数。函数表达式为:

$$\log(y) = \beta_0 + \beta_1 \log(x) + u \tag{8-50}$$

证明如下:

$$\Delta \log(y) = \frac{\Delta y}{y}$$

$$\Delta \log(x) = \frac{\Delta x}{x} \Rightarrow \beta_1 = \frac{\Delta \log(y)}{\Delta \log(x)} = \frac{\Delta y}{\Delta x} \frac{x}{y}$$

总结来看,关于弹性的讨论存在以下四种主要形式(如表 8-5 所示)。

表 8-5 函数形式总结

模型	被解释变量	解释变量	对 β_1 的解释
level-level	y	x	$\Delta y = \beta_1 \Delta x$
level-log	y	$\log(x)$	$\Delta y = (\beta_1/100)\% \Delta x$
log-level	$\log(y)$	x	$\% \Delta y = (100\beta_1) \Delta x$
log-log	$\log(y)$	$\log(x)$	$\% \Delta y = \beta_1 \% \Delta x$

(1)标准形式回归模型(无对数):

$$y = \beta_0 + \beta_1 x + u \Rightarrow \beta_1 = \frac{\Delta y}{\Delta x} \tag{8-51}$$

(2)对数形式回归模型(对数-水平值):经济含义是在其他条件不变的情况下,自变量每增加 1 个单位,因变量增加 $\beta * 100\%$。

$$\log(y) = \beta_0 + \beta_1 x + u \Rightarrow \beta_1 = \frac{\Delta \log(y)}{\Delta x} = \frac{\Delta y}{\Delta x} \frac{1}{y} \tag{8-52}$$

(3) 对数形式回归模型（水平值-对数）：经济含义是其他条件不变的情况下，自变量增加 1%，因变量绝对值变化 $0.01 * \beta$。

$$y = \beta_0 + \beta_1 \log(x) + u \Rightarrow \beta_1 = \frac{\Delta y}{\Delta \log(x)} = \frac{\Delta y}{\Delta x} \frac{x}{1} \tag{8-53}$$

(4) 对数形式回归模型（双对数）：经济含义是其他条件不变的情况下，自变量增加 1%，因变量增加百分之 β%。

$$\log(y) = \beta_0 + \beta_1 \log(x) + u \Rightarrow \beta_1 = \frac{\Delta y}{\Delta x} \frac{x}{y} \tag{8-54}$$

围绕 $\log(y)$ 的例子展开具体分析。当因变量 y 取对数 $\log(y)$ 时，解释变量 x 的系数解释为：当控制其他变量不变时，x 每增加一个单位，y 的均值将相对于 x 变化前增加百分之 $(e^{\beta}-1) \cdot 100$。当 β 趋近于 0 时，可以直接解释为：当控制其他变量不变时，x 每增加一个单位，y 平均会相对原来变化百分之 $\beta \cdot 100$（变化方向看 β 的正负号）。推导如下：

$$\log(y_1) = \beta_0 + \beta x + \varepsilon$$
$$\log(y_2) = \beta_0 + \beta(x+1) + \varepsilon$$
$$\Rightarrow \beta = \log(y_2) - \log(y_1) = \log\left(\frac{y_2}{y_1}\right)$$
$$\Rightarrow \frac{y_2}{y_1} = e^{\beta}$$
$$\Rightarrow \frac{y_2 - y_1}{y_1} = e^{\beta} - 1 \approx \beta$$

在实证分析中，研究者通常会对如收入、GDP 等数据所描述的变量进行对数变换。对变量取 $\log$ 进行处理：有利于缩小取值范围，使得估计系数更加稳定；尽可能减少异常值对回归结果的影响；在经济含义与相关性解释层面也更为合理。当然在变化过程中，研究者需要考虑变量为 0、负数和样本实际变化的影响，尤其需要关注当变量单位发生变化时，对模型内外数理与经济意义的影响。

四、普通最小二乘法估计量的无偏性

本部分主要介绍高斯-马尔科夫假定（Gauss-Markov assumptions）以及估计量无偏性的证明。在统计学中，估计量的偏差是此估计量的期望值与估计参数的真值之差。偏差为零的估计量或决策规则称为无偏的。否则该估计量是有偏的。

(一) 高斯-马尔科夫假定

在利用最小二乘法进行实证研究中，为了得到最优线性无偏（best linear unbiased estimate，BLUE）的估计系数，简单回归模型的设定需满足五点假定，即高斯-马尔科夫假定。

假定 1：参数是线性的。在总体模型中，因变量 y、自变量 x 与误差（或干扰项）u 的关系如下：三者被认为是随机变量；其中 β_0 与 β_1 分别表示总体的截距和斜率参数。其方程可表达为：

$$y = \beta_0 + \beta_1 x + u \tag{8-55}$$

$$Y = x\beta + u = (1, x_{i1}, x_{i2}, \cdots, x_{ik}) \begin{pmatrix} \beta_0 \\ \beta_1 \\ \cdots \\ \beta_k \end{pmatrix} + u_i$$

假定 2：随机抽样。存在有一个样本容量为 n，服从总体模型方程（上述）的随机样本 $\{(x_i, y_i): i = 1, 2, \cdots, n\}$，我们可以用随机样本的形式改写总体方程：

$$y_i = \beta_0 + \beta_1 x_i + u_i, \quad i = 1, 2, \cdots, n \tag{8-56}$$

假定 1 与**假定 2** 强调了双变量线性回归模型识别策略的基本假设。

假定 3：解释变量的样本一定要有波动。这是一个很弱但必要的假定。关于 x 的抽样结果 $\{x_i, i = 1, 2, \cdots, n\}$ 不能是完全相同的值。或者当 $\hat{\beta}_{OLS} = (X'X)^{-1}X'Y$，如果 X 列满秩，那么 $X'X$ 为正定矩阵，$(X'X)^{-1}$ 存在。

假定 4：零条件期望。自变量和扰动项不相关，严格外生性。在给定的任意解释变量下，误差 u 的期望值为 0，函数表达为：

$$E(u \mid x) = 0 \tag{8-57}$$

对一个随机样本而言，这个假定意味着，对所有的 $i = 1, 2, \cdots, n$，都有 $E(u_i \mid x_i) = 0$。零条件期望假设除了限定总体中 u 与 x 的关系，在随机取样的前提下，它还能够简化统计技术流程。比如我们能够更方便地获得 OLS 估计量的条件统计特征，即在固定 x_i 取值为样本值时 OLS 估计量的统计特征。在实践中，我们可以通过在重复实验过程中固定 x_i 的取值来获得条件统计特征：首先我们选择 n 个样本值 $x_1, x_2, \cdots, x_n$，基于这些值可得到 y 的一个样本集，随后再利用相同的 x_1，

第八章 一元线性回归

$x_2, \cdots, x_n$ 得出另一个 y 的样本集,并不断重复这一过程。

但是自变量样本值不变的构想在非实验环境是很难实现的。比如在教育回报的例子中,事先选择受教育年限,即 $educ$,再选取具有特定受教育年限的个人是没有意义的。在这个例子中,随机抽样指的是随机选取个人,并记录下他们的教育年限与工资。

总之,如果我们假定 $E(u|x)=0$ 成立,并进行随机抽样,则将 x_i 视作非随机的处理方法就是合理的。但是,我们必须明白固定自变量样本值的前提是误差项 u_i 和自变量 x_i 是独立的。

假定 5:同方差。在给定的任意解释变量下,误差项具有相同的方差:

$$\mathrm{Var}(u \mid x) = \sigma^2 \tag{8-58}$$

(二) 估计量无偏性的证明

基于**假定 1** 至**假定 4**,我们可以得到 OLS 估计值 $\hat{\beta_0}$ 与 $\hat{\beta_1}$ 是无偏的(unbiased),即等于总体的真实参数:

$$\begin{aligned} E(\hat{\beta_0}) &= \beta_0 \\ E(\hat{\beta_1}) &= \beta_1 \end{aligned} \tag{8-59}$$

利用前文已证 $\sum_{i=1}^{n}(x_i - \bar{x})(y_i - \bar{y}) = \sum_{i=1}^{n}(x_i - \bar{x})y_i$ 以及 $\hat{\beta_1} = \dfrac{\sum_{i=1}^{n}(x_i - \bar{x})(y_i - \bar{y})}{\sum_{i=1}^{n}(x_i - \bar{x})^2}$,可以得出:

$$\hat{\beta_1} = \frac{\sum_{i=1}^{n}(x_i - \bar{x})y_i}{\sum_{i=1}^{n}(x_i - \bar{x})^2}$$

$$E(\hat{\beta_1}) = E\left(\frac{\sum_{i=1}^{n}(y_i - \bar{y})(x_i - \bar{x})}{\sum_{i=1}^{n}(x_i - \bar{x})^2}\right)$$

对于 β_1 无偏性的数学证明如下。

根据**假定 2**,$y_i = \beta_0 + \beta_1 x_i + u_i$ 以及 $\bar{y} = \beta_0 + \beta_1 \bar{x}$:

$$y_i - \bar{y} = (\beta_0 + \beta_1 x_i + u_i) - (\beta_0 + \beta_1 \bar{x}) = \beta_1(x_i - \bar{x}) + u_i$$

代入上述 $E(\hat{\beta_1})$ 的推导等式中,可得:

$$E(\hat{\beta_1}) = E\left(\frac{\sum_{i=1}^{n}\beta_1(x_i-\bar{x})^2+(x_i-\bar{x})u_i}{\sum_{i=1}^{n}(x_i-\bar{x})^2}\right)$$

$$=\beta_1+E_x\left(\frac{\sum_{i=1}^{n}(x_i-\bar{x})E(u_i|x_i)}{\sum_{i=1}^{n}(x_i-\bar{x})^2}\right)$$

将 E 的期望转化成 E_x 关于 x 的条件期望,即:

$$E(\hat{\beta_1})=\beta_1+\frac{\sum_{i=1}^{n}(x_i-\bar{x})}{\sum_{i=1}^{n}(x_i-\bar{x})^2}E(u_i|x_i)$$

结合零条件期望假定,最终得证:

$$E(\hat{\beta_1})=\beta_1$$

接下来简述 β_0 的无偏性的证明过程。将方程 $y_i=\beta_0+\beta_1 x_i+u_i$ 对 i 取均值,得到 $\bar{y}=\beta_0+\beta_1\bar{x}+\bar{u}$,将等式进一步代入 $\hat{\beta_0}$ 的表达式中:

$$\hat{\beta_0}=\bar{y}-\hat{\beta_1}\bar{x}=\beta_0+\beta_1\bar{x}+\bar{u}-\hat{\beta_1}\bar{x}=\beta_0+(\beta_1-\hat{\beta_1})\bar{x}+\bar{u}$$

根据**假定 2** 与**假定 4**,可以得出 $E(\bar{u})=0$,于是以 x_i 的值为条件,进一步得出

$$E(\hat{\beta_0})=\beta_0+E[(\beta_1-\hat{\beta_1})\bar{x}]+E(\bar{u})=\beta_0+E[(\beta_1-\hat{\beta_1})]\bar{x}$$

上文已证 $E(\hat{\beta_1})=\beta_1$,即 $E[(\hat{\beta_1}-\beta_1)]=0$,因此得证:

$$E(\hat{\beta_0})=\beta_0$$

以上论证对任意值的 β_0 与 β_1 都成立,由此我们就完成 OLS 无偏性的证明。下文简单证明 β 向量的无偏性,在多元线性回归模型下,估计值的期望同样等同于真实值。

$$\boldsymbol{Y}=\boldsymbol{X}\beta+\mu$$
$$(\boldsymbol{X'X})^{-1}\boldsymbol{X'Y}=(\boldsymbol{X'X})^{-1}\boldsymbol{X'X}\beta+(\boldsymbol{X'X})^{-1}\boldsymbol{X'}\mu$$
$$\widehat{\beta_{OLS}}=\beta+(\boldsymbol{X'X})^{-1}\boldsymbol{X'}\mu$$
$$E[\widehat{\beta_{OLS}}\mid\boldsymbol{X}]=\beta+(\boldsymbol{X'X})^{-1}\boldsymbol{X'}E(\mu\mid x)=0$$

$$E(\hat{\beta}) = E_X[E(\hat{\beta} \mid \boldsymbol{X})] = \beta$$

五、普通最小二乘法估计量的方差

本部分主要介绍同方差性和普通最小二乘法估计量的抽样方差。

(一) 同方差性

除了知道对于 β_0(和 β_1)而言,OLS 中 $\hat{\beta}_0$(和 $\hat{\beta}_1$)的抽样分布是无偏的,能进一步测算估计值与真实值之间的距离也非常重要。在其他条件不变的情况下,就可以从一系列无偏估计量中选择出一个最佳估计量。度量 $\hat{\beta}_0$(和 $\hat{\beta}_1$)的离散程度,最常使用的指标即方差或其标准差。

由于 OLS 估计量的方差表达式过于复杂,我们引入同方差(homoscedasticity)假定,对于给定解释变量的任何值,误差都具有相同的方差,即无法观测变量 u 的方差是一个常数。零条件均值假定(假定 4)涉及的是 u 的期望值,而假定 5 考虑的是 u 的方差。如果我们假定 u 与 x 是相互独立的,因此:

$$E(u \mid x) = E(u) = 0$$
$$\mathrm{Var}(u \mid x) = \sigma^2$$

又因为

$$\mathrm{Var}(u \mid x) = E(u^2 \mid x) - [E(u \mid x)]^2 \text{ 且 } E(u \mid x) = 0$$

则 $\sigma^2 = E(u^2 \mid x)$,这意味着 σ^2 也是 u^2 的无条件期望假设,根据 $E(u) = 0$ 进一步可得出:

$$\sigma^2 = E(u^2 \mid x) = \mathrm{Var}(u)$$

总结来看,σ^2 是 u 的无条件方差,所以 σ^2 又被称作误差方差(error variance)。σ^2 的平方根 σ 是误差的标准差,σ 越大则意味着影响 y 的未观测因素越分散。

利用 y 的条件均值和条件方差,可以将假定 4 与假定 5 表述成:

$$E(y \mid x) = \beta_0 + \beta_1 x \tag{8-60}$$
$$\mathrm{Var}(y \mid x) = \sigma^2 \tag{8-61}$$

这意味着,给定的 x 与 y 的条件期望线性于 x,但给定 x 时 y 的方差为常数。如图 8-15 所示,其中 β_0 与 β_1 均大于 0。

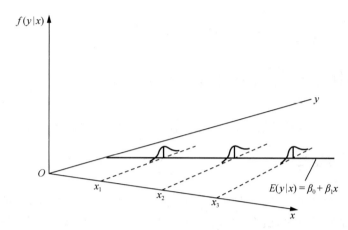

图 8-15　同方差下的简单回归分析

在教育回报的例子中，为了保证在其他条件不变的情况下得到 educ 对 wage 影响的无偏估计量，必须假定 $E(u|educ)=0$，即 $E(wage|educ)=\beta_0+\beta_1 educ$。但如果此时我们坚持上文的同方差假定，则 $Var(u|educ)=\sigma^2$ 独立于受教育年限 educ，这就等同假定 $Var(wage|educ)=\sigma^2$。尽管我们能观察到收入会随受教育年限的增加而提高，但收入相对于其均值的波动，却被假定为对于所有受教育年限均不变。这在现实中是很难成立的，因为接受更多教育的人往往拥有更多的可能性，对这类人群而言收入波动是会较大的，而接受更少教育的人，收入水平往往在最低工资徘徊，工资波动在受教育程度极低者群体中相对较小。上述结论反映在模型层面，由于 $Var(u|x)=Var(y|x)$，所以当 $Var(u|x)$ 取决于 x 即为 x 的函数时，便称误差项表现出异方差性（heteroskedasticity），也被称作非恒定方差，如图 8-16 所示。

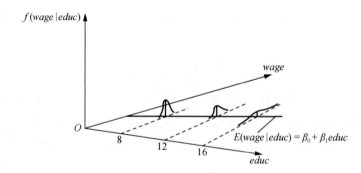

图 8-16　$Var(wage|educ)$ 随 educ 增加

（二）普通最小二乘法估计量的抽样方差

在**假定 1—5** 下，样本方差的估计值为[①]：

---

① 证明过程参见本章附录的第三部分。

第八章 一元线性回归

$$\text{Var}(\hat{\beta_1}) = \frac{\sigma^2}{\sum_{i=1}^{n}(x_i - \bar{x})^2} = \frac{\sigma^2}{\text{SST}_x} \tag{8-62}$$

$$\text{Var}(\hat{\beta_0}) = \frac{\sigma^2 n^{-1} \sum_{i=1}^{n} x_i^2}{\sum_{i=1}^{n}(x_i - \bar{x})^2} = \frac{\sigma^2 n^{-1} \sum_{i=1}^{n} x_i^2}{\text{SST}_x} \tag{8-63}$$

将方差取平方根则很容易求得，标准差为 $sd(\hat{\beta_1}) = \sqrt{\text{Var}(\hat{\beta_1})}$，$sd(\hat{\beta_0}) = \sqrt{\text{Var}(\hat{\beta_0})}$。标准差将被直接应用于构造置信区间和推导检验统计量。

对抽样方差的关注是因为，$\text{Var}(\hat{\beta_1})$ 与 $\text{Var}(\hat{\beta_0})$ 会随着 $\text{Var}(u_i)$ 的增加而增加，扰动项的更多波动将使得精确估计 β_0 与 β_1 更加困难。而对于自变量而言，样本内波动即 $\sum_{i=1}^{n}(x_i - \bar{x})^2$ 越大，即样本集内分布较为分散，则更容易精确估计 y 与 x 之间的关系，减少 β_0 与 β_1 的方差。一般来说样本规模越大，自变量的离散程度越高，总体波动也会增加。

在**假定 1—5** 下，我们有 $\sigma^2 = E(u^2)$，并且真实（但未知）的方差的无偏估计值为 $\frac{1}{n}\sum_{i=1}^{n} u_i^2$。但是，我们只能观测 OLS 的残差项 $\hat{u_i}$，真实的误差项 u_i 是难以观测的。所以我们需要通过等式 $\frac{1}{n}\sum_{i=1}^{n} \hat{u_i}^2 = \frac{\text{SSR}}{n}$ 将误差用 OLS 残差来表达。

但上述的估计值是有偏差的，因为其没有考虑到 OLS 残差必须满足的两个限制，即：

$$\sum_{i=1}^{n} \hat{u_i} = 0, \quad \sum_{i=1}^{n} x_i \hat{u_i} = 0 \tag{8-64}$$

OLS 残差中只有 $n-2$ 个自由度（degree of freedom），而误差中有 n 个自由度。如果我们直接用 u_i 代替 $\hat{u_i}$，上述 2 个限定则无法满足。施加限定条件则会失去 2 个自由度，不难发现 σ^2 的无偏估计量被自由度所调整，即：

$$\hat{\sigma^2} = \frac{1}{(n-2)}\sum_{i=1}^{n} \hat{u_i}^2 = \frac{\text{SSR}}{(n-2)} \tag{8-65}$$

$\hat{\sigma} = \sqrt{\hat{\sigma^2}}$ 被称为回归标准误（standard error of the regression, SER），其是对影响 y 的不可观测因素的标准差估计值，一般用来估计 $\hat{\beta_0}$ 和 $\hat{\beta_1}$ 的标准差。上文已述 $sd(\hat{\beta_1}) = \sigma / \sqrt{\text{SST}_x}$，所以 $sd(\hat{\beta_1})$ 的自然估计量为：

$$se(\hat{\beta_1}) = \hat{\sigma} / \sqrt{\text{SST}_x} = \hat{\sigma} / \left(\sum_{i=1}^{n}(x_i - \bar{x})^2\right)^{1/2} \tag{8-66}$$

$se(\hat{\beta_1})$ 被称作 $\hat{\beta_1}$ 的标准误(standard error),类似地,$se(\hat{\beta_0})$ 也是通过将 $sd(\hat{\beta_0})$ 中的 σ 置换成 $\hat{\sigma}$ 得到的,任何一个估计值的标准误都将告诉我们估计量的精确程度。

本 章 小 结

本章主要介绍了简单一元线性回归模型的基本概念与重要假设,以及如何使用最小二乘法对总体参数进行估计。

同时,简单线性回归模型中能够引入非线性因素。对自变量与因变量取对数形式是常用的做法之一。引入对数形式后,主要存在四种类型的模型:标准形式回归模型(水平值-水平值)、对数形式回归模型(对数-水平值)、对数形式回归模型(水平值-对数)以及双对数形式回归模型。

在利用最小二乘法进行实证研究中,为了得到最优线性无偏(BLUE)的估计系数,通常模型的设定需满足五点假定,我们称这五条假定为高斯-马尔科夫假定:(1)参数是线性的;(2)随机抽样;(3)解释变量的样本有波动;(4)零条件期望;(5)同方差假设。

思考题

1. 试想中国居民的收入分布符合怎样的分布特征,正态分布、左偏分布还是右偏分布?

2. 平均数、中位数、众数哪个能代表一个城市房价的水平?

3. 在简单线性回归模型 $y = \beta_0 + \beta_1 x + u$ 中,假定 $E(u) \neq 0$。令 $\alpha_0 = E(u)$,试证明:这个模型总可以改写为另一种形式——斜率与原来相同,但截距和误差有所不同,并且新的误差期望值为零。

4. 令 kids 表示一名女性生过的孩子数目,educ 表示该女性受教育的年数。生育率对受教育年数的简单回归模型为 $kids = \beta_0 + \beta_1 educ + u$。其中,$u$ 是无法预测到的误差。

(1) u 中包含什么样的因素?它们可能与受教育程度相关吗?

(2) 简单回归分析能够揭示教育对生育率在其他条件不变下的影响吗?请解释。

附录

一、条件期望函数的三条基本性质

1. 性质一：分解特征(decomposition property)

任何一个变量都可以写成关于 x 的函数和一个和 x 不相关的部分。任何两个随机变量 Y_i 和 X_i，都可以将一个随机变量分解成其条件期望函数和一个剩余项的形式，即：

$$Y_i = E[Y_i | X_i] + \varepsilon_i$$

并且剩余项 ε_i 均值独立于 X_i，即：

$$E[\varepsilon_i | X_i] = 0$$

这一剩余项 ε_i，又被称为条件期望函数误差(conditional expectation function error)。

证明：

$$E[\varepsilon_i | X_i] = E[Y_i - E[Y_i | X_i] | X_i] = E[Y_i | X_i] - E[Y_i | X_i] = 0$$

$E[\varepsilon_i | X_i] = 0$ 意味着 $E[\varepsilon_i] = 0$。利用迭代期望公式，可得

$$E[\varepsilon_i] = E[E[\varepsilon_i | X_i]] = 0$$

$E[\varepsilon_i | X_i] = 0$ 意味着 ε_i 和 X_i 不相关或正交，即：

$$E[X_i \cdot \varepsilon_i] = E[X_i \cdot E[\varepsilon_i | X_i]] = 0$$

$E[\varepsilon_i | X_i] = 0$ 意味着 ε_i 与 X_i 的任意函数不相关，假设 $h(X_i)$ 是 X_i 的任意函数，则有：

$$E[h(X_i) \cdot \varepsilon_i] = E[h(X_i) \cdot E[\varepsilon_i | X_i]] = 0$$

2. 性质二：方差分解特征(analysis of variance, ANOVA)

一个随机变量的方差也可以相应地分解成两部分：条件期望函数的方差和剩余项的方差。

证明：

$$\begin{aligned}
\mathrm{Var}(Y_i) &= \mathrm{Var}(E[Y_i | X_i] + \varepsilon_i) \\
&= \mathrm{Var}(E[Y_i | X_i]) + \mathrm{Var}(\varepsilon_i) + 2\mathrm{Cov}(E[Y_i | X_i], \varepsilon_i) \\
&= \mathrm{Var}(E[Y_i | X_i]) + E[\varepsilon_i^2] \\
&= \mathrm{Var}(E[Y_i | X_i]) + E[\mathrm{Var}(Y_i | X_i)]
\end{aligned}$$

其中，$E[\varepsilon_i^2] = E[E[\varepsilon_i^2 | X_i]] = E[E[(Y_i - E[Y_i | X_i])^2 | X_i]] = E[\mathrm{Var}(Y_i | X_i)]$。

3. 性质三：最优预测特征(prediction property)

在进入性质三的讲述前，需要定义回归模型方差(regression variance)。回归

模型方差的表达式为 $\delta^2 = E[(\varepsilon_i \cdot E[\varepsilon_i])^2]$，而由于 $E[\varepsilon_i] = 0$，因此 $\delta^2 = E[\varepsilon_i^2]$。$\delta^2$ 实际衡量了因变量中无法被自变量解释的部分的大小。在这一基础上，最优预测特征意味着条件期望函数 $E[Y|X=x] = m(x)$ 是因变量的最优预测值，即是给定 X_i 后对 Y_i 预测的均方误差最小。

$$E[Y_i|X_i] = \operatorname*{argmin}_{m(X_i)} E[[Y_i - m(X_i)]^2]$$

证明：

假设用 $m(X_i)$ 去预测 Y_i，预测误差是 $Y_i - m(X_i)$，选择预测函数 $m(\cdot)$，使预测误差期望最小，则：

$$\begin{aligned}
&E[(Y_i - m(X_i))^2] \\
&= E\{(Y_i - E[Y_i|X_i]) + (E[Y_i|X_i] - m(X_i))\}^2 \\
&= E[Y_i - E[Y_i|X_i]]^2 + 2E\{(E[Y_i|X_i] - m(X_i))(Y_i - E[Y_i|X_i])\} \\
&\quad + E[E[Y_i|X_i] - m(X_i)]^2 \\
&= E[Y_i - E[Y_i|X_i]]^2 + E[E[Y_i|X_i] - m(X_i)]^2 \\
&= E[\varepsilon_i]^2 + E[E[Y_i|X_i] - m(X_i)]^2 \\
&\geqslant 0
\end{aligned}$$

二、总体均值为 0 的证明

$$\begin{aligned}
y &= \beta_0 + \beta_1 x + u \\
&= \beta_0 + k + \beta_1 x + u - k \\
&= \beta_0^* + \beta_1 x + u^*
\end{aligned}$$
$$E(u^*) = E(u - k) = E(u) - k = k - k = 0$$

三、样本方差估计值的证明

$$\widehat{\beta_1} - \beta_1 = \frac{\sum_{i=1}^{n}(x_i - \bar{x})u_i}{\sum_{i=1}^{n}(x_i - \bar{x})^2}$$

$$\Rightarrow \sigma_{\widehat{\beta_1}}^2 = \operatorname{Var}(\widehat{\beta_1})$$
$$= E[(\widehat{\beta_1} - E(\widehat{\beta_1}))^2]$$

$$= E[(\hat{\beta_1} - \beta_1)^2]$$

$$= E\left[\left(\frac{\sum_{i=1}^{n}(x_i - \bar{x})u_i}{\sum_{i=1}^{n}(x_i - \bar{x})^2}\right)^2\right]$$

$$= \cdots = \frac{\sigma^2}{\sum_{i=1}^{n}(x_i - \bar{x})^2}$$

第九章
多元线性回归

本章在简单线性回归模型的基础之上,介绍多元回归模型的基本概念与优势,OLS 在多元回归中的应用,多元回归模型如何进行假设检验,以及如何处理多元回归模型中的定量信息。相比简单线性回归,多元回归模型对于多个变量、多种变量具有更好的包容性、灵活性。同时,多元回归模型在实际问题中有更好的适用性。学习多元回归模型可以为我们后续学习计量方法、掌握因果推断打下良好的基础。

第一节 多元回归模型

本节主要介绍多元回归模型的来源、相关估计和推断以及如何理解使用 Stata 软件执行多元回归并输出结果。

一、多元回归模型的来源

上一章节已经讨论了简单线性回归模型。事实上,简单线性回归模型存在诸多局限性,难以满足研究需求。同样以教育回报为例,我们来说明多元回归模型如何解决简单回归模型无法解决的问题。我们先构建一个关于工资($wage$)和受教育程度(edu)的简单回归方程:

$$wage = \beta_0 + \beta_1 edu + u \qquad (9-1)$$

其中,β_1 是我们所关心的受教育程度变动对于工资变动的影响程度。

实际生活中,影响工资的因素有很多,除了教育之外,能力($ability$)也是重要影响因素,而且能力通常和受教育程度相关。我们假设真实世界中,工资的方程是这样的(假设能力可测量):

$$wage = \beta_0 + \beta_1' edu + \beta_2 ability + u$$

其中,β_1' 和 β_2 都为 1,而教育和能力之间的相关系数为 0.1,即教育每增加 1 个单位,能力增加 0.1 个单位,$edu = \beta_2 ability + u$。忽略随机扰动项,对于第二个方程,当 $\Delta edu = 1$,$\Delta wage = 1 + 0.1 = 1.1$,将结果代入第一个方程,可得 $\beta_1 = 1.1$。因此,若没有控制能力这一因素,回归得出的 β_1 与真实世界中的 β'_1 是有偏差的,即我们高估了受教育程度的影响。在简单回归方程中,由于误差项中包含了能力这一因素,而能力与受教育程度相关,这意味着误差项和受教育程度相关,这违背了零条件均值假设,造成了估计偏差。我们希望借助多元回归模型,将在随机扰动项中与因变量相关,且与自变量相关的其他变量控制起来,从而更准确地衡量我们关心的自变量对于因变量的净影响,这也是我们从简单线性回归模型走向多元线性回归模型的动机之一。

简而言之,简单线性回归模型的主要缺点在于:第一,该模型的核心假设(零条件均值假设)——其他所有影响 y 的因素都与 x 无关——是非常脱离实际的;第二,很难衡量出在其他条件不变的情况下,x 是如何影响 y 的。

那么,多元回归模型的优势是什么?

多元回归模型可以帮助我们清晰地控制并容纳其他可能同时影响因变量 y 与自变量 x 的因素。

多元回归模型可以帮助我们更好地解决简单线性回归模型无法完成的因果推断。纳入更多的解释变量可以帮助我们对因变量做更好的预测,能够包容更广泛多样的函数关系(如 x^2)。

(一) 二元线性回归模型(含有两个自变量的模型)

为了阐释二元线性回归模型是什么,我们还是以教育回报率作为例子。企业在招聘时不仅会考虑求职者的受教育程度,也会考虑求职者的相关工作经验($exper$)。因此,我们可以得出一个这样的工资方程:

$$wage = \beta_0 + \beta_1 edu + \beta_2 exper + u \tag{9-2}$$

相比于简单回归方程,我们将工作经验这一变量从随机扰动项中取出,作为控制变量放入方程中。在一元线性回归方程(简单线性回归方程)中,将工作经验放入随机扰动项的前提在于假定经验和教育是不相关的。而在二元线性回归方程中,我们可以在控制工作经验不变的情况下,衡量受教育程度变化对于工资变化的影响。

在这个式子中:β_1 衡量了当其他条件不变的情况下,受教育程度变化对于工资变化的影响;β_2 衡量了当其他条件不变的情况下,工作经验变化对于工资变化的影响。通常来说,二元线性回归方程的一般形式为:

$$y = \beta_0 + \beta_1 x_1 + \beta_2 x_2 + u \tag{9-3}$$

其中:β_0 是截距项;β_1 衡量了当 x_2 不变的情况下,x_1 的变动对于 y 的影响;β_2 衡

量了当 x_1 不变的情况下，x_2 的变动对于 y 的影响。

多元回归方程也可以用于研究变量之间的非线性函数关系。譬如，我们想要研究家庭消费（$cons$）与家庭收入（inc）之间的关系。家庭消费随着家庭收入的增加而增加，但是当家庭收入高到一定程度时，家庭消费的增量会随着家庭收入的增加而呈现边际递减，因此家庭消费与家庭收入并非单纯的线性关系。我们假设家庭消费与收入呈这样的关系：

$$cons = \beta_0 + \beta_1 inc + \beta_2 inc^2 + u \tag{9-4}$$

虽然这个模型中只有两个变量——消费和收入，但是消费和收入之间存在非线性函数关系"$inc + inc^2$"，这在简单线性回归模型中是难以处理的。同时，由于在这个模型中，inc 的变动势必会引起 inc^2 的变动，所以在解释参数 β_1 时，我们不能说：β_1 是 inc 在其他条件不变的情况下对 $cons$ 的影响。

传统二元线性回归模型的核心假设是：

$$E(u|x_1, x_2) = 0 \tag{9-5}$$

即对于任意 x_1 和 x_2，u 的条件均值都等于 0，即 x_1、x_2 与 u 不相关。我们可以分步来理解：根据 x_1 的不同值，将总体分为若干部分，每一部分的残差都具有相同的平均值且平均值为 0；残差既不会跟随 x_1 的变动而变动，同时，因为各部分的残差相同，其残差必然等于总体随机扰动项的平均值；x_2 同理。

将这个假设应用于教育回报的例子中：

$$E(u|edu, exper) = 0 \tag{9-6}$$

如果上式成立，则意味着其他可能影响工资的因素与教育以及工作经验是不相关的。同时，不同的个体有不同的教育经历和工作经验，对于这些个体而言，除了教育经历和工作经验，总体上他们的其他条件都是相当的。

（二）多元线性回归模型（含有 k 个自变量的模型）

有 k 个自变量的多元线性回归方程可写作：

$$y = \beta_0 + \beta_1 x_1 + \beta_2 x_2 + \cdots + \beta_k x_k + u \tag{9-7}$$

其中：β_0 是截距项；β_1, …, β_k 分别是 x_1, …, x_k 的参数；随机误差项或随机扰动项 u 包含了 x_1, …, x_k 之外仍影响 y 的因素。

因为模型有 k 个自变量和截距 β_0，所以模型中共包含了 $k+1$ 个未知的总体参数。

传统多元线性回归模型的核心假设是：

$$E(u|x_1, x_2, \cdots, x_k) = 0 \tag{9-8}$$

第九章 多元线性回归

即不可观测的误差项中的所有因素都与解释变量无关。这也意味着我们找到了解释变量与被解释变量之间真正的函数关系。我们之后会解释这个假设如何推导 OLS 具有无偏性,并且进一步探讨遗漏变量造成的误差。

二、多元回归模型的估计

(一) 机制与解释

在上一章,我们已经介绍过如何用 OLS 估计简单回归方程中的参数,在多元回归中方法是相似的:

$$\hat{y} = \hat{\beta}_0 + \hat{\beta}_1 x_1 + \hat{\beta}_2 x_2 + \cdots + \hat{\beta}_k x_k \tag{9-9}$$

对于给定 $y, x_1, \cdots, x_k$ 的 n 个观测,同时选择 $k+1$ 个 OLS 估计值 $\hat{\beta}_0, \cdots, \hat{\beta}_k$,使得残差平方和尽可能小:

$$\sum_{i=1}^{n} \hat{u}_i^2 = \sum_{i=1}^{n} (y_i - \hat{\beta}_0 - \hat{\beta}_1 x_{i1} - \cdots - \hat{\beta}_k x_{ik})^2 \tag{9-10}$$

多元线性回归模型的 OLS 估计量通常是利用矩阵概念和矩阵代数推导出来的。

最终,我们通过估计获得 OLS 回归线:

$$\hat{y} = \hat{\beta}_0 + \hat{\beta}_1 x_1 + \hat{\beta}_2 x_2 + \cdots + \hat{\beta}_k x_k \tag{9-11}$$

其中,$\hat{\beta}_0$ 是当 $x_1 = x_2 = \cdots = x_k = 0$ 时,y 的估计值,大多时候这个值并不具有经济意义。给定 OLS 估计值 $\hat{\beta}_0, \cdots, \hat{\beta}_k$,对于每一个观测值我们都可以获得一个相应的拟合值或预测值,第 i 个观测的拟合值为:

$$\hat{y}_i = \hat{\beta}_0 + \hat{\beta}_1 x_{i1} + \hat{\beta}_2 x_{i2} + \cdots + \hat{\beta}_k x_{ik} \tag{9-12}$$

事实上,对于任一观测 i 而言,$y_i \neq \hat{y}_i$,OLS 仅使残差平方的平均值最小化,对于任一观测的残差没有具体阐释。与简单回归中相同,第 i 个观测的残差被定义为:

$$\hat{u}_i = y_i - \hat{y}_i \tag{9-13}$$

其中,残差的样本均值为 0:$\bar{y} = \bar{\hat{y}}$。每个自变量与 OLS 残差的样本协方差为 0。因此,OLS 拟合值和 OLS 残差之间的样本协方差为 0。点 $(\bar{x}_1, \bar{x}_2, \cdots, \bar{x}_k, \bar{y})$ 始终落在上述 OLS 回归线上。

(二) 关键概念

多元回归模型的估计主要涉及以下四个关键概念。

1. 偏效应

偏效应（partial effect）指的是回归模型中其他因素不变的情况下，某个自变量的变动对于因变量变动的影响，在上述多元回归模型的方程中，估计值 $\hat{\beta}_0, \cdots, \hat{\beta}_k$ 具有偏效应。$\hat{\beta}_1$ 可以被解释为控制其他自变量保持不变（$\Delta x_2 = \Delta x_3 = \cdots = \Delta x_k = 0$），当在 x_1 变化一单位时 $\hat{y}$ 的变化数量，即：

$$\hat{\beta}_1 = \frac{\Delta \hat{y}}{\Delta x_1} \tag{9-14}$$

我们在控制 $x_2, \cdots, x_k$ 的情况下①，估计了 x_1 的变动对于 y 变动的影响。

2. 估计值

简单回归：$\tilde{y} = \tilde{\beta}_0 + \tilde{\beta}_1 x_1$

多元回归：$\hat{y} = \hat{\beta}_0 + \hat{\beta}_1 x_1 + \hat{\beta}_2 x_2$

$\tilde{\beta}_1$ 和 $\hat{\beta}_1$ 关系是：$\tilde{\beta}_1 = \hat{\beta}_1 + \hat{\beta}_2 \tilde{\delta}_1$，其中 $\tilde{\delta}_1$ 是 x_2 对 x_1 简单回归的斜率系数，混杂项 $\hat{\beta}_2 \tilde{\delta}_1$ 是 x_2 对于 $\hat{y}$ 的偏效应乘以 x_2 对 x_1 简单回归的斜率系数。

$\tilde{\beta}_1$ 和 $\hat{\beta}_1$ 仅在两种情况下相等：x_2 对于 $\hat{y}$ 的偏效应为 0，即 $\hat{\beta}_2 = 0$；x_1 和 x_2 不相关，即 $\tilde{\delta}_1 = 0$。

在大多数情况下，$\tilde{\beta}_1 \neq \hat{\beta}_1$。

我们将上面的结论拓展到更一般形式的多元回归模型中，设 $\hat{\beta}_j (j = 0, 1, \cdots, k)$ 为用解释变量全集回归的 OLS 估计量；$\tilde{\beta}_j (j = 0, 1, \cdots, k-1)$ 为去掉 x_k 后回归中的 OLS 估计量；$\tilde{\delta}_j$ 为 x_k 对 $x_1, \cdots, x_{k-1}$ 回归时 $x_j (j = 0, 1, \cdots, k-1)$ 的斜率系数，即可得到：

$$\tilde{\beta}_j = \hat{\beta}_j + \hat{\beta}_k \tilde{\delta}_j \tag{9-15}$$

3. 遗漏变量偏误

假设总体模型（population model）是：

$$y = \beta_0 + \beta_1 x_1 + \beta_2 x_2 + \beta_3 x_3 + \beta_4 x_4 + \beta_5 x_5 + \varepsilon \tag{9-16}$$

而我们自己设定的模型是：

$$y = \beta_0 + \beta'_1 x_1 + \beta_2 x_2 + \beta_3 x_3 + \beta_4 x_4 + \varepsilon \tag{9-17}$$

与总体模型相比，我们遗漏了 x_5 这个自变量，或者说，我们将 x_5 这个变量放在了

---

① 即排除其他变量影响，具体可参考本章附录中的第一部分"弗里施-沃定理（Frisch-Waugh theorem）"。

残差项中。这可能产生两种后果:若 x_1 与 x_5 相关,则 $\beta_1' \neq \beta_1$,产生遗漏变量偏误;若 x_1 与 x_5 无关,则 $\beta_1' = \beta_1$,没有产生偏误,两个模型具有一致的估计量。

我们也可以从矩阵的视角去探讨遗漏变量偏误,假设:

$$\begin{aligned} Y &= X\beta + \mu, \quad \mu = Zr + \varepsilon \\ (XX')^{-1}X'Y &= \beta + (X'X)^{-1}X'Zr + (X'X)^{-1}X'\varepsilon \\ E[\hat{\beta}_{OLS}|X] &= \beta + (X'X)^{-1}X'E(Z|X)r \end{aligned} \quad (9\text{-}18)$$

其中,$E(Z|X) \neq 0$,表示 Z 与 X 有关,r 为 Z 对 Y 影响的系数。表 9-1 总结了不同情况下 $\hat{\beta}$ 的偏误方向。

- 当 $\beta > 0$ 时:若 $E(Z|X)r > 0$,则会产生向上的偏误,$\hat{\beta}$ 被高估;相反,若 $E(Z|X)*r < 0$,则会产生向下的偏误,$\hat{\beta}$ 被低估。
- 当 $\beta < 0$ 时:若 $E(Z|X)r > 0$,则会产生向上的偏误,$\hat{\beta}$ 被低估;相反,若 $E(Z|X)r < 0$,则会产生向下的偏误,$\hat{\beta}$ 被高估。

表 9-1 $\hat{\beta}$ 偏误方向总结

系数	$E(Z\|X)r>0$	$E(Z\|X)r<0$
$\beta>0$	偏误为正(高估)	偏误为负(低估)
$\beta<0$	偏误为负(低估)	偏误为正(高估)

我们以教育回报的例子,进一步解释遗漏变量偏误的问题[①]。我们假设 $Y = \log(income)$,$X = Edu$。如果遗漏了工作经验 Exp,由于一般情况下 Exp 与 Edu 呈负相关,与 $income$ 呈正相关,则 $E(Exp \mid Edu) < 0$,$r > 0$,因此产生向下偏误,$\hat{\beta}$ 被低估;如果遗漏了能力 $Ability$,$Ability$ 与 Edu 正相关,与 $income$ 正相关,则 $E(Ability \mid Edu) > 0$,$r > 0$,因此产生向上偏误,$\hat{\beta}$ 被高估。我们用梯形回归表(如表 9-2 所示)来表示不同情况下系数的变化。

表 9-2 梯形回归表

变量	log(income)		
	(1)	(2)	(3)
Edu	$\hat{\beta}_{11}$	$\hat{\beta}_{12}$	$\hat{\beta}_{13}$
Exp		$\hat{\beta}_{22}$	$\hat{\beta}_{23}$
$Ability$			$\hat{\beta}_{33}$

---

① 详细解释请见本章附录的第二部分。

根据判断偏误的原则，估计系数大小为 $\hat{\beta}_{12} > \hat{\beta}_{11}$，$\hat{\beta}_{12} > \hat{\beta}_{13}$。

4. 拟合优度

像简单回归一样，我们可以定义总平方和（SST）、解释平方和（SSE）与残差平方和（SSR）：

$$SST \equiv \sum_{i=1}^{n}(y_i - \bar{y})^2 \quad (9-19)$$

$$SSE \equiv \sum_{i=1}^{n}(\hat{y}_i - \bar{y})^2 \quad (9-20)$$

$$SSR \equiv \sum_{i=1}^{n}\hat{u}_i^2 \quad (9-21)$$

如同简单回归方程一样，$SST = SSE + SSR$，拟合优度 R^2 被定义为：

$$R^2 \equiv \frac{SSE}{SST} = 1 - \frac{SSR}{SST} \quad (9-22)$$

它表示 y_i 的样本波动被 OLS 回归线解释的比例。R^2 也等于实际 y_i 和拟合值 $\hat{y}_i$ 之间相关系数的平方，证明如下：

$$R^2 = \frac{SSE}{SST} = \frac{\sum_{i=1}^{n}(\hat{y}_i - \bar{y})^2}{\sum_{i=1}^{n}(y_i - \bar{y})^2} = \frac{\sum_{i=1}^{n}(\hat{y}_i - \bar{y})^2}{\sum_{i=1}^{n}(y_i - \bar{y})^2} \frac{\sum_{i=1}^{n}(\hat{y}_i - \bar{\hat{y}})^2}{\sum_{i=1}^{n}(\hat{y}_i - \bar{\hat{y}})^2}$$

$$= \frac{\left(\sum_{i=1}^{n}(y_i - \bar{y})(\hat{y}_i - \bar{\hat{y}})\right)^2}{\left(\sum_{i=1}^{n}(y_i - \bar{y})^2\right)\left(\sum_{i=1}^{n}(\hat{y}_i - \bar{\hat{y}})^2\right)} = \left(\frac{\text{Cov}(y_i, \hat{y}_i)}{\sqrt{\text{Var}(y_i)}\sqrt{\text{Var}(\hat{y}_i)}}\right)^2$$

需要注意的是，因为残差的样本均值为 0，且 $\hat{u}_i = y_i - \hat{y}_i$，所以 $\bar{\hat{y}} = \bar{y}$。

我们会发现，在回归中增加一个自变量后，R^2 绝对不会减小，而且通常会增大，因为残差平方和绝对不会增加。但是，这并不意味着可以无限加入控制变量，判断一个解释变量是否应该放入模型的标准为：该解释变量对 Y 的偏效应是否非零，即该解释变量对 Y 有影响，虽然不会影响 β_1 的无偏性，但是会影响 β_1 估计量的方差，进而影响显著性。

（三）模型假定

我们现在讨论如何用 OLS 的统计性质来估计总体模型中的参数。统计性质指的是进行反复随机抽样时估计量展现出的性质，与单一样本无关。因此，讨论从单一样本中获得的一组估计值的统计性质是没有意义的。在讨论之前,我们先介绍多元回归模型的一些假定。

假定1:参数是线性的(linear in parameters)。总体模型可以写作:

$$y = \beta_0 + \beta_1 x_1 + \beta_2 x_2 + \cdots + \beta_k x_k + u \tag{9-23}$$

其中,β_0,β_1,$\cdots$,β_k 是未知的总体参数,u 是无法观测的随机误差项。

总体模型也被称为真实模型(true model),以此和我们自己设定的模型相区分。这个模型的核心特征是,参数是线性的 β_0,β_1,$\cdots$,β_k,同时,因变量和自变量都可以是我们所关注的变量的任意函数,如自然对数和平方。

假定2:随机抽样(random sampling)。我们有一个具有 n 次观测的随机样本 $\{(x_{i1}, x_{i2}, \cdots, x_{ik}, y_i): i = 1, 2, \cdots, n\}$,遵循**假定1**中的总体模型,$i$ 表示观察次数,$j = 1, \cdots, k$ 表示变量序号。

对于从总体中随机抽取的某一特定观察 i,总体模型可写作:

$$y_i = \hat{\beta}_0 + \hat{\beta}_1 x_{i1} + \hat{\beta}_2 x_{i2} + \cdots + \hat{\beta}_k x_{ik} + \hat{u}_i \tag{9-24}$$

OLS 估计量 $\hat{\beta}_0$,$\cdots$,$\hat{\beta}_k$ 是 β_0,$\cdots$,β_k 的估计量。

假定3:不存在完全共线性(no perfect collinearity)。在样本中,没有一个自变量是常数,且自变量之间不存在严格的线性关系,这个性质可以推及总体。如果模型中某个自变量和其他自变量之间存在线性关系,那么我们说这个模型存在完全共线性(perfect collinearity)问题,不能用 OLS 来估计。什么叫自变量之间存在线性关系呢?举个例子,x_1 为总体中男性的比例,x_2 为总体中女性的比例,$x_1 + x_2 = 1$,x_1 或 x_2 完全可以表达为另一个变量的线性函数,即 x_1 和 x_2 之间存在线性关系。需要注意的是,**假定3** 允许自变量之间存在相关关系,但是不能完全相关。

线性相关的正式定义是:对于变量 x_{i1},x_{i2},$\cdots$,x_{ik},如果存在一组数 a_1,$\cdots$,a_k(不完全为0)满足下式条件,则称变量之间线性相关(linearly dependent)。

$$a_1 x_{i1} + a_2 x_{i2} + \cdots + a_k x_{ik} = 0 \quad \forall i = 1, \cdots, n \tag{9-25}$$

如果不存在这样的一组数,那么变量之间线性无关(linearly independent)。

下面是完全共线性的一些例子:
- $\log(wage) = \beta_0 + \beta_1 male + \beta_2 female + u_i$
- $\log(wage) = \beta_0 + \beta_1 north + \beta_2 west + \beta_3 south + \beta_4 east + u$
- $\log(wage) = \beta_0 + \beta_1 educ + \beta_2 exper + \beta_3 age (exper_i = age_i - educ_i - 6)$

如果我们不谨慎地设置我们的模型,那么模型很有可能违背**假定3**。此外,如果样本量 n 相比于被估计的参数数量而言过小,如 $n < k+1$,也可能违背**假定3**。

因此,要估计 $k+1$ 个参数,我们至少需要 $k+1$ 个观察值。

假定4:零条件均值(zero conditional mean)。自变量取任意值,误差项 u 的期望值为0,即:

$$E(u \mid x_1, x_2, \cdots, x_k) = 0 \tag{9-26}$$

以下四种情况会导致模型违背零条件均值假定:

(1) 解释变量和被解释变量之间的函数关系被错误设定。譬如,本应该是二次项,却错误设为线性关系,或者变量本应该以取对数的形式出现,却用了水平值。

(2) 漏掉一个和任一自变量相关的因素(遗漏变量)。譬如,在教育回报的例子中,漏掉个人能力这一与受教育程度相关的因素,会使得模型违背零条件均值假定。

(3) 解释变量具有测量误差。譬如,我们在研究中需要2001年全国5岁人口的数据,但是我们只能获取2000年全国分年龄人口数据,我们可以用2000年4岁人口的数据去替代2001年全国5岁人口的数据,但是两者因为各种原因必然存在误差,这个误差可能会导致模型违背零条件均值。

(4) 解释变量与被解释变量之间存在双向因果关系(反向因果)。譬如,在教育回报的例子中,受教育程度越高,工资可能越高,但同时,高工资也会促使人们追求更高的受教育程度。

当**假定4**成立时,我们称模型中的解释变量为外生解释变量(exogenous explanatory variables)。若模型中 x_j 与 u 相关,则称 x_j 为内生解释变量(endogenous explanatory variable)。

(四) 估计量无偏性

在**假定1**至**假定4**成立的前提下,对于总体参数 β_j 的任意值都有:

$$E(\hat{\beta}_j) = \beta_j \quad j = 0, 1, \cdots, k \tag{9-27}$$

则OLS估计量 $\hat{\beta}_0, \hat{\beta}_1, \cdots, \hat{\beta}_k$ 是总体参数 $\beta_0, \beta_1, \cdots, \beta_k$ 的无偏估计量。

无偏性是指OLS估计的过程是无偏的,而对于某个估计值而言,其不具有无偏性,而是一个固定的数,且通常不等于总体参数。

当一个模型中包含一个或多个对于总体中的 y 不具有偏效应的自变量,即包含无关变量的回归模型,那么这个模型存在过度设定(overspecified)的问题。假设存在以下模型:

$$y = \beta_0 + \beta_1 x_1 + \beta_2 x_2 + \beta_3 x_3 + u \tag{9-28}$$

如果 x_3 的变动对于 y 的变动的影响为0,即在控制了 x_1 和 x_2 之后,$\beta_3 = 0$。因为

我们不知道 $\beta_3 = 0$，所以我们将 x_3 放到模型中。我们在模型中放入像 x_3 这样本不应该属于该模型的变量会发生什么呢？虽然放入 x_3 对于 $\hat{\beta}_1$ 和 $\hat{\beta}_2$ 的无偏性没有任何影响，但是放入无关变量会对 OLS 估计量的方差产生不利影响。

（五）估计量的方差

我们知道估计值的抽样分布是以真实参数为中心的。除了知道 $\hat{\beta}_j$ 的集中趋势，我们也想知道它在样本中的离散程度。这十分重要，因为较大的方差意味着较不精确的估计量。我们需要增加一个额外的假定——同方差假定（homoscedasticity assumption）来帮助我们讨论方差的问题。

假定 5：同方差性。对于给定解释变量的任何值，误差都具有相同的方差：

$$\text{Var}(u \mid x_1, \cdots, x_k) = \sigma^2 \tag{9-29}$$

对于解释变量的所有结果组合，有条件的误差项中的方差是相同的。根据**假定 5**，我们也可以推导出 $\text{Cov}(u_i, u_j) = 0 \ (i \neq j)$。

对于给定向量 $x = (x_1, \cdots, x_k)$，如果它满足**假定 1—4**，则

$$E(y \mid x) = \beta_0 + \beta_1 x_1 + \beta_2 x_2 + \cdots + \beta_k x_k \tag{9-30}$$

从**假定 5** 可得：

$$\text{Var}(y \mid x) = \sigma^2 \tag{9-31}$$

在满足**假定 1—5** 的前提下，对于自变量的样本值，OLS 斜率估计量的抽样方差（sampling variances of the OLS slope estimators）为：

$$\text{Var}(\hat{\beta}_j) = \frac{\sigma^2}{SST_j (1 - R_j^2)} \tag{9-32}$$

其中，$SST_j = \sum_{i=1}^{n} (x_{ij} - \bar{x}_j)^2$ 是 x_j 的总样本波动，而 R_j^2 则是将 x_j 对其他自变量以及截距项进行回归所得到的 R^2。需要注意的是，在得到这个公式的过程中，高斯-马尔科夫定理的所有假定均有涉及。虽然 OLS 无偏性不需要同方差假定，但是想要上式成立，必须要有同方差假定。

我们通过上式可知，估计斜率系数 $\text{Var}(\hat{\beta}_j)$ 取决于以下三个要素。

（1）σ^2：误差项的方差

误差项的方差越大，则 $\text{Var}(\hat{\beta}_j)$ 越大。由于 σ^2 属于数据总体特征，因此该项与样本容量无关，它是一个未知项。对于给定的因变量 y 而言，降低 σ^2 的方法就是尽可能加入更多有效的解释变量，换言之，就是从随机误差项中提出更多解释

变量。

(2) SST_j：总样本波动

总样本波动越大，则 $\text{Var}(\hat{\beta}_j)$ 越小，换言之，在其他条件不变的情况下，我们希望 x_j 的样本方差越大越好，而提高样本方差的方法就是尽可能扩大样本容量。需要注意的是，$SST_j=0$，即 x_j 无样本波动，违背了**假定 3**，但是 SST_j 很小并不违背**假定 3**。

(3) R_j^2：自变量之间的线性关系

R_j^2 是 x_j 总样本波动中可以被其他自变量加以解释的部分。R_j^2 越靠近 0，则 $\text{Var}(\hat{\beta}_j)$ 越小。我们讨论 R_j^2 的两种极端情况：一是 $R_j^2=0$，即 x_j 与其他自变量以及截距项的样本相关系数都为 0，这种情况下，$\text{Var}(\hat{\beta}_j)$ 取到最小值；二是 $R_j^2=1$，即 x_j 恰好是回归中的某些自变量的线性组合，这种情况就是完全共线性，与**假定 3** 相悖，因而不成立。那么什么情况下，R_j^2 会接近 1 呢？我们可以发现，x_j 与另一个或多个自变量间高度相关时，R_j^2 趋近于 1，而此时 $\text{Var}(\hat{\beta}_j)$ 趋近于正无穷。这种回归变量之间的高度相关被称为多重共线性（multicollinearity）。

多重共线性缺乏一个清晰的可量化的定义，即缺乏一个明确的数字来帮助我们判断在什么情况下多重共线性会成为一个问题。当 R_j^2 接近于 1 时，x_j 与其他自变量之间高度相关，但 $\text{Var}(\hat{\beta}_j)$ 的大小还取决于另外两个因素——σ^2 和 SST_j。另外，我们真正关心的是，在推断时，$\hat{\beta}_j$ 与其标准差相比有多大。

当然，在其他情况不变的情况下，我们希望 R_j^2 尽可能小，即 x_j 与其他自变量越不相关越好。我们通常通过适当去掉某些变量或者收集更多数据来降低 R_j^2。对于前者而言，删除总体模型的自变量可能会导致偏误，因此需要非常谨慎；对于后者而言，增加样本量来降低 R_j^2 相对是一个风险更小的方法。需要注意的是，某些自变量之间的高度相关性可能并不影响我们估计模型中的其他参数，即如果我们关心 x_1 对于 y 的影响，那么 x_2 和 x_3 之间的高度相关性并不影响我们对于 β_1 的估计。

（六）估计量的标准误

因为 $\sigma^2=E(u^2)$，σ^2 的无偏估计量是误差项方差的样本平均值：

$$\frac{1}{n}\sum_{i=1}^{n}u_i^2 \tag{9-33}$$

u_i 是不可观测的，但是我们可以估计 $\hat{u}_i$：

$$\hat{u}_i = y_i - \hat{\beta}_0 - \hat{\beta}_1 x_{i1} - \hat{\beta}_2 x_{i2} - \cdots - \hat{\beta}_k x_{ik} \tag{9-34}$$

在多元回归模型中，方差的无偏估计量为：

$$\hat{\sigma}^2 = \frac{1}{(n-k-1)}\sum_{i=1}^{n}\hat{u}_i^2 = \frac{1}{(n-k-1)}SSR \tag{9-35}$$

在满足**假定 1—5** 的情况下，

$$E(\hat{\sigma}^2) = \sigma^2 \tag{9-36}$$

我们已经在简单回归（$k=1$）中推导过这个估计量。在多元回归中，自由度 $df = n - (k+1)$，在获得估计值时，对残差施加了 $k+1$ 个限制。

$\hat{\sigma} = \sqrt{\hat{\sigma}^2}$ 是误差项的标准差的估计量，被称为回归标准误（standard error of the regression）。

$\hat{\beta}_j$ 的标准差是：$sd(\hat{\beta}_j) = \sqrt{\text{Var}(\hat{\beta}_j)}$。将式中的方差替换成估计量 $\hat{\sigma}^2$ 即可得到 $\hat{\beta}_j$ 的标准误是：$se(\hat{\beta}_j) = \sqrt{\dfrac{\hat{\sigma}^2}{SST_j(1-R_j^2)}}$。

同方差假定（**假定 5**）帮助我们控制 σ^2 来进一步准确估计 $\hat{\beta}_j$ 的方差。需要注意的是，我们依赖**假定 5** 得到标准误。如果误差表现出异方差性，即违背了**假定 5**，那么上述标准误公式就不是标准差的可靠估计量。

（七）高斯-马尔科夫定理

在满足**假定 1—5** 的条件下，OLS 估计量 $\hat{\beta}_0$，$\hat{\beta}_1$，…，$\hat{\beta}_k$ 是 β_0，β_1，…，β_k 的最优线性无偏估计量（best linear unbiased estimators，BLUEs）。这里有几个关键概念需要厘清。

无偏性：一个估计量 $\tilde{\beta}_j$，若其对于任意 β_0，β_1，…，β_k 都有 $E(\tilde{\beta}_j) = \beta_j$，那么它就是 β_j 的无偏估计量。

线性：当且仅当一个估计量 $\tilde{\beta}_j$ 可以被表达为 y_i 的线性函数时，即：

$$\tilde{\beta}_j = \sum_{i=1}^{n} w_{ij} y_i \tag{9-37}$$

它才是线性的。其中，w_{ij} 可以是所有自变量的样本值的函数。

最优（best）：最优被定义为具有最小方差。在满足**假定 1—5** 的条件下，令 $\hat{\beta}_0$，$\hat{\beta}_1$，…，$\hat{\beta}_k$ 为模型的 OLS 估计量，则对于任意线性无偏估计量 $\tilde{\beta}_j$，都有 $\text{Var}(\tilde{\beta}_j) \geqslant \text{Var}(\hat{\beta}_j)$，即在所有线性无偏估计量中，OLS 估计量具有最小方差。

高斯-马尔科夫定理证明用 OLS 估计多元回归是合理的，因为当假定成立时，我们不需要寻找无偏估计量的替代，OLS 估计量就是最优的。如果高斯-马尔科夫假定未满足,则该定理不再存在。违背**假定 1—4** 的任意一条都会导致 OLS 估计有偏,而只违背**假定 5** 会导致 OLS 在一众存在异方差的线性无偏估计量之间不再具有最小方差。

三、多元回归模型的推断

本部分主要介绍普通最小二乘法估计量的抽样分布、单一和多个总体参数的假设检验(t 检验)、置信区间以及对多个线性约束的检验(F 检验)。

(一) OLS 估计量的抽样分布

在高斯-马尔科夫定理下,OLS 估计量是最优线性无偏估计量。在满足高斯-马尔科夫定理的条件下,OLS 估计量的分布几乎可以是任何形状。我们需要知道 OLS 估计量的全部抽样分布以进行检验。

OLS 估计量的抽样分布取决于误差项的基本分布,因此我们需要对总体误差的分布作一个额外的假定,我们称这个假定为正态性假定(normality assumption)。

假定 6:正态性。总体误差项 u 独立于解释变量 $x_1, \cdots, x_k$,且服从均值为 0 和方差为 σ^2 的正态分布: $u \sim N(0, \sigma^2)$。

假设无法观测的误差项 u 在总体中正态分布,且该假设比之前的假设更强。因为**假定 6** 下 u 独立于 $x_j (j=1, \cdots, k)$,可得 $E(u|x_1, \cdots, x_k) = E(u) = 0$(**假定 4**)以及 $\mathrm{Var}(u|x_1, \cdots, x_k) = \mathrm{Var}(u) = \sigma^2$(**假定 5**)。因此,**假定 6** 的前提必然是**假定 4** 和**假定 5**。

假定 1—6 被称为经典线性模型(classical linear model, CLM)假定,符合**假定 1—6** 的回归模型被称为经典线性回归模型(classical linear regression model)。CLM 假定包含了高斯-马尔科夫假定和总体误差项的正态分布假定。

CLM 总体假定可以概括为:

$$y \mid (x_1, \cdots, x_k) \sim N(\beta_0 + \beta_1 x_1 + \beta_2 x_2 + \cdots + \beta_k x_k, \sigma^2) \qquad (9\text{-}38)$$

其中 y 服从正态分布,分布均值线性于在 $x_1, \cdots, x_k$,分布方差为常数。

我们可以这样理解正态性假定。我们可以将 u 视为许多影响 y 的无法观测的因素的总和,利用中心极限定理(central limit theorem, CLT)可得 u 服从近似正态分布。这样论证的缺点在于,u 中的各种因素在总体中可能具有极其不同的分布。正态近似的优劣程度取决于 u 中有多少因素以及它们分布相异的程度。CLT 假定所有无法观测的因素都以分离且可以叠加的方式影响着 y,但是假如 u 是无法观测因素的复杂函数,那么 CLT 假定难以应用于这种情况。

在实际应用中，是否可以假定 u 的正态性是一个靠经验判断的问题。譬如，工资永远无法小于 0，或者总体中不存在那么一部分人恰好获得最低工资。诸如此类的变量显然不符合正态分布。我们的常识告诉我们，对于工资而言，正态性假定并不是一个很合理的假定，而它的转换对数 $\log(wage)$ 更接近于正态分布。在另一些例子中，我们也很容易发现应用**假定6**并不合适，例如当 y 取值很少的情况。然而，相对于很大的样本容量而言，误差的非正态性算不上一个严重的问题。

我们需要记住的是，我们做出这样的假定是为了得到 OLS 估计量的正态抽样分布（normal sampling distributions），即在满足 CLM **假定1—6** 的情况下，以自变量的样本值为条件：

$$\hat{\beta}_j \sim N(\beta_j, \operatorname{Var}(\hat{\beta}_j)) \tag{9-39}$$

其中 $\operatorname{Var}(\hat{\beta}_j) = \dfrac{\sigma^2}{SST_j(1-R_j^2)}$，那么可得 $\dfrac{\hat{\beta}_j - \beta_j}{sd(\hat{\beta}_j)} \sim N(0,1)$。

这条定理可以拓展为，$\hat{\beta}_0, \hat{\beta}_1, \cdots, \hat{\beta}_k$ 的任何线性组合都是正态分布的，且 $\hat{\beta}_j$ 的任意一个子集也具有一个联合正态分布（joint normal distribution）。我们将在假设检验中使用这些结论。

（二）单一总体参数的假设检验：t 检验

我们设一个总体模型并假设它满足 CLM 假设，即：

$$y = \beta_0 + \beta_1 x_1 + \beta_2 x_2 + \cdots + \beta_k x_k + u \tag{9-40}$$

其中，β_j 是总体的未知特征，并且我们永远无法知道它究竟是多少。不过，我们可以假设 β_j 的值，并且用标准化估计量的 t 分布（t distribution for standardized estimators）统计推断来检验我们的假设。

在满足 CLM **假定1—6** 的条件下，

$$\frac{\hat{\beta}_j - \beta_j}{se(\hat{\beta}_j)} \sim t_{n-k-1} \tag{9-41}$$

其中，$k+1$ 是总体模型中未知参数的数量（k 个斜率参数和参数 β_0），此时，自由度是 $n-(k+1)$。

比较 $\dfrac{\hat{\beta}_j - \beta_j}{sd(\hat{\beta}_j)} \sim N(0,1)$ 和 $\dfrac{\hat{\beta}_j - \beta_j}{se(\hat{\beta}_j)} \sim t_{n-k-1}$ 可知，t 分布源于 $sd(\hat{\beta}_j)$ 中的常数 σ 被替换为随机变量 $\hat{\sigma}$。

在获得自由度为 $n-(k+1)$ 的 t 分布后,我们可以开始对 β_j 进行假设检验。我们最关心的是检验原假设(null hypothesis),

$$H_0:\beta_j=0$$

其中,j 对应着 k 个自变量中的任意一个。

在控制条件不变的情况下,β_j 衡量了 x_j 的变化对于 y 变化(的期望值)的偏效应,所以原假设就意味着,一旦对 $x_1,\cdots,x_{j-1},x_{j+1},\cdots,x_k$ 做出解释,x_j 的变化对于 y 变化(的期望值)没有任何影响。

以教育回报问题为例(其中 tenure 表示职位任期),

$$\log(wage)=\beta_0+\beta_1 edu+\beta_2 exper+\beta_3 tenure+u \tag{9-42}$$

此时,原假设 $H_0:\beta_2=0$ 就意味着,一旦受教育程度和任期已经做出解释,那么工作经验的多少(工作年限)对于小时工资没有任何影响。如果原假设为真,那么这表明在考虑了一个人的受教育程度和任期之后,他的工作经验对于他所获得的小时工资没有任何影响;如果 $\beta_2>0$,则说明一个人的工作经验越多,他越可能获得更高的小时工资。

通常,我们用 t 统计量(t statistic)或 t 比率(t ratio)来验证 $H_0:\beta_j=a_j$,

$$t_{\hat{\beta}_j}\equiv\frac{\hat{\beta}_j-\beta_j}{se(\hat{\beta}_j)}=\frac{\hat{\beta}_j-a_j}{se(\hat{\beta}_j)} \tag{9-43}$$

它衡量了 $\hat{\beta}_j$ 和 a_j 之间相差了多少个标准差。由于 $se(\hat{\beta}_j)$ 始终为正,如果 $a_j=0$,则 $t_{\hat{\beta}_j}$ 和 $\hat{\beta}_j$ 有相同的符号。对于给定 $se(\hat{\beta}_j)$ 的值,如果 $\hat{\beta}_j$ 的值很大,则 $t_{\hat{\beta}_j}$ 的值也会很大。很重要的一点是,我们检验的是有关(未知的)总体参数的假设,而不是有关于特定样本估计值的假设。因此,将原假设设为 $H_0:\hat{\beta}_1=0$ 是不合理的。

关于假设检验的相关概念

1. 原假设

$$H_0:\beta_j=a_j$$

2. 备择假设(alternative hypothesis)

对于原假设,我们规定了三种备择假设。

$H_1:\beta_j>a_j$ (one-sided hypothesis,单侧备择假设)

$H_1:\beta_j<a_j$ (one-sided hypothesis,单侧备择假设)

$H_1:\beta_j\neq a_j$ (two-sided hypothesis,双侧备择假设)

3. 显著性水平(significance level)

显著性水平指的是当 H_0 实际上正确时拒绝它的概率。我们通常设定三种显著性水平：10%、5%、1%。如果当 H_0 实际上是正确的，只有 5% 的次数被错误地拒绝，那么我们称这种情况下显著性水平为 5%。

为了拒绝原假设，我们寻找 t 的一个"足够大"的正值。在 5% 显著性水平下，我们对于"足够大"的定义是，在 $df = n - (k+1)$ 的 t 分布中，处在百分位中第 95 位的数值，用 α 来表示。

4. 临界值(critical value)

选择显著性水平 α 后，我们在自由度 $df = n - (k+1)$ 的 t 分布中，查找第 $(1-\alpha)$ 个百分位数，称其为临界值 c。拒绝法则(rejection rule)是，在 $t_{\hat{\beta}_j} > c$ 时，H_0 在 5% 的显著性水平上被拒绝并支持 H_1。

(1) 单侧备择假设 $H_1 : \beta_j > a_j$

当参数估计值 $\hat{\beta}_j$ 显著大于 a_j 时，我们可以拒绝 H_0，接受 H_1。

具体而言，先计算 t 统计量 $t_{\hat{\beta}_j} = \dfrac{\hat{\beta}_j - a_j}{se(\hat{\beta}_j)}$，再将 $t_{\hat{\beta}_j}$ 与显著性水平 α 下的临界值 c 作比较。假设显著性水平为 5%，若 n 很大，则 $c = 1.645$。如果 $t_{\hat{\beta}_j} > c(1.645)$，我们可以在 5% 的显著性水平上拒绝原假设；如果 $t_{\hat{\beta}_j} \leq c(1.645)$，我们不能在 5% 的显著性水平上拒绝原假设而支持 H_1。随着显著性水平下降，临界值会提高，导致拒绝原假设需要越来越大的 t 值。因此，不难得出，如果我们在 5% 的显著性水平下拒绝原假设，我们也必然可以在 10% 的显著性水平下拒绝原假设。

我们用教育回报的例子来展示在实际应用中如何进行计算，即：

$$\log(wage) = 0.284 + 0.092 edu(0.104) + 0.0041 exper(0.0017)$$
$$+ 0.022 tenure(0.0017), \quad n = 526, \quad R^2 = 0.316$$

其中，变量后括号内的数值是该变量的标准误。原假设为 $H_0 : \beta_{exper} = 0$，备择假设为 $H_1 : \beta_{exper} > 0$。

临界值取决于显著性水平，一般来说，如果没有特别标识，默认的显著性水平为 5%。同时，根据备择假设的设置，这是一个单边检验，自由度 $df = n - k - 1 = 522$，可得 $c = 1.645$。

根据已知条件可算出，t 统计量 $t_{\hat{\beta}_{exper}} = \dfrac{\hat{\beta}_{exper} - 0}{se(\hat{\beta}_{exper})} = \dfrac{0.0041 - 0}{0.0017} \approx 2.41 > c =$

1.645，即 $\hat{\beta}_{exper}$ 在5%的显著性水平上具有统计显著（*statistically significant*）。它的现实意义是，在总体中工作经历的偏效应是正向的。

(2) 单侧备择假设 $H_1:\beta_j < a_j$

当参数估计值 $\hat{\beta}_j$ 显著小于 a_j 时，我们可以拒绝 H_0，接受 H_1。

具体而言，先计算 t 统计量 $t_{\hat{\beta}_j} = \dfrac{\hat{\beta}_j - a_j}{se(\hat{\beta}_j)}$，再将 $t_{\hat{\beta}_j}$ 与显著性水平 α 下的临界值 c 作比较。假设显著性水平为5%，若 n 很大，则 $c = 1.645$。如果 $t_{\hat{\beta}_j} < -c(-1.645)$，我们可以在5%的显著性水平上拒绝原假设；如果 $t_{\hat{\beta}_j} \geq -c(-1.645)$，我们不能在5%的显著性水平上拒绝原假设而支持 H_1。

(3) 双侧假设 $H_1:\beta_j \neq a_j$

当参数估计值 $\hat{\beta}_j$ 的绝对值显著不等于 a_j 时，我们可以拒绝 H_0，接受 H_1。

具体操作为，先计算 t 统计量 $t_{\hat{\beta}_j} = \dfrac{\hat{\beta}_j - a_j}{se(\hat{\beta}_j)}$，再将 $t_{\hat{\beta}_j}$ 与显著性水平 α 下的临界值 c 作比较。

对于双侧检验，我们基于 $\alpha/2$ 设置临界值。如果 t 统计量的绝对值大于 c，则拒绝原假设。如果显著性水平为5%，则 c 的绝对值在自由度 $df = n - k - 1$ 的 t 分布中第97.5个百分位数，若 n 很大，则 $c = 1.960$。如果 $|t| > c$，我们可以在5%的显著性水平上拒绝原假设；如果 $|t| \leq c$，我们不能在5%的显著性水平上拒绝原假设而支持 H_1。

我们还是用教育回报的例子展示在实际应用中如何进行计算：

$$\log(wage) = 0.284 + 0.092 edu(0.104) + 0.0041 exper(0.0017)$$
$$+ 0.022 tenure(0.0017), n = 526, R^2 = 0.316$$

其中，变量后括号内的数值是该变量的标准误。原假设为 $H_0:\beta_{exper} = 0$，备择假设为 $H_1:\beta_{exper} \neq 0$

根据备择假设的设置，这是一个双边检验，自由度 $df = n - k - 1 = 522$，可得 $c = 1.960$。

根据已知条件可算出，t 统计量的绝对值 $\left|t_{\hat{\beta}_{exper}}\right| = \left|\dfrac{\hat{\beta}_{exper} - 0}{se(\hat{\beta}_{exper})}\right| = \left|\dfrac{0.0041 - 0}{0.0017}\right| \approx 2.41 > c = 1.960$，即 $\hat{\beta}_{exper}$ 在5%的显著性水平上具有统计显著。

> 综上所述，检验一个估计量显著性的步骤如下：
> (1) 陈述一个原假设和备择假设；
> (2) 选择一个显著性水平，从而决定一个临界值；
> (3) 计算 t 统计量；
> (4) 比较 t 统计量和临界值，得到结论：在给定的显著性水平下，原假设要么被拒绝，要么未被拒绝。
>
> 另外，还有一些需要注意的要点：第一，除非额外设置，否则备择假设一般默认为双边假设；第二，如果我们拒绝原假设，我们一般会这样表述，"x_j 在 α 的显著性水平上统计显著"；第三，如果我们没有拒绝原假设，我们一般会这样表述，"x_j 在 α 的显著性水平上统计都不显著 (statistically insignificant)"。

我们已经知道 t 检验的方法是：确定假设、设置显著性水平、得到临界值以及比较 t 统计量和临界值。这种方法要求我们提前确定一个显著性水平。如果给定 t 统计量，我们想知道能拒绝原假设的最小显著性水平是多少，可以通过计算 t 检验的 p 值 (p-values) 实现。统计软件 Stata 在进行原假设为 $H_0: \beta_j = 0$ 的双侧检验时会报告 p 值：$P(|T|>|t|)$，其中，T 表示自由度为 $n-k-1$ 的 t 分布随机变量，t 表示检验统计量的数值。p 值意味着一个含有适当自由度的 t 随机变量超过我们得出的 t 统计量的概率 (0-1)。

假设对于一个自由度为 40 的 t 分布，t 统计量为 1.85。如果 $c=2.021$，则原假设在 5% 的显著性水平上未被拒绝；如果 $c=1.684$，则原假设在 10% 的显著性水平上被拒绝。此时，p 值：$P(|T|>|t|) = P(|T|>1.85) = 2P(T>1.85) = 2 \times 0.0359 = 0.0718$。其意义为，在自由度为 40 的 t 分布中，$t=1.85$ 右侧的面积为 0.359，如果原假设正确，我们将有 7.2% 的机会观察到 t 统计量至少和 1.85 一样大。在 5% 的显著性水平上，我们不能拒绝原假设；但在 10% 的显著性水平上，我们可以拒绝原假设。

请注意，统计显著性 (statistical significance) 和经济显著性 (economic significance) 有一定区别。统计显著性，即在统计意义上具有显著性，是否显著取决于 $\hat{\beta}_j$ 和 $se(\hat{\beta}_j)$ 的大小与符号。经济显著性更多体现在现实意义上，有时候即使一个变量的估计效应不大，但因为它的估计量具有统计显著，就认为它在解释 y 时很重要，这会导致错误的结论。

(三) 置信区间

点估计 (point estimate) 可能是研究者对于总体值的最佳猜测，但是它并没有告诉我们估计值与总体参数间的近似程度，而区间估计 (interval estimate) 提供了一个总体参数可能取值的范围。置信区间是由样本估计量构建出的总体参数在一定置信水平下的估计区间。在满足经典线性模型假设的条件下,我们可以很容易构建一个关于总体参数 β_j 的置信区间:

$$\hat{\beta}_j \pm c \cdot se(\hat{\beta}_j) \tag{9-44}$$

其中,c 是 t_{n-k-1} 分布中的临界值。这个置信区间的上界和下界分别为:

$$\begin{aligned}\beta_j^{lower} &\equiv \hat{\beta}_j - c \cdot se(\hat{\beta}_j) \\ \beta_j^{upper} &\equiv \hat{\beta}_j + c \cdot se(\hat{\beta}_j)\end{aligned} \tag{9-45}$$

置信水平为95%的置信区间的定义为,如果反复随机抽取样本,未知总体值 β_j 将在95%的样本区间中出现。

如果 $df = n - k - 1 = 25$,对于任一 β_j,其置信水平为95%的置信区间都是 $[\hat{\beta}_j - 2.06 \cdot se(\hat{\beta}_j), \hat{\beta}_j + 2.06 \cdot se(\hat{\beta}_j)]$。若 $df = n - k - 1 > 120$,t_{n-k-1} 分布充分接近正态分布,我们可以用标准正态分布中第97.5个百分位数来构建置信水平为95%的置信区间,$[\hat{\beta}_j - 1.96 \cdot se(\hat{\beta}_j), \hat{\beta}_j + 1.96 \cdot se(\hat{\beta}_j)]$。

我们可以利用构建的置信区间进行双侧假设检验。如果原假设为 $H_0: \beta_j = a_j$,那么当且仅当 a_j 不在95%的置信区间时,原假设才能被拒绝。

需要注意的是,置信区间的好坏取决于构建它的基本假设。如果我们设置的模型存在遗漏变量问题,那么OLS将是有偏的。此外,如果存在异方差,则将标准误作为相应标准差的估计是无效的,并且用这些标准误算出来的置信区间也不是真正置信水平为95%的置信区间。

(四)多个总体参数的假设检验:t 检验

我们可以对多个 β_j 进行检验。试想,相比检验 β_1 是否等于一个常数,你更想知道它是否等于另一个参数,即原假设为 $H_0: \beta_1 = \beta_2$。怎样去建构一个检验两个估计量的 t 统计量呢?

我们以比较上大专和上大学的教育回报率为例:

$$\log(wage) = \beta_0 + \beta_1 jc + \beta_2 univ + \beta_3 exper + u$$

其中:jc 是上大专的年数(包括 $jc = 0$);$univ$ 是上大学的年数(包括 $univ = 0$);$exper$ 是工作月数。

原假设为上大专的回报率和上大学一样,需要检验两个系数的估计差值是否统计显著,$H_0: \beta_1 = \beta_2$。在这个例子中,备择假设是单边的,$H_1: \beta_1 < \beta_2$。我们关心两个参数的关系,因此我们不能通过简单分别求出 $\hat{\beta}_1$ 和 $\hat{\beta}_2$ 的 t 统计量来检验

H_0。我们可以将假设改写为这种形式,$H_0: \beta_1 - \beta_2 = 0$;$H_1: \beta_1 - \beta_2 < 0$。

考虑到我们估计中的抽样误差,我们通过除以$(\hat{\beta}_1 - \hat{\beta}_2)$的标准误来标准化这种差异:

$$t = \frac{\hat{\beta}_1 - \hat{\beta}_2}{se(\hat{\beta}_1 - \hat{\beta}_2)} \tag{9-46}$$

相比检验单个参数,检验两个不同参数的唯一难点在于得到分母中的标准误。为了得到这个标准误,我们需要算出两者之差的方差:

$$\mathrm{Var}(\hat{\beta}_1 - \hat{\beta}_2) = \mathrm{Var}(\hat{\beta}_1) + \mathrm{Var}(\hat{\beta}_2) - 2\mathrm{Cov}(\hat{\beta}_1, \hat{\beta}_2) \tag{9-47}$$

$$se(\hat{\beta}_1 - \hat{\beta}_2) = \sqrt{\mathrm{Var}(\hat{\beta}_1 - \hat{\beta}_2)} \tag{9-48}$$

另一种策略是我们可以定义一个参数 $\theta = \beta_1 - \beta_2$,我们想要检验的原假设是 $H_0: \theta_1 = 0$,备择假设为 $H_1: \theta_1 < 0$,$t = \hat{\theta}_1 / se(\hat{\theta}_1)$。因为 $\beta_1 = \theta + \beta_2$,我们可以将方程改写为:

$$\log(wage) = \beta_0 + (\theta + \beta_2)jc + \beta_2 univ + \beta_3 exper + u$$

(五)对多个线性约束的检验:F 检验

我们已经讨论了涉及单一限制的假设,现在我们想知道检验参数间的多个假设的方法。最常见的研究问题是,我们想知道一组自变量是否对因变量都没有影响。

假设一个具有 k 个自变量的无限制模型可写作:

$$y = \beta_0 + \beta_1 x_1 + \beta_2 x_2 + \cdots + \beta_k x_k + u \tag{9-49}$$

我们想对假设"最后 q 个变量系数为 0"进行检验:

$$H_0: \beta_{k-q+1} = 0, \cdots, \beta_k = 0$$
$$H_1: not\ H_0$$

该假设对模型施加了 q 个排除性约束(exclusion restriction),我们可以得到以下受约束模型(restricted model):

$$y = \beta_0 + \beta_1 x_1 + \beta_2 x_2 + \cdots + \beta_{k-q} x_{k-q} + u \tag{9-50}$$

F 统计量(或 F 比率)被定义为:

$$F \equiv \left(\frac{SSR_r - SSR_{ur}}{q}\right) \Big/ \left(\frac{SSR_{ur}}{n-k-1}\right) \sim F_{q, n-k-1} \tag{9-51}$$

其中，SSR_r 是受约束模型的残差平方和，SSR_{ur} 是不受约束模型的残差平方和。因为 $SSR_r \geqslant SSR_{ur}$，所以 F 统计量永远是非负的。q 是从不受约束模型到受约束模型所施加的约束数量，可得 $q = $ 分子自由度（numerator degrees of freedom）$= df_r - df_{ur}$，同时 q 也是受约束模型与不受约束模型自由度之差。$n - k - 1 = $ 分母自由度（denominator degrees of freedom）$= df_{ur}$。

四、理解 Stata 的输出结果

在使用 Stata 作多元回归时，Stata 输出的结果分别是什么意思呢？我们仍以用 auto.dta 数据库多元回归输出的结果为例（如图 9-1 所示）。

```
. reg price mpg rep78 weight length
```

Source	SS	df	MS			
Model	255066807	4	63766701.9	Number of obs	=	69
Residual	321730151	64	5027033.62	F(4, 64)	=	12.68
				Prob > F	=	0.0000
				R-squared	=	0.4422
				Adj R-squared	=	0.4074
Total	576796959	68	8482308.22	Root MSE	=	2242.1

price	Coef.	Std. Err.	t	P>|t|	[95% Conf. Interval]	
mpg	-106.7122	81.15836	-1.31	0.193	-268.8446	55.42027
rep78	910.9859	304.5274	2.99	0.004	302.6226	1519.349
weight	4.959534	1.119624	4.43	0.000	2.722827	7.196241
length	-115.0177	38.56456	-2.98	0.004	-192.0592	-37.97612
_cons	11934.51	5774.178	2.07	0.043	399.2604	23469.75

图 9-1 auto.dta 多元线性回归估计结果

$\hat{\beta}_{cons} = 11\,934.51$：当所有其他系数为 0 时，汽车的价格。

$\hat{\beta}_{mpg} = -106.712\,2$：在其他条件不变的情况下，当汽车里程数每上升 1 单位，汽车的价格会下降 $-106.712\,2$ 个单位。

$\hat{\beta}_{rep78} = 910.985\,9$：在其他条件不变的情况下，当汽车修理记录每增加 1 次，汽车的价格会上涨 $910.985\,9$ 个单位。

$R^2 = 0.442\,2$：这个模型解释了 44.22% 的汽车价格变动。

因为 $n = 69$，临界值约为 2.000（默认双侧检验，置信水平为 95%），

$$t_{cons} = \frac{\hat{\beta}_{cons}}{se(\hat{\beta}_{cons})} = \frac{11\,934.51}{5\,774.178} = 2.067 > c = 2.000$$

即 $\hat{\beta}_{cons}$ 在 5% 的显著性水平上具有统计显著。

$$t_{mpg} = \frac{\hat{\beta}_{mpg}}{se(\hat{\beta}_{mpg})} = \frac{-106.7122}{81.15836} = -1.315, \ |-1.351| < c = 2.000$$

即 $\hat{\beta}_{mpg}$ 在 5% 的显著性水平上不具有统计显著。

要注意,大多数统计软件会以双侧假设检验作为前提,计算 p 值。如果读者想要一个单侧假设检验下的结果,只要把双侧检验中得出的 p 值除以 2 即可。Stata 会在回归结果中输出 $H_0:\beta_j=0$ 的 t 统计量、p 值和置信水平为 95% 的置信区间,分别标记为 "t" "$P>|t|$" 以及 "[95% Conf. Interval]"。

SS:与三个方差来源相关的平方和:SST、SSE、SSR。

df:与方差来源相关的自由度。总方差自由度为 $n-1$;模型的自由度与估计的系数有关,包括截距模型中有 $k+1$ 个系数,所以模型自由度为 k;残差的自由度为总体的自由度减去模型的自由度,即 $n-1-k$。

MS:均方,即平方和除以各自的自由度。

$Number\ of\ obs$:回归分析中用到的样本数量。

$F(q, n-k-1)$:总体 F 统计量,等于模型均方除以残差均方。它被用于检验所有模型系数(除截距外)是否为 0。

$Prob>F$:与 F 统计量相关的 p 值。

$R\text{-}squared$:因变量的变化可以被自变量解释的比例。

$Adj\ R\text{-}squared$:根据模型中的解释变量数量调整后的 R^2。调整后的 R^2 可以为负数,且总是小于或等于 R^2。它被定义为 $1-(1-R\text{-}squared)\left(\dfrac{n-1}{n-k-1}\right)$。

$Root\ MSE$:误差项的标准差,等于误差均方的平方根。

第二节 含有定性信息的多元回归模型

本节主要介绍单个虚拟变量、虚拟变量陷阱、取对数形式的虚拟变量、多类别的虚拟变量以及交互项。

一、单个虚拟变量

在这一节我们想谈谈回归模型中的定性因素。

定性因素常常被转化为二值信息(binary information),譬如说性别、种族、婚姻状况、行业、所处地理位置等。在这些例子中,相关的信息都被转化为二值变量或者 0-1 变量(zero-one varible)。在回归分析中,二值变量通常被称为虚拟变量。在定义虚拟变量时,我们需要确定定义哪个事件为 1,哪个事件为 0。

为什么我们用 0 和 1 来描述定性信息呢?因为这会使得回归模型中的参数有非常自然的解释。另外,在设定变量名时,最好将虚拟变量取 1 的事件定义为变量名,譬如将性别变量的名称定义为 female,可以提醒我们在观察为女性时,这个变量值取 1。

假设只有一个虚拟变量的最简单的情况:

$$wage = \beta_0 + \delta_0 female + \beta_1 edu + u \tag{9-52}$$

其中:当人的性别为女性时,$female = 1$;当性别为男性时,$female = 0$。

在符合零均值假设的条件下,$E(u|female, edu) = 0$,即:

$$\delta_0 = E(wage \mid female = 1, edu) - E(wage \mid female = 0, edu) \tag{9-53}$$

这个式子等同于 $\delta_0 = E(wage \mid female, edu) - E(wage \mid male, edu)$。

给定同等受教育程度和同样的误差项 u,δ_0 代表女性与男性之间在小时工资上的差异。$\delta_0 < 0$ 通常被解释为"歧视"。这意味着当受教育程度相同时,女性的平均收入低于男性。两个期望中受教育程度相同,差值只是由于性别所致,换言之,当性别这个虚拟变量取不同值时,方程的截距也会发生变化,如图 9-2 所示。

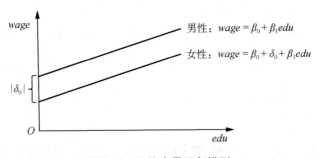

图 9-2 二值变量回归模型

二、虚拟变量陷阱

为什么我们不分别为男性和女性设置一个虚拟变量呢?因为同时使用两个虚拟变量会导致完全共线性问题,即 $female + male = 1$,$male$ 是 $female$ 的完美线性函数,这也就是虚拟变量陷阱(dummy variable trap)。正确的做法是,我们将其中一个事件设置为基准组(base group)或者对照组(comparison group)。在上述例子中,我们将男性设为对照组,即令 $female = 0$。

假设我们想要检验工资的性别差异,并在 Stata 运算了回归模型,回归结果如图 9-3 所示。

```
. regress wage female educ exper tenure

      Source |       SS       df       MS              Number of obs =     526
-------------+------------------------------           F(  4,   521) =   74.40
       Model |  2603.10658     4   650.776644          Prob > F      =  0.0000
    Residual |  4557.30771   521    8.7472317          R-squared     =  0.3635
-------------+------------------------------           Adj R-squared =  0.3587
       Total |  7160.41429   525   13.6388844          Root MSE      =  2.9576

        wage |      Coef.   Std. Err.      t    P>|t|     [95% Conf. Interval]
------------+----------------------------------------------------------------
      female |  -1.810852   .2648252    -6.84   0.000    -2.331109   -1.290596
        educ |   .5715048   .0493373    11.58   0.000     .4745802    .6684293
       exper |   .0253959   .0115694     2.20   0.029     .0026674    .0481243
      tenure |   .1410051   .0211617     6.66   0.000     .0994323    .1825778
       _cons |  -1.567939   .7245511    -2.16   0.031    -2.991339    -.144538
```

图 9-3 工资的性别差异回归结果

负截距没有任何意义,因为样本中没有人会完全没有教育经历、工作经验或工作任期。*female* 的系数为 -1.81,这意味着平均来说,女性比男性每小时少挣 1.81 美元。这个 1.81 美元的差异不能由男女在受教育程度、工作经历、任期水平上的平均差距来解释(这些因素都被控制了),而是由于性别或者其他我们未在回归中控制的与性别相关的因素。t 统计量可以被用于检验工资歧视,零假设是男女之间没有任何差异,而 $t = -6.84$ 表明男女之间存在工资歧视。当剔除所有其他解释变量,只对女性进行小时工资回归,我们可以得到这样一个结果(如图 9-4 所示)。

```
. regress wage female

      Source |       SS       df       MS              Number of obs =     526
-------------+------------------------------           F(  1,   524) =   68.54
       Model |  828.220467     1   828.220467          Prob > F      =  0.0000
    Residual |  6332.19382   524   12.0843394          R-squared     =  0.1157
-------------+------------------------------           Adj R-squared =  0.1140
       Total |  7160.41429   525   13.6388844          Root MSE      =  3.4763

        wage |      Coef.   Std. Err.      t    P>|t|     [95% Conf. Interval]
------------+----------------------------------------------------------------
      female |   -2.51183   .3034092    -8.28   0.000    -3.107878   -1.915782
       _cons |   7.099489   .2100082    33.81   0.000     6.686928     7.51205
```

图 9-4 只对女性进行回归的结果

截距表示男性平均小时工资为 7.10 美元。*female* 的系数表示男性和女性平均小时工资的差异,女性的平均小时工资为 7.10 − 2.51 = 4.59 美元。而这个估计差异 −2.51 的 t 统计量为 −8.28,可知这个差异具有统计显著,同时这个系数的数值足够大,具有经济意义。

对一个常数和一个虚拟变量进行简单回归,是比较两组均值的直接方法。图

9-4 的回归结果比图 9-3 的回归结果得出的男女工资差异更大,说明:女性在受教育程度、工作经历和任期方面可能比男性低一些,所以估计出来的男女工资差异比前一个方程要大。前一个回归模型给出了性别工资差距在其他条件不变情况下更可靠的估计值。

三、虚拟变量和变量的对数形式

我们继续使用教育回报的例子,不过,这一次我们对因变量(工资)取对数(logged dependent variables),如图 9-5 所示。

```
. generate tenuresq=tenure^2

. regress lwage female educ exper expersq tenure tenuresq
```

Source	SS	df	MS		Number of obs	=	526
					F(6, 519)	=	68.18
Model	65.3791009	6	10.8965168		Prob > F	=	0.0000
Residual	82.9506505	519	.159827843		R-squared	=	0.4408
					Adj R-squared	=	0.4343
Total	148.329751	525	.28253286		Root MSE	=	.39978

lwage	Coef.	Std. Err.	t	P>|t|	[95% Conf. Interval]	
female	-.296511	.0358055	-8.28	0.000	-.3668524	-.2261696
educ	.0801967	.0067573	11.87	0.000	.0669217	.0934716
exper	.0294324	.0049752	5.92	0.000	.0196585	.0392063
expersq	-.0005827	.0001073	-5.43	0.000	-.0007935	-.0003719
tenure	.0317139	.0068452	4.63	0.000	.0182663	.0451616
tenuresq	-.0005852	.0002347	-2.49	0.013	-.0010463	-.0001241
_cons	.416691	.0989279	4.21	0.000	.2223425	.6110394

图 9-5 因变量取对数后变量回归结果

如果 $\hat{\beta}_1$ 是虚拟变量 x_1 的系数,当 $\log(y)$ 是因变量时,$\hat{\beta}_1$ 则表示当 x_1 分别等于 0 和 1 时,y 的百分比变化。估计值 $\hat{\beta}_1$ 可以是正的,也可以是负的,需要注意的是,在计算中要保留它的符号。在上述例子中,在省略基准组的情况下,根据 *female* 的系数,我们可以说男性和女性之间的预期工资差异约为 29.7%;如果不省略基准组,我们就需要进一步进行计算:

$$\log(\widehat{wage}_F) - \log(\widehat{wage}_M) = -0.296\,511$$

$$\frac{\widehat{wage}_F - \widehat{wage}_M}{\widehat{wage}_M} = \exp(-0.296\,511) - 1 \approx -0.257$$

所以,一个女性的工资比一个与她相当的男性的工资大约低 25.7%。

四、使用多种类别的虚拟变量

(一) 多值虚拟变量

通常来说,我们可能有多个感兴趣的组别,如受教育程度、健康状况、年级、地点……一般来说,如果有 n 个组,我们将在回归中使用 $n-1$ 个虚拟变量以避免完全共线性问题。被省略的组即为基准组,其他组都和基准组进行比较。如果加入 $female$,那么基准组就是 $male$,系数的解释是基于基准组的。

我们在教育回报的例子中加入婚姻状况这一变量,研究婚姻状况对于工资的影响。这个模型的潜在假设是婚姻对男性和女性工资的影响相同(如图 9-6 所示)。那么,如果我们想摆脱这个假设,研究已婚男性、已婚女性、单身男性和单身女性这四组人工资的不同,我们应该怎么做呢?

```
. regress lwage married female educ exper expersq tenure tenursq
```

Source	SS	df	MS		Number of obs	=	526
Model	65.6482326	7	9.37831895		F(7, 518)	=	58.76
Residual	82.6815188	518	.159616832		Prob > F	=	0.0000
					R-squared	=	0.4426
					Adj R-squared	=	0.4351
Total	148.329751	525	.28253286		Root MSE	=	.39952

lwage	Coef.	Std. Err.	t	P>|t|	[95% Conf. Interval]	
married	.0529219	.0407561	1.30	0.195	-.0271456	.1329894
female	-.2901838	.0361121	-8.04	0.000	-.3611279	-.2192396
educ	.0791547	.0068003	11.64	0.000	.0657952	.0925143
exper	.0269535	.0053258	5.06	0.000	.0164907	.0374163
expersq	-.0005399	.0001122	-4.81	0.000	-.0007603	-.0003196
tenure	.0312962	.0068482	4.57	0.000	.0178426	.0447499
tenursq	-.0005744	.0002347	-2.45	0.015	-.0010355	-.0001134
_cons	.4177837	.0988662	4.23	0.000	.2235557	.6120116

图 9-6 加入婚姻变量回归结果

首先,我们选择一个基准组——单身男性,即:

$$\begin{aligned}\log(wage) &= \beta_0 + \beta_1 married \cdot (1-female) + \beta_2 married \cdot female \\ &\quad + \beta_3 (1-married) \cdot female + \beta_4 edu + \beta_5 exper + \beta_6 exper^2 \\ &\quad + \beta_7 tenure + \beta_8 tenure^2 \\ &= \beta_0 + \beta_1 marrmale + \beta_2 marrfem + \beta_3 singfem + \beta_4 edu + \beta_5 exper \\ &\quad + \beta_6 exper^2 + \beta_7 tenure + \beta_8 tenure^2 \end{aligned} \tag{9-54}$$

三个虚拟变量的估计值衡量了各个组别与单身男性相比,工资的比例差异。在保持受教育程度、工作经历和任期不变的情况下,已婚男性比单身男性多挣

21.3%,已婚女性比单身男性少挣 19.8%(如图 9-7 所示)。

```
. generate marrmale=married*(1-female)
. generate marrfem=married*female
. generate singfem=(1-married)*female
. regress lwage marrmale marrfem singfem educ exper expersq tenure tenursq

    Source |       SS       df       MS              Number of obs =     526
-----------+------------------------------           F(  8,   517) =   55.25
     Model | 68.3617623     8  8.54522029            Prob > F      =  0.0000
  Residual | 79.9679891   517  .154676961            R-squared     =  0.4609
-----------+------------------------------           Adj R-squared =  0.4525
     Total | 148.329751   525   .28253286            Root MSE      =  .39329

     lwage |      Coef.   Std. Err.      t    P>|t|     [95% Conf. Interval]
-----------+----------------------------------------------------------------
  marrmale |   .2126757   .0553572     3.84   0.000     .103923    .3214284
   marrfem |  -.1982676   .0578355    -3.43   0.001    -.311889   -.0846462
   singfem |  -.1103502   .0557421    -1.98   0.048    -.219859   -.0008414
      educ |   .0789103   .0066945    11.79   0.000     .0657585    .092062
     exper |   .0268006   .0052428     5.11   0.000     .0165007    .0371005
   expersq |  -.0005352   .0001104    -4.85   0.000    -.0007522   -.0003183
    tenure |   .0290875    .006762     4.30   0.000     .0158031    .0423719
   tenursq |  -.0005331   .0002312    -2.31   0.022    -.0009874   -.0000789
     _cons |   .3213781    .100009     3.21   0.001     .1249041    .5178521
```

图 9-7 多个虚拟变量回归结果

尽管我们将单身男性设为基准组,我们仍可以用估计值比较两组人的工资差异。譬如,我们想比较单身女性和已婚女性的差异,即用两个虚拟变量的系数相减,可得 $-0.110-(-0.198)=0.088$,即单身女性比已婚女性多挣 8.8%。我们不能用估计值去检验这种差异是否显著,但是我们可以通过重新设置基准组并且再次进行回归。当我们用未婚女性作为基准组时,可得已婚女性这一虚拟变量的系数约为 -0.088,和之前模型的结果相同。同时,我们也能得到标准误,从 Stata 输出结果可以看出,两者间的差异具有微弱的显著性(如图 9-8 所示)。

```
. generate singmale=(1-married)*(1-female)
. regress lwage marrmale marrfem singmale educ exper expersq tenure tenursq

    Source |       SS       df       MS              Number of obs =     526
-----------+------------------------------           F(  8,   517) =   55.25
     Model | 68.3617623     8  8.54522029            Prob > F      =  0.0000
  Residual | 79.9679891   517  .154676961            R-squared     =  0.4609
-----------+------------------------------           Adj R-squared =  0.4525
     Total | 148.329751   525   .28253286            Root MSE      =  .39329

     lwage |      Coef.   Std. Err.      t    P>|t|     [95% Conf. Interval]
-----------+----------------------------------------------------------------
  marrmale |   .3230259   .0501145     6.45   0.000     .2245728     .421479
   marrfem |  -.0879174   .0523481    -1.68   0.094    -.1907586    .0149238
  singmale |   .1103502   .0557421     1.98   0.048     .0008414    .219859
      educ |   .0789103   .0066945    11.79   0.000     .0657585    .092062
     exper |   .0268006   .0052428     5.11   0.000     .0165007    .0371005
   expersq |  -.0005352   .0001104    -4.85   0.000    -.0007522   -.0003183
    tenure |   .0290875    .006762     4.30   0.000     .0158031    .0423719
   tenursq |  -.0005331   .0002312    -2.31   0.022    -.0009874   -.0000789
     _cons |   .2110279   .0966445     2.18   0.029     .0211637    .400892
```

图 9-8 未婚女性作为基准组的回归结果

(二) 定序变量

假设我们想要研究城市信用等级对地方政府债券利率(MBR)的影响。地方政府债券质量的评级取决于违约概率等因素。评估机构将评级设定为 0—4 的五个等级,0 为最低的信用评级(CR)。在此,我们将获得一个关于评级的定序变量(ordinal variable):0、1、2、3、4。

我们可以估计模型:

$$MBR = \beta_0 + \beta_1 CR + otherfactors \qquad (9\text{-}55)$$

β_1 衡量了当 CR 增加 1 个单位时,MBR 增加的百分点。但是,我们很难解释 CR 变化了 1 个单位代表了什么信息,我们只知道 4 比 3 好。我们甚至不知道 4 和 3 之间的差距是否与 1 和 0 之间的差距一样,所以假设 CR 提高 1 个单位对 MBR 的影响为 1 个常数并不合理。一个更好的做法是,我们将 CR 的每个值都定义为 1 个虚拟变量 C,当 $CR = j(j = 1, 2, 3, 4)$,$C_j = 1$,否则 $C_j = 0$。于是,我们可以估计得到这样一个模型:

$$MBR = \beta_0 + \delta_1 CR_1 + \delta_2 CR_2 + \delta_3 CR_3 + \delta_4 CR_4 + otherfactors \qquad (9\text{-}56)$$

其中:基准组为信用评级为 0 级;δ_1 表示,当保持其他因素不变的情况下,信用等级为 1 级的城市和信用等级为 0 级的城市之间在 MBR 上的差异。这个模型允许每两个信用等级之间的变动产生不同的影响。

然而,如果定序变量的取值过多,以至于为每个值创造一个虚拟变量是不现实的,我们可以将这些取值分为几类。有时候,我们没有非常准确的定量信息,而只知道分类的情况,譬如受教育程度、收入等。以受教育程度为例,我们可能不知道具体的受教育年限,但是我们有"文盲""小学""初中""高中""大专""大学"等分类。我们可以在分类中使用虚拟变量,或是将分类信息转化为数值信息(例如转换为受教育的年限)。

五、交互项

本部分主要涉及两个虚拟变量的交互项以及虚拟变量与非虚拟变量的交互项。

(一) 虚拟变量和虚拟变量的交互项

虚拟变量和其他虚拟变量或解释变量的交互项(interaction term)可以帮助我们更好地解释我们关心的问题。我们先讨论虚拟变量之间的交互,以婚姻状况对不同性别工资的影响差异为例：

$$\log(wage) = \beta_0 + \beta_1 female + \beta_2 married + \beta_3 female \cdot married + otherfactors \tag{9-57}$$

我们在之前已经证明过性别和婚姻状况之间存在统计显著的交互作用。虚拟变量之间的交互提供了另外一种观察和测试不同群体间组差异的方法，不过这种方法相比于用多个虚拟变量没有显著优势。需要注意的是，在计算时，我们需要小心地将0和1的组合代入。

（二）虚拟变量与非虚拟变量的交互项

虚拟变量也可以和非虚拟的解释变量进行交互，以获得斜率差异（difference in slopes）。在教育回报是否存在性别差异这个例子中：

$$\log(wage) = (\beta_0 + \delta_0 female) + (\beta_1 + \delta_1 female)edu + u$$
$$= \beta_0 + \delta_0 female + \beta_1 edu + \delta_1 female \cdot edu + u \tag{9-58}$$

当 $female = 0$ 时，$\log(wage) = \beta_0 + \beta_1 edu + u$。男性的截距是 β_0，斜率是 β_1；女性的截距是 $\beta_0 + \delta_0$，斜率是 $\beta_1 + \delta_1$。δ_0 衡量截距的性别差异，δ_1 衡量教育回报的差异。图9-9和图9-10分别展示了两种可能的情况。

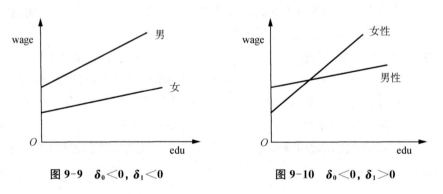

图9-9　$\delta_0 < 0, \delta_1 < 0$　　　　图9-10　$\delta_0 < 0, \delta_1 > 0$

以图9-9为例，女性组的截距小于男性组，女性组直线的斜率也小于男性组。这说明，各种受教育程度的女性挣得都比男性少，而且其工资差距随着受教育程度的提高而扩大。

一个重要的假设是，允许存在工资差异，但是这种工资差异在各种相同的受教育程度上都必须相同，即 $H_0: \delta_1 = 0$，斜率 δ_1 对于男性和女性而言是相同的。如果我们还对于受教育程度相同的男性和女性平均工资相同这个假设感兴趣，即 $H_0: \delta_0 = 0$，我们可以采用 F 检验来检验 $H_0: \delta_0 = 0, \delta_1 = 0$。

根据图9-11展示的回归结果，男性教育回报率约为8.2%，女性约为0.082 -

0.005 6=7.64%，两者间的差距仅 0.56%。交互项 *femaleeduc* 在统计上不显著，即不能拒绝男女教育回报率相同这一原假设，但是我们也不能得出男女工资没有统计显著的结论，因我们加入的交互项 *femaleeduc* 会使得回归对 *female* 的估计不准确。

```
. regress lwage female educ femaleeduc exper expersq tenure tenursq

      Source |       SS       df       MS              Number of obs =     526
-------------+------------------------------           F(  7,   518) =   58.37
       Model | 65.4081534      7   9.34402192          Prob > F      =  0.0000
    Residual | 82.921598     518   .160080305          R-squared     =  0.4410
-------------+------------------------------           Adj R-squared =  0.4334
       Total | 148.329751    525   .28253286           Root MSE      =   .4001

       lwage |     Coef.   Std. Err.      t    P>|t|     [95% Conf. Interval]
      female | -.2267886   .1675394    -1.35   0.176    -.5559289    .1023517
        educ |  .0823692   .0084699     9.72   0.000     .0657296    .0990088
  femaleeduc | -.0055645   .0130618    -0.43   0.670    -.0312252    .0200962
       exper |  .0293366   .0049842     5.89   0.000     .019546     .0391283
     expersq | -.0005804   .0001075    -5.40   0.000    -.0007916   -.0003691
      tenure |  .0318967   .006864      4.65   0.000     .018412     .0453814
     tenursq | -.00059     .0002352    -2.51   0.012    -.001052    -.000128
       _cons |  .388806    .1186871     3.28   0.001     .1556388    .6219732
```

图 9-11 性别与受教育程度交互项回归结果

要注意，虚拟变量和其他解释变量交互可能会导致多重共线性问题。在这个例子中，加入交互项，标准误几乎增加了五倍，同时 *female* 和 *femaleeduc* 的相关系数为 0.963 6(接近 1)。为了改进对于 *female* 的估计，我们可以将 *femaleeduc* 替换为 *female* · (*educ-$\overline{educ}$*)并做回归，在样本的平均受教育程度上估计性别差异，减少多重共线性。

第三节 线性概率模型

之前我们提到的所有模型几乎都有一个共同的特点，即因变量均为连续变量（不论是以绝对数量还是百分比形式出现），那 OLS 是否能够用来估计因变量是二元变量的模型呢？答案是肯定的。我们把这类因变量是二元变量的多元线性回归模型称为线性概率模型(linear probility model，LPM)，我们可以写出它的一般形式：

$$y = \beta_0 + \beta_1 x_1 + \beta_2 x_2 + \cdots + \beta_k x_k + u \qquad (9\text{-}59)$$

需要注意的是，β_1 不能解释为：在其他条件不变的情况下，给定 x_i 增加 1 个单位，y 的变化量，因为 y 要么从 0 变化到 1，要么从 1 变化到 0。对于给定 $x=(x_1, \cdots,$

x_k)的 y 的条件期望是

$$E(y \mid x) = \beta_0 + \beta_1 x_1 + \beta_2 x_2 + \cdots + \beta_k x_k$$

因为

$$\begin{aligned} E(y \mid x) &= P(y=1 \mid x)E(y=1) + P(y=0 \mid x)E(y=0) \\ &= P(y=1 \mid x) \cdot 1 + P(y=0 \mid x) \cdot 0 \\ &= P(y=1 \mid x) \end{aligned}$$

$$P(y=1 \mid x) = \beta_0 + \beta_1 x_1 + \beta_2 x_2 + \cdots + \beta_k x_k \tag{9-60}$$

其中，$y=1$ 的概率等于 y 的期望值。

我们称 $P(y=1 \mid x)$ 为响应概率（response probability），上述模型也被称为二值响应模型（binary response model）。响应概率是参数 β_j 的线性函数。在这个模型中，系数 β_j 度量了因为 x 的变化导致 $y=1$ 概率的变化。我们可以将估计方程写作：

$$\hat{y} = \hat{\beta}_0 + \hat{\beta}_1 x_1 + \hat{\beta}_2 x_2 + \cdots + \hat{\beta}_k x_k \tag{9-61}$$

其中，$\hat{y}$ 是 $y=1$ 的预计概率。

线性概率模型中的总体回归函数就是给定自变量时 y 的期望值，即 $E(y \mid x_1, x_2, \cdots, x_k)$。而对于取值为 0 或 1 的二元变量 y 来说，在给定自变量时，它的条件期望值即为 $y=1$ 的条件概率，即 $E(y \mid x_1, x_2, \cdots, x_k) = P(y=1 \mid x_1, x_2, \cdots, x_k)$。由于误差项满足零条件均值假定，因此 $E(y \mid x_1, x_2, \cdots, x_k) = \beta_0 + \beta_1 x_1 + \beta_2 x_2 + \cdots + \beta_k x_k$。所以总体回归方程的预测值就是给定 $x_1, x_2, \cdots, x_k$ 时 $y=1$ 的概率，回归变量的系数则可以看作 x 变动 1 个单位引起的 $y=1$ 的概率变化。

我们用一个例子来帮助理解线性概率模型的系数。假定是否患有高血压受到年龄与吸烟习惯的影响，我们使用美国国民健康调查（National Health Interview Survey）2018 年数据集，得到以是否患有高血压（hy）为因变量的线性概率模型的估计方程：

$$\widehat{hy} = -0.250 + 0.011 age + 0.056 cigar$$
$$n = 30\,945 \quad R^2 = 0.186\,5$$

其中：若患有高血压，hy 计为 1，否则为 0；age 代表年龄；$cigar$ 代表是否有吸烟史，有吸烟史计为 1，否则为 0。从回归方程，我们可以看出：在其他条件不变的情况下，年龄每增加 1 岁，患有高血压的概率就提高 0.011；而有吸烟史的人相较于从未吸过烟的人，患高血压的概率会增加 0.056。

从上述例子中我们也能看出线性概率模型存在着缺陷。首先，代入自变量的某些特定组合数值，就会得到小于 0 或者大于 1 的预测值。对于很大一部分 age

的取值而言,会得到 $\hat{hy}<0$ 的结果,当然我们都知道患高血压的比例为负是无意义的,但有 3.14% 的样本都会得出这种无意义的结果。此外,概率不可能与自变量所有的可能值线性相关。"年龄每增加 1 岁,患有高血压的概率就提高 0.011"的结论似乎并不现实。事实上,在人生的不同年龄阶段,每增加 1 岁带来的患高血压的概率增长是不同的,会随着年龄增长而出现边际递增的趋势。

由于 y 的二值特性,所有线性概率模型违背了高斯-马尔科夫假定:

$$\mathrm{Var}(y \mid x) = P(y=1 \mid x)[1 - P(y=1 \mid x)] \quad (9-62)$$

除非概率与任何一个自变量都不相关,否则,线性概率模型中就一定存在异方差性。异方差不会导致估计量出现偏误,但是 t 和 F 统计量需要同方差假设,LPM 中的标准误并非总有效。在许多应用中,通常的 OLS 统计量相差不大,在实际研究中使用线性概率模型的标准 OLS 分析仍然是可以接受的。二元因变量模型的替代模型可以是 Logit 模型和 Probit 模型。

第四节 模型设定和数据问题

在之前的几节中,我们了解了不同类型的变量和用于描述数据特征的不同指标,还基于 OLS 估计,介绍了线性回归分析的参数估计与假设检验等相关内容。本节聚焦于实证研究中常见的模型设定问题和数据问题。由于现实条件的复杂性,我们在根据具体情境建立计量模型时,时常会出现模型设定问题,许多情况下是由于变量或函数形式选取不当所导致。例如,在教育回报例子的多元回归模型中,考虑到个人能力在现实生活中难以直接测度,假设我们在模型中没有加入这一变量,那么我们就会遇到因遗漏变量所导致的模型误设。此时,模型中就存在内生性问题,如若不对模型做出调整,就无法度量受教育年限和工资之间的真正关系。

其实,模型设定问题并不是引起 OLS 回归出现偏误的唯一因素,若模型中变量的数据出现测量误差或是非随机缺失等情况时,OLS 估计量也将产生偏差和不一致。

一、模型误设

本部分主要介绍模型误设的类型和检验方法。

(一) 模型误设的类型

第一种常见的模型误设问题是由解释变量选取不当带来的,包括遗漏相关变量或是多选无关变量。

当我们的模型中遗漏掉了一个重要变量时,就会导致估计偏误问题。例如,我们假设真实世界中受教育年限(edu)对工资($wage$)的影响如下式(9-63)所示,$ability$ 代表了个人能力。但在我们建立回归模型时,遗漏了个人能力这一与受教育年限相关的解释变量,错误地将模型设置为了(9-64)的形式,其中$e = \beta_2 ability + u$。

$$wage = \beta_0 + \beta_1 edu + \beta_2 ability + u \tag{9-63}$$

$$wage = \beta_0 + \beta_1 edu + e \tag{9-64}$$

在前文中我们提到过,要想实现 OLS 估计的无偏性和一致性,一个重要的前提条件即为误差项与自变量相互独立的"零条件均值假定",而当我们遗漏了个人能力时,误差项和自变量之间并非独立(因为一个人的能力必然会对他的受教育年限产生影响),就会导致 OLS 估计有偏且不一致,此时模型设定存在着内生性问题。

在这种情境下,我们还能够根据变量间的相关关系判断在误设模型中 $\hat{\beta}_1$ 的偏误方向,即到底是高估还是低估了教育对工资的回报。在式(9-64)中,受教育年限 edu 的系数的估计值是:

$$\hat{\beta}_1 = \frac{\text{Cov}(wage, edu)}{\text{Var}(edu)} \tag{9-65}$$

我们将 $wage$ 的真实模型代入式(9-65)可得:

$$\hat{\beta}_1 = \frac{\text{Cov}(\beta_0 + \beta_1 edu + \beta_2 ability + u, edu)}{\text{Var}(edu)} = \beta_1 + \beta_2 \frac{\text{Cov}(ability, edu)}{\text{Var}(edu)}$$

由于 $\text{Var}(edu) > 0$,受教育年限系数的偏误方向取决于以下两者的符号正负:真实模型中个人能力的系数 β_2;个人能力与受教育年限的相关系数 $\text{Cov}(ability, edu)$。表 9-3 总结了存在遗漏变量偏误时,$\hat{\beta}_1$ 可能出现的偏误方向。在通常条件下,个人能力会正向影响工资收入,且与受教育年限正相关,因此在遗漏了个人能力这一变量时,我们会高估受教育年限对工资的影响。

表 9-3 $\hat{\beta}_1$ 可能出现的偏误方向

系数	$\text{Cov}(ability, edu) > 0$	$\text{Cov}(ability, edu) < 0$
$\beta_2 > 0$	偏误为正(高估)	偏误为负(低估)
$\beta_2 < 0$	偏误为负(低估)	偏误为正(高估)

同样地,如果式(9-64)为真实模型,而我们却在模型设定时加入了不相关的解释变量 $ability$,写成了式(9-64),就是多选了无关变量。在这种情况下,OLS 参数

估计量依然是无偏、一致的,区间估计和假设检验依然有效。但多选变量会使 $\hat{\beta_1}$ 的方差增大,因此接受错误假设的概率会提升。

第二种常见的模型误设是函数形式误设,即找到了应当放入模型中的相关解释变量,但却错误地设定因变量和解释变量之间的函数关系。对于因变量和解释变量而言,我们是允许非线性关系存在的,倘若我们忽略了模型中潜在的非线性关系,函数形式误设就会出现。举个例子,本章第一节我们提到了,家庭收入(inc)的增加会引起家庭消费($cons$)的增加,同时当家庭收入高到一定程度时,家庭消费的增量会随着家庭收入的增加而出现边际递减,因此家庭收入与家庭消费之间的关系可以用二次项表达为式(9-66)。此时,若我们遗漏了家庭收入的平方项 inc^2,模型就存在函数形式误设的问题。

$$cons = \beta_0 + \beta_1 inc + \beta_2 inc^2 + u \tag{9-66}$$

$$\widehat{cons} = \hat{\beta_0} + \hat{\beta_1} inc + \hat{\beta_2} inc^2 \tag{9-67}$$

式(9-67)是该模型在回归中的估计方程,我们可以推出:

$$\begin{aligned}\widehat{\Delta cons} &= [\hat{\beta_0} + \hat{\beta_1}(inc+\Delta inc) + \hat{\beta_2}(inc+\Delta inc)^2] - (\hat{\beta_0} + \hat{\beta_1}inc + \hat{\beta_2}inc^2) \\ &= (\hat{\beta_1} + 2\hat{\beta_2}inc + \hat{\beta_2}\Delta inc)\Delta inc \approx (\hat{\beta_1} + 2\hat{\beta_2}inc)\Delta inc\end{aligned} \tag{9-68}$$

即实际上家庭收入变动一单位所引起的家庭消费变动近似为 $\hat{\beta_1}+2\hat{\beta_2}inc$,也就是说,当我们遗漏家庭收入的平方项 inc^2 时,仅用家庭收入的一次项系数 β_1 是无法准确度量 $cons$ 相对 inc 的变化的。

再举一个例子,假设 $\log(wage)$ 方程为:

$$\log(wage) = \beta_0 + \beta_1 edu + \beta_2 gender + \beta_3 (gender \cdot edu) + u \tag{9-69}$$

其中 edu 为受教育年限,$gender$ 是性别的二元变量(女性为 0,男性为 1)。如果我们没有正确认识到教育所带来的劳动回报对于男性和女性是不同的,将交互项 $gender \cdot edu$ 遗漏,也会导致函数形式误设的问题。此时,我们将无法得到参数的无偏估计,β_1 和 β_2 估计值也是无意义的。

除了遗漏解释变量的高阶项和交互项之外,常见的函数形式误设还有误设对数函数,例如将式(9-69)中的因变量设为工资的绝对量 $wage$ 而不是 $\log(wage)$。总的来说,如果我们对于一个多元回归模型的函数选择,不能正确地解释因变量和所观测的解释变量之间的关系,那么模型就会存在函数形式误设的问题。

(二)检验模型误设的方法

在设定模型的过程中,相比于多选无关变量,遗漏相关变量问题更值得我们关注,因为它往往更常出现,还会给 OLS 估计带来更严重的后果。实际操作中,对于理论上可能被我们遗漏的解释变量,我们可以将它们加入模型中,再采用 F 检验,如果上述变量的系数在统计上显著,我们就应当将这些潜在的遗漏变量放入模型中。当然,使用这一方法的前提是该遗漏变量是能够被测度的。

其实对于一部分模型误设问题,比如遗漏解释变量的高阶项、交互项等,也可以采用上述的 F 检验方法,如果这些新加入的高阶项或交互项通过了显著性检验,就应当放入模型中。但在原模型解释变量较多时,加入多个高阶项或交互项往往会使模型消耗大量的自由度,因此我们在这里也介绍另一种对函数形式误设的检验方法——回归设定误差检验(regression specification error test,RESET)。

为了更好理解 RESET 背后的思想,我们假设原模型为:

$$y = \beta_0 + \beta_1 x_1 + \beta_2 x_2 + \cdots + \beta_k x_k + u \tag{9-70}$$

如果该模型符合零均值假设,那么在式(9-70)中加入解释变量的非线性关系是不会显著的,此时也就不存在函数形式误设问题。遵循这一逻辑,在实施 RESET 时,我们在式(9-70)中加入 OLS 拟合值 $\hat{y}$ 的函数,根据一般经验,我们都会放入它的二次函数 $\hat{y}^2$ 和三次函数 $\hat{y}^3$,得到扩大回归方程:

$$y = \beta_0 + \beta_1 x_1 + \beta_2 x_2 + \cdots + \beta_k x_k + \delta_1 \hat{y}^2 + \delta_2 \hat{y}^3 + e \tag{9-71}$$

接着我们对扩大方程进行 F 检验,若方程能够拒绝 $\delta_1 = 0$,$\delta_2 = 0$ 的原假设,则意味着原模型存在函数形式误设。

我们再用一个具体的例子来解释 RESET 方法。我们有一个关于家庭每月用电量($electricity$)的模型:

$$electricity = \beta_0 + \beta_1 area + \beta_2 popul + \beta_3 house\_inc + u \tag{9-72}$$

其中:$area$ 指住房面积(平方米),$popul$ 指家庭人口(人),$house\_inc$ 是家庭年收入(万元)。利用中国综合社会调查(CGSS)2018 年的调查数据(处理后的样本量为 3 091),我们可以得到估计函数 $\widehat{electricity}$ = 95.454 03 + 0.070 3$area$ + 17.176 8$popul$ + 0.220 8$house\_inc$。根据上述步骤对该模型实施回归设定误差检验,我们计算出 RESET 统计量(即 $F_{2,3085}$ 的值)为 14.52,相应的 p 值 < 0.01。因此我们能够在 1% 的显著性水平上拒绝 $\delta_1 = 0$,$\delta_2 = 0$ 的原假设,认为原方程存在函数形式误设的问题。

RESET 相比较于一般 F 检验的优点就在于,使用 $\hat{y}^2$ 和 $\hat{y}^3$ 等作为解释变量 x_j 的非线性函数大大节省了自由度,较少的参数也使得检验过程不那么复杂。但 RESET 也仅仅帮我们检验了函数形式误设的问题,它既不能用于检验遗漏变量等其他模型设定问题,也无法为我们展现真实的函数形式设定是何种形式。

二、模型调整

为了解决常见的模型设定问题,往往需要我们对原有模型进行调整,比如上一部分已经举例的加入高阶项、交互项等。即使是一些设定正确的模型,我们也可以通过相应调整来使模型更加完美,或是更加直观地反映某些信息,便于我们开展实证研究。要记住,模型调整是比较笼统的概念,对估计系数的调整、函数形式的调整等都在它的范畴内,接下来的部分主要介绍一些实证研究中常见的模型调整方法。

(一) 变量取对数

对变量取对数是回归模型中十分常见的调整方法。我们还以之前提到过的工资对数的方程为例:

$$\log(wage) = \beta_0 + \beta_1 edu + \beta_2 gender + \beta_3 (gender \cdot edu) + u \quad (9\text{-}73)$$

其中,$\log(wage)$表示工资的自然对数,edu为受教育年限,$gender$是性别的二元变量(女性为 0,男性为 1)。从这个式子中我们可以得出:我们关心的变量 edu 每增加 1 年,工资 $wage$ 就变动 $100 \times \beta_1 \%$;当 $gender$ 从 0 变动到 1,工资 $wage$ 的变动为 $100 \times \beta_2 \%$;对于不同的性别,受教育年限提升给工资带来的变动也是不同的,男性和女性之间的差异为 $100 \times \beta_3 \%$。

在这个例子中,我们通过使用工资的自然对数形式而非绝对数值,能够获得各种不同解释变量变化对工资百分比变动的影响,这种系数解释在许多情况下更具经济学意义。比如,相较于绝对增量,我们倾向于知道受教育年限的增长能带来多大比例的工资提升,因为这对于现实生活选择或是政策制定都有更强的指导作用。

不仅如此,为特定因变量取对数还能够使模型异方差性、偏态性减弱,使模型更加接近高斯-马尔科夫假定。同时,取对数处理还能缩小变量的取值范围,减少极端值对 OLS 估计的影响。我们再以 CGSS 2018 中的家庭收入(inc)与家庭支出($cons$)数据为例,图 9-12 分别展示了两个变量的绝对量和取对数后的散点图。

可以明显看出,图 9-12(a)中的散点分布十分不均匀,波动较大,且极端值较多;而图 9-12(b)图中的散点分布则更符合线性关系,变量数值波动比较均衡,可以预见回归中的异方差问题也会有所缓解。因此,对变量取对数是较好的选择,采用模型 $\log(cons) = \beta_0 + \beta_1 \log(inc) + u$ 能够更好地满足线性回归假定,减少异常值对估计量的影响。而在这里,β_1 的含义就是经济学中的弹性,即家庭消费百分率变化与家庭收入百分率变化的比值。

在现实中,我们常常对一直为正且内部差异较大的变量取对数,比如工资、企

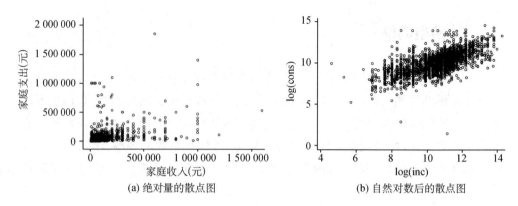

(a) 绝对量的散点图　　(b) 自然对数后的散点图

图 9-12　家庭收入和家庭消费

业营业额、消费额等以金额来度量的变量,或是失业人口数量、常住人口等人口变量,而很少会对以年份度量的变量(如受教育年限、工作经历等)和本身就是以百分比度量的变量(如出生率、失业率等)进行取对数的调整。

(二) 标准化系数

在很多研究中,我们都希望比较不同的解释变量对因变量影响效应的大小,比如在式(9-72)中,房屋面积的增加与家中人数的增加,究竟哪一个会给月用电量带来更大的变化呢? 很多人或许会想到用模型中回归系数 β_1 与 β_2 来解答这一疑惑,但事实上,这些系数只能回答每增加 1 平方米的住房面积或每增加 1 位住户所引起的月用电量的变化,由于度量单位和数量级的不同,是无法横向比较影响大小的。因此,为了解答上述问题,我们就需要借助标准化回归系数来进行判断。

为了获得标准化回归系数,我们可以先对自变量和因变量同时进行标准化处理,根据它们的均值和方差获得各个变量的 Z 得分,再使用这些 Z 得分进行回归,最终就能够得到标准化回归系数。我们可以用方程进行过程推导,先有一个 OLS 方程(9-74)和它的平均方程(9-75):

$$y_i = \hat{\beta}_0 + \hat{\beta}_1 x_{i1} + \hat{\beta}_2 x_{i2} + \cdots + \hat{\beta}_k x_{ik} + \hat{u}_i \tag{9-74}$$

$$\bar{y} = \hat{\beta}_0 + \hat{\beta}_1 \bar{x}_1 + \hat{\beta}_2 \bar{x}_2 + \cdots + \hat{\beta}_k \bar{x}_k \tag{9-75}$$

两式相减可得:

$$y_i - \bar{y} = \hat{\beta}_1(x_{i1} - \bar{x}_1) + \hat{\beta}_2(x_{i2} - \bar{x}_2) + \cdots + \hat{\beta}_k(x_{ik} - \bar{x}_k) + \hat{u}_i \tag{9-76}$$

我们设因变量 y 的方差为 σ_y,自变量的方差依次为 σ_1,σ_2,$\cdots$,σ_k,并将(9-76)式两边同时除以 σ_y,简单处理后可以得到下式:

$$(y_i - \bar{y})/\sigma_y = (\sigma_1/\sigma_y)\hat{\beta}_1[(x_{i1} - \bar{x}_1)/\sigma_1] + (\sigma_2/\sigma_y)(\hat{\beta}_2[(x_{i2} - \bar{x}_2)/\sigma_2] + \cdots$$
$$+ (\sigma_k/\sigma_y)\hat{\beta}_k[(x_{ik} - \bar{x}_k)/\sigma_k] + \hat{u}_i$$
(9-77)

我们可以用各变量的 Z 得分对上式进行改写,得到新的方程:

$$z_y = \hat{b}_1 z_1 + \hat{b}_2 z_2 + \cdots + \hat{b}_k z_k + e \tag{9-78}$$

其中,$\hat{b}_j$ 就是我们要找的标准化系数,它等于 $(\sigma_j/\sigma_y)\hat{\beta}_j$, $\forall j = 1, 2, \cdots, k$。

此时,当 x_1 每增加 1 个标准差时,y 会变动 $\hat{b}_1$ 个标准差,同理,所有解释变量的变动所引起的因变量的变动都可以用标准差来进行衡量,消除了变量度量单位的影响,就能够回答我们上面提出的横向比较影响大小的问题。同时,对变量进行标准化处理后再进行回归,不会影响统计显著性,t 统计量不会发生变化。

我们使用房屋月用电量的例子来演示标准化系数的含义。我们利用 CGSS 2018 中的数据对模型(9-72)求标准化系数,可以得出房屋面积(*area*)、居住人口(*popul*)和家庭收入(*house_inc*)的标准化系数分别为 0.055 9、0.202 2 和 0.048 7。因此,相比之下,房屋中居住人口的增加更容易带来月用电量的上升。当然,实际模型中可能要加入更多的控制变量才能获得真实影响水平。

(三) 函数形式:二次项、交互项、滞后项

二次项、交互项和滞后项是三种常见的函数形式。

1. 二次项

当模型因变量与解释变量之间存在非线性关系时,我们常常会采用添加解释变量高阶项的方式来使其接近真实的模型。其中,加入二次项在实证研究中最为常见,因为它能帮助我们描述现实中一些边际递增或递减的情形,能够帮助模型拟合出解释变量和因变量之间"U"形或倒"U"形关系。

我们依然以家庭收入(*inc*)和家庭消费(*cons*)的模型为例:$cons = \beta_0 + \beta_1 inc + \beta_2 inc^2 + u$。理论上,家庭消费的增量会随着家庭收入的增加而出现边际递减,因此平方项 inc^2 应当加入模型中。之前已经证明了 $\widehat{\Delta cons} \approx (\hat{\beta}_1 + 2\hat{\beta}_2 inc)\Delta inc$,即 *inc* 对 *cons* 的边际影响并非一个常数,而是会随着 *inc* 取值的变化而变化。而加入二次项后,*inc* 与 *cons* 之间的二次关系取决于 $\hat{\beta}_1$ 和 $\hat{\beta}_2$ 的正负,为了更清晰地说明这一点,我们借用 CGSS 2018 的数据得出估计模型:

$$\widehat{cons} = 1.244 + 0.466 inc - 0.000\,5 inc^2$$
$$n = 3\,428, \quad R^2 = 0.226 \tag{9-79}$$

此时，inc 的系数为正，而 inc^2 的系数为负，这说明 $cons$ 和 inc 之间的关系近似于一条抛物线。在转折点（估计函数的顶点）前，$cons$ 随着 inc 增加而增加，但增量逐渐减小；在转折点之后，$cons$ 随着 inc 增加而减小。这个转折点总是出现在 $x=|\hat{\beta}_1/(2\hat{\beta}_2)|$ 时，即 inc 为 443.583 时，此时的 $cons$ 为 104.618。

从这个估计结果我们似乎可以得出，当家庭收入超过 443.583 万元时，家庭收入的增加会导致家庭消费的降低。但这一结果是否稳健呢？在所有样本中，$inc>443.583$ 的样本仅占不到 0.1%，因此估计函数在转折点右边的部分可以基本被忽视。总的来说，在模型中加入二次项是描述边际递增或递减关系的常规方法，但在解释模型跨过转折点的部分需要更加谨慎，如果转折是真实存在的，我们需要结合现实情形对其进行合理解释。

2. 交互项

若变量 x_1 的变动所引起的解释变量 y 的变动可能受到另一变量 x_2 的影响时，我们就可以考虑将变量 x_1、x_2 的交互项加入回归中，来度量这种影响。式 (9-80) 就是一个典型的含交互项的模型，其中 x_1 和 x_2 为解释变量，也是模型的主要项，$x_1 \cdot x_2$ 即为两个解释变量的交互项。

$$y = \beta_0 + \beta_1 x_1 + \beta_2 x_2 + \beta_3 (x_1 \cdot x_2) + u \qquad (9\text{-}80)$$

此时，我们可以分别计算出 x_1 和 x_2 对于 y 的边际效应，即式 (9-81)。以 x_1 对 y 的边际效应为例，可以明显看出它是受到另一解释变量 x_2 的影响的。同时，β_3 系数的符号决定了这种影响的递增性或递减性：当 $\beta_3>0$，x_1 变动引起的 y 的变动会随着 x_2 的增加而增加；当 $\beta_3<0$，x_1 变动引起的 y 的变动会随着 x_2 的增加而减小。

$$\Delta y/x_1 = \beta_1 + \beta_3 x_2 \quad \Delta y/x_2 = \beta_2 + \beta_3 x_1 \qquad (9\text{-}81)$$

而回归方程中主要项系数 β_1 和 β_2 的作用相比之下就没有那么重要了，我们使用劳拉·阿尔法罗（Laura Alfaro）等学者的外国直接投资（FDI）与本国经济增长（$GROWTH$）的研究为例。[①] 文章中使用的估计模型如式 (9-82)，探讨了本国金融发展程度（$FINANCE$）是否影响外国直接投资增加对本国经济增长的促进作用。

$$GROWTH = \beta_0 + \beta_1 FDI + \beta_2 (FDI \cdot FINANCE) + \beta_3 FINANCE + u$$
$$(9\text{-}82)$$

这里 β_1 的含义可以理解为，当本国金融发展程度为 0 时，外国直接投资增长对经济发展的效应，但显然这种解读并没有任何现实意义，同样地，单独对 β_3 进行

---

① Laura Alfaro, Areendam Chanda, Sebnem Kalemli-Ozcan, et al., "FDI and Economic Growth: The Role of Local Financial Markets", *Journal of International Economics*, 2004, 64(1), pp. 89–112.

解释也是没有意义的。我们还是应当回到式(9-81),探讨在具体 x_1 或 x_2 的情境下,解释变量对 y 的边际效应。

另外,在绝大多数研究中,一旦放入了几个变量的交互项,那么包含在内的变量应当要作为解释变量放入回归中,否则就会出现遗漏变量的偏误。

在社会科学研究中,我们使用到最多的交互项就是性别二元变量和其他变量的交互项,当探讨某种影响存在性别上的差异时,我们常常会使用这种交互项,而它的系数意义也更加清晰。以式(9-69)中的 log(wage) 方程为例,由于性别变量(gender)的取值只有 0 和 1,交互项系数 β_3 可以看作男性和女性之间受教育年限增加一年带来工资回报上的差距。

3. 滞后项

在出现遗漏变量偏误时,最好的解决方法就是将遗漏的变量加入回归模型中,这是毋庸置疑的。但如果这些遗漏变量是我们无法观测的,这时,就要求我们找到一些与遗漏变量相关的变量来作为代理加入回归模型中,因变量的滞后项在许多时候就能起到这种作用。

因变量的滞后项可以理解成过去某一时期的因变量值,它往往能帮助我们控制某些无法观测的,但对现期因变量有影响的历史因素。例如,我们无法穷尽究竟是哪些因素导致了城市的高犯罪率,但如果这些城市过去也拥有高犯罪率,我们就有理由相信,导致过去高犯罪率的因素和现在高犯罪率的因素许多都是相同的。因此,我们可以将犯罪率的滞后项加入回归中,假设有城市犯罪率(crime)的方程:

$$crime = \beta_0 + \beta_1 expend + \beta_2 unemp + \beta_3 crime_{-1} + u \tag{9-83}$$

其中,expend 代表人均警务支出,unemp 代表城市失业率,$crime_{-1}$ 是过去一年的犯罪率。倘若我们没有加入 $crime_{-1}$,得到的各个估计系数都将是有偏的,因为过去的犯罪率显然会和人均警务支出相关,许多未观测的因素(诸如城市帮派势力的强弱等)也会和解释变量相关,导致误差项的零条件均值假设不成立。加入了犯罪率的滞后项后,这里的 β_1 就度量了对于过去同样犯罪率、当前拥有同样失业率的城市,人均警务支出每增加 1 单位带来的犯罪率的变化,大大缓解了遗漏变量偏误导致的内生性问题。

不可避免地,使用因变量的滞后项潜在地提高了模型对数据的要求,简单的横截面数据无法满足回归的需要,我们要将数据补充成为面板数据(至少因变量需要是)。当拥有面板数据时,通过固定效应模型也可以解决遗漏变量偏误问题,在本章就不展开介绍了。

在许多研究中,我们也会看到自变量滞后项的身影,尤其是在对模型进行稳健性检验时。这是由于现实政策往往存在滞后性,一些政策手段(模型中的解释变量)在实施的第二年才会产生政策效应,因此我们用上一年的解释变量取值替代原先的解释变量进行回归,如果结果依然显著,则说明我们得到的结论是稳健的。

三、常见数据问题

在之前讨论模型设定问题时,我们实际上假定了所有变量的数据都是准确无误的,并没有考虑任何测量误差、样本数据缺失等导致数据无法反映真实状况的情景。但由于实际研究中各种条件的限制,数据问题其实常常出现,它也是导致模型存在内生性的重要原因,如果不对数据问题加以处理,再好的模型设定也是无济于事。下面,我们将分别介绍不同类型的常见数据问题,探讨它们对回归结果的影响。

(一)测量误差

想象这样一个场景,当你在接受问卷调查时被要求回答去年全年的收入时,你能够准确地给出一个数值吗?你很可能会根据每个月的基本工资计算出一个近似的值作为答案。或者,在将纸质问卷进行电子化转录的过程中,你很有可能会将答案中的数字少输入一位。这些常见的问题都会导致我们无法准确度量相关变量,最终使得模型存在测量误差问题。

我们先从因变量存在测量误差谈起。我们设 y^* 为被解释变量,有总体回归模型:

$$y^* = \beta_0 + \beta_1 x_1 + \beta_2 x_2 + \cdots + \beta_k x_k + u \tag{9-84}$$

但由于某些原因(可能是上述场景中的原因),我们观测到的被解释变量是 y,因此存在一个测量误差 $e_0 = y - y^*$,代表观测值与真实值之间的差异。再将 $y^* = y - e_0$ 代入式(9-84)中,得到实际的回归方程:

$$y = \beta_0 + \beta_1 x_1 + \beta_2 x_2 + \cdots + \beta_k x_k + (u + e_0) \tag{9-85}$$

根据零均值假定,u 和自变量是不相关的。如果当测量误差 e_0 与自变量不相关时,方程(9-85)中的误差项($u + e_0$)也能满足零均值假定,那么,OLS 估计量在这一条件下依然是无偏且一致的。通常,我们假定 u 和 e_0 不相关,所以有 $\mathrm{Var}(u + e_0) = \sigma_u^2 + \sigma_{e_0}^2 > \sigma_u^2$,即因变量测量误差会导致误差项的方差增大,OLS 估计量的方差自然也变大了。总的来说,只要因变量的测量误差独立于自变量,OLS 估计的回归结果依然可以接受。

当解释变量存在测量误差时,为了便于理解,我们使用一元线性回归模型进行讨论。同样地,将 x^* 设为自变量,得到至少满足高斯-马尔科夫前四个假定的总体回归模型:

$$y = \beta_0 + \beta_1 x_1^* + u \tag{9-86}$$

其中,$\text{Cov}(x_1^*, u) = 0$。我们对 x_1^* 的观测值是 x_1,两者间存在测量误差 $e_1 = x_1 - x_1^*$。我们假定总体中的平均测量误差为零,即 $E(e_1) = 0$,再进一步假设 u 与 x_1^*、x_1 都不相关,则我们可以得到:

$$\begin{aligned} E(u \mid x_1) &= E(u \mid x_1^*) = E(u \mid x_1^*, x_1) = 0 \\ E(y \mid x_1^*, x_1) &= E(y \mid x_1^*) \end{aligned} \tag{9-87}$$

将 $x_1^* = x_1 - e_1$ 代入式(9-86),得到实际的估计方程:

$$y = \beta_0 + \beta_1 x_1 + (u - \beta_1 e_1) \tag{9-88}$$

此时,OLS 估计的性质取决于 x_1 和 e_1 之间的关系。我们先假设 x_1 与 e_1 无关,由于 u 和 x_1 相互独立,则有 $\text{Cov}(x_1, u - \beta_1 e_1) = 0$,且 $E(u - \beta_1 e_1) = 0$。因此,我们用 x_1 代替 x_1^* 进行回归能够获得无偏一致的 OLS 估计量。而对于方程(9-88)误差项的方差,由于 u 和 e_1 不相关,我们有 $\text{Var}(u - \beta_1 e_1) = \sigma_u^2 + \beta_1^2 \sigma_{e_1}^2 > \sigma_u^2$,即测量误差引起了误差项方差的增大。

还有一种情况就是我们称之为经典变量误差假定(classical errors-in-variables,CEV):测量误差与无法观测的解释变量无关,即 $\text{Cov}(x_1^*, e_1) = 0$。由于 $e_1 = x_1 - x_1^*$,在经典变量误差假定的前提下,x_1 与 e_1 必然相关,此时我们有:

$$\text{Cov}(x_1, e_1) = E(x_1 e_1) = E(x_1^* e_1) + E(e_1^2) = \sigma_{e_1}^2 \tag{9-89}$$

又因为 u 和 x_1 不相关,因此 x_1 与实际估计方程误差项的协方差为:

$$\text{Cov}(x_1, u - \beta_1 e_1) = -\beta_1 \text{Cov}(x_1, e_1) = -\beta_1 \sigma_{e_1}^2 \neq 0 \tag{9-90}$$

所以,在经典变量误差假定下,OLS 估计量是有偏且不一致的。我们还能计算出估计系数 $\hat{\beta}_1$ 的不一致性(渐进偏误),即 $\hat{\beta}_1$ 的概率极限:

$$\begin{aligned} plim(\hat{\beta}_1) &= \frac{\text{Cov}(x_1, u - \beta_1 e_1)}{\text{Var}(x_1)} + \beta_1 \\ &= \frac{-\beta_1 \sigma_{e_1}^2}{\text{Var}(x_1^*) + \text{Var}(e_1)} + \beta_1 \\ &= \beta_1 \left(\frac{\sigma_{x_1^*}^2}{\sigma_{x_1^*}^2 + \sigma_{e_1}^2} \right) = \beta_1 \frac{\text{Var}(x_1^*)}{\text{Var}(x_1)} \end{aligned} \tag{9-91}$$

由于 $\frac{\sigma_{x_1^*}^2}{\sigma_{x_1^*}^2 + \sigma_{e_1}^2} < 1$,所以 $plim(\hat{\beta}_1)$ 会比 β_1 更趋近零,这也被称为衰减偏误,即我们估计的 OLS 影响会变小,也就是说 $\hat{\beta}_1$ 会倾向于低估 β_1。除非 x_1^* 和 x_1 的方差足

够接近,否则测量误差带来的不一致性就是明显的。

总的来说,当出现测量误差问题时,只要我们无法明确实际估计方程中误差项与解释变量不相关,OLS 估计量往往就是有偏不一致的。当然,对于测量误差造成的偏差,我们也可以通过计量方法进行缓解,最常见的就是工具变量法。

(二) 数据缺失

数据缺失也是研究中十分常见的问题,因为我们很难获取到所有抽样单位的全部关键变量信息。例如,在问卷调查时被访者为了隐藏真实情况而拒绝回答某些问题,或是由于客观条件限制无法回答问题,这些都会导致变量存在数据缺失问题。

当我们关心的自变量和因变量存在数据缺失问题时,会对模型的回归结果产生什么影响吗?当数据缺失是不依赖于其他任何原因的时候,即数据是随机缺失的情况下,得到的 OLS 估计量依然是无偏的,因为模型仍然满足随机抽样假定(假定 2)。这种情形我们称之为数据的完全随机缺失(missing completely at random, MCAR)。不过,由于在回归分析时我们一般直接忽略这些变量有数据缺失的观测,使得样本量减小,因此 OLS 估计量的准确度也会降低。

在其他情况下,如果数据缺失并非完全随机缺失时,那么我们可能就无法使用这类缺失数据的变量进行多元回归分析。常见的情景是缺失值和观测值之间存在系统差异,例如,高收入群体可能更倾向于隐藏自己的真实收入状况。但在某些情况下,这种数据缺失也能帮助我们完成 OLS 的无偏估计。①

(三) 样本选择

对于非随机样本而言,样本选择的问题常常出现。当样本是基于自变量进行选择时,我们称其为外生样本选择(exogenous sample selection),在特定情况下,外生样本选择不会带来 OLS 估计偏误。例如,我们有关于储蓄(saving)的方程(9-92),解释变量分别为收入、年龄和家庭规模。

$$saving = \beta_0 + \beta_1 income + \beta_2 age + \beta_3 size + u \qquad (9\text{-}92)$$

假如我们当前仅有 35 岁以上人群的调查数据,相较于成年人全体而言,样本是非随机的。但虽然样本量减小了,我们依然可以使用这个样本得到无偏且一致的 OLS 估计量,因为对于根据自变量在总体中抽出的任一样本而言,因变量的条件期望都是一样的,即 $E(saving | income, age, size)$ 相同。而在另外一些情形下

---

① 关于缺失数据以及其处理方式的讨论,可参见严洁:《缺失数据的多重插补:应用案例与软件操作》,重庆大学出版社 2017 年版。

的外生样本选择，结果又是不同的。比如高收入群体可能更倾向于隐藏自己的真实收入状况，这时的外生样本选择没有上个例子中那么清晰的选择规律，因此我们最好不要使用这个样本进行 OLS 估计。

当样本是基于因变量进行选择时，我们称之为内生样本选择（endogenous sample selection），这时的 OLS 估计常常会产生偏误。我们再以模型(9-92)为例，如果我们的样本中仅有储蓄低于 100 万元的样本，这个总体的非随机样本就存在内生样本选择情况。此时，由于以储蓄低于 100 万元为条件的期望均值不等于总体的条件期望，即 $E(saving<100 | income, age, size) \neq E(saving | income, age, size)$，所以我们无法获得系数的无偏一致估计。

在某些情况下，样本选择并不是基于因变量，但它也被看作一种内生性的样本选择。例如，当我们考虑影响工资的因素时，回归分析的样本必然都是有工作的人，因此我们事实上基于个人工作决策对样本进行了选择。由于一个人的工作决策很可能与影响工资的因素相关（比如不工作的人很可能职业能力较低，进而使得潜在工资较低），因此这种样本选择也会带来内生性问题，导致 OLS 估计偏误。

本 章 小 结

在本章中，我们基于普通最小二乘估计（OLS 估计）和回归模型的知识，进一步探讨了实证研究中常见的模型设定和数据问题。在设定模型时，遗漏相关变量和误设函数形式都会使 OLS 估计量出现偏误，好在我们可以通过 F 检验和 RESET 检验等方法识别这些模型设定问题，进而为下一步调整奠定了基础。而为了使模型设定更加符合实际，更加准确，我们常常会采取一些方式对模型进行调整，比如对变量取自然对数，系数标准化处理，在不同情境下加入二次项、交互项或滞后项，以及当因变量为二元变量时采用线性概率模型进行分析，我们应当根据模型调整的需求对这些方法进行选择。

数据问题也是造成 OLS 估计结果不准确的重要原因，因为它会使高斯-马尔科夫假定中的某一个或多个假定不成立。我们主要探讨了在不同的前提条件下，数据测量误差、数据缺失和样本选择问题对回归结果带来的不同影响。对于测量误差问题，如果因变量存在测量误差，OLS 估计量通常依然是无偏且一致的，而如果自变量存在测量误差，OLS 估计量是否存在偏误则要取决于误差是否满足经典变量误差假定。当数据缺失符合完全随机缺失假定时，我们可以直接忽略这些变量有数据缺失的观测，OLS 估计结果依然无偏。对于随机样本的选择问题，我们需要判断这种选择究竟是外生还是内生的，外生样本选择在某些情形下不会引起

OLS 估计偏误,但内生样本选择一定会。

思考题

1. 下面这个模型是比德尔和哈默梅什所用多元回归模型[①]的一个简化版本,原模型研究睡眠时间和工作时间之间的取舍,并考查其他影响睡眠的因素:

$$sleep = \beta_0 + \beta_1 totwrk + \beta_2 educ + \beta_3 age + u$$

其中,$sleep$ 和 $totwrk$ 都以分钟/周为单位,而 $educ$ 和 age 则以年为单位。

(1) 如果成年人为工作而放弃睡眠,β_1 的符号是什么?

(2) 你认为 β_2 和 β_3 的符号应该是什么?

(3) 利用数据,估计出来的方程是

$$\widehat{sleep} = 3\,638.25 - 0.148 totwrk - 11.13 educ + 2.20 age$$

$$n = 706, \quad R^2 = 0.113$$

如果有人一周多工作 5 个小时,预计 $sleep$ 会减少多少分钟?这是一个很大的舍弃吗?

(4) 讨论 $educ$ 的估计系数的符号和大小。

2. 下面哪些因素会导致 OLS 估计量出现偏误?

(1) 异方差性。

(2) 遗漏一个重要变量。

(3) 模型中同时包含的两个自变量之间的样本相关系数达到 0.95。

延伸阅读

1. [美]乔舒亚·安格里斯特、[美]约恩-斯特芬·皮施克:《基本无害的计量经济学:实证研究者指南》,郎金焕、李井奎译,格致出版社 2021 年版。

伴随计量经济学疆界的不断扩张,虽然对计量经济学基本工具的解释日趋精奥深微,但应用计量经济学的核心内容却保持着大体稳定。该书为实证研究者把

[①] Jeff E. Biddle and Daniel S. Hamermesh, "Sleep and the Allocation of Time", *Journal of Political Economy*, 1990, 98(5), pp. 922-943.

握计量经济学的精义提供了一个向导,在讨论回归、工具变量和双重差分法等核心内容的基础上,强调估计值的一般性质,以及对估计值赋予因果解释所需的假设,之后再扩展至非连续实验的回归分析及统计推断等问题。总之,该书介绍了一套相对容易实施的计量经济学方法,并且提供了方法背后那些令人信服的经验动机,是一本集大成的指南。

2. [美]杰弗里·M. 伍德里奇:《计量经济学导论:现代观点》(第6版),张成思等译,中国人民大学出版社2018年版。

这是一本经典的初级计量经济学教材,语言通俗易懂,且辅以恰到好处的案例指导读者学习和运用计量方法,强调计量经济学在实际问题中的应用。该书不需要读者具备高深的数学知识,且含有大量例题和练习题,章末习题和计算机习题多着重于经验研究而非复杂的推导。与传统的教材不同,作者在陈述和解释假定时,完全放弃了非随机的或在重复样本中加以固定的回归元假定。这种方法更便于读者理解和应用计量经济学方法,是对传统计量经济学教学和研究的一个突破。

3. Sarah E. Anderson, Mark T. Buntaine, Mengdi Liu, and Bing Zhang, "Non-Governmental Monitoring of Local Governments Increases Compliance with Central Mandates: A National-Scale Field Experiment in China", *American Journal of Political Science*, 2019, 63(3), pp.626-643.

中央政府在依赖地方政府实施政策指令时面临着合规性问题。地方政府直面上级压力而不是民意诉求,因此这些合规问题的挑战十分显著。该文对非政府监督能否以及如何加强地方政府对于政策的执行力度问题进行了探讨。研究者从环境政策执行领域入手,借助前沿非政府组织开发的污染源监管信息公开指数(PITI),从2014年起在中国筛选50个城市,连续3年对其中随机筛选的25个城市的评价结果和排名进行公开,其余25个初始指数相同的城市作为对照。相较于对照组城市,实验组城市由于非政府组织公开评分,其PITI指数多增加了7.3分。结果表明,中国非政府组织的监督的确促进了地方政府合规。

4. Xiangyu Shi, and Tianyang Xi, "Race to Safety: Political Competition, Neighborhood Effects, and Coal Mine Deaths in China", *Journal of Development Economics*, 2018, 131, pp.79-95.

当地方政府领导人接受中央政府的集中评价时,他们的努力程度和政治表现会与其可比的"政治邻居"发生关联,称为"邻里效应"。文章利用2001—2011年163个中国主要产煤城市的矿难死亡人数季度数据,发现矿难死亡人数与其相邻(主要是政治相邻)市的矿难死亡人数存在显著的正相关关系。研究结果证实了基于相对绩效评估的地方官员晋升竞争更能解释中国市级别矿难死亡人数的"邻里效应"。这提醒我们关注晋升激励对地方官员在除了经济增长、预算平衡等基本指标以外的其他第二个维度的政治问题的激励与影响效应。

附录

一、弗里施-沃定理(Frisch-Waugh theorem)

多元回归中,$\hat{\beta}_1$ 可以被表示为:

$$\hat{\beta}_1 = \frac{\sum_{i=1}^{n} \hat{r}_{i1} y_i}{\sum_{i=1}^{n} \hat{r}_{i1}^2}$$

$\hat{r}_{i1}$ 是利用现有样本将核心解释变量对控制变量进行回归(将 x_1 对 $x_2, \cdots, x_k$ 进行回归),从而排除控制变量的变动对于 y 变动的影响得到的残差,表达式为:

$$x_{i1} = \hat{\gamma}_1 + \hat{\gamma}_2 x_{i2} + \hat{\gamma}_3 x_{i3} + \cdots + \hat{\gamma}_k x_{ik} + \hat{r}_{i1} = \hat{x}_{i1} + \hat{r}_{i1}$$

其中,$\hat{r}_{i1}$ 为核心解释变量无法被其他控制变量解释的部分。因此,$\hat{r}_{i1}$ 衡量了排除掉 $x_2, \cdots, x_k$ 后,y 与 x_1 之间的相关关系。一个辅助的检验方法是,将 $x_{i1} = \hat{x}_{i1} + \hat{r}_{i1}$ 代入 OLS 一阶条件(first order condition)中:

$$\frac{\partial \sum_{i=1}^{n} \hat{u}_i^2}{\partial \hat{\beta}_1} = -2 \sum_{i=1}^{n} (\hat{x}_{i1} + \hat{r}_{i1})(y_i - \hat{\beta}_0 - \hat{\beta}_1 x_{i1} - \cdots - \hat{\beta}_k x_{ik}) = 0$$

因为 $\hat{u}_i = (y_i - \hat{\beta}_0 - \hat{\beta}_1 x_{i1} - \cdots - \hat{\beta}_k x_{ik})$,并且 $\sum_{i=1}^{n} \hat{x}_{i1} \hat{u}_i = 0$,我们可以将 OLS 一阶条件写作:

$$\sum_{i=1}^{n} \hat{r}_{i1}(y_i - \hat{\beta}_0 - \hat{\beta}_1 x_{i1} - \cdots - \hat{\beta}_k x_{ik}) = \sum_{i=1}^{n} \hat{r}_{i1}(y_i - \hat{\beta}_1 x_{i1}) = 0$$

因为 $x_{i1} = \hat{x}_{i1} + \hat{r}_{i1}$,且 $\sum_{i=1}^{n} \hat{x}_{i1} \hat{r}_{i1} = 0$,可得:

$$\hat{\beta}_1 = \frac{\sum_{i=1}^{n} \hat{r}_{i1} y_i}{\sum_{i=1}^{n} \hat{r}_{i1}^2}$$

获得 $\hat{\beta}_1$ 的另一种方式:先将 x_{i1} 对 $x_{i2}, \cdots, x_{ik}$ 进行回归,获得残差 $\hat{r}_{i1}$。而后,将

y_i 对 $\hat{r}_{i1}$ 进行回归获得 $\hat{\beta}_1$，此时 $\hat{\beta}_1$ 的估计与 y_i 对 $x_{i1}, \cdots, x_{ik}$ 回归时得到的相同。

二、遗漏变量偏误的详细解释

如果在一个模型中，一个本属于真实模型的变量被遗漏，那么我们称这个模型具有模型设定不足（underspecified）问题。那么遗漏变量会造成什么问题呢？遗漏变量会导致 OLS 估计量产生偏误。

我们可以推导出偏差的方向和大小。下面我们用一个简单的例子来展示推导的过程：

$$y = \beta_0 + \beta_1 x_1 + \beta_2 x_2 + u$$

我们假定这个真实总体模型满足假定 1—4。如果我们遗漏了 x_2，我们将获得回归方程：

$$\tilde{y} = \tilde{\beta}_0 + \tilde{\beta}_1 x_1$$

其中，$\tilde{\beta}_0$ 和 $\tilde{\beta}_1$ 是这个设定不足模型中的估计值。在"简单回归和多元回归估计值"的比较中，我们得到：

$$\tilde{\beta}_1 = \hat{\beta}_1 + \hat{\beta}_2 \tilde{\delta}_1$$

其中，$\hat{\beta}_1$ 和 $\hat{\beta}_2$ 是 y 对于 x_1 和 x_2 进行回归的斜率系数，$\tilde{\delta}_1$ 是 x_2 对 x_1 简单回归的斜率系数。

$$E(\tilde{\beta}_1) = E(\hat{\beta}_1 + \hat{\beta}_2 \tilde{\delta}_1) = E(\hat{\beta}_1) + E(\hat{\beta}_2) \tilde{\delta}_1 = \beta_1 + \beta_2 \tilde{\delta}_1$$
$$Bias(\tilde{\beta}_1) = E(\tilde{\beta}_1) - \beta_1 = \beta_2 \tilde{\delta}_1$$

$\beta_2 \tilde{\delta}_1$ 则是因为遗漏 x_2 而产生的遗漏变量偏误。

有两种情况使 $\tilde{\beta}_1$ 无偏。一种是如果 $\beta_2 = 0$，$\tilde{\beta}_1$ 则是无偏的，此时 x_2 并不真正属于模型。另一种情况是，如果 $\tilde{\delta}_1 = \dfrac{\text{Cov}(x_1, x_2)}{\text{Var}(x_1)} = 0$，即 x_1 和 x_2 不相关，则 $\tilde{\beta}_1$ 是无偏的，因为 β_2 通常是未知的，我们不知道这个偏误是正向的还是负向的。不过，我们通常知道 x_2 对于 y 影响的方向以及 x_1 和 x_2 之间的相关关系。依靠经济学理论和直觉，我们可以对偏误的符号进行猜测。

附表 9-1　遗漏 x_2 时，$\tilde{\beta}_1$ 偏误方向总结

系数	$Corr(x_1, x_2)>0$	$Corr(x_1, x_2)<0$
$\beta_2>0$	偏误为正（高估）	偏误为负（低估）
$\beta_2<0$	偏误为负（低估）	偏误为正（高估）

当 $E(\tilde{\beta}_1)>\beta_1$ 时，$\tilde{\beta}_1$ 向上偏误；当 $E(\tilde{\beta}_1)<\beta_1$ 时，$\tilde{\beta}_1$ 向下偏误；当 $E(\tilde{\beta}_1)$ 趋向 0 时，偏误也将趋向 0。

我们用个具体的例子来讨论遗漏变量偏误。假设小时工资模型为：

$$\log(wage) = \beta_0 + \beta_1 edu + \beta_2 ability + u$$

如果遗漏能力这一变量，β_1 偏误的方向是什么呢？因为一般来说，能力对小时工资有正向的偏效应，并且能力和受教育程度正相关，所以我们可以推测 β_1 会产生向上偏误。

接下来，我们将讨论在更一般的情况下，遗漏变量偏误的大小和方向。

如果有更多变量，那么推导遗漏变量偏误的符号将变得更为困难。假设存在如下模型：

$$y = \beta_0 + \beta_1 x_1 + \beta_2 x_2 + \beta_3 x_3 + u$$

如果我们遗漏 x_3，则回归方程：

$$\tilde{y} = \tilde{\beta}_0 + \tilde{\beta}_1 x_1 + \tilde{\beta}_2 x_2$$

如果 x_1 和 x_3 相关，x_2 和 x_3 不相关，不难得出 $\tilde{\beta}_1$ 是 β_1 的有偏估计量，但是因为 x_2 和 x_3 不相关，$\tilde{\beta}_2$ 是无偏的。一般来说，除非 x_1 和 x_2 不相关，否则 $\tilde{\beta}_1$ 和 $\tilde{\beta}_2$ 都将会是有偏的。假如我们将 x_3 对 x_1 和 x_2 作回归，可得：

$$\tilde{x}_3 = \tilde{\delta}_0 + \tilde{\delta}_1 x_1 + \tilde{\delta}_2 x_2$$

我们可以获得如下关系：

$$\tilde{\beta}_1 = \hat{\beta}_1 + \hat{\beta}_3 \tilde{\delta}_1$$
$$\tilde{\beta}_2 = \hat{\beta}_2 + \hat{\beta}_3 \tilde{\delta}_2$$

即使 $Corr(x_2, x_3)=0$，因为 $Corr(x_1, x_2) \neq 0$ 和 $Corr(x_1, x_3) \neq 0$，则 $\tilde{\delta}_2 \neq 0$，那么 $\tilde{\beta}_2$ 依旧是有偏的。

将以上的推导推广到含有 k 个自变量的模型中，可得：

$$\tilde{\beta}_j = \hat{\beta}_j + \hat{\beta}_k \tilde{\delta}_j \quad (j=0, 1, \cdots, k, j<k)$$

如果一个被遗漏变量对于 y 具有偏效应,并且它和至少一个其他变量相关,那么所有系数的 OLS 估计量都会有偏误。换句话说,如果一个解释变量与误差之间存在相关,则一般所有的 OLS 估计量都会产生偏误。只有当所有其他的解释变量都与 x_j 无关时,忽略其他解释变量才是一种有效的方法。

第三部分

前沿研究方法

第十章
实 验 法

　　实验法是社会科学(包括政治学)领域探究因果关系核心的手段之一。然而，社会科学实验与自然科学实验有着重要的区别。自然科学对因果关系的识别依赖于实验室实验。科学家可以通过两个完全相同的研究对象，测量接受干预和不接受干预时状态的差异，并认为这种差异就是由干预导致的。社会现象比自然现象更复杂。实验者无法同时观测实验对象(主要是人)接受和不接受干预时的状态，并且现实社会中不存在两个完全相同的个体可供实验者进行比较，因此社会科学实验必须在理论和方法上有所突破。统计学中潜在结果模型(potential outcome model)和抽样分布理论为社会科学实验奠定了理论基础。潜在结果模型认为既然我们无法同时观测研究对象在接受和不接受干预时的状态，那么一种结果即是另一种结果的潜在状态。对于研究者而言，既然只能观测到其中一种状态，就无法估计干预对个体的因果效应。抽样分布理论已经证实，在随机抽样的前提下，只要样本足够大，则样本均值的期望值等于总体均值，且样本均值的抽样分布接近正态分布。这意味着，将实验对象随机分配进实验组(接受干预)和控制组(不接受干预)，即可创建两个在统计上完全相同的群体(即实验组和控制组)，再测量两个组可观测的状态，然后比较实验组和控制组结果的差异，就能测量干预对实验组的因果效应。

　　由于允许在受控环境中进行系统干预以研究政治现象的因果关系，实验法在政治学研究中的价值越来越被认可。实验法不仅被广泛用于探索从政治态度形成、身份和刻板印象的心理机制、决策过程、政治和选举行为到精英行为和制度效应，以及政治认知、学习和社会化过程，而且被认为是克服在因果关系识别中其他方法存在的研究设计缺陷的重要途径，更是为研究提供高水平的内部(有时甚至是外部)有效性的重要途径。因此十多年来，实验在政治学领域取得了爆发式的增长。这突出地表现在政治学权威杂志上实验论文数量的爆发式增长。特别是2010年以后，《美国政治学杂志》刊载的实验论文数量几乎占其总发文量的四分之一。实验论文作者的多样化和研究议题的多样化都说明实验正越来越被政治学家所接受。然而，实验的使用目前高度集中在美国的高校和科研机构，并且以研究美国问题为多。这也反映出目前实验方法在政治学中运用的区域不平衡。中国政治学界目前也开始对实验在中国研究中的应用做出初步的尝试和探索。

第一节 实验的基本原理

实验设计的基本原理基于潜在结果模型(也称为鲁宾因果模型)。[①] 本章将通过一个虚拟的案例来说明政治学中实验的基本原理及其相关问题。假定我们想探究候选人演说对投票人投票结果的影响。Y_i^1 是听过候选人演说的投票人 i 的投票结果(例如是否投票给该候选人),Y 代表投票结果,1 表示听过候选人演说,i 表示第 i 个投票人;反之 Y_i^0 是指没有听过候选人演说的投票人 i 的投票结果,0 表示没有听过候选人演说。候选人演说对投票人 i 投票结果的因果效应为:

$$\delta_i = Y_i^1 - Y_i^0 \tag{10-1}$$

如果有许多投票人,我们可以计算其平均处理效应(average treatment effect,ATE):

$$ATE = E(\delta_i) = E(Y_i^1) - E(Y_i^0) \tag{10-2}$$

公式(10-1)显示,要计算候选人演说对投票人投票行为的因果效应(δ_i),需要考察同一个投票人在听候选人演说和不听候选人演说的情况的投票行为差别。对同一个投票人,无法同时观测 Y_i^1 和 Y_i^0,因此我们可以称 Y_i^1 是 Y_i^0 的潜在结果。显然,δ_i 不能直接测量,因此 ATE 也无法直接计算。

我们可以通过实验设计引入实验组和控制组,以解决该问题。如果我们可以通过某种分配机制,将投票人分别归入(听候选人演说的)实验组和(不听候选人演说的)控制组,并确保两组被试者拥有相同的特征,则可以近似地认为两组被试者在统计学意义上是相同的。然后,让实验组的被试者听候选人演讲后进行投票,并比较实验组和控制组的投票行为差异。

我们可将投票人实验组和控制组的投票结果表示为:

$$Y_i = \begin{cases} Y_i^1, 若 T_i = 1 \\ Y_i^0, 若 T_i = 0 \end{cases} \tag{10-3}$$

其中,$T_i = 1$ 表示实验组的个体,$T_i = 0$ 表示控制组的个体。由此,我们可以计算平均处理效应:

[①] Donald B. Rubin, "Estimating Causal Effects of Treatments in Randomized and Nonrandomized Studies", *Journal of Educational Psychology*, 1974, 66(5), pp. 688-701.

$$ATE = E(\delta_i) = E(Y_i^1 \mid T_i = 1) - E(Y_i^0 \mid T_i = 0) \qquad (10\text{-}4)$$

δ_i 的值可能因人而异。对有些投票人，候选人演说对投票结果的因果效应可能很大，但对另一些投票人，候选人演说的因果效应可能很小。因此候选人演说对投票人投票结果的平均处理效应在总体与实验组（treatment group）中可能不一致。

实验组的平均处理效应（average treatment effect on the treated，ATT），更正式的表述应为：

$$ATT = E(\delta_i \mid T_i = 1) = E(Y_i^1 \mid T_i = 1) - E(Y_i^0 \mid T_i = 1) \qquad (10\text{-}5)$$

上式可表述为：实验组的平均处理效应等于，实验组中听候选人演讲后的投票人的投票结果与假如投票人未听候选人演讲的投票结果之差的期望值。显然，ATT 才是我们期望计算的平均处理效应，然而事实上却不可测；而我们却可通过实验组和控制组的区分，计算 ATE。

利用可观测的实验数据计算的 ATE，和理论上 ATT 之间的差异为：

$$\Delta = E(Y_i^0 \mid T_i = 1) - E(Y_i^0 \mid T_i = 0) \qquad (10\text{-}6)$$

从公式（10-6）可知，如果能确保：

$$E(Y_i^0 \mid T_i = 1) = E(Y_i^0 \mid T_i = 0) \qquad (10\text{-}7)$$

我们就能确保 ATT 等于 ATE。也就是说，假如控制组和实验组的投票人都未听候选人演讲，其投票结果的期望值相等，那么总体平均处理效应（ATE）和实验组的平均处理效应（ATT）相等。显然，我们无法直接验证公式（10-7）。

鲁宾因果模型有两个必要的部分。其一是通过潜在结果定义了因果效应。稳定单位处理值假设（stable unit treatment value assumption，SUTVA）是这个部分的重要假设。SUTVA 要求任意单位（unit）的潜在结果与其他单位是否接受处理不相关；且对每个单位，每个处理的水平在形式上没有差异。[①] SUTVA 是一个排除性约束（exclusion restriction），它排除了个体间互相扰动和处理变异的可能，从而确保每个单位只有两个潜在结果（Y_i^1 和 Y_i^0）。在我们的例子中，SUTVA 确保每个投票人之间的投票行为是相互独立的，不会屈从于群体压力；并且对听候选人演说的投票人实验组，听演说的方式是一致的，不会出现有人现场听演说，有人通过电视、网络等媒介听演说的可能。[②] 值得注意的是，我们无法利用已有的数据来

[①] See Guido W. Imbens and Donald B. Rubin, *Causal Inference for Statistics, Social, and Biomedical Sciences: An Introduction*, Cambridge University Press, 2015.
[②] SUTVA 并不要求所有个体，所有处理（treatment）的每个水平的形式都是相同的，但必须明确定义每个处理水平的潜在结果。参见注①。

证实排除性约束。通常,我们只能利用已有的知识使研究满足排除性约束。在实验设计中,我们可以利用合理的实验设计、对实验实施过程的合理控制等方法,确保实验满足排除性约束。其二是随机分配(random assignment)机制。随机分配假设要求研究单位被随机分配进实验组和控制组,这可确保实验组和控制组在统计学上无差异,从而使得 $\Delta = 0$,即令 $ATE = ATT$。SUTVA 和随机分配假设,可确保公式(10-7)成立,从而令我们可以利用实验数据估计 ATE。[1]

如果用回归模型来估计 ATE,则可表述为:

$$Y_i = \alpha + \beta T + \epsilon_i \tag{10-8}$$

其中:Y_i 表示观察到的第 i 个投票人的投票结果;T 是表示控制组的虚拟变量;β 是回归系数,即 ATE;ϵ_i 表示残差。如果满足随机分配假设和 SUTVA,则可确保样本的方差分布服从独立同分布假定,从而可以利用实验数据获得 β 的无偏估计 $\hat{\beta}$。[2]

第二节 实验的有效性问题

本节介绍实验的内部有效性和外部有效性以及对实验有效性的威胁。

一、内部有效性和外部有效性

对于社会科学实验而言,任何实验都不得不考虑抽样问题。在我们的投票案例中,我们不可能将所有的投票人都纳入我们的实验。现实的做法是,按照某种的规则,从总体中抽取一定的样本,并对此样本进行合理实验,分析实验结果,从而推断总体。

假定从总体中,随机抽取一个包含 n 个投票人的样本,并将 n_1 个投票人分到(听候选人演讲的)实验组,将 n_0 个投票人分到(不听候选人演讲的)控制组,且 $n_1 + n_0 = n$,则样本平均处理效应(sample average treatment effect, SATE)为:

---

[1] Joshua D. Angrist, Guido W. Imbens, and Donald B. Rubin, "Identification of Causal Effects Using Instrumental Variables", *Journal of the American Statistical Association*, 1996, 91(434), pp. 444-455.

[2] 用最小二乘法(OLS)估计公式(10-8)并不要求 SUTVA。$\hat{\beta}$ 只是个简单的平均处理效应,参见 Esther Duflo, Rachel Glennerster, and Michael Kremer, "Chapter 61 Using Randomization in Development Economics Research: A Toolkit", in T. Paul Schultz and John A. Strauss, eds., *Handbook of Development Economics*, Vol. 4, Elsevier, 2007, pp. 3895-3962. SUTVA 排除了溢出效应,下文会专门讨论这一点。

$$SATE = \frac{1}{n}\sum_{i=1}^{n}\{Y_i^1 - Y_i^0\} \tag{10-9}$$

样本的实验组的平均处理效应(sample average treatment effect on the treated，SATT)为：

$$SATT = \frac{1}{n}\sum_{i:T_i=1}(Y_i^1 - Y_i^0) \tag{10-10}$$

而总体平均处理效应(population average treatment effect，PATE)则为：

$$PATE = E(Y_i^1 - Y_i^0) \tag{10-11}$$

总体的实验组的平均处理效应(population average treatment effect on the treated，PATT)为：

$$PATT = E[(Y_i^1 | T_i = 1) - (Y_i^0 | T_i = 1)] \tag{10-12}$$

实验的内部有效性是指在多大程度上 SATT 等于 SATE，即因果关系在多大程度上控制了人、环境、实验干预等差异，以确保实验者观测到的效果是由实验干预本身，而不是其他因素所导致的。对任何实验而言，SATE 是不可测的，但 SATT 可以计算。我们已经证明，如果能够保证实验的随机分配假设和 SUTVA 成立，就能够确保 ATE 等于 ATT，从而可以获得对 ATE 的无偏估计。因此，只要我们能够确保上述两个假设得到满足，我们可以确保实验的内部有效性。实验的内部有效性是实验研究的基石；只有在满足实验的内部有效性的情况下，我们才可能讨论实验的外部有效性。

外部有效性是指在多大程度上 PATE 等于 SATE，也就是说涉及实验结果的普遍性，和在多大程度上实验结果可应用到不同的总体、环境中去。[1] 如果我们要将实验结果从实验样本推广到研究总体，我们显然还要确保 SATE 等于 PATE。从统计原理而言，这并不困难。根据中心极限定理，只要确保从独立的个体中随机抽取足够的样本，我们就可以得到：

$$PATE = E(SATE) \tag{10-13}$$

但对实验而言，从样本推论总体，需考虑两个方面的问题。一方面，大多数实

---

[1] Rose McDermott, "Internal and External Validity", in Arthur Lupia, Donald P. Greene, James H. Kuklinski, et al., eds., *Cambridge Handbook of Experimental Political Science*, Cambridge University Press, 2011, pp. 27–40; William R. Shadish, Thomas D. Cook, and Donald T. Campbell, *Experimental and Quasi-Experimental Designs for Generalized Causal Inference*, Houghton Mifflin, 2002, pp. xxi, 623.

验只涉及少量样本,如何确保样本的代表性?这涉及总体有效性问题(population validity)。另一方面,大多数实验是在人为控制的实验环境中实施的,那么利用实验环境发现的因果关系是否可以应用到现实环境中?这涉及生态有效性问题(ecological validity)。

二、对实验有效性的威胁

如其他社会科学,政治学也涉及研究结果一般化问题。在确保实验内部有效性的基础上,实验的外部有效性问题尤为引人重视。[①] 下面,我们将介绍威胁实验内部有效性和外部有效性的主要因素,并讨论在实验实施过程中,如何消除影响这些因素的影响,以确保符合实验的基本原则。

(一) 对实验内部有效性的威胁

如果实验能够满足随机分配假设和 SUTVA,就能确保实验的内部有效性。因此,任何违反这两个假设的可能,即是对实验内部有效性的威胁。社会科学的实验对象是人。无论是实验室实验、实地实验还是调查实验,实验过程本身是实验者和被试者之间互动的过程。因此,实验过程中不得不考虑伦理、偏好等诸多因素,而这些因素就有可能会影响实验的内部有效性。影响实验内部有效性的因素很多,但概括地说,下面四大因素对实验内部有效性的影响最为普遍。

1. 不遵从或部分遵从

当实验组中本应接受实验干预的被试者未能接受实验干预;或控制组中不应接受实验干预的被试者接受了实验干预,就产生了不遵从(noncompliance)或部分遵从问题(下文简称"不遵从")。

在实验过程中,实验的实施者无法"强迫"被试者接受实验干预。被试者是否接受实验干预,除了受实验者事先安排外,还受到实验手段、目的、被试者个人偏好、人格以及合作态度等各种因素的影响。例如,在投票案例中,实验组中的部分被试者可能对选举本身或对候选人不感兴趣,从而在实验中未听候选人演说。或者,在宽松的实验情境下,(本应不听候选人演说的)控制组成员听了候选人的演说,即接受实验干预。显然,即使实验者随机分配被试者进入实验组和控制组,不遵从问题既会减少实验组和控制组的可比性,也会破坏实验的随机分配

[①] Angus Deaton, "Instruments, Randomization, and Learning about Development", *Journal of Economic Literature*, 2010, 48(2), pp. 424 - 455; Guido W. Imbens, "Better LATE Than Nothing: Some Comments on Deaton (2009) and Heckman and Urzua (2009)", *Journal of Economic Literature*, 2010, 48(2), pp. 399 - 423; Charles F. Manski, *Public Policy in an Uncertain World: Analysis and Decisions*, Harvard University Press, 2013.

原则,并最终导致无法估计真实的 SATE,即影响实验的内部有效性。更糟的是,如果实验未能在严格的实验情境下实施,实验者难以识别哪些被试者和有多少被试者未能遵从实验要求。这使实验者不可能准确估计实验"真实"的因果效应。①

不遵从问题意味着实验违反了随机分配假设,将导致 ATE 不等于 ATT。实际上,如果实验存在不遵从问题且数据分析不考虑该问题,公式(10-4)估计的是意向处理效应(intention-to-treat effect,ITT)。② 在实践中,有些研究者经常报告 ITT,并将其等同于 ATE。但如果实验存在不遵从问题,这种做法是有问题的。③ ITT 有别于因果分析中的 ATE。④

解决不遵从问题的最大的挑战是对不遵从行为的识别。如果可以通过实验设计设法区分遵从者和不遵从者,则我们可以估计遵从者的平均因果效应(complier average causal effect)。研究人员经常使用工具变量来估计遵从者的平均因果效应。⑤

合理的实验设计有助于识别不遵从行为。杰弗里·J. 哈登(Jeffrey J. Harden)等人列举了两种方法,用于识别调查实验中的不遵从行为。⑥ 第一种方法是记录实验的时间。研究人员确定一个可接受的最短时间,将在该时间内完成问卷的受访者视为遵从者。关于阅读速度的研究可能有助于研究者做出这一决定。当然,最好的方法是利用小型方便样本进行试点研究,以了解更多关于受访者阅读和内化特定实验中的片段所需的时间,从而有助于研究者识别遵从行为。第二种方法是研究人员重新利用操作性检查来确定被试者是否阅读并考虑过实验干预。操作性检查包括一个或一系列问题,旨在评估受访者是否能够理解实验内容。这些问题通常用于评估实验操作的内部有效性,但也可以用来衡量遵从行为。杰弗

---

① Guido W. Imbens and Jeffrey M. Wooldridge, "Recent Developments in the Econometrics of Program Evaluation", *Journal of Economic Literature*, 2009, 47(1), pp. 5-86.
② Joshua D. Angrist, Guido W. Imbens, and Donald B. Rubin, "Identification of Causal Effects Using Instrumental Variables", *Journal of the American Statistical Association*, 1996, 91(434), pp. 444-455.
③ 政治学者对这一问题未引起足够的重视。杰弗里·J. 哈登等对来自于2006—2016年发表于五种主要政治学期刊上的调查实验论文分析发现,大多数论文都忽略了实验中的不遵从问题。Jeffrey J. Harden, Anand E. Sokhey, and Katherine L. Runge, "Accounting for Noncompliance in Survey Experiments", *Journal of Experimental Political Science*, 2019, 6(3), pp. 199-202.
④ Guido W. Imbens and Donald B. Rubin, *Causal Inference for Statistics, Social, and Biomedical Sciences: An Introduction*, Cambridge University Press, 2015, pp. 513-514.
⑤ Joshua D. Angrist, Guido W. Imbens, and Donald B. Rubin, "Identification of Causal Effects Using Instrumental Variables", *Journal of the American Statistical Association*, 1996, 91(434), pp. 444-455.
⑥ Jeffrey J. Harden, Anand E. Sokhey, and Katherine L. Runge, "Accounting for Noncompliance in Survey Experiments", *Journal of Experimental Political Science*, 2019, 6(3), pp. 199-202.

里·J. 哈登等还建议利用这种方法进行试点研究。测试操作性检查可以帮助研究人员做出决定,比如,使用单个还是一组问题,以及回答者答对多少问题才具备成为遵从者的资格。这两种策略都要求研究者做出一些看似武断的决定,比如潜在时间节点或操纵检查中正确答案的数量。试点测试有助于解决这个问题,但它可能不会完全消除这个问题。因此,研究人员应描述并证明测量遵从者的策略的合理性。

2. 损耗

在实验实施过程中,经常有被试者退出实验;或者实验结果不能被测量,从而产生样本损耗(attrition),并导致数值缺失问题。一般来讲,损耗问题可通过两种途径影响实验的内部有效性。

首先,损耗可降低实验组和控制组的可比性。例如,在投票案例中,实验组中的部分被试者可能对选举本身或对候选人不感兴趣,从而退出实验。在大多数情况下,如果被试者被随机分配进实验组或控制组,而实验过程却出现两个组中不成比例的退出率时,"退出者"本身可能与实验的过程或目的相关。即使实验组和控制组样本损耗率相似,实验组和控制组中的损耗的原因可能不同。[①] 也就是说,"退出者"是非随机的。这会破坏随机分配原则,降低实验组和控制组的可比较性。[②]

其次,被试者退出实验,会减少实验样本,从而影响统计效力。随机的样本损耗仅降低统计效力。这在大样本的实验中,或退出率较低的情况下,可能不算严重的问题。但当样本量有限或退出率很高的时候,大量的退出者可能对统计效力产生较大影响。

理论上而言,如果决定考察目标的所有协变量是已知的,或者选择过程(或样本损耗原因)是完全已知的,就有可能消除所有选择性损耗偏差。不幸的是,研究者无法观察所有相关协变量,也无法准确地对选择过程进行建模。为了克服实验损耗对平均处理效应的估计偏误,研究者通常在实验数据分析阶段通过逆概率加权方法来进行调整或者使用边界方法估计不同损耗情景下的一系列可能影响,但

[①] Esther Duflo, Rachel Glennerster, and Michael Kremer, "Chapter 61 Using Randomization in Development Economics Research: A Toolkit", in T. Paul Schultz and John A. Strauss, eds., *Handbook of Development Economics*, Vol. 4, Elsevier, 2007, pp. 3895-3962.

[②] 但大多数情况下,退出者可被识别。因此,如果知道样本损耗的原因,我们依然可能通过统计方法(如工具变量和数据插补法)解决该问题。Thomas S. Dee, "Teachers, Race, and Student Achievement in a Randomized Experiment", *The Review of Economics and Statistics*, 2004, 86(1), pp. 195-210; Alan B. Krueger, "Experimental Estimates of Education Production Functions", *The Quarterly Journal of Economics*, 1999, 114(2), pp. 497-532. 但必须指出的是,这些方法都基于一系列强假设和不可检验的假设,因此在使用统计技术来弥补样本损耗时,应注意方法的适用性问题。

这毕竟是事后弥补手段,并且本身存在风险。①

在实验实施阶段,一套合理的实验程序有助于降低样本损耗。总体上,如果一项实验涉及的实验对象越多,降低样本损耗的难度会越高。调查实验和实地实验因涉及较多的实验对象,其样本损耗尤为令人关注。以调查实验为例,简单介绍调查实验中降低样本损耗的基本方法。在调查中访谈频率、问卷的长度和复杂性、调查主题、问卷收集方式等都会影响样本损耗率。② 研究者可以采取一系列措施来努力降低样本损耗。例如:选择合适的调查主题和调查内容,最大限度地降低问卷的复杂性,努力使受访者保持兴趣;设计一套与调查样本和总体的特征相适应的调查程序,并设计一揽子措施以最大限度地减少样本损耗,尤其要做好访问员的遴选与培训;建立完善的样本追踪程序,以便追踪这些损耗的样本,这套程序应包含所有样本及其家人和朋友的联系方式、样本当前及历史住址和通信方式、利用行政或商业数据追踪样本等;建立一套高效的调查监督程序,以便在调查早期发现存在的问题;努力与受访者建立信任关系等。

---

① Kaitlin Anderson, Gema Zamarro, Jennifer Steele, et al., "Comparing Performance of Methods to Deal With Differential Attrition in Randomized Experimental Evaluations", *Evaluation Review*, 2021, 45(1-2), pp. 70-104. 关于如何处理样本损耗对平均处理效应估计的偏误已经超出了本章的内容。感兴趣的读者可以阅读相关内容。在此仅列举部分文献供读者参考。

关于逆概率加权方法的文献,如:Matias Busso, John DiNardo, and Justin McCrary, "New Evidence on the Finite Sample Properties of Propensity Score Reweighting and Matching Estimators", *The Review of Economics and Statistics*, 2014, 96(5), pp. 885-897; Michael A. Bailey, Daniel J. Hopkins, and Todd Rogers, "Unresponsive and Unpersuaded: The Unintended Consequences of a Voter Persuasion Effort", *Political Behavior*, 2016, 38(3), pp. 713-746; Keisuke Hirano, Guido W. Imbens, and Geert Ridder, "Efficient Estimation of Average Treatment Effects Using the Estimated Propensity Score", *Econometrica*, 2003, 71(4), pp. 1161-1189; Markus Frölich and Martin Huber, "Treatment Evaluation With Multiple Outcome Periods Under Endogeneity and Attrition", *Journal of the American Statistical Association*, 2014, 109(508), pp. 1697-1711; Guido W. Imbens and Jeffrey M. Wooldridge, "Recent Developments in the Econometrics of Program Evaluation", *Journal of Economic Literature*, 2009, 47(1), pp. 5-86; Teresa Molina Millán and Karen Macours, "Attrition in Randomized Control Trials: Using Tracking Information to Correct Bias", *IZA Discussion Paper No. 10711*, 2017, available at SSRN: https://ssrn.com/abstract = 2960520; Karthik Muralidharan and Venkatesh Sundararaman, "The Aggregate Effect of School Choice: Evidence from a Two-Stage Experiment in India *", *The Quarterly Journal of Economics*, 2015, 130(3), pp. 1011-1066; Arthur J. Reynolds, Judy A. Temple, Suh-Ruu Ou, et al., "School-Based Early Childhood Education and Age-28 Well-Being: Effects by Timing, Dosage, and Subgroups", *Science*, 2011, 333(6040), pp. 360-364。

关于调整处理效应界限的文献,如:Joshua Angrist, Eric Bettinger, and Michael Kremer, "Long-Term Educational Consequences of Secondary School Vouchers: Evidence from Administrative Records in Colombia", *American Economic Review*, 2006, 96(3), pp. 847-862; David S. Lee, "Training, Wages, and Sample Selection: Estimating Sharp Bounds on Treatment Effects", *The Review of Economic Studies*, 2009, 76(3), pp. 1071-1102。

② 关于调查中降低损耗应考虑的不同要素及操作指南,参见 Heather Laurie, "Minimizing Panel Attrition", in Scott W. Menard, ed., *Handbook of Longitudinal Research: Design, Measurement, and Analysis*, Elsevier, 2008, pp. 167-185。

有些研究出色地探讨了特定调查在解决样本损耗方面的努力，亦可供研究者参考。例如，邓肯·托马斯（Duncan Thomas）等探讨了印度尼西亚家庭生活调查在四轮调查中降低样本损耗的方法和经验。① 审慎的选择、对实地工作人员的良好培训以及彻底的监督使印度尼西亚家庭生活调查的成本保持在可控范围内；访问每个基线调查区域并进行本地跟踪，充分利用先前几轮调查收集的所有信息以降低重新定位的成本，并利用实时跟踪的信息的优势，及时跟进线索。这些措施有效地降低了印度尼西亚家庭生活调查的样本损耗。劳拉·伏马加利（Laura Fumagalli）等讨论了英国家庭面板调查在减少样本损耗方面的努力，发现向受访者提供量身定制的报告可有效降低面板调查中的样本损耗。②

3. 溢出效应

社会科学中的许多（尤其是在非实验室条件下的）实验，无法排除实验参与者互动，并影响其决策行为，从而违反 SUTVA，产生溢出效应。③ 在选举案例中，如果实验组的被试者不但听取候选人的演说，还有机会相互交流意见，则意见领袖可能影响其他人的投票行为。④ 这会导致我们对 ATE 的估计是有偏的。如果意见领袖倾向于将选票投给候选人，则令我们高估 ATE；反之亦然。另一种可能是，实验组和控制组的被试者有机会沟通，使控制组的被试者获得（候选人演说的）实验干预的信息，从而改变控制组被试者的投票行为。显然，溢出效应对样本平均效应的影响可能是正向的，也可能是负向的。因此，在简单的随机实验中，如果没有严格的实验控制，溢出效应可导致对 SATT 的偏误。这会影响实验的内部有效性。

严格（如实验室条件下）的实验控制，可以避免实验参与者的相互交流，排除溢出效应。但这将导致实验的外部有效性问题：实验条件和现实条件相去甚远，实验室实验的结果能否推论到社会现实？在选举案例中，即便通过严格的实验控制，排除溢出效应，准确识别出"听候选人演讲"对选举结果的 SATE，但这个结论能否推

---

① Duncan Thomas, Firman Witoelar, Elizabeth Frankenberg, et al., "Cutting the costs of attrition: Results from the Indonesia Family Life Survey", *Journal of Development Economics*, 2012, 98(1), pp. 108-123.

② Laura Fumagalli, Heather Laurie, and Peter Lynn, "Experiments with Methods to Reduce Attrition in Longitudinal Surveys", *Journal of the Royal Statistical Society Series A: Statistics in Society*, 2013, 176(2), pp. 499-519.

③ 如前所述，SUTVA 有两个部分：一是任意单位的潜在结果与其他单位是否接受处理不相关；二是对每个单位，每个处理的水平在形式上没有差异。违反 SUTVA 的第一部分，即会导致溢出效应。

④ 意见领袖对个体决策的影响在相关研究领域受到广泛关注，例如：Harikesh S. Nair, Puneet Manchanda, and Tulikaa Bhatia, "Asymmetric Social Interactions in Physician Prescription Behavior: The Role of Opinion Leaders", *Journal of Marketing Research*, 2010, 47(5), pp. 883-895; Sarit Moldovan, Eitan Muller, Yossi Richter, et al., "Opinion Leadership in Small Groups", *International Journal of Research in Marketing*, 2017, 34(2), pp. 536-552。

论到现实社会(PATE)呢?这本身就是值得研究的问题。

因此,在条件允许的情况下,实验设计不是要排除而是识别溢出效应。简单(非实验室控制)的随机实验不能完全排除溢出效应,但我们依然可能知道溢出效应对 SATT 影响的方向。在选举案例中,假设只存在第一种溢出效应,即实验组中的参与者之间相互交流,并通过意见领袖影响参与者的投票行为,那么识别意见领袖及其投票倾向就变得十分重要。如果意见领袖倾向于不投票给候选人,则我们会低估 ATE,这意味着我们至少可以知道"听候选人演讲"对"投票人投票行为"影响的下限;但如果意见领袖倾向于将选票投给候选人,则我们会高估 ATE,这会使问题变得更严重。遗憾的是,我们可能无法知晓所有可能的溢出效应,例如有多个意见领袖、实验组和控制组成员的交流等。① 因此,我们有必要通过改进实验设计,识别溢出效应,从而提高实验的内部有效性和外部有效性。

许多实证研究通过二阶段随机分配实验设计来识别溢出效应。② 首先,将所

---

① 例如,在发展和健康领域,研究者就指出了四个类型的溢出效应。参见 Manuela Angelucci and Vincenzo. Di Maro, "Programme Evaluation and Spillover Effects", *Journal of Development Effectiveness*, 2016, 8(1), pp. 22-43。

② 在经济学领域,如:Bruno Crépon, Esther Duflo, Marc Gurgand, et al., "Do Labor Market Policies have Displacement Effects? Evidence from a Clustered Randomized Experiment", *The Quarterly Journal of Economics*, 2013, 128(2), pp. 531-580; Sarah Baird, J. Aislinn Bohren, Craig McIntosh, et al., "Designing Experiments to Measure Spillover Effects", *World Bank Policy Research Working Paper No. 6824*, 2014, available at SSRN: https://ssrn.com/abstract=2418726; Sarah Baird, J. Aislinn Bohren, Craig McIntosh, et al., "Optimal Design of Experiments in the Presence of Interference", *The Review of Economics and Statistics*, 2018, 100(5), pp. 844-860; M. Angelucci and V. Di Maro, "Programme Evaluation and Spillover Effects", *Journal of Development Effectiveness*, 2016, 8(1), pp. 22-43。
在教育学领域,如:Marie-Andree Somers, William Corrin, Susan Sepanik, et al., *The Enhanced Reading Opportunities Study Final Report: The Impact of Supplemental Literacy Courses for Struggling Ninth-Grade Readers*. NCEE 2010-4021, National Center for Education Evaluation and Regional Assistance, 2010。
在政治学领域,如:Nahomi Ichino and Matthias Schündeln, "Deterring or Displacing Electoral Irregularities? Spillover Effects of Observers in a Randomized Field Experiment in Ghana", *The Journal of Politics*, 2012, 74(1), pp. 292-307; Betsy Sinclair, Margaret McConnell, and Donald P. Green, "Detecting Spillover Effects: Design and Analysis of Multilevel Experiments", *American Journal of Political Science*, 2012, 56(4), pp. 1055-1069; Florian Foos and Eline A. de Rooij, "All in the Family. Partisan Disagreement and Electoral Mobilization in Intimate Networks—A Spillover Experiment", *American Journal of Political Science*, 2017, 61(2), pp. 289-304。
在统计学领域,如:Michael G. Hudgens and M. Elizabeth Halloran, "Toward Causal Inference With Interference", *Journal of the American Statistical Association*, 2008, 103(482), pp. 832-842; Lan Liu and Michael G. Hudgens, "Large Sample Randomization Inference of Causal Effects in the Presence of Interference", *Journal of the American Statistical Association*, 2014, 109(505), pp. 288-301; Joseph Rigdon and Michael G. Hudgens, "Randomization Inference for Treatment Effects on a Binary Outcome", *Statistics in Medicine*, 2015, 34(6), pp. 924-935; Guillaume Basse and Avi (转下页)

有组(cluster)随机分为实验组和控制组;其次,将实验组的所有单位,随机分配为实验对象和控制对象。这样的实验设计允许实验者比较实验组中未接受实验干预的单位和控制组中的单位的差异,以检验溢出效应。① 在选举案例中,我们可首先以社区为组,随机将若干社区分配进实验组和(纯)控制组;然后对实验组(各社区)中的投票人(unit)随机指定为听候选人演说和不听候选人演说。实验组中听候选人演说的投票人的投票结果为 $E(Y_i^1|T_i=1)$;实验组中未听演说的投票人的投票结果为 $E(Y_i^0|T_i=1)$;控制组中投票人的投票结果为 $E(Y_i^0|T_i=0)$。实验组中的未听候选人演说的投票人与(纯)控制组投票人投票结果的差异,即 $E(Y_i^0|T_i=1)-E(Y_i^0|T_i=0)$,就是溢出效应。实验组中听候选人演说的投票人与未听演说的投票人投票结果的差异,即 $E(Y_i^1|T_i=1)-E(Y_i^0|T_i=1)$,就是 ATE。

下面的案例生动地展现了如何在实际研究中,利用二阶段随机分配实验设计来识别溢出效应。在这项研究中,贝特西·辛克莱(Betsy Sinclair)等人试图识别实地实验中被试者之间交流的溢出效应。② 他们利用 2009 年特别选举期间在伊利诺伊州进行的大规模选民动员实验,向部分选民邮递明信片敦促其参加投票。这项研究的溢出效应体现在接受实验干预的个体可能与家人或邻居交流,从而改变家人或邻居的投票参与行为。

2009 年 4 月 7 日,伊利诺伊州第五国会选区只有一场选举。3 名候选人参加了 4 月 7 日的特别选举。最终民主党人麦克·奎格利(Mike Quigley)赢得了 44 138 张选票中的 69.2%,击败了其他两位候选人。这场比赛几乎没有得到媒体的报道,共和党也没有做什么竞选活动。缺乏竞争是美国众议院选举中的典型现象。从实验的角度来看,缺乏竞选宣传是一个有利因素,因为这意味着实验干预及其产生的任何人际影响不太可能被相互竞争的宣传所掩盖。

这项实验的范围是第五国会选区所有家庭的子集。有资格参与研究的个人是拥有永久住址且在 2006 年之前登记的活跃选民。符合条件的家庭是拥有一到三名登记选民的家庭。他们将实验限制在 9 位数的邮政编码,每个邮政编码中至少包含拥有两个符合条件的个人的两个家庭,且家庭总数介于 3—15 个。研究涉及符合条件的 71 127 个个体、47 851 个家庭和 4 897 个邮政

(接上页) Feller, "Analyzing Two-Stage Experiments in the Presence of Interference", *Journal of the American Statistical Association*, 2018, 113(521), pp. 41-55。

① Sarah Baird, J. Aislinn Bohren, Craig McIntosh, et al., "Designing Experiments to Measure Spillover Effects", *World Bank Policy Research Working Paper No. 6824*, 2014, available at SSRN: https://ssrn.com/abstract=2418726。

② Betsy Sinclair, Margaret McConnell, and Donald P. Green, "Detecting Spillover Effects: Design and Analysis of Multilevel Experiments", *American Journal of Political Science*, 2012, 56(4), pp. 1055-1069。

编码。

为了检验邻里间的溢出效应,研究者利用9位数邮政编码作为邻居的代理变量(proxy)。9位数的邮政编码是邻里关系的有效变量,是因为该编码可以定位到城市街区、大楼和单位这样详细的地址。该研究中,每个9位数的邮政编码大约由15名合格选民组成,覆盖的最大宽度是0.2英里(约322米)的城市街区,同一个邮政编码内的任何两个人之间的平均距离仅为60英尺(约18米)。

研究者采用二阶段随机分配方法,将个体分配进实验各组。第一阶段对邮政编码进行随机分配。研究人员首先从符合条件的每个邮政编码中,随机选择一个拥有两个投票权的家庭(即种子核心家庭),然后随机将25%的种子核心家庭分配给控制组,75%分配给实验组。第二阶段对家庭进行随机分配。对于种子核心家庭被分配到控制组的邮政编码,其中的所有住户都被分配到控制组。种子核心家庭被分配到实验组的邮政编码,则随机以等概率分成三个小组:第一组,种子核心家庭接受实验干预,其他所有家庭不接受实验干预;第二组,种子核心家庭和其他一半家庭接受实验干预,其余家庭不接受实验干预;第三组,实验组种子核心家庭和其他所有家庭都接受实验干预。最后,为了检验家庭内部和家庭之间的溢出效应,在被分配接受实验干预的家庭中,随机选择了一个人接受实验干预。因此,在一个人的家庭中,整个家庭都得到了处理。在两人和三人家庭中,每个人分别有二分之一和三分之一的概率接受处理。

然后,在特别选举前的最后一周,接受实验干预的选民收到了一张明信片(明信片样式见图10-1),提醒他们履行在春季选举中投票的公民义务。这张明信片包括关于每个人是否参加过2006年春季和2008年春季选举的提醒,并提示收件人履行公民投票义务。实验者只向那些有资格参加2006年和2008年春季选举的居民邮寄明信片。最终研究者发现这项实验的溢出效应发生在家庭内部,但没有发现邻里间的溢出效应。

4. 评价驱动效应

当实验参与者意识到自己正在参与的实验,可能会主动改变自己的行为,这就会产生评价驱动效应(evaluation-driven effects)。一般来说,评价驱动效应有六种类型:(1)霍桑效应(Hawthorne effect),实验组比平时更努力工作;(2)约翰·亨利效应(John Henry effect),控制组与实验组竞争;(3)愤恨和士气低落效应(resentment and demoralization effect),控制组因未能参与实验干预而愤愤不平;(4)需求效应(demand effect),实验参与者因实验者的目标预期而改变自己的行为;(5)前瞻效应(anticipation effect),控制组因预期未来能参与实验干预而改变自己的行为;(6)调查效应(survey effect),因频繁被调查,实验组或控制组改变

> 更多信息：(517)351-1975
> 电子邮件：etov@grebner.com
> 实用政治咨询
> 邮政信箱 6249
> 东兰辛，密歇根州(48826)
>
>   理查德·詹森
>   达布尼街 3217 号
>   富兰克林公园，伊利诺伊州(60131-1503)
>
> 亲爱的理查德·詹森：
>   **履行您的公民义务，在 4 月 7 日投票！**
>   为什么这么多人没有投票？我们已经讨论这个问题很多年了，但它似乎只会变得更糟——尤其是在春季举行选举时。
>   今年我们采取了不同的方法。我们提醒人们，谁投票是一个将会被公开的记录。表格显示了你在注册选民名单上的名字，以及你是否在最近两次春季选举中投票。该表格还包含一个空白，我们将根据您是否在 4 月 7 日的选举中投票来填补。
>   **履行您的公民义务，在 4 月 7 日投票！**
>
> | 选民姓名 | 2006 年春季 | 2008 年春季 | 4 月 7 日 |
> |---|---|---|---|
> | 理查德·詹森 | 没有投票 | 没有投票 | _____ |

图 10-1　明信片样式

随后的行为。[①] 评价驱动效应对实验有效性的威胁在于：第一，现实环境中不存在评价驱动效应，因此评价驱动效应降低了实验结果一般化的能力，从而降低了实验的外部有效性；第二，评价驱动效应改变了实验组和控制组的可比性，从而降低了实验的内部有效性。

  实验实施者可通过多种手段降低或避免评价驱动效应对实验有效性的影响。首先，二阶段或多阶段随机分配实验设计可减少实验组和控制组的互动，从而减小评价驱动效应。其次，实施者应对实验组和控制组施以同等强度的互动，使实验组和控制组的调查效应同等化。再次，单盲实验可有效降低评价驱动效应。单盲实验是指只有实施者了解实验分组情况，实验参与者不知道自己是实验组还是控制组。当实验参与者不清楚自己属于实验组还是控制组时，不仅能有效减小评价驱动效应，并且即使部分评价驱动效应依然存在，但在实验组和控制组应当等同，因而不会影响实验的内部有效性。最后，双盲实验是科学研究设计的黄金标准。在双盲实验中，被研究的个体和收集数据的研究人都不知道实验干预，因而不仅具有

---

① Rachel Glennerster and Kudzai Takavarasha, *Running Randomized Evaluations: A Practical Guide*, Princeton: Princeton University Press, 2013. 其中，第(6)点中涉及被调查的实验参与者可能改变自己的行为的情形，这本身就是值得检验的问题。参见 Alix Peterson Zwane, Jonathan Zinman, Eric Van Dusen, et al., "Being Surveyed Can Change Later Behavior and Related Parameter Estimates", *Proceedings of the National Academy of Sciences*, 2011, 108(5), pp. 1821-1826. 在这篇文章中，研究人员通过五个案例检验了该问题。

单盲实验的优势,而且能减少实验实施者的预期对实验的影响。实验的实施者可能对实验结果有所偏好,因此在实验实施过程中有意无意地影响实验参与者,从而影响实验结果。在双盲实验中,实验实施者和实验参与者都不知道参与者所在组别,从而避免了实验实施者对实验结果的影响。双盲实验在经济学,特别是实验经济学中应用较多,而政治学也已开始应用。①

接下来,我们将以两个例子说明如何排除或识别评价驱动效应。读者将会看到,第一个案例将以经典的双盲实验设计,通过排除受试者之间、实验者与受试者之间的联系最终排除了评价驱动效应,这是最典型的做法。而第二个案例将通过实验设计直接测量评价驱动效应(霍桑效应),但细心的读者将会发现,在这个案例中,对霍桑效应的直接测量必须建立在强假设之上。

第一个案例是"信任游戏"实验。② 在这个实验中,研究者使用"信任游戏"来检验文化、交流和社会距离在讨价还价中的作用。他们分别在信任模式和文化差异较大的中、日、韩、美四国招募经济学或商科的大二或大三学生,参与本次实验。这项实验被分为两个阶段。首先是小组讨论阶段。受试者到达实验场地后,被随机分配到四个颜色编码组中的任意一组,每组约12人。然后,每组的受试者被要求讨论指定的主题10分钟。其中两组受试者被告知要进行自我介绍,并讨论与生日有关的个人问题(个人交流)。剩下的两组被要求回答从《世界年鉴》中获得的一系列问题,同时,一位小组成员记录这些答案(非个人交流)。这两种类型的交流与游戏策略无关,受试者不知道他们将要玩一个信任游戏。

然后是游戏阶段。在10分钟讨论后,受试者被随机分为信任游戏的发起者和

---

① 在实验经济学中,如:Elizabeth Hoffman, Kevin McCabe, Keith Shachat, et al., "Preferences, Property Rights, and Anonymity in Bargaining Games", *Games and Economic Behavior*, 1994, 7(3), pp. 346-380; Elizabeth Hoffman, Kevin McCabe, and Vernon L. Smith, "Social Distance and Other-Regarding Behavior in Dictator Games", *The American Economic Review*, 1996, 86(3), pp. 653-660; Joyce Berg, John Dickhaut, and Kevin McCabe, "Trust, Reciprocity, and Social History", *Games and Economic Behavior*, 1995, 10(1), pp. 122-142; Catherine C. Eckel and Philip J. Grossman, "Altruism in Anonymous Dictator Games", *Games and Economic Behavior*, 1996, 16(2), pp. 181-191; Todd L. Cherry, Peter Frykblom, and Jason F. Shogren, "Hardnose the Dictator", *American Economic Review*, 2002, 92(4), pp. 1218-1221。

在社会学中,如:Roger Berger, Heiko Rauhut, Sandra Prade, et al., "Bargaining Over Waiting Time in Ultimatum Game Experiments", *Social Science Research*, 2012, 41(2), pp. 372-379。

在政治学中,如:Matthew Longo, Daphna Canetti, and Nancy Hite-Rubin, "A Checkpoint Effect? Evidence from a Natural Experiment on Travel Restrictions in the West Bank", *American Journal of Political Science*, 2014, 58(4), pp. 1006-1023。

② Rachel Croson and Nancy Buchan, "Gender and Culture: International Experimental Evidence from Trust Games", *American Economic Review*, 1999, 89(2), pp. 386-391; Nancy R. Buchan, Eric J. Johnson, and Rachel T. A. Croson, "Let's Get Personal: An International Examination of the Influence of Communication, Culture and Social Distance on Other Regarding Preferences", *Journal of Economic Behavior & Organization*, 2006, 60(3), pp. 373-398.

响应者，并被引导到不同的房间。然后，他们会收到一份信任游戏的书面指南，并收到一个装着10美元实验费的编号信封和两张彩色索引卡，其中一张是有编号的，另一张是空白的。有编号的索引卡代表受试者自己讨论组的颜色和受试者的识别号。空白索引卡的颜色代表同伴讨论组的颜色。通过这种方式，同伴的身份对受试者来说是匿名的，但其作为内群体或外群体成员的身份却是知晓的。一半的受试者与同组的一名成员配对（因此有两张相同颜色的卡片），另一半与不同组的一名成员配对（因此有两张不同颜色的卡片）。

游戏发起者将他们想寄给同伴的钱放在信封里，并由监视员收集信封将其交给另一个房间的实验者。实验者记录金额，并将其增加至三倍后放入单独编号的信封中，由另一名监视员将信封交给游戏响应者。响应者自主决定将自己的实验费加上收到的（三倍）钱的一部分返还给发起者，并保留剩余部分。监视员从响应者处收集装有返还部分的信封，并将其交给实验者，实验者记录返还金额，将钱放回发起者的原始信封中，然后将信封转发到发起者的房间，供监视员分发。

对这项实验的内在有效性危害较大的是面子效应，即受试者可能碍于面子，将增加发送或返还金额。由于实验是双盲的，即知道参与者身份的监视员不知道其发送的金额，而看到发送金额的实验者不知道参与者的身份，这有效屏蔽了受试者之间、实验者和受试者的联系，从而可以防止自我呈现效应，即实验者、受试者在实验过程中，因试图控制他人对自己印象而扭曲自身行为，从而影响实验结果。

第二个案例利用大规模的实地调查实验检验社会压力对投票行为的影响。[1] 这项实验是在2006年8月初选之前在密歇根州进行的。实验的样本是密歇根州的180 002户家庭。实验者考虑了实验成本（邮件承运费）后，按一定规则将99 999户随机分配进控制组，将80 003户随机分配进实验组。被分配到实验组的家庭进一步被随机分配到四个实验小组，并在初选前11天收到不同邮件，以接受不同强度的实验干预。

激发选民思考他们的公民责任是所有实验干预的共同点，因此这四种实验干预都传达了"履行公民投票义务!"的含义。第一类邮件（称为"公民义务邮件"，如图10-2所示）除了强调公民义务之外几乎没有什么作用，因此提供了一个与其他实验干预方式进行比较的基准。收到此类邮件的家庭被告知"记住你的权利——投票"。

实验者没有采用多阶段随机实验或双盲实验来排除评价驱动效应，而是通过第二封邮件直接识别"霍桑效应"。第二封邮件（称为"霍桑邮件"，如图10-3所示）在公民义务邮件的基础上施加了轻微的社会压力，并且在这种情况下，研究人员可以观测这种压力。收到"霍桑效应"邮件的家庭被告知"你正在接受研究!"，并

---

[1] Alan S. Gerber, Donald P. Green, and Christopher W. Larimer, "Social Pressure and Voter Turnout: Evidence from a Large-Scale Field Experiment", *American Political Science Review*, 2008, 102(1), pp. 33-48.

将通过公共记录审查他们的投票行为。但研究人员明确承诺既不会联系受试者,也不会透露受试者是否投票。这有效限制了这种社会压力。因此,这封邮件的目的是测试仅仅是观察,是否会影响选民投票率(即霍桑效应)。

```
更多信息:(517)351-1975
电子邮箱:etov@grebner.com
实用政治咨询
邮政信箱 6249
东兰辛,密歇根州(48826)
                        埃克洛特 **C002
                        琼斯家族
                        9999  威廉姆斯路
                        弗林特,密歇根州(48509)
亲爱的注册选民:
  履行您的公民义务和投票!
  为什么这么多人没有投票?我们已经讨论这个问题好几年了,但情况似乎只会变得更糟。
  民主的全部意义在于公民是政府的积极参与者,在于我们在政府中有发言权。你的声音始于你的投票。8月8日,记住你作为公民的权利和责任。记得投票。
  履行您的公民义务——投票!
```

图 10-2　公民义务邮件

```
更多信息:(517)351-1975
电子邮箱:etov@grebner.com
实用政治咨询
邮政信箱 6249
东兰辛,密歇根州(48826)
                        埃克洛特 **C001
                        史密斯家族
                        9999  公园巷
                        弗林特,密歇根州(48507)
亲爱的注册选民:
  您正在被研究!
  为什么这么多人没有投票?我们已经讨论这个问题好几年了,但情况似乎只会变得更糟。
  今年,我们正试图弄清楚人们为什么投票或不投票。我们将研究8月8日初选的投票率。
  我们的分析将基于公共记录,因此不会再次联系您或以任何方式打扰您。我们了解到的有关您投票或不投票的任何信息都将保密,不会向任何其他人披露。
  履行您的公民义务——投票!
```

图 10-3　霍桑邮件

第三封邮件(称为"自我邮件",如图 10-4 所示)将"谁投票"称为公共信息,并且列出了家庭中每个登记选民在 2004 年初选和大选中的投票记录,从而给收件人带来了更大的社会压力。邮件通知选民,初选后实验者将邮寄一份更新图表,以展示收件人是否在 2006 年 8 月初选中投票。这封邮件的目的是测试如果家庭内部成员能够观察到他们的投票行为,人们是否更有可能投票。这封"自我邮件"的效应实际上结合了霍桑效应和投票记录公开对受试人的效应。

```
更多信息:(517)351-1975
电子邮箱:etov@grebner.com
实用政治咨询
邮政信箱 6249
东兰辛,密歇根州(48826)
                            埃克洛特  **C050
                            韦恩家族
                            9999  奥克兰街
                            弗林特,密歇根州(48507)
亲爱的注册选民:
  谁投票是公开的信息!
  为什么这么多人没有投票?我们已经讨论这个问题好几年了,但情况似乎只会变得
更糟。
  今年,我们采取了不同的方法。我们提醒人们,谁投票是一个将会被公开的记录。
  这个表格显示了您在注册选民名单中的名字,显示了过去的投票情况以及一个空格,我
们将填写空格,以显示您是否在 8 月 8 日的初选中投票。我们打算在得到这些信息后,将最
新表格邮寄给您。
  如果您不投票,我们会把空格留空。
  履行您的公民义务——投票!
```

奥克兰街	2004 年 8 月	2004 年 11 月	2006 年 8 月
罗伯特·韦恩		投票	_____
劳拉·韦恩	投票	投票	_____

图 10-4 自我邮件

第四封邮件(称为"邻里邮件",如图 10-5 所示)不仅列出了住户的投票记录,还列出了住在附近的人的投票记录,进一步加剧了社会压力。与自我邮件相同,邻里邮件的收件人在初选后,也会收到一份更新图表,以显示家庭成员及其邻居是否在初选中投票。这意味着受试者与其邻居会相互知晓彼此的投票记录。通过被告知"公开谁投票,谁不投票"的信息,这种实验干预给受试者施加了最大的社会压力。

通过四种不同强度的实验干预,研究者不仅检验了不同社会压力对投票行为的影响,还识别了实验的霍桑效应。值得注意的是,这不是识别霍桑效应(或评价

更多信息:(517)351-1975
电子邮箱:etov@grebner.com
实用政治咨询
邮政信箱 6249
东兰辛,密歇根州(48826)

        埃克洛特 ＊＊C002
        杰克逊族
        9999 枫树大道
        弗林特,密歇根州(48507)

亲爱的注册选民:

如果你的邻居知道你是否投票,你会怎么办?

 为什么这么多人没有投票?我们已经讨论这个问题好几年了,但情况似乎只会变得更糟。今年,我们采取了新的方法。我们向您和您的邻居寄送这封邮件,以公开谁投票,谁没投票。

 这张表格显示了你的一些邻居的名字,显示了哪些人曾经投票。在 8 月 8 日的选举之后,我们打算邮寄一份更新的图表。您和您的邻居都会知道谁投了票,谁没投。

 如果您不投票,我们会把空格留空。

 履行您的公民义务——投票!

枫树大道	2004 年 8 月	2004 年 11 月	2006 年 8 月
9995 约瑟夫·詹姆斯·史密斯	投票	投票	_____
9995 詹妮弗·凯·史密斯		投票	_____
9997 理查德·B.杰克逊		投票	_____
9999 凯西·玛丽·杰克逊		投票	_____
9999 布莱恩·约瑟夫·杰克逊		投票	_____
9991 詹妮弗·凯·汤普森		投票	_____
9991 鲍勃·R.汤普森		投票	_____
9993 比尔·史密斯			_____
9989 威廉·卢克·卡斯珀		投票	_____
9989 詹妮弗·苏·卡斯珀		投票	_____
9987 玛丽亚·S.约翰逊		投票	_____
9987 汤姆·杰克·约翰逊	投票	投票	_____
9987 理查德·汤姆·约翰逊	投票	投票	_____
9985 罗斯玛丽·苏		投票	_____
9985 凯瑟琳·L.苏		投票	_____
9985 霍华德·本·苏		投票	_____
9983 内森·查德·伯格		投票	_____
9983 凯莉·安·伯格		投票	_____
9981 厄尔·乔尔·史密斯			_____
9979 德博拉·凯·韦恩		投票	_____
9979 乔尔·韦恩		投票	_____

图 10-5 邻里邮件

驱动效应)的标准案例。研究人员认为由于"霍桑邮件"是在"公民义务邮件"的基础上仅向被试者提示"你正在接受研究!",并通过向被试者承诺有效限制了这种压力,因而通过比较"霍桑邮件"干预与"公民义务邮件"干预对投票率的影响差异,可以识别霍桑效应。但这隐含了一个强假设,即接受"公民义务邮件"干预的被试者不会因为感觉到自己被研究而改变自己的投票行为,即不存在霍桑效应。因此在排除"公民义务邮件"干预的霍桑效应之前,这个论点显然有待商榷。

(二) 对实验外部有效性的威胁

实验外部有效性可大致分为两个类别:一是总体有效性,即实验结果在多大程度上能推论总体,这涉及样本代表性问题;二是生态有效性,即实验环境与现实环境在多大程度上一致,这涉及实验"环境"问题。①

1. 总体有效性

首先涉及样本代表性问题。样本代表性是影响研究结果外部有效性的重要因素。但与社会调查等研究方法相比,实验(特别是实验室实验)的样本代表性问题更突出。经典统计学理论已经证明,如果遵循随机抽样原则,且样本量足够大的话,我们可以从样本推论总体。但因易受经费、场地、时间等诸多现实因素的制约,实验(特别是实验室实验)无法像社会调查一样,进行严格的随机抽样,获取大样本。因此,大多数政治学家很少担心观测数据的外部有效性,但确实担心实验数据的外部有效性。②

在选举案例中,我们希望研究候选人演说对投票人投票行为的影响,此时研究的目标总体(target population,TP)是全体投票人。但从实验实施角度而言,实验者仅从其可能接触到的社区、家庭和个人(即实验可触及的总体,experimental accessible population,EAP)中,抽取(且不说是否能够确保随机抽样)一定的样本进行实验。当 TP 和 EAP 不存在差异时,只要实验样本通过随机抽样获得,且样本量足够大时,我们可以将实验结果推论至目标总体,且不存在外部有效性问题。但假如 TP 和 EAP 存在偏差,这意味着两者的投票人行为不一致。实验样本的投票行为仅可代表 EAP 的投票行为,但无法代表整个 TP 的投票行为。因此,实验者可将实验结果推论至实验可触及总体;但无法推论至目标总体。此时,实验结果存在实验外部有效性问题。因此,当研究总体的异质性越强,实验的样本代表性就越弱,实验结果的外部有效性就越低。

---

① Glenn H. Bracht and Gene V. Glass, "The External Validity of Experiments", *American Educational Research Journal*, 1968, 5(4), pp. 437-474.
② Rebecca B. Morton and Kenneth C. Williams, "Experimentation in Political Science", in Janet M. Box-Steffensmeier, Henry E. Brady, and David Collier, eds., *The Oxford Handbook of Political Methodology*, Oxford University Press, 2008, p. 339-356.

2. 生态有效性

生态有效性涉及实验环境问题，即实验环境在多大程度上和现实环境相符。为了探求实验干预的影响，实验（尤其是实验室实验）通常是在（严格）受控的条件下进行的。这虽然增加了实验的内部有效性，却引起了实验的外部有效性问题：实验环境和现实环境相去甚远，实验的结果能否推论到现实社会？

例如在选举案例中，实验者为避免不遵从导致的内部有效性问题，而迫使被试者遵从实验安排，这可能会导致生态有效性问题。在现实社会中，投票人可自由选择投票或不投票，但在实验情境下，被试者可能不得不服从实验者的安排，做出投票决策。

实验中还有更多的生态有效性问题。例如，就选举案例而言：实验室环境令被试者产生压力；在实验室听演说与在酒吧、广场、家里听演说效果的差异；被试者遵从实验者的权威；实验者与被试者之间的互动；实验环境下产生的评价驱动效应；等等。通过比较关于医疗保险和移民的全国性调查实验与同时期相同主题的自然实验，研究者发现调查实验提供的信息可以增加受试者的政治知识，并改变其态度。然而在现实世界中，许多人能够回忆起新闻中出现的事实信息，但可能不会针对这些信息调整自己的信念和观点。[①] 因此，现实世界中政府公报除了对那些接触公布相同事实的大众媒体的人有较小影响外，对其他人没有明显的影响。这表明调查实验有别于现实环境，从而弱化了调查实验的外部有效性。事实上，他们发现只要实验是在受控的条件下实施的，就会产生实验环境与现实环境的差异，从而引起对实验的生态有效性的担忧。

研究者可以通过合理的实验设计弱化这些因素对实验生态有效性的威胁。首先，研究者在设计实验干预时，尽可能与现实情境相似。在某个实验情境中的实验接受者，可能在另一个实验情境中会变成实验的遵从者或不遵者。遵从者可能会按照研究者的意图行事，而不遵从者可能逃避实验干预，违反本意行事。因此，实验情境的设计应密切联系研究，并尽可能模拟现实情境。其次，如果对外部性感兴趣，研究者应该考虑设计一系列干预措施，而非单一的干预措施。[②] 最后，研究者

---

① Jason Barabas and Jennifer Jerit, "Are Survey Experiments Externally Valid?", *American Political Science Review*, 2010, 104(2), pp. 226-242.
② 已有研究讨论一系列干预实验，如：Gary Burtless and Jerry A. Hausman, "The Effect of Taxation on Labor Supply: Evaluating the Gary Negative Income Tax Experiment", *Journal of Political Economy*, 1978, 86(6), pp. 1103-1130; Nava Ashraf, James Berry, and Jesse M. Shapiro, "Can Higher Prices Stimulate Product Use? Evidence from a Field Experiment in Zambia", *American Economic Review*, 2010, 100(5), pp. 2383-2413; Sylvain Chassang, Gerard Padró I Miquel, and Erik Snowberg, "Selective Trials: A Principal-Agent Approach to Randomized Controlled Experiments", *American Economic Review*, 2012, 102(4), pp. 1279-1309; Anirban Basu, "Welfare Implications of Learning （转下页）

还应注重收集协变量数据以检查实验的外部有效性。这些协变量数据还有助于跨实验比较。① 尤其是当与评估实验外部有效性的方法一起使用时,评估跨实验外部有效性的方法会更加强大。②

第三节 实验分类

对实验内部和外部有效性的担忧,促使研究人员试图通过合理的实验设计,进一步提高实验的内部和外部有效性。常用的实验方法包括实验室实验、实地实验和调查实验。本节逐一讨论这三种实验的特点及其外部和内部有效性问题。

实验室实验是指在严格受控的实验室条件下,实验实施者将参与者随机分配到实验组和控制组,施予不同的实验干预,并测量实验结果的过程。由于实验是在严格受控的实验条件下进行的,因此,实验实施者可以通过有效的实验程序,排除上文提及的四类影响实验内部有效性的因素,从而确保实验满足随机分配假设和SUTVA,最终确保实验的内部有效性。然而,受限于时间、人员、经费、抽样等诸多现实因素,实验室实验一般都无法大规模实施,也无法确保抽样的随机性,因此实验室实验难以确保实验的总体有效性。此外,受控的实验室条件与现实条件可能相去甚远,因此实验室实验也难以确保其生态有效性。国内政治学者利用实验室实验方法研究政治现象的研究案例较少,王海洲和潘雯菲2020年对国歌音乐情绪与国家认同之间的关系的研究就属于实验室实验。③

实地实验是指在(非受控)现实环境中,实验实施者将实验参与者随机分配到

(接上页) Through Solicitation Versus Diversification in Health Care", *Journal of Health Economics*, 2015, 42, pp. 165-173; Yusuke Narita, "Toward an Ethical Experiment", 2019, available at SSRN: https://ssrn.com/abstract=3094905; James Berry, Greg Fischer, and Raymond Guiteras, "Eliciting and Utilizing Willingness to Pay: Evidence from Field Trials in Northern Ghana", *Journal of Political Economy*, 2020, 128(4), pp. 1436-1473。

① 例如:V. Joseph Hotz, Guido W. Imbens, and Julie H. Mortimer, "Predicting the efficacy of future training programs using past experiences at other Locations", *Journal of Econometrics*, 2005, 125(1), pp. 241-270; Joshua D. Angrist and Iván Fernández-Val, "ExtrapoLATE-ing: External Validity and Overidentification in the LATE Framework", in Daron Acemoglu, Manuel Arellano, and Eddie Dekel, eds., *Advances in Economics and Econometrics: Tenth World Congress, Volume Ⅲ: Econometrics*, Cambridge: Cambridge University Press, 2013, pp. 401-434; Stefan Wager and Susan Athey, "Estimation and Inference of Heterogeneous Treatment Effects using Random Forests", *Journal of the American Statistical Association*, 2018, 113(523), pp. 1228-1242。

② Amanda E. Kowalski, "How to Examine External Validity Within an Experiment", *Journal of Economics & Management Strategy*, 2023, 32(3), pp. 491-509。

③ 王海洲、潘雯菲:《国歌认知与国家认同构建的实验政治心理学研究》,《政治学研究》2020年第3期,第67—79页。

实验组和控制组,并施予不同的实验干预,并测量实验结果的活动。由于实验是在现实条件中实施的,因此实验条件与现实条件一致,这可确保实验的生态有效性。但实地实验成本高昂,可能无法大规模实施,因此实验的总体有效性可能较低。① 但由于实地实验是在非受控环境下实施的,实验者无法排除影响实验内部有效性的四种因素,因此实地实验的内部有效性较低。当前中国学者利用实地实验研究政治现象的研究还处于起步阶段,但也出现了一些研究成果。例如,何国俊等关于绩效评估对公务员工作效率影响的研究,以及在中国环境污染治理中公民参与和政府问责关系的研究。②

调查实验结合了调查和实验的优点:既可以像社会调查一样,对实验参与者进行随机抽样,从而确保实验的外部有效性,也可以随机地将实验参与者分配进实验组和控制组,并在部分受控的条件下完成实验,因而可以改善实验的内部有效性。③ 正因如此,调查实验是政治学中使用范围最广的实验方法。国内政治学界涌现出许多基于调查实验的研究成果,例如:郭凤林和严洁关于网络议程对网民政治参与影响的研究;李辉和孟天广对腐败经历与腐败感知的研究;吴建南和刘遥有关公众对公立和私立医院绩效差异的感知的研究;郑思尧和孟天广对公共危机治理中的政府信息公开与治理效能关系的研究;张扬和秦川申对上海数字化转型

---

① 实验者可通过和政府、机构等合作,有效地降低实验成本,增加样本量,从而确保实验的总体有效性。因此,实地实验依然可通过实验设计和实施,确保其总体有效性。

② Alain de Janvry, Guojun He, Elisabeth Sadoulet, et al., "Subjective Performance Evaluation, Influence Activities, and Bureaucratic Work Behavior: Evidence from China", *American Economic Review*, 2023, 113(3), pp. 766-799; Mark Buntaine, Michael Greenstone, Guojun He, et al., "Citizen Participation and Government Accountability: National-Scale Experimental Evidence from Pollution Appeals in China", Working Paper, 2022.

③ 不过,获取大规模随机样本高昂的成本,使许多研究者不得不转而依赖方便抽样获取样本。这将威胁调查实验的外部有效性。例如政治学研究中常见的学生样本和在线样本多大程度上能代表人口总体? 有些乐观的研究表明,基于方便样本和具有全国代表性的样本获得的许多干预效果具有相当的相似性参见 Kevin J. Mullinix, Thomas J. Leeper, James N. Druckman, et al., "The Generalizability of Survey Experiments", *Journal of Experimental Political Science*, 2015, 2(2), pp. 109-138. 由于通过亚马逊机械土耳其人(Amazon's Mechanical Turk)网站获取方便样本的低成本和便利性,许多研究者已经将重点转移到成人便利样本。参见 Kathleen M. McGraw, "Candidate Impressions and Evaluations", in Arthur Lupia, Donald P. Greene, James H. Kuklinski, et al., eds., *Cambridge Handbook of Experimental Political Science*, Cambridge University Press, 2011, pp. 187-200. 最近有研究表明,亚马逊机械土耳其人网站产生的结果可以复制心理学和政治学的经典实验。参见 Adam J. Berinsky, Gregory A. Huber, and Gabriel S. Lenz, "Evaluating Online Labor Markets for Experimental Research: Amazon.com's Mechanical Turk", *Political Analysis*, 2012, 20(3), pp. 351-368. 但进一步的研究表明亚马逊机械土耳其人网站方便样本、学生样本和成人样本实验结果有差异。参见 Yanna Krupnikov and Adam Seth Levine, "Cross-Sample Comparisons and External Validity", *Journal of Experimental Political Science*, 2014, 1(1), pp. 59-80. 事实上,这些看似矛盾的研究结果背后,是方便样本的适用性问题。不难理解,方便样本的组成与总体越相似,则越有代表性。

中,政策叙事对公众对城市数字化转型的态度与支持行为倾向的影响研究。①

但调查实验并非万能药,它依然有自己的局限。首先,与社会调查类似,大样本的实验必须动员大量的实验实施者(访问员);而实验实施者个体的差异可能导致实验干预的方式、程度等差异。这可能破坏SUTVA,从而影响实验的内部有效性。其次,尽管调查实验弱化实验环境的受控程度,但实验环境毕竟与现实环境有差异,因此我们对其外部有效性依然持谨慎态度。② 再次,非完全受控的实验环境无法排除前述四类影响因素,破坏随机分配假设和SUTVA,从而影响实验的内部有效性。最后,调查实验一般只能测量实验的短期效应。如果要测量实验的长期效果,则需要对实验参与者进行长期追踪访问。但事实上,追踪样本调查必然面临样本流失率和实验环境的变化问题,从而影响实验的内部有效性和外部有效性。

对社会科学(包括政治学)研究者而言,没有一种一劳永逸的实验解决方案。实验者总是希望实现实验内部和外部有效性的最大化;然而实验的内部有效性和外部有效性是矛盾的结合体,在不增加样本的情况下,实验者难以同时改善实验的内部和外部有效性。在大多数情况下,研究者需要权衡研究问题、经费、人员、时间等一系列因素,并做出最优选择。一旦确定了合适的实验方法,合理的设计和执行变得尤为重要。有些学者建议在一项研究中同时使用几种实验方法。③ 对社会(包括政治)科学家而言,当实验的内部有效性和外部有效性发生冲突时,往往首先会关注实验的内部有效性。

本 章 小 结

本章首先从潜在结果模型出发,阐释了社会科学中的实验基本原理,并强调满足实验的随机分配假设和SUTVA可确保对平均处理效应的无偏估计;然后阐述了实验过程中对实验的内部有效性和外部有效性的威胁的来源及其解决方法。细

---

① 郭凤林、严洁:《网络议程设置与政治参与:基于一项调查实验》,《清华大学学报(哲学社会科学版)》2016年第4期,第55—66页;李辉、孟天广:《腐败经历与腐败感知:基于调查实验与直接提问的双重检验》,《社会》2017年第6期,第194—215页;吴建南、刘遥:《公众如何感知公立医院和私立医院的绩效差异?——基于一项调查实验的比较研究》,《公共行政评论》2020年第6期,第99—113页;郑思尧、孟天广:《公共危机治理中的政府信息公开与治理效度——基于一项调查实验》,《公共管理与政策评论》2022年第1期,第88—103页;张扬、秦川申:《政策叙事、公众态度与支持行为倾向——基于上海城市数字化转型的调查实验》,《公共行政评论》2022年第3期,第140—160页。

② Jason Barabas and Jennifer Jerit, "Are Survey Experiments Externally Valid?", *American Political Science Review*, 2010, 104(2), pp. 226-242.

③ Brian E. Roe and David R. Just, "Internal and External Validity in Economics Research: Tradeoffs between Experiments, Field Experiments, Natural Experiments, and Field Data", *American Journal of Agricultural Economics*, 2009, 91(5), pp. 1266-1271.

心的读者很容易发现,对实验的内部有效性的威胁,即不遵从、损耗、溢出效应和评价驱动效应,实质上来源于实验过程违反了随机分配假设和 SUTVA;而对实验的外部有效性的威胁来自样本代表性和实验环境问题。最后,本章分别介绍了实验室实验、实地实验和调查实验在实验的内部有效性和外部有效性上的优劣势。

然而囿于篇幅,本章并未提及实验设计、实施程序和实验伦理问题。对于实验设计和实施程序,建议读者仔细阅读本章提及的相关研究,并从研究问题、研究对象等角度理解研究者对实验的设计和实施程序,同时推荐读者阅读本章后面的延伸阅读书目。最后,实验伦理是任何社会科学实验都无法回避的问题。研究者应当谨守伦理底线,尤其应当认真考虑实验对实验者、受试者及其他人的外溢后果。

思考题

1. 社会科学实验必须满足随机分配假设和 SUTVA。如果用回归模型来估计实验的 ATE,可表述为 $Y_i = \alpha + \beta T + \epsilon_i$。那么请思考 SUTVA 可以确保上述模型的哪些假设?

2. "Social Pressure and Voter Turnout: Evidence from a Large-Scale Field Experiment"一文的调查实验中,"霍桑邮件"是否真的测量到"霍桑效应"?请说明原因。

3. 请定义实验的内部有效性和外部有效性,并理解对实验内部有效性和外部有效性构成威胁的本质。

延伸阅读

1. Guido W. Imbens and Donald B. Rubin, *Causal Inference for Statistics, Social, and Biomedical Sciences: An Introduction*, Cambridge University Press, 2015.

该书是关于因果推断及其在实际研究中应用的必备参考资料,涵盖了统计分析中的"因果推断"这一重要概念,并提供了全面且实用的指南。该书介绍了随机实验、观察研究和准实验等主要因果推断方法,讨论了每种方法的挑战和局限,并提供了如何选择适当方法以回答研究问题的指导。该书适用于研究人员和从事统计学、社会科学和生物医学等领域的从业人员。读者需要对统计推断和回归分析有扎实的理解,因为该书对所涉及方法和技术进行了详细的解释和示例演示。

2. James N. Druckman, Donald P. Greene, James H. Kuklinski, et al., eds., *Cambridge Handbook of Experimental Political Science*, Cambridge University Press, 2011.

该书是一本权威性手册,收集了来自世界各地政治学家们所著的文章,介绍了实验研究在政治学中的应用。全书涵盖了实验设计和分析、民意调查、选民行为、国际关系、公共政策、政治心理学等领域的实验研究。该书主要面向政治科学研究人员和学生,旨在帮助他们了解实验研究在政治学中的重要性,并提供实验设计和数据分析的技术指导。此外,该书还介绍了一些实验研究中的伦理问题和数据解释的方法,对提升实验研究的质量和可靠性提出了一些建议。

3. Andy P. Field and Graham Hole, *How to Design and Report Experiments*, SAGE Publications, 2003.

该书是一本操作性指南,主要涵盖了实验设计和实施、数据分析和解释以及报告撰写等方面内容,旨在为学生、研究人员和其他从事实验研究的人员提供一种系统性的方法来设计和报告实验,以确保实验结果的科学性和可靠性。该书使用简单易懂的语言,解释了一些常用的实验设计方法,并提供了实验设计的例子和建议。同时,该书探讨了如何撰写实验报告,以及如何对实验结果进行正确解释。此外,书中还提供了数据分析的方法和示例,帮助读者更好地理解和解释实验结果。总之,该书是一本全面而实用的实验设计和报告指南,适合从事实验研究的人员阅读和参考。

第十一章
倾向分值匹配方法

科学研究的目的在于为特定种类的现象提供解释。自欧洲科学革命以来,在自然科学领域逐渐形成了一套现代科学研究方法。因此,关于如何获取自然世界现象的因果解释,科学家们已达成共识。[①] 在肇始于19世纪以孔德、密尔和斯宾塞为代表的实证主义哲学中,社会科学研究者们开始引入自然科学方法以解释社会层面的客观世界。自此,虽然争议仍然存在,但国际社会科学的发展趋势是越来越强调以科学方法,尤其是新兴的统计技术开展的实证研究,用以挖掘社会现象背后的因果机制。[②] 因果推断构成我们理解社会现象及其运行的基础,发展因果解释性的学科理论成为社会科学追求的目标。[③]

第一节 因果推断挑战与反事实框架

社会科学中的因果推断常常面临挑战。众所周知,实验方法是自然科学证明因果律的最常用方法。然而,囿于社会现象的复杂性、社会科学研究的伦理性等问题,实验方法在社会科学研究中的应用非常有限,社会科学家们普遍还是依赖于自然条件下的观测数据来探寻人类行为和社会现象的因果关系。我们究竟能否从有限的观测经验中获取因果规律,本身就是认识论悬而未决的问题之一。一个典型的例子是,怀疑论者休谟认为,在归纳推理与因果律之间存在逻辑上无法跨越的

[①] Thomas S. Kuhn, *The Structure of Scientific Revolutions*, University of Chicago Press, 1970.
[②] Michael E. Sobel, "An Introduction to Causal Inference", *Sociological Methods & Research*, 1996, 24(3), pp.353-379; Michael E. Sobel, "Causal Inference in the Social Sciences", *Journal of the American Statistical Association*, 2000, 95(450), pp.647-651; Stephen L. Morgan and Christopher Winship, *Counterfactuals and Causal Inference: Methods and Principles for Social Research*, Cambridge University Press, 2014; Christopher Winship and Stephen L. Morgan, "The Estimation of Causal Effects from Observational Data", *Annual Review of Sociology*, 1999, 25(1), pp.659-706.
[③] 刘骥、张玲、陈子恪:《社会科学为什么要找因果机制——一种打开黑箱、强调能动的方法论尝试》,《公共行政评论》2011年第4期,第50—84页;彭玉生:《社会科学中的因果分析》,《社会学研究》2011年第3期,第1—32页;王天夫:《社会研究中的因果分析》,《社会学研究》2006年第4期,第132—156页。

鸿沟。①

虽然哲学意义上关于因果推断的争论长期存在,但社会科学共同体却广泛接受一个以反事实框架(counterfactual framework)为基础的因果关系概念。② 反事实框架所定义的因果关系,表现为研究对象在两种截然相反的可能状态下的结果之差。例如:要研究大学教育对收入的因果作用,我们应该考虑个体上大学和不上大学两种状态下的收入差异③;要研究信用担保政策对企业业绩的因果效应,我们需比较企业在参与信用担保项目和不参与两种状态下的业绩之差④。政治学既然关注制度和政策的社会福利后果,则在反事实框架的思路下,理应考察在存在某种社会制度或是具体政策的情况下的社会福利后果,其与不存在这种制度和政策条件下的社会福利水平的区别。在现实条件下,同一个体不可能既上大学又不上大学,同一家企业也不可能既参与信用担保而又没参与。类似地,一个社会当然不可能既具有某种制度又没有某种制度,不可能既经历某种政策干预而又未经历。因此,在自然条件下的观测数据中,反事实框架所要求的两种结果状态必有其一是缺失数据,这是基于观测数据的因果推断所面临的核心挑战。

那么我们如何面对此项挑战?较传统的社会科学量化研究一般以群体差异来近似地估计因果效应。例如,比较大学毕业生与非大学生群体在收入上的平均差异,以近似地替代大学教育对收入的因果效应;又如,比较信用担保政策覆盖区域的企业与未覆盖区域的企业之间的业绩差异,并将其解释为信用担保政策的因果影响。当然,学习政治学的同学们一定读到过许多经典比较研究,它们将不同制度和政策条件下的社会福利之差理解为制度和政策的治理效果。然而,在因果推断技术日益普及的今天,这种方法被越来越多的社会科学研究者理解为一种"权宜之计",它虽然方便,但其提供的理论解释可能存在风险。

究其原因,群体间的差异既可能来源于研究所关注的自变量的差别,亦可能来

---

① 参见 [英]休谟:《人类理解研究》,关文运译,商务印书馆2011版。
② Paul W. Holland, "Statistics and Causal Inference", *Journal of the American Statistical Association*, 1986, 81(396), pp. 945-960; Jerzy Splawa-Neyman, D. M. Dabrowska, and T. P. Speed, "On the Application of Probability Theory to Agricultural Experiments. Essay on Principles. Section 9.", *Statistical Science*, 1990, 5(4), pp. 465-472; Donald B. Rubin, "Estimating Causal Effects of Treatments in Randomized and Nonrandomized Studies", *Journal of Educational Psychology*, 1974, 66(5), pp. 688-701; Christopher Winship and Stephen L. Morgan, "The Estimation of Causal Effects from Observational Data", *Annual Review of Sociology*, 1999, 25(1), pp. 659-706; Christopher Winship and Michael Sobel, "Causal Inference in Sociological Studies", in Melissa A. Hardy and Alan Bryman, eds., *Handbook of Data Analysis*, SAGE Publications, 2004.
③ Jennie E. Brand and Yu Xie, "Who Benefits Most from College?: Evidence for Negative Selection in Heterogeneous Economic Returns to Higher Education", *American Sociological Review*, 2010, 75(2), pp. 273-302.
④ Inha Oh, Jeong-Dong Lee, Almas Heshmati, et al., "Evaluation of credit guarantee policy using propensity score Matching", *Small Business Economics*, 2009, 33(3), pp. 335-351.

自其他混淆因素(confounding variables)的作用。① 如果大学毕业生与非大学生群体在认知能力上存在差异,而认知能力本身又影响收入水平,则我们无法从群体间收入差异推断教育的净影响(net effects);如果担保政策覆盖地区与未覆盖地区本身在企业投资环境、经济生产效率等方面存在差别,那么我们所观察到的两个地区企业群体的业绩差异,也极有可能来自这些其他因素的影响,而不能代表信用担保政策本身的因果效应。用经济学家喜爱使用的语言来讲,社会科学关心的自变量往往是高度内生的。考虑到政治学的学科特性,在政治学研究中被广泛关注的自变量,可能更加具有内生性。具体来说,由于遗漏变量的存在,使得回归方程中的解释变量与误差项之间存在相关,因而无法得到无偏估计,这是经典的回归内生性问题(endogeneity)。这种内生性往往是由反事实框架两种状态分布的非随机性带来的,也称为样本选择性偏误(sample selection bias)。以政策研究举例,政策干预的非随机性,政策样本的选择性,政策工具的内生性,描述了同一类问题,它们都指出:将经历政策干预与未经历政策干预的研究对象进行直接比较而获得群体差异,并不是进行因果解释的可靠做法。

使用新兴统计技术以解决上述内生性问题,是当今社会科学量化研究的发展方向。这些统计技术包括工具变量(instrumental variable)、断点回归设计(regression discontinuity design)、双重差分(difference-in-differences)等。② 本章则将要介绍的是倾向分值匹配方法(propensity score matching method)。该方法的基本逻辑是:对受到自变量影响(实验组)和没有受到自变量影响(控制组)的个体实现匹配,尽量消弭两组群体的个体特征差异,从而使得这些个体特征近似而又分别处于实验组和控制组的群体,互相构造对方的反事实状态,以期待匹配后的群体差异更精确地反映自变量的因果效应。③ 由于其独特优势,该方法在社会科学研究领域正逐

---

① Paul R. Rosenbaum and Donald B. Rubin, "The Central Role of the Propensity Score in Observational Studies for Causal Effects", *Biometrika*, 1983, 70(1), pp. 41-55.

② Joshua D. Angrist and Victor Lavy, "Using Maimonides' Rule to Estimate the Effect of Class Size on Scholastic Achievement", *The Quarterly Journal of Economics*, 1999, 114(2), pp. 533-575; Joshua D. Angrist, Guido W. Imbens, and Donald B. Rubin, "Identification of Causal Effects Using Instrumental Variables", *Journal of the American Statistical Association*, 1996, 91(434), pp. 444-455; Donald L. Thistlethwaite and Donald T. Campbell, "Regression-Discontinuity Analysis: An Alternative to the Ex Post Facto Experiment", *Journal of Educational Psychology*, 1960, 51(6), pp. 309-317.

③ Paul W. Holland, "Statistics and Causal Inference", *Journal of the American Statistical Association*, 1986, 81(396), pp. 945-960; Paul R. Rosenbaum and Donald B. Rubin, "The Central Role of the Propensity Score in Observational Studies for Causal Effects", *Biometrika*, 1983, 70(1), pp. 41-55; Paul R. Rosenbaum and Donald B. Rubin, "Reducing Bias in Observational Studies Using Subclassification on the Propensity Score", *Journal of the American Statistical Association*, 1984, 79(387), pp. 516-524; Stephen L. Morgan and David J. Harding, "Matching Estimators of Causal Effects: Prospects and Pitfalls in Theory and Practice", *Sociological Methods & Research*, 2006, 35(1), pp. 3-60.

步受到重视,并得到越来越广泛的应用。①

第二节 倾向分值匹配方法的原理

反事实框架定义的因果关系,表现为个体在两种相反的可能状态下的结果之差,即"事实"与"反事实"状态下的结果差异②,即:

$$TE_i = E(Y_i \mid t=1) - E(Y_i \mid t=0) \tag{11-1}$$

其中 t 表示我们关心的某一事件发生的状态(treatment),1 表示事件发生,0 表示事件未发生,$(Y_i \mid t=1)$ 和 $(Y_i \mid t=0)$ 分别表示个体 i 在两种状态下的潜在结果,此时 TE_i 是个体 i 接受处理 t 的个体处理效应(treatment effect)。

社会科学研究追寻 t 对 Y 的处理效应,其最大的挑战在于:由于$(Y_i \mid t=1)$ 和 $(Y_i \mid t=0)$ 互为反事实,即个体要么处于事件发生的状态($t=1$),要么处于事件未发生的状态($t=0$),因而在现实观测数据中两者之一必为缺失值③,个体处理效应因而不可识别。

虽然个体不可能同时处在事实与反事实状态,但对于一个总体,我们总能观测到处于事件发生状态和事件未发生状态下的两个群体,即实验组和控制组。将事件 t 对 Y 的总体处理效应看作实验组与控制组个体处理效应的加权平均④,则有:

---

① 胡安宁:《倾向值匹配与因果推论:方法论述评》,《社会学研究》2012 年第 1 期,第 221—242 页;Jennie E. Brand and Yu Xie, "Who Benefits Most from College?: Evidence for Negative Selection in Heterogeneous Economic Returns to Higher Education", *American Sociological Review*, 2010, 75(2), pp. 273-302; David J. Harding, "Counterfactual Models of Neighborhood Effects: The Effect of Neighborhood Poverty on Dropping Out and Teenage Pregnancy", *American Journal of Sociology*, 2003, 109(3), pp. 676-719; Herbert L. Smith, "Matching With Multiple Controls to Estimate Treatment Effects in Observational Studies", *Sociological Methodology*, 1997, 27(1), pp. 325-353; Yu Xie and Xiaogang Wu, "Reply to Jann: Market Premium, Social Process, and Statisticism", *American Sociological Review*, 2005, 70(5), pp. 865-870.

② Paul W. Holland, "Statistics and Causal Inference", *Journal of the American Statistical Association*, 1986, 81(396), pp. 945-960; Jerzy Splawa-Neyman, D. M. Dabrowska, and T. P. Speed, "On the Application of Probability Theory to Agricultural Experiments. Essay on Principles. Section 9.", *Statistical Science*, 1990, 5(4), pp. 465-472; Donald B. Rubin, "Estimating Causal Effects of Treatments in Randomized and Nonrandomized Studies", *Journal of Educational Psychology*, 1974, 66(5), pp. 688-701.

③ Paul W. Holland, "Statistics and Causal Inference", *Journal of the American Statistical Association*, 1986, 81(396), pp. 945-960.

④ Guido W. Imbens, "Nonparametric Estimation of Average Treatment Effects Under Exogeneity: A Review", *Review of Economics and Statistics*, 2004, 86(1), pp. 4-29; Paul R. Rosenbaum and Donald B. Rubin, "Reducing Bias in Observational Studies Using Subclassification on the Propensity Score", *Journal of the American Statistical Association*, 1984, 79(387), pp. 516-524.

$$ATE = \pi[E(Y_1 \mid t=1) - E(Y_0 \mid t=1)] + (1-\pi)[E(Y_1 \mid t=0) - E(Y_0 \mid t=0)] \tag{11-2}$$

其中 Y_1 与 Y_0 分别表示实验组与控制组中的个体在因变量上的取值。以实验组和控制组在总体中所占的比例(分别是 π 和 $1-\pi$)对两组个体处理效应做加权平均,理论上我们将得到在总体中事件 t 对 Y 的平均处理效应(ATE)。然而上式也直观反映了使用观测数据进行因果推断的难点:$(Y_1 \mid t=0)$ 表示实验组个体在事件未发生状态下的结果,$(Y_0 \mid t=1)$ 表示控制组个体在事件发生状态下的结果,它们都属于反事实条件下的潜在结果,因而无法被观测。在实际的社会科学研究中,我们只能依赖于观测数据 $(Y_1 \mid t=1)$ 和 $(Y_0 \mid t=0)$ 来进行因果推断,这必然导致推论的谬误。

倾向分值匹配方法的核心在于,构造一系列条件使得个体的反事实结果能通过可观测结果进行估计,即:

$$E(Y_1 \mid t=0) = E(Y_1 \mid t=1) \tag{11-3}$$

且

$$E(Y_0 \mid t=1) = E(Y_0 \mid t=0) \tag{11-4}$$

这也被称为严格可忽略性假设(strong ignorability assumption)。很明显,在严格可忽略性假设下,总体平均处理效应的估计可以简单地依赖观测数据完成[①]:

$$ATE = E(Y_1 \mid t=1) - E(Y_0 \mid t=0) \tag{11-5}$$

可以看出倾向分值匹配方法与自然科学中常用的随机化方法是基于类似原理的。随机化方法规定个体应当被随机地分配于实验组或控制组,也就是

$$t \perp \{(Y \mid t=1), (Y \mid t=0)\} \tag{11-6}$$

根据条件期望的性质,此时

$$E(Y_1 \mid t=0) = E(Y_1 \mid t=1) = E(Y_1) \tag{11-7}$$

且

$$E(Y_0 \mid t=1) = E(Y_0 \mid t=0) = E(Y_0) \tag{11-8}$$

这满足了严格可忽略性假设,而处理效应则是:

[①] Guido W. Imbens, "Nonparametric Estimation of Average Treatment Effects Under Exogeneity: A Review", *Review of Economics and Statistics*, 2004, 86(1), pp.4-29; Paul R. Rosenbaum and Donald B. Rubin, "Reducing Bias in Observational Studies Using Subclassification on the Propensity Score", *Journal of the American Statistical Association*, 1984, 79(387), pp.516-524.

$$ATE = E(Y_1) - E(Y_0) \tag{11-9}$$

现在问题的关键是如何在随机化无法满足的前提下实现严格可忽略性假设。倾向分值匹配方法的做法是寻找一系列足够完备的个体特征来预测个体进入实验组和控制组的倾向性，并使得除了这些被用于预测的个体特征之外，再没有其他任何因素能够影响个体经历某一事件，即进入实验组和控制组的倾向性。即使得：

$$E(Y_1 \mid t=0, X) = E(Y_1 \mid t=1, X) \tag{11-10}$$

以及

$$E(Y_0 \mid t=1, X) = E(Y_0 \mid t=0, X) \tag{11-11}$$

我们可以理解为，倾向分值匹配方法是在试图构造这样一种近似的实验，即在控制一系列个体特征 X 的情况下，事件 t 近似地实现随机化。

那么如何控制个体特征以确保实现严格可忽略性假设呢？这一问题在影响个体进入实验组和控制组的特征相对较少的时候，似乎较易解决。[1] 例如假设存在这样一种理想状况：农民的外出务工决定仅仅受到人力资本的影响，而外出务工与留在本地的农民在其他个体特征上并无系统性差别。在这一条件下，要估计外出务工对收入的影响，我们只需要考虑人力资本这一项遗漏变量。如若我们对人力资本这一变量进行很好的测量而后分层，以保证各层次内部个体的人力资本较为同质化，就能确保在人力资本的各层次上，农民外出务工与否是一个随机分配的过程。简言之，我们能够在人力资本的各层次内部实现严格可忽略性假设。依赖观测数据在人力资本的各层次分别估计外出务工对收入的处理效应并进行加权平均，则我们可获得外出打工对收入的总体处理效应。

然而社会科学研究的现象往往比上述理想状况复杂得多。例如，外出务工在农民群体中的选择性除了人力资本外，还可能受到家庭人口结构、土地资源禀赋、本地非农劳动力市场、农村公共品服务等诸多因素的影响。当影响个体进入实验组和控制组的特征相对更多、更复杂时，上述对遗漏变量进行简单分层的办法就不太具备可操作性了。首先，更多的遗漏变量意味着更多的分组。若遗漏变量的个数为 x，而每个遗漏变量需要 y 层才能保证群体同质性，则我们要将样本划分为 y^x 个群组才能在各组内部实现严格可忽略性假设。这时观测数据往往不能保证分组条件下的足够观测值。其次，我们很难决定如何基于每一个变量对样本进行分层，以保证层次内部的基本同质性。最后，个体特征影响个体进入实验组和控制组的方式，往往不是简单的线性累计，而是可能互相抵消、强化，或存在复杂的中介

---

[1] Donald B. Rubin, "Estimating Causal Effects from Large Data Sets Using Propensity Scores", *Annals of Internal Medicine*, 1997, 127(8_Part_2), pp.757-763.

作用。简单分组的处理方式往往忽略了这些复杂的过程。

因为我们关心的自变量是内生的,或者说,我们考察的某种制度和政策干预具有选择性,所以我们试着满足严格可忽略假设的过程,就像是在一系列研究对象中找出完全可比的相似组。读者朋友们可以在想象中构造一个多维度的列联表。假设我们的研究对象在 n 个维度上不可比,则我们需要以这 n 个维度来构造列联表,然后在列联表的每个"格子"里面来考察自变量的作用。因为,只有处在列联表的同一个"格子"之内,我们的研究对象才在这 n 个维度上都保持一致,因而才是可比较的。很容易发现,社会科学研究的理论与数据基础往往很难帮助我们穷尽这 n 个维度,而且,要在每一个"格子"里都保持具有统计效力的观测值可太难了。

那么倾向分值匹配方法如何解决上述问题?它的创新之处在于,基于逻辑回归模型,先利用一系列可以观测到的协变量来预测个体进入实验组的概率。在该逻辑回归模型拟合优度较好的前提下,我们获得的预测概率,即倾向分值(propensity score)能够对决定了样本选择性的个体特征进行很好的总结,这事实上是一个降维的过程。[1] 仅仅基于倾向分值来对实验组和控制组做匹配,我们就能消弭两个群体在一系列个体特征上的差异。当然,要通过这种降维匹配的方法来获得无偏估计,也需要满足严格可忽略性假设,即:

$$E(Y_1 \mid t=0, P) = E(Y_1 \mid t=1, P) \qquad (11-12)$$

以及

$$E(Y_0 \mid t=1, P) = E(Y_0 \mid t=0, P) \qquad (11-13)$$

它要求我们能够找到一组非常完备的可观测变量,从而实现除了被用以预测倾向分值的个体特征之外,没有其他任何因素能够影响个体经历某一事件的可能性。对于那些倾向分值相等或是非常接近的个体,其进入实验组和控制组可以被近似地看作随机过程。

第三节 倾向分值匹配方法的适用情境与估计过程

理解倾向分值匹配方法的原理,能帮我们预先了解倾向分值匹配方法的适用情境与局限。记得我们要"找到一组非常完备的可观测变量"。这实际上提出了如下三个要求。

第一,根据社会科学的理论或者是我们关于社会生活的常识,又或者是基于

---

[1] 胡安宁:《倾向值匹配与因果推论:方法论述评》,《社会学研究》2012 年第 1 期,第 221—242 页。

社会科学研究中反复被验证的实证发现,研究者首先需要确定这组变量是哪些。换句话说,研究者首先应当从理论及实证上明确自变量(例如政策干预等)的决定因素。这是一个相当高的要求。以政策研究举例,既然有许多研究者关注的问题本身就在于政策决策过程,则可想而知,我们对于何种研究对象会得到政策干预而何种研究对象不会,往往缺乏准确的认识。要知道,内生性问题之所以难以解决,很大程度上就是由于我们对于内生性的过程缺乏明确的判断与认知,所以内生性产生的估计偏误才往往是难以预知的。并且,社会科学的理论有其适用的边界,基于社会观察的常识有可能存在错误,社会科学的实证研究结论也可能存在不一致之处。因此,要使用倾向分值匹配方法,研究者最好更加小心谨慎地考虑,以确定其是否清晰地了解决定研究对象是否获得政策干预的因素有哪些。

第二,这组变量必须大多数是可以观测的。这同样是一个很高的要求。样本选择性之所以成为因果推断的重要挑战,一个很重要的原因是样本选择性的机制不明确,或是这种选择性的机制在理论上明确,但实证上却不可观测。当然,对于社会科学研究者来说,数据的可获得性也是我们不得不常常考虑的问题。要对倾向分值进行很好的预测,这些放入预测逻辑回归模型中的协变量不仅需要是可以被观测的,而且要在数据和样本中已经被观测。在许多研究情境下,这也对数据的信息含量提出了较高的要求。

第三,研究者必须选择"完备"的预测变量,来总结政策干预在研究对象中的样本选择性。从理论层面讲,研究者几乎不可能穷尽"完备"的预测变量;而从实证层面讲,我们很难获得一个精确的估计,来考察变量的遗漏将如何对严格可忽略假设构成挑战。因此,在使用倾向分值匹配方法考察社会现象之前,读者应当结合自己的研究问题,仔细考察该研究问题是否符合能"找到一组非常完备的可观测变量"这一先决条件。否则,如果对协变量的匹配并不满足严格可忽略假设,使用倾向分值匹配甚至可能增加样本在某些重要的未观测协变量上的不平衡性,从而带来更大的估计偏误。简言之,一个糟糕的匹配带来的研究误差可能更甚于简单直观的群体间比较。

在时刻牢记严格可忽略假设的前提下,对倾向分值的匹配可以采用多种方法。常用的如最邻近匹配(nearest neighbor matching),对于每一个实验组个体,该方法都会寻找倾向分值与其最接近的控制组个体来做匹配;又如卡钳匹配法(caliper matching),研究者需要预先设定某个区间范围,只有当控制组与实验组个体倾向分值之差位于该区间之内时,才能实现匹配;分层匹配法(stratification matching)则将倾向分值进行分层,从而致力于实现样本在各层次内部的相对同质性;其他还有区间匹配法(interval matching)与核匹配法

(kernel matching)等,在主流的统计软件中都较易于实现。① 无论采用哪种匹配方式,最终的目的都是实现实验组与控制组的近似随机化,从而使得控制组可以替代性地作为实验组的反事实观测,反之亦然。

当我们通过倾向分值匹配方法构建了反事实框架之后,我们只需简单比较匹配后的实验组与控制组的平均差异,即可实现对因果效应的估计。读者们可以再次想象我们基于 n 个维度构造的列联表。基于该列联表,我们可以在每个"格子"内部先行比较实验组和控制组的组间差异,接着,我们对于列联表每个"格子"中的差异进行加权平均,其权重就是每个"格子"内部的样本数量,最后的加权平均值可以理解为我们对于干预的处理效应估计。从这一逻辑出发,我们还可以按照倾向分值的得分对样本进行分组,此时我们不再需要构建基于 n 个维度的列联表,而只需要在倾向分值近似的每个组内部计算实验组和控制组的组间差异,并以组内样本量为权重进行加权平均。这就是使用倾向分值方法进行"降维"的好处。

对于不同类别的倾向分值匹配方法,有如下几点值得读者注意。

首先,因为倾向分值匹配方法对于严格可忽略性假设的敏感性,其估计结果在不同的预测逻辑回归模型设定,以及不同的匹配方法下,很有可能是不稳健的。一个常见且有用的方法是:基于不同的逻辑回归模型预测倾向分值,例如采用不同的协变量测量,或是增加协变量之间的交互作用,来改变逻辑回归模型的设定,以检验不同模型设定下倾向分值匹配估计的稳健性;并且研究者往往会基于多种倾向分值匹配方法的估计来验证其结果;在对因果推断的实证结果进行阐释时,研究者往往会选取比较保守的那个估计来考虑其政策含义。

其次,当我们使用一个逻辑回归预测得到倾向分值之后,我们不仅可以使用倾向分值来作为匹配的依据,从而在匹配后的样本中实现自变量的近似随机分配,并且,倾向分值作为一个新的变量有其明确的含义,它表示个体获得某种干预的可能性。在社会科学研究中,我们不仅关心自变量对因变量的平均影响,而且致力于探讨多种意义上的异质性效应。具体来说,个体获得某种干预的可能性(倾向分值)如何影响这一干预产生的社会后果,本身就是非常具有理论和政策含义的研究问题。例如,大学教育对于社会流动的影响和上大学的概率有什么关系?基于皮埃尔·布迪厄(Pierre Bourdieu)的文化再生产理论,我们可能会预测来自精英家庭背景的人一方面更有可能上大学,另一方面更有可能通过精英文化传承来最大限度地发挥大学教育的作用。② 基于对日常生活的观察,我们也许会看到家庭背

---

① Shenyang Guo and Mark W. Fraser, *Propensity Score Analysis: Statistical Methods and Applications*, 2nd edn., SAGE Publications, 2015.
② Pierre Bourdieu and Jean-Claude Passeron, *Reproduction in Education, Society and Culture*, 2nd edn., SAGE Publications, 2000.

景帮助大学生更好地实现其"学历优势"的例子。但是另一个可能的理论预测是：那些来自弱势家庭背景因而上大学的可能性比较低的群体，其个体的能力一方面帮助他们超越家境的限制而获得教育机会，另一方面也帮助他们获得更好的教育回报。关于教育回报与受教育概率的关系的两种假设，当然会让我们对教育作为社会流动机制所发挥的作用产生完全不同的理解。正是出于这些理论需要，不少研究者在使用倾向分值匹配方法获得处理效应估计之后，会试着继续考察这种处理效应在不同倾向分值组间的差异。使用分层匹配方法对于这类实证探索尤为有用：研究者可以将多层线性模型与倾向分值匹配方法相结合，用以拟合处理效应与倾向分值层次之间的关联，从而考察在样本内部具有异质性的因果影响。[1]

第四节　倾向分值匹配方法的研究实例：城市户口对收入的因果效应

在了解倾向分值匹配方法的原理的基础上，本节将通过一个案例来阐释倾向分值匹配方法的具体操作过程，及其在理论和技术上应注意的要点。我与香港科技大学吴晓刚教授合作的一项政策性研究可以作为一个较具参考性的例子。[2] 户籍制度多年来受到广泛的媒体关注及学术讨论。大量实证研究描述农民工在城市生活中的边缘地位：相对于城镇居民，他们被隔离于收入与声望都较低的体力劳动型职业，并且无法获得就业保障与社会福利。户口所代表的身份界限不仅影响农民工自身，也不可避免地通过教育限制等结构性因素影响其子女的命运。然而中国户籍制度的特殊性——其地理及"身份"的双重意义——使得既有研究往往将农民工相对于城镇本地居民的劣势地位直接归咎于其农业户口身份，而忽视了其中杂糅着的移民经历、成长环境、文化融合等因素。事实上，大量西方移民研究告诉我们，即使在没有非农与农业户口身份分野的西方国家，移民往往也在新的居住地处于职业市场和收入上的弱势地位。此外，幼年生活环境的城乡差别也形塑着个

---

[1] Jennie E. Brand, "Civic Returns to Higher Education: A Note on Heterogeneous Effects", *Social Forces*, 2010, 89(2), pp. 417-433; Jennie E. Brand and Dwight Davis, "The Impact of College Education on Fertility: Evidence for Heterogeneous Effects", *Demography*, 2011, 48(3), pp.863-887; Jennie E. Brand and Yu Xie, "Who Benefits Most from College?: Evidence for Negative Selection in Heterogeneous Economic Returns to Higher Education", *American Sociological Review*, 2010, 75(2), pp.273-302.
[2] 郑冰岛、吴晓刚：《户口、"农转非"与中国城市居民中的收入不平等》，《社会学研究》2013年第1期，第160—181页。为了简洁地数据展示，本文略去了一部分数据处理过程，使用了更为简洁的模型，其呈现的实证结果只作为练习案例而不具有实际意义。

第十一章 倾向分值匹配方法

体成年后的不同生活际遇。为了更准确地了解中国的户籍分层机制，我们把研究聚焦于出身农村但生活在城市的社会群体内部，考察由农业户口向非农户口的成功转换与收入不平等之间的关联。

本章所使用的数据来自中国综合社会调查（CGSS），这份研究以城市样本中的农村出身人口为考察对象，探讨是否经历"农转非"对居民收入的因果影响。这一案例中因果推断的难点在于，农村出身人口是否经历"农转非"，即，是否最终获得城市户口，显然不是一个随机的过程。如1958年通过的《户口登记条例》就明确规定，"公民由农村迁往城市，必须持有城市劳动部门的录用证明，学校的录取证明，或者城市户口登记机关的准予迁入的证明"。由此可以看出，"农转非"通常是通过升学或招工等具有高度选择性的渠道完成。即使是在改革开放年代，国家对"农转非"仍然实施着严格的名额控制，由于农业户口与非农户口所代表的生活境遇的巨大差别，"农转非"的机会往往属于农村出身人口中的佼佼者。[①] 这说明，出身于农村而最终获得城市户口的居民，可能属于一个高度选择性的样本。该群体在人力资本、政治资本上的优势，以及该群体的其他未被观测到的优势禀赋特征，可能一方面影响着其城市户口的获得，另一方面影响着其收入，从而使我们难以从收入的群体差异中窥见城市户口的因果效应。我们的研究试图使用倾向分值匹配方法来解决这一难题。

在上一节中我们已经介绍过，倾向分值匹配方法的关键是要使用一系列可观测特征对于个体进行实验组和控制组的倾向性预测，以使得在倾向分值实现匹配的前提下，消弭实验组和控制组的个体特征差异，实现可忽略假设。因而，在本节所举的研究案例中，倾向分值匹配方法操作的第一个步骤是，使用逻辑回归计算农村出身居民获得城市户口的倾向性。回顾上一节，我们讨论过倾向分值匹配方法的适用情境，其中的关键一点即是研究者应该对于获得干预的决定因素具备充分了解。这意味着"农转非"应该是相对可预测的，并且基于社会事实和既有文献，研究者应当对何种因素会导致"农转非"充分了解。如表11-1所示，我们在研究中用以预测户口转换的变量包括：男性、年龄、已婚、工作年限、受教育年限、党员、参军经历、本人在国有部门工作、职业以及18岁时父亲在国有部门工作。之所以在倾向分值预测模型中引入这些变量，是因为关于户籍与收入的实证研究已充分表明

[①] C. Cindy Fan, "Migration and Labor-Market Returns in Urban China: Results from a Recent Survey in Guangzhou", *Environment and Planning A: Economy and Space*, 2001, 33(3), pp.479-508; C. Cindy Fan, "The Elite, the Natives, and the Outsiders: Migration and Labor Market Segmentation in Urban China", *Annals of the Association of American Geographers*, 2002, 92(1), pp.103-124; Xiaogang Wu and Donald J. Treiman, "The Household Registration System and Social Stratification in China: 1955-1996", *Demography*, 2004, 41(2), pp.363-384.

这些变量是城市户口与收入之间关系的遗漏变量。① 由于已有经验研究表明，城市户口对收入的影响在不同所有制部门中有所差异，因而我们既对样本总体进行倾向分值匹配，也将倾向分值匹配方法在国有部门和私有部门中分别进行。

表 11-1 户口转换的倾向分值预测模型

自变量	总体样本	国有部门	私有部门
男性	−0.183*** (0.053)	−0.014 (0.101)	−0.252*** (0.063)
年龄	0.053*** (0.005)	0.043*** (0.010)	0.057*** (0.006)
已婚	0.262*** (0.081)	0.384** (0.164)	0.222** (0.094)
工作年限	−0.007 (0.005)	0.001 (0.009)	−0.010* (0.006)
受教育年限	0.092*** (0.009)	0.101*** (0.017)	0.089*** (0.011)
党员	0.270*** (0.099)	0.333** (0.147)	0.184 (0.143)
参军经历	0.133 (0.132)	0.115 (0.201)	0.130 (0.182)
本人在国有部门工作	0.728*** (0.061)	—	—
18岁时父亲在国有部门工作	0.648*** (0.069)	0.629*** (0.114)	0.652*** (0.087)
职业	Yes	Yes	Yes
截距	−2.920*** (0.216)	−2.405*** (0.418)	−2.847*** (0.258)
N	3 735	1 650	2 085
LR chi^2	1 284	191	433
Pseudo R^2	0.276	0.174	0.150

注：1. 因变量为农村出身人口是否获得城市户口，即经历"农转非"；2. 括号内为标准误；3. *** $p<.001$，** $p<.01$，* $p<.05$。

---

① Yanjie Bian, *Work and Inequality in Urban China*, Albany: State University of New York Press, 1994; Xiaogang Wu and Donald J. Treiman, "The Household Registration System and Social Stratification in China: 1955–1996", *Demography*, 2004, 41(2), pp. 363–384; Zhuoni Zhang and Xiaogang Wu, "Occupational segregation and earnings inequality: Rural migrants and local workers in urban China", *Social Science Research*, 2017, 61, pp.57-74.

表 11-1 反映了基于上述变量我们对户口转换，也就是经历"农转非"的倾向分值的预测结果。对于职业这一显著反映农业户口和非农户口群体差别，且显著影响收入的因素，我们尽量使用更详细的分类以最大化地利用观测到的信息，目的是让"实验组"和"控制组"在尽可能精确的层次上保持可比性。为了模型的简洁，在表 11-1 中我们略去了各职业分类的回归系数。出于同样的考虑，我们对教育也使用连续性变量（受教育年限）进行对倾向分值的预测。从表 11-1 中三个模型的较好解释力可以看出，根据我们找到的一系列个体特征，我们能够对个体是否得以获得非农户口，做出很好的预测。

第二个步骤是，根据倾向分值对实验组和控制组进行匹配。以最邻近匹配方法为例，对实验组中的每一个个体，我们都会在控制组中寻找与其在倾向分值上最为接近的个体，用以模拟其反事实的结果。当然，在实际的匹配过程中，我们会设置一个倾向分值距离的最大值，用以排除那些虽然已经最邻近，但倾向分值的差异仍然很大的情况，避免出现较为不合理的匹配。当然，为了验证倾向分值匹配估计的稳健性，我们还需使用其他匹配方法进行对照检验。值得注意的是，并不是对于实验组中的每一个个体，我们都能够为其在控制组中找到匹配。例如，当实验组中个体的倾向分值超出控制组倾向分值的分布范围（高于最大值或低于最小值）时，我们只能去掉这部分实验组样本。匹配率即反映了在实验组中其倾向分值未超出控制组范围的个体比率。

在使用倾向分值匹配方法时，样本匹配率反映了丰富的信息。首先，倾向分值匹配方法往往造成相当数量的样本缩减，因而研究应当注意使用该方法对样本量提出了较高要求。在研究更进一步关心异质性效应时，样本缩减更有可能对统计效力提出挑战。其次，较低的匹配率反映出有更多的实验组个体不能在对照组中找到相似的匹配。这可能说明实验组和对照组太过不同因而难以进行群体间比较，提示研究者更多地去挖掘实验组与对照组的个体特征差异。

第三个步骤是，我们基于匹配样本估计城市户口对收入的处理效应。经过"农转非"倾向分值的匹配，在倾向分值的各个层次内部，实验组与控制组不再具有系统性的显著差异，也就是说，个体是否获得非农户口完全符合随机分布，因而我们可以直接计算各层次内部两组群体的平均收入差别，并以其作为城市户口的因果效应。通过加权平均，我们可以算得城市户口对收入的平均处理效应，如表 11-2 所示。可以看到，非农户口对收入的因果影响只在国有部门内部存在。相比于非农户口群体，同样在体制内工作 1 小时，城市户口群体的收入高出 2.251 元，且这种差异在统计上是显著的。这一结论在使用不同的匹配方法时并没有太大的差异。

表 11-2　倾向分值匹配方法估计的城市户口与收入[1] 的处理效应

变量	非农户口(T)	农业户口(C)	平均处理效应[2](T)-(C)	N(T)	N(C)	匹配率[3](%)
国有部门	5.828	3.577	2.251***	1 449	170	98.121
私有部门	5.981	6.689	−0.707	1 059	1 008	99.137
总体样本	5.890	4.689	1.201	2 478	1 178	97.885

注：1. 收入为标准化后的每小时工作收入；
　　2. *** $p<0.001$；
　　3. "实验组"的倾向值可能低于"控制组"的最小值或高于其最大值，因而无法匹配我们报告模型中得以匹配的样本比例。

在实际的社会科学研究和公共政策分析中，在完成倾向分值匹配以后，研究者通常还会比较实验组和控制组在各个个体特征方面的群体差异，以确保样本在这些特征方面也实现了匹配，从而满足严格可忽略假设。研究者应当特别关注对倾向分值预测模型的检验，以及对协变量在匹配前后的平衡性做探讨，因为现有文献中对倾向分值匹配方法绝大多数的质疑与提醒都围绕着这些议题。例如有研究指出，使用倾向分值匹配方法要求研究者们不断重复匹配的过程，并检查在不同匹配条件下协变量的平衡性。[1] 在一些新近的文献中，倾向分值匹配方法的批评者们更为严厉地指出，在实际的研究情况下，对倾向分值的匹配并不能够实现对协变量的同时匹配，有时甚至会增加协变量的不平衡性。[2]

在完成倾向分值匹配方法的分析之后，研究者常常还需要配合进行对严格可忽略假设的敏感性检验。毕竟，满足严格可忽略假设是倾向分值匹配方法得以准确估计因果效应的基础。进行 Rosenbaum 敏感性检验的逻辑，是在假定存在某些未观测混淆因素，使得匹配后的实验组与控制组仍不能实现随机化时，考察因果效应估计受该混淆因素影响的程度。敏感性检验提示研究者和读者，通过倾向分值匹配方法实现的因果效应估计，在多大程度上具有稳健性。[3] 由于表 11-2 已经表明城市户口的因果效应只在国有部门存在，因而我们仅以国有部门样本为例说明 Rosenbaum 敏感性检验的做法，如表 11-3 所示。

---

[1] Alexis Diamond and Jasjeet S. Sekhon, "Genetic Matching for Estimating Causal Effects: A General Multivariate Matching Method for Achieving Balance in Observational Studies", *The Review of Economics and Statistics*, 2013, 95(3), pp.932-945.

[2] Gary King and Richard Nielsen, "Why Propensity Scores Should Not Be Used for Matching", *Political Analysis*, 2019, 27(4), pp.435-454; Jens Hainmueller, "Entropy Balancing for Causal Effects: A Multivariate Reweighting Method to Produce Balanced Samples in Observational Studies", *Political Analysis*, 2012, 20(1), pp.25-46.

[3] Paul R. Rosenbaum, "Overt Bias in Observational Studies", in Paul R. Rosenbaum, ed., *Observational Studies*, Springer, 2002, pp.71-104.

表 11-3　Rosenbaum 边界检验结果对比[1]

τ	临界 p 值[2]	潜在偏误等价教育影响(年)[3]
1.00	<.000 1	0
1.50	<.000 1	4.015
2.00	.000 6	6.863
2.05	.002 0	7.107
2.10	.006 0	7.346
2.15	.015 3	7.579
2.18	.025 3	7.716

注:1. 由于在本文研究中非农户口之处理效应仅在国有部门显著,因而我们以国有部门内的倾向值匹配分析为例说明 Rosenbaum 边界检验的结果;
　2. 我们设定 $\alpha = 0.95$ 为置信区间,并报告 p 值的上限;
　3. 我们以 $\ln(\tau)/\beta_{edu}$ 来计算潜在偏误所等价的教育影响,其中 β_{edu} 为倾向值匹配分析第一步所估计的 logit 模型中,教育的影响系数。

Rosenbaum 敏感性检验先假定,即使在完成倾向分值的匹配之后,仍然会存在一些混淆变量,如一些不可观测因素,使得即使在考虑到所有可观测特征的前提下,个体进入实验组与控制组的过程仍然不是随机的。[①] 例如在本研究案例中,有可能存在这样一种状况:即使我们通过倾向分值对实验组和控制组进行匹配,使得两组户口群体在男性、年龄、已婚、工作年限、受教育年限、党员、参军经历等变量上都基本保持平衡,但仍然会有一部分个体由于种种原因相比较于其他个体而言有更大的可能获得非农户口。Rosenbaum 敏感性检验以一个优势比(odds ratio)的设定值 τ 来描述这些潜在混淆变量的作用。当 $\tau=1$ 时,潜在变量并不影响进入实验组的比值比,即表明在考虑到所有观测特征的前提下,个体进入实验组的概率相同,可忽略假设得到满足。而当 τ 逐渐增大,则表明受潜在混淆变量的影响,个体进入实验组的比值比上升了。例如当 $\tau=1.5$ 时,比值比上升了 0.5,样本的选择性偏误增加。

Rosenbaum 敏感性检验即是在 τ 的各个设定值的情况下,计算一个 p 值区间来反映我们的因果效应估计受上述样本选择性偏误影响的程度。在表中,我们设定由小到大的 7 个 τ 值来估计因果推断受影响的程度,并在表格的第二列报告了临界 p 值。可以看到,当 p 值越来越接近临界点 0.025(双尾检验)的时候,我们缩小了 τ 值增大的幅度,以获得更准确的判断。表 11-3 说明,当 $\tau=2.18$ 时,p 值超越了临界点 0.025,也就是说,非农户口因果效应的置信区间覆盖到了 0。换句话

---

① Paul R. Rosenbaum, "Overt Bias in Observational Studies", in Paul R. Rosenbaum, ed., *Observational Studies*, Springer, 2002, pp.71-104.

说，如果存在一些潜在的混淆变量，使得个体进入实验组的比值比上升1.18，则我们有可能在因果效应并不存在的情况下做出错误的论断。

为了使这一结论更为直观，我们将设定 τ 值的影响等价地表现为某一可观测特征的影响。表11-3说明，只有当潜在混淆因素的影响等价于7.716年教育的影响时，才会危及我们的因果推断。这显然是一个较为让人放心的结论：我们很难想象有什么样的潜在变量，其作用能使得个体获得非农户口的比值比上升1.18，类似于大约8年教育的影响。同时，相对较大的 τ 值也说明了倾向分值匹配方法所得出的因果效应估计的稳健性。

第五节　倾向分值匹配方法的局限与发展

在不同情境下，有地位差别的社会群体可能对同一事件做出迥异的回应，因而事件的处理效应往往是异质性的。基于这样的考虑，一些新近的研究会结合使用倾向分值匹配方法和多层线性模型估计，来考察某一项政策，或者更为一般的社会干预的异质性处理效应。例如，如前文所述，高等教育对不同人群的劳动力市场回报可能不同。[①] 以我们的研究为例，农村出身的人们通过各种机制以不同的"倾向性"获得非农户口，那么非农户口对于收入的作用在这些人群中有何差别？例如，假设非农户口作为一种身份而言本身不具备生产价值，因而其在再分配逻辑下的国有部门与在劳动生产率逻辑下的私有部门，[②]可能面临不同的回报机制。不仅如此，由于职业是社会回报的中介，也是不平等产生的核心机制，如果在不同职业间非农身份被赋予不同的含义，则职业间的户口回报机制也会不同。这些理论上的考量将事件的处理效应与个体特征及事件发生的倾向性联系起来。从实证层面，我们可以引入一个两层分析模型来量化"农转非"处理效应与其倾向分值层次之间的关联。第一层：

$$y_{ij} = \delta_{0j} + \delta_{1j} \cdot treat_{ij} + \mu_{ij} \qquad (11\text{-}14)$$

其中，δ_{1j} 表示在"农转非"倾向分值的第 j 层，非农户口对收入的处理效应，即该层非农人口与农业人口的平均收入差别。

而非农户口的处理效应与"农转非"倾向性相关，则有第二层：

[①] Jennie E. Brand and Yu Xie, "Who Benefits Most from College?: Evidence for Negative Selection in Heterogeneous Economic Returns to Higher Education", *American Sociological Review*, 2010, 75(2), pp.273-302.

[②] Nan Lin and Yanjie Bian, "Getting Ahead in Urban China", *American Journal of Sociology*, 1991, 97(3), pp.657-688.

第十一章　倾向分值匹配方法

$$\delta_{1j} = \gamma_{10} + \gamma_1 \cdot stratum_j + \vartheta_{1j} \quad (11\text{-}15)$$

其中 $stratum_j$ 表示处于倾向分值第 j 层，γ_1 表示倾向分值层级的变化对处理效应的影响，它可以告诉我们，非农身份在那些以不同倾向性经历"农转非"的人群中，到底有什么不同的作用。μ_{ij} 和 ϑ_{1j} 分别为个体层次和倾向得分层次上的误差项。我们可以使用多层线性模型来拟合这类异质性效应。

作为一种较新兴的因果推断统计技术，倾向分值匹配方法还具备相当大的发展空间。目前，该方法只能被用于自变量是二分变量的情况，而关于如何对连续型自变量通过倾向分值匹配估计因果效应，学者们还在继续研究。[1] 倾向分值匹配方法的另一大发展趋势，是将其与现有统计模型良好结合，以解决更为复杂的问题。社会学研究者将其与多层次模型结合应用，就是其中非常有益的尝试。另外，由于对倾向分值预测模型设定以及对样本量的高要求，以及因预测值寻找过程过于复杂而带来的普遍的低平衡水平，有些倾向分值匹配方法的批评者建议以其他方法如熵平衡法（entropy balancing）或马氏距离匹配法（Mahalanobis distance matching）来进行这类因果推断研究。在实际研究过程中，读者也可以尝试检验以其他匹配方法替代倾向分值匹配，以考察实证结果的稳健性。

本 章 小 结

任何统计技术都无法完美无缺，倾向分值匹配方法自然也有其局限性，其最经常为人所诟病的缺陷在于对严格可忽略性假设的高度依赖。换句话说，倾向分值匹配方法要求我们基于可观测的特征对个体进入实验组的倾向性做出很好的预测，这在许多研究情境下是很难实现的。但如果现有的理论或实证研究对个体经历某种事件的决定因素已形成足够共识，而这些决定因素又易于被观测，则当我们估计该事件的因果效应时，倾向分值匹配方法会是一个恰当的选择。除了选取适合的研究问题和研究对象，倾向分值匹配方法对严格可忽略假设的高度依赖还要求我们在分析中谨慎对待因果推断的结论，注意考察实验组和控制组在个体特征上的平衡性，以及进行敏感性检验，从而了解潜在误差对研究结论的影响。简言之，囿于倾向分值匹配方法适合使用的情境，以及实证估计结果对于这些假设的敏

---

[1] Keisuke Hirano and Guido W. Imbens, "The Propensity Score with Continuous Treatments", *Applied Bayesian Modeling and Causal Inference from Incomplete-Data Perspectives*, John Wiley & Sons, Ltd, 2004, pp.73-84; Michael Lechner and Ruth Miquel, "Identification of the effects of dynamic treatments by sequential conditional independence Assumptions", *Empirical Economics*, 2010, 39(1), pp.111-137.

感性，研究者应该更加审慎地对待使用该方法所构建的实证策略以及获得的实证结果。如果读者认为自己所感兴趣的某个社会科学问题适合使用倾向分值匹配方法进行研究，则需要通过一些扩展阅读，更深入地了解这种研究方法。

思考题

读者可以选择一个自己感兴趣的研究问题，按以下步骤来思考该研究问题是否适合使用倾向分值匹配方法做实证设计，并以此来实现"从做中学"，从而掌握倾向分值匹配方法的原理与操作。

1. 请试着厘清在你的研究情境中，自变量（干预）是什么？哪些研究对象构成你研究中的实验组？哪些是控制组？你最为关心的因变量是什么？

2. 回顾本章讲到的倾向分值匹配方法适合的研究情境所具备的特征。试着回答：什么因素决定你的研究对象是否能够得到干预？或者说，什么因素决定了自变量的取值？

3. 反思你关于上题的答案从何而来。如果是从文献中来，请对这些文献进行总结梳理。如果是基于社会观察，试着从实证角度考察这些观察是否具备合理性。接下来考虑这些因素是否可以被观测，其数据是否可获得。

4. 如果你认为你的研究问题适合使用倾向分值匹配方法，那么现在可以开始分析你的数据了。如果不行，则换个研究主题从头开始。不过，以上的三个问题可能并没有标准答案。随着你对文献以及社会事实的理解发生变化，你对你的研究问题是否适合使用倾向分值匹配方法也可能有不同的理解。除了给出是与否的答案，更关键的问题在于提供证据——文献里说了什么，社会科学家们发现了什么，一个基本的社会事实是怎样的。

（1）本章中呈现的研究案例的结果是在 Stata 平台使用 psmatch2 命令获得的。读者可以使用 ssc install psmatch2 下载这个命令，通过阅读它简洁明了的语句范例，来实现在 Stata 平台上的操作。

（2）在实际研究中，建议读者下载并使用 teffects psmatch 命令（Stata 13 及更新版本自带命令），它与 psmatch2 的根本区别在于对标准误的调整。读者可以参考威斯康星大学麦迪逊分校社会科学计算合作社（Social Science Computing Cooperative）发布的有关 teffects 的使用说明来理解其同样简洁明了的语句（https：//www.ssc.wisc.edu/sscc/pubs/stata_psmatch.htm）。感兴趣的读者可以通过下面的 Stata 语句来试着比较 psmatch2 和 teffects psmatch 的区别。

```
use http://ssc.wisc.edu/sscc/pubs/files/psm
    psmatch2 t x1 x2, out(y) logit ate
    teffects psmatch (y) (t x1 x2)
```

（3）试着使用 psmatch2 和 teffects psmatch 来分析你的数据。对于你的研究问题，这两个命令计算的标准误差别大吗？你可以从两个方面试试倾向分值估计的结果是否稳健：一是在理论和事实基础上试着改变二元逻辑回归模型的设定；二是尝试不同的倾向分值匹配方法。模型的估计结果有没有发生本质的变化？如果有，要谨慎地对待你的实证发现，并想想为什么。

（4）如果你的研究结果比较稳健，则继续进行三项工作：第一，对于每种倾向分值匹配方法，计算样本匹配率，看是否出现较为严重的样本缩减；第二，对匹配后的样本进行一系列的协变量平衡性检验；第三，进行 Rosenbaum 敏感性检验。

5. 作为一本方法论教材的章节，本章没有过多涉及对倾向分值匹配实证结果进行理论和政策含义诠释的相关内容。不过，读者可以将倾向分值匹配前后的因果效应估计进行比较，看看匹配前的回归结果是高估还是低估了因果效应。更重要的是，读者可以思考：我们从理论上能够理解这种高估或低估的原因吗？通过倾向分值匹配方法获得更准确的因果效应估计之后，将会如何修正我们对社会现象的理解，以及这种新的理解具备何种政策启示含义？

延伸阅读

1. ［美］郭申阳、［美］马克·W.弗雷泽：《倾向值分析：统计方法与应用》，郭志刚、巫锡炜等译，重庆大学出版社2012年版。

这是一本关于倾向值分析的教材和实用指南。该书详细介绍了倾向值分析的基本概念，包括什么是倾向值、为什么需要倾向值分析，以及如何使用倾向值来估计处理效果，同时重点拆解了倾向值分析中的各种统计技术，包括匹配方法（如最邻近匹配、优化匹配等）、分层方法、倾向值回归以及倾向值加权估计等。书中还提供了多个与社会科学、健康科学等领域相关的案例，以帮助读者更好地理解和应用倾向值分析技术。

2. 苏毓淞：《倾向值匹配法的概述与应用：从统计关联到因果推论》，重庆大学出版社2017年版。

这也是一本非常合适的扩展学习资料。作者首先阐述观察数据和实验数据之间的差异，以及由此产生的选择偏差问题，并指出选择偏差是影响因果推断的重要困难,而倾向值匹配法是应对这个困难的重要方法。书中详细介绍了倾向值匹配法的原理、假设和实现步骤,如定义倾向值、选择匹配变量、确定匹配算法、评价匹配质量等。该书还详细讨论了不同的匹配方法,如最邻近匹配、卡方自动匹配等,并且比较了各方法的优缺点和适用条件。此外,该书还使用多个应用实例来具体说明如何实施倾向值匹配法,并深入探讨了倾向值匹配法存在的问题,如样本量偏小、隐藏选择偏差、匹配质量评价困难等。最后,该书总结了匹配方法的最新进展和发展趋势。

3. 胡安宁:《社会科学因果推断的理论基础》,社会科学文献出版社 2015 年版。

该书在系统性介绍反事实因果推论框架的基础之上,介绍了如何采用倾向值方法帮助社会科学经验研究者进行因果推论。这种叙事框架的好处是便于读者理解倾向值方法在整个社会科学实证研究中的位置。除了基本的统计学原理之外,该书还回顾了倾向值方法的历史、发展及其对调查研究的意义,以及如何利用倾向值方法处理因果关系中的多类别性、中介性与异质性。除此之外,书中也用专门章节介绍了比较个案研究中的因果分析方法,以及因果推论过程中的样本量估算问题和统计检定力问题。

第十二章
双重差分法

当代政策评估方法的主要目的之一是探寻政策工具与政策结果间的因果关系。实证分析中,获取理想的实验数据通常具有较高的经济成本和道德风险,如何在实验室之外利用观测数据开展因果推断研究便成为社会科学家们长期努力的方向之一。在各类"准实验"方法中,双重差分法(difference-in-differences,DID)是一类重要的基于可观测数据的因果推断方法。双重差分法通过比较处理组与控制组的跨期变化均值,可以计算出某项政策的实施对处理组结果变量的平均因果效应。双重差分法的一大优势在于考虑了不可观测的非时变因素所造成的选择偏误。当前,双重差分法已成为学者们最为青睐的因果推断研究设计方法之一。[1] 对我国政治学和公共管理学界而言,正确掌握并使用双重差分法有助于更加科学地评估各项改革措施的真实效果,对提升治理能力和政策优化调整具有重要意义。

双重差分法主要用于政策效应评估,应用领域十分广泛。双重差分法的设计思路可追溯至19世纪中叶英国流行病学家约翰·斯诺(John Snow)对霍乱传播途径的研究。[2] 双重差分法较早被系统性地应用于劳动经济学研究中[3],而后逐渐扩展至应用微观经济学的各个领域,并成为因果识别的主流实证方法之一[4]。使用双重差分法的一个基本前提是处理组和控制组个体在处理前后的数据均可获得。随着数据的丰富性和可得性不断提升,双重差分法已得到政治学[5]、公共管理[6]、社

---

[1] 黄炜、张子尧、刘安然:《从双重差分法到事件研究法》,《产业经济评论》2022年第2期,第17—36页。
[2] John Snow, "On the Mode of Communication of Cholera", *Edinburgh Medical Journal*, 1856, 1(7), pp. 668-670.
[3] Orley Ashenfelter, "Estimating the Effect of Training Programs on Earnings", *The Review of Economics and Statistics*, 1978, 60(1), pp. 47-57; David Card and Alan B. Krueger, "Minimum Wages and Employment: A Case Study of the Fast-Food Industry in New Jersey and Pennsylvania", *The American Economic Review*, 1994, 84(4), pp. 772-793.
[4] Alberto Abadie, "Difference-in-Difference Estimators", in Steven N. Durlauf and Lawrence E. Blume, eds., *Microeconometrics*, London: Palgrave Macmillan, 2010, pp. 36-39.
[5] Gregory Robinson, John E. McNulty, and Jonathan S. Krasno, "Observing the Counterfactual? The Search for Political Experiments in Nature", *Political Analysis*, 2017, 17(4), pp. 341-357.
[6] Laura Dague and Joanna N. Lahey, "Causal Inference Methods: Lessons from Applied Microeconomics", *Journal of Public Administration Research and Theory*, 2019, 29(3), pp. 511-529.

会学①、教育学②以及公共卫生③等社会科学领域学者们的广泛关注和应用。近年来,双重差分法在中文文献中也被广泛应用,为科学评估政策的净效应提供了重要的方法来源。④ 例如:孟天广等通过将热线工单的办理时长作为政府回应性的测度,采用双重差分法来分析"吹哨报到"改革对政府回应性的影响⑤;包国宪和王智孝则基于2000—2012年发生的13个政府迁移事件,采用双重差分法分析了政府迁移对迁入区域经济绩效的影响⑥;黄贝等在微观地理网格层面对2004—2019年中国海外水电站项目与当地冲突的关系进行了实证检验⑦。

作为一类研究设计方法,双重差分法仍在不断发展和完善中,主流研究设计已在标准的双重差分模型上扩展出纳入更多现实复杂性的模型方法。为了帮助读者由浅入深地了解并掌握双重差分法,本章内容安排如下:首先,阐述简单情形下的双重差分设计思路,并在此基础上引出具有统计学意义的标准双重差分模型;其次,基于标准的双重差分模型扩展出四种纳入更多现实复杂性的双重差分模型;再次,对研究中决定双重差分法使用成效的共同趋势假定开展详细讨论,并介绍两种检验共同趋势假定的方法;最后,对双重差分法的优势和局限进行讨论。

第一节 双重差分法的设计思路

双重差分法的主要目标是估计某项政策对处理组结果变量的平均因果效应(average causal effect)。例如,政府计划选择某个区域修建垃圾焚烧厂等公共设施的政策,会对该区域(处理组)租房价格(结果变量)产生影响,这种政策影响就是

---

① Markus Gangl, "Causal Inference in Sociological Research", *Annual Review of Sociology*, 2010, 36(1), pp. 21-47.
② Fernando Furquim, Daniel Corral, and Nicholas Hillman, "A Primer for Interpreting and Designing Difference-in-Differences Studies in Higher Education Research", in Laura W. Perna, ed., *Higher Education: Handbook of Theory and Research: Volume* 35, Springer International Publishing, 2020, pp. 667-723.
③ Coady Wing, Kosali Simon, and Ricardo A. Bello-Gomez, "Designing Difference in Difference Studies: Best Practices for Public Health Policy Research", *Annual Review of Public Health*, 2018, 39(1), pp. 453-469.
④ 笔者通过对中文文献进行梳理发现,最早使用DID的中文期刊论文为周黎安、陈烨:《中国农村税费改革的政策效果:基于双重差分模型的估计》,《经济研究》2005年第8期,第44—53页。
⑤ 孟天广、赵金旭、郑兆祐:《重塑科层"条块"关系会提升政府回应性么?——一项基于北京市"吹哨报到"改革的政策实验》,《中国行政管理》2021年第4期,第31—39页。
⑥ 包国宪、王智孝:《政府迁移能否带动区域经济绩效?——基于双重差分法的实证分析》,《公共行政评论》2020年第4期,第2—21页。
⑦ 黄贝、王霄、刘哲希:《中国海外基础设施建设与当地冲突——基于水电站项目的实证分析》,《世界经济与政治》2021年第11期,第38—66页。

一个可以通过双重差分法进行估计的因果效应。常见的平均因果效应有两种:平均处理效应(ATE)和处理组的平均处理效应(ATT)。对研究者而言,处理组的平均处理效应(ATET)正是双重差分法所要估计的政策效应。为了更加清晰且直观地刻画双重差分法的设计思路,本节首先介绍简单情形下的双重差分计算,并在此基础上结合回归模型得到具有统计学意义的双重差分估计量。

一、简单情形下的双重差分估计量

简单情形下的双重差分计算是掌握双重差分模型的基础。为此,本节以公共设施的"邻避效应"[①]为例,并使用必要的数学符号和图形加以说明。我们令 Y_{dt} 表示 t 时期在 d 地区能够观测到的租房价格,并假设有两类地区和两个时期。地区方面,用 $d = Treat$ 表示处理组,即地方政府选中修建垃圾焚烧厂的地区;用 $d = Control$ 表示控制组,即未被选中,且没有发生其他能够明显影响租房价格的事件的地区。出于简洁考虑,我们假设处理组和控制组各有一个观测值。时期方面,令 $t = Pre$ 表示垃圾焚烧场建造之前的时期,而 $t = Post$ 表示建造之后的时期。基于此,可以得到租房价格在两个地区和两个时期的四种组合,用数学符号表示如下:

$Y_{Treat, Pre}$:处理组在建造垃圾焚烧厂之前的租房价格;

$Y_{Treat, Post}$:处理组在建造垃圾焚烧厂之后的租房价格;

$Y_{Control, Pre}$:控制组在建造垃圾焚烧厂之前的租房价格;

$Y_{Control, Post}$:控制组在建造垃圾焚烧厂之后的租房价格。

使用双重差分法估计因果效应的基本前提是数据的可得性。正如上方所示的四类租房价格,我们需要获得处理组和控制组在政策实施前后的观测数据。在此前提下,有两种常见的数据结构合乎要求,即混合截面数据和面板数据。混合截面数据是在不同时期观测到的不同个体所构成的数据集,而面板数据则是同一个体在不同时期的观测结果。值得注意的是,数据结构的差异往往具有重要的统计学含义。混合截面数据在各时期通过独立抽样的方式获取,能够排除不可观测的个体因素在跨期和同期的相关性。相较而言,面板数据则显然无法假定个体的误差项在不同时期是独立同分布的。但是,面板数据的一大优势在于能够消除非时变不可观测因素所带来的遗漏变量偏误,由于这些因素不随时间变化,因而它们在模型中也被称为个体固定效应(individual fixed effects)。理论上看,只要在政策实施之前和之后的处理组和控制组中能够观测到我们感兴趣的变量,因果效应的无

[①] "邻避效应"是指居民或组织因担心某些建设项目(如垃圾场、核电厂、殡仪馆等邻避设施)对身体健康、环境质量和资产价值等带来诸多负面影响,从而激发人们的嫌恶情结,滋生"不要建在我家后院"的心理,即采取强烈和坚决的、有时高度情绪化的集体反对甚至抗争行为。

偏一致估计就可以通过双重差分法识别出来。

使用双重差分法估计出的因果效应是两个组别在政策干预前后的变化值之差，即变化的变化。结合上面给出的数学符号，可将处理组的变化值表示为：

$$Difference^{Treat} = Y_{Treat, Post} - Y_{Treat, Pre} \qquad (12-1)$$

同理，控制组的变化值则表示为：

$$Difference^{Control} = Y_{Control, Post} - Y_{Control, Pre} \qquad (12-2)$$

其中，$Difference^{Treat}$反映了处理组（计划修建垃圾焚烧厂的地区）的结果变量（租房价格）在政策干预（政府修建垃圾焚烧厂）前后的差异，也被称为差分估计量（difference estimator），这种简单的组内前后比较在日常生活中十分常见，甚至被等同于真实的政策效果。然而，稍加思考便可发现，对于案例中的租房价格而言，即使政府没有选择在处理组所在地区修建垃圾焚烧设施，市场上的租房价格仍可能随着时间的流逝而发生变化。例如，为了使更多人拥有住房，央行可通过降低利率来降低购房成本或是直接增加住房贷款供给，使得处理组和对照组两个地区购房者的有效购房需求激增，造成租房价格下降。因此，我们在政策评估中需要考虑同一时期跨度下其他因素所带来的趋势性影响。

另一种简单的比较发生在组间，即处理组和控制组之间。按照处理前后时期的差异，处理后的组间差异可表示为：

$$Difference^{Post} = Y_{Treat, Post} - Y_{Control, Post} \qquad (12-3)$$

处理前的组间差异可表示为：

$$Difference^{Pre} = Y_{Treat, Pre} - Y_{Control, Pre} \qquad (12-4)$$

将$Difference^{Post}$视为政策效应的做法也十分常见。结合"邻避效应"的情境，政府修建垃圾焚烧厂后，就租房价格而言，处理组和控制组可能具有不同程度的反应。例如，相较于控制组，假设处理组的交通区位更加便利，则租房人数更多，"邻避"对租房价格的冲击也相对更弱。因此，在政策评估中考虑不同组别之间的固有差异便十分必要。

简单情形下的双重差分计算可简化为对四个数字的计算。由上可知，简单的组内差异比较和组间差异比较虽直观易懂，但难以获得由政策实施所带来的净效应。对简单组内差异比较而言，若要估计正确的处理效应，则需消除同一时期跨度下其他因素带来的潜在影响。类似地，对简单组间差异比较而言，则需消除不同组之间固有差异的潜在影响。因此，双重差分法所估计的正是"变化的变化"，即在一定的假设条件下，双重差分法能够帮助我们纠正简单比较中存在的估计偏差。

进一步，可将采用组内差异方式获得的双重差分估计量表示如下：

第十二章 双重差分法

$$\delta_{DID} = Difference^{Treat} - Difference^{Control} \quad (12\text{-}5)$$
$$= (Y_{Treat, Post} - Y_{Treat, Pre}) - (Y_{Control, Post} - Y_{Control, Pre})$$

不难发现，我们所计算的双重差分估计量（δ_{DID}）是处理组的前后差异（$Difference^{Treat}$）减去控制组的前后差异（$Difference^{Control}$），以此消除处理前后由其他因素所带来的潜在影响。值得注意的是，这里隐含了一个很强但又很容易阐明的重要假设，即共同趋势假设（common trend assumption）。该假设假定，随着时间的流逝，我们所关心的结果变量在处理组和控制组都将发生变化，若不存在政策干预，处理组与控制组在各个时期的差异将是固定的，使得两组的变化具有共同趋势。

同理，基于组间差异方式获得的双重差分法估计量可表示如下：

$$\delta_{DID} = Difference^{Post} - Difference^{Pre} \quad (12\text{-}6)$$
$$= (Y_{Treat, Post} - Y_{Control, Post}) - (Y_{Treat, Pre} - Y_{Control, Pre})$$

我们之所以使用组间差异之差计算双重差分估计量，正是为了消除处理组和控制组在政策干预前的固有差异（$Difference^{Pre}$）。基于共同趋势假设，这种固有的差异不随时间变化，并且包含在政策干预后的组间差异（$Difference^{Post}$）之中。

简单情形下的双重差分计算还可以通过图形进行展示。图 12-1 刻画了政策实施前后处理组和控制组的变动状态，之前定义的四个值分别标记为图中的 A、B、C、D 四个点。此外，图中还标记了 E 点，该点是由线段 AB 纵向平行移动（$A-C$）个固定单位而得到的政策实施后的结果，表示如果处理组在 C 点未接受政策干预，则处理组的租房价格在政策实施后的时期将达到 E 点。显然，E 点是不可观测的，抑或说，我们无法通过调查或是其他数据搜集方式获得该点的真实数据。E 点是一个平行时空下的概念，故而在因果推断的反事实分析框架中又被称为潜在结果（potential outcome）。同样，我们可以从组间差异和组内差异两种视角计算双重差分估计量。

从组内差异的视角计算双重差分估计量。政策实施前后，处理组和控制组自身的差异变化分别为（$D-C$）和（$B-A$），在共同趋势假设下，若不存在政策干预，处理组的潜在结果将位于 E 点（$E-C=B-A$）。双重差分估计量可表示如下：

$$\begin{aligned}\delta_{DID} &= (D-C)-(B-A) \\ &= (D-C)-(E-C) \\ &= D-E\end{aligned} \quad (12\text{-}7)$$

从组间差异的视角计算双重差分估计量。处理组和控制组在政策实施前后的差异分别为（$C-A$）和（$D-B$），如果没有政策干预，由于共同趋势假设，处理组的潜在结果位于 E 点（$C-A=E-B$）。双重差分估计量可进一步表示如下：

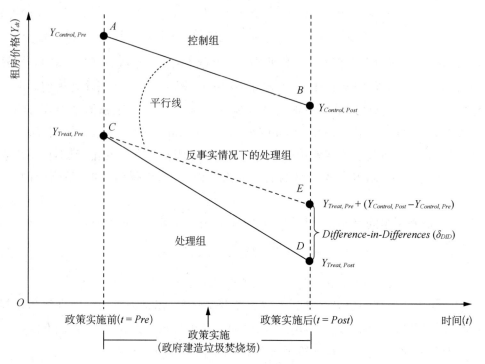

图 12-1 双重差分法设计思路的图形示意

$$\begin{aligned}\delta_{DID} &= (D-B)-(C-A) \\ &= (D-B)-(E-B) \\ &= D-E\end{aligned} \tag{12-8}$$

通过计算简单情形下的双重差分估计量,我们已经大致掌握了双重差分法作为一种因果推断研究方法的设计思路。但是,在实际研究中,我们显然无法仅仅依靠四个观测点便计算出正确的双重差分估计量。回到"邻避效应"的例子中,我们所选择的四个点,可能仅仅是处理组和控制组区域内两个出租房屋的两期数据,但在两个区域内显然不止有两个租屋。此外,我们更为关心的并非个别租屋的变化,而是区域内的平均水平。通过生成模拟数据的方式,图12-2展示了当处理组和控制组中存在多个租屋时,每个租屋在政策实施前后面临的租房价格情况。根据大数定律,当样本规模不断增加时,样本均值会趋近于总体均值。因此,我们需要进一步结合回归模型,从均值期望层面获得正确的双重差分估计量。

二、从简单情形到标准双重差分模型

将双重差分法的设计思路与回归模型相结合是正确估计政策效应的关键。基

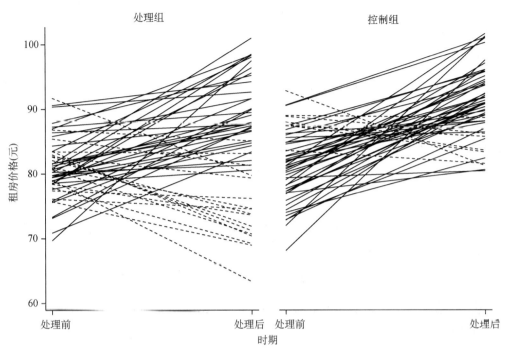

注:数据为模拟数据。实线表示上升的个体,虚线表示下降的个体。本图的生成代码可参见配套教学资料。

图 12-2 处理组和控制组存在多个样本的情形

于回归模型,我们不仅能够将处理组和控制组在政策实施前后更多时期的观测点纳入分析,还可以将截面中两个以上的个体考虑在内。不仅如此,由于政策实施可能以"试点"的形式从个别样本逐步扩散至多个样本,并且政策实施的强度也可能是变化的,这些更为复杂的情形都可以在回归模型中得到刻画。为了理解这种结合方式,我们延续在介绍双重差分设计思路中对"邻避效应"的讨论,并利用一份两时期(政策实施前和实施后)两组别(处理组和控制组)的混合截面数据,详细阐述如何通过回归模型获得双重差分估计量。

首先,对回归模型中的变量进行设定。在式(12-9)中,令 y_{it} 表示 t 时期第 i 个房屋当年的整屋租赁价格。t 有两个时期,即政府修建垃圾焚烧厂之前和之后,用虚拟变量 $Post_t$ 表示。$Post_t$ 等于 1 为发生在政策实施后,等于 0 则为政策实施前。进一步,将位于垃圾焚烧厂两公里内的房屋设定为处理组,两公里之外的则为控制组,并用虚拟变量 $Treat_i$ 表示。$Treat_i$ 等于 1 表明房屋 i 属于处理组,等于 0 则属于控制组。结合前文有关使用组间差异和组内差异视角计算双重差分估计量的内容,这里以组间差异视角为例,对于政策实施后($Post_t=1$)的组间差异,回归模型设定如下:

$$y_{it}=\gamma_0+\gamma_1 \cdot Treat_i+\varepsilon_{it} \tag{12-9}$$

其中，γ_1 表示政策实施后处理组和控制组租房价格的均值差异。处理组在政策实施后的期望值为：

$$E(y_{it} \mid Treat_i = 1, Post_t = 1) = \gamma_0 + \gamma_1 \quad (12\text{-}10)$$

控制组在政策实施后的期望值为：

$$E(y_{it} \mid Treat_i = 0, Post_t = 1) = \gamma_0 \quad (12\text{-}11)$$

由此可得政策实施后的组间均值差异如下：

$$E(y_{it} \mid Treat_i = 1, Post_t = 1) - E(y_{it} \mid Treat_i = 0, Post_t = 1) = \gamma_1$$
$$(12\text{-}12)$$

γ_1 与上文的 $Difference^{Post}$ 相对应。同理，政策实施前（$Post_t = 0$）的组间差异可通过如下回归模型获得：

$$y_{it} = \delta_0 + \delta_1 \cdot Treat_i + \varepsilon_{it} \quad (12\text{-}13)$$

其中，δ_1 表示政策实施前处理组和控制组租房价格的均值差异。处理组在政策干预前的期望值为：

$$E(y_{it} \mid Treat_i = 1, Post_t = 0) = \delta_0 + \delta_1 \quad (12\text{-}14)$$

控制组在政策干预前的期望值为：

$$E(y_{it} \mid Treat_i = 0, Post_t = 0) = \delta_0 \quad (12\text{-}15)$$

由此可得政策干预前的组间均值差异如下：

$$E(y_{it} \mid Treat_i = 1, Post_t = 0) - E(y_{it} \mid Treat_i = 0, Post_t = 0) = \delta_1$$
$$(12\text{-}16)$$

δ_1 与上文的 $Difference^{Pre}$ 相对应。

根据双重差分法的设计思路，当我们得到了 $Difference^{Post}$ 和 $Difference^{Pre}$，在共同趋势假设下，可以获得双重差分估计量。将式（12-12）减去式（12-16），双重差分估计量可表示如下：

$$\delta_{DID} = \gamma_1 - \delta_1 \quad (12\text{-}17)$$

通过式（12-17）计算的双重差分估计量仅仅是一个数值，因而无法得知该估计量是否存在统计显著性。而回归分析所要检验的正是 δ_{DID} 在统计上是否显著不等于零，这便需要设定更为合理的回归模型，以此获得双重差分估计量的标准误，实现在统计推断层面检验政策效应。实证研究中，通常使用含有交互项的回归模型获得双重差分估计量，一个标准的双重差分模型（canonical DID）可设定如下：

$$y_{it} = \beta_0 + \beta_1 \cdot Treat_i + \beta_2 \cdot Post_t + \beta_3 \cdot Treat_i \cdot Post_t + \varepsilon_{it} \quad (12\text{-}18)$$

如何解释式(12-18)中各一次项以及交互项的待估系数呢？又如何通过该模型获得双重差分估计量呢？为了更加清晰地展示模型中各个系数的含义，我们将政策实施前后处理组和控制组的估计系数呈现在表12-1之中，以便更为清晰地获得双重差分估计量。

表 12-1 基于标准双重差分模型的系数解释

变量	政策实施后 ($Post_t = 1$)	政策实施前 ($Post_t = 0$)	组内差分
处理组 ($Treat_i = 1$)	$\beta_0 + \beta_1 + \beta_2 + \beta_3$	$\beta_0 + \beta_1$	$\beta_2 + \beta_3$
控制组 ($Treat_i = 0$)	$\beta_0 + \beta_2$	β_0	β_2
组间差分	$\beta_1 + \beta_3$	β_1	$\delta_{DID} = \beta_3$

表12-1分别从组内差异和组间差异两种视角展示了获得双重差分估计量的过程。不论哪种视角，双重差分估计量均为 β_3，即式(12-18)中交互项($Treat_i \cdot Post_t$)的系数，这也是我们所关注的政策实施的因果效应。实际应用中，研究者还经常在式(12-18)中加入其他控制变量，以此减少基于可观测因素的遗漏变量偏误问题。例如，房屋周边是否有学校这一变量，可能同时影响政府对垃圾焚烧厂的选址决策以及个人的租房需求，如果不考虑这一因素，计算出的双重差分估计量则很可能是有偏的。接下来，结合公共设施"邻避效应"的案例，我们使用一份包含两个时期房屋租赁信息的混合截面数据集，通过标准双重差分模型估计政府修建垃圾焚烧厂对租房价格的影响。

三、应用示例：公共设施的"邻避效应"

我们使用示例数据对上文设定的标准双重差分模型进行估计。表12-2给出了示例数据的描述性统计信息，该数据集有321个观测值，涉及10个变量。结合式(12-18)对标准双重差分模型的设定，因变量（y_{it}）为整屋租赁价格（元/年），$Post_t$ 为政策实施的时间虚拟变量（实施后=1、实施前=0），$Treat_i$ 为政策实施的组别虚拟变量（处理组=1、控制组=0），具体将位于垃圾焚烧厂2千米范围内的样本作为处理组。此外，数据集还包含了租屋的其他信息，这些控制变量的含义及其测量单位可参见表12-2。

表 12-2 示例数据的变量描述性统计

变量名称	单位	样本量	均值	标准差	最小值	最大值
房龄	年	321	18.01	32.57	0	189
房龄的平方	年^2	321	1 381.57	4 801.79	0	35 721
与高架路的距离	米	321	5 011.63	2 753.30	304.80	10 363.20
房间数量	个	321	6.59	0.90	4	10
房屋面积	平方米	321	195.72	64.56	68.28	477.15
所在社区面积	平方米	321	3 681.74	3 671.01	158.86	50 585.71
浴室数量	个	321	2.34	0.77	1	4
政策实施的时间虚拟变量	实施后=1、实施前=0	321	0.44	0.50	0	1
位于垃圾焚烧厂2千米内	是=1、否=0	321	0.30	0.46	0	1
整屋租赁价格	元/年	321	83 721.36	33 118.79	26 000	300 000

在式(12-18)的基础上加入其他控制变量,可进一步得到如下回归模型:

$$y_{it} = \beta_0 + \beta_1 \cdot Treat_i + \beta_2 \cdot Post_t + \beta_3 \cdot Treat_i \times Post_t + \theta' X_{it} + \varepsilon_{it} \tag{12-19}$$

其中,X_{it}是用矩阵形式表示的一组控制变量。在实际应用中,式(12-19)是研究者经常采用的标准双重差分模型。基于此,表 12-3 呈现了"邻避效应"的双重差分估计结果。模型[1]、模型[2]分别是对式(12-9)和式(12-13)的估计,模型[3]是对式(12-18)的估计,交互项($Treat_i \cdot Post_t$)的系数 β_3 即为双重差分估计量。事实上,模型[3]的双重差分估计量(-11 863.90)正是政策实施前后组间差异的变化,是模型[1]和[2]估计结果的差值[-30 688.27-(-18 824.37)=-11 863.9]。但是,模型[3]的估计结果在统计学上并不显著。进一步,如模型[4]和[5]所示,加入其他控制变量后,双重差分估计量的标准误下降,系数的显著性增强,表明控制变量所蕴含的房屋特征信息对房屋租赁价格具有重要影响。因此,研究中更倾向于使用模型[5]的估计结果作为双重差分估计量。

表 12-3 政府修建公共设施对房屋租赁价格影响的双重差分估计结果

自变量	[1] 政策实施后组间差异	[2] 政策实施前组间差异	[3] 双重差分法估计(无控制变量)	[4] 双重差分法估计(仅控制房屋年龄)	[5] 双重差分法估计(更多控制变量)
$Treat_i$	-30 688.27*** (5 827.71)	-18 824.37*** (4 744.59)	-18 824.37*** (4 875.32)	9 397.94* (4 812.22)	3 780.34 (4 453.42)

(续表)

自变量	[1] 政策实施后组间差异	[2] 政策实施前组间差异	[3] 双重差分法估计（无控制变量）	[4] 双重差分法估计（仅控制房屋年龄）	[5] 双重差分法估计（更多控制变量）
$Post_t$	—	—	18 790.29*** (4 050.06)	21 321.04*** (3 443.63)	13 928.48*** (2 798.75)
$Treat_i \cdot Post_t$	—	—	−11 863.90 (7 456.65)	−21 920.27*** (6 359.75)	−14 177.93*** (4 987.27)
房龄	—	—	—	−1 494.42*** (131.86)	−739.45*** (131.13)
房龄的平方	—	—	—	8.69*** (0.85)	3.45*** (0.81)
与高架路的距离	—	—	—	—	−0.54*** (0.20)
所在社区面积	—	—	—	—	0.14*** (0.03)
房屋面积	—	—	—	—	18.09*** (2.31)
房间数量	—	—	—	—	3 304.23** (1 661.25)
浴室数量	—	—	—	—	6 977.32*** (2 581.32)
常数项	101 307.51*** (3 093.03)	82 517.23*** (2 653.79)	82 517.23*** (2 726.91)	89 116.54*** (2 406.05)	13 807.67 (11 166.59)
N	142	179	321	321	321
R^2	0.165	0.082	0.174	0.414	0.660
adj. R^2	0.159	0.076	0.166	0.405	0.649

注：括号内为稳健标准误；*、**、*** 分别表示估计结果在10%、5%和1%的显著水平上统计显著；同时提供Stata和R两种格式的代码和csv格式的数据，可从本书附带的资料包中获取制作本表的代码和数据。

通过阐述简单情形下双重差分估计量的计算以及标准双重差分模型的设定，我们对如何设计一项基于双重差分法的实证研究已然有了较为清晰的感受。然而，我们对双重差分模型的讨论还仅限于标准双重差分模型，即两组别（处理组和控制组）两时期（实施前和实施后）的模型设定和估计。在实际研究中，政策实践可能更为复杂，许多政策的推行与实施并非"一刀切"，而是渐进地在不同地区陆续展开的。例如，为了解决我国部分城市房价过度快速增长的问题，国务院于2010年4月17日发布了《国务院关于坚决遏制部分城市房价过快上涨的通知》（国发〔2010〕10号），之后各大城市陆续出台并实施了房屋限购政策，即我们所熟知的"限购令"。显然，两组别两时期的标准双重差分模型已经不再适合用于评估"限购令"的政策效应。基于双重差分法的设计思路，为了分析更为复杂的现实问题，我们需要使用更为一般化的且能够包含多组别多时期特征的双重差分模型。

第二节 双重差分法的模型设定形式

正如我们在本章之初所强调的那样，数据可得性是使用双重差分模型进行因果识别的前提。在简单情形的双重差分计算和标准双重差分模型中，之所以特别强调所使用的数据为混合截面数据，一方面是为了说明并非只有面板数据才能开展基于双重差分法的研究设计，另一方面是为了区别于面板数据的估计方法。对于混合截面数据，通常可根据因变量类型的差异直接使用普通最小二乘法或极大似然法进行估计；但对于面板数据而言，更为恰当的估计方法是双向固定效应（two-way fixed effects，TWFE）模型。双向固定效应意味着在模型中既控制了个体固定效应，也控制了时间固定效应（time fixed effects）。理论上看，对于面板数据而言，仍然可以使用适用于混合截面数据的回归方法进行估计。例如，在公共设施的"邻避效应"这一示例中，所使用的数据集完全可以是一份两期面板数据，但这并不妨碍我们将其视为混合截面数据并开展上文中的分析。但是，由于面板数据模型可以消除因不可观测的非时变因素（unobservable time-invariant factors）所导致的内生性问题，因此使用双向固定效应模型便十分必要。为此，从面板数据视角出发，我们先将标准双重差分模型用 TWFE 形式进行重新设定，在此基础上，进一步结合现实中常见的政策实践场景，详细介绍与之相对应的双重差分模型设定形式。

一、标准双重差分模型的 TWFE 形式

为了使用面板数据分析方法以获得更为精确的双重差分估计量，我们在标准双重差分模型基础上引入双向固定效应，可将模型设定如下：

$$y_{it} = \beta_0 + \beta_1 \cdot Treat_i \cdot Post_t + \theta' X_{it} + \gamma_i + \lambda_t + \varepsilon_{it} \tag{12-20}$$

其中，γ_i 为反映个体特征的固定效应，替代了式（12-19）中的 $Treat_i$；λ_t 为反映时

间趋势特征的时间固定效应,替代了式(12-19)中的 $Post_t$。在回归分析中,个体固定效应 γ_i 可通过加入个体虚拟变量来实现,时间效应 λ_t 可通过加入每个时期的时间虚拟变量来实现。由上可知,式(12-19)所呈现的标准双重差分模型与式(12-20)的 TWFE 形式是等价的,若在式(12-20)中加入 $Treat_i$ 和 $Post_t$,则会分别与 γ_i 和 λ_t 产生严格多重共线性,这是因为后者包含了前者所有的信息。具体地,λ_t 控制了每一期的时间效应,而 $Post_t$ 仅包含处理期前后的时间效应;同理,γ_i 控制到个体层面,而 $Treat_i$ 仅控制到组别层面。

使用多于两期的面板数据进行分析时,基于 TWFE 形式的标准双重差分回归模型也被称为多期双重差分模型。由于面板数据通常存在序列相关(serial correlation),相邻几期的数据很可能是类似的,这对获得正确的标准误存在挑战,因而很难对仅使用两组两时期数据所构造出的双重差分估计量的精度做出评价。TWFE 形式的双重差分模型不仅可以与标准双重差分模型等价替换,也适用于数据为多时期的情形,因此有时又将 TWFE 形式的双重差分模型称为多期双重差分法。这种经典的双重差分模型设定方式在实证研究中也十分常见。TWFE 的估计方法仍然为 OLS,由于面板数据一般为聚类数据(cluster data),模型估计时通常需要使用聚类稳健标准误(cluster-robust standard errors)用以检验估计结果的统计显著性。

二、时变处理下的双重差分模型

标准双重差分模型和多期双重差分模型都暗含一个假设,即处理组的所有个体受到政策冲击的时间是完全一致的。但是,诸如上文提到的"限购令"政策,由于不同个体在不同时期进入处理组,我们需要针对这种处理期不一致的情形对传统双重差分模型加以改进。这类模型又被称为时变双重差分模型(time-varying DID)或交错双重差分模型(staggered DID)。设定该类模型的关键在于,既然个体的处理期不完全一致,处理期虚拟变量便也因个体而异,即式(12-20)中的 $Post_t$ 应修正为 $Post_{it}$,于是时变处理下的双重差分模型可设定如下:

$$y_{it} = \beta_0 + \beta_1 \cdot Treat_i \cdot Post_{it} + \theta' X_{it} + \gamma_i + \lambda_t + \varepsilon_{it} \qquad (12\text{-}21)$$

进一步,由于 $Treat_i \cdot Post_{it}$ 表示个体 i 在 t 期是否受到政策干预,因此可以用一个虚拟变量 D_{it} 进行替换,式(12-21)可被改写为如下形式:

$$y_{it} = \beta_0 + \beta_1 D_{it} + \theta' X_{it} + \gamma_i + \lambda_t + \varepsilon_{it} \qquad (12\text{-}22)$$

其中,虚拟变量 D_{it} 的定义为:

$$D_{it} = \begin{cases} 1 & \text{个体 } i \text{ 在时点 } t \text{ 被处理} \\ 0 & \text{个体 } i \text{ 在时点 } t \text{ 未被处理} \end{cases}$$

不难发现,在这类模型中,控制组既包括从未被政策影响的个体,也包括受政策影响个体在接受政策干预之前的若干时期。现实中,大量的政策实践以"试点"的形式不断扩散,时变处理下的双重差分模型具有广泛的应用场景。但值得注意的是,该方法的潜在问题也成为近年来因果推断领域学者们关注的焦点之一。例如,有研究指出,当处理效应的同质性假设不成立时,使用 TWFE 方法估计时变处理下的双重差分模型时可能存在偏误,甚至得到与预期完全相反的政策效应。[①] 针对这一问题,研究者通过对 TWFE 估计量进行分解,证明了 TWFE 估计量其实是四组经典 2×2 双重差分估计的加权平均,其权重受到子样本规模和子样本中核心解释变量方差大小的影响,进而解释了为什么传统 TWFE 估计量可能并非真实的因果效应。[②] 此外,有研究者还进一步提出了"组-时间"平均处理效应估计量[③]以及 TWFE 的两阶段估计[④]等更为稳健的双重差分估计方法。

三、仅有处理组的广义双重差分模型

在以上讨论过的双重差分模型中,我们虽然考虑了个体受政策影响的时间可能存在差异,但依然存在明确的处理组和控制组。在有些情况下,某些政策可能在全国同时推开,这时便只有处理组,没有控制组。但是,如果我们能够利用政策对不同个体影响程度的差异,则依然可以用双重差分模型进行估计。我们称这类模型为仅有处理组的广义双重差分模型。具体地,模型设定如下:

$$y_{it} = \beta_0 + \beta_1 Level_{it} + \theta' X_{it} + \gamma_i + \lambda_t + \varepsilon_{it} \tag{12-23}$$

显然,从模型设定形式上看,式(12-23)与式(12-22)似乎并无差异,但真正的不同之处在于,式(12-23)中的 $Level_{it}$ 不再是虚拟变量,而是反映政策干预程度的变量。例如,历史上,我国的科举制于 1905 年被废除,由于科举制的废除是全国性的,因此在考察废除科举的影响时不存在严格意义上的控制组。但是,科举配额在各地区存在巨大差异,进而导致废除科举对各地的影响程度也存在差异。因此,有学者通过构建清代府级面板数据,检验了废除科举制对清末各地革命起义的影响,并使用"科举配额占地区人口比重"表示政策冲击的程度,以此构建广义双重差分

[①] Andrew C. Baker, David F. Larcker, and Charles C. Y. Wang, "How Much Should We Trust Staggered Difference-in-Differences Estimates?", *Journal of Financial Economics*, 2022, 144(2), pp. 370-395; Clément de Chaisemartin and Xavier D'Haultfœuille, "Two-Way Fixed Effects Estimators with Heterogeneous Treatment Effects", *American Economic Review*, 2020, 110(9), pp. 2964-2996.

[②] Andrew Goodman-Bacon, "Difference-in-differences with variation in treatment Timing", *Journal of Econometrics*, 2021, 225(2), pp. 254-277.

[③] Brantly Callaway and Pedro H. C. Sant'Anna, "Difference-in-Differences with multiple time Periods", *Journal of Econometrics*, 2021, 225(2), pp. 200-230.

[④] Kyle Butts and John Gardner, "Did2s: Two-Stage Difference-in-Differences", *The R Journal*, 2022, 14(3), pp. 162-173.

模型。①

此外,当数据结构为多期混合截面(或将面板数据视为混合截面数据处理)时,参考关于美国各州禁酒令对儿童死亡率影响的研究②,我们可将仅有处理组的广义双重差分模型设定如下:

$$y_{st} = \beta_0 + \beta_1 Abandon_{st} + \sum_{k=Alaska}^{Wyoming} \delta_k \cdot State_{sk} + \sum_{j=1971}^{1983} \alpha_j \cdot Year_{tj} + \theta' X_{it} + \varepsilon_{it}$$
(12-24)

其中,$Abandon_{st}$ 不仅表示第 t 年禁酒令在 s 州是否实施,还包含该政策在 s 州的实施强度。具体地,利用各州在设置法定饮酒年龄上存在的差异,研究者使用第 t 年 s 州内允许饮酒的人中 18—20 岁人群所占比重作为政策实施强度变量($Abandon_{st}$),系数 β_1 即为双重差分估计量。$State$ 和 $Year$ 为虚拟变量,分别代表州和年份;下标 k 和 j 则分别表示第 k 个州和第 j 年,当 $s=k$ 时,$State_{sk}$ 等于 1,否则为 0,同理,当 $j=t$ 时,$Year_{tj}$ 等于 1,否则为 0。δ_k 和 α_j 为州效应和年份效应,由于州和年份的数量众多,故而在式(12-24)中使用连加符号表示。通过对以上模型设定的讨论,我们可以在更为一般的情形下使用双重差分方法开展政策评估。

四、处理效应存在异质性的双重差分模型

同质性处理效应(homogeneous treatment effects)是上述双重差分模型隐含的一般假设,即政策对其目标群体中每个子群体的影响程度是相同的。显然,该假定过于严格,并且在一定程度上与人们的生活常识相悖。与之相对应的更为合理的假设是异质性处理效应(heterogeneous treatment effects),即允许各子群体在面对同等程度的政策干预时存在不一致的反应。为了检验异质性,可以在式(12-22)中加入交互项($D_{it} \cdot Group_i$),将模型设定如下:

$$y_{it} = \beta_0 + \beta_1 D_{it} + \phi(D_{it} \cdot Group_i) + \theta' X_{it} + \gamma_i + \lambda_t + \varepsilon_{it} \quad (12\text{-}25)$$

其中,$Group_i$ 为依照理论或现实情况而将个体 i 归于某类群体的虚拟变量(例如性别或城乡居住地)。当 $Group_i = 0$ 时,双重差分估计量为 β_1;当 $Group_i = 1$ 时,双重差分估计量为 $\beta_1 + \phi$。因此,只要交互项的系数 ϕ 在统计上显著,构建处理效

---

① Ying Bai and Ruixue Jia, "Elite Recruitment and Political Stability: The Impact of the Abolition of China's Civil Service Exam", *Econometrica*, 2016, 84(2), pp. 677-733.
② Christopher Carpenter and Carlos Dobkin, "The Minimum Legal Drinking Age and Public Health", *Journal of Economic Perspectives*, 2011, 25(2), pp. 133-156.

应存在异质性的双重差分模型就很有必要,而这往往也是深入探讨政策效果的一种有效方式。

此外,还可以将用于分类的虚拟变量($Group_i$)从两类扩展至多类($Group_{mi}$)。例如,国务院于2014年10月29日发布《国务院关于调整城市规模划分标准的通知》(国发〔2014〕51号),明确以城区常住人口为统计口径,将我国的城市划分为超大城市、特大城市、大城市、中等城市以及小城市五个类别($n=5$)。以此为例,如何检验政策效应是否在具有五个类别的分类变量上存在显著差异呢?做法很简单,在模型中加入$n-1$个虚拟变量,本例中即为四个类别虚变量,剩下一个组作为基准组。修改后的模型可设定如下:

$$y_{it} = \beta_0 + \beta_1 D_{it} + \sum_{m=2}^{5} \phi_m (D_{it} \cdot Group_{im}) + \theta' X_{it} + \gamma_i + \lambda_t + \varepsilon_{it} \quad (12-26)$$

其中,当$m=1$时,作为参照组的第一类个体的处理效应为β_1。而$\beta_1 + \phi_m$表示属于第m类个体的处理效应,各类别的处理效应依次类推即可。

第三节 共同趋势假设及其检验方法

是否满足共同趋势假设是应用双重差分法成败的关键。所谓共同趋势假设,是指若不施加政策干预,处理组和控制组在政策实施前后应具有相同的变化趋势。因此,共同趋势也被称为平行趋势(parallel trend)。如果共同趋势假设得不到满足,我们则无法得到处理组的潜在结果,更不用说双重差分估计量了。实证研究中,检验共同趋势假设是否成立一般有两种方法:方法一是绘制政策实施前处理组和控制组变化趋势的图形诊断法;方法二是更为严格的事件研究法。两种方法都是基于同样的原理,即如果共同趋势假设成立,那么在政策实施之前,处理组和控制组的变化趋势应该不存在显著差异,而政策实施后两组应该存在显著差异。对于不满足共同趋势假设的情形,可以通过控制处理组与控制组自身特定趋势的方法,对原有的双重差分模型进行修正,以此获得更为一致的双重差分估计量。

一、违背共同趋势假设的后果

能否满足共同趋势假设会直接影响双重差分估计量是否有偏,这里结合之前讨论过的回归模型展开进一步说明。回到式(12-20)所呈现的标准双重差分模型的TWFE形式:

$$y_{it} = \beta_0 + \beta_1 \cdot Treat_i \cdot Post_t + \theta' X_{it} + \gamma_i + \lambda_t + \varepsilon_{it}$$

显然,若要获得 β_1 的无偏估计,需要假定政策实施前处理组和控制组之间存在共同趋势。由于设置了时间趋势项为 λ_t,这意味着处理组和控制组具有相同的时间趋势。换言之,当使用上式进行双重差分估计时,便已默认了共同趋势假设的成立。当然,获得无偏估计的另一个重要条件是交互项与残差项(ε_{it})不相关。然而,当共同趋势假设不成立时,真实的回归模型可能为如下形式:

$$y_{it} = \beta_0 + \beta_1 \cdot Treat_i \cdot Post_t + \theta' X_{it} + \gamma_i + \lambda_t + Treat_i \cdot \sigma_t + \mu_{it} \tag{12-27}$$

其中,μ_{it} 为模型的残差项;$\lambda_t + Treat_i \cdot \sigma_t$ 表示具有处理组和控制组自身特征的时间趋势项,处理组($Treat_i = 1$)的时间趋势为 $\lambda_t + \sigma_t$,控制组($Treat_i = 0$)的时间趋势则为 λ_t。因此,在真实的模型中,处理组和控制组具有不同的时间趋势。如果在回归分析中仍使用原模型进行估计,实际估计的模型则为:

$$\begin{aligned} y_{it} = & \beta_0 + \beta_1 \cdot Treat_i \cdot Post_t + \theta' X_{it} + \gamma_i + \lambda_t \\ & + (Treat_i \cdot \sigma_t + \mu_{it}) \end{aligned} \tag{12-28}$$

$$\varepsilon_{it} = Treat_i \cdot \sigma_t + \mu_{it} \tag{12-29}$$

这时,体现处理组和控制组时间趋势差异的扰动项便包含在残差项之中,导致扰动项与用于识别政策实施效果的虚拟变量($Treat_i \cdot Post_t$)相关,使得双重差分估计量出现偏误。以上分析也表明,包含更多观测值和观测时点的面板数据能够放松共同趋势假设的束缚,实证研究中可以考虑在模型中纳入上述交互项,从而获得更为合理的估计结果。

二、检验共同趋势假设的方法

在实证研究中,检验共同趋势假设是否成立的方法主要有如下两种。

(一) 图形诊断法

绘制政策实施前处理组和控制组的时间趋势图是检验共同趋势假设的直观方法。具体做法就是绘制结果变量(y)在处理组和控制组的均值变化趋势,这种方法简单直观,但是仅能通过描述性趋势判断处理组和控制组是否存在明显差别,无法在统计意义上准确判断处理组和控制组是否存在显著差异。

图形诊断法的思路很直观。如果在政策干预前有多期数据,则可分别画出处理组与控制组的时间趋势图,并直观判断这两组的时间趋势是否平行(例如,考察是否存在"阿森费尔特沉降"①)。如果两者大致平行,则可增强对共同趋势假设的信心。然而,即使在政策实施前两组的时间趋势相同,也无法保证两者在实施后的时间趋势也相同,这是因为时间效应已经和处理效应混在一起,处理组个体在政策实施后的潜在结果是不可观测的。此外,如果只有两期数据,则无法使用图形进行共同趋势诊断。图 12-3 利用模拟数据展示了一幅处理组和控制组在政策实施前后的变化趋势。显然,处理组和控制组在政策实施前(假定政策于 2014 年实施)不具有平行趋势。不仅如此,政策实施后虽然可能产生明显的政策效果,但两者的变化趋势仍然存在差异。

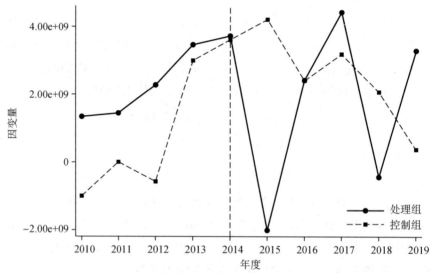

注:数据为模拟数据且假定政策在2014年实施。本图的生成代码可参见配套教学资料。

图 12-3　政策实施前后处理组和控制组因变量的变化趋势

(二) 事件研究法

相较于图形展示法,越来越多的研究者倾向于使用事件研究法检验共同趋势假设。使用事件研究法的目的是通过回归分析检验处理组和控制组在各个时期的差异是否显著。假设政策实施前有 m 期观测数据,政策实施后有 n 期观测数据,通过在回归模型中设置时间虚拟变量($Year_i$)与处理变量($Treat_i$)的交互项,可以估计每一时期两组之间的差异程度以及该差异的统计显著性。与此同时,利用估计系数的置信区间,可进一步绘制出估计系数在政策实施前后各时期的变动情况。

---

① "阿森费尔特沉降"(Ashenfelter's dip)是一个劳动经济学领域的现象。因果推断研究领域的先驱阿森费尔特在研究就业培训的效应时发现:参加就业培训者在参加培训当年(1964 年)以及前一年(1963 年),其平均收入不仅相对于控制组下降,而且出现绝对下降。此后,学者们将这种现象称为"阿森费尔特沉降"。

正是由于能够将严格的系数估计和统计检验结果以可视化的方式清晰呈现,事件研究法才得以成为双重差分研究设计中不可或缺的重要工具。

当政策实施为单一时点时,事件研究法的回归模型可设定如下:

$$y_{it} = \beta_0 + \sum_{j=-m}^{n} \delta_j \cdot Treat_i \cdot Year_j + \theta' X_{it} + \gamma_i + \lambda_t + \varepsilon_{it} \quad (12\text{-}30)$$

其中,估计系数 δ_j 为第 j 期处理组和控制组之间的差异程度。需要说明的是,在实施时点之前有 m 期,实施时点之后有 n 期,即面板数据共有 $m+n+1$ 期,m 前的负号表示实施时点之前,政策实施时点当期的组间差异估计量为 δ_0。此外,时间虚拟变量($Year_j$)共有 $m+n+1$ 个,回归中需要选择某一期作为基准组以避免完全共线性问题,通常选择实施时点的前 1 期($j=-1$)作为基准组。因此,系数 δ_j 更为准确的含义为:相较于选择作为基准的时期,处理组和控制组在第 j 期的差异。重要的是,若 δ_{-m} 至 δ_{-2} 的检验结果均不显著,表明共同趋势假设成立。与此同时,若 δ_0 至 δ_n 的检验结果在统计上显著,则意味着政策效应显现,使用双重差分法进行估计也是合适的。图 12-4 基于模拟数据展示了一幅使用事件研究法检验各时期组间差异的图形。由图可知,政策实施时点(用 current 表示)以前,两组的差异不显著,实施前的共同趋势假设成立;实施后由于政策效应而呈现出显著差异,但之后又恢复到没有差异的状态。类似地,在政策实施为多时点的情况下,依然可以使用事件研究法对共同趋势假设进行检验。

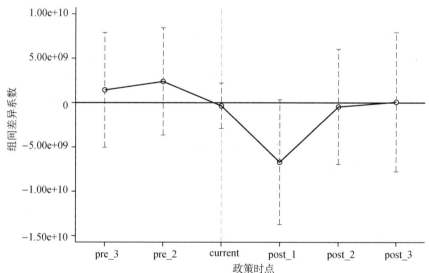

注:数据为模拟数据且假定政策在 2014 年实施。本图的生成代码可参见配套教学资料。

图 12-4　统一政策实施时点下基于事件研究法的系数检验图

本 章 小 结

本章从研究设计的视角对双重差分法进行了阐释,详细讲解了该方法与具体的政策实践相结合后各类模型的设定形式,解释了共同趋势假定在获得正确的双重差分估计量中所扮演的重要角色及其检验方法。最后,我们小结一下双重差分法的优势和局限。

双重差分法的优势。作为因果推断分析中一类重要的研究方法,双重差分法涉及的内容十分广泛,这是其优势所在。例如,在双重差分的基础上进一步拓展的三重差分法(DDD);与倾向分值匹配方法相结合的 PSM-DID 方法;纳入空间权重信息的空间双重差分法。[①] 此外,我们还可以在单一年份的截面数据中通过利用数据的高维信息,就政策对特定人群的处理效应进行估计,这种方法被称为队列双重差分法(cohort DID)。[②] 近年来,还有学者将双重差分法与估计单一个体处理组政策效应的合成控制法相结合,发展出合成双重差分法(synthetic DID)。[③] 新方法的不断涌现,表明双重差分法的设计思路具有较强的包容性,因此,理解本章所强调的双重差分法的设计思路便十分重要。

双重差分法的局限。同任何实证方法一样,双重差分法也有其局限性。例如,即使处理组和控制组在政策实施前的趋势是平行的,组间差异估计时的标准误依然可能出现偏差。这是因为双重差分法将干预开始时处理组和控制组之间的趋势差异归因于政策干预,如果存在任何其他影响组间差异趋势的因素,并且在多元回归中未被考虑,双重差分估计将是无效的或有偏的。此外,双重差分法适用于"试点"较多的政策,这类政策往往是在一些地区或者行业做政策试点,如果试点的效果比较理想,则可以在全国层面推广,反之则不推广。但是,一次性全铺开的政策并不适合于双重差分法分析,像房产税等试点较少的政策也不适用于双重差分法,合成控制法会是更好的选择。从研究设计的角度来看,还要警惕在研究中对处理组选择的人为干预,这可能引入偏向于通过假设检验的偏差。

总之,双重差分法是估计政策因果效应的常见方法,其设计思路虽清晰易懂,但会因政策情景的差异而呈现复杂性。为了避免滥用,在正式的回归建模分析前,

---

[①] André L. S. Chagas, Carlos R. Azzoni, and Alexandre N. Almeida, "A Spatial Difference-in-Differences Analysis of the Impact of Sugarcane Production on Respiratory Diseases", *Regional Science and Urban Economics*, 2016, 59, pp. 24-36.

[②] Yi Chen, Ziying Fan, Xiaomin Gu, et al., "Arrival of Young Talent: The Send-Down Movement and Rural Education in China", *American Economic Review*, 2020, 110(9), pp. 3393-3430.

[③] Dmitry Arkhangelsky, Susan Athey, David A. Hirshberg, et al., "Synthetic Difference-in-Differences", *American Economic Review*, 2021, 111(12), pp. 4088-4118.

需要在明确的研究问题之上详细检视用于分析的数据,尤其是对政策实施的过程要进行细致的考量。在回归分析中,对模型的选择也要注意与现实的政策实践相结合,充分考虑共同趋势假设对估计结果的影响,通过安慰剂检验等方式获得更加稳健的估计结果。

思考题

1. 为什么双重差分法要优于简单的组间或组内比较?
2. 请尝试阐述标准双重差分模型与其 TWFE 形式之间的区别和联系。
3. 为什么双重差分估计量的好坏取决于共同趋势假设的成立?

延伸阅读

1. 赵西亮:《基本有用的计量经济学》,北京大学出版社 2017 年版。

该书主要从因果推断的基本思想出发,详细介绍了鲁宾潜在因果框架、随机实验、匹配方法、回归方法、工具变量法、双重差分法、断点回归法等现代政策评估方法。这些方法对从事社会科学各领域研究的学生或学者提供了重要的因果推断工具。该书各章的重点不是各理论方法的数学推导与证明,而是对实际应用中出现的实际问题的处理,并尽可能与中国的模型实例相结合。此外,各章的应用实例也附有数据和 Stata 代码以供实操练习。

2. 邱嘉平:《因果推断实用计量方法》,上海财经大学出版社 2020 年版。

该书是为本科生、研究生以及从事社科实证研究的科研工作者提供一个缩短计量经济学理论学习和实证研究间距离的桥梁。该书基于鲁宾潜在因果框架介绍了当前因果推断中十分流行的方法,包括简单回归法、匹配方法、面板分析法、双重差分法、工具变量法、样本自选择模型和断点回归法等,对不同计量方法的公式推导及其在实际运用过程中可能面临的各种细节问题进行了深入浅出的讲解。本书尽量避免了不必要的数学证明,作者试图用简化的数学公式、易懂的文字语言和生动的应用实例来阐述各种方法的本质,使读者从冗长复杂的数学公式中解脱出来,将注意力放到使用各种计量方法进行因果推断的原理以及它们之间的联系和区别之上。此外,该书在讲解每个计量方法时都会通过 Stata 代码来展示一个实证例子,并且会讨论实证中常见的问题。

3. Joshua D. Angrist and Jörn-Steffen Pischke, *Mostly Harmless Econometrics: An Empiricist's Companion*, Princeton: Princeton University Press, 2009.（中译本可参见[美]乔舒亚·安格里斯特、[美]约恩-斯特芬·皮施克:《基本无害的计量经济学:实证研究者指南》,郎金焕、李井奎译,格致出版社2012年版。）

该书被学界广泛视为一部经典之作,中文翻译为《基本无害的计量经济学》,由2021年诺贝尔经济学奖得主乔舒亚·安格里斯特及其合作者撰写。作为一本面向研究生层次的专业计量经济学教材,除了用于统计控制的线性回归方法、用于分析自然实验的工具变量方法以及利用政策变化的双重差分法外,该书还介绍了量化应用分析中的一些新扩展,即断点回归设计和分位数回归,同时就如何在估计中获得正确的标准误进行了详细论述。该书在推动国内量化分析发展方面扮演着极其重要的角色,这不只是因为该书兼具说明性和实用性,还在于作者充分阐释了为什么花里胡哨的量化分析技术通常是不必要的甚至是危险的。

4. Joshua D. Angrist and Jörn-Steffen Pischke, *Mastering 'Metrics: The Path from Cause to Effect*, Princeton: Princeton University Press, 2014.（中译本可参见[美]乔舒亚·安格里斯特、[美]约恩-斯特芬·皮施克:《精通计量:从原因到结果的探索之旅》,郎金焕译,格致出版社2019年版。）

该书是乔舒亚·安格里斯特及其合作者在《基本无害的计量经济学》之后的又一倾心打造的力作,旨在引导专业和非专业读者进行严谨的因果思考。该书虽定位为入门教材,但其内容却足够丰富和深刻。对缺乏必要数学或统计背景的人而言,该书更是快速了解社科领域学术前沿方法的绝佳途径。该书的每一章都以一个实证问题开始,然后娓娓道来,向读者介绍了社会科学家在回答这些问题时所使用的实证策略。该书涉及的问题大都来自顶尖学者所发表的论文,方便读者进行扩展学习。难能可贵的是,该书各章还提供了技术附录,涵盖了统计学和计量经济学的基础概念,这些概念在作者的讲解下变得妙趣横生。作者还前所未有地结合了《功夫熊猫》电影中的人物和剧情,将其与因果推断的前沿方法巧妙结合。此外,该书设有专题网站供读者们免费下载可复现书中实例的数据和代码。

第十三章
合成控制法

合成控制法（synthetic control method，SCM）是一种比较案例的因果推断定量分析方法，其最大的特点是使小样本的比较案例研究得以进行定量分析。很多时候，公共政策研究中政府干预的个体只有一个，比如一个城市、一个省份甚至是一个国家，并且一个政策在某一地区的落地是由于该地区的一些特别因素导致的，而不是随机的原因。在这种情况下，双重差分法的平行趋势假定无法得到满足。麻省理工学院经济学系教授阿尔贝托·阿巴迪（Alberto Abadie）提出合成控制法，其基本思想是凭空构造出一个控制组，具体做法是以干预个体为样本，为控制组中的每个个体赋予一个权重，使加权平均后构造出的合成的控制组与干预个体相似，再比较合成控制组和干预组的结果。控制组中的单个个体虽然单独来看无法与干预个体形成完美对照，但是通过一定方法将其组合，就能形成一个比较理想的控制组。合成控制法是一种数据驱动的方法，可以使用数据系统地构造控制组，避免了主观选择控制组的随意性，最终构造出的控制组是所有潜在控制组的加权平均。

合成控制法目前已被学界广泛应用。斯坦福大学商学院教授苏珊·阿西（Susan Athey）和2021年诺贝尔经济学奖得主吉多·因本斯将合成控制法描述为"过去15年中政策评估文献中最重要的创新"[1]。阿巴迪的三篇经典文献首次运用了合成控制法，分别研究了20世纪60年代末西班牙巴斯克地区的恐怖主义冲突对该地区的经济影响[2]、1988年美国加州提高香烟消费税对该地区香烟消费的影响[3]，以及1990年德国统一对联邦德国的经济影响[4]。此外，在过去几

---

[1] Susan Athey and Guido W. Imbens, "The State of Applied Econometrics: Causality and Policy Evaluation", *Journal of Economic Perspectives*, 2017, 31(2), pp. 3-32.

[2] Alberto Abadie and Javier Gardeazabal, "The Economic Costs of Conflict: A Case Study of the Basque Country", *American Economic Review*, 2003, 93(1), pp. 113-132.

[3] Alberto Abadie, Alexis Diamond, and Jens Hainmueller, "Synthetic Control Methods for Comparative Case Studies: Estimating the Effect of California's Tobacco Control Program", *Journal of the American Statistical Association*, 2010, 105(490), pp. 493-505.

[4] Alberto Abadie, Alexis Diamond, and Jens Hainmueller, "Comparative Politics and the Synthetic Control Method", *American Journal of Political Science*, 2015, 59(2), pp. 495-510.

年中,合成控制法已被应用于研究移民政策、最低工资、税收、犯罪等许多其他关键政策问题的影响。除经济学和政治学的社会科学领域之外,合成控制法还被应用在生物医学、工程学等学科。在学术界之外,合成控制法在多边组织、智库、政府机构和咨询公司也被广泛采用。

本章内容安排如下:首先,阐述简单情形下的合成控制法的设计思路,包括介绍如何进行权重计算、假设检验;其次,介绍两个运用合成控制法的经典案例;最后,介绍合成控制法的最新发展,包括广义合成控制法、合成双重差分法和动态多层级潜在因子模型的原理及其应用,并总结合成控制法的优势与局限。另外,本章附录展示了如何在 Stata 和 R 中实现合成控制法。

第一节 合成控制法原理概述

本节主要介绍合成控制法的基本设定与假设检验。

一、基本设定

在这一节中,我们将基于阿巴迪及其合作者关于1990年德国统一对联邦德国的经济影响这一论文,来介绍合成控制法的原理。我们假设有 $j+1$ 个个体(即受到干预的个体,英语为 unit),个体 $1(j=1)$ 接受政策干预,剩余 $j=2,\cdots,j+1$ 个未接受政策干预的个体作为潜在控制组(donor pool[①])。合成控制个体(synthetic control estimator)即为这些潜在控制组中每个个体的加权平均结果。干预组和控制组的区别仅在于是否接受了一项政策干预。合成控制法通常用于平衡面板数据,对于每个个体 j 和每个时期 t,都能观察到一个结果 Y_{jt},对于每个个体 j,还能观察到一组 k 个对于结果的预测变量(predictor)$X_{1j},\cdots,X_{kj}$。T_0 为接受干预前的所有时期,那么个体 1 就在 $T_0+1,\cdots,T$ 的时期内接受干预。根据潜在结果框架[②],将 Y_{it}^N 表示为第 i 个个体在第 t 期($i=1,\cdots,j+1$,$t=1,\cdots,T$)没有受到干预的结果,那么 Y_{1t}^I 表示个体 1 在第 t 期的干预结果($t>T_0$)。经过这样的设定,我们感兴趣的干预结果为:$\tau_{1t}=Y_{1t}^I-Y_{1t}^N$。当 $t>T_0$ 时,$Y_{1t}^I=Y_{1t}$,Y_{1t}^I 可

---

① 直译为"贡献池",字面理解即是可以贡献给合成控制的个体的集合。笔者认为"潜在控制组"的说法更便于理解,因而采用"潜在控制组"的意译。
② 唐纳德·鲁宾(Donald Rubin)提出了潜在结果(Y_{0i},Y_{1i}),并与观测结果 Y_i 进行区分,这一框架的搭建区分描述性研究和因果研究。参见 Donald B. Rubin, "Estimating Causal Effects of Treatments in Randomized and Nonrandomized Studies", *Journal of Educational Psychology*, 1974, 66(5), pp. 688-701。

以被直接观测出来，因此难点在于如何估计 Y_{1t}^N，因为在 T_0 之后，个体 1 实则是接受了干预的，即现实中不存在其没有接受干预的情况，这也就是在因果推断中常见的，如何推断反事实结果（counterfactual outcome）的问题。如上文已经提到，因为政策干预往往是对加总层面的个体进行，因而通常难以找到单个未受干预的个体可以与干预个体进行完美的比较，需要联系潜在控制组中各个未受干预的个体特征，为每个个体赋予权重，最终创造出一个可与干预个体比较的合成控制个体。因此选择权重是计算合成控制的关键步骤。其具体做法是首先设定 $J\times 1$ 的权重向量 $W=(w_2,\cdots,w_{J+1})'$（对 $j=2,\cdots,J$ 中的每个个体而言，$0\leqslant w_j\leqslant 1$ 且 $w_2+\cdots+w_{J+1}=1$）。在这个权重下，Y_{1t}^N 和 τ_{1t} 的估计值分别为 $\widehat{Y}_{1t}^N=\sum_{j=2}^{J+1}w_jY_{jt}$ 和 $\widehat{\tau}_{1t}=Y_{1t}-\widehat{Y}_{1t}^N$。权重 $W^*=(w_2^*,\cdots,w_{J+1}^*)'$ 在满足非负数以及和为 1 的情况下，需要使 $\|X_1-X_0W\|$ 距离最小：

$$\|X_1-X_0W\|=\sqrt{\sum_{h=1}^{k}v_h(X_{h1}-w_2X_{h2}-\cdots-w_{J+1}X_{hJ+1})^2} \quad (13-1)$$

X_1 是受干预个体的干预前特征，是 $k\times 1$ 的向量，X_0 是潜在控制组中所有个体的干预前特征，是 $k\times J$ 的矩阵（X_1 和 X_0 中可以包含结果变量），X_1 和 X_0 构成了干预后结果变量的预测变量。受干预前干预个体和合成控制个体的差别可以用向量 X_1-X_0W 表示。在计算 W 前，先要考虑各个预测变量间的权重 $V=(v_1,\cdots,v_k)$。最佳的 V 需要使合成控制个体最能再现潜在控制组中的预测变量对干预个体的相对重要性，相对价值越高，v_h 越大。在给定 V 之后，W 可以通过约束二次最优化法（constrained quadratic optimization）求得。阿巴迪提出 V 的具体计算方式不止一种，可以取决于研究者的主观评价，也可以通过回归分析看哪些预测变量有更强的预测能力。在阿巴迪 2003 年和 2010 年的两篇论文中[①]，研究者选择了使结果变量的均方预测误差（mean squared predicted error，MSPE）最小的 V，其中 $T_0'\subseteq\{1,2,\cdots,T_0\}$，即

$$\text{MSPE}=\sum_{t\in T_0'}(Y_{1t}-w_2(V)Y_{2t}-\cdots-w_{J+1}(V)Y_{J+1t})^2 \quad (13-2)$$

[①] Alberto Abadie and Javier Gardeazabal, "The Economic Costs of Conflict: A Case Study of the Basque Country", *American Economic Review*, 2003, 93(1), pp. 113-132; Alberto Abadie, Alexis Diamond, and Jens Hainmueller, "Synthetic Control Methods for Comparative Case Studies: Estimating the Effect of California's Tobacco Control Program", *Journal of the American Statistical Association*, 2010, 105(490), pp. 493-505.

在阿巴迪的这篇文章[①]中,研究者运用了交叉验证(cross-validation,或称样本外验证,out-of-sample validation)的方法计算 V,这一方法用于干预前时期较长的情况,将事前样本分成了训练期(training period)和验证期(validation period),运用训练期的预测变量的数据,找出能使干预前均方预测误差平方根(root mean squared predicted estimation, RMSPE)在验证期最小的 V,这正是这一方法叫"交叉验证"的来源。

二、假设检验

在阿巴迪及其合作者研究美国加州香烟消费税的文章[②]中,他们提出了合成控制法的假设检验方法——置换检验(permutation test)。合成控制法在方法上与其他因果推断方法有很大不同,且其样本数较少,因此不能从统计意义上检验其统计方法是否显著。置换检验通过迭代地将干预分配给潜在控制组中的各个单元,然后测试每次干预的"安慰剂效果(placebo effects)",将这些个体的"安慰剂效果"与干预个体的干预效果汇总后,会形成置换分布(permutation distribution),在这个分布中,干预个体的干预效果如果非常显著(与假设检验的原则相同,处于分布尾部的5%),说明政策对干预组有因果效应。但是,这种做法的一个复杂之处是合成效应对干预前干预个体的效果很好,但是对潜在控制组中每个个体的合成效果并不一定好。因此,他们进一步提出一个检验统计量,并对这个统计量中的 j 进行置换检验。计算统计量的第一步是计算对个体 j 在 t_1 和 t_2 两个时期的合成控制个体的 RMSPE。

$$R_j(t_1, t_2) = \sqrt{\frac{1}{t_2 - t_1 + 1} \sum_{t=t_1}^{t_2} (Y_{jt} - \widehat{Y}_{jt}^N)^2} \qquad (13\text{-}3)$$

对 j 个个体,分别计算干预后的 RMSPE 和干预前的 RMSPE,两者之间的比率即是阿巴迪在2010年论文中提出的新的检验统计量[③]。基本思路依然使用置换检验,最后对每个 j 都有一个 r_j 的统计量,构成一个分布,观察干预组的 r_1 在分布中的位置,如果事后有政策影响,该指标就会很大,会出现在分布的尾端,这说明政策对干预组具有因果效应。

[①] Alberto Abadie, Alexis Diamond, and Jens Hainmueller, "Comparative Politics and the Synthetic Control Method", *American Journal of Political Science*, 2015, 59(2), pp. 495-510.

[②] Alberto Abadie, Alexis Diamond, and Jens Hainmueller, "Synthetic Control Methods for Comparative Case Studies: Estimating the Effect of California's Tobacco Control Program", *Journal of the American Statistical Association*, 2010, 105(490), pp. 493-505.

[③] Ibid.

$$r_j = \frac{R_j(T_0+1, T)}{R_j(1, T_0)} \tag{13-4}$$

在论文中,他们还进一步基于 r_j 计算了 p 值,感兴趣的读者可以进一步参考原文阅读。

第二节 合成控制法在公共政策评估中的运用

以下通过两个案例来呈现合成控制法的具体运用。

一、案例一:德国统一的经济成本[①]

1989 年 11 月 9 日柏林墙倒塌后,德意志民主共和国和德意志联邦共和国在 1990 年 10 月 3 日正式统一。当时,联邦德国人均 GDP 大约是民主德国的三倍。阿巴迪及其合作者运用合成控制法研究了 1990 年民主德国和联邦德国统一对于联邦德国人均 GDP 造成的影响。在德国统一前,没有一个国家与联邦德国的经济增长情况相似,因此合成控制法就有了用武之地。在这个案例中,干预个体为联邦德国,潜在控制组包括 16 个 OECD 国家。X_1 和 X_0 包含了德国统一前经济增长的预测变量,如贸易开放度、通货膨胀率、第二产业占比、上学率、投资率。合成控制结果如表 13-1 的第一列所示,联邦德国的反事实控制组由奥地利(0.42)、美国(0.22)、日本(0.16)、瑞士(0.11)和荷兰(0.09)的加权平均值给出,其余国家的权重均为 0,这也体现出合成控制法具有的稀疏性的特点。作为对照,第二列是回归权重的结果,虽然最大的权重国家仍是奥地利,但这一方法导致四个国家的权重为负,这些负权重会抵消具有更大权重国家的影响力,从而助长了线性外推的可能性。表 13-2 显示了计算权重后的"合成联邦德国"与联邦德国,以及 OECD 国家平均[②]而言在德国统一前的经济增长指标对比,可以发现"合成联邦德国"与联邦德国的各项数据非常相似,而 OECD 国家平均值则有较大出入,说明合成控制法提供了一个很好的控制组进行比较。图 13-1 进一步以图示展现了合成控制法的拟合结果,可以发现在德国统一前"合成联邦德国"和联邦德国的人均 GDP 变化近乎一致,而图 13-2 的 OCED 国家平均人均 GDP 趋势与联邦德国并不一致。文章最终发现德国统一对联邦德国人均 GDP 下降有显著影响,具体而言,1990—

[①] 本案例来自 Alberto Abadie, Alexis Diamond, and Jens Hainmueller, "Comparative Politics and the Synthetic Control Method", *American Journal of Political Science*, 2015, 59(2), pp. 495-510。

[②] 表 13-1 中用的 OECD 国家平均人均 GDP,是以 OECD 国家人口为权重(population-weighted)计算的,不同于图 13-1,每个 OECD 国家都有相同的权重。

2003年,联邦德国人均GDP平均每年下降了1 600美元。另外,如前文所述,这个案例的合成控制法运用的是交叉验证,即用1981—1990年的联邦德国和OECD国家的预测变量,最终呈现出了横跨了1960—1990年的干预前合成控制趋势(见图13-1和图13-2),这是因为OECD国家的人均GDP数据有共同变动(co-move)的趋势。这种不同个体的结果变量的共同变动趋势在合成控制法中得到了很好的应用,也构成了其优势之处。

表13-1 联邦德国的合成控制权重和回归权重

国家	合成控制法权重	回归权重	国家	合成控制法权重	回归权重
澳大利亚	0	0.12	荷兰	0.09	0.14
奥地利	0.42	0.26	新西兰	0	0.12
比利时	0	0	挪威	0	0.04
丹麦	0	0.08	葡萄牙	0	−0.08
法国	0	0.04	西班牙	0	−0.01
希腊	0	−0.09	瑞士	0.11	0.05
意大利	0	−0.05	英国	0	0.06
日本	0.16	0.19	美国	0.22	0.13

资料来源:翻译自Alberto Abadie, Alexis Diamond, and Jens Hainmueller, "Comparative Politics and the Synthetic Control Method", *American Journal of Political Science*, 2015, 59(2), pp.495-510。

表13-2 德国统一前的联邦德国和"合成联邦德国"经济增长指标对比

变量	联邦德国	"合成联邦德国"	OECD平均
人均GDP	15 808.9	15 802.2	8 021.1
贸易开放度	56.8	56.9	31.9
通货膨胀率	2.6	3.5	7.4
行业份额	34.5	34.4	34.2
入学率	55.5	55.2	44.1
投资率	27.0	27.0	25.9

资料来源:翻译自Alberto Abadie, Alexis Diamond, and Jens Hainmueller, "Comparative Politics and the Synthetic Control Method", *American Journal of Political Science*, 2015, 59(2), pp.495-510。

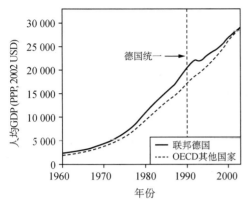

图 13-1 联邦德国与 OECD 其他国家的 GDP 对比

数据来源：译自 Alberto Abadie, Alexis Diamond, and Jens Hainmueller, "Comparative Politics and the Synthetic Control Method", *American Journal of Political Science*, 2015, 59(2), pp.495-510。

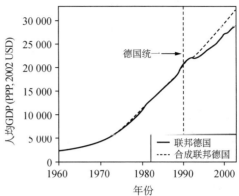

图 13-2 联邦德国与"合成联邦德国"的 GDP 对比

数据来源：译自 Alberto Abadie, Alexis Diamond, and Jens Hainmueller, "Comparative Politics and the Synthetic Control Method", *American Journal of Political Science*, 2015, 59(2), pp.495-510。

二、案例二：房地产税对房价的影响[①]

2011年1月28日，国务院在上海和重庆开始试点房产税的征收。作者通过合成控制法研究了房产税政策对房价是否有影响，以及影响程度是多少。研究发现，房产税对试点城市的房价上涨有显著的抑制作用，具体来说，房产税使得试点城市的房价下降了156.61—350.8元/平方米，下降幅度为5.27%。研究者撰写这篇论文时，主要面临两个障碍：一是试点城市重庆和上海具有自身特殊性[②]，很难找到能够比较的个体城市，DID 并不适用；二是多种政策的干扰，如政府采取了其他多种的房价调控政策，如限购、限贷等，如果单对一个试点城市研究，很难将房地产税的效果从众多政策效果中剥离出来。

因为上海的房价为全国最高的之一，潜在控制组中的城市没有一个的房价与之在同一水平，所以即使是合成也无法合成一个可以比较的控制组，因而研究者重点对重庆进行了合成控制。他们利用2010年6月到2011年1月的全国40个大中城市作为潜在控制组，选取了土地成交均价、人均 GDP、人口密度、限购变量和

[①] 本案例来自刘甲炎、范子英：《中国房产税试点的效果评估：基于合成控制法的研究》，《世界经济》2013年第11期，第117—135页。

[②] 重庆和上海被选为首批试点城市，主要有两个方面的原因：第一，两者都是直辖市，在行政上更有利于管理；第二，两者的房价各有很好的代表性，上海是全中国房价最高的城市之一，而重庆的房价处于全国平均水平。

第三产业比重以及当地房价作为预测变量,使得"合成重庆"与重庆在房地产税政策前的趋势尽量一致。最终选取了6个城市构成了"合成重庆",如表13-3所示,其中湛江为权重最大的城市。而从表13-4可以看到"合成重庆"与重庆的预测变量非常相似。从图13-3可以看到,在房地产税出台之前,重庆的实际房价和"合成重庆"的房价基本一致。在2011年1月出台房地产税之后,前四个月可能由于政策滞后重庆的房价高于"合成重庆",之后重庆房价持续低于"合成重庆"的房价。此外,研究者们还进一步发现住房平均价格的下降主要是由大面积住房导致的,与此同时小面积住房价格增长加快。感兴趣的读者可以进一步阅读文献,这里就不再赘述。

表 13-3 "合成重庆"的城市权重

参数	惠州	宁波	三亚	温州	湛江	天津
权重	0.316	0.002	0.001	0.011	0.516	0.154

表 13-4 预测变量的拟合和对比

变量	重庆市	40 城市	重庆的合成组
土地成交均价(元/平方米)	4 834.18	6 950.56	4 123.15
人均 GDP(元/年)	3 718.55	6 635.88	4 496.89
人口密度(人/平方千米)	592.44	1 363.14	800.62
限购变量	0	0.85	0.17
第三产业比重(%)	38.13	53.89	40.15
2010 年 6 月商品房价格(元/平方米)	6 407	9 426.88	6 402.52
2010 年 8 月商品房价格(元/平方米)	6 323	9 296.95	6 313.14
2010 年 12 月商品房价格(元/平方米)	6 452	9 491.58	6 451.92
2011 年 1 月商品房价格(元/平方米)	6 629	9 657.85	6 621.75
2012 年 1 月商品房价格(元/平方米)	6 422.13	9 444.33	6 418

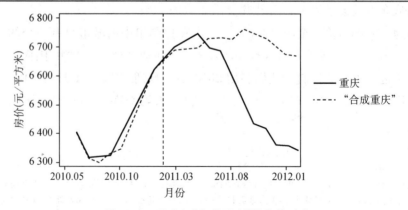

图 13-3 重庆与"合成重庆"的房价对比

第三节　合成控制法的最新发展及评价

本节主要介绍合成控制法的最新发展并总结该方法的优势与局限。

一、广义合成控制法

徐轶青提出了广义合成控制法（generalized synthetic control method, GSC）。[①] 广义合成控制法与合成控制法的主要区别是，可以允许多个干预个体的存在。该方法在一个简单的框架下将合成控制法与线性固定效应模型统一起来，DID 是其中的一个特例。该方法的主要步骤是它首先仅使用控制组数据估计互动固定效应（interactive fixed effects, IFE）模型[②]，获得固定数量的潜在因子。然后，它通过将估计的潜在因子和因子载荷线性投影到这些因素跨越的空间上来估计每个干预个体的因子载荷。最后，根据估计的因子和因子载荷来推断经过干预的反事实。该方法的主要贡献是采用潜在因子方法来解决因果推理问题，并在合理的假设下提供有效的、基于模拟的不确定性估计（uncertainty estimates）。该方法符合合成控制法的思路，它是一种重加权方案，在选择控制单元的权重时，将干预前的结果作为基准，并使用干预个体和控制个体之间的横截面相关性来预测干预的反事实。然而，与合成控制法不同，它在重新加权之前进行降维，以便将要重新加权的矢量在控制个体之间平滑。

徐轶青认为广义合成控制法的主要优势有三点。第一，广义合成控制法将合成控制方法推广到多个干预个体和/或可变干预期的情况。由于 IFE 模型仅估计一次，因此在单次运行中可以获得经过干预的反事实。研究人员从而不再需要逐个找到每个干预个体的控制个体的匹配项。这使得算法速度快，对少量观测值的特性不那么敏感。第二，广义合成控制法产生频率不确定性估计，例如标准误差和置信区间，并在正确的模型规范下提高效率。基于模拟数据的参数化自举过程可以在合理的假设下提供有效的推论。由于控制组中没有丢弃任何观测值，因此该方法使用来自控制组的更多信息，在正确指定模型时比合成控制法更有效。第三，

[①] Yiqing Xu, "Generalized Synthetic Control Method: Causal Inference with Interactive Fixed Effects Models", *Political Analysis*, 2017, 25(1), pp. 57-76.

[②] 该模型由白聚山提出，该模型结合了与时变系数（或称潜在因子，即 latent factors）相互作用的单位特定截距（或称因子载荷，即 factor loadings）。Jushan Bai, "Panel Data Models With Interactive Fixed Effects", *Econometrica*, 2009, 77(4), pp. 1229-1279. 徐轶青主要是提出了自抽样（或称自举法，即 bootstrap），需要通过重复抽样来量化潜在因子模型中的不确定性。

它嵌入了一个交叉验证方案,该方案自动选择 IFE 模型的因子数量,因此易于实现。DID 数据结构的一个优点是,在干预前受到干预的观测值自然可以用作模型选择的验证数据集。结果表明,有了足够的数据,交叉验证过程可以高概率地拾取正确数量的因子,从而降低过度拟合的风险。

与此同时,广义合成控制法也存在两个明显的局限之处。首先,它需要比固定效应估计方法更多的干预前数据。当干预前的数量很少时,"附带参数"可能导致对干预效果的有偏估计。其次,与合成控制法相比,广义合成控制法的建模假设起着更重要的作用。例如,如果干预个体和控制个体在因子载荷中不共享公共支持,那么合成控制法可能根本无法构建合成控制个体。

二、合成双重差分法

德米特里·阿尔汉格尔斯基(Dmitry Arkhangelsky)及其合作者在知名经济学期刊《美国经济评论》(*American Economic Review*)上介绍了合成双重差分法(synthetic difference-in-differences,合成 DID)。① 顾名思义,这种方法结合了合成控制法和双重差分法各自的优点。它首先使用加权回归模型来构建一个"合成控制"系列,该系列由多个控制个体加权得到,并与干预个体具有相似的特征。然后,在此基础上使用双重差分法来比较干预个体和"合成控制"系列在干预前后的差异,从而估计因果效应。与传统的双重差分法和合成控制法相比,合成 DID 具有更好的稳健性和实用性。现实中的政策分布在地区之间与时间上往往不是随机的,合成 DID 不仅通过个体权重找到与干预组相近的控制组个体并赋予其较大的个体权重,还通过时间权重找到与干预后相似的干预前期并赋予其相对较大的时间权重,减少了 DID 和合成控制法单独使用时可能引起的偏误。相较于阿巴迪等人研究加州香烟消费税所用的合成控制法②,合成 DID 通过增加截距项和惩罚项解决了过度拟合(over fitting)问题,提高选出的控制组的分散性。

阿尔汉格尔斯基等人进一步将合成 DID 应用到了阿巴迪等人所研究的加州禁烟法对人均香烟消费量影响的案例中以验证该方法的有效性,结果如图 13-4 所示。

较浅的虚线(位于下方)表示加州人均香烟消费量的现实数据;较深的虚线(位于上方)在 DID 中表示控制组人均香烟消费量的平均数,在合成控制法和合成 DID 中表示控制组人均吸烟量的加权数。在图 13-4 下方的三幅图中,圆圈的大

---

① Dmitry Arkhangelsky, Susan Athey, David A. Hirshberg, et al., "Synthetic Difference-in-Differences", *American Economic Review*, 2021, 111(12), pp. 4088-4118.
② Alberto Abadie, Alexis Diamond, and Jens Hainmueller, "Synthetic Control Methods for Comparative Case Studies: Estimating the Effect of California's Tobacco Control Program", *Journal of the American Statistical Association*, 2010, 105(490), pp. 493-505.

小表明了控制组中不同州的权重大小。可以看出 DID 控制组中不同个体的权重相等、合成控制法的控制组中权重大于 0 的个体较少且正权重的数值差异较大,合成 DID 控制组中权重大于 0 的个体较多且个体之间的权重也具有一定的差异。图 13-4 上方三幅图的底端表示干预前期不同年份的时间权重大小。DID 中各年份的时间权重相等;合成控制法中各年份的时间权重为 0;合成 DID 中,1986—1988 年的时间权重为正,其余为 0。

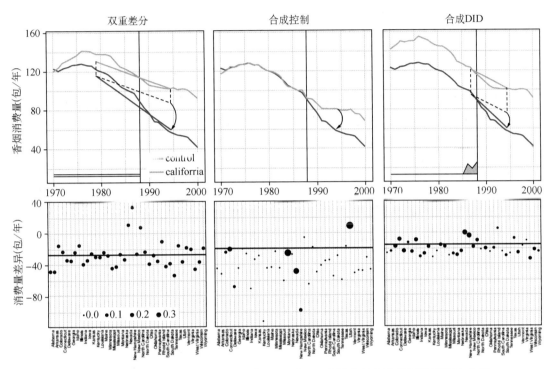

图 13-4 阿尔汉格尔斯基等人用合成 DID 对阿巴迪等人的研究结果进行再次分析

三、动态多层级潜在因子模型

庞珣及其合作者提出的动态多层级潜在因子模型(dynamic multilevel latent factor model,DM-LFM)可以在研究违反平行趋势假设时,替代双重差分法。[1] 他们认为,已有的统计方法的不足之处在于干预不是随机分配的,因此研究人员无法以传统方式量化其估计的不确定性。该模型采用了贝叶斯推断的因果推断框架,依赖于已干预的反事实的后验分布(posterior predictive distribution)来

---

[1] Xun Pang, Licheng Liu, and Yiqing Xu, "A Bayesian Alternative to Synthetic Control for Comparative Case Studies", *Political Analysis*, 2022, 30(2), pp. 269-288.

推断干预个体的干预效果。该方法可容纳多个干预个体,并且还校正了由个体特定时间趋势(unit-specific time trends)引起的偏差。研究者进一步用马尔可夫链蒙特卡洛方法(Markov chain Monte Carlo,MCMC)进行统计检验,DM-LFM 比现有方法产生更精确的因果估计,并且即使在样本量较小且数据中存在丰富的异质性时,也能实现正确的频率覆盖率。接下来,我们将通过一个案例,进一步学习这种方法的应用。

钱璟等人采用 DM-LFM 方法研究了亚投行的成立对世界银行的影响。[①] 他们研究了亚投行的创始成员在亚投行成立之后获得的世行资助的基础设施项目是否有所减少。世界银行自二战之后一直是美国主导的国际发展组织,而亚投行是第一个发展经济体主导的国际发展组织。亚投行的成立是否会影响世界银行的国际地位?为了研究亚投行与世界银行对于受援国的项目是否存在竞争,研究者考虑了加入亚投行的一组特定的发展中国家:创始成员。他们认为,亚投行的创始成员采取了代价高昂的行动以表明他们对全球经济新领导力的兴趣,他们认为成为亚投行创始成员是一个会带来高成本的信号,尤其当美国对这些国家施加了巨大而明确的压力反对它们加入亚投行。对于这些创始成员,研究者假设世界银行在基础设施领域的项目较少(因为这是亚投行的专长)。他们的论点基于需求和供应机制。他们认为,从需求的角度来看,越来越多的证据表明,一些国家正在倾斜于中国在全球经济中的领导地位,而远离美国的领导地位。从供应的角度来看,过去的许多研究表明,美国利用其对世界银行的影响力来惩罚那些违背美国外交政策优先事项的国家。简而言之,研究者预测亚投行的发展中国家创始成员和世界银行之间将分道扬镳。

亚投行于 2016 年开业,因此这一研究涉及二元干预(AIIB founding member = 1)和两个时期(2016 年之前和之后)。该研究运用庞珣等人的 DM-LFM 解决了特定个体的时间趋势,以及协变量与结果变量之间各种各样的动态关系。如前文已述,使用贝叶斯因果推断框架,DM-LFM 方法将因果推断视为干预后的干预组反事实结果的缺失数据问题。该模型根据干预反事实的后分布估计干预组的平均干预效果(ATT)。从本质上讲,该方法对观察到的未干预结果矩阵进行低秩近似,以预测(T×N)矩形结果矩阵中干预的反事实,并结合潜在因子形式来纠正由干预时间和随时间变化的潜在变量之间的潜在相关性引起的偏差。对于加入政策或者干预的自我选择效应(self-selection),DM-LFM 考虑了时间和个体特异性干预和协变量效应,并通过估计潜在因素来解决由于未观察到的时变混杂因素导致的潜在偏差。DM-LFM 依赖于潜在可忽略性(latent ignorability)的关键假设,即假设以

[①] Jing Qian, James Raymond Vreeland, and Jianzhi Zhao, "The Impact of China's AIIB on the World Bank", *International Organization*, 2023, 77(1), pp.217-237.

外生的协变量和未观察到的潜在变量为条件,干预分配是可忽略的。[①] 然而,如果成为亚投行创始成员的决定和 2016 年亚投行的开业是由各国先前从世界银行的借款决定的,则估计可能会因反馈效应而出现偏差。为了解决这种可能的选择偏差,作者进行了安慰剂检验(参见原文附录),并发现估计的负面影响仅在 2016 年亚投行开业时才出现,而不是在此之前,这进一步增强了研究者对结果的信心。

图 13-5 显示了亚投行创始成员("干预组")和研究者样本中所有其他国家/地区("控制组",具体可参见原文)中新批准的世界银行基础设施项目年均数量及其的差异。图 13-5(a)显示了两组国家的实际平均项目数。2016 年之后,亚投行创始成员的新基础设施项目数有所下降,但样本中其他国家的新基础设施项目数却没有下降。图 13-5(b)显示了亚投行创始成员和其他发展中国家新批准的世界银行基础设施项目平均每年数量之间的差异。平均而言,创始成员参与的项目比非创始成员多。然而,在 2016 年之后,观察到的两组国家之间基础设施项目数的差异下降了 50% 以上,从 2016 年的 1.52 下降到 2017 年的 0.68。

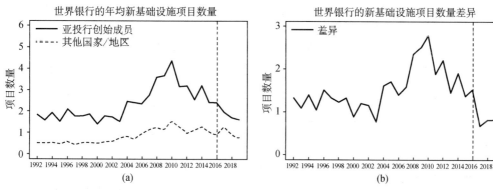

注:此图显示了 1992—2019 年亚投行创始成员与世界银行项目其他受援国之间平均每年世界银行基础设施项目的差异(a),以及两组新世界银行基础设施项目数的年均差异(b)。观察数量:4 340 样本,包括 155 个国家(31 个亚投行创始成员)。

图 13-5　亚投行创始成员和其他国家/地区的世界银行基础设施项目平均数

图 13-5(a)显示,在干预发生前,干预组和控制组之间的结果差异存在明显变化;图 13-5(b)显示,干预前的趋势在干预组和控制组之间不完全一致。这些证据都表明,DID 的平行趋势假设并不成立。因此,虽然研究者在稳健性检查中进一步探讨了 DID,但 DM-LFM 方法更适合研究者的研究内容。表 13-5 显示了 DM-LFM 的估计系数和置信区间,因变量是世界银行的基础设施项目。模型(1)中介绍的设定仅包括研究者的核心解释变量"亚投行创始成员×2016 年

---

① Xun Pang, Licheng Liu, and Yiqing Xu, "A Bayesian Alternative to Synthetic Control for Comparative Case Studies", *Political Analysis*, 2022, 30(2), pp. 269-288.

后";模型(2)还包括研究者的控制变量。这两列干预系数(亚投行创始成员×2016年后)的95%可信区间被精确估计为负数,说明在亚投行开业之后,亚投行成员相比非成员所获得的世界银行基础设施项目数显著下降。

表13-5 估计系数和置信区间:基础设施项目

自变量	世界银行基础设施项目	
	(1)	(2)
亚投行创始成员 × 2016年后	−0.371 [−0.687, −0.036]	−0.660 [−1.060, −0.256]
人均GDP(对数)	—	0.198 [−0.008, 0.425]
人口(对数)	—	0.857 [0.630, 1.103]
选举	—	−0.051 [−0.103, 0.001]
外国直接投资流入额(% GDP)	—	0.097 [0.022, 0.171]
偿债额(% GNI)	—	−0.015 [−0.102, 0.077]
收到的政府发展援助(% GNI)	—	0.057 [−0.042, 0.156]
政体	—	0.056 [−0.050, 0.168]
是否为联合国安理会临时成员	—	0.000 [−0.061, 0.060]
联合国大会投票立场(与美国投票的理想点距离)	—	−0.123 [−0.229, −0.018]
观测值	4 340	2 619
干预个体	31	26
控制个体	124	76

注:1992—2019年国家-年度观测,方括号中是95%的可信区间。因变量:世界银行批准的年度新基础设施项目总数。国家-年度级别协变量("亚投行×2016年后"除外)滞后一年。

图13-6显示了DM-LFM对包括协变量在内的基础设施项目数量的分析结果(表13-5中的第2列)。该图显示了干预组的平均被观察到的结果(实线)以及使用DM-LFM方法对干预组估计的反事实结果(虚线)。与干预组和控制组的平均结果之间存在显著差异的图13-5相比,干预组的估计反事实结果与干预前观察到的结果密切相关。这说明DM-LFM方法适合用于该研究的设定。并且通过该图可以清晰地看到,在2016年政策干预开始(即亚投行开业)后,亚投行成员实际

观察到的和反事实的结果在所获世行项目数的预期方向上有所不同。

注：该图显示了使用 DM-LFM 而画出的亚投行创始成员（1992—2019 年）提供的实际（实线）和估计的反事实（虚线）平均每年世界银行基础设施项目数。模型中包含的协变量包括：人均国内生产总值（取对数）、总人口（取对数）、国家行政或立法选举（指标，滞后）、外国直接投资流入（占国内生产总值百分比）、偿债总额（占国民总收入的百分比）、官方发展援助（占国民总收入的百分比）、政体得分、联合国安理会临时成员（指标）和联合国大会投票（与美国的投票立场距离）。所有协变量都滞后一年。观察数：2 619。样本包括 102 个国家（26 个亚投行创始成员）。

图 13-6　世界银行新基础设施项目估计数和实际数量

图 13-7 显示了干预组的平均干预估计效果（ATT）以及 95% 的可信区间。值得注意的是在 1992—2016 年的干预前期，估计的干预效果与 0 无异。干预组平均

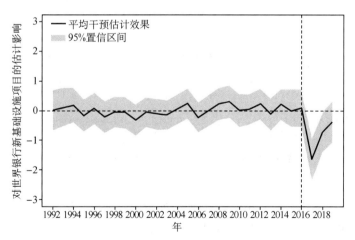

注：该图显示了使用 DM-LFM 后亚投行创始成员国对世界银行年度新基础设施项目的估计平均干预效果。模型中包含的协变量包括：人均国内生产总值（取对数）、总人口（取对数）、国家行政或立法选举（指标，滞后）、外国直接投资流入（占国内生产总值百分比）、偿债总额（占国民总收入的百分比）、官方发展援助（占国民总收入的百分比）、政体得分、联合国安理会临时成员（指标）和联合国大会投票（与美国的投票立场距离）。所有协变量都滞后一年。观察数：2 619。样本包括 102 个国家（26 个亚投行创始成员）。

图 13-7　亚投行创始成员对世界银行新基础设施项目的估计影响

干预估计效果在2016年之后明显下降,这表明亚投行创始成员在亚投行成立后从世界银行获得的基础设施项目平均较少。另外,亚投行创始成员身份为这些国家所获世界银行基础设施项目数量带来的负面影响在2017年最为明显,在2018年尽管减弱,但仍然有负面影响。2019年的估计影响也是负面的,但95%的可信区间包括0,负面效果下降的部分原因是非创始成员的参与率下降。

图13-8对比了用DM-LFM和GSC所作的反事实结果,可以看到DM-LFM具有更好的预测性能,特别是干预前期(2016年之前)。

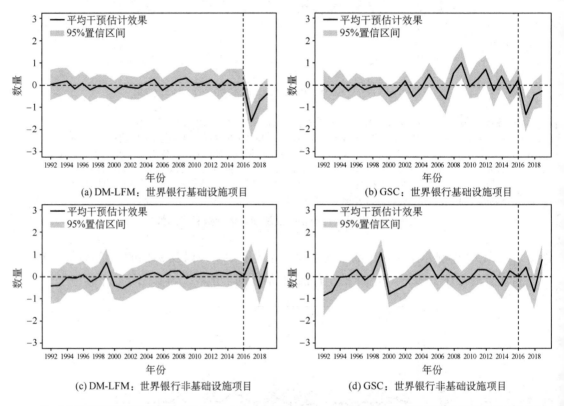

注:此图显示了研究者使用DM-LFM(a、c)和广义合成控制法(b、d)后亚投行创始成员对世界银行新的基础设施项目(a、b)和非基础设施项目(c、d)的估计平均干预效果。观察数:2 619。样本包括102个国家(26个亚投行创始成员)。

图13-8　DM-LFM和广义合成控制法的比较

研究者因而得出结论,DM-LFM适合研究者的数据,并且该方法估计出支持研究者假设的鲜明结果。亚投行开业后,创始成员每年从世界银行获得的基础设施项目平均减少0.66个,这代表了约22%的大幅下降。这种估计的影响在2017年最为明显,在2018—2019年减弱,这表明对亚投行创始成员身份的影响可能是暂时的,研究者也提出影响减弱的部分原因是非创始成员在2018年和2019年以较低的比率参与世界银行基础设施项目。

第十三章 合成控制法

如上所述，DM-LFM 具有如下几点优势。首先，传统的"平行趋势"假设在本研究中不太可能成立，DM-LFM 通过依赖于更宽松的潜在可忽略性假设解决了因传统平行趋势假定没有满足所可能产生的偏差。其次，与需要单个干预个体的合成控制方法相比，DM-LFM 方法可容纳多个干预单元。最后，与广义合成控制法相比，DM-LFM 方法允许协变量系数随个体和时间而变化，并通过更窄的不确定性测量产生更准确的估计。

四、合成控制法的优势与局限

合成控制法相比其他方法（比如双重差分法）的优点主要体现在三个方面。第一，合成控制法能放松双重差分法的趋势一致假定，通过计算控制组和干预组在干预前的趋势以及由拟合度来设定权重，使在干预前的控制组的结果与拟合结果尽可能一致。第二，合成控制法和双重差分法的差异在于控制组的选择，双重差分法的控制组是主观选择的，而合成控制法的控制组则是数据驱动的，即通过数据本身来选择相类似的控制组作为干预组的对照。第三，合成控制法的控制组数量可以有很多，并且权重会有差异，而双重差分法中的控制组一般只选一组。

在此基础上，阿巴迪进一步总结了合成控制法相比基于回归的反事实的优点。[①]

第一，无外推（no extrapolation）。合成控制的估计排除了外推，因为合成控制权重是非负的，并且总和为 1。然而，与合成控制权重不同，回归权重可能在 [0,1] 区间之外，因为线性回归权重是依赖外推建立的，回归权重不受约束。换句话说，即使 X_1 和 X_0 相差甚远，运用线性外推仍能通过将 X_0 合成为 X_1。如上文表 13-1 所示的最后一列回归权重中，用了四个国家的负的权重。

第二，契合度的透明性（transparency of the fit）。线性回归使用外推来保证干预个体的特征完美拟合，即使未干预个体的特征与干预个体完全不同。相比之下，合成控制使干预个体与未干预个体的权重组合之间的实际差异透明化，因而提供了有研究价值的反事实。

第三，防止规范搜索（safeguard against specification searches）。与回归相反，但与经典的匹配方法类似，合成控制法不需要在研究的设计阶段就有干预后的结果。这意味着所有关于设计决策的数据分析，都可以在不知道它们如何影响研究结论的情况下进行。此外，在干预后结果出现或实际干预发生

[①] Alberto Abadie, "Using Synthetic Controls: Feasibility, Data Requirements, and Methodological Aspects", *Journal of Economic Literature*, 2021, 59(2), pp. 391-425.

之前，可以计算合成控制权重并先进行公布。也就是说，合成控制法可以发挥类似于随机对照的作用。

第四，反事实的透明度（transparency of the counterfactual）。合成控制法明确了每个控制个体对感兴趣的反事实的贡献。此外，由于合成控制系数是适当的权重，因此允许对感兴趣的反事实估计的性质进行简单而精确的解释。如在案例中应用德国统一的影响，反事实的简单性和透明度允许研究者使用专业知识来评估合成控制的有效性和潜在偏差的方向。与联邦德国相邻的较小的邻国，如奥地利、荷兰和瑞士，在"统一德国"合成控制中占很大的权重。如果这些国家1990—2003年的经济增长受到德国统一的负面影响（也许是因为联邦德国将需求和投资从这些国家转移到民主德国），那么图13-2估计了德国统一对联邦德国人均GDP的负面影响幅度的下限。

第五，稀疏性（sparsity）。上文已经提到，因为防止线性外推，对权重的要求是非负数和总数为1，这样会导致权重变得"稀疏"，即潜在控制组中只有少数个体会对最终的合成控制组有实质性贡献，这是由于 X_1 和 X_0 中包含的预测变量的个数决定的（具体可以参见表13-1和表13-2）。因为合成控制法的稀疏性，其估计出的反事实有着很强的解释力。

总体而言，合成控制法成功的关键在于能否在干预前稳定追踪受干预对象的行动轨迹，因此非常重要的是在一个较长的干预前时期收集受干预个体和潜在控制组的信息。如果干预前的时期太少，潜在控制组就无法很好地再生成干预组。合成控制法结果的可信度主要取决于在应用该方法时所付出的勤奋程度，以及手头的经验应用是否满足上下文和数据要求。为找到与干预组完全匹配的合成后的控制组，研究者需要不断对合成的权重加以各种尝试，以求找到一个与干预组最为相似的合成控制组。虽然合成控制法的特点之一是只存在一个干预个体，但是在公共政策实践中也不是不存在有多个干预个体的情况。最近已有研究者对合成控制法进行了进一步补充，使其能用于更广泛的领域，这些研究成果已在上述部分予以介绍。

本 章 小 结

如表13-6所示，我们借用庞珣等人文章[①]中的总结来对比双重差分法（DID）、合成控制法（SCM）、广义合成控制法（GSC）、动态多层级潜在因子模型

---

① Xun Pang, Licheng Liu, and Yiqing Xu, "A Bayesian Alternative to Synthetic Control for Comparative Case Studies", *Political Analysis*, 2022, 30(2), pp.269-288.

(DM-LFM)。首先，这些方法之间最重要的区别在于，DID 和 SCM 采用了基于设计的清晰视角，并依赖于更透明的识别假设——这些假设不一定很弱，但它们被研究人员广泛理解和接受。此外，它们对控制个体施加的权重是可以直接解释的。另一方面，GSC 和 DM-LFM 使用基于模型的方法。SCM、GSC 和 DM-LFM 都通过假设线性因子模型来解决"平行趋势"得不到满足的情况，但与 SCM 不同的是，GSC 和 DM-LFM 可以轻松适应多个干预个体的比较案例研究。

表 13-6 合成控制法相关方法对比

特征	DID	SCM	GSC	DM-LFM
透明的设计	○	○		
直接可以解释的权重	○	○		
解决"平行趋势假定"		○	○	○
用于多个干预个体	○		○	○
允许截距变化	○		○	○
接受不随时间改变的协变量		○		○
接受随时间改变的协变量	○		○	
允许个体和时间系数				○
自动模型或变量选择		○	○	
模型平均				○
平均干预效果的推断	○		○	○
个体干预效果的推断			○	○
可以简单解释的不确定测量				○
低电脑运算成本	○		○	

资料来源：翻译自 Xun Pang, Licheng Liu, and Yiqing Xu, "A Bayesian Alternative to Synthetic Control for Comparative Case Studies", *Political Analysis*, 2022, 30(2), pp.269-288。

在建模选择上，DID、GSC 和 DM-LFM 通过假设个体固定效应来允许截距变化，而 SCM 则不允许这么做。SCM 只能接受不随时间改变的协变量，而 DID 和 GSC 只能接受随时间改变的协变量。DM-LFM 可以容纳两种类型的协变量，并允许它们的系数随个体和时间而变化。在模型选择方面，SCM 使用干预前的数据进行权重计算；GSC 使用交叉验证方案来选择因子的数量；DM-LFM 在更大的模型空间中进行选择，并同时对预测模型求平均值。

思考题

1. 合成控制法相比其他双重差分法有什么优势？
2. 广义合成控制法相比合成控制法的好处是？
3. 动态多层级潜在因子模型相较一般合成控制法的优势是？

延伸阅读

1. Alberto Abadie, "Using Synthetic Controls: Feasibility, Data Requirements, and Methodological Aspects", *Journal of Economic Literature*, 2021, 59(2), pp.391-425.

这篇论文是合成控制法提出者阿尔贝托·阿巴迪写的关于合成控制法的综述性论文。在这篇论文中，他提到，可能是由于其可解释性和透明性，合成控制法已广泛应用于经济学和社会科学的实证研究中。他首先介绍了合成控制法的原理，其次讨论了合成控制法的优势，详细解释了合成控制法与线性回归构造反事实方面的区别，并描述了合成控制法提供可靠估计的前提条件以及它们可能失败的环境，最后讨论了合成控制法最近的扩展、相关方法和未来研究的途径。

2. Alberto Abadie, Alexis Diamond, and Jens Hainmueller, "Comparative Politics and the Synthetic Control Method", *American Journal of Political Science*, 2015, 59(2), pp.495-510.

这篇文章是合成控制法提出者阿尔贝托·阿巴迪应用合成控制法进行比较案例分析的经典论文之一。在本文中，作者展现了合成控制法何以成为比较政治学中定量和定性方法的桥梁。作者通过德国统一对联邦德国经济的案例，用OECD国家"合成联邦德国"进行对比研究，发现德国统一对联邦德国经济增长产生了积极影响。这个案例说明了合成控制方法在比较案例研究中的潜在优势，展现合成控制法如何可以在小样本比较研究中提供精确的定量推断，同时仍然作为一种应用定性方法。作者提出，合成控制法可以促进政治科学研究的发展。

3. Xun Pang, Licheng Liu, and Yiqing Xu, "A Bayesian Alternative to Synthetic Control for Comparative Case Studies", *Political Analysis*, 2022, 30(2), pp.269-288.

本文提出了一种采用贝叶斯统计模型改进后的合成控制法，用于与单个或多个干预个体进行比较案例研究。作者对鲁宾的因果模型采用贝叶斯后验预测方法，该方法允许研究人员根据其反事实的经验后验分布，对干预观察结果的个体和平均干预效果进行推断。作者开发的预测模型是一个动态多级模型，具有潜在因子项，用于纠正由单位特定时间趋势引起的偏差。作者还考虑了协变量与结果之间的异质和动态关系，从而提高了因果估计的精度。为了减少模型依赖性，作者采用贝叶斯收缩方法进行模型搜索和因子选择。作者通过 MCMC 方法检验表明，他们提出的方法比现有方法产生更精确的因果估计，并且即使在样本量较小且数据中存在丰富的异质性的情况下，也能实现正确的频率覆盖率。作者进一步用政治经济学中的两个实证例子来说明这种方法。

附录：在 Stata 和 R 中实现合成控制法

一、Stata

阿巴迪及其合作者提供了合成控制法的 Stata 程序 synth①，正文所述估计方法均可使用该命令实现。命令 synth 的基本句型为：

```
synth y x1 x2 x3, trunit (#) trperiod (#) counit (numlist) xperiod
(numlist) mspeperiod() figure resultsperiod() nested allopt keep(filename)
```

其中，y 为结果变量（outcome variable），x1、x2、x3 为预测变量，即协变量。

必选项：trunit(#)用于指定干预地区；trperiod(#)用于指定政策干预开始的时期。

选择项：counit(numlist)用于指定潜在的控制地区；xperiod(numlist)用于指定将预测变量（predictors）进行平均的期间，默认为政策干预开始之前的所有时期；mspeperiod()用于指定最小化 MSPE 的时期，默认为政策干预开始之前的所有时期。

其余解释详见 help synth。

二、R

有关 R 软件的实际操作以阿巴迪等人的论文为主要研究载体进行介绍。② 这篇论文主要探讨恐怖主义活动会产生多少经济成本。因为发生恐怖袭击的地区本来就可能是经济不发达的地区，因此现实中没有相似的地区，需要通过"合成"来实现比较分析。

1. 展示数据

```
data("basque")
```

- basque 数据包含在了名为的 Synth 包中，请读者自行在 R 中安装 Synth 包，再进行软件操作。

---

① Alberto Abadie, Alexis Diamond, and Jens Hainmueller, "Synthetic Control Methods for Comparative Case Studies: Estimating the Effect of California's Tobacco Control Program", *Journal of the American Statistical Association*, 2010, 105(490), pp.493-505.
② Alberto Abadie and Javier Gardeazabal, "The Economic Costs of Conflict: A Case Study of the Basque Country", *American Economic Review*, 2003, 93(1), pp.113-132.

2. 用 dataprep()制作数据集

```
dataprep.out <- dataprep(foo = basque,
            predictors = c("school.illit", "school.prim", "school.med",
            "school.high", "school.post.high", "invest"),
            predictors.op = "mean",
            time.predictors.prior = 1964:1969,
            special.predictors = list(
              list("gdpcap", 1960:1969, "mean"),
              list("sec.agriculture", seq(1961, 1969, 2), "mean"),
              list("sec.energy", seq(1961, 1969, 2), "mean"),
              list("sec.industry", seq(1961, 1969, 2), "mean"),
              list("sec.construction", seq(1961, 1969, 2), "mean"),
              list("sec.services.venta", seq(1961, 1969, 2), "mean"),
              list("sec.services.nonventa", seq(1961, 1969, 2),
              "mean"),
              list("popdens", 1969, "mean")),
            dependent = "gdpcap",
            unit.variable = "regionno",
            unit.names.variable = "regionname",
            time.variable = "year",
            treatment.identifier = 17,
            controls.identifier = c(2:16, 18),
            time.optimize.ssr = 1960:1969,
            time.plot = 1955:1997)
```

- foo：指定使用的数据。
- predictors：指定用于预测结果变量的变量。
- predictors.op：指定对预测变量进行加权的条件。(在这种情况下，需要加权以使预测变量的平均值保持一致。)
- time.predictors.prior：指定在预干预期间使用预测变量的期间。
- special.predictors：设置要单独使用的预测变量、期间和条件。
- dependent：指定结果变量。
- unit.variable：表示个体数值的变量，unit.names.variable：指定指示个体名称的变量。

- time.variable：表示时间的变量。
- treatment.identifier：表示干预组的数值，controls.identifier：表示控制组的数值。
- time.optimize.ssr：指定计算结果变量权重的期间（预干预期间）。
- time.plot：指定创建图像的时间段。

3. 用合成控制法进行估计

```
synth.out <- synth(data.prep.obj = dataprep.out)
path.plot(synth.res = synth.out,
          dataprep.res = dataprep.out)
```

- synth( )：进行合成控制法的推定，保存为 synth.out。
- path.plot( )：生成附图 13-1，比较实际的巴斯克地区和合成的巴斯克地区。

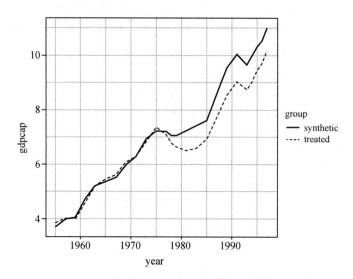

附图 13-1　R 的生成结果

第十四章
数据挖掘与政治分析

数据挖掘是什么？简单地说，它是从大量观察到的数据中抽取出未知的、有价值的模式或规律等知识的复杂过程。它有机地结合了来自多个学科的技术，包括数据库、数理统计、机器学习、高性能计算、模式识别、神经网络、数据可视化、信息检索、图像与信号处理、空间数据分析等。正如亚马逊前首席科学家安德雷斯·韦思岸（Andreas Weigend）所言，"数据是新的石油"，就像石油一样，必须进行提炼才能使用。数据挖掘处理的对象就是大规模的数据，且其挖掘技术快速而有效。通过数据挖掘，我们可从数据库中获得有意义的规律或更高层次的信息，并可以从多个角度对其进行鉴别、验证、分析。挖掘出的知识可以帮助我们进行决策支持、过程控制、信息管理等。总之，大数据正在"数据增长"和"技术进步"之间交替前行，其重要程度与日俱增，成就了当今的大数据热潮，其影响和应用已经渗透到政治、经济、社会等方方面面。它不仅成为 21 世纪重要的基础性战略资源，带来"数据的产业革命"，而且开启和推动了新一轮全方位的社会变革。本章首先介绍大数据和数据挖掘对于政治学研究的深刻意义，接着介绍数据挖掘的一般流程和主要功能，然后介绍数据的自动获取，最后介绍不同的文本内容分析方法。

第一节 复杂社会的政治分析

"数据真正告诉我们什么"这一问题是任何科学研究和决策的核心。大数据的重要性在这一点上不言而喻，它让人们能够深入理解数字化信息，提升支持和保护人类社会的公共能力。通过大量数据的挖掘，科学研究正向新的方法论范式推进，著名的计算机科学家、图灵奖获得者吉姆·格雷（Jim Gray）将数据密集型的科学发现（data-intensive scientific discovery）——通过大数据集合揭示程式化的事实的能力称为"科学的第四范式"（fourth paradigm of science）。[①] 诚如被誉为"大数

---

① 具体见吉姆·格雷 2007 年在加州山景城召开的 NRC-CSTB（National Research Council-Computer Science and Telecommunications Board）上发表的著名演讲——"科学方法的一次革命"。Jim Gray, "eScience：A Transformed Scientific Method", NRC-CSTB meeting, Mountain View CA, January 11, 2007.

据之父"的维克托·迈尔-舍恩伯格（Viktor Mayer-Schönberger）所言："将世界看作信息，看作可以理解的数据的海洋，为我们提供了一个从未有过的审视现实的视角。它是一种可以渗透到所有生活领域的世界观。"①大数据的挖掘不仅是将不完善的、复杂的数据转换成可操作的信息，更是利用先进的计算工具揭示大型数据集合内部及之间的尚未被发现的趋势，揭示行为之间的潜在联系，改进思维决策方式。

在互联网时代，人们时时刻刻都通过网络在各大平台、移动终端上分享自己的生活，表达观点和意见。这些信息形成的文本数据以及附带的图片、声音等媒体数据，对社会科学研究者而言是极其宝贵的研究素材。如何去获取这些数据，如何对这些数据进行分析是"大数据"时代下从事社会科学研究的人员非常关注的问题。在结构与非结构化数据爆发的背景下，依靠传统的统计定量分析方法去挖掘这些数据背后的社会问题常常显得非常乏力，因此，有必要结合计算机科学领域的自然语言处理、机器学习、分布式计算等相关技术，多学科、多角度地进行研究与分析。于是，数据挖掘在社会科学研究领域的应用骤然兴起。

大数据和数据挖掘这股热潮对于政治运作及政治学研究具有深刻的意义，既提供了新"原料"，又激发了与之相伴而生的新"手段"。与其他社会科学研究者一样，政治学研究者面临诸多机遇与挑战。例如，如何从大量的数据中分析政治现象及其背后隐含的关系？如何挖掘个人及团体在某类政治议题上的政治倾向？国内外许多学者已经展开了许多数据挖掘在政治学领域的研究和应用，主要涉及的方面包括对线上政治博文的挖掘（包括对传统媒体和新兴社交媒体）②、人际和政治组织之间网络分析③、互联网对现实政治的影响及如何在互联网上引导甚至是操控政治舆论等④。比如大卫·尼克森（David Nickerson）和陶德·罗杰斯（Todd Rogers）系统总结了大数据应用对政治选举的影响。⑤ 中国学者董青岭对大数据与机器学习对政治分析进行了综合论述，认为争论中的大数据会驱动权力政治的

---

① [英]维克托·迈尔-舍恩伯格：《大数据时代：生活、工作与思维的大变革》，周涛译，浙江人民出版社2013年版，第125页。
② Kevin M. Quinn, Burt L. Monroe, Michael Colaresi, et al., "How to Analyze Political Attention with Minimal Assumptions and Costs", *American Journal of Political Science*, 2010, 54(1), pp. 209-228.
③ 如 James H. Fowler, "Connecting the Congress: A Study of Cosponsorship Networks", *Political Analysis*, 2006, 14(4), pp. 456-487; Aleks Jakulin, Wray Buntine, Timothy M. La Pira, et al., "Analyzing the U. S. Senate in 2003: Similarities, Clusters, and Blocs", *Political Analysis*, 2009, 17(3), pp. 291-310。
④ 如 Gregory Koger, Seth Masket, and Hans Noel, "Partisan Webs: Information Exchange and Party Networks", *British Journal of Political Science*, 2009, 39(3), pp. 633-653; Jongwoo Han and Youngseek Kim, "Obama Tweeting and Twitted: Sotomayor's Nomination and Health Care Reform", APSA 2009 Toronto Meeting Paper, 2009, Available at SSRN: https://ssrn.com/abstract=1451445。
⑤ David W. Nickerson and Todd Rogers, "Political Campaigns and Big Data", *Journal of Economic Perspectives*, 2014, 28(2), pp. 51-74.

算法角逐、影响政治选举、扩展外交空间、推动外交创新等。①

大数据挖掘最著名的现实应用是2012年和2016年的美国总统选举。有多项研究表明，奥巴马竞选团队有效利用了数据挖掘技术帮助奥巴马赢得了与对手罗姆尼的总统竞选。奥巴马的竞选团队聘请埃森哲技术实验室的领军人物拉伊德·加尼(Rayid Ghani)作为首席数据分析师，雇用了一支规模五倍于其2008年团队的数据团队。《时代》杂志在奥巴马获胜几个小时之后发文披露了这支团队的部分运作情况。② 首先，该团队采用数据挖掘模型确定了奥巴马的潜在支持者，他们发现不同类型的支持者有不同的聚类特征(例如，西海岸介于40—49岁的女性支持者普遍喜欢名人，为此，乔治·克鲁尼(George Clooney)在其私宅举办了筹资晚宴，为奥巴马募得了约1 500万美元的连任竞选资金，这被称为"克鲁尼效应")。然后，他们进一步确定哪些支持者将会参与投票，并按照不同选区预测投票结果，以便于基于不同的选民特征进行区别拉票。例如，在著名的摇摆选区俄亥俄州汉密尔顿选区，他们的模型预测奥巴马将获得56.4%的选票；实际上，奥巴马在该选区获得了56.6%的选票，预测值与实际值仅仅相差0.2%。这种准确的预测使其竞选团队在募集竞选资金和分配紧缺资源时获得了更高的效率。2016年的美国大选中，特朗普和希拉里的对决也是一场"数据大战"。希拉里聘用了蓝色实验室(BlueLabs Analytics)为其竞选策略提供数据服务，甚至得到了谷歌等互联网巨头的技术支持；而特朗普则聘用了剑桥分析(Cambridge Analytica)负责其数据竞选策略。③ 2016年9月27日，剑桥分析的首席执行官亚历山大·尼克斯(Alexander Nix)在全球事务型论坛康科迪亚峰会(Concordia Summit)上展示了他的团队帮助

---

① 参见董青岭：《大数据与机器学习：复杂社会的政治分析》，时事出版社2018年版。相关讨论也见蔡翠红：《国际关系中的大数据变革及其挑战》，《世界经济与政治》2014年第5期，第124—143页；陆钢：《大数据时代下的外交决策研究》，《社会科学》2014年第7期，第3—15页；吕欣：《大数据与国家治理》，电子工业出版社2020年版。

② Sasha Issenberg, "How President Obama's Campaign Used Big Data to Rally Individual Voters", *Technology Review-Manchester Nh-*, 2013, 116, pp. 38–49; Tobias Konitzer, David Rothschild, Shawndra Hill, et al., "Using Big Data and Algorithms to Determine the Effect of Geographically Targeted Advertising on Vote Intention: Evidence From the 2012 U. S. Presidential Election", *Political Communication*, 2019, 36(1), pp. 1–16; Michael Scherer, "Inside the Secret World of the Data Crunchers Who Helped Obama Win" (November 7, 2012), Time Magazine, https://swampland.time.com/2012/11/07/inside-the-secret-world-of-quants-and-data-crunchers-who-helped-obama-win/, accessed by May 20, 2022; Michael Scherer, "How Obama's Data Crunchers Helped Him Win" (November 8, 2012), CNN, https://www.cnn.com/2012/11/07/tech/web/obama-campaign-tech-team/index.html, accessed by Auguest 30, 2022.

③ 剑桥分析在帮助特朗普赢得2016年总统竞选中一举成名，它及其母公司SCL参与了英国军队的心理战行动，比如，2015年英国军方为反恐成立的"脸谱士兵队"，又名"第77旅"，主要职能是运用社交媒体打好反恐心理战。

特朗普赢得2016年总统竞选的数据策略。① 可见,"数据军团"一定程度上已经成为影响现代选举政治的重要操盘手。②

第二节　数据挖掘的一般流程和主要功能

对于一个特定问题,是否采用数据挖掘的策略来解决,我们需要考虑三个问题:第一,我们能否清楚定义问题;第二,是否存在潜在的有意义的数据;第三,数据是否包含隐藏的知识或者数据是否真实有用。有时候,使用数据挖掘方法并不可行,一个明显的例子是缺乏优质的数据,此时,我们就需要依赖其他方式(比如专家的意见)来帮助决策。

一、数据挖掘的一般流程

尽管狭义上的数据挖掘仅仅是数据库知识发掘(knowledge discovery from database)过程中的一个核心步骤,但是我们通常广义地使用"数据挖掘"一词来表示整个知识挖掘过程,即从数据库、数据仓库或其他信息资源库的大量数据中发掘出知识。广义的数据挖掘一般由目标定义、数据准备、模型构建、模型评估和知识表示五个步骤组成。

(一) 目标定义

这是开展一个数据挖掘项目最先需要思考清楚的问题,具体工作包括:

(1) 问题定义。针对具体的数据挖掘应用需求,首先要明确研究问题。大多数基于数据的模型研究都是在一个特定的应用领域完成的,因此,为了提出一个有意义的研究问题,拥有相关领域的知识和经验是极其重要且必要的。问题定义这一工作要求将应用领域的专门知识和数据挖掘技术相结合,实际上,这往往意味着应用问题专家和数据挖掘专家之间的密切协作。遗憾的是,许多应用研究往往以牺牲对问题的清楚描述为代价而集中在数据挖掘技术上。

(2) 挖掘目标。本次的挖掘目标、需求以及期望效果为何?要想充分发挥数据挖掘的价值,必须要对目标进行清晰明确的定义,即决定到底想干什么。此外,我们还需要考虑实现挖掘目标过程中面临的种种人力、物力、能力等约束条件。

---

① Alexander Nix, "The Power of Big Data and Psychographics" (September 27, 2016), YouTube, https://www.youtube.com/watch?v=n8Dd5aVXLCc, accessed by August 30, 2022.
② 更多讨论见董青岭:《大数据与机器学习:复杂社会的政治分析》,时事出版社2018年版,第15—41页。

(二) 数据准备

这一步主要涉及数据的收集和预处理,为进一步挖掘数据做准备,具体工作包括:

(1) 数据采集。可获得的、可行的数据资源是成功实施一个数据挖掘项目的必要条件。在明确数据挖掘的目标后,接下来就是采集相关数据。如果采取抽样的方法,我们要恪守相关性、代表性、可靠性等抽样原则。通过精选合适的数据样本,不仅可以减少数据处理量、节省资源,而且有助于凸显我们要寻找的模式或规律。

(2) 数据清洗。数据清洗的作用是清除数据噪声以及与挖掘主题无关的数据,尤其需要注意极端值(outliers)和缺失值的处理。

(3) 数据集成。数据集成的作用是将来自多个数据源中的相关数据进行整合,并将数据转换为易于进行数据挖掘的存储形式。

(三) 模型构建

模型构建是知识发现的核心步骤,也常被称为狭义上的数据挖掘,核心在于利用智能方法挖掘数据呈现的模式或规律,具体工作包括:

(1) 模型选择。在这个环节,研究者要考虑的主要问题包括本次建模属于数据挖掘应用中的哪一类问题(分类、聚类、关联规则或是其他)以及该选用哪种算法(线性回归、逻辑回归、分类树、神经网络、遗传算法或是其他)进行建模,并校准模型设置以优化结果。研究者对同一数据通常要应用到多种不同的挖掘模型,且可能需要重返数据准备阶段,以使数据形式符合特定挖掘模型对数据的特定需求。

(2) 模型实现,在具体的软件或者平台上对模型进行实施。

(四) 模型评估

模型评估的作用在于根据一定的评估标准,从多个可选的模型中找出一个最优的模型,从而从挖掘结果中筛选出最有意义的发现和知识。在决定是否采用或应用数据挖掘的结果之前,我们还需要确认挖掘模型是否完成了研究设定的挖掘目标、挖掘的结果能否被清楚地解释等问题。

(五) 知识表示

知识表示的主要作用是利用可视化等知识表达技术展示数据挖掘的结果,具体工作包括:

(1) 模型解释。建立和实施模型并不意味着挖掘任务已经完成,还需要对模型进行解释,并以有效的方式呈现研究的结果。在复杂的"黑箱模型"的基础上进行实践或者决策非但不科学,而且是非常危险的。

(2) 结果表达。现代的数据挖掘方法往往希望通过高维度的模型来获取高精度的结果,这就决定了用特定的技术对这些结果进行表达、解释、说明的重要性和复杂性。我们不会想要一个长达数百页的数值结果。我们不但难以理解和接受这样的结果,更不可能基于这样的结果进行实践或决策。在结果表达的过程中,可视化技术等知识表达技术发挥了极其重要的作用。

二、数据挖掘的主要功能

数据挖掘的功能可以大概分为四类:概念描述、分门别类、关联网络、演化预测。

(一) 概念描述

概念描述是指对数据集合进行概述性的总结并获得简明、准确的描述,例如国内生产总值是对一个国家经济发展的基本情况进行概述总结的一个整体概念。获得概念描述的方法主要有以下两种:一是利用广义的属性对数据集进行概要性的总结(data characterization);二是对两类数据集的特点进行对比性或者区分性的总结(data discrimination),并对对比结果给出概要性的总结,被分析的数据集分别被称为目标数据集(target class)和对比数据集(contrasting class)。

(二) 分门别类

分类就是找出一组能够描述数据集合典型特征的模型或函数,以便能够分类识别未知数据的归属或类别(class),如民众对政府的信任度是属于高级、中级还是低级。分类模型可以通过分类挖掘算法从一组训练样本数据(其类别归属是已知的)中学习获得。分类挖掘所获的分类模型可以采用多种形式加以描述输出,其中主要的表示方法有分类规则(if-then)、决策树(decision tree)和神经网络(neural network)等。决策树是一个具有层次的树状结构,可以很容易地转换为分类规则。神经网络是一种更复杂的分类模型,其分类规则的解释性和可读性较低。分类模型通常用于离散型数据。若需要预测具有数值属性的值(连续型数值数据),这样的"分类"常被称为预测(prediction)。尽管预测既包括连续数值的预测,也包括有限离散值的分类;但一般还是使用"预测"来表示对连续数值的预测,而使用"分类"来表示对离散值的预测。

聚类分析(clustering analysis)是一种将相似的记录、观察和案例划分到同一类别中的方法。分类预测模型所使用的是已知类别归属的数据(class-based data),属于有监督的学习方法;而聚类分析所分析处理的数据是无(事先确定)类别归属,即类别归属标志在聚类分析处理的数据集中是不存在的,属于无监督的学习方法。聚类分析依靠度量数据对象之间相似度的各种计算公式,根据各"组"或"簇"内部相似性最大化、组间差异最大化的基本原则,将聚类分析的数据对象划分为若干组。聚类分析所获得的组可以被视为一个同类别归属的数据对象集合。此外,通过反复不断地对所获得的聚类组进行聚类分析,还可获得一个关于初始数据集合的层次结构模型。

(三) 关联网络

关联分析(association analysis)就是从给定的数据集中发掘频繁出现的关联性规则(association rules)或者关联模式,主要任务是找出哪些属性会同时出现。关联规则是一些形如"如果存在某条件,则产生某结果"的规则。衡量规则强弱的两个重要指标是支持度和可信度。关联分析被广泛用于市场营销、事务分析等领域,比如,发现超市中哪些商品往往被顾客一起购买、哪些商品从未被一起购买。近年来,关联数据挖掘研究方兴未艾,并出现了许多高效的关联规则挖掘算法。

(四) 演化预测

演化预测是指对随时间变化的数据对象的变化规律和趋势进行建模描述。这一建模手段包括时序数据分析、序列或周期模式匹配等。预测主要是针对未来的情况,比如,预测未来国内外政治的走向,包括国家政策、政权更迭、双边或者多边关系、国际格局、冲突预防和解决等。

第三节 政治数据的自动获取

随着大数据越来越被重视,数据采集面临的挑战变得尤为突出,包括数据的多样性、结构复杂、变化快、重复性高、质量参差不齐等。互联网的快速发展和应用致使基于 Web 的数据体量与日俱增。网络服务端可以返回的数据格式主要有三种:XML、HTML 和 JSON。XML(extensible markup language,即可扩展标记语言)是在 SGML(standard generalized markup language,即标准通用标记语言)的基础上发展出来的,主要用于数据类型的定义和传输。[①] HTML(hyper text markup language,即超文本标记语言)是为创建在网页浏览器中看到的信息而设

---

① SGML 是国际上定义电子文件结构和内容描述的标准,在 Web 发明之前就已经存在了。随着 Web 应用的不断发展,HTML 的局限性日益凸显,于是研究者通过改造 SGML 来适应网络的需求。1998 年,万维网联盟(World Wide Web Consortium,简称 W3C)公布了 XML 1.0 标准,标志着 XML 的诞生。

计的一种标记语言，主要用于网页显示。JSON（javascript object notation，即对象表示法）是一种轻量级的数据交换格式，起源于 JavaScript 的数据对象，之后独立成为一种 Web 中流行的数据交换标准。JSON 沿袭了一些主流编程语言的习惯（包括 C、C++、C♯、Java、JavaScript、Perl、Python 等），但是采用了完全独立于语言的文本格式。R 软件提供了在网络上自动获取数据的多种途径，主要包括通过网络爬虫（crawler）来抓取网页数据（webscraping）和通过应用程序接口（application programming interface，API）来获取数据两大类。本节将介绍如何直接读取和自动抓取这些网络传输中或者网页显示格式的数据，在 R 中的具体实现过程见本章代码文件 Ch14.Rmd 的第一、二部分[1]。

一、通过爬虫抓取网页数据

网络爬虫又称网络蜘蛛或网络机器人，可以根据网页的链接地址自动获取网页内容，是一种按照一定的规则自动地抓取 Web 信息的程序或者脚本。互联网就像一个大蜘蛛网，里面有许多嵌套的网页，网络爬虫可以获取所有网页的内容或者选择性地爬取与预设的主题相关的页面，这个过程叫作数据抓取。[2] 在数据抓取的过程中，用户从互联网上提取嵌入在网页中的信息，并将其保存为结构化的数据以便做进一步的分析。在 R 中完成这一过程，可以使用基础包中的函数 readLines() 来下载网页，然后结合 grep() 和 gsub() 等函数做进一步处理。抓取结构复杂的网页可以使用 rvest 包、RCurl 包和 XML 包来提取有用的网页信息。

（一）读取 XML 文件

R 中有若干用于处理 XML 文件的扩展包。XML 包提供了一个和 libxml2 库相连接的接口。libxml2 库是一个用 C 语言编写的功能强大的解析库，允许用户读取、写入和处理 XML 文件。具体操作流程是先安装 XML 包，再使用 xmlParse() 或者 readHTMLTable() 函数来导入 XML 数据，并通过 class() 函数来查看文件的类型。代码 code.xml 以抓取美国历任总统的个人信息为例，演示了 XML 文件信息的抓取和数据转换过程，包含源数据的 XML 已经存储为 potus.xml。若要检查 XML 文档的格式是否规范，可以将 validate 参数设置为 TRUE 来引入 DOM（document object model，即文档对象模型）校验步骤，即用一个 DTD（document type definition，即文档类型定义）检验 XML 的合法性。在大部分情形中，XML

---

[1] 相关代码文件请查阅本书资料包，下文不再一一说明。
[2] 更多介绍可以参考"Webscraping using readLines and RCurl"，http://www.programmingr.com/content/webscraping-using-readlines-and-rcurl/，最后浏览日期：2022 年 8 月 30 日。

文档比较规范，可以直接对它们进行原样处理。

（二）读取 HTML 文件

XML 包中的 htmlParse() 和 htmlTreeParse() 函数都可用于读取 HTML 页面。代码 code.html 以抓取 2017 年中国政府的工作报告为例，演示了 HTML 文件的抓取过程。为了加快抓取速度、缓解内存不足的问题，除非必要，我们可以不对 HTML 文件进行整体性抓取，而是先对文件进行解析、丢弃网页中多余的信息，比如删除注释或者某些无关节点。

（三）读取 JSON 文件

JSON 文件是 Web 程序彼此之间传递数据的标准，在 R 中被视为特定格式的字符串。读取 JSON 文件的方法有两种。

一种方法是通过 RJSONIO、rjson 或者 jsonlite 包来处理 JSON 文件，三者通过把 fromJSON() 函数从不同的包中解析出来，将 JSON 格式的字符串向量转化为 R 可读的列表对象。值得注意的是，RJSONIO 会把地理坐标都转化为向量，可以通过 simplify = FALSE 来关闭这一转化，产生的数据则与 rjson 的处理效果一样。此外，RJSONIO 把 NAN 和 NA 映射为 JSON 的 null，但保留正负无穷，rjson 则把这些值直接转化为字符串。

另一种方法是通过 readLines() 函数读取 JSON 文件为字符型向量，再通过 fromJSON() 函数转化为列表对象，该方法尤其适合于对 R 中符合 JSON 格式的字符型向量的处理。由于网页的数据中常常包含 JSON 格式字符串，所以第二种方法在网页处理中更为常用。代码 code.JSON.congress 以读取包含美国 108 届国会议员信息的 JSON 文件为例，示范了 JSON 文件的读取和关键信息的提取过程，并将提取的结果存储为 R 可读的数据框。代码 code.JSON.brexit 以通过读取 JSON 文件获取一些国家和地区支持英国脱欧的请愿人数的信息为例，进一步示范了如何利用 tidyverse 包对数据框进行整理并利用 ggplot2 包绘制条形图的过程。

二、通过应用程序接口获取数据

应用程序接口（API）是 Web 服务与外界进行交互的接口，通常以 HTTP 的形式存在。许多 R 扩展包可以通过 API 从网络资源中获取数据。随着社交媒体的普及和流行，社交媒体数据越来越成为政治学研究的重要素材。在政治学研究中，我们常通过 API 获取社交媒体数据进行政治分析。我们既可以借助 RCurl、ROAuth 等包通过 API 用普通网络数据爬取的方式获取这些数据，也可以使用针对特定社交平台的扩展包获取数据。比如,我们可以通过 rwda、Rweibo 包来获取微博数据,用 twitteR 包来获取 Twitter 数据,用 Rfacebook 包来获取 Facebook 数据,用 Rflickr 包来获取 Flickr 数据。其他 R 软件包允许用户连接上如知乎、豆瓣、Google、Amazon、Dropbox、Salesforce、Wikipedia 等提供的网上资源。CRAN Task View 中的 Web Technologies and Services 子版块提供了一张有助于获取网上资源的 R 包列表。① 下文以抓取微博的数据为例进行说明。

微博提供了对用户开放的 API。② 我们可以通过 Rweibo 和 rwda 包利用 API 便利地爬取微博数据。③ 这是两个专门针对新浪微博的软件开发工具包(software development kit,SDK),调用其中的函数,我们既可以获取用户和博文信息,也可以搜索和发表博文。代码 code.apiRweibo 和 code.apirwda 介绍了使用 Rweibo 和 rwda 包通过微博 API 爬取某微博评论数据的一般过程。若使用 Rweibo 包,我们需要首先到新浪微博开放平台(https://open.weibo.com/development)申请一个新的应用,以获取调用 registerApp()、createOAuth()需要使用到的 app_name、app_key、app_secret、access_name 等信息,其中 app_name 和 access_name 可以自命名。若使用 rwda 包,我们需要从 http://open.weibo.com/tools/console 获取新浪微博的 access_token 的信息。值得注意的是,微博对个人开发者每次抓取评论的数量限制在 2 000 条(每页 50 条)。若要获取某段时间内关于某个议题的微博数据,我们可以通过设定关键词使用 Rcurl 包的 getURL()抓取网页,并结合 htmlParse()、xpathSApply()、datafetch()等函数对网页进行解析并提取有用的信息。

第四节 数据挖掘之于政治分析:以分析联合国大会和安理会的辩论文本为例

在政治科学研究领域,大数据提供了大量宝贵的政治信息,比如关于政策内容、政策制定过程、政府与民众的互动、民众政见的表达和传播、国家间的互动关系、国际组织和地区组织的活动等。许多与政治活动有关的信息都以非结构化或者半结构化的文本形式存在,本书称之为"政治文本"。大数据从出现伊始便对传

---

① 下载地址:https://cran.r-project.org/web/views/WebTechnologies.html,最后浏览日期:2022 年 8 月 30 日。
② 关于微博 API 的介绍见 https://open.weibo.com/wiki/微博 API,关于微博 API 测试工具的平台见 https://open.weibo.com/tools/console,最后浏览日期:2022 年 8 月 30 日。
③ 关于 Rweibo 和 rwda 包的介绍,具体见:https://github.com/sjhfx/Rweibo 和 https://github.com/sjhfx/rwda。这个版本的 Rweibo 是在李舰开发的 Rweibo 基础上修改而成,已经迁移到 GitHub 上进行维护。

统的文本分析方法提出挑战,这是由大数据本身体量大、结构复杂、信息密度低、传播速度快等特征决定的。对政治文本的分析先后经历了文献诠释、内容分析以及文本挖掘(有时也叫"语料计算学",lexicometrics for corpus exploration)等不同发展阶段。①

对政治文本的研究源于对文献的主观解读,这类研究方法的研究议题主要沿袭了诠释学的政治话语研究、政治符号论和政治词语解读的传统,即在思辨的基础上结合研究者的政治理论素养和政治政策领悟,通过分析文本的谋篇布局、遣词造句、修辞表达来探析政治立场、预测政治变化。然而,当思辨形式的文本解读无法满足学术界对于理性主义、科学主义的诉求时,经验型的量化研究便开始萌芽和发展,试图弥补思辨方法的过度模糊性、主观性等不足。

内容分析是以往用于政治科学研究的文本量化分析诸方法中比较典型的一种,其不仅可以对单篇或者少量文本进行微观分析,还可以对特定领域大批量文本进行宏观统计。内容分析法的一般工作流程是:先确定分析问题所需要的信息源并选取样本文本;然后基于一定的理论提出基本的文本分析框架并制定量化标准;再后采用多人编码或者专家打分的方式,从不同维度来对文本包含的基本概念和主要内容进行"测量";最后将数据录入计算机,按照事先确定的权重体系进行计算和分析。这一研究过程可以将研究人员常规阅读无法提取的信息尽力客观地提取出来,并以简洁的量化方式予以表达。

尽管内容分析法有许多独特的优势,但是在实际应用中仍然面临着许多局限性。首先,内容分析方法处理容量有限,采用抽样方法选取样本就不可避免地带来人为偏差。在研究中我们要处理的文本数量往往十分庞大,因为内容分析法手工处理的能力有限,所以常常需要从总体中抽取样本文本。无论抽样所依据的方法多么科学、有效,将不可避免地丢失部分信息。同时,由于文本的信息源往往具有异质性,因此抽样常常难以按照统计学中的随机抽样原理进行,而是更多地加入了人为因素,如研究者根据经验判断挑选某类报纸或者某段时间的新闻报道作为样本。这样的抽样降低了内容分析方法本身的客观性特征。其次,传统的内容分析方法采用手工标引,因而效率非常低。编码标引是将非结构化的文本内容转化为结构化的"数据"进行分析的基本方法,即由编码人员对样本的内容进行逐一阅读判别,并将判别结果记录到编码表中。这是一个效率极为低下的纯手工过程,虽然计算机可以辅助标引,例如帮助标引者找到文本中的关键词,但是"阅读→判别→记录"这一耗时费力的过程无法改变。最后,由于长期作业或

---

① Gregor Wiedemann, "Computer-Assisted Text Analysis in the Social Sciences", in Gregor Wiedemann, ed., *Text Mining for Qualitative Data Analysis in the Social Sciences: A Study on Democratic Discourse in Germany*, Wiesbaden: Springer Fachmedien, 2016, pp. 17-54.

者集体作业所导致判别结果的不一致会降低研究结果的可信度。进入大数据时代,文本体量与日俱增,不但文本总量达到了依靠手工标引量化无法企及的程度,且有意义的信息变得越来越稀薄,传统的内容分析法难以大规模应用,部分学者开始尝试新的文本信息分析方法,其中有望替代内容分析的方法就是文本挖掘。

接下来,本章以政治文本为处理对象,有针对性地介绍文本挖掘的操作流程和涉及的主要技术,并选取国家关系领域一类极其重要的文本——联合国一般性辩论和安理会高级辩论文本(1970—2015 年)作为示范文本,详细介绍主要挖掘技术在政治科学研究领域的典型应用,其在 R 中的具体实现过程见本章代码文件 Ch14.Rmd 的第三部分。

一、政治文本挖掘的操作流程和主要技术

文本挖掘主要利用计算机的各种分析程序对非结构化或半结构化的自然语言文本进行自动处理。它是从大量的、结构复杂的文本信息中发现潜在模式、内在结构、规律关系与发展趋势的过程。文本是数据挖掘方法在文本数据集上的运用。与传统的数据挖掘相比,文本挖掘处理的对象不同。数据挖掘的对象大多是来自数据库中的结构化数据,其组织形式规范、严谨,可以较为方便地实现批量自动处理。而文本挖掘的对象是以自然语言作为载体的非结构化或者半结构化的文本,一般而言并无确定形式,这是文本挖掘任务特有的一个巨大挑战。自 20 世纪 80 年代出现伊始,文本挖掘经历了一个曲折而缓慢的发展过程,其科学性一度受到质疑和诟病。近些年来,随着计算机技术的突飞猛进,这一方法取得了前所未有的进步和发展,逐渐被广泛接受和应用。

分析非结构化的文本信息通常有两条可能的途径。一条途径是发展全新的数据挖掘算法直接对非结构化数据进行分析,由于文档数据非常复杂,导致这种算法的复杂性高、实现困难。另一条途径就是将非结构化文本结构化,再利用现有的数据挖掘技术进行分析。目前的文本挖掘一般采用后者,即先通过自然语言处理将政治文本进行系统化处理,将其转化为结构化文本数据(textual data)并构建语词、语义或情感等特殊对象,然后再做数据挖掘。典型的文本挖掘的流程如图 14-1 所示,主要包括三个步骤:文本集的获取、文本预处理、挖掘分析和结果可视化。[1]

---

[1] 本章对挖掘过程中涉及到的算法和具体操作不做详细介绍,更详细的介绍参考相关教材,比如谢邦昌、朱建平:《文本挖掘技术及其应用》,厦门大学出版社 2016 年版;David Robinson and Julia Silge, *Text Mining with R: A Tidy Approach*, California: O'Reilly Media, 2017.

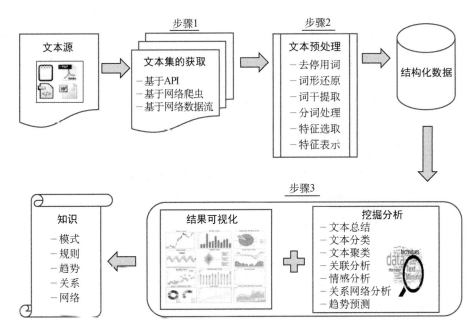

图 14-1 文本挖掘的一般过程

（一）步骤 1：文本集的获取

蕴含政治信息的政治文本大致可以分为如下两类。

一类是政策文本。政策文本是指因政策活动而产生的记录文献，既包括国家或地区的各级权力机关以文件形式颁布的法律、法规、部门规章、条约、决议等官方文献，也包括国际组织、地区组织、非国家组织、社会团体等重要政治行为体的活动所产生的记录、文书等非官方文献，还包括政治领导人、政治精英、专家学者在政策制定过程中形成的研究、咨询、听证等公文档案，甚至包括因辩论、演说、报道、评论等形成的文本。政策文本作为一种特殊类型的文献，具有来源权威性、政治相关性、信息密集性等优势，对这些文本进行挖掘往往能够产生比较有影响力和政策意义的结论。

另一类是蕴含政治信息的非政策文本，通常来源于个人、团体、组织等自觉的或者非自觉的政治活动。这类文本往往以网络文本（尤其是社交网络文本）的形式存在。随着互联网及移动手持设备的普及，因特网因其低门槛性、自由随性的特点，已成为一个十分重要的信息生产和传播的平台。通过网络，人们可以随时随地获取政治信息、了解时事、交流意见、参与话题、表达情感，因此每天能够产生海量的数据，涉及政府政治、内政外交等各个方面，蕴含着巨大的科研价值。

文本挖掘流程的第一步就是将这些蕴含政治信息的文本收集起来，并形成文本集(corpus,也常被称为语料库)。文本集的获取是实现文本挖掘的基础和保障。进入大数据时代,数据的广泛存在性使得数据越来越多地散布于不同的数据管理系统中。对非电子文本,我们可以通过电子扫描、文字识别、关键词检索等技术将其存储为电子文本集。对于电子化的网络文本,目前大致有基于 API、基于网络爬虫和基于网络数据流三种获取文本集的方式。基于 API 方式获取文本集是通过调用官方提供的数据 API 接口获得所需文本。基于网络爬虫的方式指利用网络爬虫的技术,选取适当爬行策略对页面进行抓取。基于网络数据流的技术是指通过特定的应用协议识别、实时捕捉在网络中传输的数据包,并通过特征匹配等方式对获取的数据进行信息抽取还原。近些年来,越来越多的学者和研究机构致力于政治语料库的建设,对政府出版物或公开的政治文本进行采集加工,如政策条文、相关政策解释、政治人物传记、语录或新闻纪录等。目前比较典型的政策语料库有:德国柏林社会科学研究中心比较政见研究项目政见文本语料库(MRG/CMP/MARPOR)[1]、美国康奈尔大学政策文本语料库(Corpus of Political Discourse)[2]、美国匹兹堡大学计算机系的 MPQA(Multi-Perspective Question Answer)政策辩论语料库[3]、卡内基梅隆大学计算机系 Sailing 实验室的政治博客语料库[4]、香港浸会大学整理开发的政治演讲语料库(Corpus of Political Speeches-HKBU Library)[5]。

(二) 步骤 2:文本预处理

文本挖掘流程的第二步就是对文本集中的文本进行预处理。与数据库中的结构化数据相比,文本数据只有有限的结构或者根本就没有结构。特别是来自社交网络的文本,字数少、信息稀薄,且常常包含广告、转发、表情符号等。只有对这些不规范、口语化、碎片化的"噪声"进行筛选、清理之后,才能对文本数据进行处理和分析。此外,文档的内容是人类所使用的自然语言,计算机很难处理其语义。文本

---

[1] 德国柏林社会科学研究中心的政见文本语料库收集了 1945—2015 年所有欧洲国家和少数英美联邦国家总共约 50 个国家的 4 051 个政见语料集,包括 1979—1989 年政见研究组 MRG(Manifesto Research Group)、1989—2009 年比较政见研究组 CMP(Comparative Manifestos Project)以及关于政治表达的语料研究组 MARPOR(Manifesto Research on Political Representation)。
[2] 美国康奈尔大学的政策文本语料库既整理了总统在国会的演讲(congressional speech)的语料,同时还设计开发了相应的情感开发工具 ReadMe。
[3] 美国匹兹堡大学的 MPQA 语料主要收集新闻报纸素材语料,包含 4 个子库、4 个词表和基于语料库分析技术开发的 Opinion Finder 系统,其中有一个子库是政策辩论数据库(Political Debate Data)。
[4] 卡内基梅隆大学的政治博客语料库采集了 2008 年 6 个博客平台的 13 246 个政治博客文本记录,类似的语料集还有美国海军学院建立的维特政策语料库。
[5] 香港浸会大学的政治演讲语料库包括了历届美国总统演说语料库(1789—2015)、历届中国香港总督或特首施政报告语料库(1984—1996,1997—2015)、历届中国台湾地区领导人新年致辞和双十演讲语料库以及历届中国政府总理施政报告语料库。

信息的这些特殊性使得对其进行预处理显得尤为必要和困难。预处理是文本挖掘的前端技术，它旨在从文本对象中抽取预先指定的实体特征、关系、事件等信息，形成结构化的数据并录入数据库，从而方便利用数据挖掘技术对其进行分析。一般而言，文本预处理过程包括去停用词、词形还原和词干提取（英文文本）、分词处理（中文文本）、特征选取和特征表示等一系列操作。

文本预处理的第一步是去停用词，以减少文本特征向量的维度。去停用词是指去除频率高、没有实意的虚词和类别色彩不强的中性词，如"的""是""of""the"等。在中文文本中，停用词的数量只有为数很少的几十个，占用篇幅较少。然而，在英文文本中，停用词的使用数量常常占到总字数的一半以上，尽管常用停用词的数量却不足200个。停用词表有通用停用词表与专用停用词表之分，其来源有人工构造和基于统计的自动学习两种方式。自动学习获取法是从训练文本中统计出高频停用词，自动构建停用词表，并由人工进行核对，或者从初步的向量分词结果中得到停用词，然后在分词过程中不断地更新并根据切分结果进行验证。美国得克萨斯大学达拉斯分校（University of Texas at Dallas）的邹峰（Feng Zou）等人提出一种基于统计与信息论模型的中文停用词抽取方法，被广泛应用于中文文本的处理。[1]

接下来，在对文档进行特征提取前，需要对英文文本进行词形还原（lemmatization）和词干提取（stemming），对中文文本进行分词处理。词形还原即将英文词转变为其原形，如将"voted"处理为"vote"、将"fighting"处理为"fight"。而词干提取主要是采用"缩减"的方法，将词转换为词干，如将"wars"处理为"war"，将"conflictual"处理为"conflict"。与英文文本不同，中文以词为最小语义单元，且词与词之间没有固有的间隔符（空格），因此中文文本需要进行分词处理。目前主要有基于词库的分词算法和无词库的分词算法两种。基于词库的分词算法包括逐词遍历匹配法、正向最大匹配、正向最小匹配、双向匹配、最少切分法等。这类算法的特点是易于实现、设计简单，但分词的正确性很大程度上取决于所建的词库，基于词库的分词算法对于歧义和未登录词的切分具有很大的困难。基于无词库的分词算法是指基于词频的统计，将原文中任意前后紧邻的两个字作为一个词，然后对它们的出现频率进行统计。出现的频率越高，成为一个词的可能性也就越大，在频率超过某个预先设定的阈值时，就将其作为一个词进行索引，这种方法能够有效地提取出未登录词。目前国内比较成熟的分词工具有中国科学院的汉语分词系统ICTCLAS（Institute of Computing Technology Chinese Lexical Analysis

---

[1] Feng Zou, Fu Lee Wang, Xiaotie Deng, et al., "Automatic Construction of Chinese Stop Word List", *Proceedings of the 5th WSEAS international conference on Applied computer science*, Stevens Point, Wisconsin, USA: World Scientific and Engineering Academy and Society (WSEAS), 2006, pp. 1009-1014.

System)、武汉大学开发的文本挖掘软件 ROST CM 等。

预处理的最后一步是对文本按照选取的代表性特征进行表示。特征表示是指以一定特征项（如词条或描述）来代表文档，在预处理之后只需对这些特征项进行分析，从而实现对非结构化的文本的数据挖掘。这是非结构化向结构化转换的一个关键步骤。要表示文本，首先要选取文本特征。自然语言文集中往往包含大量的词汇。如果把这些词都作为特征，将带来一系列问题。首先，如果特征维数太大，高维的特征会导致计算机存储空间不足、处理速度慢。其次，如此高维的特征对即将进行的挖掘分析未必是重要的、有益的。比如，在文本分类分析中，一般选择 2%—5% 的最佳特征作为分类依据。因此，有必要对文本进行降维处理，只选择那些具有代表意义的词作为特征。文本的代表性特征通常具有以下特点：该特征是对文本进行充分表示的语言单位；文本在特征空间中的分布具有较为明显的统计规律；文本映射到特征空间的计算复杂度不太大。中文文本可以划分为字、词、短语、句子以及段落等多种层次的语言单位，每个层次都可以作为文本的特征项。一般而言，特征所处的层次越高，则其包含的信息就越丰富，但是随着特征语法层次的提高，特征数目会呈现指数增长，处理难度就越大。

目前在中文处理领域，通常选取词作为特征项，将连续的字符流切割成词语流是较为合适的特征选择。我们也可以依赖特征提取算法来选取代表性特征，即构造一个评价函数，对每个特征进行评估，然后把特征按分值高低排队，预定数目分数最高的特征被选取。在文本处理中，常用的评估标准有词频（term frequency，TF）、文档频率（document frequency，DF）、有信息增益（information gain，IG）、期望交叉熵（expected cross entropy，ECE）、互信息（mutual information，MI）、文本证据权重（weight of evidence for text，WET）、TF－IDF（term frequency-inverse document frequency）、卡方统计量等。一般而言，TF、DF 过于简单，IG 同时考虑了特征在文本中不出现的情况，增大了计算量同时也给结果带来了一些干扰；ECE 与 IG 类似，只考虑了特征出现的情况；MI 比较偏向低频词分析；卡方统计量对于不同情况都具有较好的稳定性。目前应用较多的方法是 TF-IDF 权重。①

确定了特征之后，还需要采用合适的数学模型来表示文本，以便于后续的处理。目前常用的文本表示模型有向量空间模型（VSM）、语言模型、布尔模型等，它们各自具有不同的特点，向量空间模型是目前使用较多的一种文本表示模型。②

---

① Man Lan, Chew-Lim Tan, Hwee-Boon Low, et al., "A Comprehensive Comparative Study on Term Weighting Schemes for Text Categorization with Support Vector Machines", Special interest tracks and posters of *the 14th international conference on World Wide Web*, New York, NY, USA, May 2005, pp. 1032-1033.

② G. Salton, A. Wong, and C. S. Yang, "A Vector Space Model for Automatic Indexing", *Communications of the ACM*, 1975, 18(11), pp. 613-620.

（三）步骤3：挖掘分析和结果的可视化

文本经过预处理之后，便可以对结构化的数据进行挖掘分析。常用于政治学研究的文本挖掘技术主要包括文本总结（abstraction）、文本分类（text classification）、文本聚类（text clustering）、关联分析、情感分析（sentiment analysis）、关系网络分析（network analysis）和趋势分析（trend application）。挖掘分析的结果常常通过各种可视化途径进行呈现。① 大部分文本挖掘工具会提供可视化的操作界面，从而更好地展现从文本中挖掘出的模式、规则、趋势等相关知识。此外，在新的数据、生成环境和分析需求的驱动下，文本挖掘的集成化趋势也日益明显。例如 R 依赖 tm（text mining）安装包就可以实现文本处理的大部分操作，并直接在 R 平台对结构化的文本数据进行分析，这一定程度上实现了文本处理和数据挖掘的一体化。

二、文本挖掘在政治学研究中的典型应用

为了更好地解释文本挖掘在政治学研究中的典型应用，下文将以联合国大会一般性辩论和安理会高级别辩论的文本（1970—2015年）为例，对各种挖掘分析方法涉及的方法和应用进行介绍，并运用相关的可视化技术呈现文本挖掘的结果。联合国大会是联合国主要的审议、监督和审查机构，是当今国际社会最具普遍性、代表性、权威性以及拥有最大动员能力和影响力的国际组织。② 它不仅是规模最大、合作最广泛的国际平台，也是实践多边主义的重要场所，还是各国阐明外交立场、开展外交活动、提升国际影响力的重要舞台。③ 在联合国大会的一般性辩论和由联大以及联合国的其他机构召集的专题辩论环节中，各国的国家元首、政府首脑、高级外交代表有机会就设定的主题或者就本国关切的国际问题发表意见、发出号召和倡议。这是一国政府向外"发声"最重要的国际渠道之一，也是外界了解、研究、报道和评论一国内政外交政策的重要信息源。基于此，对这些文本进行深度挖掘，有助于我们了解联合国各成员国的政治议程以及在特定问题上的政治立场。联合国大会的辩论文本全部储存于联合国达格·哈马舍尔图书馆（UN Dag

---

① 数据可视化（data visualization）指的是运用计算机图形学和图像处理技术，将数据转换为图形或图像，在屏幕上显示出来并进行交互处理。它涉及计算机图形学、图像处理、计算机辅助设计、计算机视觉及人机交互技术等多个领域。
② Mukul Sanwal, "Evolution of Global Environmental Governance and the United Nations", *Global Environmental Politics*, 2007, 7(3), pp.1-12.
③ 2004年8月5日第59届联合国大会中方立场文件，http://www.china-un.org/chn/lhghywj/ldhy/yw/ld59/t162141.htm，最后浏览日期：2022年8月30日。

Hammarskjöld Library）。① 利用网络爬虫从联合国网站上对每一份辩论文本以及表 14-1 中的其他相关信息进行抓取，并按照 quanteda 扩展包对 txt 文件结构的要求，将所有的 txt 文件存在同一个文件夹或者其子文件夹下，再通过 corpus() 函数建立将要进行挖掘的语料库，与每份文档相关的变量可以通过 docvars() 进行查看。

表 14-1　对联合国大会辩论的文本进行抓取的结果

Year	Session	ISO Code	Country	Speaker	Post	Language	File
…	…	…	…	…	…	…	…
2015	70	AFG	Afghanistan	Mr. Abdullah Abdullah	Chief Executive Officer	English	AFG_70_2015.txt
2015	70	AGO	Angola	Mr. Manuel Vicente	Vice-President	Portuguese	AGO_70_2015.txt
…	…	…	…	…	…	…	…
1970	25	ZAF	South Africa	Mr. Muller	NaN	NaN	ZAF_25_1970.txt

注：“NaN”代表联合国网站上没有提供相关信息。

（一）文本总结

文本总结是指从文档中抽取关键信息，用简洁的形式对文档内容进行介绍，这样，我们不需要浏览全文就可以了解文档或文档集合的总体内容。通常文章会有一些主题句，大部分位于整篇文章的开头或末尾部分，且往往位于段首或段尾，因此，文本总结自动生成算法主要考察文本的开头、末尾，并在构造句子的权值函数时，相应地给标题、子标题、段首和段尾的句子赋予较大的权值，按权值大小选择句子组成相应的摘要。文本总结在有些场合十分有用，如搜索引擎在向用户返回查询结果时，通常需要给出文档的摘要。目前，绝大部分搜索引擎根据求取中心文档和中心词汇的相关算法，通过截取文档的前几行或者使用中心词汇来表示文档、使用中心文档来代表文档集合。在政治学研究中，自动生成摘要方法的应用并不普遍，因为其本身没有特别大的意义，毕竟我们的目的不是快速地浏览搜索结果。常适用于政治学研究用的文本总结方法是词频统计或者句子长度的统计。我们可以通过 summarise() 函数以及 mean(Tokens)、mean(Sentences)、min(Sentences)、max(Sentences)等参数的设置对语料库进行总结，或者通过 dfm() 函数生成 features，再

---

① 联合国达格·哈马舍尔图书馆，https://library.un.org/zh/node/48，最后浏览日期：2022 年 8 月 30 日。亚历山大·巴图洛（Alexander Baturo）等已对 1970—2020 年联合国一般性辩论的发言文本做了进一步的梳理，整理之后的文本见 Harvard Dataverse, https://dataverse.harvard.edu/dataset.xhtml?persistentId=doi:10.7910/DVN/0TJX8Y，最后浏览日期：2022 年 8 月 30 日。

使用 topfeatures()函数查看词频的分布。

自二战之后,美、俄一直视对方为竞争对手,在很多议题领域持截然相反的立场,美俄在 2015 年第七十届联合国大会一般性辩论中的发言中表现出的针锋相对的立场(尤其是在乌克兰问题上的表述)就是很好的例证。图 14-2 通过文字云展现了对奥巴马、普京和习近平的演讲进行词频分析的结果,字体越大代表该词出现的频率越高。该届联大的主题是"可持续发展目标:改造我们的世界",然而美、俄、中三国领导人对这一主题却有不同的理解和关注重点。在奥巴马、普京和习近平的演讲中出现频率最高的词分别是人民(people)、国家(state)和发展(development)。其中,奥巴马提到"people"40 次、"state"5 次、"development"3 次;普京提到"state"24 次、"people"9 次、"development"2 次;习近平提到"发展"39 次、"国家"12 次、"人民"9 次。①奥巴马和普京的演讲都是以乌克兰和叙利亚冲突为大背景,却展现了看待和处理这些危机截然不同的理念,奥巴马强调人权、民主,而普京更坚持国家主权至上。在习近平的演讲中,重点关注的不是安全问题,而是经济领域的可持续发展问题。可见,领导人的发言并非泛泛之谈,其背后隐含的信息透露着不同国家对国际局势的不同看法。美、俄英文发言稿的预处理以及文字云的制作过程见代码文件 Ch14.Rmd。②

图 14-2 奥巴马、普京和习近平在第七十届联合国大会一般性辩论的文字云

---

① 奥巴马、普京和习近平的发言文本见 2015 年第 70 届联大官网,https://gadebate.un.org/en/sessions-archive/70,最后浏览日期:2022 年 8 月 30 日。
② 对联合国大会一般性辩论发言文本的文本挖掘参考了 Alexander Baturo, Niheer Dasandi, and Slava J. Mikhaylov, "Understanding State Preferences with Text as Data: Introducing the UN General Debate Corpus", *Research & Politics*, 2017, 4(2), p. 2053168017712821. 更多数据和代码参见 https://github.com/sjankin/UnitedNations,最后浏览日期:2022 年 8 月 30 日。

（二）文本分类

文本分类指按照预设的类别为文档集中的文档确定一个或者几个类别归属。文本分类是一个有监督的机器学习过程，一般分为训练和分类阶段。首先，通过选择合适的分类方法对一个训练文档集（training corpus）进行人工标注类标签以构建分类模型，然后让计算机基于这个过程得到的关系模式自动将其余文档归入所属类别。用于文本分类的分类方法较多，大致分为三类：一类是基于 TF-IDF，利用余弦公式计算文本相似度，如 KNN、SVM 等算法；一类是基于信息论和概率，如朴素贝叶斯算法；一类是基于机器学习，如神经网络、决策树算法。由于社交网络文本篇幅较短、信息稀疏，导致文本特征向量维度过高、分类效果不明显，有研究者提出利用社交网络数据的用户注册和事件时间信息等当作文本分类的依据，从而降低短文本数据的稀疏性。[1]

接下来以联合国安理会针对叙利亚问题的高级辩论文本（2011—2015 年）为例进行分类分析。[2] 朱拉吉·梅兹霍斯凯（Juraj Medzihorsky）等人整理了 2011—2015 年联合国安理会召开的 23 次有关叙利亚问题或者中东问题的高级辩论的 347 份发言文本，并通过文本挖掘的相关技术对各国在问题认定和应对方式上的分歧进行了深入的分析，这是学界对体量较大且主题明确的联合国发言文本进行深度挖掘的首次尝试。[3] 经过整理，梅兹霍斯凯等人共分析了来自 37 个国家的 347 份辩论文本，113 份文本来自五大常任理事国。他们将国家间在叙利亚问题上的分歧从两个维度上进行区分：问题认定维度和危机应对维度。[4] 首先，在问题的认定上，主要存在两种视角（观点）：一种是侵犯人权（human rights violations，HRV）的国际视角，认为叙利亚政府军及叙利亚反对派均犯下了包括酷刑、谋杀、法外处决等侵权行为在内的战争罪行，是践踏人权的反人类行为，因此，叙利亚冲突本质上是一个全球性的问题，西方国家多持这一观点；另一种是非侵犯人权（non-HRV）的国内视角，认为该危机的根源是国内政府治理的不利或者失败，因此，其本质上是一个内政问题，俄罗斯、中国以及许多发展中国家更偏向于这一观

---

[1] Bharath Sriram, Dave Fuhry, Engin Demir, et al., "Short Text Classification in Twitter to Improve Information Filtering", *Proceedings of the 33rd international ACM SIGIR conference on Research and development in information retrieval*, New York, NY, USA: Association for Computing Machinery, 2010, pp. 841-842.

[2] 在 2011—2015 年，联合国安理会共召开了 38 次有关叙利亚问题或者中东问题的高级辩论。辩论发言文本的原出处见 http://www.securitycouncilreport.org/un-documents/syria/，最后浏览日期：2022 年 8 月 30 日。

[3] Juraj Medzihorsky, Milos Popovic, and Erin K. Jenne, "Rhetoric of Civil Conflict Management: United Nations Security Council Debates Over the Syrian Civil War", *Research & Politics*, 2017, 4(2), p. 2053168017702982.

[4] Ibid.

点。其次，在危机的应对上，也存在支持国际干预(pro-intervention)和反对国际干预(non-intervention)两类观点。作为叙利亚反对派的支持者，美国以及多数西方国家是军事干预手段的拥护者，自2014年9月宣布空袭叙利亚境内的"伊斯兰国"以来，美国多次"误伤"叙利亚政府的军事设施。2017年4月7日(即2017年沙伊拉特打击行动)和2018年4月14日美国等国家则直接下令攻击叙利亚政府的军事设施。当然，这一立场招致叙利亚的坚决反对，其副总理兼外长瓦利德·穆阿利姆(Walid al-Moualem)在2018年联大一般性辩论发言时谴责美国、法国与土耳其，称他们在叙境内活动的部队为"占领军"，痛斥美国领导的"非法国际联盟"犯有战争罪。① 俄罗斯是阿萨德政府的支持者，起初坚决反对西方的军事干预。中国一贯反对在国际关系中使用武力，主张尊重各国的主权独立和领土完整，呼吁依赖政治手段解决叙利亚问题，并多次与俄国在安理会投否决票反对对叙利亚进行制裁和进一步的军事打击。

梅兹霍斯凯等人基于30份训练文本，大致总结出两种定义视角和两类应对方式的词典(dictionary)中的核心词汇(见表14-2)。

基于这些词让计算机对每一份涉及叙利亚问题的辩论文本按照逻辑标准化算法(logistic scaling)进行分类。② 结果如图14-3所示，在叙利亚危机的认定和应对问题上，国家之间尤其是五个常任理事国之间的立场存在着巨大的差异。美、英、法的立场比较接近，都强调叙利亚冲突是对人权的极端侵犯，并主张通过国际干预来解决危机。中国持截然不同的立场，把这场危机更多地认定为内政问题，因而不赞同进行国际干预，主张国际社会通过为谈判、调解、和解等政治解决方式提供便利来协助化解这场危机。俄罗斯的立场处于中国和美、英、法的中间状态。然而，五国在叙利亚危机的问题认定和危机应对的差异并不是一成不变的。首先，关于叙利亚危机问题本身的认定，自2011年之后，五大国的分歧至少在言语表达上逐渐减少，美、英、法不再过度地强调人权问题，中国和俄罗斯在强调该危机本身是叙利亚的国内事务的同时，也在发言中偶尔提及叙利亚的人权和民主状况。其次，关于如何应对和解决叙利亚危机，中国还是坚持一贯反对国际干预的立场，然而俄罗斯的态度发生了较大的变化，其立场越来越向美、英、法的立场靠近，逐渐转向支持通过直接军事干预来解决叙利亚危机。俄罗斯军队自2015年9月30日开始向叙利亚反政府武装展开空袭就很好地例证这一立场的变化。至于具体如何进行国际

---

① 《叙外长在联大痛斥美法土三国：必须立即撤离叙利亚！》(2018年9月30日)，新华网，http://www.xinhuanet.com/mil/2018-09/30/c_129964290.htm，最后浏览日期：2022年8月30日。
② 逻辑标准化算法的基本思想是在评估文本时，对两种对立的观点，一方的词典的词组取正值，另一方的取负值，用最后(加权)求和的结果来决定文本的属性和归类。具体参考Will Lowe, Kenneth Benoit, Slava Mikhaylov, et al., "Scaling Policy Preferences from Coded Political Texts", *Legislative Studies Quarterly*, 2011, 36(1), pp. 123-155。

干预,还有待对这些发言文本进行进一步的挖掘、分析和解读。

表 14-2　两种定义视角和两类应对方式的词典中的核心词汇

主题	核心词汇
侵犯人权	abuse, accountable, barrel, brutal, children, cleansing, crackdown, crime, genocide, hospital, humanity, incite, indiscriminate, kill, life, repression, massacre, moral, torture, persecution, oppress, perpetrator, repress, school, targeting, terrorism, tyranny, women, victims
非侵犯人权	conflict, casualties, chaos, clash, crisis, cycle, destabilize, dispute, escalate, fighting, incite, losses, parties, struggle, war, stability, security, tension, threat, violence
支持国际干预	action, aid, arrest, assistance, deliver, end, intervention, sanctions, support, stop, urgent
反对国际干预	charter, comprehensive, constructive, consensus, dialogue, diplomatic, effort, inclusive, mediation, negotiation, process, proposal, reconciliation, settlement, solution

注:该词典的产生是基于对30份训练语料进行人工分类和机器学习的结果和基于研究者对本研究问题的理解。

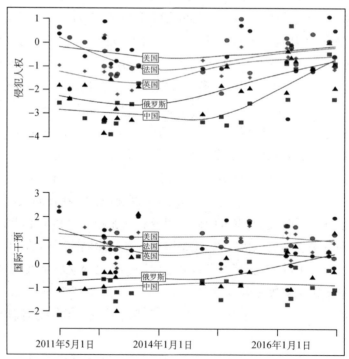

注:本图参考了梅兹霍斯凯等人的分析,具体见 Juraj Medzihorsky, Milos Popovic, and Erin K. Jenne, "Rhetoric of Civil Conflict Management: United Nations Security Council Debates Over the Syrian Civil War", *Research & Politics*, 2017, 4(2), p. 2053168017702982。原代码见 https://dataverse.harvard.edu/dataset.xhtml?persistentId=doi:10.7910/DVN/7WIRJ7 中的 fig_B1.R,最后浏览日期:2022年8月30日。

图 14-3　各国在叙利亚问题的认定和解决上的立场变化

此外，梅兹霍斯凯等人的研究发现各国对叙利亚问题的认定方式（是否违反人权）与解决方式（是否应该进行国际干预）之间存在很强的相关关系。如图14-4所示，从人权角度定义叙利亚危机的国家更支持进行国际干预，如美、英、法等西方国家；相反地，从内政角度定义该危机的国家则更反对进行国际干预。进一步的统计分析发现对叙利亚问题从人权角度进行定义的国家更为支持国际干预这一正相关关系的相关系数自2011年5月以来均超过0.5，且在统计上是显著的，这意味着各国对叙利亚问题本质的认定与其偏好的解决方式是密切相关的，西方主要国家的人权视角为其干预行动"鸣锣开道"。图14-3和图14-4的代码分别见code.figure4和code.figure5部分。

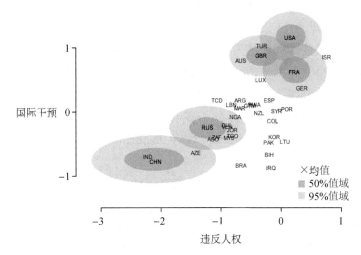

注：本图参考了梅兹霍斯凯等人的分析，具体见Juraj Medzihorsky, Milos Popovic, and Erin K. Jenne, "Rhetoric of Civil Conflict Management: United Nations Security Council Debates Over the Syrian Civil War", *Research & Politics*, 2017, 4(2), p.2053168017702982。原代码见https://dataverse.harvard.edu/dataset.xhtml?persistentId=doi:10.7910/DVN/7WIRJ7中的fig_1.R，最后浏览日期：2022年8月30日。

图14-4 对叙利亚危机的定义和解决问题的分类分析

（三）文本聚类

文本聚类和分类由于可以半自动或者自动地聚合文本，因此被广泛应用于网络政治热点问题的发掘。虽然网络信息看似杂乱无章，但其中蕴含着大量高研究价值的信息，及时、有效地检测热点话题有利于全面地了解政治动态，且在突发事件管理方面发挥着重要作用。对话题进行检测或监测主要有两种方式：一种是给定话题，对现有话题进行相似度匹配；另一种是未给定话题，通过训练机器自动生成话题。这两种方式的基本思想都是通过基于相似度的分类、聚类算法来实现①。

　　文本聚类与分类的不同之处在于，聚类分析没有预先定义的主题类别，它的目标是将文档集合自动分成若干个组，要求同一组内文档内容的相似度尽可能地大，而不同组间的相似度尽可能地小。目前，文本聚类算法大致可以分为两种类型：以K均值聚类、结构主题模型（structural topic model，STM）、隐式狄利克雷分配模型（latent Dirichlet allocation，LDA）等算法为代表的平面划分法和以G2HAC等算法为代表的层次凝聚法。斯拉瓦·米哈罗夫（Slava Mikhaylov）按照STM模型的平面划分法对联合国大会一般性辩论的文本进行聚类分析，第16组的模型是在聚类排他性和语义一致性两个维度上表现最好的。其中只有第1组占总文本量的10%，第16组不到总文本的3%。如果对每组的高频词汇进行提取，根据这些高频词汇（前五组见表14-3）。如果我们对每一组的主题进行粗略概括，可以大致认为第1组主要关注国际经济发展，第2组主要关注国际组织和国际规则。如果按照层次凝聚法进行聚类分析，基于联合国大会一般性辩论的文本（以2002年为例），米哈罗夫对联合国各成员国之间的关系依据发言文本的相似度进行对应分析（correspondence analysis），并将分析的结果按照"关联度"或者"家族谱系"（linkage）进行层次聚类，代码见code.TextClustering部分②。

---

① 以微博为例，近年来微博已经成为重要的舆论策源地和舆情事件的发生地，许多热点事件都是先从微博上掀起话题，再蔓延至全国形成讨论热潮。如何发现微博中热议的话题及其传播路径是舆情监测、管理工作的重点和难点。肖飞以雅安地震为例，分析不同的政务微博在舆情发布和传播上展现出"塑造仪式"和"服务群众"两种舆情工作理念，并提出政务微博应当围绕受众需求改进舆情信息工作策略。参见肖飞：《公共危机事件中政务微博的舆情信息工作理念与策略探析——以雅安地震为例》，《图书情报工作》2014年第1期。徐光晋、陈敏和夏雨禾等人对"三聚氰胺""北京7·21暴雨"等突发事件的微博舆论数据进行分析，发现突发事件微博舆论呈现出非均质化动态分布的特征。参见徐光晋、陈敏：《突发性事件中的微博舆论场分析——以北京"7·21"暴雨事件为例》，《当代传播》2012年第6期；夏雨禾：《突发事件中的微博舆论：基于于新浪微博的实证研究》，《新闻与传播研究》2014年第3期。加里·金等对2011年上半年中国1 400多个网站的上百万个帖子进行分类分析，将其归入不同的议题领域。研究发现，相比于其他议题，审查机构对批评政府、领导人和政策的帖子的删帖率较低；而无论内容为何，有可能导致集体行动或者强化社会动员的帖子成为政府审查的主要对象。参见 Gary King, Jennifer Pan, and Margaret E. Roberts, "How Censorship in China Allows Government Criticism but Silences Collective Expression", *American Political Science Review*, 2013, 107(2), pp. 326-343。缪基等收集了"俄克拉何马州的草原野火"和"红河洪灾"两个事件的微博舆情数据，分析紧急事件中舆情传播的特征标识，发现由于微博言论的自由随意，部分用户为博取关注度而漠视自己的社会责任感，恶意发表一些带有煽动力的不实报道或者发泄性言论，制造网络暴力，给社会安定带来负面影响。参见 Sarah Vieweg, Amanda L. Hughes, Kate Starbird, et al., "Microblogging During Two Natural Hazards Events: What Twitter May Contribute to Situational Awareness", Proceedings of the SIGCHI Conference on Human Factors in Computing Systems, New York, NY, USA, 2010, pp. 1079-1088。

② 该图来自巴图洛等人对联合国一般性辩论的发言文本的分析，参见 Alexander Baturo, Niheer Dasandi, and Slava J. Mikhaylov, "Understanding State Preferences with Text as Data: Introducing the UN General Debate Corpus", *Research & Politics*, 2017, 4(2), p. 2053168017712821。源代码参见 https://dataverse.harvard.edu/dataset.xhtml?persistentId=doi:10.7910/DVN/0TJX8Y 中的 RAP.nb.html，最后浏览日期：2022年8月30日。

表 14-3　对联合国大会一般性辩论文本的平面聚类分析(基于 16 组 STM 算法)

组别	1970—2014	高频词	占总文本量（%）
组1		international nations united economic development efforts countries peace world security cooperation general states community assembly	12.1%
组2		international organization charter states peoples general time countries community situation principles fact assembly make respect	7.4%
组3		nations united world time years war today year people make future great work past ago	5.7%
组4		united nations rights human security council states international nuclear weapons member organization treaty important work	5.5%
组5		issues international nations assembly peace community global organization security process continue major remain remains states	5.5%

注：该表基于米哈罗夫的分析结果而来，更多的分析见 http://ungd.smikhaylov.net/#/model，最后浏览日期：2022 年 8 月 30 日。

（四）关联分析

关联分析是指从文档集中找出不同词语之间有意义的关系，通常分为简单关联、时序关联和因果关联。通常用相关度和置信度来描述一组关联关系，相关度代表关系的频度，置信度代表关系的强度。相关度越高，说明该关系在文本集中越是经常出现；置信度越高，说明该关系的内容越可靠。Apriori 算法是关联分析的经典算法，很多研究者对其进行改进并在多个领域予以广泛运用。在政治学研究中，关联分析常用来研究政治行为体或者政治文本的载体之间、政治意见不同维度之间隐藏的相关关系。①

图 14-5 报告了梅兹霍斯凯等人对与叙利亚问题有关的辩论文本在前文提到的两个维度上进行关联分析的结果，相关系数[-1,1]的取值代表相关性的方向和强弱，生成该图的代码见 code.Association Analysis 部分。我们可以大概看出对叙利亚问题的认定和对叙利亚冲突的应对两者之间是相关的：从侵犯人权角度定义叙利亚危机的国家更支持国际军事干预，而从内政角度定义该危机的国家更反对国际干预。在统计上，对叙利亚问题从侵犯人权角度进行定义的国家更为支持国际干预这一正相关关系在自 2011 年 5 月以来的大部分时间是显著的。与其他文本挖掘技术相比，关联分析操作相对比较复杂，因此在政治学领域应用还相对较少。然而，对于理论发现、知识积累而言，关联规则的发现具有重要意义。

---

① 例如，法蒂迪姆·托鲁洛普(Fatudimu Tolulope)等对《尼日利亚卫报》中关于 2007 年总统竞选前后一段时间的报道进行关联分析，发现竞选中的重要事件与关注焦点、竞选前后利益相关者的观点以及媒体对重要时间的报道之间有较强的关联性。参见 Fatudimu I. T., Adebola Musa, Charles Ayo, et al., "Knowledge Discovery in Online Repositories: A Text Mining Approach", *European Journal of Scientific Research*, 2008, 22(2), pp. 241-250. 又如，法国学者福柯(Martial Foucault)等把法国第五共和国自 1958 年成立以来至 2007 年的所有 17 届总理的就职演讲与财政预算做关联分析，发现就职演讲中提到的与预算有关的部门及议题与政府预算的结果没有必然联系。参见 Frank R. Baumgartner, Martial Foucault, and Abel François, "Public Budgeting in the French Fifth Republic: The End of La République des Partis?", *West European Politics*, 2009, 32(2), pp. 404-422.

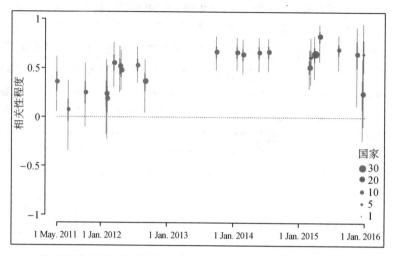

注：本图参考了梅兹霍斯凯等人的分析，具体见 Juraj Medzihorsky, Milos Popovic, and Erin K. Jenne, "Rhetoric of Civil Conflict Management: United Nations Security Council Debates Over the Syrian Civil War", *Research & Politics*, 2017, 4（2）, p. 2053168017702982。原代码见 https://dataverse. harvard.edu/dataset.xhtml?persistentId = doi:10.7910/DVN/7WIRJ7 中的 fig_C3.R，最后浏览日期：2022 年 8 月 30 日。

图 14-5　各国在叙利亚危机的定义和解决问题上的关联分析

（五）情感分析和意见分析

情感分析和意见分析的操作过程是一样的，只是挖掘的对象不同而已：前者挖掘的是文本中显露的或者隐藏的支持性的、反对性的或者中立性的意见；后者挖掘的是情感，比如喜欢、厌恶、冷漠等。政治行为体常常通过政治场合、通信设备、网络平台发表对政治事件或社会问题的观点，这样形成了海量的文本信息。挖掘这些文本所传达的意见走向、情绪变化有利于了解政治行为体的立场，尤其有利于政府机构在面对重大突发事件时能够及时掌握社会舆情、有效引导舆论走向、防止事件的不良扩散。

目前，情感分析常用的方法主要分为基于机器学习和基于语义分析的两类。基于机器学习较为成熟的方法有朴素贝叶斯、支持向量机和最大信息熵等方法。基于语义分析的方法是通过构建意见词典、情感词典来分析文本中传达出的政策倾向、情感倾向。在政治意见分析中最常见的有基于先验词权（reference score）的 WordScore 和无先验词权的 WordFish 两种方法。WordScore 方法把专家判定的参考文本作为政策语词权重依据，其实质是对词频结果进行语义加权处理。WordFish 算法认为政策文本具有不同的政策特征，在这些特征中政策语词的概率分布符合泊松分布，因此可以通过非监督的机器学习对政策文本所蕴含的"政策立场"进行分类。虽然 WordScore 算法的分类效果和可解释性优于

WordFish，但分类效果因参考文本而异，尤其在跨时间、跨文化、跨情境的分析中效果参差不齐。在一般性的情感分析中，通常英文大多使用 Wordnet 的情感辞典，中文使用知网 Hownet 情感辞典。对于政策情感分析，洛瑞·杨（Lori Young）等对 ANEW、DICTION、LIWC、LSD、NRC、PMI、RID、TAS/C 以及 Wordnet 等众多情感分析词典进行比较研究发现，在选民情绪跟踪研究中，LSD 更加合适。① 于贝（Bei Yu）等则发现在政策评论或政策演说文本中，不但情感词汇的使用频率低于普通文本，而且大量的政策情感载于名词性而非动词性的描述当中，只有结合上下文才能完全识别，因此在政策文本情感分类的各算法中，需要更加充足的训练文本。②

在传统的政治学研究中，学者们一般通过调查法来调查政治立场、政治情感，这一方法通常费时、费力，且人为参与带来的主观性太强，基于文本挖掘的情感分析、意见分析可以在一定程度上弥补这些缺陷。在政治意见分析中，公众或者精英意见的收集和追踪是常见的研究主题③，例如路易斯·萨门托（Luís Saremento）等对网络用户的评论的政策倾向分析、丹尼尔·霍普金斯（Daniel Hopkins）和加里·金对博客政策意见的分析④。对政策文本进行意见分析的一个经典例子是托马斯·柯尼希（Thomas König）等对政党立场如何影响立法结果的研究。他们抽取德国 GESTA（State of Federal Legislation）数据库中 1983—1993 年法案文件的关键词，再按照关键词所述领域将相关语句划分到相应政策领域和部门，研究结果显示德国自由民主党的立场在 1983 年是中立的，然后逐渐右倾。⑤ 政治情感分析在西方国家选情预测中尤其有用，比如挖掘政治领导

---

① Lori Young and Stuart Soroka, "Affective News: The Automated Coding of Sentiment in Political Texts", *Political Communication*, 2012, 29(2), pp. 205-231.
② Bei Yu, Stefan Kaufmann, and Daniel Diermeier, "Classifying Party Affiliation from Political Speech", *Journal of Information Technology & Politics*, 2008, 5(1), pp. 33-48.
③ Sara Binzer Hobolt and Robert Klemmensen, "Government Responsiveness and Political Competition in Comparative Perspective", *Comparative Political Studies*, 2008, 41(3), pp. 309-337; Michael Laver, Kenneth Benoit, and Nicolas Sauger, "Policy Competition in the 2002 French Legislative and Presidential Elections", *European Journal of Political Research*, 2006, 45(4), pp. 667-697.
④ Luís Sarmento, Paula Carvalho, Mário J. Silva, et al., "Automatic Creation of a Reference Corpus for Political Opinion Mining in User-Generated Content", *Proceedings of the 1st international CIKM workshop on Topic-sentiment analysis for mass opinion*, New York, NY, USA: Association for Computing Machinery, 2009, pp. 29-36; Daniel J. Hopkins and Gary King, "A Method of Automated Nonparametric Content Analysis for Social Science", *American Journal of Political Science*, 2010, 54(1), pp. 229-247.
⑤ Thomas König, Bernd Luig, Sven-Oliver Proksch, et al., "Measuring Policy Positions of Veto Players in Parliamentary Democracies", in Thomas König, Marc Debus, and George Tsebelis, eds., *Reform Processes and Policy Change: Veto Players and Decision-Making in Modern Democracies*, New York, NY: Springer, 2011, pp. 69-95.

人的政策情感倾向、选民的情感反馈等。①

为了对意见分析这一方法进行示范,本节参考巴图洛等人的做法,依据 WordScore 算法,以 2015 年美、俄在联合国大会一般性辩论中的发言为参照文本(美国的发言文本 WordScore 取值为 1,俄罗斯取值为 -1),对联合国其他成员国与美、俄的亲疏关系(即发言中观点的相似度)进行测量,代码见 code. Wordscore 部分。② WordScore 取值越接近 1,意味着该国发言中的立场与美国的立场更近,与俄罗斯更远。虽然西欧国家是美国的传统盟友,但是与美国的步调并不是完全一致(比如,英国的取值是 0.019,法国的取值是 0.017),194 个发言国中与美国立场最接近的三个国家分别是立陶宛(0.057)、塞内加尔(0.044)、丹麦(0.040)。与俄罗斯的发言最相似的三个国家分别是塔吉克斯坦(-0.035)、摩尔多瓦(-0.027)、阿尔及利亚(-0.023)。中国的发言文本竟然与美国的发言文本更为相似(中国的取值是 0.032),反而与俄罗斯的发言差距更大。总体而言,奥巴马和普京在第 70 届联大上的发言与其他国家的发言都相距甚远,其他国家的发言文本的 WordScore 均值仅为 4%(基于去停用词、提取词干之后的词频统计并按照文本总长度进行标准化的结果)。

此外,我们还对安理会五大常任理事国发言的积极/消极程度进行了分析。作为国家的代表,发言人在联合国公开场合发言中呈现出的情绪和立场都被理解为其代表国家的情绪和立场,影响重大。因此,外交辞令对语言表达的准确性、严谨性有非常严格的要求,发言者在遣词造句上极端严谨,避免过度情绪化、极端化。即使这样,我们仍然能清晰地分辨出不同的发言风格,或是肯定的、赞扬的,或是否定的、批判的,甚至还包括喜欢、厌恶、害怕、恐惧等"国家情绪"。基于 NRC 情感词典,本文对中、法、英、美、俄五国在联合国大会一般性辩论中的发言的正面(积极)/负面(消极)情绪进行了比较分析,代码见 code. SentimentAnalysis 部分。越负面的情绪取值代表在发言中采取越批判的立场,即在发言中更多地使用带有批判意义而非褒奖意义的词汇。

结果如图 14-6 所示,总体而言,各国的发言表现出的积极情绪高于消极情绪。但是在时间维度上,每个国家的"情绪"呈现出不同的变化。以中国为例,20 世纪

---

① Andrea Ceron, Luigi Curini, Stefano M. Iacus, et al., "Every Tweet Counts? How Sentiment Analysis of Social Media Can Improve Our Knowledge of Citizens' Political Preferences with an Application to Italy and France", *New Media & Society*, 2014, 16(2), pp. 340-358; Elisabeth R. Gerber and Jeffrey B. Lewis, "Beyond the Median: Voter Preferences, District Heterogeneity, and Political Representation", *Journal of Political Economy*, 2004, 112(6), pp. 1364-1383.

② 分析原文参见 Alexander Baturo, Niheer Dasandi, and Slava J. Mikhaylov, "Understanding State Preferences with Text as Data: Introducing the UN General Debate Corpus", *Research & Politics*, 2017, 4(2), p. 2053168017712821。源代码参见 https://dataverse.harvard.edu/dataset.xhtml?persistentId=doi:10.7910/DVN/0TJX8Y 中的 RAP.nb.html,最后浏览日期:2022 年 8 月 30 日。

70年代中国是使用消极词汇最多、积极词汇最少的国家,这是由当时中国与联合国的紧张关系决定的。自20世纪80年代初期开始,中国开始调整外交策略,在联合国发言中表现出的情感越来越积极,在21世纪初一度成为正面情绪最高、负面情绪最少的国家。美国在其发言中体现出的情绪变化与中国截然不同,在过去约50年中,美国的正面情绪并没有显著提升,甚至在某些年份出现急剧下降的情况,同时,其负面情绪出现了持续增长的趋势。也就是说,美国在联合国的发言更多的是在指责和抱怨,肯定和赞扬的言辞越来越少。21世纪以来,俄罗斯的发言也表现出与美国类似的变化:正面情绪在下降,同时,负面情绪在上升。一直以来,英国都采取比较批判的立场来呈现其对国际问题的看法。这一分析,一方面反映了不同国家,尤其是东西方在外交辞令使用上的差异,另一方面也反映了联合国成员国在相关国际问题的基本态度和期望。

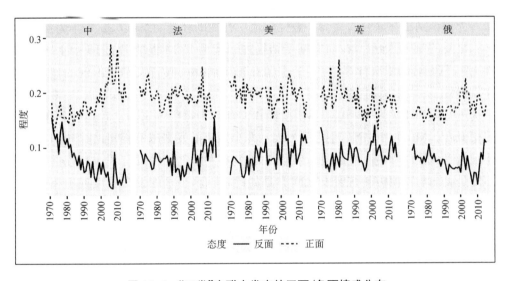

图 14-6 "五常"在联大发言的正面/负面情感分布

(六) 关系网络分析

关系网络分析受益于社会网络研究的兴起和发展,指的是利用计算机辅助的方法自动从文本中抽取事物之间(包括人与人之间、文本与文本之间、事件与事件之间)的相互关系。关系网络分析在政治学中被广泛用于挖掘政治人物、组织之间的纽带关系。在现有结构化的数据库的基础上构建关系网络相对比较容易,因此已经得到比较广泛的应用,具体例子如下。美国学者齐韦·毛兹(Zeev Maoz)基于 MID(Militarized Interstate Dispute)、ATOP(Alliance Treaty Obligation Provisions)等现有数据库构建的国际关系中的同盟网络、贸易网络、外交网络和国际组织网络。① 美国学者詹姆斯·福勒(James Fowler)通过对1973—2004年美国国会的280 000份立法文件进行分析,发现了一张存在于国会议员间共同支持的利益网络。② 在奥古斯特·哈默利(August Hämmerli)等关于车臣战争的研究中,他们通过当地媒体、俄罗斯官方媒体以及第三方媒体,收集了从2002—2005年三年间共2 818条关于车臣战争的新闻语料,通过文本挖掘识别出了平民、车臣政府、军队和恐怖分子等主要行为主体,并构建了有关车臣战争的冲突合作关系网络,这一分析结果与国际问题专家人工得到的结果基本吻合。③ 法新社于2012年6月推出的电子外交分析工具The e-diplomacy hub可以实时跟踪采集数千个有关外交的Twitter数据,并对收集到的文本进行分析,在一定程度上实现了对文本中所蕴含的国际关系信息的自动挖掘,并通过基于电子世界地图的可视化界面直观反映出国家之间的互动关系。④ 基于政治文本的社会网络分析中文的研究并不多见,但是已有一些研究者做出了有益的尝试。⑤

为了识别出在联合国大会一般性辩论中存在的社会网络(以2014年为例),即国家之间的"抱团"行为,在前文基于结构主题模型STM提取出的16个主题的基础上⑥,我们可以依次计算这16个主题在每个国家的发言文本中出现的概率,这样就得到了每个国家主题的热度分布(distribution of topic prevalence)。然后,基于衡量变量间相关性的互信息MI指标我们计算出每组国家的主题热度分布之间的相似度。MI[0,1]指数越接近0,表示两个国家的发言越不相同;越接近1,表示他们发言主题的呼应程度越高。我们发现主要大国之间的发言呼应程度并不高,即使是美国与其西方传统盟友之间亦是如此,反而,小国的发言更表现出相互"扶持"的姿态。通过计算衡量网络化程度的全球聚类系数(global clustering coefficient),发现该系数在冷战结束之后的几年里(1989—1997年)出现了历史的最低状态,这在一定程度上反映了苏联解体之后两大阵营分崩离析导致的国际关系重新洗牌的历史事实。

(七) 趋势预测

趋势预测指通过对已有文本的挖掘分析,找出并推测特定信息(数据)的发展

---

① Zeev Maoz, *Networks of Nations: The Evolution, Structure, and Impact of International Networks, 1816-2001*, Cambridge: Cambridge University Press, 2010.
② James H. Fowler, "Connecting the Congress: A Study of Cosponsorship Networks", *Political Analysis*, 2006, 14(4), pp.456-487.
③ August Hämmerli, Regula Gattiker, and Reto Weyermann, "Conflict and Cooperation in an Actors' Network of Chechnya Based on Event Data", *Journal of Conflict Resolution*, 2006, 50(2), pp.159-175.
④ http://ediplomacy.afp.com/,最后浏览日期:2022年8月30日。
⑤ 陈冲、刘丰:《国际政治的社会网络分析》,《国际政治科学》2009年第4期,第92—114页;陈冲:《多方调停效果的社会网络分析(1945—2001)》,《国际政治科学》2012年第4期,第18—62页。
⑥ 按照聚类分析的评估标准,前文的16个主题的结构主题模型是表现最好的模型。

历程和趋势。文本数据可以被视为一类特殊的时间序列数据,能够反映一段时间内文本主题的变化情况,因此可以用来预测下一个时间段文本主题的发展变化趋势。①

如果对五大常任理事国在叙利亚危机的认定和应对问题上的态度做趋势分析,可视化的结果见前文图 14-3。我们很容易发现五大国的立场随着时间都或多或少发生了变化。首先,在各国的发言中,关于叙利亚危机的定义,从 2011 以来,五大国的认识逐渐趋向一致,美、英、法不再过度地强调人权问题,中国和俄罗斯在强调这是叙利亚的国内事务的同时,也在发言中偶尔提及叙利亚的人权和民主状况。其次,关于叙利亚危机的应对,中国不支持国际干预的立场没有改变,而俄罗斯的态度逐渐发生了改变,到 2016 年俄罗斯基本同意西方国家的立场,转为支持通过国际社会的直接干预来解决叙利亚危机。

本 章 小 结

大数据因其容量大、非结构化的特征极大地挑战了传统政治科学的量化研究,同时也给未来研究的突破性发展带来了新机遇。计算机辅助的数据挖掘技术为大数据时代的政治科学研究提供了新思路,其可以有效弥补传统研究方法的不足,让研究视角更加多元、研究方法更为有效。其丰富的研究手段不仅能够从政治数

---

① 比如,罗恩·费尔德曼(Ronen Feldman)对路透社两万多篇新闻进行了文本挖掘,得到在国家、组织、人、股票交易等主题维度上的相对分布及其它们的演变趋势。参见 Ronen Feldman, "Techniques and Applications for Sentiment Analysis", *Communications of the ACM*, 2013, 56(4), pp. 82-89。迪米特里斯·梅雷克斯(Dimitris Meretakis)和贝亚特·维特里希(Beat Wüthrich)通过分析网络上出版的权威性经济文章,对每天的股票市场指数进行预测。参见 Dimitris Meretakis and Beat Wüthrich, "Extending Naïve Bayes Classifiers Using Long Itemsets", *Proceedings of the fifth ACM SIGKDD international conference on Knowledge discovery and data mining*, New York, NY, USA: Association for Computing Machinery, 1999, pp. 165-174。趋势预测在政府行为预测以及西方国家的选情预测中尤为受到关注。政府行为预测是通过对政府领导人、政党的竞选纲领或关键政策文本的分析,挖掘潜在的政策热点或发展轨迹。选情预测旨在对公众、专家等的意见进行挖掘,找出他们的关注点、敏感点及其形成过程和发展动向。例如布伦丹·奥康纳(Brendan O'Connor)研究团队和摩菲·郑(Murphy Choy)研究团队基于大量的 Twitter 文本的研究。而萨维嘉·苏达哈(Saatviga Sudhahar)研究团队基于 130 213 篇报纸文章分别对美国民众对总统候选人的态度走向进行研究,以预测美国总统选举的结果。参见 Murphy Choy, Michelle L. F. Cheong, Ma Nang Laik, et al., "A Sentiment Analysis of Singapore Presidential Election 2011 Using Twitter Data with Census Correction", 2011, arXiv: 1108. 5520; Brendan O'Connor, Ramnath Balasubramanyan, Bryan Routledge, et al., "From Tweets to Polls: Linking Text Sentiment to Public Opinion Time Series", *Proceedings of the International AAAI Conference on Web and Social Media*, 2010, 4(1), pp. 122-129; Saatviga Sudhahar, Giuseppe A. Veltri, and Nello Cristianini, "Automated Analysis of the US Presidential Elections Using Big Data and Network Analysis", *Big Data & Society*, 2015, 2(1), p. 2053951715572916。

据中发掘出潜在的信息与知识,完成多维度的特征识别与信息抽取,为内容分析和统计计量等方法提供坚实的数据基础与效率支撑。对政治数据的分析可以应用于政治决策、政策比较、形势预测、冲突分析等研究领域,有助于发掘政治行为体的政治立场、政治情感、政治认同、"亲疏远近"关系等。因此,对大数据的深度挖掘为政治科学的发展带来了新的机遇,使其向科学的方向更进一步,也有助于提高政治科学研究的时效性和应用性。

当然,数据挖掘在政治学研究应用中还存在一些局限和问题。首先,挖掘的结果还只是抽象的模式、规则,需要结合具体理论以及文本解读、内容分析、统计分析等其他方法来合理地阐释其过程和结果。因此,数据挖掘方法很多时候只是辅助研究的一种手段。其次,在使用数据挖掘技术时,往往需要综合利用多种挖掘方法,单纯地使用其中某一种或一类挖掘技术,可能无法得到满意的挖掘结果。因此,在进行数据挖掘实践时,需要注重多种挖掘技术的结合以及与其他研究方法的结合。最后,作为从外来学科引进的一种分析方法,因为政治文本中蕴含的政治信息的隐秘性、政治情感的特殊性等特征,再加上中文语言表达的特殊性,对中文政治文本进行挖掘的技术和应用基础还比较薄弱,文本挖掘面临种种"水土不服"的问题,未来还需要学者们通过跨学科、跨国别的通力合作,使其更"因地、因时制宜"。只有通过对其在政治科学研究中的应用的理论基础、操作流程、适用范围的了解,加上跨学科领域的理论合作和技术支持,才能充分地发挥其优势,为政治科学研究的发展注入新的血液。

思考题

1. 获取和分析人力资源和社会保障部最新公布的全国各地最低工资标准,具体要求如下。

(1) 写一个网络爬虫从人社部网站获取最新公布的全国各地最低工资标准,并将数据存储为 csv 格式的文件。

(2) 找出每个省份在每一档工资(月薪或者时薪)的最低标准。

(3) 找出每档工资最低标准最低和最高的省份。

2. 抓取并分析中国政府工作报告,具体要求如下。

(1) 写一个网络爬虫从国务院政府工作报告网站(http://www.gov.cn/guowuyuan/zfgzbg.htm)抓取每年的政府工作报告的网络链接,并将数据存储为 links.csv。

(2) 根据 links.csv,抓取每年的政府工作报告的文本内容,并将其存为 txt

文件。

（3）以2017年的政府工作报告为例，进行中文分词、去停用词等预处理，并统计高频词汇、绘制"党"形状的文字云。

 延伸阅读

1.［新西兰］哈德利·威克姆、［美］加勒特·格罗勒芒德：《R数据科学》，陈光欣译，人民邮电出版社2020年版。

该书系R语言领军人物的作品，作者哈德利·威克姆是RStudio的首席科学家，也是ggplot2等广为使用的R包的开发者。该书以可视化作为R语言学习的编程起点，从典型数据科学项目所需的核心操作和工具模型着手，手把手地带领读者学习如何使用R语言进行数据分析和可视化，是一本经典的R语言学习的入门工具书。读者可在https://r4ds.had.co.nz官网免费下载该书最新的英文版本，并在哈德利·威克姆个人的Github仓库（https://github.com/hadley/r4ds）免费下载该书使用的所有数据和R代码。

2.［美］茱莉亚·斯拉格、［美］戴维·罗宾逊：《文本挖掘：基于语言的整洁工具》，刘波等译，机械工业出版社2018年版。

作者系Stack Overflow的数据科学家，是R扩展包tidytext的开发者。该书基于大量文本挖掘的实例，介绍了如何使用R的整洁工具对文学作品、即时新闻和社交媒体等产生的文本进行挖掘分析，是一本简单、易懂且实用的工具书，非常适合自然语言的初学者和从事文本挖掘工作的专业人员。读者可在https://www.tidytextmining.com官网免费下载该书最新的英文版本，并在戴维·罗宾逊个人的Github仓库（https://github.com/dgrtwo/tidy-text-mining）免费下载该书使用的所有数据和R代码。

3.董青岭：《大数据与机器学习：复杂社会的政治分析》，时事出版社2018年版。

作者董青岭系对外经济贸易大学国际关系学院副教授，主要从事大数据科学、人工智能与国际关系问题的交叉研究。该书一方面立足于数据分析的基本理念，梳理了政治文本中的数据挖掘与情感分析、政治关系中的社交网络与度量分析以及基于神经网络的社会感知预测等模型的基本原理，另一方面着落于政治实践，重点介绍了数据分析在政治选举、数据外交以及冲突预测中的实际应用。虽然该书没有提供可供读者学习和练习的可操作性代码，但是对大数据方法在政治分析中的应用进行了简单而全面的介绍，是一本不错的中文入门书。

第十五章
社会网络分析

每个人、每个组织都无时无刻不与外界产生着联系。我们常常与家人、同事、朋友保持沟通与交流,倾诉情感或寻求帮助。政府、企业、社会组织等也时刻与社会中的其他组织存有合作关系,以获取资源或解决特定的复杂问题。可见,每个社会行动者,无论是个人还是组织,都内嵌于广泛的社会系统中。行动者的决策或行动不仅受自身特性的影响,也离不开与社会系统中其他行动者的互动。在本章,我们将重点关注行动者间互动所形成的社会网络,一起探讨:什么是社会网络?如何理解与描述社会网络的构成?如何推断社会网络间的关系及其形成机制?

第一节 社会网络的基础

本节主要介绍社会网络的含义与特征、社会网络的基本要素,以及社会网络分析所需资料的收集。

一、含义与特征

简言之,社会网络是由社会行动者及其关系所构成的集合。社会行动者,可以是个体或群体,也可以是学校、企业、政府等组织,他们由关系所联结,如友谊、信息流动、资金往来等。相比于传统研究方法,社会网络分析的关键是测度与展现行动者间的结构关系,并探究这些关系的成因及其结果。林顿·弗里曼(Linton Freeman)认为现代社会网络分析的主要特征表现为:第一,起源于社会行动者间的关系及在此基础上的结构性思维;第二,基于实证数据的系统分析;第三,重视关系图形的表象;第四,依赖数学或计算模型的运用。[①]

[①] Linton C. Freeman, *The Development of Social Network Analysis: A Study in the Sociology of Science*, Empirical Press, 2004; Linton C. Freeman, "The Development of Social Network Analysis—with an Emphasis on Recent Events", in John Scott and Peter J. Carrington, eds., *The SAGE Handbook of Social Network Analysis*, SAGE Publications, 2014, pp. 26-39.

举例来说,图 15-1 至图 15-3 分别是长三角地区 2013—2015 年、2016—2018 年、2019—2020 年 39 个地级市间的环境协同网络。网络中的点代表具体某个城市,即社会行动者,网络中的连线代表由环境治理而形成的合作关系,在实践中具体体现为座谈会、工作会议、联合方案、合作协议等。在传统分析中,研究者会更为关注经济发展、环境状况、领导特征等城市属性对环境协同行为的影响。但社会网络研究则会观察城市间的合作关系,分析这些关系的成因,如经济、社会、环境等方面的相似程度、地理邻近等,或探究这些合作关系所产生的结果,如对环境绩效的影响等。

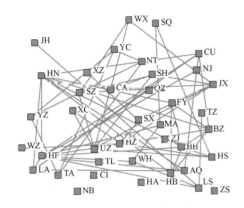

图 15-1　2013—2015 年网络图

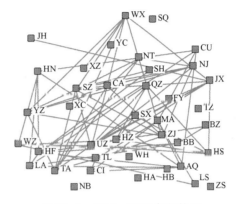

图 15-2　2016—2018 年网络图

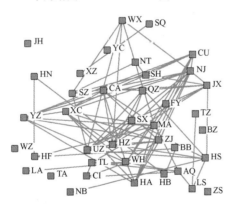

图 15-3　2019—2020 年网络图

上述网络图中,我们可以发现三点特征。第一,城市间的合作关系并不是均匀分布的,有些城市只会与少量城市开展环境协同治理,但有些城市却与更多的城市建立起合作关系。第二,相对位于网络中心位置的城市,已建立起联系更为紧密的群体。第三,网络中城市间的合作关系是动态变化的过程。从三个阶段的对比来看,长三角区域地方城市间因环境治理所产生的协同行为愈发频繁,网络成员间的联系也越来越紧密。很多学者认为,过去的合作经历能够有效降低地方主体间沟通交流的成本,增强其信任互惠程度,利于促进既有协同的深化或新协同机制的建立。① 据此,上一期城市间的合作关系也会影响后续合作的开展,成功的经历会促进地方主体的合作动机,但失败的经历也可能会产生负面影响。

二、基本要素

行动者与关系是社会网络中不可或缺的两个基本要素,行动者(actor)是节点(node),关系(tie)是联结行动者的连线(link)。

(一) 节点:行动者

行动者有多样化的表现形式,可从微观到中观再到宏观由个体、群体、组织、地区、国家等构成。一般研究中,社会行动者都是相互独立的个体,但在网络分析中这些行动者却是相互依赖的。例如,当我们要考察浙江杭州在环境治理领域的合作关系时,浙江嘉兴、绍兴、衢州与安徽黄山、宣城进入样本是因为这些城市与杭州有联系。社会网络的研究会将边界内的行动者纳入样本中,因此如何界定边界并挑选相关行动者是网络分析的关键。网络边界的界定主要包括行动者本身的边界与基于人口统计或生态途径界定两种类型。② 社团、合作联盟、特定地区的所有成员会自然构成网络,如2008年成立的杭湖嘉绍边界联合执法小组就界定了环境治理中杭州、湖州、嘉兴、绍兴这些城市间的合作网络,这是由行动者已知的网络来设定边界。另一种方法是通过观察与杭州接壤的相邻地市来确定边界,即在同一空间区域内行动者可以联系到的所有成员,但这一方法下的真实网络还需要得到进一步甄别。

值得注意的是,社会网络具有不同的分析层次,呈现"多模"(multi-mode)形态,而个体是层层网络中最微观的行动者。如果我们要研究复旦大学某一班级同学的友谊关系,那么班内的学生是第一层模态,学生又镶嵌在班级的模态中,班级又嵌于学院的模态,学院上面还存在学校的模态。对于环境治理中地方城市间的合作而言,地级市构成了第一个模态,省份是第二个模态,地区则是第三个模态。当一个网络包含两个模态的信息,如城市与省份,那就成为二模或2-模网络,具体

---

① Chris Ansell and Alison Gash, "Collaborative Governance in Theory and Practice", *Journal of Public Administration Research and Theory*, 2008, 18(4), pp. 543-571; Dorothy M. Daley, "Interdisciplinary Problems and Agency Boundaries: Exploring Effective Cross-Agency Collaboration", *Journal of Public Administration Research and Theory*, 2009, 19(3), pp. 477-493; John M. Bryson, Barbara C. Crosby, and Melissa Middleton Stone, "The Design and Implementation of Cross-Sector Collaborations: Propositions from the Literature", *Public Administration Review*, 2006, 66(s1), pp. 44-55.
② Robert A. Hanneman and Mark Riddle, *Introduction to Social Network Methods*, University of California, Riverside, 2005.

内容会在本章第二节介绍。

(二) 连线：关系

社会网络的第二个基本要素是关系，代表行动者之间的特定联络。关系可以是有方向的，如嘉兴前往杭州学习考察环境治理的先进经验，即"嘉兴→杭州"；也可以是没有方向的，如嘉兴和杭州间共同召开工作会议商讨环境联合执法相关事宜，即"嘉兴—杭州"。行动者之间往往会存在多重关系，而他们在不同网络关系中的亲疏程度也会存在差异。比如，两名学生可能有同学关系、室友关系或恋爱关系，地方城市间也会在经济发展、环境治理、基础设施等领域存在合作关系。研究者可以关注其中特定的某一关系，也可以关注不同关系间的相互影响，即社会网络的多重性（multiplexity）。具体而言，地方政府间会有领导会晤、座谈会、工作会议等非正式的合作关系，也会存在合作协议、工作方案甚至区域机构等正式关系。既有研究表明，非正式与正式关系两者具有相互影响的作用，非正式关系能为正式关系的建立奠定信任的基础①，正式关系也会在项目的落实中推动非正式关系的发展②。关系也有形式与内容之分，形式是行动者间关系是否存在（0 或 1）以及联系的频率或强度等，内容则是行动者互动的实质性意义，如交换关系、沟通关系、情感关系、权力关系、亲属关系等。③ 例如，在长三角区域地级市环境协同网络中，形式上城市间建立起合作关系，不同城市间的联系紧密度有所差异，内容上则体现为信息沟通、资源甚至权力共享。

此外，网络分析中成员间关系存在不同的测量尺度，具体可分为二分类（binary）、多分类（multi-category）、定序、定距数据等。其中，二分类与多分类数据属于名义（nominal）测量，定序与定距数据则属于次序（ordinal）测量。二分类关系数据是最常见的测量尺度，即直接区分关系的有或无，如询问受访者"您是否与 A 市有过环境合作？"，"有"则编码为"1"，否则为"0"。多分类关系数据的取值多于两个，如要求受访者列出经济、环境、交通、社保等不同领域的合作伙伴，就可能会出现"1""2""3"等数值表示不同关系。定序关系数据可以展现行动者间互动频率或强度的变化，比如，受访者与其他行动者的联系频率包括"从不""每月一次""每周一次""每天一次"，行动者间资源依赖程度也有"没有依赖""较少依赖""一般依赖""较多依赖""高度依赖"的区分。定距关系数据能够量化行动者间关系的数量差

---

① Christopher V. Hawkins, Qian Hu, and Richard C. Feiock, "Self-Organizing Governance of Local Economic Development: Informal Policy Networks and Regional Institutions", *Journal of Urban Affairs*, 2016, 38(5), pp.643-660.
② Chen Huang, Hongtao Yi, Tao Chen, et al., "Networked Environmental Governance: Formal and Informal Collaborative Networks in Local China", *Policy Studies*, 2022, 43(3), pp.403-421.
③ David Knoke and Song Yang, *Social Network Analysis*, London: SAGE Publications, 2020.

别,例如地方城市间的合作强度可以用"1""2""3""4""5"等具体数值表示。在网络分析中,研究者会在多分类数据中选择特定类型的连接加以"二值化"编码,定序与定距数据也会选择特定"切割点"转化为 0 或 1 的二值测度。

三、资料收集

社会关系的测量与收集是社会网络分析的前提条件,而如何收集到全面、完整的数据也是网络研究的挑战之一。首先,研究者需要根据研究问题清晰界定社会网络的范围,界定标准可以是人际关系、特定事件、地理区位、社会地位等。随后,研究者便可采用问卷、访谈等方式来开展网络数据的收集。下面介绍收集网络数据以构建网络数据库的基本方法。

(一) 个体中心网的资料收集

"个体中心网"(ego network)是围绕某一特定的点而展开的网络,并关注与特定行动者有直接关系的其他行动者的个数。提名法(name generator)和释名法(name interpreter)是构建个体中心网络最重要的一种社会测量法(sociometry)。提名法是通过调查问卷或标准化访谈,从每一个受访者处收集与主体有直接联系的客体信息,基本实施方法是由调查者给出某种描述特征,让受访者说出最符合这些特征的人。根据研究目标的不同,研究者可以选择单个提名法或多个提名法,前者用单个描述(即调查问题)来引导被访者提名关系客体,后者会提供多道问题,让受访者对每道问题都给出提名(如表 15-1 所示)。为了防止名单规模过于庞大,必须对提名施加一些限制,以获得与受访者有实质联系的客体,限制条件包括:一是角色或内容,在一种或几种关系中提名;二是区域,被提名者被限制在一定区域内;三是时间,受访人提名的名单需要在某段可回溯的时间段内;四是数量,受访者须在符合条件的人选中提名 N 个关系人。[①] 释名法往往紧随提名法之后,即对受访者所提关系个体的属性(如年龄、亲近程度等)进行追问,以测量更多社会关系的性质。

表 15-1 提名法与释名法示例

方法	问卷范例
单个提名法	在过去的 6 个月,您与哪些人讨论过重要问题?

---

① Karen E. Campbell and Barrett A. Lee, "Name Generators in Surveys of Personal Networks", *Social Networks*, 1991, 13(3), pp. 203-221.

(续表)

方法	问卷范例
多个提名法	• 如果您要找人帮忙做家务,您会请哪些人? • 您会与哪些人谈论自己是如何开展工作的(只提问有工作的人)? • 您会与哪些人一起吃饭? • 您会与哪些人谈论爱好? • 您会与哪些人一起谈论您所关心的事情? • 您会在重要决策时依赖于哪些人提供的建议? • 您会找哪些人借钱?
释名法	• 这个人年龄多大? • 您觉得您与这个人亲近吗?(1—5打分,1表示不亲近,5表示非常亲近) • 您厌烦这个人的频率如何?(从来没有、很少、有时、常常)

注:本表中的"多个提名法"行改编自 Fischer C. S, "What Do We Mean by 'Friend'? An Inductive Study", *Social Networks*, 1982, 3(4), pp.287-306。

行动者在社会等级结构中的位置决定了其可获得的社会资源。职位法(position generator)就是通过评估人们与社会经济地位各不相同的职业群体(有时也可以是种族、宗教等群体)的关系,帮助研究者分析个人取得社会资源的途径。研究者需要仔细考虑并纳入所有与研究问题可能相关的职业定位。职位法只能将选择限定在某些职业之中,而社会资源是人们通过各种社会关系所取得的帮助与支持(如表15-2所示)。资源法(resource generator)就是直接评估社会资源获取渠道的收集方法。与职位法相同,资源法不直接测量个体关系(即列举他者),而是注重对资源获取能力的测度。

表15-2 职位法与资源法示例

方法	问卷示例
职位法	在您认识的人中,有人从事以下工作吗? (1)技术工人;(2)医生;(3)商人;(4)警察…… 如果回答"有",则追问其想到的第一个名字: 他/她与您是什么关系?(1)家属;(2)朋友;(3)熟人;(4)仅认识
资源法	请问在您所认识的人中,有没有人可以帮忙做以下事情: (1)修理自行车;(2)修理家电;(3)提供政策或法律咨询;(4)礼节性拜访…… 如果回答"有",则追问其想到的第一个名字: 他/她与您是什么关系?(1)家属;(2)朋友;(3)熟人;(4)仅认识

(二) 整体网的资料收集

如果网络中每个人 i 都报告了与自己有某种社会关系的个体 j,则值 a_{ij}($i \neq j$)就能够表示网络中每一对行动者 i 和 j 之间的关系,即构成了一个充分反映整体网全貌的矩阵。换言之,整体网(whole network)可以由网络内所有成员的个体中心网加总而生成。

我们已经介绍了若干典型的社会测量法,受访者只报告与其直接发生的关系,即“你认识谁”的问题。而认知社会结构(cognitive social structure, CSS)关注“你知道谁认识谁”的问题,即将受访者作为线人,调查其对于网络关系的观察和认知情况,以此捕捉对整体网的感知。问卷中可以直接询问诸如“你知道A同学在学习中会找谁寻求帮助”等问题,或要求被访者完成矩阵表格,“在下列矩阵的单元格中画叉,以说明您是否认为每行(从1到25)中列出的人将每列(从A到Z)中列出的人视为朋友”(如图15-4)。一次CSS调查可以产生多个关于行动者间关系的测量值 a_{ij}^{k},表示第 k 个受访者(线人)对个体 i 和 j 间关系的感知。随后,研究者可以通过计算平均估计值 $\frac{1}{k}\sum_{k} a_{ij}^{k}$ 构造一个反映了各个受访者“共识结构”(consensus structure)的整体网络值,或直接令 $a_{ij} = a_{ij}^{i}$,将每一个受访者都视作该个体所发出关系的“权威”,得到一个“局部加总结构”(locally aggregated structure),这种方法其实就是将社会测量法得到的若干个体中心网加总以构建整体网络的过程。

		A	B	C	D	E	F	G	H	I	K	L	M	N	O	P	Q	R	S	T	U	V	W	X	Y	Z
		Adams	Anderson	Bennett	Frick	Grant	Green	Guidelli	Gunde	Jacket	Lang	Marcus	Newman	Norris	Oliver	Olson	Perlman	Perry	Poole	Price	Rummel	Sanders	Taylor	Tucker	Wison	Wolf
1	Adams																									
2	Anderson																									
3	Bennett																									
4	Frick																									
5	Grant																									
6	Green																									
7	Guidelli																									
8	Gunde																									
9	Jacket																									
10	Lang																									
11	Marcus																									
12	Newman																									
13	Norris																									
14	Oliver																									
15	Olson																									
16	Perlman																									
17	Perry																									
18	Poole																									
19	Price																									
20	Rummel																									
21	Sanders																									
22	Taylor																									
23	Tucker																									
24	Wison																									
25	Wolf																									

图15-4 认知社会结构的问卷设计示例

资料来源:Tiziana Casciaro, Kathleen M. Carley, and David Krackhardt, “Positive Affectivity and Accuracy in Social Network Perception”, *Motivation and Emotion*, 1999, 23(4), pp.285-306。

与此同时，用于整体网分析的数据也可以由现成资料转化而成，即使这些资料不是专门为了网络研究而收集。例如，个人书信、电子邮件和通话记录包含了通信网络的重要信息，社交媒体的浏览、关注和评论记录也是社交网络数据的重要来源，政策文件的共同发文主体、政府联席会议的参与机构、官员互访的新闻报道等都能获取有关府际合作网络的重要信息。例如，我们可以从政府官网、地方日报等渠道获取长三角地区市级政府就环境治理开展合作的报道或工作动态，具体表现为座谈会或联席会、联合执法、合作协议等，进而构建起府际协同的整体网络。此外，学术论文和专利都有完整的引文名单，某一学科领域每篇文献的参考文献能相互建构成一个全面的引用关系网络，反映了知识共享和流动的社会过程。而通过分析论文的共同作者名单，也可以发掘出学者、机构、国家间的知识合作网络，目前已有开发者开发了 CiteSpace、VOSviewer 等基于网络分析的文献可视化软件，方便学者了解学科知识的结构、分布和规律。正如本书第十四章第四节中涉及"关系网络分析"的内容所述，随着数据挖掘与文本分析的发展，学者们开始运用计算机辅助的方法自动从文本中抽取事物之间的相互关系，在现有结构化的数据库基础上构建关系网络予以分析。总之，社会网络是一类数据、一种方法，更是一种观念，面对丰富多样的研究素材，研究者应敏锐感知到网络的存在，从而超越个体观测层次而捕捉多元社会网络的独特性质。

第二节 社会网络的描述

本节主要介绍描述社会网络的方法以及关注的相关属性。

一、矩阵法和图示法

社会网络可以通过矩阵与图示两种方法予以描述。一般来说，网络数据都是以矩阵格式储存的，在有向网络中，矩阵的数字表示行指向列的关系，i 行 j 列的数字 1，表示节点 i 对节点 j 的影响；而在无向网络中，节点 i 对节点 j 的影响与节点 j 对节点 i 的影响等同，因此无向网络的矩阵是对称的（如图 15-5 所示）。

图示法能够更直观地展示网络的结构与特征。网络图（network graph）的基本要素是节点（或行动者）与连线（或关系、联系），能够呈现行动者间的单一或复合关系。具体的绘图方式可以在节点属性、关系属性、位置分布等方面有所侧重，以突出不同的网络结构与特征，一幅好的网络图往往可以有效地描述一种社会结构。当然，网络中若包含太多的节点或连线，仅仅依靠图示也无法有效描述网络特征，

	HF	WH	BB	HN	MA	HB	TL	AQ	HS
HF	0	0	1	1	1	0	0	1	0
WH	0	0	0	0	1	0	1	1	0
BB	1	0	0	1	0	1	0	0	1
HN	1	0	1	0	0	1	0	1	0
MA	1	1	0	0	0	0	1	1	0
HB	0	0	1	1	0	0	0	0	0
TL	0	1	0	0	1	0	0	1	0
AQ	1	1	0	1	1	0	1	0	0
HS	0	0	1	0	0	0	0	0	0
……									

图 15-5 社会网络的矩阵表示

还需简化这一复杂图形,或结合数值统计量等指标进行分析。建构富有洞察力的网络图既是科学活动,也是一门艺术。

接下来,我们将介绍 UCINET（University of California at Irvine NETwork）软件在社会网络描述中的应用。UCINET 是一种简单易懂、操作方便且功能强大的软件,非常适合社会网络分析的初学者。该软件可从官网 http://www.analytictech.com/ucinet 获取,具体的功能及操作指南在用户手册中都有详细介绍,因此本章直接介绍相应内容的操作流程。

以绘制长三角地区市级政府间环境协同网络为例,我们可以通过 File＞Open＞Ucinet dataset＞Network 的步骤打开数据文件 csj.♯♯h[①],Netdraw 软件就会自动绘制一个基本的网络图。以此为基础,我们还可以对节点属性、关系属性和位置分布等依次进行调整。在 Analysis＞Centrality Measures 工具中,我们可以将节点属性,如中心性的数值大小设置为节点尺寸。同时,Properties＞Lines 选项可将关系类型、有向或无向、频次等属性转化为连接线的颜色、形状、宽度、箭头类型等。此外,Layout 选项卡可以设置节点的位置布局,例如 Random（随机）、Circle（环形）等分布,而选择 Non-metric MDS of geo distance 能使 geo distance（捷径距离）相似的节点聚集在一起。当然,也可以直接用鼠标将节点拖放到新的位置,人为进行节点布局的调整。经过上述操作,我们就能得到一幅美观、清晰的网络图（如图 15-6 所示）。

[①] 需要注意的是,本章使用的所有数据都在真实数据上有所调整。

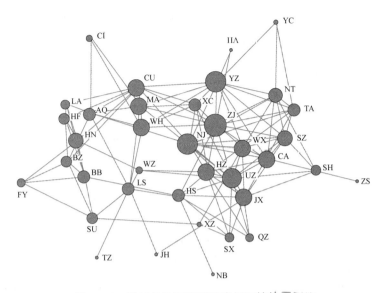

图15-6 长三角地区市级政府间环境协同网络

二、密度

密度(density)是社会网络最基本的属性,反映网络中各行动者间联系的紧密程度,节点之间联系越多,社会网络的密度就越大。在计算中,一般使用网络中实际存在的联系数与理论上可容纳的联系数上限之比来表示密度,具体的操作过程可分别从以下两个视角展开。

由于"个体中心网"围绕某一特定的点展开,因此,个体中心网的密度(D)测量的是关系主体与 n 个客体之间的实际联系数(L)与联系数上限(M)的比值,即 $D=L/M$。有向网络包含的联系数上限,恰恰等于它所能包含的总对数,即 $M=n(n-1)$;而在无向网络中,从 A 到 B 与从 B 到 A 的联系是相同的,被重复计算了一次,因此无向网络能包含的联系数上限 $M=n(n-1)/2$。计算个体网密度,需要在 UCINET 软件中点击 Network>Ego networks>Ego Density,随后导入网络数据 csj.♯♯h,软件会自动生成每个节点的个体中心网络的规模和密度。部分结果如图15-7所示。

而在"整体网"中,研究者设定一个网络边界,关注在此范围内的行动者的整体联系。假设网络中共有 n 个行动者,实际存在的联系数为 L,理论上的联系数上限是 M,整体中心网的密度 $D=L/M$,其中,有向网的 $M=n(n-1)$,无向网的 $M=n(n-1)/2$。在 UCINET 中,可以通过 Network>Whole networks & cohesion>Density>Density overall 工具计算整体网密度,将 csj.♯♯h 数据导入,进行计算后可得到图15-8的结果。

```
                    1          2          3
                 Size Avg     Deg      Density
                 --------    -----    --------
    1    HF       7.000      3.714     0.619
    2    WH      11.000      4.727     0.473
    3    BB       8.000      3.500     0.500
    4    HN      10.000      4.000     0.444
    5    MA      11.000      4.727     0.473
    6    HB       5.000      4.000     1.000
    7    TL       4.000      3.000     1.000
    8    AQ       9.000      4.000     0.500
    9    HS       9.000      2.667     0.333
   10    CU      11.000      4.909     0.491
   ……
```

图 15-7　个体中心网的密度[①]

```
              1            2          3           4
           Density    No. of Ties   Std Dev   Avg Degree
           -------   -----------   -------   ----------
   1 csj    0.196        290        0.397       7.436
```

图 15-8　整体网的密度

三、中心性

"权力"是政治学研究的基本概念,在社会网络结构主义的视角下,权力是关系模式的结果:行动者镶嵌于关系网络中,如果某一行动者比其他行动者获得信息或资源的机会更多,就占据了相对优势的结构地位,有更强的影响力。据此,中心度(centrality of a point)、中心势(centralization of a graph)等一系列概念能够定量测度社会网络中特定行动者或整体网络的权力或影响力,即中心性(如表15-3所示)。首先,我们将衡量某个节点的绝对中心度;为了能在不同网络间相互比较,可以将绝对中心度标准化,构造相对中心度;而整体网络的"权力"集中趋势可以通过中心势衡量。

表 15-3　度数中心性、中间中心性与接近中心性

对象		度数中心性	中间中心性	接近中心性
对某一行动者	绝对值	绝对度数中心度	绝对中间中心度	绝对接近中心度
	相对值[0,1]	相对度数中心度	相对中间中心度	相对接近中心度
对整个网络		度数中心势	中间中心势	接近中心势

---

① 为了简约,表格仅展示前十条结果,下同。

（一）活跃：度数中心性

某一行动者的度数中心度(point centrality)，就是他与其他行动者的直接联系总数。这是对中心度最基础的理解。在有向网络中，点入度(in-degree centrality)是进入某一点的联系数，点出度(out-degree centrality)是从某一点发出的联系数。为了比较不同网络中点的度数中心度，可以将绝对中心度除以网络中点的最大可能的度数，以过滤掉网络规模的影响：在包含 n 个行动者的无向网络中，任何一点的最大可能的度数是 $n-1$；在包含 n 个行动者的有向网络中，某点的相对点度中心度是(该点的点入度+该点的点出度)/($2n-2$)。①

度数中心势反映了一个社会网络多大程度上表现出集中于某个行动者的趋势。根据弗里曼的思想，这个指标既能够反映"最中心节点"的中心性 $C_X(p^*)$ 超过其他节点中心度 $C_X(p_i)$ 的程度，也能够呈现该超出值与其最大可能值的比例。② 用公式表达如下：

$$C_X = \frac{\sum_{i=1}^{n}[C_X(p^*) - C_X(p_i)]}{\max \sum_{i=1}^{n}[C_X(p^*) - C_X(p_i)]} \tag{15-1}$$

接下来，我们以2013—2020年长三角城市环境协同网络为例，展示计算度数中心性各指标的操作步骤。执行 Network>Centrality>Degree，导入 csj.##h，选择 undirected(无向网络)，软件将呈现各个节点的度数中心度，并在日志文档末尾报告整个网络的度数中心势，如图15-9所示。

（二）控制：中间中心性

"中间性"(betweenness)是现实世界中行动者协调群体过程、控制信息或资源流动等能力的抽象。当某一行动者连接起两个或多个互相独立的行动者时，这个人就是中心，因为他可以通过在传播中隐瞒或扭曲信息来影响群体。③ 某一节点多大程度上位于其他点对(pair of nodes)的捷径(最短的途径)的"中间"，就是这个点的中间中心度(betweenness centrality)，这种信息与资源控制的潜力决定了节点的中心性。

---

① 刘军：《社会网络分析导论》，社会科学文献出版社2004年版，第119—120页。
② Linton C. Freeman, "Centrality in Social Networks Conceptual Clarification", *Social Networks*, 1978, 1(3), pp.215-239.
③ Alex Bavelas, "A Mathematical Model for Group Structures", *Human Organization*, 1948, 7(3), pp.16-30; Marvin E. Shaw, "Group Structure and the Behavior of Individuals in Small Groups", *The Journal of Psychology*, 1954, 38(1), pp.139-149.

```
Degree Measures
                      1           2
                   Degree      nDegree
                   ------      ------
    1    HF         7.000       0.184
    2    WH        11.000       0.289
    3    BB         8.000       0.211
    4    HN        10.000       0.263
    5    MA        11.000       0.289
    6    HB         5.000       0.132
    7    TL         4.000       0.105
    8    AQ         9.000       0.237
    9    HS         9.000       0.237
   10    CU        11.000       0.289
   ......

Graph Centralization -- as proportion, not percentage
         Centralization
         --------
    1      0.2098
```

图 15-9　环境协同网络的度数中心性

根据弗里曼的公式[①]，g_{ij} 表示点 p_i 和 p_j 之间存在的捷径条数，其中经过第三个点 p_k 的捷径条数为 $g_{ij}(p_k)$，则 p_k 控制 p_i 和 p_j 之间"交往"的"能力"可表示为 g_{ij} 和 $g_{ij}(p_k)$ 的比值，即 $b_{ij}(p_k)$。将点 p_k 影响网络中所有点对的"能力"加总，就能得到该点的绝对中间中心度，即

$$C_B(p_k) = \sum_i^n \sum_j^n b_{ij}(p_k), \; i < j \neq k \tag{15-2}$$

为了能够比较不同网络中点的相对中心度，我们需要将中间中心度标准化。一个星形网络中点的中间中心度能够达到的最大值为 $C_{max} = (n^2 - 3n + 2)/2$。因此，相对中间中心度就是绝对中间中心度 $C_B(p_k)$ 与 C_{max} 的比值，即

$$C'_B(p_k) = \frac{2C_B(p_k)}{n^2 - 3n + 2} \tag{15-3}$$

同样，与度数中心势的推导逻辑类似，一个网络的中间中心势的计算公式是

$$C_B = \frac{\sum_{i=1}^n [C_B(p^*) - C_B(p_i)]}{n^3 - 4n^2 + 5n - 2} \tag{15-4}$$

[①] Linton C. Freeman, "Centrality in Social Networks Conceptual Clarification", *Social Networks*, 1978, 1(3), pp. 215-239.

其中，$C_B(p^*)$是规模为 n 的网络中节点的绝对中心度的最大值，星形网络的中间中心势为 1，环形网络的中间中心势为 0。UCINET 提供了很多计算中间中心性的方法，打开 Network＞Centrality＞Freeman betweenness＞可以计算二值关系的中间中心性，而 Flow betweenness 则可以测量节点对之间的整体流量（频率与长度之乘积）比例。我们导入 csj.♯♯h 的计算结果如图 15-10 所示。

```
Un-normalized centralization:       2794.712
                              1              2
                         Betweenness   nBetweenness
                         -----------   ------------
    9       HS              97.172        13.822
   27       ZJ              84.589        12.033
   39       LS              81.779        11.633
   10       CU              69.695         9.914
   26       YZ              61.786         8.789
   33       UZ              52.926         7.529
   18       NJ              52.482         7.465
    5       MA              52.076         7.400
    2       WH              51.743         7.360
   32       JX              41.251         5.868
......

DESCRIPTIVE STATISTICS FOR EACH MEASURE
                              1              2
                         Betweenness   nBetweenness
                         -----------   ------------
    1    Mean               25.513         3.629
    2    Std Dev            26.966         3.836
    3    Sum               995.000       141.536
    4    Variance          727.168        14.714
    5    SSQ             53744.801      1087.491
    6    MCSSQ           28359.545       573.837
    7    Euc Norm          231.829        32.977
    8    Minimum             0.000         0.000
    9    Maximum            97.172        13.822
   10    N of Obs           39.000        39.000
......
Network Centralization Index = 10.46 %
```

图 15-10　环境协同网络的中间中心性

（三）效率：接近中心性

一个行动者之所以有权力，是因为他能对其他行动者施加影响。接近中心度

(closeness centrality)衡量了特定行动者能在多大程度上对其他行动者施加更直接的影响,进行更高效的沟通。如果一个节点与其他节点的"距离"都很短,则这个行动者与许多行动者都很"接近",具有较高的接近中心度。因此,一个点的绝对接近中心度 $C_c(p_k)^{-1}$ 就是该点与其他节点的捷径距离之和,即 $C_c(p_k)^{-1} = \sum_{i=1}^{n} d(p_i, p_k)$,捷径距离 $d(p_i, p_k)$ 是点 i 与点 k 之间捷径所包含的线数。在包含 n 个点的星形网络中,绝对接近中心度才可能达到最小值 $n-1$。与相对点度中心度的推导逻辑类似,相对接近中心度是绝对接近中心度与最小接近中心度之比,即

$$C'_c(p_k)^{-1} = \frac{\sum_{i=1}^{n} d(p_i, p_k)}{n-1} \tag{15-5}$$

对于网络整体而言,其接近中心势的表达式为

$$C_c = \frac{\sum_{i=1}^{n}[C'_c(p^*) - C'_c(p_i)]}{(n^2 - 3n + 2)/(2n - 3)} \tag{15-6}$$

其中 $C'_c(p^*)$ 表示一个网络中接近中心度能达到的最大值。在 UCINET 中,可以通过 Network>Centrality>Closeness (old) 计算各节点的接近中心度和网络的接近中心势,在 Type 选项中可以选择测量距离的方法,一般使用 Sum of geodesic distances(节点到其他节点捷径距离的总和)方法。导入 csj.♯♯h 数据后的计算结果如图 15-11 所示。

```
Closeness Centrality Measures
                        1            2
                     Farness    nCloseness
                     -------    ----------
    27      ZJ       67.000       56.716
    18      NJ       69.000       55.072
     9      HS       71.000       53.521
    26      YZ       74.000       51.351
    10      CU       74.000       51.351
     2      WH       74.000       51.351
     5      MA       74.000       51.351
    33      UZ       74.000       51.351
    29      HZ       77.000       49.351
    16      XC       77.000       49.351
    ……
Network Centralization = 27.03%
```

图 15-11　环境协同网络的接近中心性

以上，我们探讨了三类中心性的内涵与具体指标，一般而言三种测度的结果相差不大，但具体选择哪个指标则依赖于研究问题，"对交流活动的关注建议采用度数中心性，研究沟通控制的相关问题需要采用中间中心度，而对独立性或效率的关注往往采用接近中心度"①。如果三类测度出现了差异，则意味着网络中存在有趣的结构，现有研究对三类中心度之间的关系总结得较为系统如表15-4所示。

表15-4 度数中心度、中间中心度与接近中心度间的关系

中心度	度数中心度低	中间中心度低	接近中心度低
度数中心度高	—	该行动者的联络人是绕过他的其他点冗余的交往关系	该行动者所嵌入的聚类远离网络的其他点
中间中心度高	该行动者的少数联系对于网络流动来说至关重要	—	该行动者垄断了从少数人指向很多人的关系
接近中心度高	与重要人物有关联的关键人物	网络中可能存在多条途径，该行动者与很多点都接近，但其他人与另外一些点也很接近	—

资料来源：刘军：《整体网分析——UCINET软件使用指南》（第三版），格致出版社2019年版，第147页。

四、凝聚子群

在一个社会关系圈中往往会出现内聚性的子群体，例如圈子、帮派、小团体、派系等，即凝聚子群。这些群体的内聚性建立在网络行动者间的各类特殊关系之上，例如共享信息、一致行动、相互沟通等。在社会网络分析中，我们也可以根据多种网络属性量化子群体的内聚性，包括关系的互惠性、子群体成员间的可达性、子群体成员联系的频次等②，由此分别形成不同的测量概念（如表15-5所示）。

表15-5 凝聚子群的类型

刻画内聚性的属性	测量概念
关系的互惠性	派系
子群体成员间的可达性	n-派系
子群体成员联系的频次	k-丛、k-核

---

① Linton C. Freeman, "Centrality in Social Networks Conceptual Clarification", *Social Networks*, 1978, 1(3), pp. 215—239.

② Stanley Wasserman and Katherine Faust, *Social Network Analysis: Methods and Applications*, Cambridge: Cambridge University Press, 1994, p. 256.

（一）派系

基于关系互惠性刻画的凝聚子群是"派系"(cliques)。在无向网络中，派系是最大完备子图(maximal complete sub-graph)：至少包含三个行动者（$n \geq 3$），其中任何两个行动者都直接相连（邻接），即任何一个节点都与其他 $n-1$ 个节点直接相连。显然，派系的网络密度为 1。而在有向网络中，派系的要求是很严格的，任何两个行动者都必须存在直接的、双向的"互惠性"关系。所以，我们把有向网络中的派系称为强派系，把无向网络中的派系称为弱派系。UCINET 的 Network>Subgroups>Cliques 工具可以用来识别图中所有的派系，用 csj.♯♯h 计算得出的结果如图 15-12 所示。

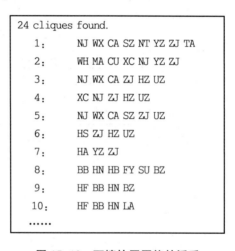

图 15-12　环境协同网络的派系

（二）n-派系

经过上述分析，我们可知派系的概念非常严格，最大的完备子群在现实生活中很少见，行动者间的关系很多时候都是间接的，信息、关系的传递往往需要第三者的参与。基于"可达性"的概念，n-派系（n-cliques）放宽了"派系"的严格条件限制。

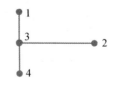

图 15-13　n-派系示意图

对于无向网络而言，如果任何两个节点之间的捷径距离都不超过 n，就构成了 n-派系。例如，当 $n=2$ 时，成员间要么直接相连（距离为 1），要么通过 1 个共同中介间接相连（距离为 2），也就是"我朋友的朋友"（如图 15-13 所示）。当 n 越大，内聚力就越弱，子群体就越松散；而严格定义的"派系"就是 $n=1$ 时 n-派系的一个特例。在有向网络中，由于引入了关系的发起者和接受者，生成由弱到强的弱 n-连接、单向 n-连接、强 n-连接、双向 n-连接四类关系形式,分别产生四种类型的 n-派系。① 在 UCINET 软件中,Network＞Subgroups＞N-cliques 可识别网络中的所有 n-派系结构并进行分析。图 15-14 显示了当 $n=2$ 时的 n-派系的分析结果。

```
46 2-cliques found.
  1:   WH MA HS CU XC NJ WX CA SZ NT HA YZ ZJ TA HZ UZ
  2:   WH MA HS CU XC NJ WX CA SZ NT YZ ZJ TA HZ JX UZ
  3:   WH HN MA HS CU XC NJ YZ ZJ HZ UZ LS
  4:   WH MA HS CU XC NJ YZ ZJ HZ JX UZ LS
  5:   HF WH HN MA AQ HS CU LA BZ XC NJ YZ ZJ LS
  6:   HF WH HN MA AQ HS CU LA BZ XC NJ ZJ WZ LS
  7:   WH HN MA HS CU XC NJ ZJ HZ WZ UZ LS
  8:   WH MA HS CU XC NJ ZJ HZ WZ JX UZ LS
  9:   WH MA HS CU XC NJ WX CA SZ ZJ HZ WZ JX UZ
 10:   HS XC SH NJ WX CA SZ NT YZ ZJ TA HZ JX UZ
……
```

图 15-14　环境协同网络的 n-派系

(三) k-丛

n-派系是不稳定的,如果去掉其中的一个或几个点,可能会对子群体的结构造成很大影响。② 在图 15-13 中,如果去掉节点 3,则点 1、2、4 都不能相互联系,这是一个脆弱的 2-派系。因此,他们提出了以度数为基础的"k-丛"(k-plex)概念。在包含 n 个节点的无向网络中,如果子群体中的每个节点都至少与除了 k 个点之外的其他点相连,即任何一个节点的中心性 $\geqslant (n-k)$,则构成 k-丛。当 $k=1$ 时,1-丛其实就是最大完备子图,即"派系"。这一定义也可推广至有向网络、多模网络中。与 n-派系相比,k-丛更倾向于找到相对多的小群体,聚焦于重叠和共现的特征,即"重叠的社会圈"。通过 Network＞Subgroups＞K-Plex 分析 csj.♯♯h 中 k-丛的情况,设置 $k=2$ 的结果如图 15-15 所示。

---

① 如果读者有兴趣,具体参见 Stanley Wasserman and Katherine Faust, *Social Network Analysis: Methods and Applications*, Cambridge: Cambridge University Press, 1994, p.275; Edmund R. Peay, "Connectedness in a General Model for Valued Networks", *Social Networks*, 1980, 2(4), pp.385-410。
② Stephen B. Seidman and Brian L. Foster, "A Graph-Theoretic Generalization of the Clique Concept *", *The Journal of Mathematical Sociology*, 1978, 6(1), pp.139-154.

```
280 k-plexes found.
 1:   HF WH MA AQ CU LA
 2:   HF BB HN HB BZ
 3:   HF BB HN AQ LA
 4:   HF BB HN CU LA BZ
 5:   HF BB HN FY BZ
 6:   HF BB HN SU BZ
 7:   HF BB MA
 8:   HF BB HS
 9:   HF HN MA AQ CU
10:   HF HN AQ CU LA
……
```

图 15-15　环境协同网络的 2-丛

五、二模网络

社会网络分析是通过分析微观层次的个体间关系以发现宏观层次的结构。现实中除了行动者与行动者的关系外，还存在行动者与事件、个体与其隶属的组织等关系，这类关系可以用二模网络（2-mode network）来描述。最常见的二模数据存储方式是矩阵，例如行动者（列）与事件（行）构成的矩形数据矩阵。如表 15-6 所示，在每个单元格中，$x_{ij}=1$ 表示行动者 i（各城市）参加了事件 j（空气治理、水治理或产业协作），否则 $x_{ij}=0$。

表 15-6　二模网络矩阵示例

行动者	air	water	industry
HF	1	0	1
WH	0	0	1
BB	1	1	1
HN	1	0	1
MA	0	1	0
HB	0	0	1
TL	0	0	1
AQ	1	1	0
HS	0	1	1

（续表）

行动者	air	water	industry
CU	1	0	1
FY	0	0	1
SU	1	0	0

二模网络图由两个层次或种类的节点构成，连线表示行动者与事件的关系，同一类节点之间没有连线相连，相异类型的节点之间由连线相连（如图 15-16 所示）。在 Netdraw 中，通过 File>Open>UCINET dataset>2-Mode Network 工具可以轻松绘制。为了让节点分布反映出行动者间的关联度或相似度，我们可以单击 Layout>Graph-Theoretic layout>MDS 来展示行动者在多大程度上拥有相似的事件截面（profiles of events）。

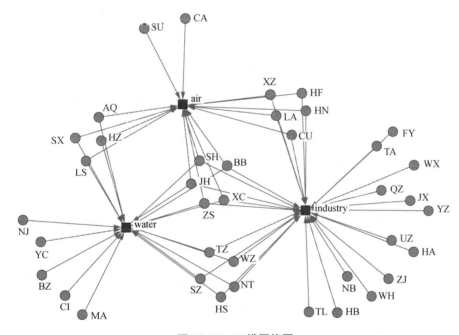

图 15-16　二模网络图

二模网络的分析有两种思路：一是将二模网络转化为一模网络；二是直接对二模网络进行分析，研究其统计特征。对于前者而言，因为二模网络涵盖了两种类型的关系，通常可以转化为两个一模网络：一个是行动者-行动者关系，测量每一对行动者共同参与一个事件的次数；另一个是事件-事件关系，测量每一对事件之间共享的行动者次数。在本案例中，使用 Data>Affiliations (2-Mode to 1-Mode)工具，可以选择 row mode（行模式）以生成行动者-行动者矩阵，或 column mode(列模式)以生成事件-事件矩阵。

我们也可以对二模数据直接进行量化分析，此处以凯瑟琳·福斯特（Katherine Faust）的研究为例，展示中心性指标如何被推广到二模网络中。① 二模网络的中心性研究更为复杂，需要完成以下目标：一是同时给出行动者和事件的中心性指数；二是可扩展到行动者和事件的子集；三是聚焦于行动者和事件的连接；四是捕捉行动者和事件间的子集-母集的关系。表 15-7 展示了各类中心度指标在二模网络中的含义。

表 15-7　二模网络的度数中心度、中间中心度与接近中心度

中心度	二模网络的中心度指标
度数中心度	事件的度数中心度：参与该事件的行动者总数 行动者的度数中心度：该行动者所隶属的事件总数
中间中心度	事件的中间中心度：行动者在参与该事件时相识，便获得了中间中心度。公式为 $\frac{1}{2}\sum_{n_i,n_j \in m_k} \frac{1}{x_{ij}^N}$（$i,j$ 是参与事件 k 的行动者，x 是 i 和 j 共享事件的数目） 行动者的中间中心度：该行动者使得其参与的事件发生配对，便获得了中间中心度。公式为 $\frac{1}{2}\sum_{m_k,m_l \in n_i} \frac{1}{x_{kl}^M}$（$k,l$ 是由行动者 i 参与的事件，x 是 k 和 l 共享行动者的数目）
接近中心度	事件的接近中心度：从参与该事件的所有行动者到其他行动者和事件的最短距离的函数 $C_C^{NM}(m_k)^{-1} = 1 + \frac{\sum_{i=1}^{g+h} min_j d(i,j)}{g+h-1}$（$g$ 是点数，h 是事件数，行动者 i 与事件 k 邻接） 行动者的接近中心度：从该行动者所隶属的所有事件到其他行动者和事件的最短距离的函数 $C_C^{NM}(n_i)^{-1} = 1 + \frac{\sum_{j=1}^{g+h} min_k d(k,j)}{g+h-1}$（$g$ 是点数，h 是事件数，事件 k 与点 i 邻接）

尽管二模网络的中心性较为复杂，应用 UCINET 软件也可以方便计算得到结果。单击 Network＞Centrality＞2 - Mode Centrality，导入数据 2 - mode - csj.♯♯h，可以得到两张表格，第一张给出了 39 个城市的中心度分析结果，第二张报告了 3 类合作项目的分析结果。为了便于比较，这些指标都是经过标准化的相对中心度（如图 15-17 所示）。

---

① Katherine Faust, "Centrality in Affiliation Networks", *Social Networks*, 1997, 19(2), pp. 157-191. 除了中心性分析，二模网络还可以进行奇异值分解、双因素分析、对应分析等量化分析。对这一部分的内容，可参见 Robert A. Hanneman and Mark Riddle, *Introduction to Social Network Methods*, University of California Press, 2005, Chapter 17 "Two-mode Networks"。

2 - Mode Centrality Measures for ROWS of 2mode-csj						
		1	2	3	4	5
		Degree	2 - Loccal	Closeness	Betweenness	Eigenvector
1	HF	0.667	0.376	0.868	0.014	0.185
2	WH	0.333	0.239	0.752	0	0.113
3	BB	1	0.538	1	0.045	0.264
4	HN	0.667	0.376	0.868	0.014	0.185
5	MA	0.333	0.162	0.642	0	0.079
6	HB	0.333	0.239	0.752	0	0.113
7	TL	0.333	0.239	0.752	0	0.113
8	AQ	0.667	0.299	0.738	0.008	0.151
9	HS	0.667	0.402	0.929	0.023	0.192
10	CU	0.667	0.376	0.868	0.014	0.185
...						

2 - Mode Centrality Measures for COLUMNS of 2mode-csj						
		1	2	3	4	5
		Degree	2 - Loccal	Closeness	Betweenness	Eigenvector
1	air	0.410	0.299	0.483	0.214	0.465
2	water	0.487	0.325	0.518	0.341	0.509
3	industry	0.718	0.410	0.662	0.647	0.724

图 15-17 二模网络的中心性分析结果

第三节 社会网络的推断

本节主要介绍关系-关系层次的假设检验和指数随机图模型。

一、关系-关系层次的假设检验

社会网络,即关系层次的数据,也可进行统计推断,其逻辑与非网络数据一致。传统的多元回归分析需要满足自变量之间相互独立的条件,而作为自变量的社会关系网络之间常常是相关的,因为组成各网络的行动者是相同的。例如,某班同学间的朋友关系、学习合作关系、课后共同娱乐的情况显然互相相关,长三角城市内的金融合作、官员交流和人员流动网络也相互依赖。网络观察的非随机性会低估真实抽样的变异性,所以,不能利用常规的参数检验方法进行统计推断。社会网络的假设检验一般使用随机化模拟的思路,例如,在本节中关系-关系层次的假设检验中可以使用 QAP(quadratic assignment procedure)方法。① 此类方法的基本思路是:首先计算已知样本的观测值,然后对因变量向量各值进行随机置换,重复成千上万次,计算并构造出一个估计量的抽样分布,随后比较观测值落入拒绝域还是接受域,判断结果是否显著。

(一) 矩阵相关分析

矩阵相关分析(QAP correlation)既可以分析两个关系矩阵的相关性,还可以研究节点属性(如性别)和一种关系(如伙伴关系)是否相关。后者的思路是将节点属性转化为关系矩阵,例如,若 A 和 B 的性别相同,则为矩阵的(A,B)项和(B,A)项赋值 1,否则为 0,构建出性别关系矩阵,再进行两个关系之间的相关性分析。

下面通过 2013—2020 年长三角城市在环境治理领域参与非正式合作、正式合作的两个关系网络,展示矩阵相关分析的操作步骤。在 UCINET 中,通过 Tools>Testing Hypotheses>Dyadic(QAP)> QAP correlation 打开矩阵相关分析工具,在 Matrix to correlate 窗口导入 csj_i.♯♯h 和 csj_f.♯♯h 两个矩阵,即可计算非正式合作关系与正式合作关系的相关性,并对假设进行检验。如图 15-18 所示,Obs Value 指的是两个矩阵之间相关系数的观测值为 0.429,可见两个矩阵呈现较高的正相关水平。Significance 是显著性水平为 0,此处结果非常显著;Average 是软件进行上千次模拟计算出的相关系数的均值,此外软件还报告了标准差、随机模拟结果的最大值和最小值等。因此,长三角各城市开展正式合作与非正式合作的社会网络在统计意义上是正向相关联的,这也符合既有研究中关于社会网络的多重性(multiplexity)的讨论。

QAP results for csj-i * csj-f (5000 permutations)								
1	2	3	4	5	6	7	8	9
Obs Value	Significance	Average	Std Dev	Minimum	Maximum	Prop >= Obs	Prop <= Obs	N Obs
-----	-----	-----	---	---	---	-----	-----	---
Pearson Correlation 0.429	0.000	0.001	0.037	-0.111	0.147	0.000	1	5 000

图 15-18 非正式合作与正式合作的相关分析

(二) 矩阵关系列联表分析

UCINET 还可以利用 QAP 方法进行矩阵关系的列联表分析(QAP relational crosstabs)。点击 Tools>Testing Hypotheses>Dyadic(QAP)> QAP Relational Crosstabs,选择 csj_i.♯♯h 和 csj_f.♯♯h 两个矩阵,即可计算出这两个矩阵之间

---

① 对 QAP 原理的具体介绍,参见 David Krackardt, "QAP Partialling as a Test of Spuriousness", *Social Networks*, 1987, 9(2), pp.171-186。

的关系列联表。从图 15-19 可知,在两个矩阵中,同一位置的节点取值都为 0 的情况有 672 次,在正式合作网络取 0,非正式合作网络取 1 的情况有 65 次,其余情况以此类推。在软件日志的第二部分,给出了根据 2 000 次随机置换估计的列联表分析的统计量,可见卡方统计量、相关系数等均显著。

```
Cross-Tab of csj-i (rows|X-Var) * csj-f (columns|Y-Var)
                0         1
              -----     -----
     0       672.000    65.000
     1        35.000    48.000
With binary data, EntailXY means if X has a tie then Y has a tie.
Statistics for csj-i * csj-f (2000 permutations)

                   1         2         3        4         5         6          7           8
              Obs Value  Significa  Average  Std Dev  Minimum   Maximum   Prop>=0    Prop<=0
              ---------  ---------  -------  -------  -------   -------   -------    -------
 1 Chi-Square   150.821    0.001    41.121    3.656    0.022    150.821    0.001      1.000
 2 Correlation    0.429    0.001    -0.000    0.037   -0.111      0.429    0.001      1.000
 3 Jaccard        0.324    0.001     0.062    0.019    0.010      0.324    0.001      1.000
 4 EntailXY       0.578    0.001     0.138    0.038    0.024      0.578    0.001      1.000
 5 EntailYX       0.425    0.001     0.101    0.028    0.018      0.425    0.001      1.000
 6 Cramers V      0.429    0.001     0.029    0.023    0.005      0.429    0.001      1.000
```

图 15-19 非正式合作与正式合作关系的列联表分析

(三) 矩阵回归分析

在一般的多元回归分析中,纳入模型的自变量、因变量均为数值,而 QAP 回归可以发现矩阵之间的回归关系并判断显著性。QAP 回归分析要求纳入回归的变量均为一模矩阵。如果要研究属性-关系的层次,需要将属性变量转化为关系矩阵[Data>Attribute to Matrix,选择 Exact matches(是否相同)、Absolute difference(绝对差)、Sum(总和)等矩阵构建方式];如果要研究二模网络,需要将其转化为一模矩阵[Data>Affiliations(2-Mode to 1 Mode)]再纳入模型进行分析。

下面以长三角地区环境治理协同网络为例,考察多种因素对协同网络的影响。通过 Tools>Testing Hypothesis>Dyadic (QAP)>QAP Regression>Double Dekker Semi-Partialling(MRQAP)进入矩阵多元回归工具,分别设置自变量和因变量,在右上角还可以修改随机置换的次数(次数越多,运算时间越长)。我们以长三角城市的空间邻近度、是否属于同一省份、城市等级差异、人均 GDP 差异、水污染程度差异、SO_2 污染程度差异为自变量,以长三角地区环境协同网络为因变量进行计算,结果如图 15-20 所示。

```
P(r2) = ;                           0.00050
MODEL FIT

             R-Square   Adj R-Sqr    Obs        Perms
             --------   ---------    -----      -----
Model        0.31790    0.31233      741.00000  2000.00000

REGRESSION COEFFICIENTS

                 Un-Stdized  Stdized Coef  P-value   As Large   As Small   As Extreme  Perm Avg    Std Err
                 ----------  ------------  -------   --------   --------   ----------  --------    -------
       spaceadj   0.53800     0.44299       0.00050   0.00050    1.00000    0.00050     0.00099     0.04417
       sameprov   0.17556     0.20498       0.00050   0.00050    1.00000    0.00050     0.00033     0.02958
absdiffcitylevel  0.01581     0.02159       0.67766   0.32784    0.67266    0.67766    -0.00090     0.03879
    absdiffgdppp -0.00019    -0.08921       0.11344   0.94903    0.05147    0.11344     0.00000     0.00012
   absdiffwater  -0.00045    -0.02430       0.61119   0.70315    0.29735    0.61119     0.00003     0.00087
     absdiffso2   0.00013     0.03016       0.56722   0.28886    0.71164    0.56722    -0.00000     0.00024
      Intercept   0.09549     0.00000       0.00000   0.00000    0.00000    0.00000     0.00000     0.00000
```

图 15-20　长三角城市环境协同网络的多元回归分析结果

分析结果的第一部分报告了模型的拟合情况，R^2 为 0.317 9，调整 R^2 是 0.312 3，模型的解释力总体较强；Obs 表示观测项的数目。第二部分的回归结果显示，空间邻近度、是否属于同一省份两个自变量对于环境协同矩阵的影响是显著的。如果两地在空间上邻接，则更有可能产生环境协同；如果两地属于同一省份，也更倾向于开展合作。此处进行的是双侧检验，As Large 表示随机置换产生的判定系数绝对值大于等于观测值的概率，As Small 表示随机置换产生的判定系数绝对值小于等于观测值的概率。而结果显示，城市等级差异、人均 GDP 差异、水污染和 SO_2 污染情况对于环境协同未产生显著影响。

二、指数随机图模型

社会网络如何形成？具有何种特征的行动者更可能产生联系？为了了解节点间相互联系和全局网络结构的形成逻辑，学者们开始系统探索社会网络的建模分析。以关系为中心的指数随机图模型（exponential random graph model，ERGM）家族的发展最早可追溯到 20 世纪 50 年代末。ERGM 模型可以识别网络的概率分布，从而生成大的网络样本，用于推断网络内部特定连接的概率。[①] 目前学界运用的 ERGM 模型都是基于马尔科夫链蒙特卡洛极大似然估计法（Markov chain Monte Carlo maximum likelihood estimation，MCMC MLE）进行估计检验。下面将在介绍网络结构、基本原理与模型设定的基础上，运用长三角地区城市间环境协同网络的数据来为大家展示如何建立一个有效的指数随机图模型。

---

① Johannes van der Pol, "Introduction to Network Modeling Using Exponential Random Graph Models (ERGM): Theory and an Application Using R-Project", *Computational Economics*, 2019, 54(3), pp. 845-875.

(一) 社会网络的结构及其形成

ERGM 模型的基本假设与社会网络的理论基础一致:网络模式的出现既是网络系统的内部过程或内生效应,还受到行动者属性和其他外生因素的影响。所以,ERGM 模型中有两类解释变量:结构变量、节点变量(或连线变量)。前者包含网络闭合、中心性分布、互惠关系等我们已经熟知的"网络统计量",后者可以从其他数据源匹配而来,例如年龄、公司规模、性别、同质性程度等。

ERGM 模型是基于行动者间关系的局部子结构(或子图,subgraph)的集合来研究社会网络的形成过程。这一模型的关键在于能够解释既有网络结构对连接概率内生性的影响,因此以下我们将重点考察 ERGM 所关注的基本网络结构及其背后的社会过程。网络由行动者及其关系构成,后者可以是有向的,也可以是无向的。一个网络中所有成对的节点都是二元组,它们可能相互连接,而在有向网络中可能存在非对称的连接或互惠的连接。三元组是三个节点构成的子集,三个节点之间既可以相连,也可以不相连。相连的三元组涉及重要的自组织效应,"关闭路径"的趋势表现为一个三角形结构的形成,这也被称为"网络聚类",在有向网络中被称为"传递性"。在中心势较高的网络中,容易出现 k-星结构,高中心性的节点位于许多 k-星的中心。表 15-8 总结了 ERGM 模型中基本结构的名称、概念、图示及其含义。

表 15-8 ERGM 模型中包含的子图及其含义

名称	概念	图形		含义
二元组	网络中节点对之间的联系	零关系	● ●	缺乏联系
		无向关系	●—●	存在联系
		非对称关系	●→●	单向联系
		互惠关系	●↔●	双向互惠
三元组	一个网络中的任意三个节点(可以是相互连接的,也可以是不相互连接的)	无向三元组		传递性
		有向三元组		

(续表)

名称	概念	图形		含义
k-星	一组由 k 个节点组成的类似于星形的网络,其中一个节点作为网络的中心与其他节点相连接。	无向 3-星		马太效应、偏好依附
		有向 2-星		扩张性
		有向 2-星		欢迎度、聚敛性

(二) 基本原理和模型设定

ERGM 模型如何解释网络的形成机制？我们可以将真实观测网络视为一系列具有相同特征、可能的"网络集"中的一种表现,进而探索这一网络产生的随机过程。因此,我们的目标是构建一个包含若干理论假设的模型,由此生成一个概率分布以更好地捕捉具备某些特征的网络结构,而真实观测网络也将存在于这一概率分布中。例如,友谊网络中互惠性是普遍存在的,所以一个好的 ERGM 模型能体现网络成员间的互惠性特征并捕捉"互惠"网络的形成机制。最初,我们并不知道网络中有多大概率出现互惠关系,但可根据真实观测网络不断估计模型参数,由此来确定最佳的参数值。这也是 ERGM 模型探索网络形成机制的基本思路所在,可分为三个具体步骤:第一,将每一对成员间联系视作完全随机的变量,为复杂模型的构建提供基础(式 15-2);第二,提出若干依赖假设以体现真实网络的形成机制,将依赖假设转化为模型中的特殊网络结构(式 15-3—15-5);第三,估计模型参数并评价模型的拟合优度。

在生成网络概率分布之前,我们需要明确 ERGM 模型的本质是改进的逻辑回归模型。逻辑回归模型的曲线保持在 0 到 1 之间,反映了连接的边际概率,但是其基本假设是观察值间相互独立,而网络数据往往不符合这一条件。因此,有研究者进行了如下修正:

$$odds(x_{ij}=1) = \frac{p(x_{ij}=1 \mid x_{ij}^C)}{1-p(x_{ij}=1 \mid x_{ij}^C)} = \frac{p(x_{ij}=1 \mid x_{ij}^C)}{p(x_{ij}=0 \mid x_{ij}^C)} \qquad (15\text{-}7)$$

在公式中,节点 i 和 j 存在连接($x_{ij}=1$)的概率依赖于两点间连接被创建之前的网络结构($\mid x_{ij}^C$),呈现条件概率的特征。[1]

---

[1] David Strauss and Michael Ikeda, "Pseudolikelihood Estimation for Social Networks", *Journal of the American Statistical Association*, 1990, 85(409), pp. 204-212.

以此为基础，现在我们可以生成一系列概率分布，以进行统计推断。根据哈默斯利-克利福德定理（Hammersley-Clifford theorem），一个图的概率可以仅仅通过子结构的计数来识别，这是网络建模的重要基础[1]，据此可以推导出 ERGM 模型的最基础的形式（式 15-8）。我们假设网络中边的形成是根据一个固定概率 α 随机产生的。$L(x)$ 表示边数量的网络统计量，即 $L(x) = \sum_{i,j} x_{ij}$，θ 是其系数，ψ 是标准化系数，以确保 p 为一个适当的概率分布。随机变量的密度（网络结构）属于"指数家族"，而这些结构由随机变量表示，是"随机图"，故这一模型被称为"指数随机图模型"。在这一模型中，网络成员之间的关系是随机的，无法很好把握网络的结构特征，但为更复杂模型的构建提供了基础。

$$p(X=x) = \frac{1}{\psi} e^{\theta \cdot L(x)} \qquad (15\text{-}8)（伯努利模型）$$

现实生活中，社会成员之间的联系很少是随机产生的。在学校里，如果学生 A 喜欢学生 B，则学生 B 很有可能会喜欢学生 A，这便是有向网络中的"二元依赖"。根据这一依赖假设，我们在模型中添加表示"互惠性"的网络结构，模型就变成了如下形式（式 15-9），$L(x)$ 依然表示边的数量，而 $M(x)$ 表示网络中互惠连接的数量，即 $M(x) = \sum_{i,j} x_{ij} \cdot x_{ji}$，$\theta$ 和 ρ 分别是两个网络统计量的系数：

$$p(X=x) = \frac{1}{\psi} e^{\theta \cdot L(x) + \rho M(x)} \qquad (15\text{-}9)（二元依赖模型）$$

至此，我们的模型和现实依然存在距离。"马尔科夫依赖"捕捉到了一种现象：如果节点 a 与 c、b 与 c 都有连接，那 a 与 b 更有可能产生连接，表现在网络图中是以 c 为中心的"2-星"结构。在现实中，有共同好友的人们更有可能开展合作，如果某个公司与其他两个公司都有商业往来，则这些公司可能会通过引荐而相互认识。相似地，"马尔科夫依赖"还关注网络中三角形的数量，表示三个节点的相互传递和闭合。据此，我们继续纳入三类构型：边、2-星和三角形，在更复杂的网络图中也可识别到 3 星、4 星直到 n 星。在式 15-10 中，θ_E 表示边数量的参数，θ_{S_2} 是 2-星数量的参数，θ_Δ 是三角形数量的参数，以此探究共同节点是否影响连接形成的概率。

$$p(x=X \mid \theta) = \frac{1}{\psi} e^{\theta_E \cdot v_E(x) + \theta_{S_2} \cdot v_{S_2}(x) + \cdots + \theta_{S_{n-1}} \cdot v_{S_{n-1}}(x) + \theta_\Delta \cdot v_\Delta(x)}$$

$$(15\text{-}10)（马尔科夫模型）$$

---

[1] Julian Besag, "Spatial Interaction and the Statistical Analysis of Lattice Systems", *Journal of the Royal Statistical Society (Methodological)*, 1974, 36(2), pp. 192-225.

然而，社会网络中还存在着其他依赖模式。例如，在企业中员工的资历可能会影响他与其他人成为朋友的概率，这反映了"马尔科夫属性假设"，即节点 i 的属性可能影响涉及 i 的联系 x_{ij}。有很多方法可以将节点属性纳入 ERGM 模型中，包括罗宾斯等人的"社会选择模型""社会影响模型"，分别关注"两个节点连接的概率取决于该节点的属性""节点的属性是网络结构的结果"。[①] 包含节点属性的 ERGM 模型可以用下列式 15-11 来表示，Y_i 表示节点 i 的变量值，这个变量可以包括例如地理区域、投资额、国家、年龄等，与式 15-8 至式 15-10 不同，我们感兴趣的是当观测到属性 x 时图形 y 的概率，即 $p(Y=y|X=x)$。当我们考察诸如"公司之间的技术接近是否会产生合作"等问题时，也可以在模型中加入关于"二元组"的变量。值得注意的是，这类变量和节点属性变量的差异在于，前者指的是两个节点的"接近程度"或"是否同类"，即同质性假设，而后者是行动者层面的变量。

$$p(Y=y\mid X=x)=\frac{1}{\psi}\mathrm{e}^{\sum_i\theta z(y,x)}$$

（15-11）（节点属性模型）

在帕蒂森和罗宾斯等学者的努力下，ERGM 模型变得更加复杂且精致。[②] 第一，引入一个直接假设的（或观察的）"环境结构"（setting structure），把依赖限制在某个社会环境中。帕蒂森和罗宾斯定义了一个极为广泛的"邻居"（neighborhood）概念以表示这种外生约束，"邻居"可以是社会的、地理的甚至文化的，例如在同一楼层同时工作的员工、居住在同一社区的居民、由相同的政治承诺联系在一起的人们。如式（15-12），集合 M 代表所有可能的"邻居"，$A\in M$ 表示 A 属于邻居 M 的一部分，当观测网络 x 的概率增加时，参数 λ_A 取为正值。这解决了马尔科夫依赖的一大问题：如果一个社会网络很大，即使其间的行动者都不知道彼此，但他们之间可能发生的联系也会影响其他联系。

$$p(x=X)=\frac{1}{\psi}\mathrm{e}^{\sum_{A\in M}\lambda_A\cdot Z_A(x)}$$
（15-12）（"邻居"模型）

第二，提出更高层次的、由网络结构内生的依赖关系。马尔科夫依赖还不足以捕捉网络连接形成的复杂机制，在现实中，即使没有共同节点，一对连接也有可能形成。"局部条件依赖假设"即"不共享节点的两条连接之间的依赖关系可以依据网络中其他关系的存在而产生"。这一假设的一个例子是"社会圈依赖"：假设关系 X_{ij} 和 X_{mn} 是条件依赖的，他们没有共享的节点，若行动者 i 和 m 发生了关系，就可能会

[①] Garry Robins, Philippa Pattison and Peter Elliott, "Network Models for Social Influence Processes", *Psychometrika*, 2001, 66(2), pp.161-189.
[②] Philippa Pattison and Gary Robins, "Neighborhood-based Models for Social Networks", *Sociological Methodology*, 2004, 32(1), pp.301-337.

影响行动者 j 和 n 的关系发生。以此为基础,学者引入了更多模型设定,例如,亨特和汉考克从"局部条件依赖假设"出发提出了几何加权度分布(geometrically weighted degree distribution, GWD)、几何加权边共享伙伴(geometrically weighted edgewise shared partners, GWESP),以及几何加权二元组共享伙伴(geometrically weighted dyadwise shared partners, GWDSP)等统计项。[1] 这些模型被称为"高序依赖模型",不但使模型的机制更加丰富,还能较好地解决 ERGM 模型的"退化"问题[2]。

基于以上讨论,ERGM 模型可以通过网络内生结构、外生属性和外在环境推断一个社会网络是如何形成的,帮助我们系统理解网络生成和维系的社会基本过程。ERGM 模型的灵活性和扩展性还在于,它能进一步扩展至时间序列的分析、二模或多模网络的分析。时间指数随机图模型(temporal exponential random graph model)认为当期 t 的网络形成概率不只是关于当期网络的函数,也受之前 $t-K$ 期网络的影响。[3] 在二模指数随机图模型(two-mode ERGM)中,网络节点有行动者与事件两种类型,每个行动者与特定事件形成连接,例如地方政府间合作的网络空间足由 m 个地方政府与 n 个合作项目构成的矩阵,据此就可考虑行动者与事件两类属性对网络形成的影响过程。

由于社会网络和 ERGM 模型的特殊性质,常规的统计技术不能应用于这些模型,近年来,基于 MCMC MLE 技术的发展,克服了估计和检验 ERGM 模型的技术难题。马尔科夫链是一串随机变量,随机变量的值取决于前一个变量的取值。例如,一个邻接矩阵中的每一项都是一个随机变量,我们可以通过特定方法[4]选择一个变量,将其值切换为 0 或 1,以逼近极大似然状态,由此生成一系列网络图,每个图只依赖于前面的图,即一个马尔科夫链。这本质上仍是一种随机化模拟的思路,通过不断地模拟和修正参数使得模型的参数估计趋于稳定。

---

[1] 篇幅所限,本节不做过多介绍,可参见 David R. Hunter and Mark S. Handcock, "Inference in Curved Exponential Family Models for Networks", *Journal of Computational and Graphical Statistics*, 2006, 15(3), pp. 565-583。

[2] "退化"指的是当估计模型时,大部分的概率分布被置于一个空的或一个全图之上,参见 Johannes van der Pol, "Introduction to Network Modeling Using Exponential Random Graph Models (ERGM): Theory and an Application Using R-Project", *Computational Economics*, 2019, 54(3), pp. 845-875。

[3] Philippa Pattison and Stanley Wasserman, "Logit Models and Logistic Regressions for Social Networks: II. Multivariate Relations", *British Journal of Mathematical and Statistical Psychology*, 1999, 52(2), pp. 169-193; Philip Leifeld, Skyler J. Cranmer, and Bruce A. Desmarais, "Temporal Exponential Random Graph Models with btergm: Estimation and Bootstrap Confidence Intervals", *Journal of Statistical Software*, 2018, 83(6), pp. 1-36。

[4] 具体的方法可参考以下文献:Carolyn J. Anderson, Stanley Wasserman, and Bradley Crouch, "A p* Primer: Logit Models for Social Networks", *Social Networks*, 1999, 21(1), pp. 37-66; T. A. B. Snijders, "Markov Chain Monte Carlo Estimation of Exponential Random Graph Models", *Journal of Social Structure*, 2002, 3(2), pp. 1-40。

(三) 案例与操作

本部分以长三角地区城市间环境协同网络数据为例，为读者展示如何构建一个有效的指数随机图模型。目前，可用于指数随机图模型估计的软件包包括 PS‐PAR，MultiNet，PNet，R‐statnet，RSiena 等，其中最为广泛运用的 R‐statnet，是用 R 建立的指数随机图模型的软件工具集。本文的实证分析是在 R 4.1.3 版本下完成。首先，我们需要安装 R‐statnet，可通过下列代码实现：

```
install.packages("statnet")
```
(命令 1)

statnet 软件包安装完成后，每次开始使用 R 软件时，我们都需要导入这一软件：

```
library("statnet")
```
(命令 2)

ERGM 模型的分析对象是网络数据，因此我们需要将导入的数据转化为网络类型数据，最简单的方法是使用命令 as.network()。在本案例中，大家可以直接打开配套的数据包 collaboration.RData，其中 mt 是长三角 39 个城市合作的网络数据，df 是各城市的属性。数据导入后，我们可以键入网络对象的名称，"mt"，来检查数据格式。

```
mt
```
(命令 3)

根据图 15-21 的输出结果，我们可知该数据的网络规模（vertices = 39）、是否为有向网络（directed = FALSE）、网络的边数（non-missing edges = 145），以及节点的属性变量，如城市行政级别（citylevel）、人均 GDP（gdp）、所在省份（prov）、人均二氧化硫排放量（SO2）与人均污水排放量（water）。

```
Network attributes:
vertices = 39
directed = FALSE
hyper = FALSE
loops = FALSE
multiple = FALSE
bipartite = FALSE
total edges = 145
missing edges = 0
non-missing edges = 145

Vertex attribute names:
citylevel gdp prov so2 water
```

图 15-21　R 输出的数据格式

接着，我们可以通过命令 4 获得更完整的网络信息。如图 15-22 所示，除了网络基本信息外，结果还展示了节点属性的描述性统计（均值、中间值、最小值、最大值等）与边属性统计。

```
summary(mt)
```
(命令 4)

```
......
Vertex attributes:
citylevel:
  numeric valued attribute
  attribute summary:
   Min.   1st Qu.  Median   Mean   3rd Qu.   Max.
  1.000   1.000   1.000   1.154   1.000    3.000

gdp:
  numeric valued attribute
  attribute summary:
   Min.   1st Qu.  Median   Mean   3rd Qu.   Max.
  9.355   10.202  10.827  10.694  11.169   11.586

prov:
  character valued attribute
  attribute summary:
    anhui    jiangsu   shanghai   zhejiang
     16       11         1         11

so2:
  numeric valued attribute
  attribute summary:
   Min.   1st Qu.  Median   Mean   3rd Qu.   Max.
  16.69   52.45   118.93  128.84  173.01   464.31

vertex.names:
  character valued attribute
  39 valid vertex names

water:
  numeric valued attribute
  attribute summary:
   Min.   1st Qu.  Median   Mean   3rd Qu.   Max.
  2.734   11.449  19.768  28.608  42.108   97.874

No edge attributes

Network edgelist matrix:
      [,1] [,2]
[1,]   3    1
[2,]   4    1
[3,]   5    1
......
```

1. 本表中城市行政级别的赋值方法是：直辖市为3，省会城市与副省级城市为2，其余地级市为1。
2. 在本例中，城市合作的网络数据集中并不包括连线属性，本表最后一部分信息是网络的边列表信息（Network edgelist matrix），如第一条连线就是由节点3到节点1之间的连线所构成，由于长度原因目前的边列表信息只截取了部分。

图 15-22 R 输出的网络信息

通常，在建构网络模型前，我们需要了解网络的基本结构特征，如图形化展示、描述统计等方法。statnet 软件包也具有强大的网络可视化功能，具体大家可以参考官网的介绍（http://statnet.org）。社会网络的图形可视化能帮助我们更好发现整体网络的结构特征与潜在聚集模式，混合矩阵也是识别网络特征的有效方法。通过统计分类属性变量各种可能的组合形式，混合矩阵可以检验相互连接的二元组存在的连接属性特征，如满足"相同省份"这一条件的二元组有多少？或者满足"同一行政级别"条件的二元组又有多少？运行命令 5，我们可以得到不同省间的混合矩阵，图 15-23 的结果显示安徽省、江苏省与浙江省的省内城市的合作次数分别为 47、34 与 16，都是各类节点组合的最大值。由此，我们可以推断同省内的城市更可能形成合作关系。

mixingmatrix(mt, "prov") （命令 5）

	anhui	jiangsu	shanghai	zhejiang
anhui	47	14	0	14
jiangsu	14	34	3	14
shanghai	0	3	0	3
zhejiang	14	14	3	16

图 15-23　R 输出的混合矩阵

我们将从最基础的伯努利模型开始探索城市间环境协同网络的形成机制。正如前文所述，这一模型是 ERGM 最基础的形式，只考虑边数的影响，但却为复杂模型的构建提供了拟合优度评价的基准，因此也十分具有价值。运行命令 6，我们可以得到图 15-24 的结果。其中，边数统计项的系数小于 0，为 -1.413 5，这表明网络的密度是在 50% 以下，如果系数为 0 则表示网络具有 0.5 的密度。图 15-24 呈现这一网络的密度为 0.195 7，与小于 0 的系数相符合。真实观测网络的边数项系数往往都是负数。

m1<- ergm(mt~edges) （命令 6）
summary(m1)

```
ergm(formula = mt ~ edges)
Maximum Likelihood Results:
  Estimate Std. Error MCMC %  z value Pr(>|z|)
edges  -1.4135   0.0926    0   -15.27  <1e-04 ***
---
Signif. codes:  0 '***' 0.001 '**' 0.01 '*' 0.05 '.' 0.1 ' ' 1
     Null Deviance: 1027.2  on 741  degrees of freedom
 Residual Deviance:  732.6  on 740  degrees of freedom
AIC: 734.6   BIC: 739.2   (Smaller is better. MC Std. Err. = 0)
```

图 15-24　R 输出的伯努利模型结果

接着，我们开始考虑节点属性是否会影响网络关系形成的概率，比如，人均

GDP 是否会影响城市间环境合作？城市行政级别又是否会影响合作关系的形成？考虑节点属性统计项时，我们需要根据数据类型来选择适当的处理命令，有研究整理了 statnet 软件包中可获得的统计项目及其使用指南的列表，大家可以参考。[①] 最常见的数据类型包括分类型与连续型统计项，分类型统计项如行政级别，可以用 nodefactor 纳入模型中，人均 GDP 则是连续型统计项，用 nodecov 纳入。执行命令 7 后我们可以得到节点属性模型的结果，图 15-25 显示人均 GDP 统计项的参数估计是正向显著的，意味着当地方经济发展水平越好时，城市间建立环境合作关系的可能性就越高。对于分类型统计项而言，其结果解读需要与所对应参照组相比较。一般而言，ERGM 模型默认参照组是网络统计摘要列表中所显示的第一组，图 15-25 中的参照组就是行政级别为 1 的普通地级市。当然也可以通过调整基本参数方式来改变参照组，如 nodefactor('citylevel', base = 2) 就表示以行政级别为 2 的省会或副省级城市为参照组。在解释系数时，除了看系数的正负向和显著性外，系数与标准差也可以转化为优势比和置信区间。优势比可以通过指数转化的方法（e^{θ}）来转化，如人均 GDP 统计项参数的优势比就是 $e^{0.2532} = 1.29$。优势比会与置信区间描述模型估计的显著性和精度。参数 95% 的置信区间的计算方式是：$95\%CI_{\theta} = 1.96 \cdot SE \cdot \theta$。本例中，人均 GDP 统计项参数 95% 的置信区间是 1.01—1.65。据此，当地人均 GDP 与城市间环境协同治理间存在显著关联，具体而言，假定其他条件不变的情况下，人均 GDP 每增加 2.718 3 元[②]，该城市与其他城市建立环境合作关系的概率将会增加 1.29 倍（OR = 1.29，95%CI = 1.01—1.65）。

```
m2 <- ergm( mt ~ edges + nodecov("gdppp") + nodefactor("citylevel") )
summary( m2 )                                              （命令 7）
```

最后，我们将考虑节点属性之间的交互项，即二元组中网络成员的属性特征，最常见的就是网络成员间的同质性，如城市是否处于同一省份。在混合矩阵分析时，我们已经发现同省份内城市间环境合作更多的现象，即，城市间环境合作存在省份的同质性倾向。模型估计时，在 R 命令中设定"nodematch"参数的方式可将同质性统计项的结果导出。在运行命令 8 后，我们可以得到图 15-26 的输出结果，同省的系数是显著且正向，可见两个隶属于同一省份的城市更可能建立环境合作关系。

```
m3 <- ergm( mt ~ edges + nodecov("gdppp") + nodefactor("citylevel") +
        nodematch("prov"))
summary( m3 )                                              （命令 8）
```

[①] Martina Morris, Mark S. Handcock, and David R. Hunter, "Specification of Exponential-Family Random Graph Models: Terms and Computational Aspects", *Journal of Statistical Software*, 2008, 24(4).

[②] 模型估计时人均 GDP 统计项的数值是原始数据的对数值，因此需要转化为 e^1，约为 2.718 3。

```
ergm(formula = mt ~ edges + nodecov("gdp") + nodefactor("citylevel"))
Maximum Likelihood Results:

                        Estimate  Std. Error  MCMC %   z value   Pr(>|z|)
edges                   -6.8150   2.6768      0        -2.546    0.0109 *
nodecov.gdppp            0.2532   0.1255      0         2.017    0.0437 *
nodefactor.citylevel.2  -0.0208   0.2266      0        -0.092    0.9269
nodefactor.citylevel.3  -0.4408   0.4646      0        -0.949    0.3427
---
Signif. codes:  0 '***' 0.001 '**' 0.01 '*' 0.05 '.' 0.1 ' ' 1
    Null Deviance: 1027.2  on 741  degrees of freedom
Residual Deviance:  727.7  on 737  degrees of freedom
  AIC: 735.7    BIC: 754.1   (Smaller is better. MC Std. Err. = 0)
```

图 15-25 R 输出的节点属性模型结果

```
ergm(formula = mt ~ edges + nodecov("gdp") + nodefactor("citylevel") +
    nodematch("prov"))
Maximum Likelihood Results:

                        Estimate   Std. Error  MCMC %   z value   Pr(>|z|)
edges                   -11.43141  2.69390     0        -4.243    <1e-04 ***
nodecov.gdppp             0.42381  0.12549     0         3.377    0.000732 ***
nodefactor.citylevel.2   -0.06112  0.25159     0        -0.243    0.808044
nodefactor.citylevel.3    0.40931  0.48221     0         0.849    0.395988
nodematch.prov            2.13366  0.21542     0         9.905    <1e-04 ***
---
Signif. codes:  0 '***' 0.001 '**' 0.01 '*' 0.05 '.' 0.1 ' ' 1
    Null Deviance: 1027  on 741  degrees of freedom
Residual Deviance:  617  on 736  degrees of freedom
AIC: 627    BIC: 650.1   (Smaller is better. MC Std. Err. = 0)
```

图 15-26 R 输出的同质性模型结果

至此，我们已经初步介绍了构建 ERGM 模型的过程与操作，statnet 软件包更多的功能大家可以参考官网（http://statnet.org）的介绍以及《社会网络》（*Social Networks*）期刊等。目前我们总共构建了伯努利、节点属性与同质性三个模型，那么该如何根据拟合优度来选取最终的模型呢？检验模型拟合优度的方法有对数似然估计结果（log-likelihood，LL）与对应的离差的测量结果（deviance，-2LL）、赤池信息准则（Akaike information criterion，AIC）以及贝叶斯信息标准（Bayesian information criterion，BIC）的比较。一般而言，模型所包含的参数越多，离差的值就会越小，AIC 和 BIC 方法则考虑到这一问题，目前是较为广泛应用的模型拟合效果评价方法。AIC 和 BIC 可以用来进行模型间的比较，在式(15-13)中，p 代表模型中参数的数量，N 代表样本规模：

$$AIC = Deviance + 2p, \ BIC = Deviance + p * \ln(N) \quad (15\text{-}13)$$

AIC 与 BIC 越小，则模型越优。上述三个模型都符合二元组的独立性假设，因此离差方法、AIC 和 BIC 方法对模型评价还是有效的，但当模型更复杂，如包括二元依赖性乃至其他更高阶的依赖性假定时，就需要采用基于仿真的模型拟合优度评价方法。[①] 在本节案例中，通过比较图 15-24 至图 15-26 输出结果中的 AIC 与 BIC 值，我们可以判断同质性模型的拟合优度最佳。

本 章 小 结

目前，社会网络分析已广泛运用于社会学、政治学、国际关系、公共管理等学科，以探究个体、组织甚至国家等各层次行动者间的关系结构及其背后的推动力量。区别于传统研究方法，社会网络分析从结构主义的视角出发，为我们刻画了行动者间复杂而变化的互动关系。这一研究视角的独特性在于，超越了传统变量之间的二元关系，基于直接或间接路径提供了展现与分析两个及以上行动者的结构安排的方法。描述与推断是理解社会网络分析的两大维度。就描述而言，我们可以基于行动者之间或行动者与事件之间的联系，运用矩阵法或图示法以可视化呈现社会网络的分布，而密度、中心性、凝聚子群这些指标则深入剖析了网络的结构特征，同时也为我们探索结构背后的社会意涵提供了支持。社会网络的基本结构特征是成员间联系分布不均与存在紧密联系的群体，而这也是学者们建构各类模型试图不断准确解释的网络特质。除了矩阵相关分析、矩阵关系列联表分析、矩阵回归等关系-关系层次的假设检验外，指数随机图模型逐渐成为解释社会关系形成机制的重要发展方向。这一模型具有复制多种可观测网络特征的能力，除了节点自身与节点间同质性等特征外，也纳入了二元组、三元组、k-星等多类构型，并且能够支持关系形成过程的内生性假设，即"局部依赖假设"。可见，指数随机图模型在不断的发展过程中变得越来越精致，目前扩展至二模网络、时间序列、多层次网

[①] 进一步可参考 Jenine K. Harris, *An Introduction to Exponential Random Graph Modeling*, Thousand Oaks: SAGE Publications, 2013; Dean Lusher, Johan Koskinen, and Garry Robins, eds., *Exponential Random Graph Models for Social Networks: Theory, Methods, and Applications*, Cambridge: Cambridge University Press, 2012。

络(multilevel network)①的分析等形式,也可加入地理空间效应等协变量②。此外,基于结构化的数据库,构建并分析关系网络的形成与互动关系也是目前文本挖掘的典型应用方向之一。在运用指数随机图模型时,模型设定至关重要,若设定错误,模型可能会不收敛,也无法代表观测网络。由于篇幅限制,本章并未对指数随机图的更多应用及最新动态展开详细的介绍,感兴趣的同学可以关注《社会网络》期刊,这一期刊载有关于模型发展的前沿动态,而 R-Statnet 的具体运用则可以根据官网(http://statnet.org)来获取相关资料。

思考题

1. 跨域环境问题的有效治理离不开地方环境部门之间的协同,考察访问是区域合作的一种表现形式。本练习中,我们将用 2011—2017 年环境部门间的省际访问数据,分析访问网络的若干特征。

(1) 文件 visit_china.♯♯h 是记录这一访问网络的矩阵。利用 UCINET 自带的矩阵编辑器(Data>Data Editors>Matrix Editor),导入文件 visit_china.♯♯h。这一矩阵有几行、几列?包含哪些省级行政区的访问信息?是否存在孤立的节点?尝试将其从网络中删除,并保存,现在这一矩阵有几行、几列?

(2) 计算这一网络的整体网密度,并列出个体中心网密度最高的 5 个节点、个体中心网规模最大的 5 个节点。(操作提示:单击工具栏的"Excel"图标,导入储存计算结果的 UCINET 网络数据,可以将其转化为 Excel 格式,方便进一步的数据分析。)

(3) 分别计算这一访问网络图的度数中心势、中间中心势、接近中心势。分别列出度数中心性、中间中心性、接近中心性最大的前 5 个节点,并简要评价你的结果。

(4) 网络中有几个派系?其中,规模最大的派系包含哪些节点?

(5) 假设 visit_china_a.♯♯h 是地方官员关于大气污染治理的访问数据,visit_china_w.♯♯h 是地方官员关于水污染治理的访问数据。这两张访问网络的相关性是多少,是否显著?多少节点对既有大气污染的访问,又有水污染的访问?多少节点对仅有大气污染的访问?多少节点对仅有水污染的访问?

2. 使用本章所提供的 collaboration.RData,根据以下要求尝试构建起长三角

---

① Peng Wang, Garry Robins, Philippa Pattison, et al., "Exponential Random Graph Models for Multilevel Networks", *Social Networks*, 2013, 35(1), pp. 96-115.
② Christophe Sohn, Dimitris Christopoulos, and Johan Koskinen, "Borders Moderating Distance: A Social Network Analysis of Spatial Effects on Policy Interaction", *Geographical Analysis*, 2020, 52(3), pp. 428-451.

地区城市间环境协同网络的指数随机图模型。

（1）计算城市行政级别与协同网络的混合矩阵。

（2）估计包含人均 GDP、人均二氧化硫排放量(SO2)与人均污水排放量(water)三个城市属性的指数随机图模型,并解释这三个变量对城市间合作关系的影响。

（3）在上述模型的基础上,估计纳入城市行政级别同质性的指数随机图模型,解释行政同质性对城市间合作关系的影响,并判断两个模型的拟合优度。

 延伸阅读

1. 刘军:《整体网分析——UCINET 软件使用指南》(第三版),格致出版社 2019 年版。

该书主要介绍了整体网分析的基本概念、理论、指标和技术,以及 UCINET 软件的使用方法和实例。其主要内容包括:整体网研究的内容、数据收集、优势和局限;UCINET 软件的运行环境、数据输入和预处理等软件操作;以及二模网分析、关系数据的假设检验方法等。该书结合了作者多年的教学和研究经验,以及国内外最新的社会网分析理论和实践,既适合作为社会网分析的教材,也适合作为社会网分析的工具书。

2. David Knoke and Song Yang, *Social Network Analysis*, SAGE Publications, 2020.

该书介绍了社会网络分析的基本概念和工具,分为五个章节,包括引言、网络基础、数据收集、网络分析的基本方法和高级方法。该书旨在帮助读者理解和应用社会网络分析,探索社会现象中的结构、关系和过程。该书结合实例和图表,阐述了社会网络分析的核心概念和技术,并提供了多种软件包的介绍和使用说明,方便读者进行实践操作。此外,这本书结合社交媒体、在线社区、组织网络等领域的实例,讨论了社会网络分析的最新理论和应用。这本书是一本很好的社会网络分析入门书,它以浅显易懂的方式,向读者介绍了社会网络分析的基础知识和方法,让读者能够快速上手开展社会网络分析。

3. Robert A. Hanneman and Mark Riddle, *Introduction to Social Network Methods*, University of California, 2005.

该书基于汉内曼(Hanneman)教授的"社会网络分析"本科课程讲义修改而成,因此特别适合运用 UCINET 工具学习社会网络分析的初学者。该书涵盖了社会网络数据分析的基本方法、统计建模等内容。作者从最基本的社会科学研究方法入手,深入浅出地介绍社会网络分析的基本概念和方法,并结合范例详细展示如何应用 UCINET 工具处理和分析数据,并诠释演算结果,是一部相当完整的社会网络分析入门书。

4. Dean Lusher, Johan Koskinen and Garry Robins, *Exponential Random Graph Models for Social Networks: Theory, Methods, and Applications*, Cambridge University Press, 2013.

该书介绍了指数随机图模型的基本原理和技术，从相关模型的基本理论假设出发，通过技术设定、统计细节、应用实例，用具体的研究案例来说明如何在实操中运用模型进行实证检验。该书分为四个部分，分别讲述了指数随机图模型的理论基础、统计方法、实证应用和未来发展，旨在帮助读者深入理解指数随机图模型，探索社会网络中的结构、过程和模式。该书结合图形和公式，阐述了指数随机图模型的核心思想和操作步骤，提供了多个实例展示指数随机图模型在政治、组织、健康、教育等各个领域的应用，同时也包含了指数随机图模型理论和方法的最新发展，能够为该领域的专业研究者提供重要参考。

5. Jenine K. Harris, *An Introduction to Exponential Random Graph Modeling*, SAGE Publications, 2013.

该书介绍了指数随机图模型的基本概念，结合案例指导读者如何在自己的研究中进行基本的指数随机图模型分析，是一本较为经典的入门书。作为一本指数随机图模型的入门书，作者使用公共卫生领域的例子，引导读者使用 R 统计软件和 statnet 包进行指数随机图模型建模。这本书适合对社会网络分析和指数随机图模型感兴趣的研究者阅读，有助于理解指数随机图模型的原理和应用，并在研究中上手运用指数随机图模型进行网络建模和分析。

主要参考文献

[1] [比利时]伯努瓦·里豪克斯,[美]查尔斯·C.拉金.QCA设计原理与应用:超越定性与定量研究的新方法[M].杜运周,李永发,等译.北京:机械工业出版社,2017.

[2] 曹沛霖,刘玉蓦,林修坡.外国政治制度[M].北京:高等教育出版社,1992.

[3] [德]哈特穆特·凯博.历史比较研究导论[M].赵进中,译.北京:北京大学出版社,2009.

[4] [德]马克斯·韦伯.社会科学方法论[M].韩水法,莫茜,译.北京:商务印书馆,2013.

[5] 董青岭.大数据与机器学习:复杂社会的政治分析[M].北京:时事出版社,2018.

[6] 房宁.向实求学:政治学方法五讲[M].北京:中国社会科学出版社,2022.

[7] 刘德厚.广义政治论——政治关系社会化分析原理[M].武汉:武汉大学出版社,2004.

[8] 刘军.社会网络分析导论[M].北京:社会科学文献出版社,2004.

[9] 吕欣.大数据与国家治理[M].北京:电子工业出版社,2020.

[10] [美]芭芭拉·格迪斯.范式与沙堡:比较政治学中的理论建构与研究设计[M].陈子恪,刘骥等,译.重庆:重庆大学出版社,2012.

[11] [美]克劳迪奥·乔菲-雷维利亚.计算社会科学:原理与应用[M].梁君英等,译.浙江大学出版社,2019.

[12] [美]乔恩·埃尔斯特.理解马克思[M].何怀远等,译.北京:中国人民大学出版社,2016.

[13] [美]西达·斯考切波.国家与社会革命——对法国、俄国和中国的比较分析[M].何俊志,王学东,译.上海:上海人民出版社,2015.

[14] [美]小威廉·H.休厄尔.历史的逻辑——社会理论与社会转型[M].朱联璧,费滢,译.上海:上海人民出版社,2012.

[15] [美]詹姆斯·D.莫罗.政治学博弈论[M].吴澄秋,周亦奇,译.上海:上海人民出版社,2021.

[16] [美]朱·弗登博格,[法]让·梯若尔.博弈论[M].黄涛等,译.北京:中国人民大学出版社,2002.

[17] [瑞士]丹尼尔·卡拉曼尼.基于布尔代数的比较法导论[M].蒋勤,译.上海:格致出版社,2012.

[18] 苏毓淞.倾向值匹配法的概述与应用:从统计关联到因果推论[M].重庆:重庆大学出版社,2017.

[19] 唐睿.体制性吸纳与东亚国家政治转型——韩国、新加坡和菲律宾的比较分析[M].北京:中央编译出版社,2014.

[20] 王邦佐,桑玉成.亮相·启蒙·播种——复旦政治学讲习班与中国政治学的恢复和发展[M].上海:复旦大学出版社,2021.

[21] 王沪宁.比较政治分析[M].上海:上海人民出版社,1987.

[22] 王沪宁主编.政治的逻辑——马克思主义政治学原理[M].上海:上海人民出版社,2016.
[23] 谢邦昌,朱建平.文本挖掘技术及其应用[M].厦门:厦门大学出版社,2016.
[24] 徐勇.田野政治学的构建[M].北京:中国社会科学出版社,2021.
[25] 杨光斌.比较政治学:理论与方法[M].北京:北京大学出版社,2016.
[26] ANGRIST J D, PISCHKE J S. Mostly Harmless Econometrics: An Empiricist's Companion[M]. Princeton: Princeton University Press, 2009.
[27] ANGRIST J D, PISCHKE J S. Mastering 'Metrics: The Path from Cause to Effect[M]. Princeton: Princeton University Press, 2015.
[28] BATES R H, GREIF A, LEVI M, et al. Analytic Narratives[M]. Princeton: Princeton University Press, 1998.
[29] BEACH D, PEDERSEN R B. Process-Tracing Methods: Foundations and Guidelines[M]. Ann Arbor: University of Michigan Press, 2013.
[30] BERLIN I. Karl Marx: His Life and Environment[M]. 3rd ed. Oxford: Oxford University Press, 1963.
[31] BOOLE G. The Mathematical Analysis of Logic: Being an Essay Towards a Calculus of Deductive Reasoning[M]. Cambridge: Cambridge University Press, 2009.
[32] BOX-STEFFENSMEIER J M, BRADY H E, COLLIER D. The Oxford Handbook of Political Methodology[M]. Oxford: Oxford University Press, 2008.
[33] BRADY H E, COLLIER D. Rethinking Social Inquiry: Diverse Tools, Shared Standards[M]. 2nd ed. Lanham: Rowman & Littlefield Publishers, 2010.
[34] CAPOCCIA G. Defending Democracy: Reactions to Extremism in Interwar Europe[M]. Paperback ed. Baltimore: Johns Hopkins University Press, 2005.
[35] CARLSON A, GALLAGHER M E, LIEBERTHAL K, et al. Contemporary Chinese Politics: New Sources, Methods, and Field Strategies[M]. Cambridge: Cambridge University Press, 2010.
[36] DE VAUS D A. Research Design in Social Research[M]. London: SAGE Publications, 2001.
[37] DRUCKMAN J N, GREENE D P, KUKLINSKI J H, et al. Cambridge Handbook of Experimental Political Science[M]. Cambridge: Cambridge University Press, 2011.
[38] DUNNING T. Natural Experiments in the Social Sciences: A Design-Based Approach[M]. Cambridge: Cambridge University Press, 2012.
[39] GEORGE A L, BENNETT A. Case Studies and Theory Development in the Social Sciences[M]. Cambridge, Mass.: MIT Press, 2005.
[40] GERRING J. Case Study Research: Principles and Practices[M]. New York: Cambridge University Press, 2007.
[41] GLENNERSTER R, TAKAVARASHA K. Running Randomized Evaluations: A Practical Guide[M]. Princeton: Princeton University Press, 2013.
[42] GOERTZ G, LEVY J S. Explaining War and Peace: Case Studies and Necessary Condition Counterfactuals[M]. London: Routledge, 2007.
[43] GOERTZ G, MAHONEY J. A Tale of Two Cultures: Qualitative and Quantitative Research in the Social Sciences[M]. Princeton: Princeton University Press, 2012.

[44] GOERTZ G, STARR H. Necessary Conditions: Theory, Methodology, and Applications[M]. Oxford: Rowman & Littlefield, 2003.

[45] GOODMAN N. Fact, Fiction, and Forecast[M]. Cambridge: Harvard University Press, 1983.

[46] GREEN D P, SHAPIRO I. Pathologies of Rational Choice Theory: A Critique of Applications in Political Science[M]. New Haven: Yale University Press, 1994.

[47] GROVES R M, FOWLER JR F J, COUPER M P, et al. Survey Methodology[M]. 2nd edition. New Jersey: John Wiley & Sons, 2009.

[48] GUO S, FRASER M W. Propensity Score Analysis: Statistical Methods and Applications[M]. 2nd edition. London: SAGE Publications, 2015.

[49] GUO S. Political Science and Chinese Political Studies: The State of the Field[M]. Berlin: Springer, 2013.

[50] HANNEMAN R A, RIDDLE M. Introduction to Social Network Methods[M]. Riverside, CA: University of California, Riverside, 2005.

[51] HARRIS J K. An Introduction to Exponential Random Graph Modeling[M]. Thousand Oaks: SAGE Publications, 2013.

[52] HEDSTRÖM P, SWEDBERG R. Social Mechanisms: An Analytical Approach to Social Theory[M]. Cambridge: Cambridge University Press, 1998.

[53] HEIMER M, THØGERSEN S. Doing Fieldwork in China[M]. Honolulu: University of Hawaii Press, 2006.

[54] IMBENS G W, RUBIN D B. Causal Inference for Statistics, Social, and Biomedical Sciences: An Introduction[M]. Cambridge: Cambridge University Press, 2015.

[55] KAPISZEWSKI D, MACLEAN L M, READ B L. Field Research in Political Science: Practices and Principles[M]. Cambridge: Cambridge University Press, 2015.

[56] KING G, KEOHANE R O, VERBA S. Designing Social Inquiry: Scientific Inference in Qualitative Research[M]. Princeton: Princeton University Press, 1994.

[57] KNOKE D, YANG S. Social Network Analysis[M]. London: SAGE Publications, 2020.

[58] LANGE M. Comparative-Historical Methods[M]. London: SAGE Publications, 2013.

[59] LEWIS D K. Counterfactuals[M]. Cambridge, Mass.: Harvard University Press, 1973.

[60] LUSHER D, KOSKINEN J, ROBINS G. Exponential Random Graph Models for Social Networks: Theory, Methods, and Applications[M]. Cambridge: Cambridge University Press, 2012.

[61] MAHONEY J, RUESCHEMEYER D. Comparative Historical Analysis in the Social Sciences[M]. Cambridge: Cambridge University Press, 2003.

[62] MAHONEY J, THELEN K. Advances in Comparative-Historical Analysis[M]. 1st ed. Cambridge: Cambridge University Press, 2015.

[63] MCCARTY N, MEIROWITZ A. Political Game Theory: An Introduction[M]. Cambridge: Cambridge University Press, 2007.

[64] MILL J S. A System of Logic, Ratiocinative and Inductive: Being a Connected View of the Principles of Evidence, and the Methods of Scientific Investigation: Vol. 1[M]. Cambridge: Cambridge University Press, 2011.

[65] MORGAN S L, WINSHIP C. Counterfactuals and Causal Inference: Methods and Principles for Social Research [M]. 2nd ed. Cambridge: Cambridge University Press, 2014.

[66] O'NEIL P H, FIELDS K J, SHARE D. Cases in Comparative Politics[M]. 4th ed. New York: W. W. Norton & Co, 2012.

[67] OKSENBERG M, HENDERSON G. Research Guide to People's Daily Editorials, 1949—1975[M]. Ann Arbor: University of Michigan Press, 1982.

[68] PIERSON P. Politics in Time: History, Institutions, and Social Analysis[M]. Princeton: Princeton University Press, 2004.

[69] PRZEWORSKI A, TEUNE H. The Logic of Comparative Social Inquiry[M]. New York: Wiley-Interscience, 1970.

[70] RAGIN C C. Fuzzy-Set Social Science[M]. Chicago: University of Chicago Press, 2000.

[71] RAGIN C C. Redesigning Social Inquiry: Fuzzy Sets and Beyond [M]. Chicago: University of Chicago Press, 2008.

[72] RAGIN C C. The Comparative Method: Moving Beyond Qualitative and Quantitative Strategies[M]. 2nd ed. Oakland: University of California Press, 2014.

[73] RAGIN C C, BECKER H S. What Is a Case? Exploring the Foundations of Social Inquiry[M]. Cambridge: Cambridge University Press, 1992.

[74] RIHOUX B, RAGIN C C. Configurational Comparative Methods: Qualitative Comparative Analysis (QCA) and Related Techniques [M]. Thousand Oaks: SAGE Publications, 2009.

[75] SAMUELS D J. Case Studies in Comparative Politics [M]. New York: Pearson Education, 2013.

[76] SHADISH W R, COOK T D, CAMPBELL D T. Experimental and Quasi-Experimental Designs for Generalized Causal Inference [M]. Boston: Houghton Mifflin, 2002: xxi, 623.

[77] SIMONS H. Case Study Research in Practice[M]. London: SAGE Publications, 2009.

[78] STAKE R E. The Art of Case Study Research[M]. Thousand Oaks: SAGE Publications, 1995.

[79] TETLOCK P E, BELKIN A. Counterfactual Thought Experiments in World Politics: Logical, Methodological, and Psychological Perspectives [M]. Princeton: Princeton University Press, 1996.

[80] TILLY C. Big Structures, Large Processes, Huge Comparisons[M]. New York: Russell Sage Foundation, 1984.

[81] TSAI L L. Accountability Without Democracy: Solidary Groups and Public Goods Provision in Rural China[M]. 1st ed. Cambridge: Cambridge University Press, 2007.

[82] WASSERMAN S, FAUST K. Social Network Analysis: Methods and Applications[M]. Cambridge: Cambridge University Press, 1994.

[83] WATSON J. Strategy: An Introduction to Game Theory[M]. New York: W. W. Norton & Company, 2002.

[84] WEBER M. Max Weber: Selections in Translation [M]. MATTHEWS E, tran.

Cambridge: Cambridge University Press, 1978.

[85] WEISBERG H, KROSNICK J A, BOWEN B D. An Introduction to Survey Research, Polling, and Data Analysis[M]. 3rd ed. London: SAGE Publications, 1996.

[86] YIN R K. Case Study Research: Design and Methods[M]. 4th ed. Los Angeles: SAGE Publications, 2009.

[87] ABADIE A. Difference-in-Difference Estimators[M]//DURLAUF S N, BLUME L E. Microeconometrics. London: Palgrave Macmillan, 2010: 36-39.

[88] BAUM R. Studies of Chinese Politics in the United States[M]//ASH R F, SHAMBAUGH D L, TAKAGI S. China Watching: Perspectives from Europe, Japan and the United States. London: Routledge, 2007: 147-168.

[89] BERG-SCHLOSSER D, MEUR G D, RIHOUX B, et al. Qualitative Comparative Analysis (QCA) as an Approach[M]//RIHOUX B, RAGIN C C. Configurational Comparative Methods: Qualitative Comparative Analysis (QCA) and Related Techniques. Thousand Oaks: SAGE Publications, 2009.

[90] BRADY H. Causation and Explanation in Social Science[M]//BOX-STEFFENSMEIER J M, BRADY H E, COLLIER D. The Oxford Handbook of Political Methodology. Oxford: Oxford University Press, 2008.

[91] DUFLO E, GLENNERSTER R, KREMER M. Chapter 61 Using Randomization in Development Economics Research: A Toolkit[M]//SCHULTZ T P, STRAUSS J A. Handbook of Development Economics: Vol. 4. Amsterdam: Elsevier, 2007: 3895-3962.

[92] ECKSTEIN H. Case Study and Theory in Political Science[M]//GOMM R, HAMMERSLEY M, FOSTER P. Case Study Method. London: SAGE Publications, 2009.

[93] FREEMAN L C. The Development of Social Network Analysis—with an Emphasis on Recent Events[M]//SCOTT J, CARRINGTON P J. The SAGE Handbook of Social Network Analysis. London: SAGE Publications, 2014: 26-39.

[94] FURQUIM F, CORRAL D, HILLMAN N. A Primer for Interpreting and Designing Difference-in-Differences Studies in Higher Education Research[M]//PERNA L W. Higher Education: Handbook of Theory and Research: Volume 35. Cham: Springer International Publishing, 2020: 667-723.

[95] HIRANO K, IMBENS G W. The Propensity Score with Continuous Treatments[M]// Applied Bayesian Modeling and Causal Inference from Incomplete-Data Perspectives. John Wiley & Sons, Ltd, 2004: 73-84.

[96] LAURIE H. Minimizing Panel Attrition[M]//MENARD S W. Handbook of Longitudinal Research: Design, Measurement, and Analysis. Boston: Elsevier, 2008: 167-185.

[97] MCDERMOTT R. Internal and External Validity[M]//LUPIA A, GREENE D P, KUKLINSKI J H, et al. Cambridge Handbook of Experimental Political Science. Cambridge: Cambridge University Press, 2011: 27-40.

[98] MORTON R B, WILLIAMS K C. Experimentatioin in Political Science[M]//BOX-STEFFENSMEIER J M, BRADY H E, COLLIER D. The Oxford Handbook of Political

Methodology. Oxford: Oxford University Press, 2008: 339-356.

[99] ROSENBAUM P R. Overt Bias in Observational Studies[M]//ROSENBAUM P R. Observational Studies. New York: Springer, 2002: 71-104.

[100] SIMONS H. Case Study Research: In-Depth Understanding in Context[M]//LEAVY P. The Oxford Handbook of Qualitative Research. New York: Oxford University Press, 2014: 455-470.

[101] TETLOCK P, BELKIN A. Counterfactual Thought Experiments in World Politics: Logical, Methodological, and Psychological Perspectives[M]//TETLOCK P E, BELKIN A. Counterfactual Thought Experiments in World Politics. Princeton: Princeton University Press, 1997: 3-38.

[102] WIEDEMANN G. Computer-Assisted Text Analysis in the Social Sciences[M]// WIEDEMANN G. Text Mining for Qualitative Data Analysis in the Social Sciences: A Study on Democratic Discourse in Germany. Wiesbaden: Springer Fachmedien, 2016: 17-54.

[103] WINSHIP C, SOBEL M. Causal Inference in Sociological Studies[M]//HARDY M A, BRYMAN A. Handbook of Data Analysis. London: SAGE Publications, 2004.

[104] 蔡翠红.国际关系中的大数据变革及其挑战[J].世界经济与政治,2014(5):124-143.

[105] 曹航,马天航."关键节点"在社会科学中的应用——历史常识还是理论创新?[J].经济社会体制比较,2021(3):180-191.

[106] 陈刚.个案研究在比较政治中的应用及其意义[J].社会科学战线,2014(5):170-178.

[107] 陈少威,王文芹,施养正.公共管理研究中的实验设计——自然实验与田野实验[J].国外理论动态,2016(5):76-84.

[108] 陈周旺.中国政治学的知识交锋及其出路[J].政治学研究,2017(5):79-87,127.

[109] 房宁.规范性与经验性之争——试析政治学研究的基本方法[J].政治学研究,1997(1):58-62.

[110] 费海汀.政治科学中的历史方法:以比较历史分析为例[J].北大政治学评论,2019(2):223-248.

[111] 韩冬临.田野实验:概念、方法与政治学研究[J].国外社会科学,2018(1):134-142.

[112] 郝诗楠,唐世平.社会科学研究中的时间:时序和时机[J].经济社会体制比较,2014(2):194-205.

[113] 胡安宁.倾向值匹配与因果推论:方法论述评[J].社会学研究,2012,27(1):221-242.

[114] 花勇.比较历史分析的学术演进和经典议题——因果关系的过程分析[J].国外社会科学,2017(4):136-144.

[115] 孟天广.从因果效应到因果机制:实验政治学的中国路径[J].探索,2017(5):30-38.

[116] 桑玉成,周光俊.从政治学博士论文看我国政治学研究之取向[J].政治学研究,2016(4):2-13,+125.

[117] 释启鹏.方法论视野下的比较历史分析:应用逻辑与国内进展[J].武汉理工大学学报(社会科学版),2018,31(5):84-89.

[118] 王炳权.政治学研究方法的演进逻辑与趋势——基于中外政治学期刊的文献计量分析[J].华中师范大学学报(人文社会科学版),2020,59(3):1-19.

[119] 王绍光.中国政治学三十年:从取经到本土化[J].中国社会科学,2010(6):15-23.

[120] 王中原,郭苏建.当代中国政治学 70 年发展:学科建设与学术研究[J].探索与争鸣,2019(10):91-101.

[121] 严洁.项目无回答的成因与降低其水平的途径[J].华中师范大学学报(人文社会科学版),2006(6):58-63.

[122] 杨光斌.以中国为方法的政治学[J].中国社会科学,2019(10):77-97.

[123] 叶成城,唐世平.基于因果机制的案例选择方法[J].世界经济与政治,2019(10):22-47.

[124] 应星.经典社会理论与比较历史分析———一个批判性的考察[J].社会学研究,2021,36(2):46-68+226-227.

[125] 游宇,陈超.比较的"技艺":多元方法研究中的案例选择[J].经济社会体制比较,2020(2):67-78.

[126] 俞可平.中国政治学的主要趋势(1978—2018)[J].北京大学学报(哲学社会科学版),2018,55(5):9-19.

[127] 周亦奇,唐世平."半负面案例比较法"与机制辨别——北约与华约的命运为何不同[J].世界经济与政治,2018(12):32-59.

[128] 左才.政治学研究中的因果关系:四种不同的理解视角[J].国外理论动态,2017(1):24-31.

[129] ABADIE A. Using Synthetic Controls: Feasibility, Data Requirements, and Methodological Aspects[J]. Journal of Economic Literature, 2021, 59(2): 391-425.

[130] ANDERSON C J, WASSERMAN S, CROUCH B. A p* Primer: Logit Models for Social Networks[J]. Social Networks, 1999, 21(1): 37-66.

[131] ANGRIST J D, IMBENS G W, RUBIN D B. Identification of Causal Effects Using Instrumental Variables[J]. Journal of the American Statistical Association, 1996, 91(434): 444-455.

[132] ARKHANGELSKY D, ATHEY S, HIRSHBERG D A, et al. Synthetic Difference-in-Differences[J]. American Economic Review, 2021, 111(12): 4088-4118.

[133] ATHEY S, IMBENS G W. The State of Applied Econometrics: Causality and Policy Evaluation[J]. Journal of Economic Perspectives, 2017, 31(2): 3-32.

[134] BAI J. Panel Data Models With Interactive Fixed Effects[J]. Econometrica, 2009, 77(4): 1229-1279.

[135] BAIRD S, BOHREN J A, MCINTOSH C, et al. Optimal Design of Experiments in the Presence of Interference[J]. The Review of Economics and Statistics, 2018, 100(5): 844-860.

[136] BATURO A, DASANDI N, MIKHAYLOV S J. Understanding State Preferences with Text as Data: Introducing the UN General Debate Corpus[J]. Research & Politics, 2017, 4(2): 2053168017712821.

[137] BRACHT G H, GLASS G V. The External Validity of Experiments[J]. American Educational Research Journal, 1968, 5(4): 437-474.

[138] BRADY H E. Contributions of Survey Research to Political Science[J]. PS: Political Science & Politics, 2000, 33(1): 47-58.

[139] BRAUMOELLER B F, GOERTZ G. The Methodology of Necessary Conditions[J]. American Journal of Political Science, 2000, 44(4): 844-858.

[140] BUTTS K, GARDNER J. did2s: Two-Stage Difference-in-Differences[J]. The R Journal, 2022, 14(3): 162-173.

[141] CALLAWAY B, SANT'ANNA P H C. Difference-in-Differences with multiple time periods[J]. Journal of Econometrics, 2021, 225(2): 200-230.

[142] CAMPBELL K E, LEE B A. Name Generators in Surveys of Personal Networks[J]. Social Networks, 1991, 13(3): 203-221.

[143] CAPOCCIA G, KELEMEN R D. The Study of Critical Junctures: Theory, Narrative, and Counterfactuals in Historical Institutionalism[J]. World Politics, 2007, 59(3): 341-369.

[144] CROSON R, BUCHAN N. Gender and Culture: International Experimental Evidence from Trust Games[J]. American Economic Review, 1999, 89(2): 386-391.

[145] DAGUE L, LAHEY J N. Causal Inference Methods: Lessons from Applied Microeconomics[J]. Journal of Public Administration Research and Theory, 2019, 29(3): 511-529.

[146] DE CHAISEMARTIN C, D'HAULTFŒUILLE X. Two-Way Fixed Effects Estimators with Heterogeneous Treatment Effects[J]. American Economic Review, 2020, 110(9): 2964-2996.

[147] ELMAN C. Explanatory Typologies in Qualitative Studies of International Politics[J]. International Organization, 2005, 59(2): 293-326.

[148] EMIGH R J. The Power of Negative Thinking: The Use of Negative Case Methodology in the Development of Sociological Theory[J]. Theory and Society, 1997, 26(5): 649-684.

[149] FALLETI T G, LYNCH J F. Context and Causal Mechanisms in Political Analysis[J]. Comparative Political Studies, 2009, 42(9): 1143-1166.

[150] FAUST K. Centrality in Affiliation Networks[J]. Social Networks, 1997, 19(2): 157-191.

[151] FEARON J D. Counterfactuals and Hypothesis Testing in Political Science[J]. World Politics, 1991, 43(2): 169-195.

[152] FELDMAN R. Techniques and Applications for Sentiment Analysis[J]. Communications of the ACM, 2013, 56(4): 82-89.

[153] FLYVBJERG B. Five Misunderstandings About Case-Study Research[J]. Qualitative Inquiry, 2006, 12(2): 219-245.

[154] FOWLER J H. Connecting the Congress: A Study of Cosponsorship Networks[J]. Political Analysis, 2006, 14(4): 456-487.

[155] FREEMAN L C. Centrality in Social Networks Conceptual Clarification[J]. Social Networks, 1978, 1(3): 215-239.

[156] GANGL M. Causal Inference in Sociological Research[J]. Annual Review of Sociology, 2010, 36(1): 21-47.

[157] GEDDES B. How the Cases You Choose Affect the Answers You Get: Selection Bias in Comparative Politics[J]. Political Analysis, 1990, 2: 131-150.

[158] HAINMUELLER J. Entropy Balancing for Causal Effects: A Multivariate Reweighting

Method to Produce Balanced Samples in Observational Studies[J]. Political Analysis, 2012, 20(1): 25-46.

[159] HOPKINS D J, KING G. A Method of Automated Nonparametric Content Analysis for Social Science[J]. American Journal of Political Science, 2010, 54(1): 229-247.

[160] IMBENS G W, WOOLDRIDGE J M. Recent Developments in the Econometrics of Program Evaluation[J]. Journal of Economic Literature, 2009, 47(1): 5-86.

[161] KING G, NIELSEN R. Why Propensity Scores Should Not Be Used for Matching[J]. Political Analysis, 2019, 27(4): 435-454.

[162] KRUPNIKOV Y, LEVINE A S. Cross-Sample Comparisons and External Validity[J]. Journal of Experimental Political Science, 2014, 1(1): 59-80.

[163] LANDRY P F, SHEN M. Reaching Migrants in Survey Research: The Use of the Global Positioning System to Reduce Coverage Bias in China[J]. Political Analysis, 2005, 13(1): 1-22.

[164] LAUER J. Methodology and Political Science: The Discipline Needs Three Fundamentally Different Methodological Traditions[J]. SN Social Sciences, 2021, 1(1): 43.

[165] LAZER D, PENTLAND A, ADAMIC L, et al. Computational Social Science[J]. Science, 2009, 323(5915): 721-723.

[166] LEIFELD P, CRANMER S J, DESMARAIS B A. Temporal Exponential Random Graph Models with btergm: Estimation and Bootstrap Confidence Intervals[J]. Journal of Statistical Software, 2018, 83(6): 1-36.

[167] LEVY J S. Case Studies: Types, Designs, and Logics of Inference[J]. Conflict Management and Peace Science, 2008, 25(1): 1-18.

[168] LEWIS D. Causation[J]. The Journal of Philosophy, 1973, 70(17): 556-567.

[169] LITTLE D. Causal Explanation in the Social Sciences[J]. The Southern Journal of Philosophy, 1995, 34(S1): 31-56.

[170] LOWE W, BENOIT K, MIKHAYLOV S, et al. Scaling Policy Preferences from Coded Political Texts[J]. Legislative Studies Quarterly, 2011, 36(1): 123-155.

[171] MACDONALD P K. Useful Fiction or Miracle Maker: The Competing Epistemological Foundations of Rational Choice Theory[J]. American Political Science Review, 2003, 97(4): 551-565.

[172] MAHONEY J. After KKV: The New Methodology of Qualitative Research[J]. World Politics, 2010, 62(1): 120-147.

[173] MAHONEY J. The Logic of Process Tracing Tests in the Social Sciences[J]. Sociological Methods & Research, 2012, 41(4): 570-597.

[174] MCCAULEY J F, POSNER D N. African Borders as Sources of Natural Experiments: Promise and Pitfalls[J]. Political Science Research and Methods, 2015, 3(2): 409-418.

[175] MCDERMOTT R. Experimental Methods in Political Science[J]. Annual Review of Political Science, 2002, 5(1): 31-61.

[176] NASH J. Non-Cooperative Games[J]. Annals of Mathematics, 1951, 54(2): 286-295.

[177] RIGDON J, HUDGENS M G. Randomization Inference for Treatment Effects on a

Binary Outcome[J]. Statistics in Medicine, 2015, 34(6): 924-935.

[178] ROBERTS M E. What is Political Methodology? [J]. PS: Political Science & Politics, 2018, 51(3): 597-601.

[179] ROBINSON G, MCNULTY J E, KRASNO J S. Observing the Counterfactual? The Search for Political Experiments in Nature[J]. Political Analysis, 2017, 17(4): 341-357.

[180] ROE B E, JUST D R. Internal and External Validity in Economics Research: Tradeoffs between Experiments, Field Experiments, Natural Experiments, and Field Data[J]. American Journal of Agricultural Economics, 2009, 91(5): 1266-1271.

[181] SKOCPOL T, SOMERS M. The Uses of Comparative History in Macrosocial Inquiry [J]. Comparative Studies in Society and History, 1980, 22(2): 174-197.

[182] SLATER D, SIMMONS E. Informative Regress: Critical Antecedents in Comparative Politics[J]. Comparative Political Studies, 2010, 43(7): 886-917.

[183] SLATER D, ZIBLATT D. The Enduring Indispensability of the Controlled Comparison [J]. Comparative Political Studies, 2013, 46(10): 1301-1327.

[184] SNIJDERS T A B. Markov Chain Monte Carlo Estimation of Exponential Random Graph Models[J]. Journal of Social Structure, 2002, 3(2): 1-40.

[185] SOBEL M E. An Introduction to Causal Inference [J]. Sociological Methods & Research, 1996, 24(3): 353-379.

[186] SOBEL M E. Causal Inference in the Social Sciences[J]. Journal of the American Statistical Association, 2000, 95(450): 647-651.

[187] THISTLETHWAITE D L, CAMPBELL D T. Regression-Discontinuity Analysis: An Alternative to the Ex Post Facto Experiment[J]. Journal of Educational Psychology, 1960, 51(6): 309-317.

[188] VAN DER POL J. Introduction to Network Modeling Using Exponential Random Graph Models (ERGM): Theory and an Application Using R-Project[J]. Computational Economics, 2019, 54(3): 845-875.

[189] WANG P, ROBINS G, PATTISON P, et al. Exponential Random Graph Models for Multilevel Networks[J]. Social Networks, 2013, 35(1): 96-115.

[190] WINSHIP C, MORGAN S L. The Estimation of Causal Effects from Observational Data[J]. Annual Review of Sociology, 1999, 25(1): 659-706.

[191] XU Y. Generalized Synthetic Control Method: Causal Inference with Interactive Fixed Effects Models[J]. Political Analysis, 2017, 25(1): 57-76.

[192] YOUNG L, SOROKA S. Affective News: The Automated Coding of Sentiment in Political Texts[J]. Political Communication, 2012, 29(2): 205-231.

图书在版编目(CIP)数据

政治学研究方法/左才主编. ——上海：复旦大学出版社，2024.1
新时代政治学教材系列
ISBN 978-7-309-16709-2

Ⅰ.①政… Ⅱ.①左… Ⅲ.①政治学-研究方法-教材 Ⅳ.①D0-3

中国国家版本馆 CIP 数据核字(2023)第 018859 号

政治学研究方法
ZHENGZHIXUE YANJIU FANGFA
左　才　主编
责任编辑/张　鑫

复旦大学出版社有限公司出版发行
上海市国权路 579 号　邮编：200433
网址：fupnet@fudanpress.com　http://www.fudanpress.com
门市零售：86-21-65102580　　团体订购：86-21-65104505
出版部电话：86-21-65642845
上海盛通时代印刷有限公司

开本 787 毫米×1092 毫米　1/16　印张 28　字数 549 千字
2024 年 1 月第 1 版第 1 次印刷

ISBN 978-7-309-16709-2/D · 1150
定价：78.00 元

如有印装质量问题，请向复旦大学出版社有限公司出版部调换。
版权所有　侵权必究